U0413575

This is a simplified Chinese edition of the following title published
by Cambridge University Press:

The Urals and Western Siberia in the Bronze and Iron Ages
ISBN: 978-1-107-65329-0

This simplified Chinese edition for the People's Republic of China (excluding Hong Kong, Macau and Taiwan) is published by arrangement with the Press Syndicate of the University of Cambridge, Cambridge, United Kingdom.

The Urals and Western Siberia
in the Bronze and Iron Ages

Ludmila Koryakova
Andrej Epimakhov

欧亚之门

乌拉尔与西西伯利亚的青铜和铁器时代

[俄] 柳德米拉·克里亚科娃
安德烈·叶皮马霍夫 著
陈向 译

生活·讀書·新知 三联书店

图书在版编目（CIP）数据

欧亚之门：乌拉尔与西西伯利亚的青铜和铁器时代 /（俄罗斯）柳德米拉 · 克里亚科娃，安德烈 · 叶皮马霍夫著；陈向译. —北京：生活 · 读书 · 新知三联书店，2021.3
ISBN 978－7－108－06916－0

Ⅰ. ①欧…　Ⅱ. ①柳… ②安… ③陈…　Ⅲ. ①考古学－乌拉尔②考古学－西伯利亚
Ⅳ. ① K885.12

中国版本图书馆 CIP 数据核字（2020）第 134738 号

责任编辑　曹明明
装帧设计　康　健
责任印制　徐　方
出版发行　生活 · 讀書 · 新知　三联书店
（北京市东城区美术馆东街 22 号 100010）
网　　址　www.sdxjpc.com
图　　字　01-2018-4506
经　　销　新华书店
印　　刷　三河市天润建兴印务有限公司
版　　次　2021 年 3 月北京第 1 版
2021 年 3 月北京第 1 次印刷
开　　本　720 毫米 × 1000 毫米　1/16　印张 30.5
字　　数　461 千字　图 147 幅
印　　数　0,001－5,000 册
定　　价　89.00 元
（印装查询：01064002715；邮购查询：01084010542）

目 录

第二部分 铁器时代——区域互动的形成

插图目录

表格目录

图版目录

中文版导读

这本书所研究的区域，是从乌拉尔山中、南段西麓到额尔齐斯河下游右岸，实际上包括了南乌拉尔地区和西西伯利亚地区的最西部。在这一广大的地域，对于本书所研究的历史时段而言，乌拉尔地区无疑最为重要和关键。这不仅是因为乌拉尔靠近环黑海、中亚两个发达的古代文化区，且处在最重要的交通路线上，还因为自青铜时代以来，乌拉尔地区富集的铜矿吸引了来自其他地方的“工业移民”。这些人与当地居民携手进行了一系列的技术和制度上的创新。后来的安德罗诺沃文化正是以此为基础，并且从此处发端和席卷整个欧亚草原的。这一文化现象及后继的连锁反应，对欧亚大陆的古代文化产生了深远的影响。比如，对中国文明有着重大影响的冶金、家马和马车，都有可能追溯至此。

本书是首部对乌拉尔及西西伯利亚青铜时代和早期铁器时代考古学文化和社会进行全面概述的著作，其成果建立在对南乌拉尔及邻近地区考古工作的基础之上，因此我们将通过简单梳理乌拉尔考古学的历史，来了解这本书之所以形成的深层次的学术背景。

乌拉尔考古与西西伯利亚考古一样，是伴随着俄罗斯帝国对西伯利亚地区的开拓而发展起来的。17世纪末、18世纪初，随着乌拉尔地区采矿业的兴起，一些古代矿井连同其他遗迹渐为人所知，并引起了一些学者的注意。18世纪后期俄罗斯科学院组织的“大科考”（1768—1774）也对乌拉尔地区的古迹进行了调查。

从19世纪中期开始，俄国知识界对古物古迹的兴趣空前高涨，不仅成立了全国性的学术团体帝国地理学会（1845）、莫斯科考古学会（1864），还成立了帝国考古委员会（1859），对国家的考古事业进行管理。与此相应，1870年在叶卡捷琳堡成立了地方性的学术团体——乌拉尔博物学会。在这个背景下，乌拉尔的考古事业开始起步。虽然此时的工作——古代遗迹的调查、测量、登记、保护和发掘——大多是由地方学者自发进行的，但已经表现出相当高的专业水准。

进入20世纪，乌拉尔考古表现出更加专业化的特点，此时毕业于圣彼得堡和莫斯科的高等院校、受过职业训练的考古学家，开始加入乌拉尔地区的考古学研究中来。比如毕业于圣彼得堡考古学院（Петербургский археологический институт，成立于1877年）的В. Я. 托尔马乔夫（Толмачев Владимир Яковлевич，1876—1943）、毕业于莫斯科考古学院（Московский археологический институт, 成立于1907年）的В. В. 格尔姆斯滕（Гольмстен Вера Владимировна，1880—1942）于20世纪初期在萨马拉、奥伦堡、巴什科尔托斯坦地区的工作。

20世纪20年代以后，乌拉尔考古进入一个新的阶段。这主要表现在，除了地方的博物馆、高校等单位之外，中央的研究机构如国家物质文化史科学院（Государственная Академия Истории Материальной Культуры，帝国考古委员会的直接继承者，即后来的苏联科学院物质文化史研究所）、国家历史博物馆等亦直接参与到当地的考古发掘和研究中来。这种局面在第二次世界大战之后的20世纪六七十年代达到了高潮。在这个历史时期，К. В. 萨利尼科夫（Сальников Константин Владимирович，1900—1966）和О. Н. 巴德尔（Бадер Отто Николаевич，1903—1979）的地位非常重要。

萨利尼科夫先后毕业于莫斯科大学和国家物质文化史科学院，后供职于苏联科学院乌法历史语言文学研究所（乌法）。在长达30多年的职业生涯里，萨利尼科夫对南乌拉尔新石器时代、青铜时代、早期铁器时代和中世纪考古的很多方面，均进行了开创性的研究。其中较为重要的是他对安德罗诺沃文化遗存分类和分期的研究，今日考古学界对安德罗诺沃文化研究所取得的很多成就，均是建立在这个基础之上的。

巴德尔毕业于莫斯科大学，后在莫斯科大学、国家物质文化史科学院莫斯科分部等机构身兼数职，从事博物馆学、考古学的工作和研究，其间在伏尔加河上游以及黑海北岸等地区对青铜时代和石器时代的遗址进行调查和发掘。第二次世界大战期间，由于德裔的身份，巴德尔1941年被从前线召回，分配至下塔吉尔。1944—1946年间，巴德尔在下塔吉尔地方志博物馆工作，此后的9年，一直在彼尔姆大学工作。1955年，巴德尔返回莫斯科，重新入职苏联科学院考古研究所。正是在彼尔姆大学，巴德尔创建了乌拉尔考古学派——他的学生以及再传弟子们成为了20世纪六七十年代以后乌拉尔考古学研究的中坚力量。

20世纪五六十年代，苏联开始了大规模的经济建设，配合基建尤其是配合修建水库的抢救性考古发掘工作在全国范围展开。1960年，巴德尔在彼尔姆大学的学生B. Ф. 格宁格（Генинг Владимир Федорович，1924—1993），结束了在苏联科学院喀山分部历史语言与文学研究所研究生阶段的学习后，来到乌拉尔大学（叶卡捷琳堡）组建了乌拉尔考古队。在相当长的时间里（直至20世纪70年代中期格宁格出走乌克兰），乌拉尔考古队在乌拉尔和西西伯利亚地区实施了很多考古项目，其中包括为了配合水利建设于20世纪70年代对著名的辛塔什塔遗址的发掘。

1966年，格宁格的学生Г. Б. 兹达诺维奇（Зданович Геннадий Борисович）从乌拉尔大学毕业。1976年，兹达诺维奇由哈萨克斯坦中部城市卡拉干达转职到刚刚成立的车里雅宾斯克大学，组建了乌拉尔–哈萨克斯坦考古队，该考古队为车里雅宾斯克大学和车里雅宾斯克师范大学培养了大批的考古人才。在相当长的一段时间里，乌拉尔–哈萨克斯坦考古队主要承担基建考古的任务。1983—1986年，该考古队重启20世纪70年代中期就已经终止了的乌拉尔考古队的工作，完成了对辛塔什塔遗址的发掘。1987年，同样是为了配合水利工程的建设，乌拉尔–哈萨克斯坦考古队在辛塔什塔遗址以北50公里处发现并发掘了阿尔卡伊姆遗址。阿尔卡伊姆遗址与辛塔什塔遗址一起被列入20世纪俄罗斯最重要的考古发现。目前阿尔卡伊姆遗址的发掘和保护工作仍在进行，阿尔卡伊姆历史文化保护区已经成为非常重要的科研基地。

由以上的梳理可见，自20世纪60年代以来，乌拉尔考古队和乌拉尔–哈萨克斯坦考古队在乌拉尔地区的考古学中发挥了重要作用，它们不仅为乌拉尔大学、车里雅宾斯克大学和车里雅宾斯克师范大学、南乌拉尔大学（车里雅宾斯克）培养了大批的专业人才，还凭借辛塔什塔、阿尔卡伊姆遗址，使车里雅宾斯克成为乌拉尔考古特别是乌拉尔青铜时代考古的核心地区。

在高校系统之外，乌拉尔考古最重要的科研机构是1988年成立的苏联科学院乌拉尔分院历史与考古研究所（叶卡捷琳堡，1991年后为俄罗斯科学院乌拉尔分院历史与考古研究所）及其南乌拉尔分部（车里雅宾斯克）。本文的两位作者Л. Н. 克里亚科娃（Корякова Людмила Николаевна）、А. В. 叶皮马霍夫（Епимахов Андрей Владимирович）即是该所的研究人员。

克里亚科娃先后毕业于乌拉尔大学（1969）和苏联科学院考古研究所（1979），1993年以《乌拉尔与西西伯利亚地区的历史文化共同体（早期与中期铁器时代的托博尔–额尔齐斯河地区）》获得博士学位。克里亚科娃对乌拉尔和西西伯利亚地区森林–草原地带的铁器时代、草原地带的青铜时代考古学有精深的研究，近年来致力于领导乌拉尔地区辛塔什塔文化研究的国际项目。

叶皮马霍夫先后毕业于车里雅宾斯克大学（1986）和俄罗斯科学院乌拉尔分院历史与考古研究所（1998），2010年以《南乌拉尔地区的青铜时代（经济与社会）》获得博士学位。多年以来，叶皮马霍夫一直工作在田野考古第一线，先后领导过车里雅宾斯克大学、车里雅宾斯克师范大学、南乌拉尔大学、俄罗斯科学院乌拉尔分院历史与考古研究所的考古队，发掘了石库（Каменный Амбар）、太阳–2（Солнце Ⅱ）等著名的辛塔什塔文化遗址和墓地。

克里亚科娃和叶皮马霍夫成长和工作在南乌拉尔地区主流的学术机构，并且长期在该地区从事第一线的考古学研究，他们关于乌拉尔和西西伯利亚西部地区青铜时代和铁器时代的一些观点，自然代表了主流学术界的观点。因此我们完全可以通过这本书大体了解当时欧亚草原西部的经济、文化和社会面貌。不仅如此，我们还可以通过阅读本书所提供的详尽的注释，按图索骥，对一些考古问题，特别是与中国考古有关的问题进行独立的和更加详细的研究。但需要提醒读者注意的是，本书基本没有涉及西西伯利亚东部额尔齐斯河与鄂毕河之间、阿尔泰地区以及米努辛斯克盆地的情况，同时没有涉及中亚文明区的情况。要知道，即便是在青铜时代，甚至更早，这些地区也与中国有着千丝万缕的联系。

王　鹏

中国社会科学院考古研究所

英文版序

我仍然记得1986年冬末乘坐从圣彼得堡（时称列宁格勒）经叶卡捷琳堡飞往吉尔吉斯斯坦的一个红眼航班的情景：飞机降落斯维尔德洛夫斯克（现称叶卡捷琳堡）之前，空姐过来要求我把刚刚开机的一部老式磁带随身听的耳机摘下来。她的态度是粗鲁而不容置辩的。她居然质问我正在做什么、在收听什么，声称很多乘客确信我这么一位平淡无奇、独行却又明显可疑的美国人，一定是在利用这部书本大小的随身听接收来自西方或者就是华盛顿的隐蔽指令。我只好把随身听交给她，让她听听我正在欣赏的勃拉姆斯的小提琴协奏曲……尽管当时已经是戈尔巴乔夫执政初期，但是在这个长期封闭的、隐藏在乌拉尔山脉东侧、西伯利亚一边的军事工业中心斯维尔德洛夫斯克上空，“冷战”的偏执妄想症依然存在着，毕竟1960年的某一天，就是在这个城市的上空，加里·鲍尔斯驾驶的美国U–2间谍侦察机在此被击中坠毁了。

正如柳德米拉·克里亚科娃教授自序所云，本著作涉及的乌拉尔与西西伯利亚这片地区到1991年苏联解体之前一直是当局高度管制的军事禁区。那时，这里与西方的联系实际上是不存在的。这种隔绝影响了包括考古学在内的知识界各领域。虽说西方对苏联考古学界在中亚、高加索和俄罗斯欧洲地区的成就有一些简单的了解，但是直到这部重要的考古学研究著作问世之前，从乌拉尔山脉往东直到西西伯利亚以及哈萨克斯坦北部这片广大区域，在西方考古学地图上依然是个巨大的空白。这部著作极大地弥补了这个缺陷。它记述了苏联/俄罗斯考古学者大量的考古发现，研究和分析了青铜时代和早期铁器时代中央欧亚地区的物质遗存。由此向我们展示了俄罗斯考古学传统的实力和特性。

鉴于“冷战”曾经明显抑制了“铁幕”两边的学术交流，这些资讯隔膜的程度不一、显得极其不平衡。总体来说，苏联/俄罗斯的考古学者对于包括英美考古学理论在内的整个西方考古学文献是相当熟悉的，这方面超过美国和西欧学者对苏联/俄罗斯考古学同行成就的了解。这部著作的两位作者都熟读西方考古学理论，他们有意识地、在我看来也是正确地避免对任何引导性的概念做更多的评论，而是专注于自己的主要任务：撰写一部条理分明的乌拉尔与西西伯利亚地区青铜时代和铁器时代的史前文化史，时间跨度从公元前三千纪到前一千纪。为完成这个目标，他们描述了一系列“具有启发性的”考古学文化，同时从总体上明确了“文化共同体”的含义，由此展示那些文化彼此相连的居民之间在广阔的空间和有限的时间上的稳定状态及其“内部的横向联系”。作者也关注这些文化所共享的冶金技术的发展，同时将切尔内赫（E. N. Chernykh）提出的“冶金区”（metallurgical provinces）这个概念重新定义为“技术文化网”（technocultural networks）。作者把他们这种总体性的研究定性为“从物质文化角度来探讨（史前社会）在广义的物质基础上、作为一种社会主要运行方式的偶然性的领先和进步”。

在这些考古学概念和理论基础上，作者归纳了各种证据。读者或许会被书中提到的各种考古学文化及其大量资料淹没，如果考虑到它们所涉及空间和时间上各种参数的话，这的确是一种几乎不可避免的反应。这些考古资料明确反映了整个地区考古工作的进展，同时也揭示了更多的考古调查只会展现更多的文化多样性、从而导致命名更多的考古学文化这个事实。此外，那些已经确认的考古学文化形态也反映了欧亚草原上出现的移动式社会这个历史事实。也就是说，这些令人迷惑的考古学文化增生现象是草原考古学本质上所固有的，“分裂”与“聚合”都是这些文化发展进程中的必然现象。在某种程度上，那些已经被确认的考古学文化之间模糊的差别，很必然地反映在以畜牧业为主的草原居民身上，他们移动迁徙的生活方式是能够促进文化之间的交流和融合的。这些物质文化遗存中持续的合并或混合现象，虽然值得我们予以重视，但是也没有必要去纠正它们。

西方读者或许会对书中提到一些特别的考古学文化属性时，偶尔使用“民族的”“语言的”甚至“人种的”等术语感到惊讶。两位作者意识到了这些族属认定问题的存在。“这些术语依具体情况而定”，相对来说，作者对它们的使用是不频繁的，只有在“相当明确和研究彻底的情况下”才会使用这些术语。这时作者是能够把这些文化属性与那些“经过专业人士确认过的语言分布区域”做比较研究的。对于一些备受推崇的文化族属的认定，即使我们有足够的材料去质疑这些证据，却也会明确地接纳它们。例如库兹米娜（E. E. Kuzmina）提出的安德罗诺沃文化（Andronovo culture）及其各种类型基本上反映了“青铜时代晚期乌拉尔和哈萨克斯坦地区的居民都属于东伊朗语支族群（eastern Iranians）[①]”这个著名语言学论断，就被认为是“可靠的、无须更多论证的”。（然而）在这之后，我们却读到“如果认为阿拉库文化（Alakul culture）和费德罗沃文化（Fyodorovo culture）或安德罗诺沃文化集团各分支居民的语言属于原始伊朗语（Proto-Iranian）或印度–伊朗语（Indo-Iranian）的话，那么就需要假定这些语言在扩张的同时又与……原始乌戈尔语（Proto-Ugric languages）有部分重叠才行……分布在西西伯利亚森林和森林–草原地带安德罗诺沃式诸文化（Andronovo-like cultures）所提供的证据都是支持印度–伊朗语族和芬兰–乌戈尔语族（Finno-Ugric languages）[②]居民之间有着活跃交流假说的，这些交流表现为二者之间有很多的相互渗透，其中一些甚至可以追溯到公元前二千纪”。如果仔细阅读，我们会发现这些表述反映出作者某种程度上的谨慎。对于这个相对公认的语言学结论，作者仍然表露一定程度上的不确定性。当然，根本问题在于这些物质文化遗存在族属、语言和“人种”等方面几乎都是可变化的，它们总是可以随意被说着不同的语言和具有不同体质外貌的族群继承和使用。

---

① 东伊朗语支为印欧语系印度–伊朗语族伊朗语下属的一个分支，包括很多古语言如古斯基泰语、古奥塞梯语、花剌子模语、大夏语、于阗语、粟特语等。参见本书第三章注释［12］。——译者注

② 芬兰–乌戈尔语族为乌拉尔语系的一个重要语族，下面分为乌戈尔语支（包括匈牙利语以及鄂毕–乌戈尔诸语如汉特语和曼西语）、芬兰语支（芬兰语、爱沙尼亚语等）、萨米语支（萨米语等）和彼尔姆语支（科米语、乌德穆尔特语）等。此外，历史上乌拉尔山脉中部地区还居住过乌拉尔语系另一个语族——萨摩耶德语族的居民，其后裔如涅涅茨人近代迁徙到了乌拉尔山脉北部和北极地带。参见本书导言注释［1］。——译者注

乌拉尔以东的草原地带还没有发现过公认的“早期文明”（early civilization）式的青铜时代考古遗存。对于习惯于以古代近东和其他地区众多城市和大型公共艺术、建筑作为早期文明形态标志的考古学家来说，他们可能会对本书有时候把一些面积还不到一公顷的文化遗址描述成“大型的”或者是“有纪念意义的”说法感到疑惑。这里我们需要一种相对的历史主义观点。与古代近东早期文明相比，本书提到的辛塔什塔（Sintashta）及阿尔卡伊姆（Arkaim）等聚落遗址所具有的“鲜明特色”及“城市国家”[①]中规划布局的“复杂的防御体系”似乎是微不足道的。它们在某种程度上依然神秘，的确是青铜时代欧亚草原上的重要发现。在辛塔什塔等遗址墓葬中发现的大量复杂的殉牲遗迹，尤其是马具和轻便辐条车轮的车子（chariots，马拉战车）等证据以及令人印象深刻的大量金属兵器都具有重要的意义。正如作者最后指出的那样，这些考古遗存所反映的社会复杂化程度，特别是那些相对制式化、标准化的民居建筑，都已经达到了相当高的程度。[②]

从一开始，欧亚草原地区青铜时代考古工作的重点就集中锁定在对那些凸出于地表的库尔干[③]古坟的发掘而不是聚落遗址上面，因为这些聚落的物质文化堆积通常很薄并且在地表又很难被发现。这些聚落很多是由挖入地下的半地穴式房屋组成的，因此今天人们很难发现它们，包括辛塔什塔、阿尔卡伊姆在内的很多聚落遗址在地面上是看不出来的。它们绝大多数是依靠航空遥感技术才被发现，经直升机空中锁定目标并最终由地面考古工作探到的。近年来，运用多种远距离探

① Country of Towns，俄语罗马化转写：Strana gorodov，是由俄罗斯著名考古学家格纳迪·兹达诺维奇（Gennady Zdanovich）提出的，特指外乌拉尔南部地区草原地带方圆350公里范围密集存在的、包括著名的辛塔什塔和阿尔卡伊姆在内的、相当于青铜时代中期的20多个类似城镇的设防聚落及其所在区域，其主要遗存属于辛塔什塔文化，年代大致为公元前2100—前1700年。据维基百科相关词条。详见本书第二章。——译者注

② 20世纪70年代初发现的辛塔什塔遗址位于乌拉尔山脉东南部的车里雅宾斯克州，因附近托博尔河的一条支流——辛塔什塔河而得名。这是一座直径140米的圆形设防聚落（比20世纪80年代末发现的同类圆形设防聚落阿尔卡伊姆的直径短20米）。遗憾的是聚落近一半建筑已经被经常改道的辛塔什塔河冲毁了，只剩下包括31间长方形房屋在内的部分遗迹。（阿尔卡伊姆则拥有内外两层圆环布局的共67座长方形排屋遗迹。）辛塔什塔聚落主体部分碳-14年代为公元前2100—前1800年，一些学者称其为“设防的冶金制造中心”。其附属SM墓地还发现了目前世界上最古老的具有辐条车轮的马拉战车遗迹。参见本书第二章及译者补充参考资料David W. Anthony（2007）。——译者注

③ Kurgan，指欧亚地区广泛分布的史前古墓，特别是起坟包的大墓冢。——译者注

测技术，人们又发现了一批地面上难于识别的上古时代人类遗址。例如位于鄂木斯克与新西伯利亚两地之间、额尔齐斯河（Irtysh）–鄂毕河（Ob'）河间地带，晚期青铜时代向早期铁器时代过渡时期的，面积超过八公顷、几乎是辛塔什塔与阿尔卡伊姆遗址近三倍大的、由多重建筑环绕一个中心布局的聚落遗址"奇恰"（Chicha）[①]，就在位于乌拉尔以东很远的上述地方被发现了，它是通过地磁勘探发现的。人们很自然地想知道，如果运用航空遥感和地球物理方法等更先进的远距离探测手段，整个草原地带还有多少聚落、建筑以及各个时期特殊用途的遗址被发现呢？这里呈现的考古学问题越多，就会使当代考古学者越加深对它们的研究理解。我们手中的考古学证据有多大的代表性呢？哪些地区的考古学调查和研究做得好？哪些地方做得还不够呢？既然辛塔什塔与阿尔卡伊姆聚落遗址的发现是偶然的，那么还有多少重要的惊奇发现在等待我们呢？

本书详细阐述的或许最基本和最重要的观点（贯穿于全书各章节），就是中央欧亚地区的铁器时代与青铜时代具有质的不同。青铜时代那种移动迁徙为主的草原畜牧业一定与后来铁器时代才出现的、骑在马背上的欧亚游牧文化（Eurasian nomadism）完全不同。作者在此做了一番选择并将此命名为（游牧文化）"晚期起源说"，还引用了哈扎诺夫（A. Khazanov）的观察："作为一种经济和社会文化现象，欧亚地区游牧社会是不可能很早产生的，因为它的产生在很大程度上取决于与定居国家社会之间经济、政治方面的关系。"这些早期的游牧社会以及后来的第一批草原帝国（以及最早出现的"王室"等级的库尔干大墓）之所以能够产生，一方面因为他们的社会已经从事跨地区的交流和交换，其中也包括与南部定居国家和社会之间保持着经常性的联系（从中国到罗马，也包括中亚南部的国家如帕提亚和贵霜帝国等）。作者相信，欧亚地区真正意义上的游牧社会是在欧亚东部的蒙古草原上诞生的，然后从东往西传播。这种游牧社会不仅要求在技术层面控制牛群，还要求驯化马、绵羊和双峰骆驼，每种牲畜都能适应草原的极端气

---

① 有关西伯利亚巴拉巴低地/草原上的大型设防聚落遗址"奇恰"，译者掌握的资料有限，年代大约为公元前1100年，属于欧亚青铜时代的晚期伊尔门文化。——译者注

候，特别是在漫长的冬季、白雪覆盖草原的时候，它们有能力自己找到食物。

对于游牧社会这个重要的课题，作者从生态学、民族学和历史学等方面给予了必要的宏观描述，同时比较详细地介绍了俄罗斯学界的主要研究成果。我认为，作者对于欧亚地区迁徙移动的游牧社会结构的探讨是最有价值的，因为它从古至今，数千年来都是欧亚草原及其毗邻地区的一种主流社会形态。以此观之，早先的青铜时代可以看作一个试验性的时代。在一些特定方面，轻便车轮的马车（马拉战车）虽然从未完全却在大多数情况下取代了那种远在公元前四千纪的欧亚草原西部就已经出现了的、由牛牵引的笨重实木车轮的车子。同时，双峰骆驼和多毛绵羊也发挥了越来越大的作用，直到它们成为真正意义上的游牧社会“全套组合”中的基本配置。这种（真正）游牧社会的出现也立即引起了很多疑问，例如，铁器的出现和铁制工具与兵器逐步占据主导地位，与由几种特定品种的基本牲畜所组成的这种新型游牧社会以及构成他们基本生活方式的技术活动之间，在多大程度上或是有着怎样的关联呢？铁制工具生产和交换的逐步发展如何在改变自然环境的同时，又在整个草原地带紧密相连的社会中促进彼此的互动呢？

有价值的研究总会引起更多需要回答的问题。读者们应该感谢柳德米拉·克里亚科娃和安德烈·叶皮马霍夫两位作者为此尽力提供了如此重要而又详尽的考古资料。本书毫无疑问会成为未来数十年内关于中央欧亚地区史前史研究的基本参考著作。由于“冷战”导致的该地区与西方社会认知的藩篱终于完全消失了。在许多令人鼓舞的进步中，我们对于彼此共享的史前社会研究已经取得了很大的进展。

菲利普·L. 科尔
美国马萨诸塞州卫斯理学院

自 序

本书所探讨的地域——乌拉尔地区，如果仍然像1991年之前那样是个封闭的军事禁区的话，那么本书是永远不可能写成的。1991年以后，俄罗斯考古工作者已经能够与外国同行一起讨论甚至参与调查很多考古学课题了。我们可以研究这些考古发现在何种程度上反映了那些众所周知的社会变革进程，以及它们是如何新奇而有趣的。不过仍然只有少数西方考古学者能够有机会介入我们的考古工作以及从事史前社会研究。国际上很多百科全书式的考古学著作与史前文化地图都仍然把北部欧亚地区当作一片空白，就好像这里从来都是人烟稀少的。

虽然这项研究是令人望而却步的，但是我们撰写这部著作的动机却是明确的。的确，为那些对这个地区知之甚少的读者写书是很难的；同时对于我们来说，使用母语俄语以外的第二或第三种外国语言写作也是件很困难的事情。

自从决定撰写这部著作开始，我就在国外大学授课、在国际学术会议提交论文并与同行讨论这个项目。特别要指出的是，科林·伦福儒（Colin Renfew）教授在1999—2000年就鼓励我坚持撰写这部考古学综述性质的著作，并且认为“剑桥世界考古学”是适合我发表的地方。安德烈·叶皮马霍夫为此贡献了他专长的地区考古学研究成果。我们非常感谢伦福儒教授对我们的信任和鼓励，同时也要感谢“剑桥世界考古学”的编委们接纳了我们。两位不肯披露姓名的书评家还非常耐心地帮助我们澄清作品的内容和风格。我们希望读者们能够同样有耐心地对待书中由大量奇怪的地名、人工制品和文化等术语组成的，对于读者而言无疑是晦涩难懂的文字。

我们是利用这几年在俄罗斯、法国和英国的短暂居住时间尽力完成这部著作的。虽然我们俩分别生活在俄罗斯两个不同的城市（叶卡捷琳堡和车里雅宾斯克），但是借助几种通信手段，总能保持联系。

这部著作对欧亚地区的主要组成部分——乌拉尔和西西伯利亚的史前史做了深入介绍，这里的地貌主要是草原和森林-草原。据悉，迄今还没有一部用任何语种写成的欧亚地区青铜时代与铁器时代考古学综述专著。我们当然需要从众多考古发现以及对相关问题的诠释和学术讨论中筛选其中的重要部分。虽然这部著作包含了我们自己的田野考古学调查和研究，我们仍然检索和搜集了一般俄罗斯考古学者都不太容易看到的大量文献和学术档案。

本书的写作得到很多机构的财务支持，主要有欧盟INTAS基金、法国国家科学研究中心（Centre national de la recherche scientifique，CNRS）、英国Leverhulm Trust 项目、俄罗斯科学院乌拉尔和西伯利亚两个地区分院的联合赞助以及俄罗斯人文科学基金05-01-83104a/ U项目的资助。

这里我要深深地感谢我的法国同行和朋友们：玛丽耶（Marie-Yvane-Daire）和卢伊奇（Luic Langouette），我们曾一起在俄罗斯进行联合田野考古调查；我在法国雷恩市居住期间，他们给予了热情帮助和慷慨支持。我也要感谢法国雷恩第一大学人类学实验室的所有工作人员。我还要特别鸣谢法国朋友弗朗辛（Francine David），以及玛丽耶-塞利娜（Marie-Celine Uge）及其父母对我的盛情款待和帮助。

我是在英格兰杜伦（Durham）完成本书初稿的。我要感谢安东尼（Anthorny Harding）教授。在杜伦工作居住期间，他对我帮助良多，并阅读了我的初稿。我也要感谢杜伦大学考古系的同仁以及阅读了初稿、来自泰恩河畔纽卡斯尔的帕维尔（Pavel Dolukhanov）教授及其夫人玛丽安娜（Marianna），我在英格兰期间得到了他们很多帮助。此外，我还要感谢撰写初稿时所在的杜伦大学圣玛丽学院的全体教职员工，他们的热情接待和学术鼓励如同无价之宝。

至于我的挚友卡伦（Karlene Jones-Bley），我觉得用任何言语对她表达感谢都不为过。她不仅一直给予我支持和鼓励，还花费了大量时间甚至抱病阅读了全部电子版书稿，耐心地纠正我的俄式英语错误。

我要感谢所有在我离开祖国期间替我承担教学和行政工作的国内同事。感谢你们：斯韦特兰娜（Svetlana Sharapova）、索菲亚（Sofia Panteleyeva）、娜塔莉亚（Natalia Berseneva）、德米特里（Dmitry Razhev）、安德鲁（Andrew Kovrigin）、亚历山大·绍林（Alexander Shorin）、阿列克谢（Alexei Zykov）以及俄罗斯科学院乌拉尔分院历史与考古研究所和乌拉尔国立大学考古系的所有工作人员。

这里，我还要特别感谢把我领进青铜时代考古学大门并指导我进行课题研究的格纳迪·兹达诺维奇（Gennady B. Zdanovich）先生和总是热情款待我的斯维特拉娜·兹达诺维奇夫人。本书的共同作者安德烈和我还要鸣谢下列为我们提供了各种帮助、建议和资料的朋友们：伊娅（Iya Batanina）、亚历山大·泰罗夫（Alexander Tairov）、德米特里（Dmitry Zdanovich）、谢尔盖（Sergei Kuzminykh）、加林娜（Galina Bel'tikova）、弗拉基米尔·斯特凡诺夫（Vladimir Stefanov）、奥尔佳（Olga Korochkova）、尤里（Yuri Chemyakin）、维克托（Viktor Borzunov）、叶夫根尼（Evgeny Chibilev）、埃玛（Emma Usmanova）、尼古拉（Nikolai Vinogradov）、弗拉基米尔·科斯图科夫（Vladimir Kostukov）。

我在此特别感谢本书的共同作者安德烈·叶皮马霍夫，感谢他的责任心、耐心和乐于接受对其著作文本的重新组织编排，他对本书第一部分和插图工作贡献很大。

我也要向我的家人表达深深的谢意，感谢他们多年来的支持，特别是对我常年离家在外工作的包容。

谨将这部著作献给我的母亲和父亲：安娜·马尔谢娃和尼古拉·斯马特拉科夫，他们的一生是那样地艰难和短暂。

柳德米拉·克里亚科娃

导 言

乌拉尔地区在地理学上被定义为欧洲和亚洲的天然分界线。这里以广阔多样的地貌和环境——草原、森林－草原、森林和山地而著称。在史前社会晚期，这里居住着过着游牧、半游牧或是定居生活的牧民以及专业的冶金工匠，他们处在不同的社会和经济发展阶段，族属各异（设想他们是原始伊朗语和原始芬兰－乌戈尔语族群）。这个地区为我们提供了非常有趣的研究人类文化行为的机会，在这个重要的文化交流十字路口，来自东西南北各个方向的众多文化在此相遇。无论起源于欧洲还是亚洲，它们互动的结果都使这里产生了更丰富的文化传统。因此，总是很难把乌拉尔及西西伯利亚地区与欧亚其他地区的史前史分开。

本书主要关注青铜时代和铁器时代的考古学课题，这两个时代的主要特征就是整个欧亚地区史前社会晚期都发生了引人注目的变化。

有关乌拉尔地区居民的历史文献资料是相当稀少和含混不清的。最早可以追溯到古希腊的希罗多德[1]，然后就得参考中古时期阿拉伯旅行家和商人的著作了。

---

① 希罗多德的名著《历史》第四卷有关于铁器时代欧亚地区民族与地理方面比较详细的描述。此后的古典作家如亚里士多德、罗德岛的阿波罗尼奥斯（曾任亚历山大里亚图书馆馆长）、希波克拉底、托勒密、普鲁塔克等都提到了欧亚大陆北部有一座积雪且冰冷的瑞费山（Riphean/Riphei mountains），山下住着神秘的独目人"Arimaspi"。对此有喀尔巴阡山、乌拉尔山（老普林尼）、萨彦岭甚至阿尔泰山等多种假说。参见本书第六章"二"及译者补充参考资料余太山《早期丝绸之路文献研究》。——译者注

10世纪，阿拉伯人已经知道这片北方的国度叫“乌格拉”（Ugra）①，不过还是11世纪来自诺沃哥罗德②的俄罗斯人最早越过乌拉尔山脉并进行了有系统的探险，他们在这里遇到了芬兰-乌戈尔语族的居民[1]。从15世纪起，俄罗斯人开始在乌拉尔南部和西伯利亚大部分地区殖民。操鄂毕-乌戈尔诸语的原住民③生活在森林地带，而那些突厥语族的巴什基尔人和鞑靼人则占据了乌拉尔及西西伯利亚南方的大部分地区。他们后来都成为俄罗斯国家（Russian State）的属民，当时由莫斯科大公国和西伯利亚两部分组成。有关该地区环境、资源、族群及其文化等方面最早的资讯都是由18世纪俄罗斯人的第一批学术考察探险活动获得的。

对乌拉尔以东④以及西西伯利亚的考古研究是从20世纪初俄国革命之前一些零星的发掘开始的，20世纪20、30年代开始了有组织的考古工作。这个地区考古学的奠基人有切尔涅佐夫（V. N. Chernetsov）、萨利尼科夫（K. V. Salnikov）、格里亚兹诺夫（M. P. Gryaznov）、贝尔斯（E. M. Bers）和科萨列夫（M. F. Kosarev）等。从最早的发现开始，特别是到了70、80年代，这片地区的考古资料数据库获得了极大的丰富，同时，以相对年代为主的本地与地区性考古学年代序列也被学术界采纳。不过，从乌拉尔山到鄂毕河流域这片地区十分广袤，显然不是所有地方都获得了均衡的研究。这张欧亚地区考古学地图上依然有不少“空白点”。

本书的目的就是要把这些非常复杂的考古资料予以综合概括，同时让长期以来对此知之甚少的西方考古学者以及几乎与之素昧平生的广大公众能够对这片地区的过去有所了解。虽然俄罗斯和西方学者们的交流范围在扩大，但是就目前所

---

① 921—922年，应位于乌拉尔山脉西南侧、伏尔加河中游与卡马河一带的伏尔加保加尔汗国首领（可汗）的邀请，阿拉伯阿拔斯王朝哈里发从巴格达派出了以艾哈迈德·本·法德兰（Ahmad Ibn Fadlan）为首席传教士的外交和传教使团（团长是一位宫廷太监）。本·法德兰的游记是阿拉伯世界有关中央欧亚地区民族和地理志最早和比较客观的记述。游记的英译本参见书后补充参考文献Ibn Fadlan（2012）。——译者注

② 诺沃哥罗德（Novogorod）是9世纪由来自斯堪的纳维亚半岛的维京人/瓦良格人（自称罗斯人，Rus）在东部斯拉夫人土地上建立的第一批殖民据点之一，后一度发展为一个商人自治并且经营远距离贸易的共和国“大诺沃哥罗德”。15世纪末被莫斯科大公国兼并。——译者注

③ 指汉特人和曼西人。他们的语言汉特语和曼西语被称为鄂毕-乌戈尔诸语（Ob-Ugrians），属于芬兰-乌戈尔语族的乌戈尔语支。今天俄联邦在乌拉尔山脉中部一带设有汉特-曼西自治区，行政上隶属秋明州。——译者注

④ 又译作外乌拉尔。——译者注

知的英语出版物而言，我们发现它们对该地区考古学和史前史的研究依然有不少误解。这些情况迫使我们对于相关时代的考古资料要多用些笔墨来具体描述。此外，我们也会探讨这个地区文化及社会方面的主要发展趋势。

一 地理环境

乌拉尔这个概念在地理学文献中有数个含义。第一，它指的是位于欧亚大陆北部构成欧洲与亚洲分界线的乌拉尔山脉。第二，它可以指在乌拉尔山脉南部流淌的乌拉尔河（Ural River）[2]。第三个含义也就是本书所说的“大乌拉尔”地区，我们把它看作在广阔的空间背景下具有共同文化和经济特征的一片区域。本书所说的乌拉尔并不局限于乌拉尔山地。它既不包括人迹罕至的北极圈内的乌拉尔山区，也不包括乌拉尔山脉北段地区。这里它指的是乌拉尔山脉的中段和南段，同时也包括东西两侧的山麓地带，此外西西伯利亚平原的部分地区也包括在内。

因此，我们所要研究的这个区域位于欧亚北部地区，包括乌拉尔山脉西侧即欧洲东部的最东端地区、乌拉尔山脉东侧即西伯利亚最西边地区，往东一直到额尔齐斯河并且主要是其西岸。从今天的行政区划来看，它主要涵盖了俄罗斯联邦的数个州①以及哈萨克斯坦北部的一部分地区（图0.1）。

“乌拉尔”一词来源于突厥语，本义是“一条带子”。这条“岩石地带”北起喀拉海（Kara Sea），南至哈萨克草原，长度超过两千公里。它是由数个平行的山脉和大幅度下嵌的河谷组成的。乌拉尔山区的地势特征之一就是西面和东面两侧山坡高度对比强烈，由此乌拉尔山脉构成了俄罗斯平原与西西伯利亚地区众河流域的分水岭。根据地形特征，乌拉尔山脉可被划分为北部、中部和南部三段。因

① 本书实际涉及的地域要大于图0.1圈定的范围，大致相当于今天乌拉尔西侧俄罗斯西北联邦管区的科米共和国和伏尔加联邦管区的彼尔姆边疆区、巴什科尔托斯坦共和国、奥伦堡州、萨马拉州、鞑靼斯坦共和国、乌德穆尔特共和国、基洛夫州，乌拉尔联邦管区的库尔干、斯维尔德洛夫、秋明、车里雅宾斯克四个州和汉特-曼西自治区，以及西伯利亚联邦管区的鄂木斯克、托木斯克、科麦罗沃、新西伯利亚等州，以及克拉斯诺亚尔斯克边疆区南部。——译者注

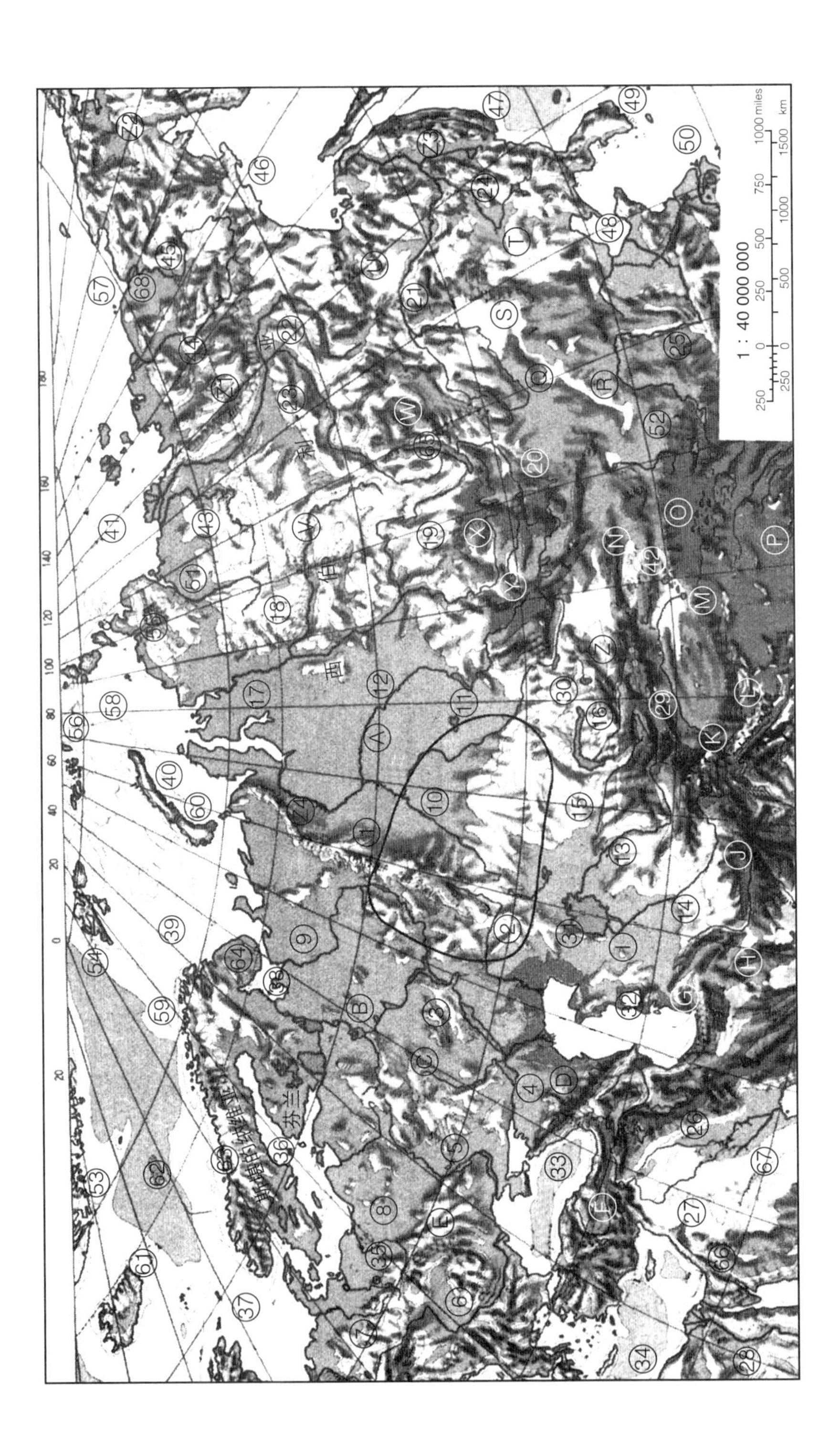
1 : 40 000 000
芬兰

此，传统上乌拉尔地区可划分为乌拉尔西侧北部、中部和南部地区以及乌拉尔东侧北部、中部和南部各三块地区。这些地区都有着自己独特的生态环境特点。

相对低矮的乌拉尔山脉是由古老的水成岩和火成岩构成的。地势最高的地方在北部，其中最高峰纳罗达峰（Narodnaya）海拔1894米。另一段较高的山区在南部，亚曼套山（Yamantau）海拔1640米。最低段（海拔600—800米）则位于乌拉尔山脉中部。乌拉尔山区中广泛分布着很多喀斯特岩洞。

乌拉尔山区以及外乌拉尔地区以富含各种矿藏闻名。山脉东面山坡地带蕴藏着目前已知世界上最丰富的铁、铜和黄金等矿藏。此外，这里还蕴藏着品种、数量繁多且具有一定价值的宝石——碧玉、水晶、孔雀石、蛇纹石、玛瑙及红玛瑙等等，它们通常分布在乌拉尔山的变质岩中。

本书涉及的区域以多种地形地貌和气候带著称，这深深影响了人类对环境的适应方式（图0.2）。各地带气候的差异表现在寒冷的北方，7月份平均气温只有6—8摄氏度，而在南方干燥的草原则达到22摄氏度。这是由多种因素造成的，例如距离大西洋的远近以及是否为北冰洋、西伯利亚或者是中亚地区的高气压所覆

图0.1 欧亚地区地形图（圈内为本书着重研究地域）

1.乌拉尔山脉；2.乌拉尔河；3.伏尔加河；4.顿河；5.第聂伯河；6.多瑙河；7.易北河；8.维斯瓦河；9.北德维纳河；10.托博尔河；11.额尔齐斯河；12.鄂毕河；13.锡尔河；14.阿姆河；15.楚河；16.伊犁河；17.叶尼塞河；18.下通古斯河；19.安加拉河；20.色楞格河；21.黑龙江；22.阿尔丹河；23.勒拿河；24.松花江；25.黄河；26.底格里斯河；27.幼发拉底河；28.尼罗河；29.塔里木河；30.巴尔喀什湖；31.咸海；32.里海；33.黑海；34.地中海；35.奥得河；36.波罗的海；37.北海；38.白海；39.巴伦支海；40.喀拉海；41.拉普捷夫海；42.罗布泊；43.奥列尼奥克河；44.因迪吉尔卡河；45.科雷马河；46.鄂霍次克海；47.日本海；48.渤海；49.黄海；50.东海；51.科图伊河；52.青海湖；53.格陵兰岛；54.斯瓦尔巴群岛；55.泰梅尔半岛；56.北地群岛；57.新西伯利亚群岛；58.北冰洋；59.北角；60.新地岛；61.冰岛；62.北极圈；63.斯堪的纳维亚；64.科拉半岛；65.贝加尔湖；66.死海；67.美索不达米亚；68.科雷马河

A.西西伯利亚平原；B.欧洲北部平原；C.俄罗斯中部高地；D.高加索山脉；E.喀尔巴阡山；F.安纳托利亚高原；G.厄尔布尔士山脉；H.伊朗高原；I.图兰平原；J.兴都库什山脉；K.帕米尔高原；L.喀喇昆仑山脉；M.塔里木盆地，塔克拉玛干沙漠；N.吐鲁番盆地；O.昆仑山；P.青藏高原；Q.蒙古高原；R.戈壁；S.大兴安岭；T.东北平原；U.外兴安岭；V.中西伯利亚高原；W.雅布洛诺夫山脉；X.萨彦岭；Y.阿尔泰山；Z.天山；Z1.上扬斯克山脉；Z2.科雷马山脉；Z3.锡霍特山；Z4.纳罗达峰；Z5.别卢哈山（海拔4506米）

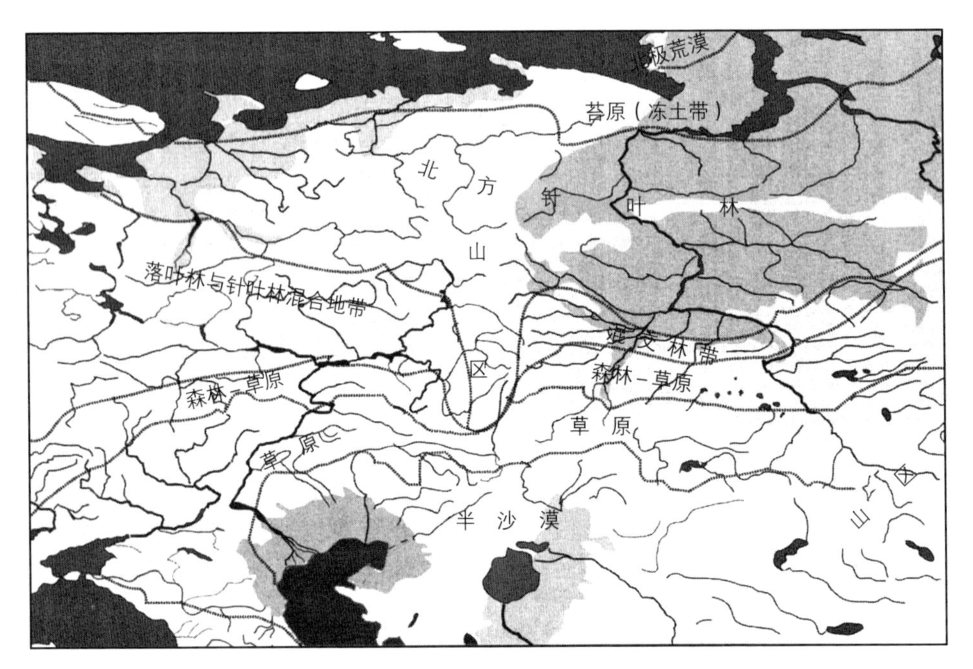

图0.2　欧亚地区主要地貌

盖等。尽管如此，大西洋（温暖潮湿）气团仍产生着显著的影响。因为乌拉尔山脉的走向刚好与西风垂直，所以乌拉尔山脉西坡一侧明显比东坡湿润。这种差别在冬季表现得尤为明显：西坡的森林总是被大雪覆盖，而东坡的降雪量则明显少许多。两边的年降雨量相差100—150毫米。外乌拉尔地区会更多地受到北冰洋的寒冷气流或其他地方热气流的强烈影响，这里的气候波动表现得比较显著，尤其是在换季时。

虽然乌拉尔山脉不是那么高耸，但仍被视为构成东西两个主要气候区分界线的生态环境决定因素（Kremenetsky 2003）。此外，乌拉尔西侧地区有着较为发达的河流网。伏尔加河左侧支流卡马河（Kama）是水量最大也是最重要的一条支流。就地势而言，这里是东欧大平原的一部分，拥有山地、陡峭的河间地和广阔的河谷。这里的气候基本上是大陆性的：冬季寒冷漫长而多雪，夏季温暖，春秋两季过渡性很分明。在温暖季节，平原地区的降雨量有400—500毫米，全年可达500—600毫米。这里大部分地区被森林覆盖。从北到南，深色的针叶林逐步变成针叶-阔叶的混交林，再过渡到森林-草原地带，最后是干燥的草原。河谷经常洪水泛滥，拥有丰富的生态资源。森林地带以中灰土壤为主，而在别拉亚河（Belaya）[①]左岸地区则分布着灰土-黑色土壤。针叶-阔叶混交林中有松树、云杉、冷杉、桦树、山杨、栎树、楸树、黑樱桃树及野苹果树。此外还有包括悬钩子和覆盆子在内的多种灌木。卡马河畔的草地上有很多草原植被物种。

乌拉尔南部地区的环境特点是干燥，不过也因具体生态环境而异。靠北有一些高地和发达的河流网，夏季河谷植被茂盛。作为南部地区最重要的河流——乌拉尔河沿着乌拉尔山脉南段东坡向南流淌，在奥尔斯克（Orsk）突然拐了一个大弯向西流去，最后一路向南注入里海（参见图0.1）。乌拉尔山脉的南段和东坡地带是干燥的、植被稀疏的草原，还分布着很多盐湖。这里干湿两季变化十分明显，干季和湿季持续时间通常达十年之久。那些不同大小，分别以山地、喀斯特暗河或牛轭湖为源头的湖泊对环境也有影响。除了苦涩的咸水湖，有活水供应的淡水湖在这里也有广泛分布。

西西伯利亚地区几乎都是平原，整个地势微微向北倾斜，没有明显的起伏变化，这里分布着欧亚地区最大的水网。鄂毕河-额尔齐斯河及其众多支流和大片的沼泽湿地在这片北方大针叶林地带十分集中而显眼。因此，这里是地球上沼泽与湿地分布最密集的地区。外乌拉尔地区中部有大片沼泽和湿地，由于这里非常潮湿，一些独特的史前有机质遗物会被较完好地保存下来。不过河流网络还不够稠密，鄂毕河、额尔齐斯河、伊希姆河（Ishim）与托博尔河（Tobol）[②]都属于哈萨克草原类型的河流，它们的特点是春季水量最大，有时占全年的90%，而其他季节水量较少。河流都是从草原流向森林地带，从早期史前社会开始，它们就已经成为该地区南北交通的主要通道。虽然一年只有三到六个月的通航期，不过在冰冻时节它们仍然可以作为跨地区交通之路。

---

① 别拉亚河发源于乌拉尔山脉南段，向西北流入伏尔加河左岸最大支流卡马河。——译者注

② 伊希姆河与托博尔河均为额尔齐斯河左岸支流，额尔齐斯河又为鄂毕河左岸最大的支流。——译者注

这里的气候是大陆性的。在暖季，主要来自哈萨克斯坦和中亚其他地方的热气流给这里的森林–草原地带带来干燥和干旱。冷气流则来自北冰洋，通常在冬季，有时也会在夏季出现，给这里带来严酷且不稳定的天气。此外，乌拉尔山脉挡住了来自大西洋的湿润气流，而阿尔泰山、帕米尔高原和天山又常常挡住一些热气流。

西西伯利亚地区总的气候特征如下：冬季寒冷，降雪量相对较少；春秋两季短促；夏季炎热，常年多风。针叶林地带的气候凉爽而湿润。

在乌拉尔以东地区，草原地带的分布比欧洲东部地区[①]要更向北延伸（参见图0.2）。森林–草原地带的南部分布着小叶树林，以桦树与山杨树等矮树林为主，草场植被品种繁多。往南过渡到草原地带，其北部直到近现代仍然以各种草类植被为主。总而言之，乌拉尔–西伯利亚地区的森林–草原地带是以条块状和马赛克状分布着的森林、草地、湿地和草原为特色的。每隔8—12年干旱就会光临这里一段时间，导致很多湖泊时而干涸见底，时而又注满了水。[3] 森林地带栖息着包括麋鹿、鹿、熊和猞猁在内的多种大型动物。小型毛皮动物如紫貂、狐狸、白貂和松鼠也是这里的典型物种。

在森林–草原地带，动物物种是混合型的。这里可以见到包括熊和鹿在内的森林或草原动物。乌拉尔与西西伯利亚地区所呈现的多样地貌是各种复杂的地形、纵向延伸的山脉以及山脉东西两边的气候差异造成的。动物和植物品种的分布天然地与各种地貌紧密地结合。上述几种基本的生态地带交界之处的对比和差别比较明显。由于气候波动等原因，各地带交界的生态也会呈现相互交错的现象。植被品种的变化在西西伯利亚地区表现显著，然而在乌拉尔山区由于自身地势复杂却未曾见到。正如前面所述，以气候带而言，乌拉尔西侧地区属于大西洋–大陆性温带气候区，而乌拉尔以东地区与其森林和草原地带都属于西西伯利亚的大陆性气候带。乌拉尔山脉北部地区几乎常年处于大西洋–北冰洋气流影响

---

① 为避免与常见的“苏联东欧”国家这个政治概念相混淆，除地理上的东欧大草原这个固定名称之外，本书一律将原著“Eastern Europe”译为“欧洲东部”，大致相当于今天俄罗斯的欧洲部分以及白俄罗斯、乌克兰和摩尔多瓦共和国所在地区。——译者注

下（Khotinsky 1977：22–23）。因此可以这么说，乌拉尔西侧地区的气候是按照欧洲东部地区的规律变化的，而东侧地区则表现更多的亚洲特色。此外，各种地貌很自然地并不是随着温度和湿度的变化而同步变化的。

二 青铜时代与铁器时代的气候条件

人类与环境的互动一直以来都是多个学科的关注焦点。数十年以来引起俄罗斯环境科学与考古学工作者越来越浓厚的兴趣。

近年来，结合孢粉、氧同位素分析和湖泊伸缩等方面的研究，越来越多的研究成果为了解全球气候变化提供了更多的历史数据。对于南北半球同步发生的气候变化，目前人们认为至少经历了四个阶段：（1）距今800—560年的“小冰河时期”（minor glacial epoch）；（2）距今1300—800年为早期中世纪的气候最适宜时期；（3）距今2900—2300年是寒冷的铁器时代；（4）距今7000—6000年为冰河时代结束后的最后一段气候适宜期（Dergachev et al. 1996：13）。按照克利马诺夫（Klimanov 2002）的研究，在这数千年间，北半球曾经经历过数个特别寒冷和温暖的时期。碳–14同位素每2400年一循环的规律与长时间持续的气候变化，在统计学上的相互关系最近也得到了关注（Vasily et al. 1997）。

全球性气候的循环变化反映在地区性和当地气候的波动，它能够促使各地形成地区性的生态系统。即使在同一阶段，地貌的反应也是不同的。这表现为各地湿度不统一（Koryakova & Sergeev 1986；Tairov 2003）。近年来，人们通过孢粉和土壤分析、沼泽泥炭以及其他新的水文和地质研究所得结果与碳–14同位素测定的年代并不矛盾，这些研究总体上为我们描绘了更复杂的气候动态。地区性气温变化波动的规模在全球各个时期都有所不同。特别值得注意的是，即使仅仅上升1—1.5摄氏度的轻度全球暖化，也会导致温带和高纬度地区较强的增温以及北半球亚热带地区气温小规模的变化。地区性的气温波动往往是在全球气候循环变化之前或者之后发生的（Klimenko 1998，2000，2003）。

伏尔加与乌拉尔地区以及哈萨克斯坦草原地带的环境科学研究，近几十年来获得了积极的进展。这些研究主要是根据该地区库尔干古坟中的古代土壤进行的（Alexandrovsky 2003；Demkin 1997）。在外乌拉尔地区，一个大规模的古环境研究项目正在阿尔卡伊姆遗址保护区进行，一系列土壤分析研究成果来自这些文献资料（Ivanov & Chernyansky 1996，2000；Lavrushin & Spiridonova 1999）。大量资料来自乌拉尔中部地区的泥炭沼泽地点（Khotinsky 1977；Nemkova 1978），乌拉尔山脉南部山麓地带山地森林中的湖泊沉积物也提供了重要的数据（Duryagin 1999）。此外还有西西伯利亚地区丰富的古地质样本（Ryabogina et al. 2001a；Ryabogina & Orlova 2002；Ryabogina et al. 2001b；Semochkina & Ryabogina 2001）。哈萨克斯坦北部地区也提供了有关全新世序列的相关资讯（Ivanov 1992；Kremenetsky 2003）。

综上所述，我们将历史上可能发生过的环境演变的基本趋势做一番概括。

一个社会总会根据环境变化的速度和范围产生不同的反应。这一点在草原地带十分明显，并且得到了考古学研究的验证。总而言之，在欧洲东部地区，湿度的波动并不会导致地貌与气候大范围的变化，然而在西西伯利亚和哈萨克斯坦地区，情况就要复杂得多。这里气候波动的范围要比欧洲东部地区大得多，以至于整个地带的地貌和气候都会因此而改变。由此可知，欧洲东部地区的居民对环境的变化采取的是一种适应性的模式，而亚洲地区的居民不得不主要遵循一种移动迁徙模式。

从地质学分类来看，青铜时代和铁器时代分别与全新世的中期和晚期相对应，即亚北方期（Subboreal period，表0.1简称SB）和亚大西洋期（Subatlantic period，表0.1简称SA），各自划分为三个亚阶段。根据这些学者的研究（Ivanov 1992；Ivanov & Chernyansky 2000），我们把从欧洲东部到蒙古这片地区的古地质学资料和与之相关的考古学分期阶段概括如表0.1。

大西洋期（Atlantic period，表0.1简称AT）尤其是最后阶段（AT^3）通常被认为是全新世气候的最适宜期，这时温度达到最高值，还伴随着湿润气候，阔叶林向北方扩展到最大范围（Khotinsky 1977：81；Nemkova 1978：43）。有些数据显

表0.1 欧亚草原地带的气候变迁（据 Ivanov & Chernyansky 1996）

时间		分期								
距今（千年）	世纪	地质学	热度	湿度	考古学					
					时代		文化			
							欧洲东部		乌拉尔地区及哈萨克斯坦北部	
0	20	SA³	变暖	SA³ 潮湿	与此同期					
1	15		SA³ 变冷 “小冰河”		中世纪	晚期	晚期游牧民 匈人		晚期游牧民	
	10		SA³ 变暖 相对气候	早期中世纪干旱期		早期				
2	5	SA²								
	0			早期亚大西洋期微观多雨与干旱交替	铁器时代		萨尔马泰人	晚期	早期游牧民	
								中期		
3	5	SA¹	SA¹ 变冷					早期		
							萨夫罗马泰人			
	10	SB³	SB³ 变冷	早期亚北方期的湿润期	青铜时代	晚期	斯基泰人			
4	15	SB²					辛梅里安人		萨尔加里 费德罗沃 阿拉库 彼得罗夫卡 辛塔什塔	
	20		SB² 温度适中			中期	木椁墓 洞室墓 晚期竖穴墓文化			
5	25	SB¹	SB¹ 变冷	早期亚北方期的干旱期		早期			特尔赛克-博泰文化	晚期
	30						早期竖穴墓文化			早期
6	35	AT³	AT³ 温度最高	晚期大西洋期湿润期	铜石并用时代		铜石并用诸文化			
	40								新石器时代晚期	

示大西洋期的这些特色在各地区表现并不均衡，人们根据乌拉尔南部地区的孢粉分析结果从中区分出几个干旱期。从考古学角度来看，虽然森林地带的铜石并用文化是与（欧亚草原）早期青铜时代的竖穴墓文化（Yamnaya culture）①同时的，但是大西洋期仍然可以看作与整个铜石并用时代（Eneolithic）同步。

各地研究欧洲东部及亚洲地区气候变化的学者一致认为亚北方期（SB）的总体特征是干燥，并且在青铜时代起始阶段还伴随着明显的变冷。距今5200—3700年，里海北部地区的干燥化开始加剧，这个过程伴随着地区气候大陆性特征的强化，它在亚北方期早期达到最高值（相当于早期和中期青铜时代），这些都导致该地区的地貌在分布时至少有一个亚地带被替代了（Demkin & Demkina 1999：25；Demkin 1997：158）。[4]公元前二千纪的特色是土壤和地貌的多样化达到了最大值，学者视之为近现代土壤和地带在地理分布上的形成时期（Demkin 1997：152）。如果将欧洲东部和哈萨克斯坦北部的两组数据进行比较，我们会看到干燥和湿润的持续变化在乌拉尔山脉东西两侧地区的表现是不同的。在亚洲这边，最温暖的时间比山脉西侧欧洲那边持续得要长久，它不仅涵盖了亚北方期的一期和二期，而且还包括亚北方期三期的一部分，也就是说这里的气候暖化一直持续到青铜时代的最后阶段（末期）。干燥化的上升也被确认是一个逐渐的过程（Ivanov & Chernyansky 1996：152）。一些学者则认为青铜时代第二阶段②的干燥化产生了灾难性的后果（Lavrushin & Spiridonova 1999：100—101）。

晚期青铜时代欧洲东部的湿度大体和现代相近。这个时期伴随着气候暖化并在大约公元前1500—前1250年达到最高值。正如前面所述，哈萨克斯坦北部地区的干燥化一直持续到铁器时代，并且有加剧的趋势。公元前二千纪，外乌拉尔地区与欧洲东部地区的气候状况是很接近的。而在公元前一千纪的起始阶段，相对于大陆性气候特征在加强的乌拉尔西侧的欧洲东部地区，外乌拉尔地区的气候模

① 竖穴墓文化，俄语罗马化为Yamnaya，乌克兰语为Yamna，词根yama是穴坑的意思。有按其音译为颜那亚或雅姆纳文化，本书采意译，英文亦称其为pit grave culture。年代范围大致为公元前3500—前2300年，是欧亚地区早期青铜文化的代表。详见本书第二章。——译者注

② 本书将所研究的乌拉尔及西西伯利亚地区的青铜时代划分为早期、中期、晚期和末期四个阶段。——译者注

式则显得令人惬意。因此，在公元前二千纪中间这段时期（前1500年左右），乌拉尔山中部和南部以外的地区都像孤岛般分布着一块块森林。西伯利亚地区的植被组合与近代美洲大草原类似。相对于近现代以来的气候暖化，公元前二千纪末段的气候总体上是寒冷的。期间也包括了亚大西洋三期（SA^3）一些被称为“小冰河时期”的气候波动。在欧洲东部的南部地区，气候适宜期为这里青铜时代晚期社会的繁荣特别是木椁墓文化（Srubnaya culture）①人口的增加提供了有利的气候条件，不过它在公元前12—前11世纪就结束了（Medvedev 1999a，1999b）。总体上的气候变冷在公元前9—前8世纪达到最大值。

铁器时代起始阶段的气候特点是湿度增加。很多地区如黑海北岸、北高加索、外乌拉尔、西西伯利亚以及咸海地区都有这方面的记录（Demkin & Ryskov 1996；Demkin 1997）。湿度变化的程度当然因地而异，主要受西北气流控制的西西伯利亚森林地带表现最明显，表现为冬季寒冷多雪，夏天则比较干燥。原先的干燥地带倒没有经历大幅度的湿度增加。大约公元前二千纪与前一千纪之交，欧洲东部地区被称为凉爽草原的地貌环境已经形成了（Medvedev 1999a）。从外乌拉尔地区森林草原地带搜集到的大量孢粉学数据显示，向铁器时代过渡阶段的气候特点是大陆性气候特性的增强（Larin & Matveyeva 1997）。学者们把这个时期气候的显著变化看作一种生态压力，这种压力影响了很多地区，也是决定当地居民生活方式的重要因素。

湿润期在公元前500年左右为新一轮的干燥期所代替，同样在欧亚地区的亚洲部分表现强烈。很多学者认为这是导致萨尔马泰人（Sarmatians）从中亚西迁至伏尔加河以及黑海北部草原地带的环境因素（参阅第六章）。从此以后出现了短时间的要么多雨、要么干旱的现象，不过二者的持续时间和出现频率并不是那么长和频繁。

---

① 木椁墓文化，Srub为俄语罗马化转写，木制框架的意思。故英语世界又称之为木椁墓文化（Timber-grave culture）。传统上认为它前承晚期洞室墓、波尔塔夫卡（Poltavka culture）和博塔波夫卡（Potapovka culture）等文化。后来铁器时代的辛梅里安人被认为是其后裔。大致年代为公元前1700—前1100年。详见本书第三章专节。——译者注

上述古气候的复原工作主要展现了草原地带及其毗邻地区的变化。不过，森林-草原地带尤其是森林地带的气候变化却不那么明显。这里气候和地貌的多样性也并不像南部（草原）地区那样对比显著，但是的确也发生过一些变化（Matveyeva & Ryabogina 2003）。在森林地带，人们不可能在南北方向看到各地貌疆界之间那种大规模的更迭现象。实际上，各地带之间并不存在一个真正的边界，若是有也只是一种统计学上的概念。[5]总体来说，湿度的变化并不会导致所有森林变成草原，或使草原变成森林。例如，据湿地专家的观察，欧洲东部和西西伯利亚地区的针叶林在湿度很高时，面积反而趋向减少，原因是湿地沼泽面积增大了。同样在干燥期，针叶林面积会因湿地的减少而增加（Kosarev 1984：40）。[6]山麓地带的情况倒不复杂，这里的地貌随着海拔而变化（Duryagin 1999：55）。亚北方期二期（SB^2）之后乌拉尔山脉东坡阔叶林的消失也正是气候干湿变化的见证。

因此，根据环境科学研究，全新世这里的气候和地貌发生了多次变化（参见表0.1）：据信公元前三千纪到前一千纪，至少发生过三次大的气候波动。高湿度期发生在公元前2500年以后和公元前二千纪与前一千纪之交。干燥高峰从公元前1500年就已经开始了。乌拉尔南部地区的土壤分析结果与上述论断尤为相符。在距今5000—3800年这段时间，这里的土壤显示出明显的草甸（meadow）地貌特征；距今3800—2000年，这里显示的则是一片草甸草原（meadow-steppe）特色，最后显示的是干燥的棕色土壤（Lukashev & Demkin 1989）。自新石器时代起，欧洲与西伯利亚/哈萨克斯坦地区的草原和森林-草原地带之间就有了相当大的差别（Kremenetsky 2003）。

乌拉尔地区地貌的多样性在气候变化史中得到了充分体现。由于全球性变化主要表现在地貌的多样化以及地区性气候波动方面，人类为适应这些环境变化而迁徙。

三 年代学和分期

本书以青铜时代和铁器时代为年代框架。这两个时代有着显著的变化和差别，这不仅是出于作者的偏爱或者是专家们的意见，而且是能够展现持续的人类社会和文化的变革所决定的（Koryakova 1996，2002）。青铜时代在本地区草原和森林–草原南部地带的开始是以食物生产型经济的出现为标志的。这是一种主要以畜牧业为基础的经济模式，在随后大约两千年的时间里，它的形态发生过阶段性的变化。尽管如此，这种以畜牧业为主的经济形态直到18世纪依然起着主导作用。虽然这两个时代有着（很多）差异，我们还是试图展示铁器时代一些社会文化的进步趋势其实是植根于青铜时代的。我们在深耕这部著作的同时，还是遇到了很多预想到的和没有预想到的困难。

错综复杂的年代学

在过渡到切实的考古材料之前，我们需要关注一下年代体系的相关问题。这片区域无论是从文化面貌还是从年代学方面都是难于描述的。难点在于这片区域的居民总是与周边地区保持着联系，他们的遗址总是包含着邻近地区的文化要素。这就迫使学者们在确认一个地区年代序列关系的时候总是要以西方或东方的年代学框架作为参考。而乌拉尔山脉东西两侧即亚洲西部和欧洲东部地区统一的年代学体系迄今没有建立起来。考古工作者一直被迫使用现有的、建立在文物和文物组合分析研究基础上的年代学体系，同时尽可能地核实其结果。总之，目前现有的年代学体系可以对各种考古材料——考古学文化、文化集团、分支类型的起始和结束年代提供比较明确的界定。

关于本地区公元前一千纪的历史事件，文献史料所能提供的信息相当稀少。此外，我们没有任何关于这个时期早期阶段的文献史料。因此，研究必须也几乎完全是依靠考古学证据进行的。当前的年代学体系在运用于当地考古资料的时候大部分是相对性的（相对年代），它几乎完全依赖于器物的类型学比较分析以及以地层学观察为基础的跨文化比较研究进行。就青铜时代而言，这种类推出来的年代序列是“附加”在欧洲、近东和中国上古年代框架之上的。至于铁器时代，斯基泰人（Scythians）和萨尔马泰人的年代序列起到了基准作用，其中一些部分又与来自古代东亚、希腊和罗马的输入产品和影响联系在一起。碳-14同位素测年技术正在被介绍和运用到地区考古学中，不过还没有形成全球性的年代学框架。[7] 此外，特别是青铜时代的很多个案，俄罗斯考古学者还面临着传统年代与碳-14同位素测定年代相矛盾的问题。碳-14断代方法运用越多，有关早期金属时代文化形态的年代就越往前提。至于铁器时代的碳-14年代数据，除了过渡期间的数据外，总体上与传统考古学年代学数据相吻合。不过公元前800—前400年这段时间的年代数据却因为校准曲线上有一块巨大的类似“高原”的（停滞期曲线）而碰上了麻烦（van der Plicht 2004）。

本地区发掘研究的大多数考古遗址通常拥有多个文化层堆积，并且能够提供极有价值的地层序列。然而一些遗物特别是陶器的类型复杂多变，以及田野考古方法的不同，因此我们很难把出自不同遗址的年代数据用一种令人满意的联系方式协调成一个序列。

总而言之，青铜时代有两种绝对年代序列：一种是“长时段的”、与欧洲西部（更准确地说是巴尔干-迈锡尼文明）类型相关的年代序列；第二种是“短时间的”、根据东亚（古代中国）的数据建立的年代序列。第一种年代序列比第二种能够提供更早的年代数据。

需要注意的是，俄罗斯考古学界缺少有关碳-14年代数据报告的发布和出版。很少的几部由一些实验室发布的年代数据报告（Orlova 1995）并没有明显改善总体现状。关于环黑海冶金区（circumpontic metallurgical province）① 绝对年代的选择性分析及其青铜时代晚期的概括性评论也出版了（Chernykh 2002）。然而这

① 根据俄罗斯著名冶金考古学家切尔内赫的定义，环黑海冶金区指的是黑海周边有着一批频繁互动关系的冶金制造中心的东欧南部、高加索、小亚细亚、巴尔干-喀尔巴阡山甚至更加往南的广大地区。时间上与欧亚早期和中期青铜时代相当，大致为公元前四千纪后半段到前三千纪中期（参见Chernykh et al. 1991）。——译者注

些出版物发布的年代数据对于本书所研究的地区却不是很重要。此外，欧洲东部地区的绝对年代数据依然有限，其中最东部地区的碳-14年代数据只占一小部分（Kuznetsov 1996b）。直到2002年，我们才获得了乌拉尔西侧地区铜石并用时代和青铜时代早期的第一批碳-14年代数据，起初还是以简约版发布的（Chernykh & Orlovskaya 2004；Morgunova et al. 2003；Morgunova & Turetski 2002）。这些遗址的碳-14年代大致在公元前3500—前2250年（表0.2）。不过从当时的葬俗和器物组合来看，这些遗址不像是同一个族群留下的。

表0.2　乌拉尔西部地区竖穴墓文化遗址的碳-14测年数据（据Morgunova et al. 2003）

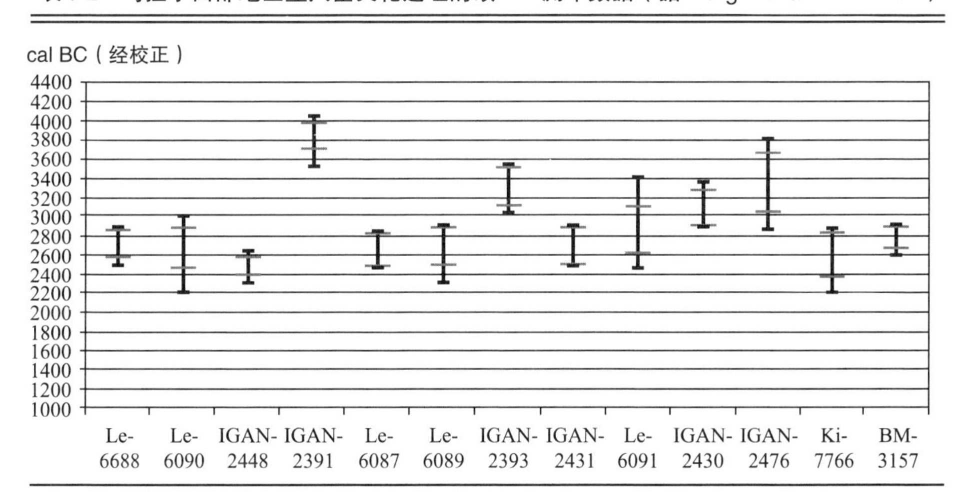

尽管如此，作为这项研究工作的成果，环黑海冶金区（详情参见第一章）的年代体系还是较好地建立起来了（经过校正的碳-14年代为公元前3300—前1900年），并且我们已经能够从中区分出青铜时代早期和中期这两个发展阶段。然而公元前2800—前2500年这段时间的一些碳-14年代数据有一些人为添加的因素，青铜时代早期与中期的大致分界已经被修正为公元前2700—前2600年（经过校正的碳-14年代）。[8]

还有一种类似情况，就是在青铜时代中期和晚期过渡阶段或是把青铜时代晚期再划分出几个阶段的时候，我们注意到人为设置的时间跨度大约为250—300

年，因此青铜时代这三个时期（中期、晚期和末期）经过校正的碳-14年代分别为公元前2300—前1600年、前1900—前1250年和前1500—前900年。同样令人挑剔的早期铁器时代的起始年代最好定在大约公元前900年左右（Chernykh et al. 2002b：21）。这里需要提醒读者的是，如此广阔的欧亚冶金技术文化网（Eurasian technocultural network）所在地区，目前一共只有237个由切尔内赫团队搜集公布的碳-14年代数据可供使用。最近，有关外乌拉尔地区青铜时代各个遗址的一系列共40个碳-14年代数据已由牛津大学实验室公布（表0.3）。这些数据是构成表0.4的基础。

表0.3 外乌拉尔及西西伯利亚地区青铜时代主要考古学文化遗址的碳-14测年数据

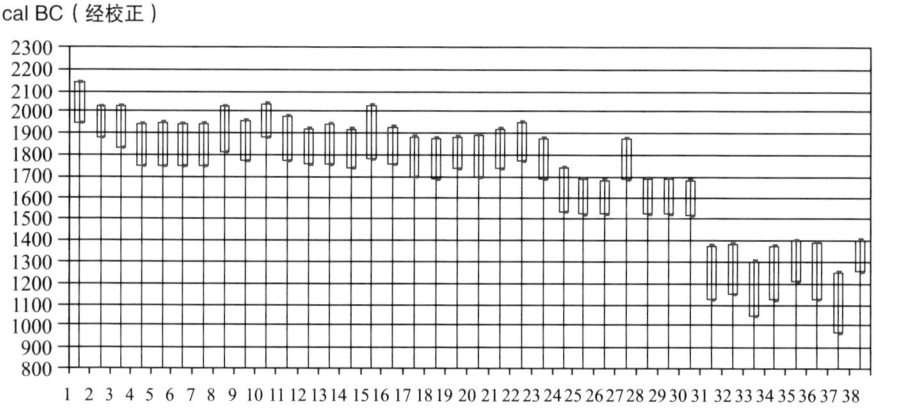

cal BC（经校正）

2300 2200 2100 2000 1900 1800 1700 1600 1500 1400 1300 1200 1100 1000 900 800

1 2 3 4 5 6 7 8 9 10 11 12 13 14 15 16 17 18 19 20 21 22 23 24 25 26 27 28 29 30 31 32 33 34 35 36 37 38

样本：1.塞伊玛-图尔宾诺；2—15.辛塔什塔；16、17.早期木椁墓；18—20.彼得罗夫卡；21—23.彼得罗夫卡-阿拉库；24—27.费德罗沃，费德罗沃-阿拉库；28—30.阿拉库；31—37.青铜时代末期（详情参见第二章）

尽管如此，青铜时代的这两种年代体系的分歧与争论依然存在。我们必须等待未来一系列能够填补年代学与地理分布“空白点”的研究成果，才能确立这些地区进一步相关联的标准文化和年代学标尺。

青铜时代向铁器时代过渡阶段的年代学体系尤其不确定。虽说欧亚地区冶铁技术的起源似乎已经明朗了（详情参见第五章），但是这个过渡阶段的年代序列依然是不确定的。尽管如此，仍有一系列考古学文化，虽然其总体年代数据与铁器时代相吻合，但是它们仍然建立在生产和使用青铜器基础上。这些“过渡阶

表0.4　青铜时代主要考古学文化年表

时段	年代(BC)	伏尔加河地区	乌拉尔西侧地区			乌拉尔东侧(外乌拉尔)地区			西西伯利亚	哈萨克斯坦北部
			草原	森林-草原	森林	草原	森林-草原	森林		
早期	3200	竖穴墓				特尔赛克	苏尔坦迪			博泰
	3100		竖穴墓	早期	铜石并用	|	|	早期		|
	3000			青铜时代	文化	| ?	|	青铜时代		|
	2900	洞室墓		文化	加林斯卡	| |	|	文化		|
中期	2800		|		集团	| |	|			|
	2700	波尔塔夫卡	|			竖穴墓	|			|
	2600	|	|		|	波尔塔夫卡?	|	|	梳篦-窝点纹饰陶器	|
	2500	|	|		|		|	|	诸文化	|
	2400	|	|				?			?
	2300	|	?			| |				
	2200	?				? |			克罗多沃	
	2100			阿巴舍沃		?				
	2000	博塔波夫卡	辛塔什塔	|	巴拉诺沃	辛塔什塔		塔什科沃	塔什科沃	克罗多沃-叶鲁尼诺
	1900	波克罗夫卡	彼得罗夫卡			彼得罗夫卡				
晚期	1800	|	阿拉库	木椁墓		阿拉库	彼得罗夫卡			彼得罗夫卡
	1700	木椁墓	木椁墓	阿拉库		费德罗沃	阿拉库		阿拉库	阿拉库
	1600	|	费德罗沃				费德罗沃	切里卡斯库		费德罗沃
	1500	|	|			萨尔加里		|	安德罗诺沃式的	
	1400	|	|	美周夫卡	库尔曼陶	|	切里卡斯库	|	文化层位	萨尔加里
末期	1300	|	萨尔加里	|	伊尔佐夫卡	|	美周夫卡	美周夫卡		但丁白
	1200		|	|	集团	|	|	|	伊尔门	东噶尔类型
	1100	努尔类型	|		美周夫卡		|	别雷斯基	|	|
	1000				|		|	|	|	|
	900				|			|		

段”的很多文化遗址总是缺少可供断代的考古资料或者根本没有能够进行碳-14测年的有机材料。由此，俄罗斯考古学界一直在争论的课题之一，从狭义的角度说是斯基泰文化的起源问题，广义地说就是游牧文化是如何产生的。图瓦共和国阿尔然（Arzhan）库尔干古坟的发现对于上述课题具有重大意义。[①]到目前为止，有关游牧文化早期阶段一系列有代表性的碳-14年代数据已经获得了（Zaitseva et al. 1997a；Zaitseva et al. 1997b）。虽然如此，一些学者（Chlenova 1997）根据一些文化之间的相似性仍然强调游牧文化产生的年代比较晚。不过与此同时，根据图瓦地区的阿尔然、咸海附近的塔吉斯肯（Tagisken）以及亚洲内陆其他一些遗址所获得的经校正的碳-14年代数据，欧亚东部地区的游牧文化是比较早产生的（Hall 1997）。

黑海北岸地区斯基泰人的重要遗址也提供了一批碳-14年代数据（Zaitseva et al. 1997a）。这些数据不仅与传统考古学的（相对年代）数据吻合，而且和西伯利亚南部一些遗址的数据相对应。

总的来说，铁器时代的年代学体系比青铜时代完善（表0.5）。有一些年代学数据是根据欧亚地区库尔干古坟的随葬品尤其是箭镞的类型学研究得来的（Khaznov 1971；Medvedskaya 1980；Milukova 1964；Moshkova 1974；Skripkin 1990；Smirnov 1961）。近几十年来最引人注目的考古发现莫过于欧亚草原及森林-草原地带那些从没有被盗掘过的游牧民的墓葬了。这些墓葬随葬品中有不少很特别的域外输入文物，可以帮助我们比较准确地对整个墓葬综合体进行断代。尽管如此，我们还是对历史文献中活跃在欧亚草原的一些特别的、危险的游牧部落感到困扰。学者们在探讨这些游牧部落的考古遗存和表现时总是争论不休，其中年代序列是争论的焦点。

---

① 此处指20世纪70年代初，苏联学者在图瓦（自治）共和国发现的阿尔然-I大墓，是一座以一对古代游牧部落酋长夫妇为中心的大型墓葬。环绕中心木椁墓有16个殉人，四周由原木堆砌而成的呈放射状布局的陪葬坑中竟有超过160匹马。经过树木年轮校正过的年代为前9世纪末到8世纪初。2000年，俄罗斯与德国联合考古队在其8公里外发现了未被盗掘过的年代稍晚的阿尔然-Ⅱ大墓，出土了包括大量黄金制品在内的精美文物。详情参见译者补充参考资料St. John Simpson & Svetlana Pankova（ed.）（2017）。——译者注

表0.5　铁器时代历史文化年表

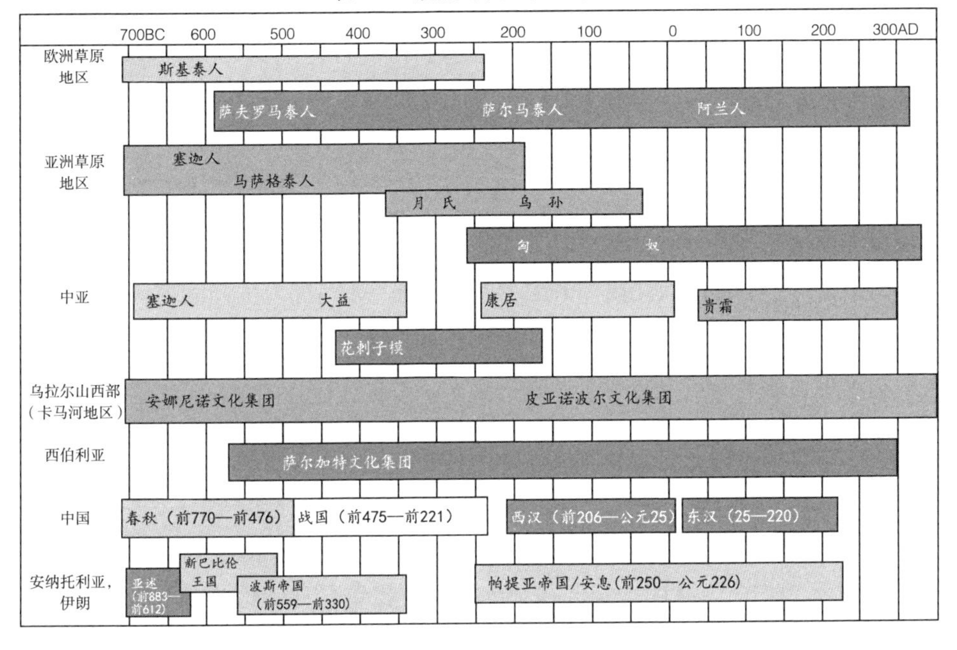

阶段划分：专业术语和结构问题

文化和社会的发展是个多层面的进程，其中各种时间参数对于我们诠释研究问题具有重要意义。

考古学习惯把一个“时代”（age）或“纪元”（epoch）划分为早期、中期和晚期。这些划分“时期”（periods）的做法虽不是一贯的，却也被普遍接受了。“时期”这个概念可以有两个含义：一是指在一个进程延续发生的时间内，二是指某一特定发展阶段。与此同时，如果我们认为“阶段”（stage）或“时段”（phase）是一种划分手段，那么“时期”就是它当时所在的阶段性结构的标记（Evdokimov 2000）。在俄语文献中，“阶段”（stage）这个术语从严格意义上讲并不被广泛应用，主要还是把诸如金属冶炼或家畜养殖等事业的发展考虑进全球进程时，才会运用这个术语。“时段”（phase or etape）[①]的用法倒是出现在很多文献中。

早期阶段的考古学研究还使用“年代学层位”（chronological horizon）这个术语。虽然亚布隆斯基（Yablonsky 2000）已经指出应该用“斯基泰年代学层位”（Scythian chronological horizon）来代替使用比较普遍却不十分准确的“斯基泰与西伯利亚联合体”（Scythian and Siberian Unity）这个说法，不过年代学层位这种说法在铁器时代考古学中也不典型。根据克莱恩（Klein 2000：489）的研究，“时期”与“年代学层位”的区别在于，“时期”即使有一段时间上的间隔但仍然是延续性的，而“层位”的年代却是不连续的、不准确的。

如果将欧亚青铜时代发生的全球性进程进行模式化和同步化，那么建立在按照文物的制造工艺进行分组以及对同组相似文物进行分类这些方法基础上的“冶金区”这个概念就能够起到重要作用（Chernykh 1978）。由于这个概念的运用，一些基本的年代学层位获得了确认，同时一些地区性的年代标尺也得到了协调。在接受并运用切尔内赫的冶金区这个术语时，我们需要就此做出一些解析。这里的“地区”（province）通常有两个基本含义：一是作为一个巨大分类系统的一部分，例如地理学上的一种气候或地貌系统；二是针对一个特定中心而言。实际上，如果考虑到它们的地域的话，切尔内赫所说的这些地区仍然属于一种单一层次的形态，且可以作为中心而不仅仅是区域存在。此外，“province”这个从英语借用而来的术语并不能反映这些“地区”的准确含义。因此，我们更倾向于使用“技术文化网”而不是“地区”。

根据传统，我们将本书所述的青铜时代分为早期、中期、晚期和末期四个时段（参见表0.4）。如此能够使我们在看到乌拉尔东西两侧地区不同地貌地带上文化发展进程中不同之处的同时，也能发现它们的共性和个性。如果这些（碳-14同位素测定的）绝对年代有时候与传统的年代数据不一致，我们倾向于依照最新的碳-14方法测定的年代数据（Chernykh et al. 2000a）。那些同步发生的文化事件的年代也获得了更正。至于欧洲东部地区青铜时代的年代序列，我们采用特里冯

---

① Etape，法语词汇，意思相当于phase。——译者注

诺夫提出的体系（Trifonov 1996a，1996b，2001）。

除了上述年代分期方法，如果考虑不同的定义标准，俄罗斯考古学界还存在着一些其他分期体系，尤其是就铁器时代的分期而言。

由于游牧民族在欧亚地区史前史扮演了非常重要的角色，俄罗斯考古工作者因此把铁器时代划分为两个基本的时期或阶段：一是斯基泰时期（Scythian period，公元前7—前3世纪），二是匈奴－萨尔马泰时期（Hunnic-Sarmatian period，前2世纪—公元1世纪）。格里亚兹诺夫（Gryaznov 1983）又把公元前9—前7世纪这个时期命名为斯基泰与西伯利亚文化的阿尔然－切尔诺格罗沃阶段（Arzhan-Chernogorovo phase）。同样，相对于“后期或中世纪游牧民族时代”这种说法，也有人建议称早期铁器时代为“古代游牧民族时代”（epoch of ancient nomads）。

我们将采用“时代”“时期”和“阶段”等概念组成的总体分期方式。至于那些地区性分期体系只会在有限范围使用。

因此，本书主要涉及的（中央欧亚）年代序列起始于公元前三千纪的后半段，经前二千纪直到前一千纪。由于本地区存在着各种明显的地貌和气候带（参见图0.2），因此各地区的年代与文化序列在细节方面并不相符。尽管如此，在那些历史与文化方面彼此或多或少有着稳定联系并且地理环境又相同的地区，我们可以观察到很多文化相似现象。这些文化之间的联系可以通过更适合于青铜时代而非铁器时代的（考古学）文化和年代学层位统一起来，而铁器时代则可以用“文化世界”（cultural worlds）这个概念来表述。

本书所研究的年代序列是由下面几个基本时期组成的，各个时期彼此之间的界线按照传统惯例来划分（除了最后一个“晚期铁器时代”，其他均为经过校正过的碳－14年代）：

早期青铜时代（公元前3300—前2600年）；

中期青铜时代（公元前2500—前1800年）；

晚期青铜时代（公元前1800—前1500年）；

青铜时代末期（公元前1400—前800年）；

早期铁器时代（公元前800—前300年）；

中期铁器时代（公元前200—公元300年）；

晚期铁器时代（400—600年）。[9]

以上具体划分主要适用于本书所研究的乌拉尔与西西伯利亚地区的南部地带（草原和森林－草原地带）。相比之下，北部地带的一些地方（文化）在技术上进化非常缓慢。青铜时代在那里实际上一直延续到公元前4世纪。

四 总 结

从理论上讲，本书主要是从物质文化角度来探讨（史前社会）在广义的物质基础上、作为一个社会主要运行方式的偶然性的领先和进步。在众多影响社会发展的相互作用因素中，地理环境因素被认为是非常重要的，此外，技术也扮演了重要角色。同时，社会政治与意识形态因素也是深具影响力的。

这些具有当下俄罗斯考古学特色的探讨（Koryakova 2003）将被应用于相关个案中。在处理如此广阔的地域和年代范围的时候，我们需要与目前仍然在俄罗斯考古学界占主导地位的文化－历史（cultural-historical）①研究方式告别。这样才能对考古资料中涉及大量时空范围的各种类型予以描述和解读。高斯登（Gosden）支持上述观点，他这样评论："虽然那些倾向于理论性阐释的考古学研究已经不太受欢迎，但是对于本地文化史特色和序列的研究兴趣是可以与近年来对物质文化、族属以及所谓情境考古学（contextual archaeology）②完美结合的。"（Gosden

① 指活跃于19世纪末到20世纪50年代欧美考古学界的文化历史考古学派（Cultural-historical archaeology），从人类学引进"文化"并形成"考古学文化"概念，强调文化传播和族群迁徙的作用。同时由于受到近代民族主义和种族主义影响，倾向于将历史甚至史前社会的物质文化遗存与特定的族群或文化集团甚至近代民族国家联系到一起。20世纪60年代以来在英美受到了过程考古学派即新考古学的挑战。参见译者补充参考资料陈淳（2009）；布鲁斯·特里格（2010）。

② 此为英国考古学家伊恩·霍德（Ian Hodder）于20世纪80年代中期提出的一种对考古资料进行诠释的方法。受结构主义和新马克思主义等思潮影响，他认为要像理解语境中的词句（words in context）那样，把考古资料放在一个大的环境和行为背景（context）之中，如此才能解读与其相关的各种信息。当然此举只有通过结构主义分析才能彰显其总体意义。参见译者补充参考资料陈胜前（2013，2018，2019）；Ian Hodder（1999）。

1999：476）

我们相信，作为一种启发式的考古学手段（Veit 1994）以及能够对考古资料的相似性和类型特征进行标示的方法，考古学文化这个概念仍然具有存在的积极意义。

虽然很久之前人类就已存在不同的族群，但是我们这里并不追求确认所有考古学文化的族属。（因为）在史前社会，人类族群之间的异质性（差异）实际上是很小的；随着人口增长，这些族群之间的差异也增加了。族群在时间和空间上的不确定性和可变更性，导致了所谓“文化流动性”（cultural flowability），它表现在各个文化之间具有可传播的特征（Arutunov 1989：44—45）。从考古学角度来说，这种“文化流动性”表现在器物的类型特别是纹饰的连续性方面，当这些遗址、出土文物及其组合中出现了一种或两种变化趋势的时候，它们就会形成持续性的序列，其中差异最大的器物组合总是位于这些序列的外围。

总的来说，考古学文化和族属二者之间的特定关系，其特征是依具体情况而定的。因此我们一般不会去讨论族属认定的细节，除非相关的族属问题已经非常明确且获得了充分研究，例如森林地带很多世纪以来那些一直处于同一种文化连续体中的族群。至于大范围分布的考古文化遗存，我们可以像语言学家那样把它们与一些已经被普遍认可的语言分布地区相比较。对于铁器时代而言，通常认为它们在考古学、语言学和民族学上彼此关联的可能性要比青铜时代更多一些。

虽然我们否认特定的考古学文化与特定的社会群体之间一定存在着紧密的联系，但是如果能洞察这些空间上表现的人类文化进程中的累积印象的话，我们就会相信这些考古学文化类型会在特定的时代、特定的地域和特定的族群中体现。

我们同时也来厘清一下“考古学文化”这个术语的语境。当我们使用这个术语来表达的时候，例如“竖穴墓文化”族群或“竖穴墓族群”，我们心中已经有了留下这些遗迹的居民的累积印象，而这种印象恰是与我们使用的“竖穴墓”这个名字统一在一起的。

“考古学文化”这个概念的确有它明显的局限性。对历史上熟知的一些族群的研究证实了其社会和文化在形成过程中存在着巨大的复杂性、多样性和等级制度。尽管考古资料有这些局限性，但它还是能够显示出如此之多的多样性在历史上是存在的。不过，如果我们把所有考古资料都简化到只剩下“考古学文化”这一概念的话，那么就会妨碍我们对文化进程总体性的理解，从而导致考古学者陷入盲目的术语争论的窄巷以及对本地文化水平评价过高。为了避免这种考古学上的“地方主义”，我们可以参考其他的考古学分类体系。

有些地区，无论哪个文化集团在那里栖息，数百年来都能够保持着空间上的稳定。相似的生态环境对于产生相似的文化模式（cultural stereotypes）能够起到一定作用，它们反映在人们的经济活动、日常生活和宗教信仰等方面。[10]由此产生了一个共同的文化背景，在此背景下，无论在哪个时代，各个族群内部之间的横向联系总是扮演着重要角色。“文化共同体”（cultural intercommunity）这个概念就是用来特指这种现象的。它是由数量可观的人类活动（文化）相互交流决定的，这些人类活动（文化）又是以特定时空范围所形成的基本的物质和非物质文化模式相似性为特征。分类上相近但又和“文化共同体”概念不完全相同的是“文化家族”（family of cultures）这个概念，我们之所以把它介绍给大家是想强调在特定区域可能存在的文化之间的继承关系。它被定义为历时性的并且是由一系列彼此有着继承关系的文化组合而成的，这些文化由于具有共同的起源和传承而联系在一起。“文化家族”这个概念能够反映特定时期核心文化传统稳定的历时性发展。

我们同时也使用了“文化世界”这个术语。它可以理解为一个由经济、社会、族群、政治和其他决定因素组成的大联合体（Shchukin 1994）。这个“世界”以一个特定文化模式的风格或是它某种结构性的联合体为特点，这种文化模式是在相对封闭的历史条件下社会发展的产物。

正如前面所述，我们所研究的这片地区的特性是由其地理环境和文化领域的中介地位决定的。这就意味着当地的社会总是注定要参与各种形式的互动，而这些互动并不像我们想象的那样，是均匀平衡的。还有一个非常重要的因素，就是这片地区在公元前二千纪至前一千纪间的技术和经济的复杂化不断上升，同时，来自那些已经进入国家阶段的社会尤其是铁器时代出现的第一批帝国的影响也在加强。

第一部分

青铜时代

——复杂社会的兴起

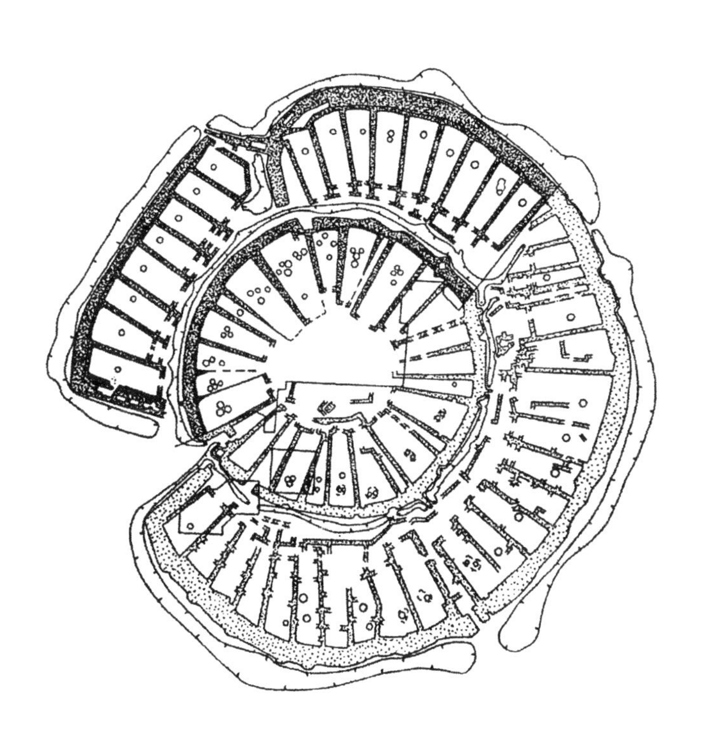

第一章

青铜冶炼技术的发展

俄罗斯考古学者很早就对古代金属冶炼的历史和技术进行了研究。至今很多俄罗斯考古学者仍然把这些人工制品的分类作为文化比较研究的一种重要手段。现在，原先那种对金属器物比较狭隘的研究方法几乎都被新的、研究金属制品的制造和具体工艺模式取代了，具体研究成果有叶森和科瓦列夫斯基（Yessen & Degenom-Kovalevski 1935）、切尔尼科夫（Chernikov 1949，1935）、博齐卡廖夫（Bochkarev 1995a，1995b）、孙楚卡谢夫（Sunchugashev 1969，1979）、瑞姬娜（Ryndina 1998）和切尔内赫（Chernykh 1966，1970，1992）。

瑞姬娜对青铜时代起始问题的一些基本研究状况做了归纳和总结。她认为那些具有装饰和刺入或切割功能、但只是零星出现的金属器物文化是铜石并用时代的。只有出现大量人工合金金属制品的文化才能严格称为青铜时代文化（Ryndina & Degtyareva 2002：18）。

切尔内赫认为除了冶金技术，金属制品是导致社会发生重大变革的一个主要决定因素，它们在人类文化其他领域也产生了巨大的影响和结果。他对（自己提出的）能够与任何一个考古学文化相联系的“冶金制造中心和地区”理论进行了详细阐释（Chernykh 1989）。他将各种铜合金制品的类型与人工金属制品的类型学研究联系在一起，然后根据特定考古学文化金属制品的不同成分进行分析比较，从而彰显它们之间的量化关系。

上述这些观察和研究都为冶金或制造中心概念的确认奠定了基础。[1] 这些

“冶金制造中心”通常与一些特定的考古学文化或其相关类型直接联系在一起，被视为这些考古学文化中独特的创造性因素。随后的研究显示，它们与考古学文化之间有着非常紧密的联系。

根据切尔内赫的观点，一个冶金区（我们的术语叫作“技术文化网”）是由一些相似的冶金制造传统所组成的一个生产体系。这样的冶金技术网可以在那些拥有或者没有矿产资源、但是彼此有着活跃贸易往来的社会间产生（Chernykh 1992）。金属制品的消费者从生产者那里可以得到能够帮助他们建立新的冶金中心的原材料和技术创新理念（Ryndina & Degtyareva 2002：41）。正是在这些相关知识传播交流的地区，“冶金中心”（metallurgical centers）才得以建立。“中心”可以理解为一个地区，在那里相似的金属与金属制品是由一批特定的熟练工匠群体制造出来的。冶金制造的几种模式都依赖或者是由下列四种因素决定的：（1）人工制品的类型和种类；（2）生产技术方式；（3）制造铜和青铜合金器物时所使用的特定化学和冶炼方法；（4）从事冶金制造的社会组织及其结构（Chernykh 1992）。

在所有冶金中心，冶金制造是由一批职业人群所拥有的特殊工艺。他可以是一位乡村工匠，能把冶金制造工艺和知识传授给后代，这属于一种个人和家庭式的生产组织形式。另一种组织形式是一些专门从事冶金工作的氏族，它是由氏族内一批工匠组成的，他们能够从事大规模的旨在进行远距离贸易交换的冶金制造工作（Ryndina 1998；Ryndina & Degtyareva 2002）。历史学、考古学与民族志提供的各种材料都证明冶金技术从一开始就是非常专业化的。因此在所有个案中，冶金工匠们的社会地位是相当高的。博齐卡廖夫（Bochkarev 1995b：116）把冶金术看作一种非常重要的亚文化现象。

为使相关地区课题研究更加明确，我们首先对欧亚地区冶金技术的总体发展进程做一简要评估。

一 欧亚地区冶金技术的发展阶段

切尔内赫（Chernykh 1989）认为，北部欧亚地区的早期冶金技术经历了以下三个阶段。

第一阶段，以公元前五千纪和前四千纪一些考古学文化出现的纯铜制品为代表。这些考古学文化在地域分布上与巴尔干-喀尔巴阡山（Balkan-Carpathian）冶金文化网相当（经过校正的碳-14年代为公元前5000—前3800/3700年），它们的起源都受到了安纳托利亚（Anatolia）地区的影响。与源头安纳托利亚地区不同的是，冶金技术在公元前五千纪至前四千纪传到东南欧地区之后发展很快，伴随着社会和文化方面显著的变化和进步。这里既是金属制品的生产者也是消费者。冶金技术的发展经过一番变革后产生了爆发式的结果。然而到了第一阶段末期，巴尔干和喀尔巴阡山地区的铜石并用文化却出现了明显的衰退和原有技术成就被遗弃现象。导致这些文化崩溃的原因迄今仍然是个谜（Chernykh 1989；Chernykh et al. 2000）。

铜石并用时代向青铜时代的过渡持续了数百年（经过校正的碳-14年代为公元前3700—前3300年）。一种新型冶金技术体系代替了原有的，它扩张的地域范围和影响力都更加宽广了（地域范围增加到大约四五百万平方公里）。这正是所谓（北部）欧亚地区冶金技术发展的第二阶段。这些冶金中心是与"环黑海冶金网"（circumpontic metallurgical network）一起形成的，[2]存在的时间大约为公元前3300—前1900年（Chernykh et al. 2002b；Chernykh et al. 2004）。这个欧亚冶金文化网内所有冶金中心生产的都是品种类型和工艺很相似的产品。这个阶段大致和本地区早期与中期青铜时代相吻合（公元前三千纪到前二千纪初期）。包括高加索地区在内的很多地方都出现了冶金中心，它们的主要产品是砷青铜（arsenical bronze）和纯铜制品。①

① 对于上述东南欧、欧洲东部、高加索及欧亚地区铜石并用文化和早期青铜文化的研究可参考本书英文版序作者的专著，参见译者补充参考资料Philip L. Kohl（2007）。——译者注

环黑海冶金网涵盖了高加索、巴尔干与喀尔巴阡山、黑海北岸和小亚细亚等地区的很多冶金中心（图1.1–A）。向北方传播的金属制品最终被引入东欧大草原北部诸文化之中。这些草原地带的文化为冶金术与先进的经济模式向北方和东方传播起到了非常重要的作用。各种类型和功能的青铜工具变得越来越先进了，[3]新发明表现在青铜铸造方面，特别是在制造有銎斧时已经使用封闭的、而不是从前那种两片模子组成的敞开式铸范了（Ryndina & Degtyareva 2002）。

第三阶段与本地区的青铜时代晚期和末期相当（即公元前二千纪初期到前一千纪初期），特点是冶金技术在整个北部欧亚地区得到了进一步的传播。[4]三个受影响最显著的地区分别是巴尔干–喀尔巴阡山、高加索和乌拉尔地区。新形成的冶金文化网包含了欧洲、高加索、欧亚和中亚地区原先的地区性网络，形成过程中还伴随着人员的迁徙和各种文化的演变。非常值得注意的是在上述所有地区，新型的含有锡与多种其他合金成分的青铜器开始广泛使用，与此相关的矿藏开采数量也大大增加了。

北部欧亚地区青铜时代中期与晚期的主要特色表现为冶金技术向东北部地区显著扩张，锡合金青铜器大幅增加了，同时青铜器的制造工艺取得了新的进步，成品器物的造型也得到了规范化。这都是欧亚（冶金）技术文化网所固有的，这张网涵盖了包括草原和森林等几种地貌在内的、东起阿尔泰山西至第聂伯河（Dnepr）的广大地区（Chernykh 1989：267）。在这片技术文化网，凭借乌拉尔山、哈萨克斯坦、天山以及阿尔泰山等地区的相关矿藏，很多新的冶金中心得以建立（图1.1–A）。锡是从哈萨克斯坦中部以及阿尔泰山区的矿藏中开采出来再运到西部冶金中心的。欧亚地区广泛使用的青铜器类型有中部较宽、中间有脊、手柄平直的短刀，弯曲的镰刀，有木柄插孔的斧和凿以及锻造或铸造的带有阴刻纹饰的矛等（Chernykh 1992：213）。

每个时期，欧亚地区这个由技术、经济和文化等要素组成的网络都是以能够直接或间接促进文化发展的新技术的发明和传播为特色的。在这个进程中，乌拉尔地区扮演了自己（重要）的角色。

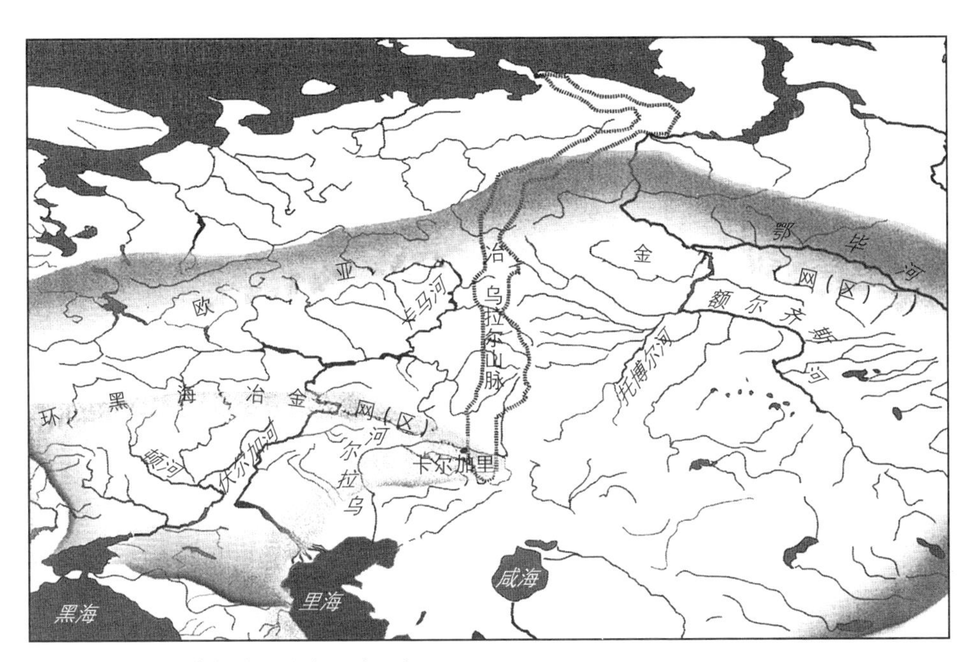

图1.1　A. 环黑海与欧亚冶金网（区）

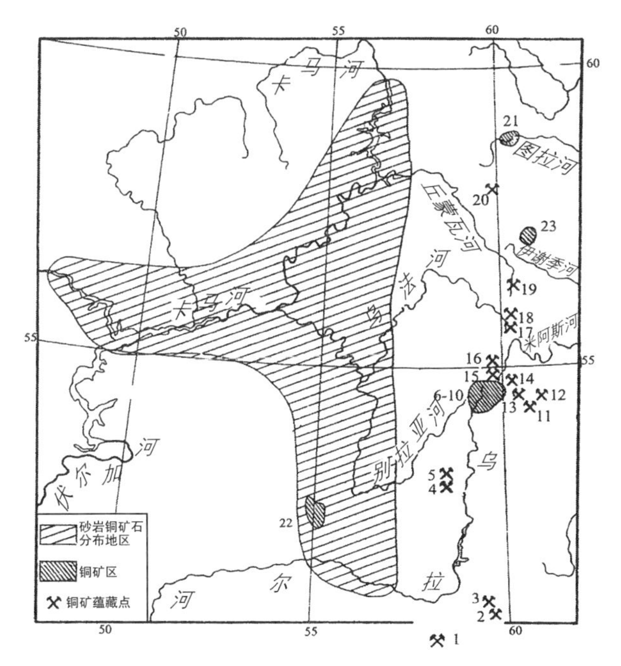

1.德真伽纳；2.乌什-卡塔；3.依列诺夫卡；4.卡米什里-乌兹雅克；5.巴克-乌兹雅克；6—10.吉尔雅宾斯科，乌尔根，沃兹涅森斯科，波利亚诺夫斯科，那拉尔里；11.波莱克夫斯科；12.基齐金斯科；13.塔什-卡兹干；14.尼科利斯科耶；15.麦地纳山；16.贝雷左瓦山；17.索依蒙诺夫科；18.苏古尔科；19.古门斯基；20.美特诺鲁扬斯科；21.维尔科土林斯基矿区；22.卡尔加里矿区；23.布拉哥达特尼矿区（据Chernykh 1970）

图1.1　B. 乌拉尔地区铜矿分布图

二 乌拉尔地区的青铜冶炼技术

起 始

近几十年来，人们对于乌拉尔地区冶金技术的了解和研究取得了很大进展。这些通过田野发掘和实验室分析所取得的成就体现在一些较新的总结概述性著作中（Chernykh 1992，1997b，2002；Chernykh et al. 1999；Grigory'ev 2000b；Grigory'ev & Rusanov 1995）。这些著作都极大地拓展了我们对乌拉尔地区冶金技术的了解。

可以信心十足地说，在整个青铜时代以及向铁器时代起始阶段过渡期间，乌拉尔地区分布着北部欧亚地区最重要的冶金中心。我们先对本地区的冶金制造业做一个宏观性的描述，主要侧重于技术概貌。后面章节再探讨与之相关的经济、文化和社会状况。

乌拉尔山区蕴藏着包括金属矿石在内的多种矿藏。从地质分布和金属冶炼区域来看，乌拉尔山区可以分成西部和东部两个地区。西部山区的很多地层是由富含铜的砂岩构成的；东部山区的地层则主要是氧化硫化物矿石，以碳酸铜（孔雀石和蓝铜矿）形式为主。由于各个时期乌拉尔山区的矿藏一直被密集开采，所以目前我们还很难区分哪些是史前人类开采的遗迹。不过在18世纪，俄罗斯第一批前往西伯利亚进行科学考察的学者和旅行家已经对这里史前开矿遗迹有过报道，也得到了俄罗斯古典地质学家们的证实（Zaikov et al. 2002：417）。俄罗斯考古学者切尔内赫（Chernykh 1970）、E. 库兹米娜（Kuzmina 1962）和叶森（Yessen 1946，1948）先后探寻了其中一些矿藏遗址，如奥伦堡地区的依列诺夫卡（Elenovka）和乌什－卡塔（Ush-Katta）、叶卡捷琳堡附近的古门斯基（Gumeshki）、外乌拉尔地区的塔什－卡兹干（Tash-Kazgan）等（图1.1–B）。最近的一次是俄罗斯考古学和矿物专家组成的科考队，他们系统地考察了乌拉尔山脉南段的古代铜矿遗址（图版1.1）。[5]还发现了一些新的以前不为人知的遗迹（Zaikov et al. 2002）。格里戈里耶夫（Grigory'ev 2000a）研究了辛塔什塔文化（Sintashta culture）的采矿和冶金制造情况。系统的研究是由切尔内赫的团队在属于辛塔什塔文化的卡尔加里（Kargaly）遗址群进行的，那里保存着比较丰富的史前和历史阶段的采矿和冶金活动的遗迹。

我们由此确信，考古学文化内部和各文化之间的关系受到了冶金技术发展水平的深刻影响，而冶金技术的发展又是受矿产资源和社会因素制约的。同时，我

图版1.1 乌拉尔南部地区的卡门斯基矿床（Kamensky mine）遗迹

们也并不认为青铜时代乌拉尔地区居民生活中所有具有社会意义的重要事件都与冶金技术有关，当然更不必说在这种冶金术下的铁器时代了。毫无疑问，冶金术在社会总体发展进程中扮演了十分重要的角色。然而，在欧亚地区冶金术发展的初始阶段，原则上以畜牧业和渔猎为主的居民并不完全依赖金属工具的使用。因此，早期金属工具特别是青铜时代早期和中期的金属器物组合，都突出表现在军事和礼仪方面，而不是实用功能。这一时期青铜工具的出现和少量使用在本质上并不能导致当时的经济基础和社会关系发生重大变革，所以这方面的情形依然与当地先前的铜石并用时代基本一样。

铜石并用时代的金属器物以数量相当有限、形制非常简单的纯铜人工制品为代表，目前还没有发现当时的冶金遗迹。不过我们也必须坦承，铜石并用时代一直没有得到很好的研究；相对于青铜时代和铁器时代，铜石并用时代被调查研究的遗址相当有限。总体而言，金属工具在这些主要以渔猎为生的居民中所起到的作用是很小的，与此相关的冶金术也没有占据必要的社会地位。

冶金术首先是在青铜时代起始阶段的乌拉尔西侧草原地带的竖穴墓文化真正建立起来的（详情参见第二章）。虽然竖穴墓文化类型的遗址都是以突起于地表的库尔干古坟为代表的，但是那里的确存在着一系列能够证实当地冶金技术发展的考古资料。这里数不清的砂岩铜矿要比乌拉尔以东地区较早得到开采。乌拉尔西侧地区的考古遗址保留着很多冶金制造的遗迹，如熔化和铸造的金属残片、金属熔液的残滴、铜制的刀和锥、钻等。不过还没有发现过熔炉或矿渣的遗迹。

欧洲东部古代冶金技术令人印象最深的就是考古发现的卡尔加里矿冶遗址群，这里也标志着环黑海冶金网的东部边界（参见图1.1-B；图版1.2）（Chernykh 1997a，1997b，2002；Chernykh et al. 2002b；Chernykh & Easteo 2002）。

这个铜矿石开采和冶炼中心位于北部欧亚地区的草原地带，大致位于今天俄罗斯奥伦堡州这片地区，这里生长着十分茂盛的各种草本植物。矿区的分布面积大约500平方公里。富铜矿主要分布于乌拉尔河流域，特别是它的右侧支流地区。蕴藏最丰富、最集中的矿藏位于草原上的一条小河——卡尔加拉河（Kargalka）两岸地带。以这条小河命名的卡尔加里矿区的铜矿石属于砂岩和页岩形式，它们

图版1.2 卡尔加里矿区航拍照片
箭头所指为高尔尼（Gorny）聚落遗址（据Chernykh 1997）

都属于乌拉尔南部的一条铜矿带。矿区地表露出数不清的史前和历史时期人类开采遗迹：竖井和平行的巷道、深坑、洞穴和废料堆等。切尔内赫观察到地下分布着大量竖井，很难全部描述它们。这个遗址群还包括已经著录在册的大约二十来处聚落遗址和四座库尔干古坟（Chernykh 1997b，2002）。

卡尔加里矿区考古资料证实了这个地区早期开发的历史，经过校正的碳-14年代为公元前3000年（Chernykh 2002：135—137）。

奥伦堡州地区墓葬中出土的独特考古资料反映了乌拉尔西侧地区冶金技术水平：有錾凿、斧锤、双头锤、大量的矛头以及铜铁复合加工而成的扁斧或铲（Morgunova 2002；Morgunova & Kravtsov 1994）。竖穴墓文化（公元前四千纪后期到前三千纪）的一些遗址发现了砂岩铜矿石和本地区最早的纯铜器物。它们都是按照西部地区的式样制作的，但是金属材料来自本地。分析研究显示，奥伦堡地区出土的上述金属制品的原料都来自卡尔加里的砂岩铜矿。另有一些遗址出土了卡尔加里的铜矿石。

乌拉尔地区早期冶金技术是在高加索地区的影响下发展起来的。需要注意的是，那些在公元前三千纪晚期向欧洲东部几乎所有地区供应金属产品的高加索的冶金中心，它们的产品是砷青铜。而同期的乌拉尔地区砷青铜器物却非常稀少，仍以纯铜制品为主。尽管处于边缘地带，卡尔加里这个冶金中心还是运用了当时几乎所有的先进技术，制造出与西部冶金中心相似的成套产品。唯一的区别在于这里缺少锡合金的青铜器。乌拉尔地区是没有锡矿蕴藏的。非常有趣的是，这里几乎所有的金属产品都是输往西方的。利用卡尔加里矿石熔炼的产品在西部的伏尔加河－乌拉尔河之间地带的库尔干古坟中常有发现，但是在外乌拉尔地区却从没有发现过。

此外，位于乌拉尔与斯堪的纳维亚半岛之间欧洲东部森林地带的考古资料显示，那里一些比较原始的金属制品与当时的环黑海冶金网（区）的产品类型没有直接联系。目前（乌拉尔地区）大约有184个冶金制造点的碳－14年代数据可供参考，其年代范围为公元前3500—前1900年（Chernykh et al. 2002b：17）。

正如前面所述，在青铜时代早期，食物生产型经济——畜牧业和冶金技术已经在草原地带出现了。这时期还形成了地区性经济的专业分工以及各种新型的社会关系和纽带。采矿和冶金技术都需要专业化的知识，对于这样一个古老文化来说显得相当神秘（Baiburin 1981）。由此导致一批专业人士从社会人群中分离，他们专门从事采矿、冶金制造或是产品运输等工作。所有这些都改变了社会内部及其与外部其他社会群体之间的关系。可以说公元前三千纪，欧洲东部地区的贸易－交换活动的方向和距离都是由金属制品、从原材料到成品在不同矿区之间的移动决定的（Ryndina & Degtyareva 2002：115）。

发 展

乌拉尔地区冶金技术的进一步发展是在青铜时代中期晚段和青铜时代晚期早段。它的发展是伴随着环黑海冶金区的瓦解和范围更大的、面积达七八百万平方公里的欧亚冶金文化网激发下产生的（Chernykh et al. 2002b；Chernykh et al. 2004）。在乌拉尔地区，这个时期分别以辛塔什塔和阿巴舍沃（Abashevo）这两个遗址命名的灿烂的考古学文化形态为标志。在此我们暂且不谈两个文化之间的关系。我们先做一个简要提示，这两个文化的发生是有关联的，它们刚好也是在乌拉尔山脉东西两侧地区彼此平行发展起来的。[①]

乌拉尔东西两侧地区的很多聚落遗址保存了当年冶金制造活动的重要遗迹。学者们对其中乌拉尔西南部别拉亚河地区的别列戈夫斯科耶（Beregovskoye）、巴兰巴什（Balanbash）和乌尔尼亚克（Urnyak）等聚落遗址进行了一系列考古调查，发现有矿石熔器、坩埚、熔渣以及铸造工具和装饰品时留下的很多废品（Salnikov 1954：54—60；1967）。两个主要的冶金中心都位于阿巴舍沃文化（Abashevo culture）区域内。其中一个位于顿河（Don）流域，这里虽然缺少原材料矿石，但依然是个金属制造区域。它采取将乌拉尔地区进口来的金属废料进行再加工这种生产模式。另一个冶金中心就是巴兰巴什，它位于乌拉尔西侧地区的南部，由它冶炼和制造的铜器供应了很多地区。别拉亚河流域及其附近地区有很多裸露于地表的含铜量很高的砂岩，因此很早就成为乌拉尔南部地区冶金中心的矿石基地。阿巴舍沃文化一些冶金工匠的村庄在巴兰巴什地区往东300公里处的山地-森林地带也有发现（Borzunov & Bel'tikova 1999）。

巴兰巴什地区的冶金工匠原先是制作纯铜产品的。他们在自己的聚落里熔炼矿石，因此这里总能发现熔渣、坩埚和成品等遗物。然而熔炉遗迹却没有找到，或许当时的熔炉是最简陋的那种结构，因而现场只留下一些被燃烧过的痕迹（Grigory'ev 2000b：513）。

冶金工匠们已经能够运用通常是由陶土或石头做的一整块或双片组成的合范来铸造器物（图1.2）。

有銎斧是阿巴舍沃文化遗址中最有特色的金属制品。用来装木柄的插孔

① 阿巴舍沃文化（Abashevo culture），年代大致为公元前2500—前1900年。一些学者认为它上承竖穴墓文化和绳纹陶文化相关类型，下启木椁墓文化和辛塔什塔文化。详见本书第二章。——译者注

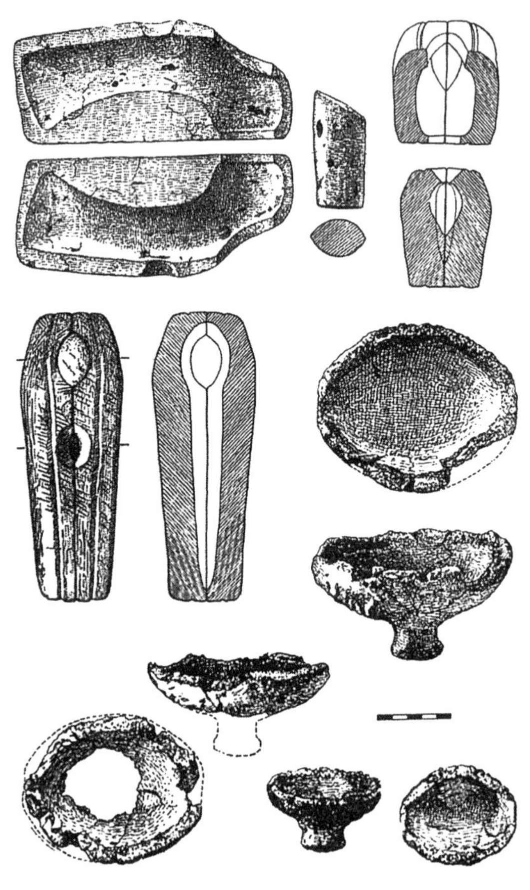

图1.2 阿巴舍沃文化佩普基诺（Pepkino）库尔干古坟1号墓出土的铸范和坩埚[①]（据Khalikov，Lebedinskaya，Gerasimova 1966）

（銎）是椭圆形的。刀的中部腰身较宽、中间有凸起的脊，刀身逐步向手柄处收窄。扁斧（铲）的器身平直没有厚度变化，刃部下端比其他部位要宽一些。不过阿巴舍沃文化的居民不懂得如何整体铸造有木杆插孔的矛，他们只会将一张铜片卷起来锻打成类似的矛。这种矛和一些小镰刀或单刃弯刀在乌拉尔最西部地区的遗址都有出现。

阿巴舍沃文化金属制品组合中相当一部分是砷铜器，切尔内赫（Chernykh 1970，1992）因此将它们与位于外乌拉尔南部地区乌依河（Ui）[②]上游的塔什－卡兹干的铜砷矿联系到一起（参见图1.1–B；图1.3）。按照切尔内赫的说法，这些铜－砷矿石是从东往西越过低矮的山脊运到冶炼中心的（一段250—300公里跨越山丘之路）。阿巴舍沃金属制品的砷成分相当高，为1%—7%。格里戈里耶夫（Grigory'ev 2000b：503）研究分析了一系列金属熔渣后认为，塔什－卡兹干的矿石有可能是在当地或是在乌拉尔西侧地区的一些聚落中熔炼的，然后这些金属被运到较远的阿巴舍沃和辛塔什塔这两个文化

① 位于伏尔加河畔。具体位置见图2.5–B，8。——译者注

② 乌依河发源于乌拉尔山脉南段东坡，自西向东流入额尔齐斯河西侧的一条重要支流——托博尔河。——译者注

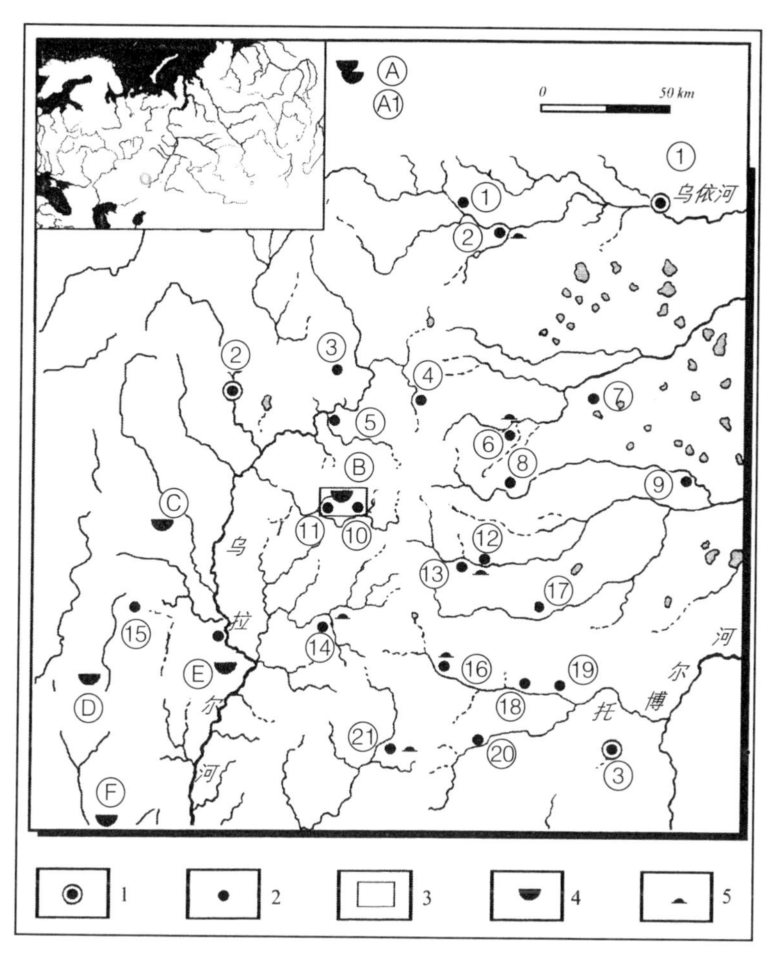

图1.3　外乌拉尔南部地区青铜时代中期的遗址以及古代铜矿分布图

图例：1.现代居民点；2.设防聚落；3.地质及考古学研究过的地区；4.调查过的古代铜矿地点；5.库尔干古坟（据Zaikov，Yuminov，Bushmakin，Zaikova，Tairov & Zdanovich 2002）

1. 现代居民点：①特罗依茨克；②马格尼托哥尔斯克；③杰特格拉（今属哈萨克斯坦）

2. 设防聚落：①斯特普诺；②切尔诺雷奇；③施库尔台；④巴里支；⑤巴克塔；⑥乌斯提；⑦切喀台；⑧罗德尼基；⑨依斯涅；⑩萨里姆-萨克里；⑪库依萨克；⑫奥尔金斯科；⑬科诺普利岩卡；⑭阿尔卡伊姆；⑮基兹尔斯科；⑯辛塔什塔；⑰卡玛斯提；⑱辛塔什塔-2；⑲安德烈耶夫卡；⑳别尔苏阿特；㉑阿兰茨科

3.地质及考古学研究过的地区：沃罗夫斯卡·亚马

4.调查过的古代铜矿地点：A.塔什-卡兹干；A1.尼科尔斯科；B.沃罗夫斯卡·亚马；C.巴克尔-乌兹雅克；D.依凡诺夫卡·杰尔加米什；E.苏科尔基；F.依什基尼诺

区。他进一步指出，塔什-卡兹干矿石炼成的金属不是砷铜而是砷青铜。然而，欧洲其他地区的资料却显示，在青铜时代开采和熔炼含砷矿物是不大可能的，那些铜器中的砷成分很可能与少量含砷酸盐铜矿石有关，因此可以比较容易地还原成铜砷合金（Harding 2000：202）。我们认为有关铜砷合金青铜器的问题还远没有彻底解决。

学界普遍认为产自塔什-卡兹干的铜材逐步减少。尽管如此，使用这些铜材制作的各种工具依然在阿巴舍沃文化以及顿河地区等其他文化遗址中都有发现。几乎所有阿巴舍沃文化出土的铜器都是含砷铜材制作的。此外还有一些是铜-银合金。专家将此联系到尼科利斯科耶（Nikol'skoye）①的铜银矿，那里的矿石可以炼出含有银和铜的合金。银器在乌拉尔东西两侧以及伏尔加河地区的阿巴舍沃文化遗址上都有广泛出土。锡青铜在此文化区是完全陌生的（Chernykh 1992：202）。

阿巴舍沃文化与辛塔什塔文化在冶金制造方面有很多共同点，不过后者的考古资料更丰富，并且矿物学研究更完备（参见图1.3）。乌拉尔南部辛塔什塔文化地区发现的史前采矿遗址，通常是开口直径20—80米、深度可达12米的矿坑。铜矿石的形态多种多样：（1）含有镍铁成分的蛇纹岩；（2）含有锌铁成分的火山岩；（3）满是条纹斑点的石榴石和电气石；（4）硫化石英石和碳酸盐矿。还发现一些矿场周围堆满了各种矿石废料，例如杰尔加米什（Dergamysh）和沃罗夫斯卡·亚马（Vorovskaya Yama）以及依列诺夫卡采矿点。它们到了青铜时代晚期一直有开采（Zaikov et al. 2002：430）。

几乎所有辛塔什塔文化聚落遗址上都发现有采矿、矿石加工、矿渣、熔炉残件以及各种制成品的遗迹和遗物。聚落上几乎每一座房屋内都发现了金属冶炼和制造活动的遗迹。专家们对阿尔卡伊姆这个文化遗址保护区内的各种遗迹遗物进行了研究和实验分析工作，获得一些有关矿石冶炼的基本资料（Grigory'ev & Rusanov 1995）。当时的矿石冶炼是在一个多功能的圆形炮塔状的、直径0.7—1米的熔炉进行的，大多数情况下熔炉下面还连着屋内的一口枯井（图版1.3；图1.4）[6]。

① 具体位置参见图1.1-B，14。——译者注

图版1.3 辛塔什塔文化乌斯提（Usty'e）聚落遗址的冶金熔炉遗迹（N. B. 维诺格拉道夫摄）

实验考古工作显示，由于熔炉和下面的枯井之间的温度有明显差别，因此会提供额外的空气流通。矿石都事先被敲碎成小块，与能够降低熔点的物质一起放进一个熔炉里。木炭用作降低熔点的助燃物，并能够在少量出铜的情况下减少金属被氧化。炉温可达1200—1300摄氏度。一次熔炼过程可以得到50—130克的铸锭。辛塔什塔文化的冶金工匠还发明了卧式烟囱[7]，考古发掘中它们呈比较窄的沟槽状。工匠们还懂得使用一种两扇式的鼓风装置（Grigory'ev 2000b；Grigory'ev & Rusanov 1995）。这里的工匠们主要冶炼的是纯铜、砷铜以及含砷成分的青铜。[8]例如，辛塔什塔文化聚落遗址出土的金属制品中48%为砷青铜，34%为砷铜，余下的18%是纯铜。对此现象专家仅仅能够推测当时在冶炼过程中，要么是使用了含砷成分的矿石原料，要么是炼出的铜又与其他含砷成分的物质以某种方式合成了（Zaikov et al. 2002：431）。阿尔卡伊姆聚落遗址出土的大部分金属制品是纯铜。辛塔什塔类型的金属制品有一些是银铜合金和黄金制品，黄金器皿采自当地金矿

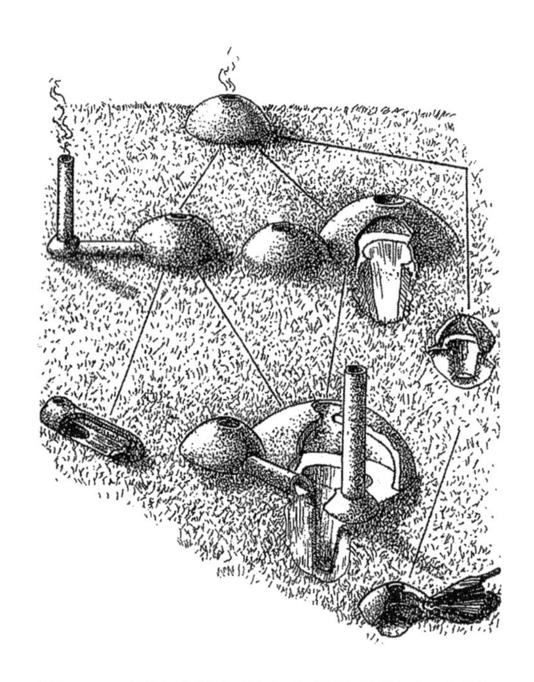

图1.4 青铜时代中期冶金熔炉的演变示意图（据Grigory'ev 2000b）

并加工而成。从类型学看，辛塔什塔文化的金属器物在某种程度上与阿巴舍沃文化类似，而阿巴舍沃文化器物在某些程度上又与塞伊玛-图尔宾诺（Seima-Turbino）类型的器物有相似之处。典型的器物有双刃刀、造型美观的有銎斧、有插孔的矛、扁斧（铲）、镰刀、凿、鱼叉、锥和弯钩等（图1.5）。装饰品有包裹着金箔、挂在太阳穴和额头部位的垂饰，还有指环和手镯。

阿巴舍沃和辛塔什塔文化冶金中心的冶金工作都是在本地矿藏基础上进行的。整个生产制作流程从矿石熔炼到最后成品加工都完好反映在聚落各种考古资料上。根据这些金属器物的类型学研究我们可以得出这样的结论：一方面，阿巴舍沃文化和辛塔什塔文化的金属制品都延续了环黑海冶金区技术传统的基本模式；另一方面，它们也反映出欧亚技术文化体系正在形成阶段的特点。

这两种早期青铜文化的发生刚好又与来自东方的一种文化“勃发”不期而遇了。在俄罗斯考古学界，这种“勃发”指的是塞伊玛-图尔宾诺跨文化现象，它是切尔内赫和库兹米尼赫两位学者经过大量研究之后提出的（Chernykh & Kuzminykh 1989）。以乌拉尔东西两侧地区的五个主要埋藏地点——塞伊玛、图尔宾诺、莱什诺耶（Reshnoye）、罗斯托夫卡（Rostovka）和萨提伽（Satyga）出土的数百件金属制品和铸范为代表。很多同样的金属制品在东起蒙古、西至芬兰和喀尔巴阡山这片欧亚广阔地区都有发现。它们都是些精致的兵器，如有銎斧和矛以及刀柄装饰醒目的匕首和短刀（图1.6）。它们都是采用封闭的薄壁陶制模和外

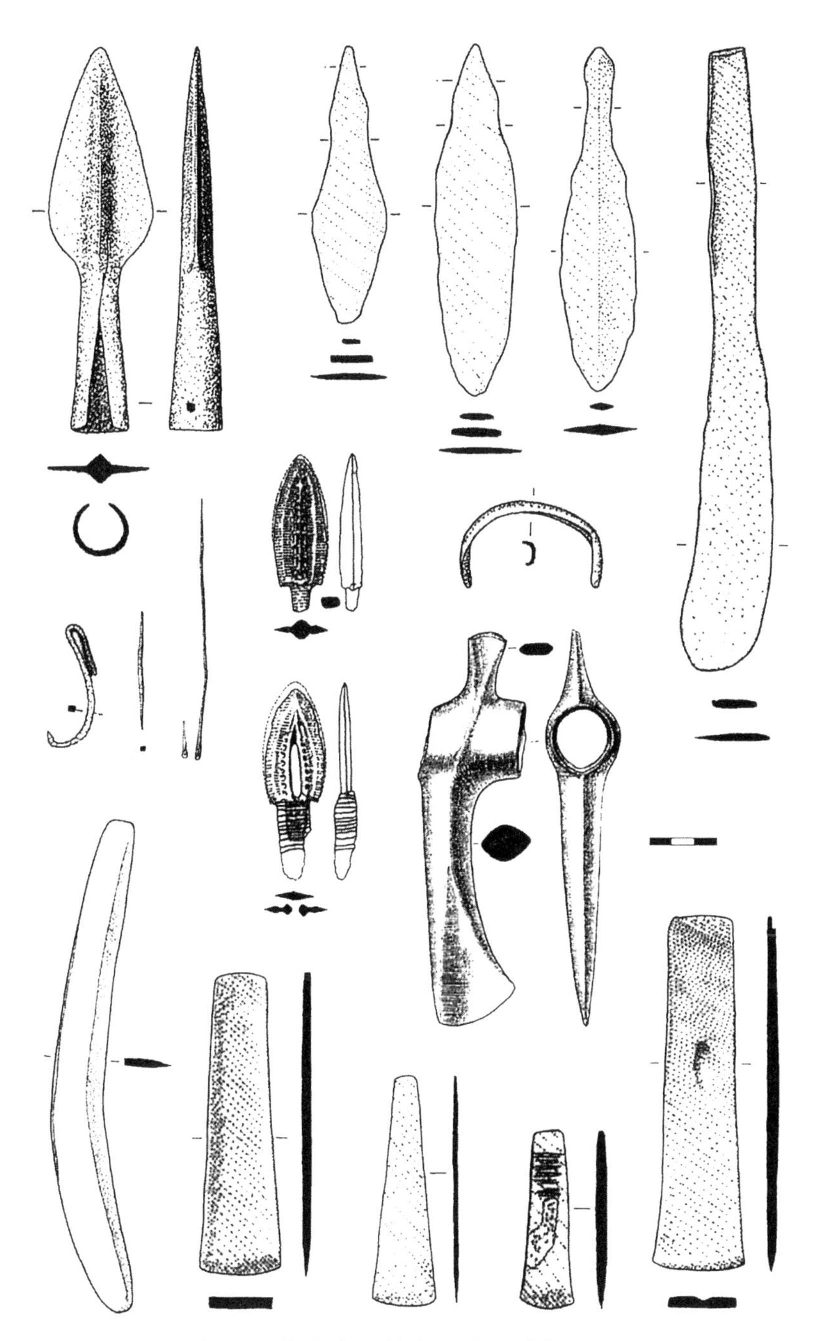

图1.5 辛塔什塔文化墓地出土的金属制品（据Gening, Zdanovich & Gening 1992）

范这种新工艺铸造的。这种用陶范一次性铸造有銎或插孔等器物的技术可以说是塞伊玛–图尔宾诺类型青铜器工匠最显著的创新。他们显然已经掌握了先前人们还陌生的制作高质量锡青铜的技术秘诀。根据切尔内赫和库兹米尼赫两位学者的研究（Chernykh & Kuzminykh 1989），这种青铜器制作工艺源自矿产资源丰富的萨彦岭和阿尔泰山脉地区。这是非常令人不可思议的，因为当地的文化看似比较原始，塞伊玛–图尔宾诺类型的冶金制造技术打破了高加索金属制造传统的垄断，高加索地区虽然铜矿蕴藏丰富但是缺少锡矿。

专家们根据塞伊玛–图尔宾诺类型金属制品的化学成分把它们分成两组：第

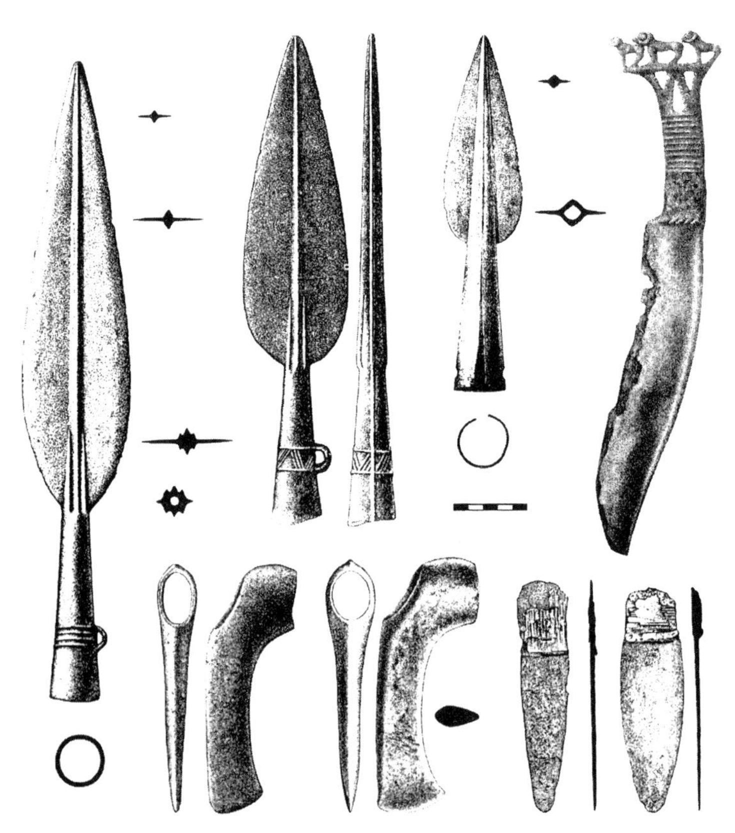

图1.6　乌拉尔西侧地区发现的塞伊玛–图尔宾诺类型的金属制品（据Bader 1964）

一组包括在所有塞伊玛–图尔宾诺类型遗址地区发现的器物，它们是由铜–锡或者铜–锡–砷合金制成的；第二组器物是一些不含锡但是由铜–砷–银等合金制成的金属制品。后者是欧洲东部地区特有的现象，一般认为与乌拉尔地区的矿藏有关。乌拉尔地区没有大量的锡矿蕴藏，因此乌拉尔以西地区发现的锡青铜器可以解释为从东方进口青铜、锡或制成品的结果。我们知道哈萨克斯坦东部有很多锡矿，分布在沿着额尔齐斯河上游一直到中国新疆的广大地区（Chernikov 1960：119）。

西伯利亚地区（萨彦岭和阿尔泰山区）出土的上述青铜器，其数量和质量都远远超过欧洲东部地区的同类产品。此外，发现的大多数铸范也都集中在这里。同时，塞伊玛–图尔宾诺类型的金属制品在欧亚地区的森林和森林–草原地带也有发现。这显示了有一个从东往西北方向传播这种类型金属制品或制造技术的地带，显然，没有人类的参与，这种物质文化交流是不可能实现的。这个地带被称为“伟大的锡矿之路”（Great Tin Road）。它从东往西，穿过西西伯利亚的针叶林和乌拉尔山脉，最终到达欧洲东部森林覆盖的平原地区（Chernykh & Kuzminykh 1989：174，275）。

从技术角度来说，塞伊玛–图尔宾诺青铜文化为北部欧亚地区冶金技术的发展提供了强大动力。由此青铜工艺才得以传播到森林地带。如果说欧洲东部森林地带最早的冶金技术来源于南方的话，那么更先进的青铜器及其制造技术则来自遥远的西西伯利亚地区（Fodor 1975）。

乌拉尔地区冶金技术的顶峰：扩展和完善

欧亚地区下一个阶段冶金技术发展的特色表现为器物远距离移动相对减少，以及总体上文化呈现统一和稳定这些方面。这些都是由于阿巴舍沃文化和辛塔什塔文化遗产与东方所谓“塞伊玛–图尔宾诺勃发”现象相结合的产物，这种“勃发”带来了新式的薄壁铸范以及制造锡青铜器的新技术。因此，在那些发现了大量金属器物和冶金遗迹的草原和森林–草原地带，形成了欧洲和亚洲这两块冶金文化区。[9]博齐卡廖夫（Bochkarev 1991，1995a）指出，青铜时代晚期乌拉尔地区冶金中心的工艺水平完全可以和巴尔干、喀尔巴阡山地区占主导地位的高度发达的喀尔巴阡山冶金术传统相媲美。

根据最新的考古报告，学界普遍认为辛塔什塔文化的冶金技术传统在后续的彼得罗夫卡文化（Petrovka culture）①得到了延续和发展。彼得罗夫卡遗址素以“盛产金属”而闻名，出土了大量的铜熔渣、铸块、金属熔液残滴、鼓风装置、坩埚和各种制成品（详情参见第二章）。一些金属制品，如双刃和单刃的刀、镰刀和扁斧（铲）是用一整块金属片制成的，这种工艺可以溯源到环黑海地区冶金技术传统的原始金属类型（图1.7）。这种金属片加工法也是女性装饰品的特色工艺。金属薄片可以制成中空的弓形手镯、螺旋形垂饰以及椭圆形的服装饰件等（Chernykh 1992：213）。

到了青铜时代晚期，阿尔泰山、哈萨克斯坦和中亚细亚②北部地区新的铜矿资源都开始开采利用。由此出现了一批新的冶金制造中心，新技术得以发明和应用。例如辛塔什塔文化阶段还相当稀少的大型的深入地下的熔炉在彼得罗夫卡文化聚落上已经普遍使用了（Grigory’ev 2000b）。不过锡青铜在彼得罗夫卡文化众遗址中只占所有出土金属器物的15%—20%，新型的封闭式铸范和一些特殊类型的热处理装置也被发明出来（Ryndina & Degtyareva 2002：187）。

从大约公元前1750年开始，乌拉尔地区居民开始大规模开采外乌拉尔地区的矿藏，并且懂得采用氧化铜矿石。正如前面所述，数个独立的冶金技术中心在哈萨克斯坦（安德罗诺沃文化地区）③和阿尔泰地区产生了。它们与欧洲东部那些冶

① 得名于哈萨克斯坦北哈萨克斯坦州展比尔县彼得罗夫卡村附近的一座聚落遗址，邻近伊希姆河。距离哈萨克斯坦与俄罗斯两国边界也不远。详见本书第二章“四”。——译者注

② Middle Asia，作者对此地理概念没有做具体说明。与今天通用的中亚（Central Asia）相比，它的范围比较窄，指历史上曾经为俄罗斯所统治的位于亚洲中部的非斯拉夫人居住的地区。——译者注

③ 主要活跃于公元前二千纪中期的安德罗诺沃文化的分布范围相当广（西起伏尔加河中下游，东至萨彦岭、阿尔泰山以至于天山地区，北起针叶林南部，南至土库曼斯坦和帕米尔高原），实际上它包括一系列文化传统类似的青铜文化组合或考古学层位，如彼得罗夫卡文化、阿拉库文化和费德罗沃文化等（详见第三章“二”）。最新的古DNA检测研究认为，安德罗诺沃文化的居民与辛塔什塔文化及早期中东欧地区绳纹陶文化的居民有遗传继承关系。据维基百科英文版词条——译者注

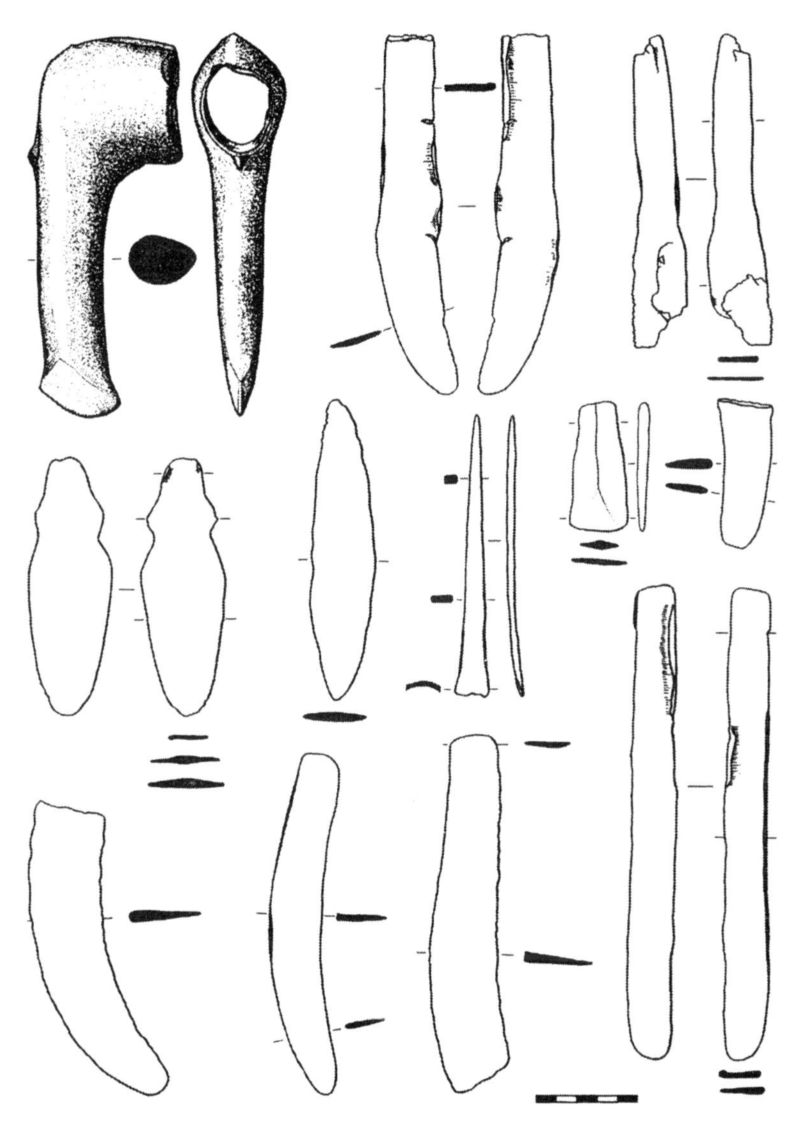

图1.7　彼得罗夫卡文化库列夫奇（Kulevchi）–III聚落遗址出土的金属制品

金中心一起组成了前面所说的“欧亚冶金（技术）文化网”。

此时出现了一批新型的兵器和工具，其中包括尾部有箭杆插孔、中间有脊的箭镞，以及銎上有凸起的战斧、单刃或双刃刀、手柄有独特装饰风格的匕首以及镰

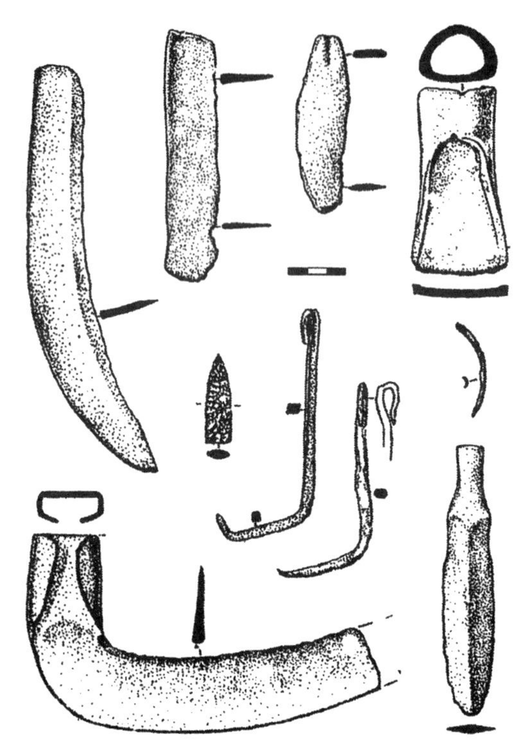
图1.8 安德罗诺沃文化阿拉库遗址Uk-3出土的金属制品（据Koryakova，Stefanov & Stefanova 1993）

刀、刮刀、扁斧（铲）和凿等（图1.8）。装饰品的种类和数量也增多了，其中包括各种样式的耳环、发辫饰物、锻造的中空耳环，以及8字形、十字形或圆环状的垂饰和用来缝在衣服上的星形金属饰片等。此外还出现了螺旋状手镯。

安德罗诺沃文化的金属器物以铜锡合金为主，其生产有赖于哈萨克斯坦中部丰富的氧化铜矿以及东部和阿尔泰山区的锡矿。数百个矿场分布于乌拉尔山脉南部、哈萨克斯坦和鲁特内阿尔泰[1]矿区。金矿开采则位于哈萨克斯坦北部的斯泰普纳（Stepnaya）、阿尔泰山区的库兹尔苏（Kuzylsu）河谷以及乌拉尔山区（Zaikov et al. 2002）。安德罗诺沃文化区内的冶金中心被认为是整个欧亚地区产量最大的。仅从肯卡兹干（Kenkazgan）一处矿区冶炼出的铜材就重达3万—5万吨（Alexeyev & Kuznetsova 1983：211），从另一处矿区哲兹卡斯干（Dzhezkazgan）提炼出的铜材竟高达100万吨（Chernykh 1992：212）。哈萨克斯坦中部的克孜卡兹干（Ksyzkazgan）矿区开采的铜矿石有80万立方米。整个哈萨克斯坦东部矿区提炼出的锡锭估计有130吨（Matushchenko 1999a：120）。安德罗诺沃文化的工匠懂得如何发现并开采靠近地表的氧化铜矿石，他们向地下追寻矿脉，使用斧子和锤子开凿出来。将大块坚硬的矿石先用火加热，然后泼上凉水使之变成碎块，最后装进皮兜运走。

① 鲁特内，俄语Rudny音译，有矿藏的意思。——译者注

在青铜时代晚期，采矿和冶金制造活动在卡尔加里重新开始。人们在高尔尼（Gorny）聚落遗址调查发掘了与这个时期（木椁墓文化）相关的、可称为“生活与生产综合体”的文化层位（经校正的碳-14年代为公元前1650—前1330年）。它由五个部分组成：（1）生活居住的屋舍；（2）矿石熔炼区，这里发现了大量的矿石碎片、铜熔渣、废品和灰烬等；（3）矿石堆场，这里的矿石被分类存放并等待送去冶炼；（4）熔炉下方的竖井；（5）一个废品坑。根据半地穴房屋内一个小的、面积约3—5平方米的灰坑残留物的地层堆积，学者们将此文化层年代下限定为公元前1550—前1450年（校正后的碳-14年代）。灰坑本身经校正的碳-14年代为公元前1700—前1600年。考古工作者记录下在大约公元前16世纪中期（校正后的碳-14年代），这个“生活与生产综合体”曾被一场大火摧毁。同时还有一些外敌入侵的遗迹：在一个屋顶上嵌着一枚与当地金属产品形制不同的锡青铜箭头。这场灾难之后，当地居民重新建造了相对简陋的房屋，不过遗迹比较难于追踪。木椁墓文化衰落之后，这个综合体直到19世纪初，中间曾有数百年时间未见冶金活动迹象（Chernykh 1997b，2002）。

卡尔加里的冶金产业后来转移到了西部地区。与此同时，东方的一些新的冶金制造中心也开始兴起。安德罗诺沃文化区的冶金和制造都依赖于哈萨克斯坦的铜矿和锡矿以及文化区内几乎用之不竭的木材等资源。与其先前诸阶段相比，这一时期地貌和文化界限等因素并没有妨碍东部地区金属器物的“传播”。

乌拉尔地区的金属制品往西一直传播到第聂伯河一带，在西部草原一些地方代替了原先高加索类型的青铜器。学者们研究了那里出土的包括青铜工具在内的各种金属窖藏，认为它们是有意识贸易交换的结果（Morozov 1981）。金属器物不仅以成品而且还以铸锭的形式传播开来。乌拉尔地区的居民显然已经在东起阿尔泰山、西至黑海这片所谓“欧亚技术文化网”内从事长途贸易活动了。

公元前二千纪，包括兵器在内的几种通用型的金属工具在整个欧亚温带地区得到了广泛传播。先前提到的专业化冶金技术的各种证据促使学者们思考，并认为这些活动是由当地居民中的工匠团体完成的，工匠们的生产主要是为了满足本地的产品需求，同时也将一部分产品投放到贸易交换网。博齐卡廖夫（Bochkarev

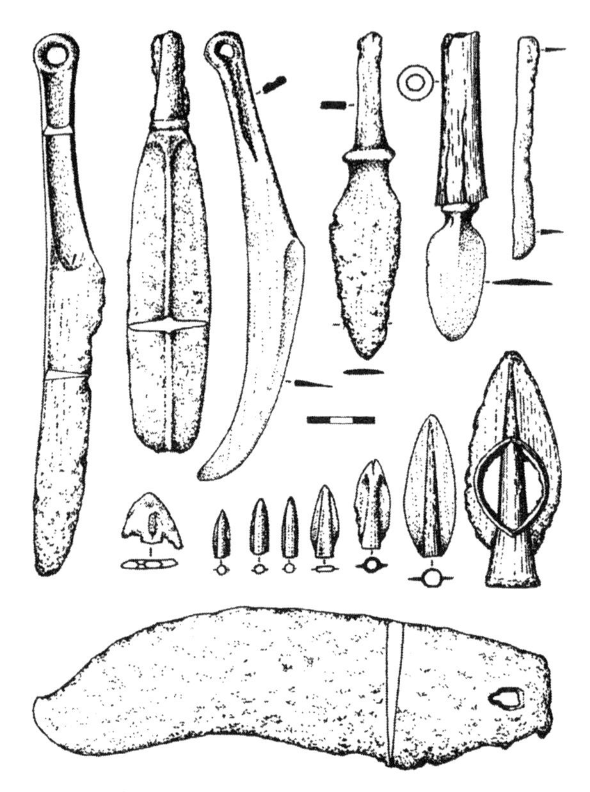

图1.9 青铜时代末期哈萨克斯坦地区出土的金属制品（据Varfolomeyev 2003）

1995：20）认为，由于从事冶金制造的工匠能够为精英阶层提供特殊的产品服务，因此他们享有特殊的社会地位。这种观点已经为整个欧亚地区冶金工匠的特殊墓葬以及随葬的以高质量兵器为主的各种令人称奇的金属制品所证实了（Solovyev 2003）。[10]冶金工匠的墓葬早在公元前三千纪的竖穴墓文化的佩尔希诺（Pershino）墓葬以及洞室墓文化（Catacombnaya culture）①就已经出现了。

---

① Catacombnaya，俄语罗马化转写，洞室墓的意思。洞室墓文化经校正的碳-14年代为约公元前2800—前1800年。英文为Catacomb culture。是分布于今乌克兰东部和俄罗斯南部东欧大草原上的一组相似的青铜时代早期文化组合。以绳纹陶和精致的磨制石斧而著称，葬俗类似竖穴墓文化的墓穴，但是在旁边另挖有单独的“洞室墓穴”，因此得名。一些学者认为它前承竖穴墓文化、后在西部和东部地区分别继以附加堆纹文化和木椁墓文化。——译者注

青铜时代末期的欧亚冶金文化网向北方扩展，在那里建立起一批新的冶金中心。尽管如此，在青铜时代向铁器时代过渡期间，我们注意到欧亚地区很多制造中心都呈现出一种总体性的生产衰退，这在乌拉尔西部即欧洲地区表现得尤为明显。这或许是某种系统性危机的表现：（原先的）系统已经不能有效地维持（地区间）长距离的联系和交流了。此时出现了很多金属器物的窖藏。分布最广泛的当属一种“前斯基泰式”（Pre-Scythian type）中间有脊、尾部有插孔的双翼箭镞。此外还有十字形斧头、整体铸造而成的环首短刀以及两“翼”有一穿孔的矛（图1.9）。这场危机很可能是由于矿石供应特别是那些暴露于地表的铜矿石短缺造成的。因此，冶金技术的衰退现象很可能仅仅是当时导致居民生活方式产生剧烈变革的总体进程之前奏而已。

第二章

青铜时代早期与中期的成就和文化碰撞

本章我们将着重于中央欧亚北部地区食物生产型经济的产生和发展。青铜时代早、中期以竖穴墓文化、洞室墓文化、阿巴舍沃文化和早期木椁墓文化等数个文化核心传统为代表，这些源自欧亚西部地区的文化综合体都呈现出向东方传播的趋势。

不同地貌地带居民的互动早在青铜时代初始阶段就开始了。最初的勃发动力来源于欧亚南部地区，那里的居民在接受和掌握新的经济模式和技术方面比北部地区要早些。在新观念的传播过程中，草原地带的居民起到了中介作用，这些新的理念成为北部地区居民文化变革的动力。欧亚南北两个文化区的主要区别是，在草原地带，文化的发展不是连续的，其中居民的迁徙移动扮演了重要角色。在与欧亚南部地区情况相反的北部地区，社会文化的发展呈现一种逐步的演进过程，同时没有伴随任何族群的更替。

然而，欧亚北部森林-草原以及针叶林南部地带的居民并不完全是被动的。首先，欧亚南部地区的那些新发明和新观念是被有选择地引入当地文化传统的：有些被拒绝，有些被保留下来。其次，阿巴舍沃文化和塞伊玛-图尔宾诺文化的居民在各种地貌地带都具有长途迁徙的能力，因此他们在历史上总占有优势。

本章主要描述青铜时代起始阶段草原、森林-草原和森林等地带的社会，其文化和经济发展方面的不平衡性，这也是此时的特色之一。

一　乌拉尔西侧地区的竖穴墓文化

竖穴墓文化是由戈罗佐夫（Gorodtsov 1916）首先识别出来的。由于柴尔德（Childe 1927，1929）和金布塔斯[①]（Gimbutas 1965，1997）等人的著作，西方读者对它已经比较熟悉了。他们在著作中把竖穴墓文化的居民描绘成好战的、摧毁了巴尔干地区铜石并用文化、采用库尔干古坟葬式的族群形象。从那时起，有关竖穴墓文化的考古学序列、内涵以及诠释都发生了很大变化。因此，毫无疑问，竖穴墓文化对于欧亚史前史的很多问题例如印欧语民族的起源、畜牧业经济、冶金术和轮式交通工具的传播等都有着非常关键的重要意义。

实际上，竖穴墓文化在俄罗斯考古学文献中被称为一种“文化共同体”，它是由数个考古资料各有细节差别的地区性亚文化组成的。它始于铜石并用时代并延续到青铜时代早期，是欧亚地区第一个涵盖了广大地域的文化实体：从黑海北岸延伸到乌拉尔以东地区，相当于从顿河经伏尔加河再到乌拉尔地区（Merpert 1974）。这片地区分布着物质文化和葬俗仪式基本相同的居民，具体来说可以探索到十几种本地类型。竖穴墓文化主要以数量众多的库尔干古坟和少量聚落遗址为代表。最早的古坟出现于铜石并用时代的欧亚草原。死者通常被埋在一个长方形的深坑里，一般呈仰面或侧卧式的屈肢葬（很少直肢葬），身上铺有一层赭石粉，随葬品很简陋。

由于多年来的考古发掘工作，竖穴墓文化西部地区的遗址已经基本探明了；东部地区的库尔干古坟数量原本就很少，并且通常被认为是竖穴墓文化的边缘或外围地带，直到最近才开始得到比较系统的研究（图2.1）。

---

① 马丽亚·金布塔斯（Marija Gimbutas，1921—1994），立陶宛裔美国著名女考古学家，运用考古学和语言学研究首先提出深具影响力的原始印欧语（PIE）起源于公元前五千纪到前三千纪的东欧大草原的“库尔干/坟冢”假说，其中包括竖穴墓文化及其先期文化。学术界对此说又有修正和补充，近年来还获得了古DNA研究的支持。参考译者补充参考资料Marija Gimbutas（1956）。——译者注

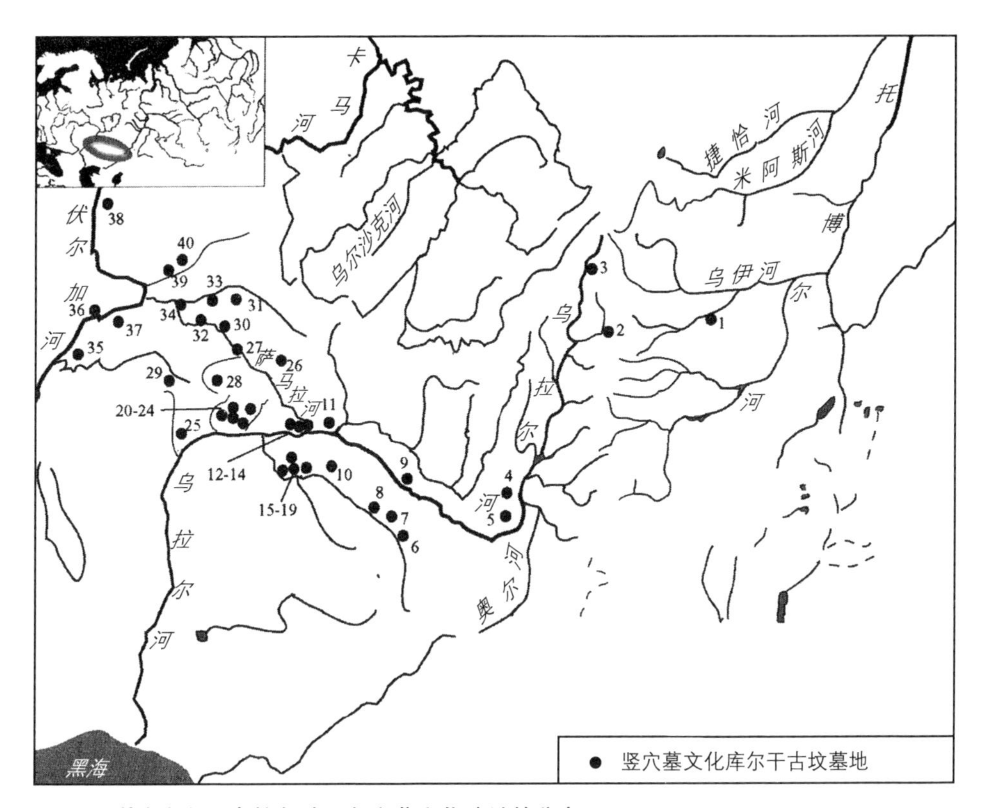

图2.1 伏尔加河-乌拉尔地区竖穴墓文化遗址的分布

1.布尔利-Ⅱ；2.亚历山德罗夫斯基Ⅳ；3.小克孜尔斯基-Ⅱ；4.依施基诺夫卡-Ⅰ，Ⅱ；5.新特洛斯卡-Ⅰ；6.扎曼-卡尔喀拉-Ⅰ；7.东-古莱丽-Ⅰ；8.塔娜贝尔根-Ⅱ；9.布兰齐-Ⅰ；10.乌瓦克；11.下巴夫洛夫卡-Ⅴ；12.毕亚吉雷特卡；13.格拉斯诺霍尔姆-Ⅱ；14.卡拉代洛沃-Ⅰ；15.布里兹耐茨；16.厘耐夫斯基·库尔干尼；17.伊佐比利诺耶-Ⅰ；18.伊佐比利诺耶-Ⅱ；19.塔马尔-乌特库尔-Ⅶ，Ⅷ；20.舒玛耶沃·库尔干尼；21.格拉西莫夫卡-Ⅰ，Ⅱ；22.波尔底雷沃-Ⅰ，Ⅳ；23.图鲁多沃耶-Ⅱ；24.巴利施尼科夫；25.卡门诺耶；26.格拉切夫卡；27.梅特维特卡；28.依菲莫夫卡；29.唐波夫卡-Ⅰ；30.格瓦尔德兹-Ⅱ；31.别雷兹尼基-Ⅰ；32.乌特夫卡-Ⅰ，Ⅲ，Ⅴ，Ⅵ；33.库特鲁克-Ⅰ，Ⅲ；34.斯毕里顿诺夫卡-Ⅱ；35.叶卡特琳娜诺夫卡；36.卡施皮尔-Ⅱ，Ⅲ；37.佩雷波洛文卡；38.苏兹坎；39.罗巴基诺-Ⅱ，Ⅲ；40.下奥尔利扬卡-Ⅰ

考古学特征

乌拉尔地区草原地带的青铜时代文化遗址，以最近20年以来考古发掘的凸起于地表的库尔干古坟为代表，它们通常被认为与竖穴墓文化有关。实际上，竖穴墓文化乌拉尔南部类型是20世纪80年代才真正被认知的。其中调查的大部分遗址集中分布在乌拉尔西侧的南部地区（Bogdanov 1998，2000c，2004；Bogdanov et al. 1992；Bytkovski & Tkachev 1996；Morgunova & Turetski 2003；Mosin 1996）。位于乌拉尔山脉以东的乌拉尔河、托博尔河流域只发现了一些竖穴墓文化类型的单独陶器（Mosin 1996）和孤立的墓葬（Salnikov 1962）。调查到的属于这个文化集团的库尔干古坟有120座，其中112座属于竖穴墓文化后期阶段（Bogdanov 1998；Tkachev 2000）。乌拉尔南部竖穴墓文化类型的墓地位于草原地带，通常是由少量的数个或者单独一个凸出于地表的古坟构成。不过古坟的体积相当醒目，直径10—64米，高度有达6米的（Merpert 1974）。

墓地的选址相当标准化，附近通常有一条小河或溪流。所有的墓地遗址都位于河流一级台地上，通常由数个不同大小的库尔干古坟组成。一般认为墓地都是由最早建造的体积最大的库尔干古坟为核心扩展起来的（Bogdanov 1999）。这个地区墓葬文化最特别之处就是内含多个墓穴的库尔干古坟非常少见，只有四座古坟内部有两个墓穴，其他每座古坟深深的墓穴里都只有一位墓主（图2.2–A）。这里要强调的是所有情况下，包括大型古坟在内，墓穴上面的封土等结构都是在下葬后很短时间内完成的。还有一种模式：超过两米高的大型古坟通常只埋葬成年男子而极少有女性，超过5米高的古坟里都只见男性。大约三分之二的古坟是低于1.2米的小型库尔干古坟，里面的墓主两性都有，不过仍然以男性为主。相对于公墓的古坟而言，那种单独的库尔干古坟的结构和随葬品是容易识别的，但里面却没有人类遗骸。

墓穴通常是长方形的，墓壁陡直，墓穴上半部分有时会留有二层台。经常发现墓穴上方有木制顶盖，极少数墓穴还发现有墓道，例如伊佐比利诺耶–Ⅰ（Izobilnoye）3号古坟（图2.2–B）。

墓主大多数年龄为20—50岁，[1] 大部分呈仰面或右侧卧的屈身姿势，手靠近膝盖。墓主的这种姿势被认为是竖穴墓文化乌拉尔西侧地区类型的民族特色，因为在其他地区，这种葬式是相当晚期的特点。在一些个案中，考古学者还发现捆绑墓主手脚的纤维绳索的痕迹，如格拉切沃（Grachevo）墓地2号库尔干古坟。

墓主尸骸的朝向有些是相当固定的：头部朝西或西北。同时也发现了相当一部分非标准姿势（Bogdanov 2000a）。

波格丹诺夫（Bogdanov 1999：12；2004：147—154）根据葬俗将发掘的竖穴墓文化所有墓葬分成以下四组类型：

第一组，墓主仰面屈肢葬，头部朝东或东北方向。头和脚部撒有赭石粉。墓穴简陋，属于乌拉尔西侧地区最早的墓葬形式。

第二组，是数量最多的一种葬式：墓主呈屈肢右侧卧姿势，头部朝东或东北方向。身上也铺有赭石粉（参见图2.2-A）。

第三组，一个古坟中有两个墓穴；墓主皆为屈肢葬，膝盖抵着墓壁，头部朝北。

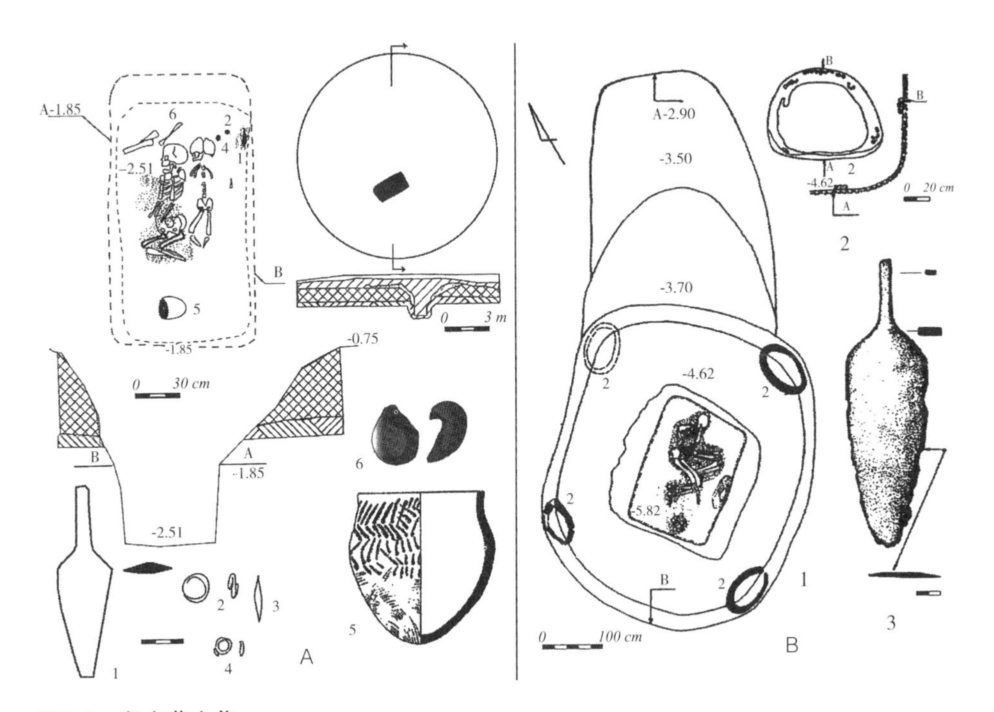

图2.2 竖穴墓文化

A. 塔玛尔–乌特库尔（Tamar-Utkul）–Ⅷ墓地5号古坟1号墓：1—4.铜器；5.陶罐；6.贝壳（据Morgunova & Kravtsov 1994）

B. 伊佐比利诺耶–Ⅰ墓地3号古坟：1.墓葬测绘图；2.车轮印痕示意图；3.铜匕首（据Morgunova 2002）

第四组，这组包括了各种非标准的甚至是非常特别的葬式，其中还有集体葬以及被肢解或只剩下部分残骸的墓葬（图2.3–A）。

二人葬现象仅仅发现了八处。其中有四处，我们可以清晰地分清哪些是墓主、哪些是陪葬者。如图2.3–B所示，里面有两具只剩下部分肢体的骸骨

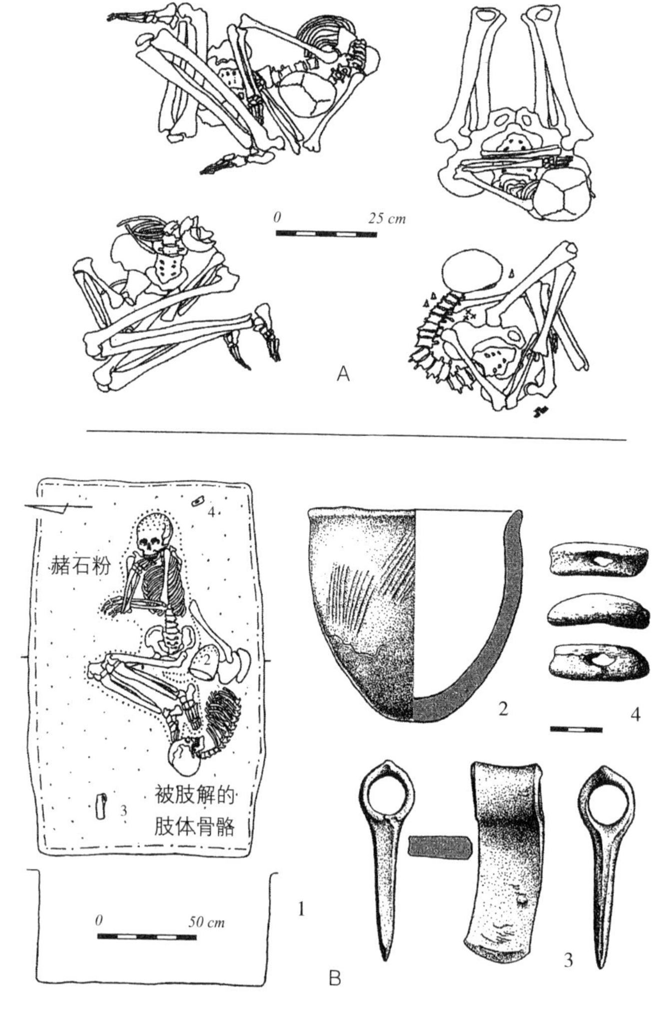

图2.3　A. 塔玛尔–乌特库尔–Ⅶ墓地4号古坟中的人体残肢（据Bogdanov 1998）
B. 塔玛尔–乌特库尔–Ⅷ墓地4号古坟1号墓
1. 墓葬示意图；2. 陶罐；3. 铜斧；4. 骨器（据Bogdanov 1990）

（Bogdanov 1990）。格拉西莫夫卡（Gerasimovka）的一座大型库尔干古坟，出土了两颗伴有众多随葬品的铺撒有赭石粉的头骨（Bogdanov 2000a）。这批墓葬中还包括纪念性质的衣冠冢（Morgunova 1992：22）。竖穴墓文化的葬俗传统，还包括普遍在墓主身体下面铺杨树皮或草之类的铺垫，同时在墓主全身或部分如脸、手脚等处以及墓穴底部铺撒赭石、白垩或木炭粉屑。

与西部地区相比，乌拉尔地区竖穴墓文化的墓葬随葬品要更多一些。随葬品中包括一些（但不是很多）圆底的陶碗或者尺寸较小的、鼓腹、有颈或者没有颈的陶罐。陶罐器身装饰有篦点纹饰。此外这里还发现了一个陶制单面铸范。

正如上一章所述，竖穴墓文化的金属器物是用纯铜制作的，化学分析显示铜材来自卡尔加里矿区。有趣的是卡尔加里佩尔希诺1号库尔干古坟，墓主是一位十二到十三岁半的少年，他居然随葬一套从事冶金工作的工具（Bogdanov 2001；Chernykh & Easteo 2002；Chernykh et al. 2000b）。这足以解释当时的冶金工匠具有职业世袭的特征。

金属工具包括截面呈四边形、一端有榫或无榫的锥子，柄平直、刀面呈树叶状或者三角形的刀，刃部呈弧形的有銎斧，还有扁斧（铲）、锤子以及铜与陨铁复合加工而成的工具。唯一可以定义为兵器的是在塔玛尔–乌特库尔–Ⅶ墓地和大博尔德列沃（Bolshoi Boldyrevo）库尔干古坟中发现的尾部有插孔、器身呈柳叶状的矛（图2.4）（据Morgunova 2000；Morgunova & Kravtsov 1994）。

装饰品很少，主要有薄铜皮做的小管、圆形穿孔垂饰以及螺旋形耳环等。骨角器中值得一提的是一种角状“钉针”。出土的石杵和石臼数量不少。一些墓葬中还发现有海贝、河贝、矿砂和碎铁块等。动物骸骨数量不多。轮车在竖穴墓文化主要分布地区并不普遍，在乌拉尔西侧地区却得到了较好的保存和研究。人们在清理伊佐比利诺耶–Ⅰ墓地3号库尔干古坟时发现了（四只）车轮印痕，它们被分别置于二层台上的四个角落（参见图2.2–B）。在格拉西莫夫卡–Ⅰ墓地还发现了一个木制车轮的部分遗存（Morgunova 1992：23）。此外在舒玛耶沃（Shumayevo）墓地还发现了一辆保存几乎完好的四个实木车轮的车子，上面有着明显的使用痕迹。这辆车子校正后的碳–14年代为公元前2900—前2600年

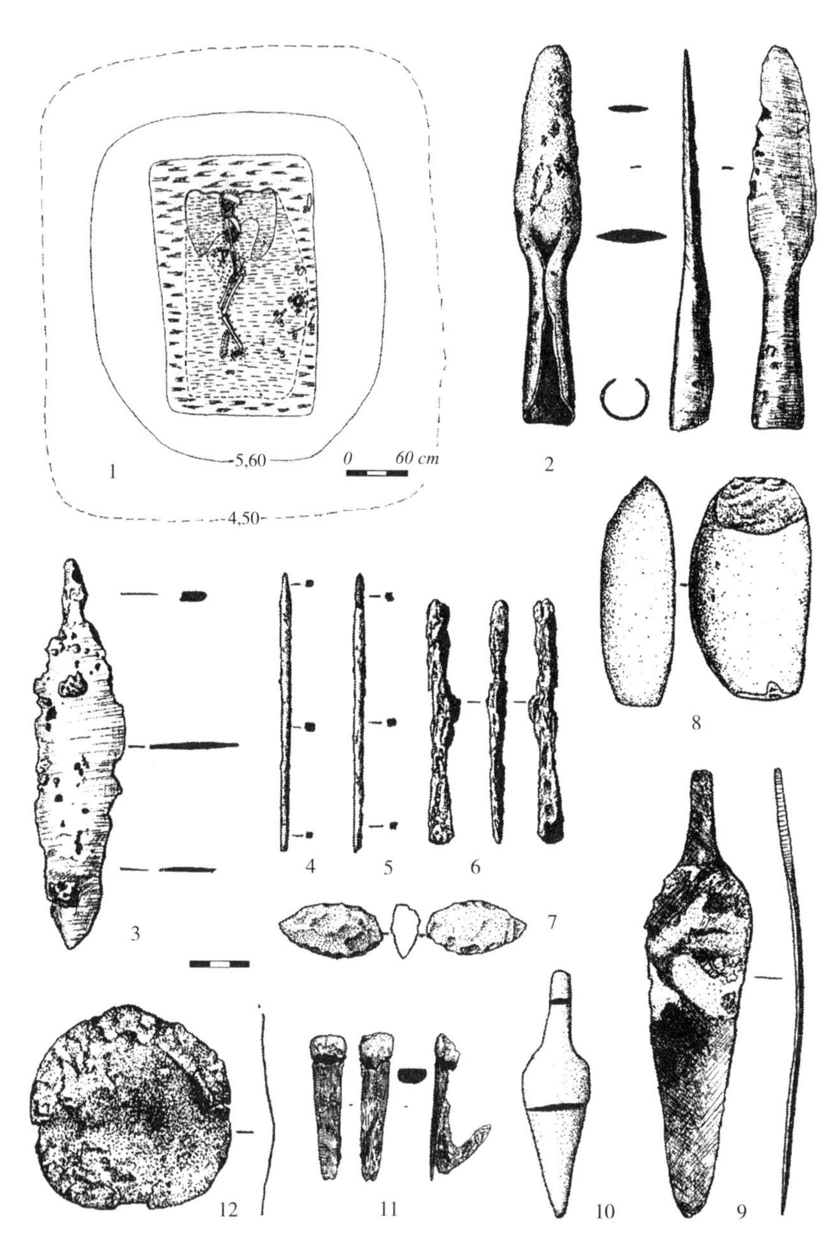

图2.4 竖穴墓文化大博尔德列沃库尔干古坟的考古资料

1. 1号墓示意图；2. 铜矛；3. 铜刀；4、5. 铜锥；6. 铁凿；7. 石制刮削器；8. 石杵；9. 2号古坟出土的铜匕首；10. 10号古坟出土的铜刀；11. 1号古坟出土的陨铁与铜的复合工具；12. 1号古坟出土的圆形陨铁片（据Morgunova 2000）

（Morgunova et al. 2003；Turetski 2004）。

与竖穴墓文化西部的各个类型相比，竖穴墓文化乌拉尔类型有它的独特之处：这里大多数库尔干古坟都只有一座仅葬有一位墓主的中心墓；古坟的体积和葬俗更加多样（其中相当一部分是非标准类型的）；有相当多的冶金遗存，其中包括铁、铜－陨铁复合而成的器物，以及加工过的木材和四轮车等。

年代序列的划分及其文化属性

竖穴墓文化的内部年代序列主要是根据欧洲东部特别是伏尔加河地区的考古资料建立的。1974年，梅尔佩特（Merpert）提出了关于竖穴墓文化葬俗演进的一种模式。他分析了许多墓葬的葬俗、葬式，特别是墓主的朝向、葬姿以及随葬品等，由此归纳出的各种葬俗同时也具有年代学意义。根据他的分类，乌拉尔西侧地区类型不能算作竖穴墓文化的早期类型。有鉴于此，梅尔佩特（Merpert 1977：72）将乌拉尔西侧地区类型从竖穴墓文化起源地带中排除了。根据这些同样的观察他又提出了另一种观点：与竖穴墓文化西部类型相比，竖穴墓文化乌拉尔西侧地区类型的遗址具有“古朴”和“保守”的特点。学者们也根据当地一些遗址中存在的洞室墓文化元素将它们断代为竖穴墓文化晚期（Malov & Filipchenko 1995；Tkachev 2000：45—46）。

乌拉尔西侧地区考古学文化的绝对年代学体系还处于早期构建阶段（参见表0.2）。根据伏尔加河地区的碳－14年代资料，该地区竖穴墓文化的时间范围为公元前3500—前2200年（经过校正的碳－14年代），如果再考虑一些波尔塔夫卡文化（Poltavka culture）[①]（竖穴墓文化最后的一种形态）墓葬资料的话，下限还可以延长到公元前三千纪与前二千纪之交（Kuznetsov 1996b）。这些碳－14年代数据可以作为乌拉尔西侧地带“具体事件或遗迹的最后发生时间”（terminus ante quem），

① 分布于顿河－伏尔加河中游一带的青铜时代中期文化，年代大致为公元前2700—前2100年。一般认为它前承竖穴墓文化，后继木椁墓文化和辛塔什塔文化。据维基百科英文版词条。——译者注

的确，这两个地区有着很多同样的考古资料（Tkachev & Gutsalov 2000）。

正如前文所述，乌拉尔西侧地区并不是竖穴墓文化的故乡，它之所以能够在这里出现，正是竖穴墓文化从西方东扩至此的结果。伏尔加河地区铜石并用时代的克瓦林斯克（Khvalynsk）和谢兹赫耶（Syezheye）两处遗址与竖穴墓文化有一些传承关系，而乌拉尔西侧地区直到最近才发现了一小部分与竖穴墓文化相似的器物组合（Bogdanov 2001；Tkachev & Gutsalov 2000）。

前面波格丹诺夫（Bogdanov 1999：12；2004：147—154）归纳的竖穴墓文化第二组库尔干古坟传统的“高峰期”刚好与青铜时代早期的后半段相吻合，竖穴墓文化四分之三的墓葬都属于这个阶段。

一些考古学者认为竖穴墓文化与西伯利亚地区的阿凡纳谢沃文化（Afanasyevo culture）有继承关系（Danilenko 1974；Posrednikov 1992）。不过此说基础并不牢固，因为在从乌拉尔往东到西伯利亚南部、阿尔泰山以至于图瓦共和国这片广大地区迄今只发现了相当于这个时期少量孤立的遗址（Evdokimov & Loman 1989）。①

实际上，乌拉尔西侧地区可以看作竖穴墓文化的东部边缘地带。不过它仍然拥有自己独特的葬俗和物质文化，或许还拥有自己的属于环黑海冶金网东部边缘地带的冶金中心。这已经被乌拉尔西侧地带出土的金属制品的金相学研究结果、大量铜器以及当地引人注目的使用陨铁制作复合工具的技术证实了（Morgunova & Kravtsov 1994）。

莫尔古诺娃（Morgunova 2002）研究了伏尔加河－乌拉尔地区的竖穴墓文化，将其划分为早期、古典期和晚期三个阶段。早期以一些聚落遗址、小型库尔干古坟（直径20—25米）和“列宾式”（Repin-type）陶器为代表。[2] 这些古坟表现的葬俗与青铜时代早期起始阶段的以格拉西莫夫卡－Ⅱ墓地为代表的早期葬俗类似。古典期（成熟期）的考古资料比早期丰富，文化特色为“各地葬俗以及圆底

① 分布于西伯利亚东部和南部地区的阿凡纳谢沃文化的年代为公元前3300—前2500年，尚处于铜石并用时代。不少西方学者肯定它与竖穴墓文化的关系并且认为其居民是印欧语系原始吐火罗语族群。据最新的古DNA研究，阿凡纳谢沃文化与竖穴墓文化二者居民之间的确存在着遗传学上的继承关系。参见译者补充参考资料David W. Anthony（2007）及维基百科英文版相关词条。——译者注

陶器的类型都趋于一致，聚落消失，同时轮式交通开始普及”（Morgunova 2002：258）。到了晚期阶段，各地的库尔干古坟在体积、葬俗、墓室和墓主葬式和朝向、人殉以及随葬品等方面都有所不同。高等级墓葬修建时所投入的人工和随葬的金属器皿等都与普通人有着显著区别。一些学者把持续到青铜时代中期的竖穴墓文化晚期或结束阶段看作波尔塔夫卡文化的一个类型，它与同时期的洞室墓文化联系紧密。

竖穴墓文化晚期阶段在延续了先前文化传统的同时还出现了平底陶器和巨型的库尔干古坟，例如博尔德列沃（Boldyrevo，直径64米）和伊索毕尔诺（Izobilnoye，直径40米）。这些古坟的墓室结构也相当复杂，成套的随葬品包括车轮和铜–陨铁制成的复合工具。博尔德列沃–I墓地上最大的库尔干古坟其墓主是一个屈肢右侧卧的成年男子（参见图2.4，1）。他头戴白色树皮冠，身上覆盖着一张植物纤维织成的、装饰着白色树皮制成的鸟翅膀形状贴花的席子。随葬品异常丰富（Morgunova 2002）。这些或许反映出库尔干墓葬出现的一些新的观念因素，例如屈肢葬姿势（敬拜姿势）和大量施撒赭石粉等，或许与向神灵献祭有关。

一些考古学者认为可以把波尔塔夫卡文化诸遗址纳入洞室墓文化系统（Telegin 1985）。这时期，伏尔加河–乌拉尔地区的居民开始与北高加索地区的居民建立联系。他们之间的互动情况还不是很清楚，不过很有可能有自北高加索地区的一些移民活动，他们的到来促进了伏尔加河–乌拉尔地区的文化变革（Kuznetsov 1996c）。

竖穴墓文化古坟的墓主是有社会组织的游牧民吗？

有关竖穴墓文化，讨论的一个重要问题就是它的经济和社会结构。根据铜石并用时代和青铜时代早期的相关资料，梅尔佩特（Merpert 1974）提出公元前三千纪就出现了以饲养绵羊为主的草原游牧经济和社会的观点，认为这种游牧式的经济和生活方式能够使竖穴墓文化族群同化欧亚大部分地区的居民。研究过伏尔加河下游地区这个问题的希洛夫（Shilov 1975：80—85）也认为，竖穴墓文化的一些居民有可能已经在一定的距离和范围来回迁徙，过着以放养牲畜为主的游牧生活了。这或许是人类第一次试图适应在（像草原这样的）开阔地带生活。

没有人怀疑竖穴墓文化经济形态的基础是以放牧为主的草原畜牧业，不过一些学者进而强调它的游牧色彩（Morgunova 2000，2002）。他们指出竖穴墓文化几乎所有的墓葬都分布在草原地带，并且当时的草原地带是不适合经营农业的。草原上既没有竖穴墓居民长期居住的聚落遗址，也没有留下他们从事过农业劳动的工具。不过在南部靠近里海的地方倒是发现了一些出土竖穴墓类型陶器的可供长期居住的聚落遗址。一些学者把它们解释为游牧民冬季的营地，还据此勾画出当时居民随着季节按照南北经线方向迁徙移动的游牧场景：秋冬季由北往南，春夏季则由南往北（Bogdanov 2000c：12）。

与上述观点相反，学者们普遍认为竖穴墓居民放养的牲畜并没有超出河谷以外更远的地方。根据传统的游牧文化理论，这种季节性的移动放牧只不过是一种游牧式的草原畜牧业，充其量只能算是半游牧模式而已。动物考古学研究也证实竖穴墓墓葬出土的家畜骨骼一般是牛和绵羊。众所周知，如果畜群中没有马匹是不可能发展出游牧式的生活和经济模式的，而竖穴墓墓葬中发现的马匹骨骼却非常稀少，这也可能是由当时居民的思想观念决定的。再客观言之，我们可以参考美国学者大卫・安东尼（David W. Anthony）的观点，他认为在公元前3500—前3000年（校正过的碳-14年代），哈萨克斯坦的博泰文化（Botai culture）居民已经在骑马了。从那里可供骑乘的家马从东往西一直传播到欧洲东部地区（Anthony & Brown 2003：66），他们有可能也影响到了竖穴墓文化。[①]然而贝内克和冯・登・德里施（Benecke & von den Driesch 2003：81）都提出了与此相反的观点：他们认为在新石器、铜石并用和早期青铜这三个时代，马仍然是被人类广泛当作食物和原

① 在家马起源史上占有重要地位的博泰文化是古代哈萨克草原上一个铜石并用时代的文化（约公元前3700—前3100年），分布于哈萨克斯坦北部额尔齐斯河与伊希姆河之间的地带。包括博泰在内的多个聚落遗址已经发现了总共150多座半地穴式的房屋。根据考古发现的马勒、木桩、马粪堆积和陶罐内的马奶脂肪等遗存可知，那时的居民是懂得圈养甚至骑乘马匹的牧人和狩猎野马的猎人（家畜除了马之外只有犬，没有牛羊）。不过据古DNA检测研究，他们饲养的马与现存普氏野马的关系较近，于现代家马只贡献了2.7%的遗传基因。可见现代家马应该有其他起源地。参见译者补充参考资料David W. Anthony（2007）；Viktor H. Mair & Jane Hickman（2014）。——译者注

材料的。根据他们的分析研究，直到公元前2500年（经过校正的碳-14年代）以后的青铜时代中期和晚期，马匹在骨骼上才反映出家马形态。

另一个支持竖穴墓文化为游牧社会的观点是，当时已经出现了能够为居民提供运输和迁徙以适应草原生活的由牛牵引的轮车。然而在竖穴墓文化诸多墓葬中，发现有轮车遗迹的只占很小一部分，并且发现的轮车形制非常笨重，显然不适合长途交通。

因此多数专家都认同这个观点，就是欧亚草原上典型的（成熟的）游牧社会是在公元前一千纪才出现的。他们强烈地质疑："史前社会那些在草原上移动放牧的牧民是真正的游牧民吗？"经过对东欧大草原铜石并用时代诸遗址的详细研究，拉萨马金（Rassamakin）得出了这样的结论："无论是乌萨多沃文化（Usatovo culture）还是竖穴墓文化都不是游牧社会，同时也没有证据显示随后的那些文化是游牧社会。"（Rassamakin 1999：156）

作为一种经济与文化现象的典型游牧社会（参见第六章）在铜石并用时代不可能出现还有其他原因。专业化的游牧民是不可能脱离与定居社会的联系而单独存在的，因此对于竖穴墓文化尤其是乌拉尔西侧地区的居民而言，前面的那些推测都是令人非常起疑的。至于那些与后来的游牧民族如斯基泰人很相似的一些葬俗，例如动用大量人力修建的有人殉的库尔干古坟，有时候竟被当作铜石并用时代已经出现游牧社会假说的证据，这显然是十分肤浅的，因为（当时）社会所有方面并不能在考古资料中得到全面反映，我们就不能据此来判断当时全部的社会组成和结构。

对于竖穴墓文化社会组织的判断，只能依据考古发现的葬俗资料以及对其差异性的评估来进行。尽管缺少直接的证据，我们也不能认为竖穴墓文化社会是一个完全平等的社会。竖穴墓文化社会有着非常明显的早期分层社会的特征，例如建造各种大小的库尔干古坟所投入的人力就是个明显的证据。要把具体的社会群体区分开来不是件容易的事情，因为一大批小型墓葬的存在持续了大约五百年的时间。同时，也有一些学者认为乌拉尔西侧地区的葬俗反映出社会分层正在上升的趋势（Morgunova 2002：236；Morgunova & Kravtsov 1994：71）。重建当时社会的人口状况也是相当困难的。我们认为仅仅凭借考古调查墓主身份来估算当时的人口结构是明显不合理的，因为这些墓葬并不能反映一个“正常”的社会结构。比如墓葬中没有发现过幼童，而当时幼童的死亡率是非常高的；另外青少年所占的比例也非常低。墓主基本上都是成年男子（Yablonsky & Khokhlov 1994：118—141）。毫无疑问，这些库尔干墓冢是为某些特定的社会群体提供的一种特权制度。所以这些都可以作为当时的社会人群已经存在社会分层的佐证。

大型库尔干古坟是公元前三千纪后半段在伏尔加河地区和乌拉尔西侧地区出现的。在乌拉尔南部地区，当地库尔干古坟的数量占了竖穴墓和早期波尔塔夫卡这两个文化90座古坟的30%。根据古坟的规模和墓室构造，莫尔古诺娃将其分成四个类型。她强调那些埋在大型古坟里、随葬木制品、铜器和工具的墓主一定拥有比较高的社会地位。这可以解释为当时手工业的专业化分工已经具有了重要的社会意义。值得注意的是博齐卡廖夫的观点（Bochkarev 1978：52），他认为这些冶金工匠的墓葬是竖穴墓文化和早期波尔塔夫卡文化的固有特征，这些工匠早已与社会融为一体，他们的葬姿正反映了工匠们生前的职业工作姿态。

一些墓葬中还随葬有与宗教和礼仪活动有关的牺牲祭品和器物，例如被肢解的尸体残骸、骨制角状“钉针”、赭石粉和铁矿石碎块等。最大的库尔干古坟（直径40—50米，甚至更大）建造的年代为公元前2000—前1750年。也就是说，从年代学序列上看，大型库尔干古坟出现的时间要比小型和中型的古坟要晚，它们的出现足以证明决定性的社会等级制度已经建立起来了。

斧子、矛、弓箭、匕首、短刀和轮式车都反映了“战斗文化”的特征（Morgunova 1992）。根据上述分析研究，我们注意到社会分层在竖穴墓文化中具有非常浓厚的礼仪色彩。波格丹诺夫（Bogdanov 2000b）提出了一个很有趣的假设，他认为墓主屈肢的姿势，无论是以这种姿势安葬还是因为组织腐烂分解导致的身体变形，都是当时人们把死者作为向神灵献祭的一种方式。与此相关的是随葬品，它们也不应当被视作墓主的私人财产，而是代表人们向神灵献祭的一部分祭品。在一些墓葬中，墓主呈现类似下跪的姿势。

这些具有某种社会含义的独特葬姿是由当时的礼仪规范决定的。或许正如E.

库兹米娜（Kuzmina 1981：34）指出的那样，从竖穴墓文化那里，我们看到更多的是社会和意识形态而不是个人财产方面的分层变化。

竖穴墓文化传统上又是与印欧语（Indo-European）的起源问题相关的。总的来说，没有人否认它与印欧语世界的关系，不过有些学者把它解释为印度-伊朗语（Indo-Iranian languages）族群的文化（Kuzmina 1974）。马尔洛里（Mallory 1989；1998：187）大体上也持类似观点，他更谨慎地认为竖穴墓文化有可能反映的是希腊-亚美尼亚-印度-伊朗（所谓晚期印欧语）这个大的语言连续体的文化。卡尔佩兰和帕尔坡拉（Carpelen & Parpola 2001：130—131）认为竖穴墓文化的晚期类型（波尔塔夫卡文化传统）属于原始雅利安语（Proto-Aryan languages）。[①] 由此可见，上述几种观点的分歧仅仅在于同一个印欧语连续体框架下语言分化过程中的速度。

因此，公元前三千纪和前二千纪的起始阶段对于文化和社会来说具有非常重要的意义。此时的文化是从竖穴墓文化具体背景中衍生的产物。按照博齐卡廖夫（Bochkarev 1995b）的观点，伏尔加河-乌拉尔地区在此文化初始阶段正是非常活跃的；因此，这片地区对于后来各种文化形成的前提条件都有深刻影响。

二　阿巴舍沃文化

阿巴舍沃文化主要分布于欧洲东部的森林-草原地带，往东在外乌拉尔的托博尔河流域也有其遗址分布。作为阿巴舍沃文化共同体主要集团的文化或遗址，在顿河到伏尔加河右岸、伏尔加河中游和上游以及乌拉尔地区都已经被确认了（Pryakhin 1976：164—166）（图2.5）。目前我们确信它是在公元前二千纪的最初阶段，在竖穴墓文化晚期遗址的北部边缘地带以及洞室墓文化、法季扬诺沃文化

---

① 雅利安语又称印度-雅利安语（Indo-Aryan languages），与伊朗语支等从属于印度-伊朗语族，它们与土火罗语、希腊语、亚美尼亚语、凯尔特语、罗曼语、日耳曼语、波罗的海-斯拉夫语等语族均为印欧语系成员。——译者注

(Fatyanovo culture)[①]和第聂伯河中游文化[②]之间的顿河中游地区形成的(Pryakhin & Khalikov 1987)。阿巴舍沃文化继承了绳纹陶文化(Corded ware culture)[③]的一些元素，同时也受到了竖穴墓-洞室墓文化集团混合的强烈影响(Kuzmina 2001)。

在乌拉尔地区，阿巴舍沃文化的遗址主要分布在乌拉尔山脉的西坡，部分遗址也出现在东坡地区。这些地带主要是森林-草原地貌，不过有些遗址在森林覆盖的伏尔加河与韦特卢加河(Vetluga)[④]之间和山区也有发现(Borzunov & Bel'tikova 1999；Goldina 1999；Petrin et al. 1993；Pryakhin & Khalikov 1987)。具有血亲关系的居民分布在伏尔加河中游以及顿河与伏尔加河之间地带。阿巴舍沃文化的乌拉尔类型又被称为巴兰巴什文化(Balanbash culture)，它是这个大型文化家族的一个成员，不过它与典型的阿巴舍沃文化还是有很大的区别。

根据长久以来有关阿巴舍沃文化的研究[3]，人们已经可以对它及其各遗址进行广泛的诠释和具体描述。此外，多年来人们就认为乌拉尔地区所有的冶金制造活动都是与它有关的。实际上，辛塔什塔这个(著名的)设防聚落遗址刚刚被发现的时候，也被认为属于阿巴舍沃文化。这些结论是建立在阿巴舍沃文化金属制品传统的年代序列以及各种陶器的类型学研究基础上的。

学者们对于伏尔加河和乌拉尔地区(文化)的族群已经有了相当齐备的调查和研究。根据O. 库兹米娜的研究(Kuzmina 1992：74)，伏尔加河-乌拉尔地区

① 与本章后面提到的巴拉诺沃文化(Balanovo culture)曾被视为一组俄罗斯欧洲部分森林地带的铜石并用时代到青铜时代早期的文化，分布地域西起俄国与爱沙尼亚边境的楚德湖、东至乌拉尔山脉西南侧的伏尔加河中游与卡马河地区，二者以莫斯科附近的奥卡河与伏尔加河上游为界。年代大致为前3200—前2300年。一般认为它们受到了来自西方的绳纹陶文化(例如磨制石斧和陶器等)东进的影响。——译者注

② 原文Sredne-Dneprovskaya，为俄文罗马化转写，第聂伯河中游的意思。分布地区顾名思义。年代大致为前3200—前2300年，被认为是绳纹陶文化向东延伸的一个类型。据维基百科相关词条。——译者注

③ 又称绳纹器文化、战斧文化或独墓文化，是一个始于新石器时代晚期、繁荣于铜石并用时代、结束于青铜时代早期具有多个地区类型的文化综合体，年代大致为公元前2900—前2350年。分布于东起伏尔加河、西至莱茵河，南起多瑙河上游和中游、北至波罗的海沿岸和斯堪的纳维亚半岛和芬兰南部的广大地区，与原始日耳曼语和波罗的海-斯拉夫语分布区相对应。以绳纹陶、磨制石斧和单人独墓著称。最新的古DNA分析研究证明其多数居民来自于竖穴墓文化，对后来欧亚地区的许多文化都有影响。据维基百科相关词条。——译者注

④ 韦特卢加河为伏尔加河中游左岸的一条支流。——译者注

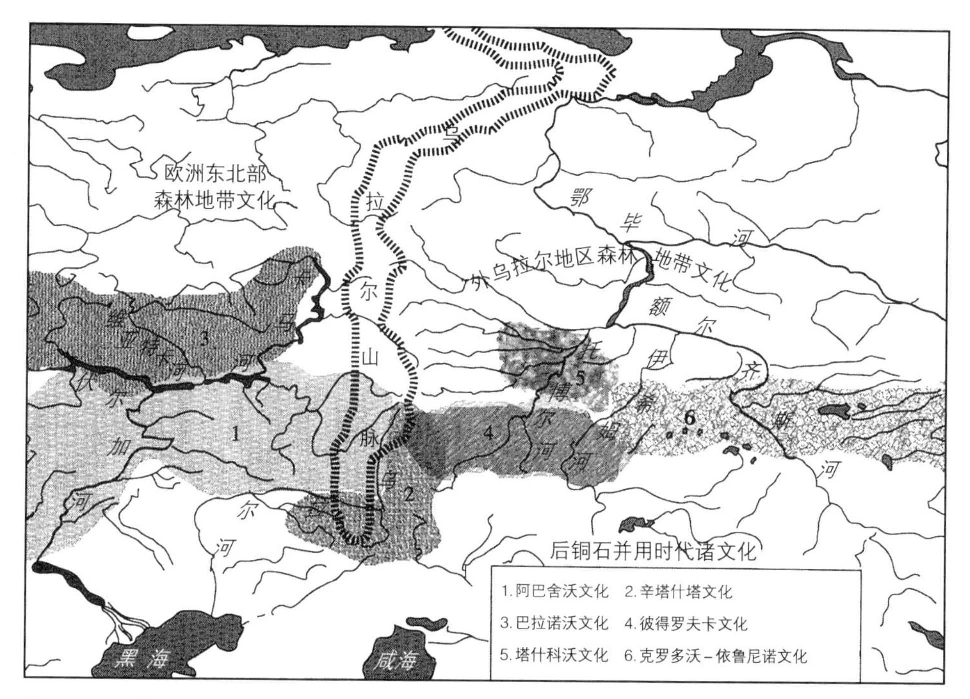

图2.5 A.青铜时代中期欧亚地区草原和森林－草原地带诸考古学文化的分布

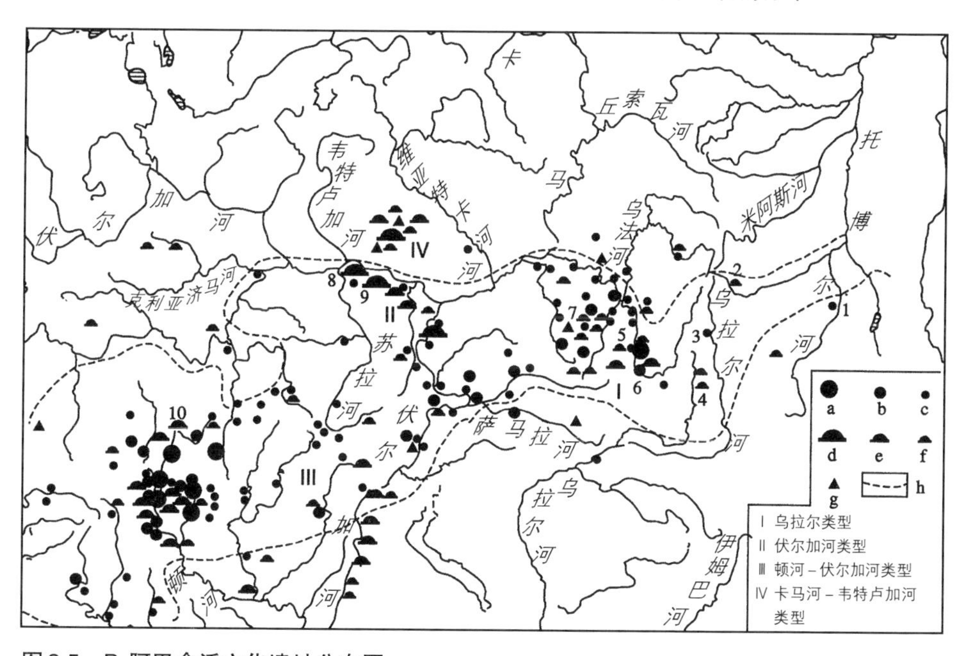

图2.5 B.阿巴舍沃文化遗址分布图

a. 6—10个聚落；b. 2—5个聚落；c. 1个聚落；d. 6—10座墓葬；e. 2—5座墓葬；f. 1座墓葬；g. 没有坟包的墓葬；h. 森林－草原地带的分界线；1. 阿列克谢耶夫卡；2. 斯特普诺－1；3. 小克孜勒斯科耶；4. 阿尔姆克哈梅多沃；5. 巴兰巴什；6. 别列戈夫斯科耶－1，2；7. 达夫雷刊诺沃；8. 佩普基诺，维洛瓦多沃；9. 阿巴舍沃；10. 老尤里耶沃（据O. Bader，D. Krainov & M. Kosarev，eds. 1987）

（文化）族群是从早先文化族群直接演变过来的，中间没有出现过任何年代学上的中断现象。不过需要注意的是，这些早先文化集团的考古资料几乎都是些墓葬和其他零星发现的资料。伏尔加河地区阿巴舍沃文化遗址富含金属制品这个说法常常被夸大了，其实那里并没有冶金技术的直接证据。另一种假设是将伏尔加河地区的阿巴舍沃文化放到与辛塔什塔文化同步的阶段（Besedin 1995；Epimakhov 1993）。这种观点是根据这两种文化遗址出土的一些金属制品、一种骨/角制成的“铲形器”以及一些小圆片状的马镳进行认定而得出的。

乌拉尔地区阿巴舍沃文化诸遗址的年代下限要比起始时间更加明确，即青铜时代晚期的结束时间已经得到了地层学的确认：含有陶器遗存的木椁墓文化层总是叠压在阿巴舍沃文化层之上。同时学者们也注意到，二者陶器在设计装饰方面具有一些连贯性的元素。这曾使得一部分学者认为阿巴舍沃文化传统比以往延续了更长时间（Pryakhin & Khalikov 1987）。外乌拉尔地区的晚期阿拉库文化葬俗中也有一些阿巴舍沃文化的元素。遗憾的是，由于阿巴舍沃文化年代序列总体的不确定性，其内部年代序列的划分依然没有得到完善解决。

乌拉尔西侧地区的阿巴舍沃文化以聚落和墓地两种遗迹为代表。尽管该地区拥有大量的聚落遗址（超过50个），但文化层比较完整的却很少。只有大约10座聚落遗址拥有较丰富的单一考古文化堆积并且有明显的房址遗存，如巴兰巴什和别列戈夫斯科耶-1（图2.6）；以及小克孜勒斯科耶（Malo-Kizilskoye）、乌尔尼亚克（Urnyak）和图布雅克（Tubyak）。其他聚落遗址通常含有多种文化层。

总体上，乌拉尔地区阿巴舍沃类型的聚落通常位于河流一级台地或宽阔河谷中的制高点。这两种情形下的聚落通常具有简单的防御设施。最大的聚落面积也不过数千平方米。一般聚落都可见一到三座房址，不过实际数量可能更多一些，因为有些房址除了地面起建筑外，还可能是半地穴式的。大多数情况下，只有通过类型学分析比较才可能把具有独特风格的阿巴舍沃类型陶器从聚落遗址上的各种堆积物中识别出来。

乌拉尔西侧地区阿巴舍沃文化聚落居民房址内遗留的物质资料比较有限（Gorbunov 1986）。调查过的房址大小不等（面积从39平方米到182平方米），不

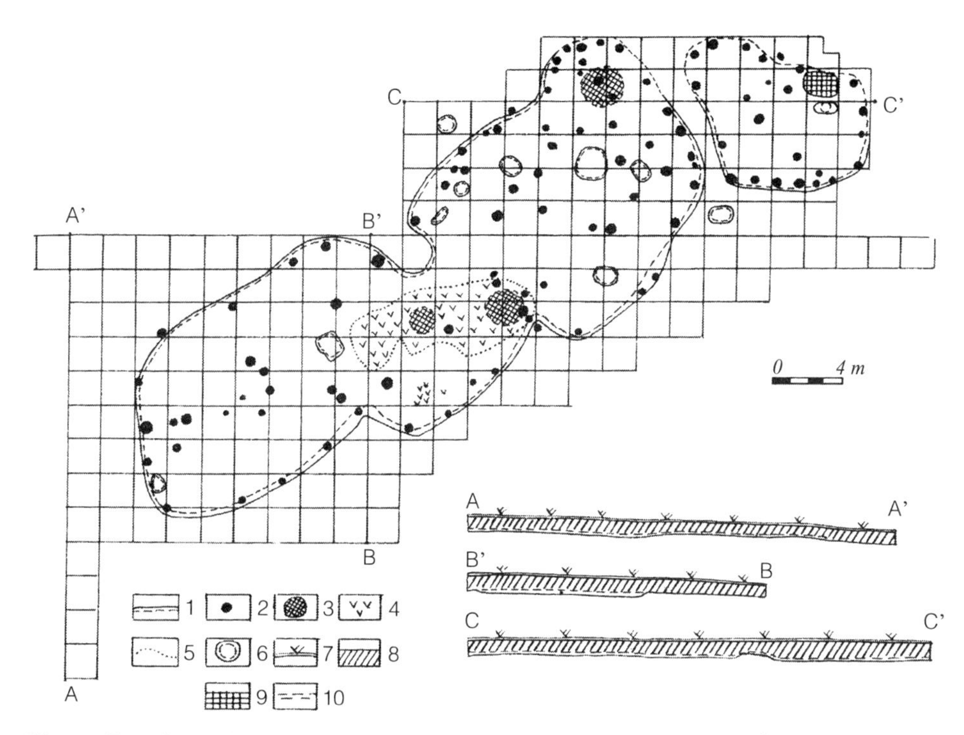

图2.6　阿巴舍沃文化的别列戈夫斯科耶（Beregovskoye）–1聚落遗址①

1.屋舍边围；2.柱础坑；3.火塘；4.灰烬堆积；5.灰烬堆边围；6.贮藏坑；7.表层土壤；8.土壤腐殖质；9.现代人挖的坑；10.黏土（据Gorbunov 1986）

过建筑样式非常相似，并且都是用有机材料建造的。起支撑和外围界定作用的木柱基础部分都嵌入柱洞。房址地面还发现了储藏坑和火塘遗迹。我们可以设想房址面积大小和内部设计是由其功能来决定的，一些较小的房址内相对集中的金属制造活动的遗迹就为上述设想提供了部分依据。

阿巴舍沃文化遗物以陶器碎片和动物骸骨为主。其中陶器可分为四种基本类型：大号陶杯、陶碗、桶形罐、肩部尖锐外凸的小罐。阿巴舍沃类型陶器的判断标准之一就是器物口沿——“唇”的下方有一圈凸起的装饰带（图2.7–B）。

① 具体位置参见图2.5–B，6。

除了个别直壁罐外，几乎所有陶器都是有装饰的，拍打或者手绘上去的梳篦纹是主要装饰图案，几种不同的几何形、直线和小坑等也是装饰特色（Mochalov 1997）。O. 库兹米娜（Kuzmina 1992：106—107）设想这些陶器的纹饰或许模仿的是当时人们的服装图案。

正如前面所述，阿巴舍沃聚落遗存中有很多冶金制造工具：磨棒、磨盘、打磨器具和坩埚，还有废品废料（矿渣和金属熔液残滴）以及矿石等。在巴兰巴什聚落遗址，人们还发现了骨制的用来挂在额头和太阳穴上的圆形饰品。服装头饰上的蔷薇花形象被认为是阿巴舍沃文化独特的装饰图案（图2.7–A）。其他装饰品还有指环、项链坠儿（垂饰）、近于圆环的手镯和大个儿的金属项圈等（Chernykh 1992：202—203）。

阿巴舍沃文化成套的金属制品都来自偶尔发现的窖藏，这些窖藏大多数又集中在乌拉尔及其以东的铜矿分布地区（图2.8）。伏尔加河右岸没有发现这种金属窖藏。然而此类窖藏却在阿巴舍沃文化所在地区以外的森林地带有所发现，由此我们可以追踪阿巴舍沃文化金属制品的传播路线和方向。

墓葬的考古资料无论在数量还是在种类上都比聚落多。乌拉尔地区阿巴舍沃文化的一处墓地通常平均由10座库尔干古坟组成。已知规模最大的一处墓地是由26座古坟所组成的老亚巴拉克林斯克（Staro-Yabalaklinsk）墓地（Gorbunov & Morozov 1991）。墓地分布在河畔台地上，学者认为这些成行排列的库尔干古坟说明当时建造时已经有了一定的规划。凸起于地表的坟包普遍不高（80%不超过0.5米，其余的也不超过1米）（Gorbunov 1986）。古坟平面通常呈圆形。也有椭圆形的，这种椭圆形的坟包一般是在最初的圆形古坟旁边增添另外的墓葬形成的。大约55%的坟包是用土建的。有些坟包还另外附加环绕的壕沟、石块或木桩，有些木桩是围绕着一个中心墓穴立起来的（图2.9–A）。

墓穴通常呈矩形，面积大小都与墓主年龄和下葬人数相关。墓穴也只是为了墓主及其随葬品而建造的，墓穴平均深度不超过1米。除了没有任何附加建构的简单墓穴之外，还有一些墓室内部有用石块、木头垒墙和做墓室顶盖的。墓室内放置石块可以说是乌拉尔西侧阿巴舍沃文化遗址的一种特色（图2.9–B）。

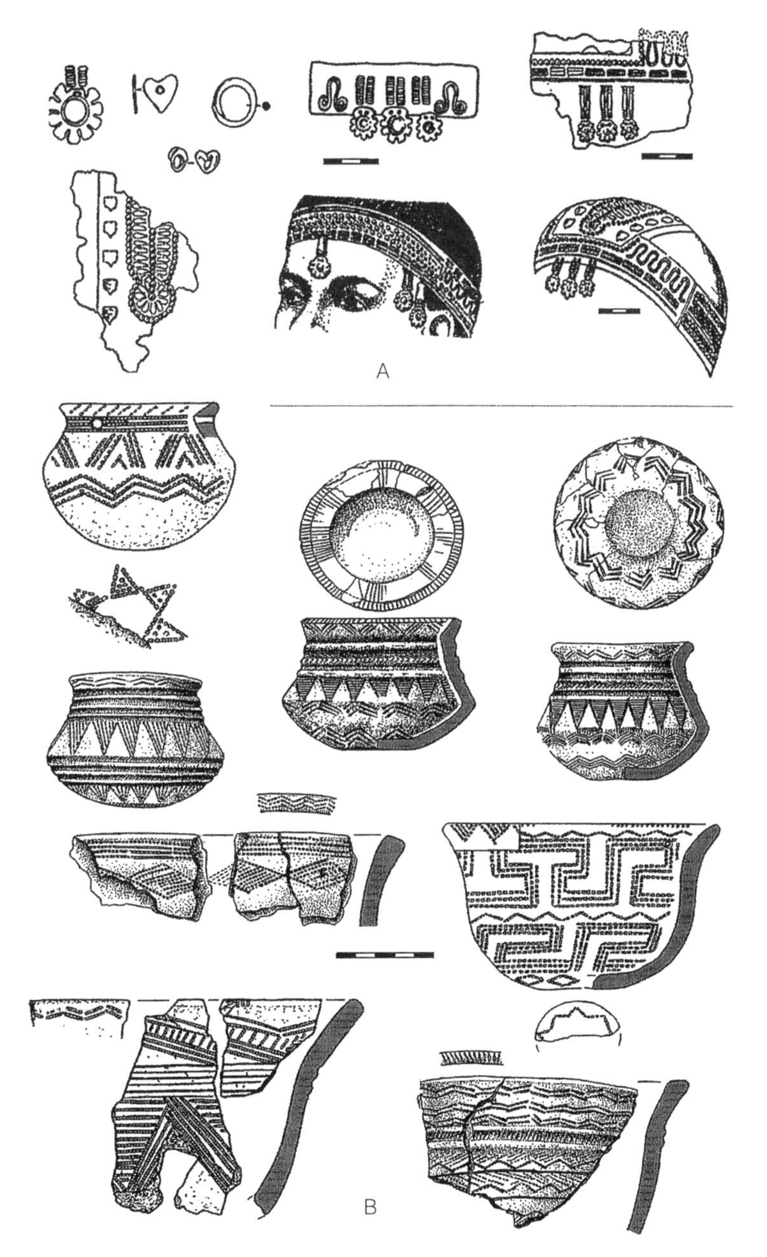

图2.7　阿巴舍沃文化遗址出土的女性装饰品和陶器

A.伏尔加河地区阿巴舍沃文化遗址上的女性装饰品（据Kuzmina 2001）

B.小克孜勒斯科耶和塞尔尼·克鲁齐（Sernyi Kluch）两地出土的阿巴舍沃类型的陶器（据Borzunov & Bel'tikova 1999）

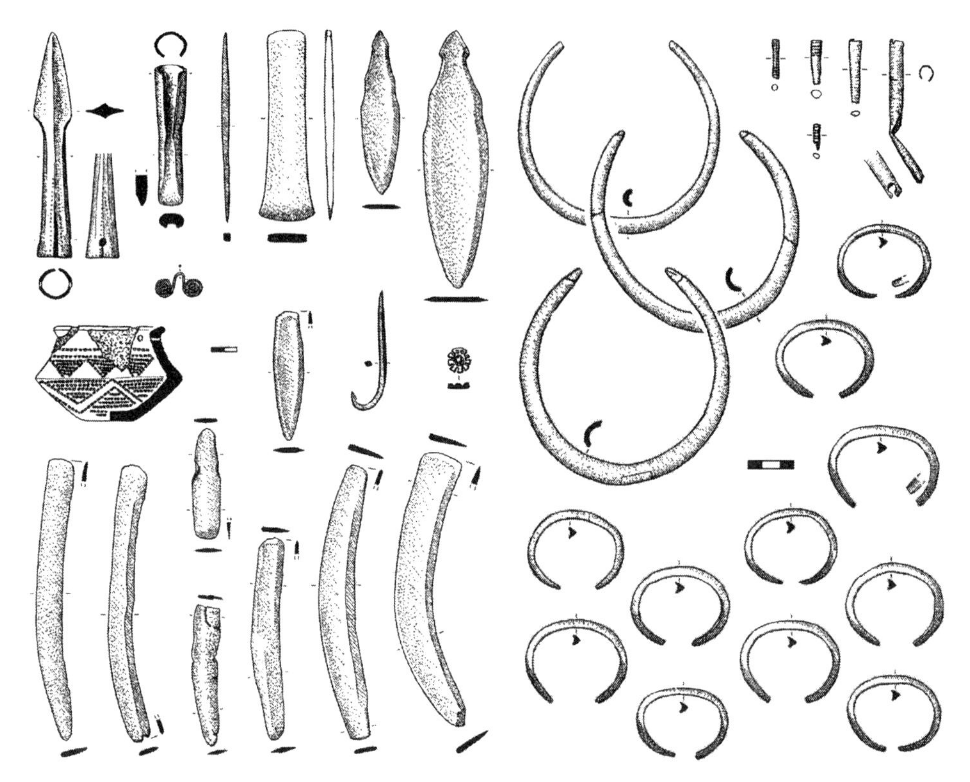

图2.8 阿巴舍沃文化的维尔克涅-克孜尔斯基（Verkhne-Kizilski）窖藏的金属制品和陶罐

所有考古发掘的古坟中都发现了个体墓主，集体葬在乌拉尔西侧和伏尔加河中游地区非常罕见。哈里科夫于1961年在伏尔加河地区的佩普基诺库尔干古坟中发掘出一个令人震惊的集体墓（参见图2.5–B；Khalikov et al. 1966）。在一个长度超过11米的土坑中竟然发现了属于28个青年男子个体的骸骨（图2.10）。大多数骸骨上的创伤痕迹清晰可见，有被金属斧头砍断和击穿的肢骨和头骨，现场还留有大量巴拉诺沃文化（Balanovo culture）类型的石制箭镞。有些尸骸是被肢解过的。其中一位，根据他健壮的体格判断，他生前是一位青铜工匠，他身边伴有一件用来铸造有銎斧的两片合成式铸范、一个盛铜熔液的坩埚和其他冶金工具（参见图1.2）。

虽然遗址中用火的痕迹相当多，如火烧痕迹、灰烬和木炭等在坑穴、屋顶和

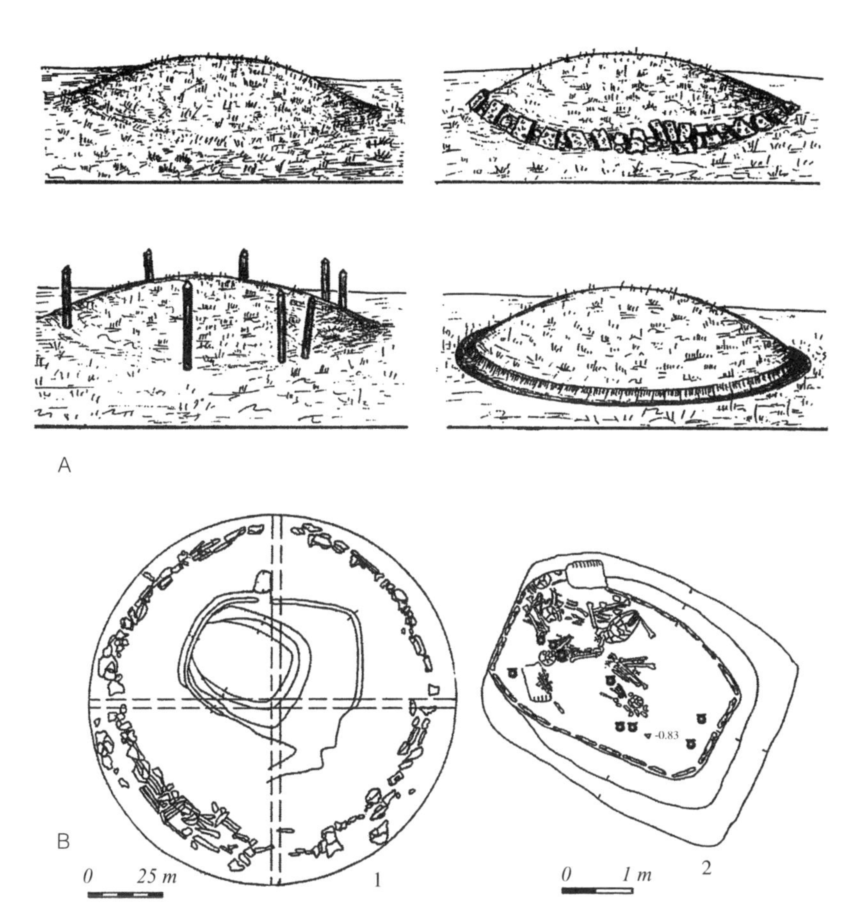

图2.9　阿巴舍沃文化的墓葬传统

A.乌拉尔地区库尔干古坟的几种类型

B.拜谢沃（Baishevo）古坟Ⅳ：1.古坟平面图；2.墓室平面图（据Gorbunov 1986）

地面都有发现，但是并没有发现火葬的证据。一些墓葬中，墓主都被直接安放在土层上。

很难说墓主的姿势和身体朝向是由什么因素决定的。不过墓中一些有价值的随葬品使我们无法接受认为凡是被干扰过的墓葬一定是被盗过的说法。很有可能，当时的居民实行过部分安葬或者其他复杂的葬礼仪式。伏尔加河地区的考古资料显示，墓主是以双膝弯曲姿势安放在墓室入口的，这与其他青铜时代中期文化的葬俗迥异。这种葬俗以及零星使用赭石粉令人联想起古老的竖穴墓文化的墓葬传统。

殉牲在当时的葬俗中扮演了有限角色，牛和绵羊的骸骨仅在墓室填充物中有发现。随葬品仍以陶器和骨器，以及凿、匕首型短刀、类似镰刀的工具、锥子和钩子等金属器皿为主。石制和骨制的箭镞既是兵器也可以是狩猎工具。有一种勉强可以称为“铲”的骨制工具在阿巴舍沃文化所在地区很有名。随葬品中最有特色的组合当属各种装饰品了：手镯、指环和耳环、中空带棱纹管状垂饰、蔷薇花状和半圆形的饰片等。

聚落和墓葬的考古资料可以帮助我们分析研究阿巴舍沃文化居民的生活方

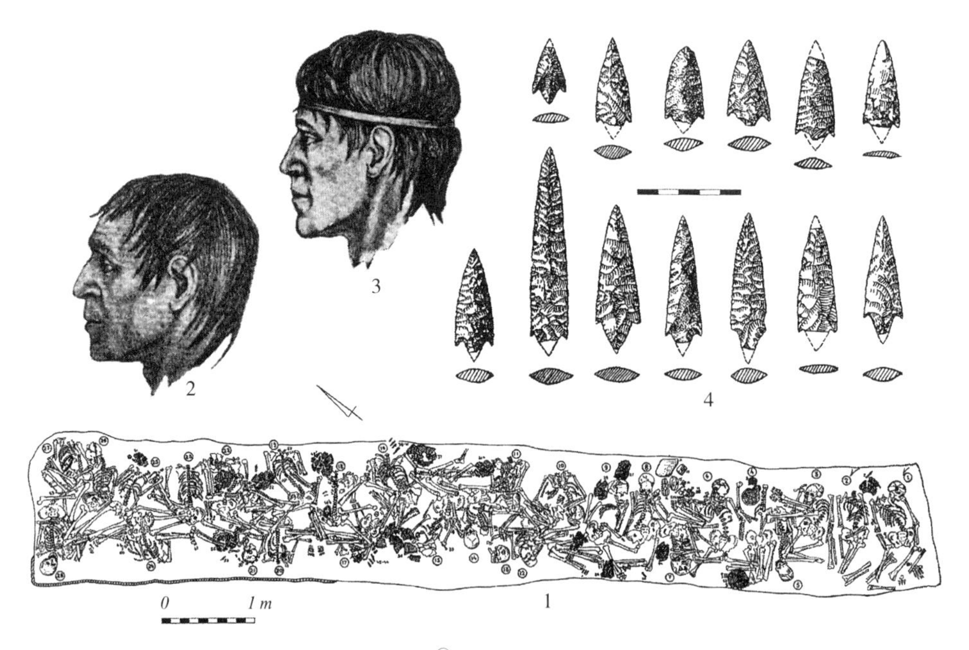

图2.10 佩普基诺库尔干古坟的考古资料[①]

1.乱葬坑平面图；2、3.两位死者的复原头像；4.石箭镞（据Khalikov，Lebedinskaya & Gerasimova 1966）

① 位于伏尔加河畔。具体位置参见图2.5-B，8。——译者注

式。很多出自聚落遗址的动物骨骼显然与畜牧业有关，其中大部分是牛（68%—78%），然后是绵羊和猪（表2.1）。与其他青铜时代中期和晚期的文化相比，阿巴舍沃聚落发现的马匹骸骨非常有限，甚至在墓葬中还完全没有发现过。虽然发现了马具，但是它们通常只是在聚落遗址出土的。前面提到的各种动物所占的比例可以证明，当时的居民已经过上了相当稳定的生活，并且懂得储备过冬饲料的必要了。

表2.1　乌拉尔西侧地区阿巴舍沃文化聚落遗址发现的动物品种（据Gorbunov 1986）

聚落	巴兰巴什		乌尔雅克		别列戈夫斯科耶-1		别列戈夫斯科耶-2	
品种	个数	百分比	个数	百分比	个数	百分比	个数	百分比
牛	214	72	544	85.3	78	62.9	53	71.6
绵羊和山羊	46	15	44	6.9	14	11.3	8	10.8
马	6	2	7	1.1	15	12.1	12	16.2
猪	32	11	41	6.4	17	13.7	1	1.4
狗	—	—	—	—	—	—	—	—
野生动物	—	—	2	0.3				

传统上一些学者把发现的猪骸骨解释为农业已经出现的证据，理由是猪是需要农产品饲养的。实际上猪也可以用橡实来喂养。非常有趣的是，猪骸骨仅在乌拉尔西侧地区发现，而橡树林正好在那里才有分布。橡树林可以看作养猪业的天然条件。所谓农业问题只有通过系统分析研究才能解决。

由于相关领域的信息近乎空白，我们在利用阿巴舍沃文化考古资料进行社会分析的时候必须十分谨慎。根据一些个案，有些学者认为精英的大型墓冢现象反映了当时的社会结构已经发生了不均衡的变化：成年男子已经在社会结构中占据了主导地位（Gorbunov 1992）。但如果仔细研究这些有限的、经过详细调查的墓葬的话，我们就得承认上述结论仍然只是一种设想。不过的确需要承认当时的居民死后是有选择地下葬在库尔干古坟的。不幸的是，聚落遗址的考古资料未能提供当时社会已经存在精英阶层的证据，哪怕是任何间接证据。

人们在发掘传统的阿巴舍沃文化所在的顿河沿岸，特别是菲拉托夫斯卡（Filatovska）和弗拉索沃（Vlasovo）两处墓地的古坟时，发现当时的居民为一些具有特殊地位的墓主举行祭祀的遗迹（Sinuk & Kozmirchuk 1995）。这些遗迹具有与晚期洞室墓文化、多道附加堆纹文化、辛塔什塔文化、阿巴舍沃文化及阿拉库文化相关的元素。从社会角度观察，这些墓葬资料展现了一种具有威权色彩的随葬品所表现的独特元素，这正是一种武士文化的表现。这些墓葬原本解释为阿巴舍沃文化东部居民的回归。不过现在它们又被认为是博塔波夫卡文化[①]或者是新库马克斯基文化层位（Novokumasky horizon）的一个组成部分，显示来自伏尔加–乌拉尔地区西进的移民迹象。这些从东方新来的族群不仅具有强有力的社会和政治组织，而且还拥有马拉战车等先进装备。在顿河地区，他们遇到了洞室墓文化和阿巴舍沃文化的居民。奥托什琴科（Otroshchenko 2000）认为西进的辛塔什塔文化以及后续的彼得罗夫卡文化集团的冲击力是相当强的，足以改变阿巴舍沃文化的古老面貌。最终它们有可能激发了早期木椁墓文化东部的波克罗夫卡（Pokrovka）和西部的贝雷兹诺夫卡（Berezhnovka）这两种类型的形成和发展。

虽然阿巴舍沃文化的物质文化相当有限，但是它的影响和踪迹仍然可以在欧亚地区青铜时代中期的很多文化中找到。不过这些影响的原动力在某种程度上仍然是个谜。当我们联想到塞伊玛–图尔宾诺类型青铜器的主人在来到乌拉尔地区之后就与阿巴舍沃文化建立了某种特殊关系的时候，或许应该承认阿巴舍沃文化传统的居民在对待外来文化时，其心智和观念是相当开放的（Chernykh et al. 2004）。与此相反，前面提到的那一个坑里乱葬了28个青年男子尸骸的佩普基诺古坟（参见图2.10）却是阿巴舍沃文化与北部森林地带的巴拉诺沃文化居民之间严重流血冲突的证据。

说起来有些自相矛盾：尽管有了大量可以确认阿巴舍沃文化的考古资料，但是它的社会面貌仍然是非常神秘并且难于观察的。不过在它的后期阶段，阿巴舍

① 是一个主要分布在伏尔加河中游支流萨马拉河曲处的青铜文化。年代大致为公元前2500—前2000年。——译者注

沃文化依然达到了只有洞室墓文化才能与之匹敌的最大疆域。

三　辛塔什塔文化

辛塔什塔文化的考古资料一直是学术界频繁和热烈讨论的课题。不仅因为它是较新的考古发现并具有特殊的独创性，而且它具有跨地域性的显著地位。辛塔什塔文化传统对于青铜时代晚期的木椁墓文化和安德罗诺沃文化集团的形成都有重要影响。辛塔什塔文化遗存，特别是阿尔卡伊姆这个设防聚落遗址在俄罗斯历史上那段相当艰难的时期引起了高度关注，由于很多政治方面的原因，它一度成为当时俄罗斯社会和公众关注的焦点。[①]

虽然“辛塔什塔”（图版2.1）这个以遗址名字命名的考古学文化的发现和调查工作在20世纪70年代就已经开始了（Gening et al. 1992），但是其学术价值的重要性却是后来才意识到的。最初，辛塔什塔遗址并没有从20世纪60年代末就在车里雅宾斯克州南部地区广为人知的安德罗诺沃文化众多遗址中识别出来。这些遗址当时都被认为属于安德罗诺沃文化，并且适用于萨利尼科夫（Salnikov）提出的阶段性进化理论模式。后来被确定为辛塔什塔文化遗址的各种特性，首先是由斯米尔诺夫（Smirnov）在发掘乌拉尔西侧南部地区的新库马克（Novyi Kumak）墓地时予以强调的，在他与E. 库兹米娜合著的著作中（Smirnov & Kuzmina 1977），这些考古资料是用来彰显欧亚草原地带青铜时代中期的所谓新库马克斯基文化与年代学层位的。只是在随后大规模发掘的辛塔什塔聚落及其墓地以及著名的阿尔

① 与辛塔什塔遗址一样，阿尔卡伊姆遗址也位于乌拉尔山脉东南部的车里雅宾斯克州，不过更靠南方，紧邻哈萨克斯坦北部边界，附近有两条河。它是由格纳迪·兹达诺维奇率领的考古专业学生调查队于1987年6月发现的，当时这片地区已经规划修建一座水电站并于次年春季蓄水。经过学者们奔走呼吁和社会舆论的支持，水库工程被一再延期并最终取消了（也受苏联解体的影响）。1991年俄罗斯中央政府批准成立了阿尔卡伊姆遗址保护区博物馆。2005年普京总统曾经到此参观。该遗址拥有包括厚度为4—5米的城墙在内的直径为160米的圆形设防聚落。具有近四千年历史的阿尔卡伊姆聚落（约前17—前16世纪）被认为与印欧语系原始印度-伊朗语族居民有关，也被俄罗斯部分人士视为历史上的荣耀。——译者注

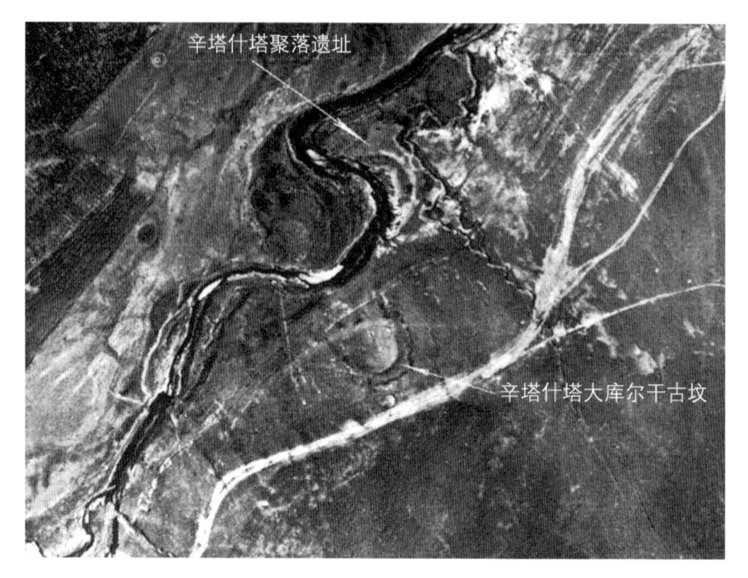

图版2.1 辛塔什塔考古遗址航拍照片（阿尔卡伊姆遗址博物馆提供）

卡伊姆设防聚落，才为我们展现了这些遗址物质文化的闪亮特色，学者们因此改变了对欧亚地区青铜时代考古学的很多传统看法。[4]

由于航空遥感技术的广泛运用，人们对辛塔什塔类型遗址的分布区域、数量、面积大小以及布局等都比较清楚了。在外乌拉尔地区的草原地带，只是到了青铜时代中期的最后阶段才出现了类似这种封闭式的设防体系。

辛塔什塔文化的聚落和墓地都集中分布在外乌拉尔南部地区草原地带的北面（参见图1.3）。这片地区以蕴藏丰富的铜矿和靠近大片森林而著称（Zalikov 1995）。通常外乌拉尔地区的聚落都有墓地伴随着。其考古工作主要负责人G. 兹达诺维奇将这些密集分布的各个遗址统一命名为“城市国家”（Country of Towns）（Zdanovich 1989，1995，1997b；Zdanovich & Batanina 2002；Zdanovich & Zdanovich 2002）。对于这个术语，有些考古学者把它看作一种比喻而接受了，然而有些学者对此却有着强烈的质疑。

几乎所有辛塔什塔文化的聚落都分布于托博尔河与乌拉尔河及其支流地区，只有切喀台（Chekatay）位于湖畔。与此相反，辛塔什塔文化墓地分布得更广些，包括了哈萨克斯坦（Kaliyeva et al. 1992；Logvin 2002）、乌拉尔西侧地区（Tkachev 1995，1998；Khalyapin 2001）和伏尔加河地区（Vasily'ev et al. 1994），这些墓葬分布地区迄今还没有发现过聚落遗址。

过去三十多年来人们已经发现了22座这样的设防聚落。其中大多数含有1—4个建筑层位（Yaminov & Savely'ev 1999；Zdanovich & Batanina 2002）。已有七座聚落遗址得到了不同程度的发掘，其中研究工作比较完善的当推辛塔什塔、阿尔卡伊姆和乌斯提这三处遗址。[5] 墓地在外乌拉尔地区已经发现了12处，不过这个数字不能认为是全部的，因为有些聚落没有发现通常与之相伴的墓地。一反常规的是有些墓地却是孤零零的、附近没有可见的相关聚落存在。在外乌拉尔地区发掘了五处墓地（一共约200个墓葬），乌拉尔西侧地区则有八处墓地合计100个墓葬被发掘，此外哈萨克斯坦北部发掘了一处墓地共28个墓葬，伏尔加河地区发掘的则有两处墓地共33个墓葬。在乌拉尔西侧地区，辛塔什塔文化的古坟和墓葬总是混合在各个时期的墓地之中，不过通常数量有限，就像在新库马克墓地看到的那样（Smirnov & Kuzmina 1977）。

总而言之，辛塔什塔文化的考古资料是相当丰富的，但是它的文化内涵却还没有完全展现。由于辛塔什塔文化的杰出特色及其特别引人注目的意义，我们会不顾冗长之訾，对其考古资料尽量予以详细的描述。

聚　落

辛塔什塔文化的聚落通常坐落于宽阔的河谷中心地带，邻近溪流、河流或河口，彼此相距40—70公里（图版2.2）。它们占据着河流两岸第一级干燥而平坦的台地。如果邻近水源和天然疆界例如河流，再加上春天洪水泛滥时能使聚落变成一个孤岛，那就是个非常理想的选址了（Zdanovich 1999；Zdanovich & Batanina 2002）。聚落通常位于墓地的北面，中间有一条河流作分界线。

辛塔什塔文化这些封闭式设防聚落的建筑已经获得了较好的描述。与欧亚草原地带其他遗址的建筑相比，其精致特色和复杂程度令人印象深刻和称奇。

学者根据规划布局将其分成三种基本类型。头两种类型的聚落整体上呈圆形或椭圆形，屋舍和街道均以中间一座广场为圆心呈向外辐射状布局，如阿兰茨科（Alandskoye）（参见图版2.2-A）、别尔苏阿特（Bersuat）、克孜勒斯科耶、辛塔什塔、阿尔卡伊姆（图版2.3）、萨里姆-萨克里（Sarym-Sakly）、库依萨克（Kuisak）和依塞耐（Isenei）等。第三种布局规划是线形的：屋舍基本上是横排竖行地嵌入有防御设施的长方形聚落之中，例如晚期阶段的乌斯提、切喀台、安德烈耶夫卡

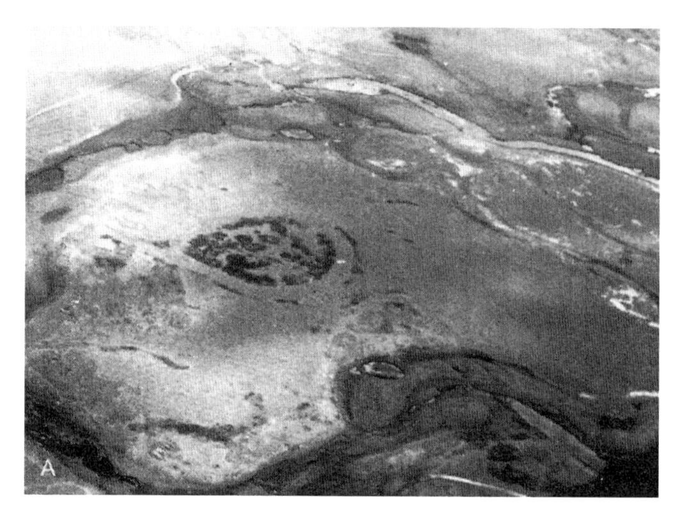

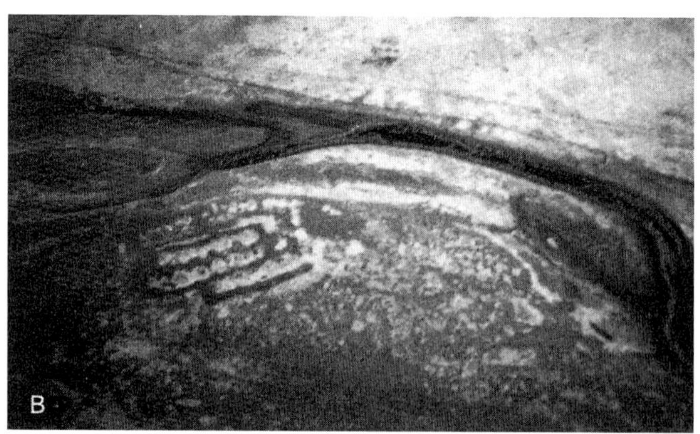

图版2.2　辛塔什塔文化聚落遗址航拍照片
A.阿兰茨科聚落
B.安德烈耶夫卡聚落（阿尔卡伊姆遗址博物馆提供）

（图版2.2-B）以及切尔诺雷奇（Chernorechy'e）-Ⅲ等聚落。有些学者把这种长方形布局的设防聚落解释为彼得罗夫卡文化类型；从地层学来看，它们的确要晚于圆形的辛塔什塔类型的聚落。根据兹达诺维奇与巴塔尼娜的观点（Zdanovich & Batanina 2002），椭圆形的聚落是这类设防聚落中最早产生的。人们运用考古学和航空遥感拍摄等技术手段还发现其中一些聚落有重建的痕迹。

辛塔什塔类型聚落的外观特色之一，就是外围环绕有栅栏、土墙或壕沟之类

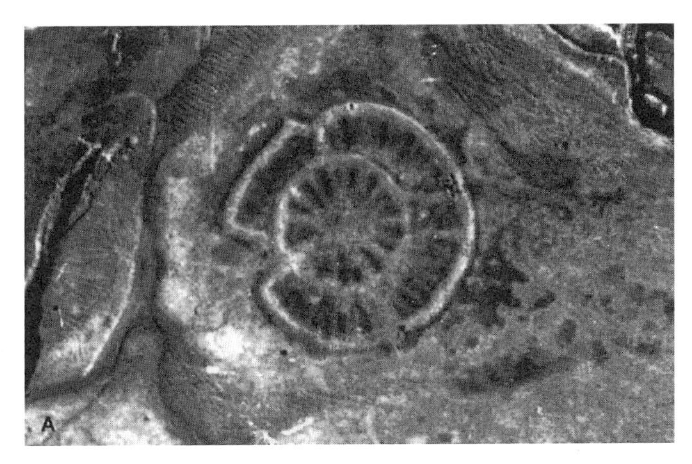

图版2.3　阿尔卡伊姆聚落

A. 20世纪50年代的航拍照片

B. 当时发掘和经部分复原的房址（阿尔卡伊姆遗址博物馆提供）

的防御设施。这种防御设施同时适用于圆形、矩形或二者混合型的聚落。设防聚落的面积为6000—35000平方米。堡垒配备了防卫设施，有塔楼以及其他建筑工事来保卫入口和取水通道。阿尔卡伊姆聚落的外墙上就发现了四个入口（图2.11；图版2.3-A），其中两个进行过考古发掘。只有朝西的主要入口可以直接通到内部的环形街道，其他三个只能进入聚落内部被墙体围堵的类似迷宫的狭窄空间（Zdanovich 1995，1997b）。壕沟有2—4米宽，大约1.5米深，底部还挖掘了用来排除积水的坑。考古发掘显示，壕沟内有一些坍塌的原来墙体上半部分的堆积物，里面含有烧过的土和木炭，现在倒在残存的原来由天然泥土组成的墙基下面。辛塔什塔类型聚落的墙壁普遍是用木材和泥土建造的。首先用土坯泥砖垒成两道平行的墙，在两墙中间填上从壕沟里挖出来的天然碎石构成墙基，然后在墙基上插

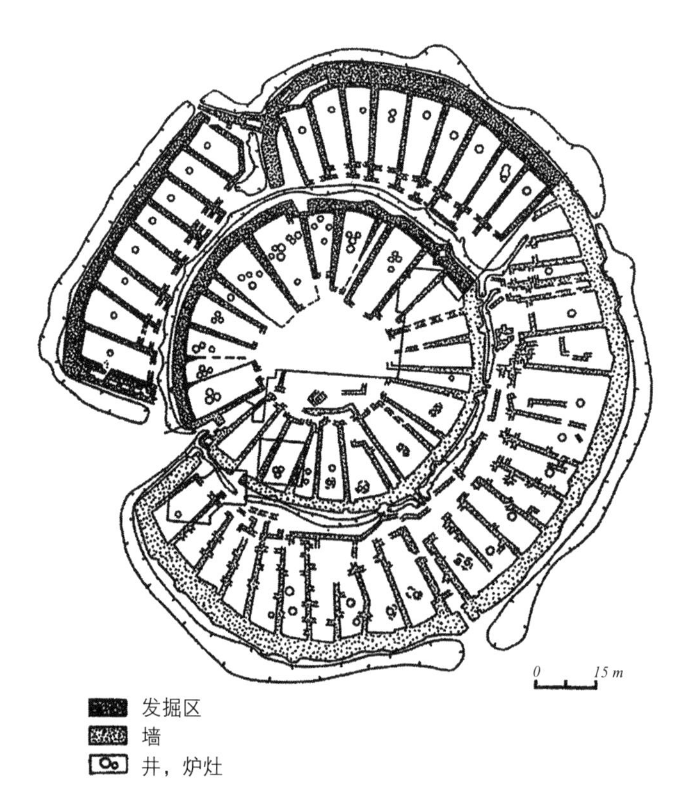

图2.11　阿尔卡伊姆设防聚落（据Zdanovich 1997）

图版2.4　阿兰茨科聚落的一段堑壕遗迹（D. 兹达诺维奇主持发掘）

上木栅栏，最后用黏土填充木栅栏之间的缝隙，黏土变干后就起到了近似水泥的作用。[6]如此整个墙体可以高达5—6米。奥尔金斯科（Olginskoye）[7]和阿兰茨科（图版2.4）这两处聚落的防御设施还使用了石材，在涂有灰泥的防御墙外侧又垒上石块。

聚落内部空间大部分被划分为区块的建筑群占据。有些聚落只有一圈建筑群，如萨里姆-萨克里；其他则是由同圆心的两圈建筑群组成的。最特别的当属阿尔卡伊姆了，它是由两圈围绕着同一个圆心广场、中间隔以环形街道的建筑群组成的，除了最外面的防御城墙，内圈建筑群还有一道近乎封闭的环形防御墙。最外面的城墙也是用特别的黏土填充木栅栏的方法建造的，再砌以土坯泥砖，整个墙体厚达4米，包括外墙在内的整个圆形聚落直径为160米。聚落内部一共有67座与邻舍彼此共享内墙的房址（参见图2.11）。它们都呈放射状布局，门都朝向内部的环形街道开放。

聚落中心通常是没有任何建筑的广场。房址平面一般呈矩形或梯形，数量则根据聚落的面积大小而定。各个房屋的面积也相近，通常为100—250平方米（图2.12）。屋舍基本上都下挖20—30厘米到岩石层为地基，地面发现有柱洞、墙基以及其他内部设施的遗迹。木柱框架结构是特定的标准建筑方式。它是由几排纵向的共同支撑一个屋顶的以及充当室内隔离墙基础的柱子所组成（图版2.3-B）。建筑材料大部分是泥土和木材。较长的纵向的墙几乎都是与隔壁屋舍共用的。屋舍尽头的横向后墙在连接两边侧墙的同时又是对外防御墙的一部分。考古学者注意到防御墙地面基础结构与屋舍墙壁的地基是不同的，由此认为当时建造房屋的人是有义务承建与自己后墙相连的防御墙的（据G. 兹达诺维奇口述）。上述建筑群落的特别之处让我们对当时的"居民区"有了更多了解。这样的规划设计可以使居民在减少建造开支的同时又能在冬季节省取暖的能源。

所有的房屋室内设计都是比较标准的：有一块工作区、一块生活区以及一间

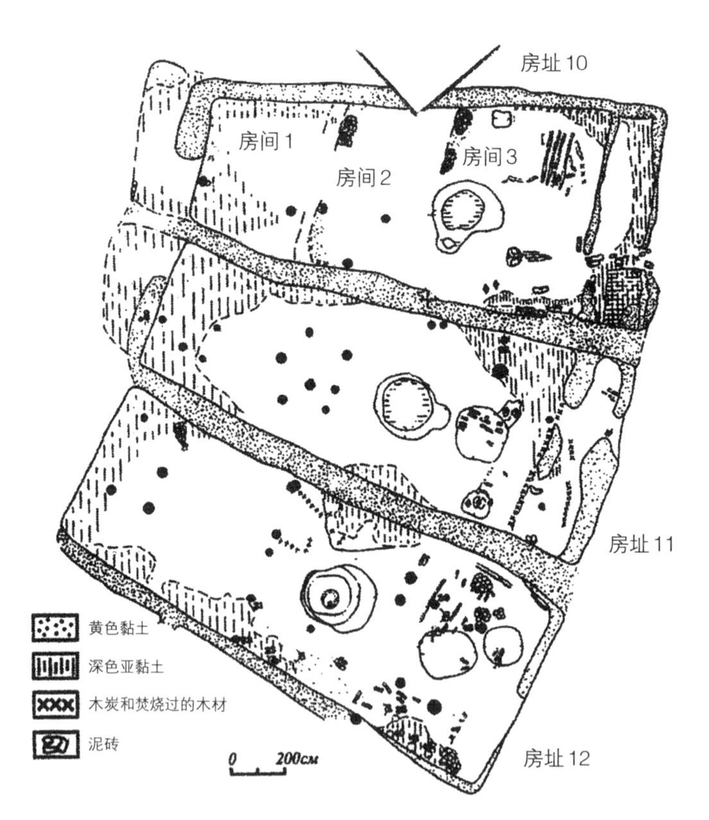

图2.12　辛塔什塔聚落第10—12号房址平面图（据Gening, Zdanovich & Gening 1992）

小的屋子或者屋子中心前面的前厅。D. 兹达诺维奇和G. 兹达诺维奇（Zdanovich 1997a，1997b）指出从房屋大门进去，面对屋中央（前厅）的一个角落有设施可以登上屋顶和防御墙的顶部。屋门入口两侧都有炉灶和烟囱设备（Gening et al. 1992）。烟囱同时可以给屋舍供暖。实际上，这么大的房屋内的供暖设施还是相当有效而经济划算的——绝大部分屋舍两侧的墙都是与邻舍共用的，加上与防御墙相连的后墙，三面防寒，门口的火炉又提供了御寒的热气流。每座房屋内都有一口或数口枯井，井口上面保留着炮塔形状的熔炉以及从事冶金活动的遗迹（参见图1.4）。熔炉下面开有扩展空间的枯井，经实验证明这其实是为满足冶金的特别需求而建造的，这种设计可以增加更多的空气自然流动。井壁原来环有木桩，在井底（蓄水层附近）发现了曾经竖立在井周围的木桩残迹。此外井内沉积物中还发现一些陶片和动物骨头。井口四周的地面遗留有比屋舍内部其他地面多得多的脚踏痕迹。生活区面积35—65平方米，可供20—30人居住（Epimakhov 1996；Grigory'ev 2000a）。在阿兰茨科遗址还发现了用陶管和木管连接的水管遗迹，可惜由于发掘规模所限，未能提供更多的细节资料。

遗址出土了动物骨头、陶器碎片、纺轮、皮革加工工具等普通遗物；也有相当一部分发现与冶金技术有关，例如棒杵、打磨器具、熔炉鼓风吹嘴、熔渣、金属熔液残滴等，这些都是辛塔什塔文化的典型之处。它们通常发现于房间地面。

辛塔什塔聚落的陶器组合虽然易于识别但还有很多式样。其中体型较大、外观流畅、颈部有两三条泥条环带装饰的桶形罐是其标志性陶器（图2.13）。阿尔卡伊姆聚落的陶器组合中大约20%为大型或超大型（容积为16—50升）的。陶罐造型特别之处在于肩部尖锐外凸、颈口有一圈附加堆纹。这种陶罐在墓地随葬品中也有很多。此外还有一些肩部不太凸但是也被广泛使用的、直颈、肩部外饰人字形图案以及外观线条流畅的桶形罐。辛塔什塔文化有一组陶器与阿巴舍沃文化的陶器组合很相似。还有一些则与博塔波夫卡文化、彼得罗夫卡文化、波克罗夫卡文化（Pokrovka culture）以及多道附加堆纹文化陶器的风格相似。

从技术角度来看，辛塔什塔类型的各种陶器的原料成分也是有些变化和区别

图2.13　阿尔卡伊姆聚落出土的陶器（据Zdanovich 1997b）

的，不过制作方法基本一致。具体制作方法是所有的器物都是放在一个固体的模子上制作的，有时就利用一个现成的陶器，口朝下翻转过来，蒙上一块布来翻制新器。因此很多陶器内部都留有布匹痕迹。

辛塔什塔聚落的金属制品很多是用金属片锻造而成的，这种工艺比起环黑海冶金文化传统显然有所退步，反映了欧亚冶金技术综合体的原始形态尚在形成之中。相对于发现的大量与金属生产活动有关的遗迹遗物，用于金属铸造的石制铸范的数量却不多。能够反映社会等级分化或其标志的特殊器物在聚落遗物组合中几乎未见到。因此可以说，聚落考古资料既不能用来揭示社会等级制度的存在，也不能指明哪些特别的建筑群反映了社会分层现象。不过需要强调的是，迄今为止辛塔什塔文化还没有一处聚落遗址被全面发掘过。

墓　地

辛塔什塔文化的墓地通常位于河流两岸第一级或第二级平整的台地上。各处库尔干古坟数量从五座到数十座不等。一处墓地通常与一座设防聚落彼此对应形成“一对一”模式（图2.14）。各处墓地之间的差别只在于布局是否紧凑。大型库尔干古坟曾被一些学者认为是具有神圣色彩或是神庙性质的公共场所（Gening et al. 1992）。不过需要指出这种推断是有争议的，特别是当我们联想到其他地区根

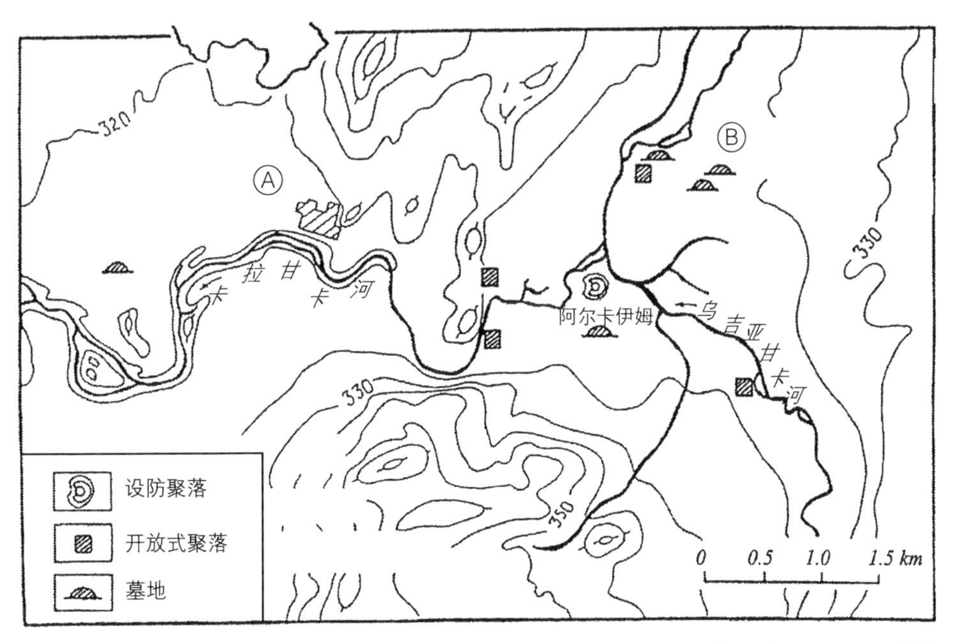

图2.14　阿尔卡伊姆河谷、卡拉甘卡河（Karaganka）与乌吉亚甘卡河（Utyaganka）流域的遗址分布

A.亚历山大罗夫斯科村；B.大卡拉甘斯基墓地

本没有这种类似结构建筑的时候。此外，墓葬中的陶器组合也不容许我们对库尔干古坟得出明确的结论，因为其中经常包含了一些完全不同类型的陶器残片。[8]

目前了解到的辛塔什塔类型的墓葬基本上是些可见于地表的库尔干古坟（图2.15）。唯一的例外是SM和SII两个墓群在地面没有任何可见的坟包。尽管如此，这些地表不起坟包的墓葬仍然是按照同样的模式建造的，每座墓都只容纳一位墓主，因此它们不能算作（单独的）另一种类型。然而，根据一些学者（Grigory'ev 2000a；Zdanovich 1997b）的观察，辛塔什塔类型墓地上的各个墓葬并没有一个共同的大坟包，其中每座墓都是单独构建并在上面堆起一个小的坟包，只是后

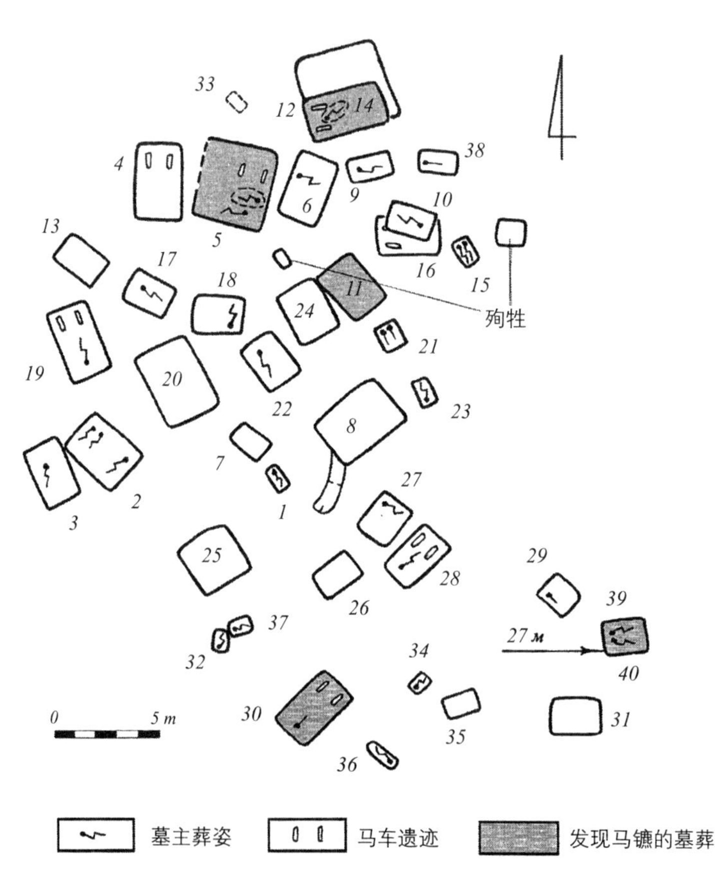

图2.15 辛塔什塔墓地平面图（据Gening，Zdanovich & Gening 1992）

来有些坟包被毁而已。地面的坟包都是由木头和泥土建成的，乌拉尔西侧地区略有不同，不过通常也没有确凿的用石头建造坟包的例子。殉牲的部分肢体和陶器一起放置在墓穴之中或者坟包下面的地表土层，由此构成墓地的主要组成部分。

至于每座库尔干古坟下面具体墓葬的数量、内部组成、墓室和墓主的朝向以及与中心墓葬的距离位置等规划安排都是因地而异的。大约85%的由多个墓葬组成的古坟都有一个比较清晰的结构规划。墓葬区通常有一圈壕沟来示界（有时候会留一个小的入口或通道，例如图2.16所示大卡拉甘斯基墓地25号库尔干古坟）（Zdanovich 2002a）。最大的（直径30—40米）或由两个以上墓坑组成的库尔干古坟通常有一个中心墓。在辛塔什塔文化时期，墓主的朝向通常是南北向的；到了后来的彼得罗夫卡文化，朝向则变成东西向了。其他的结构安排等都按照一定的规律围绕着一个中心墓葬而分布。因此，在一些古坟中，人们注意到所谓重要的

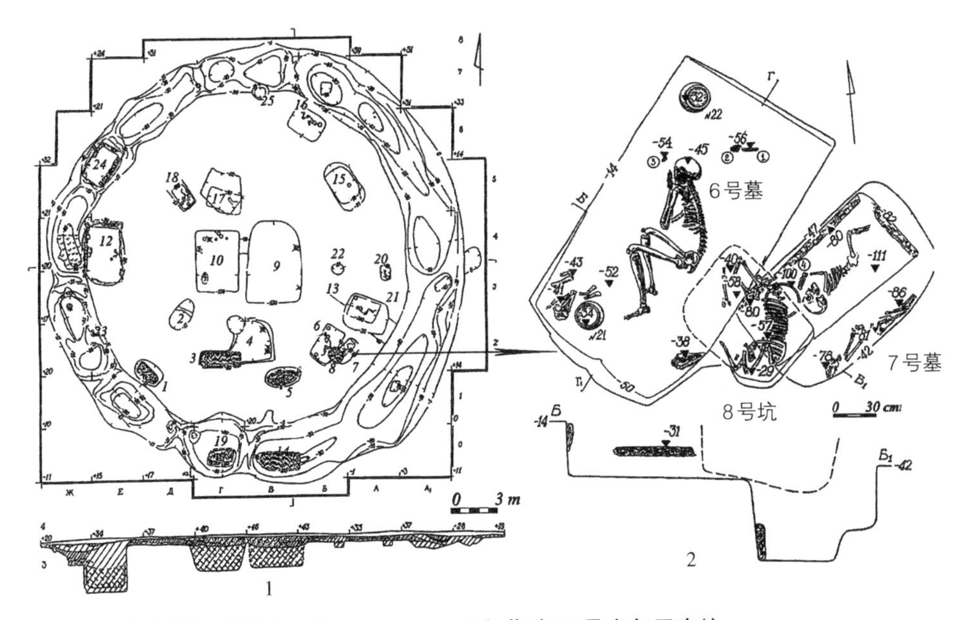

图2.16　大卡拉甘斯基（Bol'shekaraganski）墓地25号库尔干古坟
1.古坟测绘图；2. 6号、7号墓及8号坑测绘图（6号墓墓主头部有三件随葬品：①刀和刀鞘残迹；②水晶；③距骨）（据Zdanovich 2002）

“中心”墓葬与次等级的“边缘”墓葬之间存在着明显的对比和差别，不过这些处在边缘位置的次等级墓葬毫无疑问都是与中心墓葬有关系的（Epimakhov 1995）。这种模式的墓地还专门有个特别的地方来埋葬殉牲（参见图2.15、图2.16）。

地层学观察证实了一些墓地具有多次葬的现象。因此有些墓葬明显可见扰动现象。有些库尔干古坟只有一个单独的中心墓穴，而有些里面却有三个墓穴，而这三个墓穴却无法分清楚哪个是中心墓穴。多次葬现象便可以解释这一点。

各个墓穴的大小和复杂程度略有差异，不过形状大多是长方形，长宽比例（3：2）也基本相似。所有墓室都是用木材和泥土建成的，石材极少见。墓室通常内有木框架，上面覆盖一层、两层甚至三层原木或草制成的顶盖。木框架与墓室墙壁之间用土填充。墓室的顶盖通常由木柱支撑。有时候考古工作者还能在墓室地面找到由木材、草或动物皮革制成的铺垫遗存（Zdanovich 1997b）。

大墓之中有不同性别和年龄的墓主，各年龄段的墓主都有。其中5%的墓葬是成对的男女合葬，二人身体呈面对面的侧卧状。一些大墓之中甚至葬有8人之多（图版2.5）。52%的墓室都是单人葬，并且多半是儿童。

大约一半的墓葬有干扰痕迹。根据地层学记录和田野观察，一些墓葬显示，初次葬与后来二次干扰间隔的时间相当短（术语称之为“仪式干扰”）。死者通常被放在一块有机物织成的席垫上，呈屈肢左卧状态（极少有右卧的），双手靠近脸部。身体朝向则以北、西和西北方向为主。女性墓葬在这方面的特征更为明显。

辛塔什塔文化最有特色的葬俗就是随葬品中有大量的、品种多样的殉牲。使用的动物以家畜为主：马、牛、绵羊和狗，还有其他犬科动物如狼和狐狸等。D. 兹达诺维奇与盖杜琴科（Zdanovich & Gaiduchenko 2002：208—209）对阿尔卡伊姆遗址附近的大卡拉甘斯基墓地的殉牲进行了详细的动物考古学和分类学研究，结果表明当时的居民使用各种动物进行了非常复杂和有意义的祭祀活动。二位作者在书中这样描述：“在四种主要殉牲中，成年雌性动物占了总数的80%；成年马匹占总数的10%，并且都是公马；余下的10%都是些不足一岁的幼兽。”很可能说明幼兽作为祭品牺牲，其性别是无关紧要的。上述包括雌性动物、公马在内的大部分殉牲都处于生殖旺盛时期。至于选择绵羊还是山羊作牺牲，并无区别。在大

图版2.5　卡门尼·安巴尔（Kamennyi Ambar）5号墓地2号库尔干古坟12号墓

卡拉甘斯基墓地，一座大型库尔干古坟中的24位死者竟然“享受”了总共115头各种动物的献祭和殉葬（表2.2，图2.16）。

表2.2　大卡拉甘斯基墓地25号库尔干古坟“殉牲”品种（据Zdanovich & Gaiduchenko 2002）

物种	数量	百分比
马	22	19.1
牛	29	25.2
绵羊	48	41.7
山羊	11	9.6
野猪	2	1.7
狗	1	0.9
沙狐	1	0.9
鸭子	1	0.9
总计	115	100

各地墓葬牲殉的方式有所不同，例如使用不同种类的动物或是动物不同的肢体部位进行搭配组合等，殉牲在墓穴中的位置也会因地而异。整个的动物骸骨显然不适合解释为死者的随葬食物，这一点在那些同时发现马匹、马车或者马具等遗物的殉葬坑中表现得尤为明显。这些都只是在辛塔什塔墓地发现的。

牲殉也有一些规律：成年男子通常陪葬一匹公马；儿童和年轻妇女随葬的通常是一些头上有角的动物（牛和羊），数量虽多，但被认为是祭祀礼俗中最低等的动物。马匹是最高级别的牺牲（Zdanovich & Gaiduchenko 2002）。D. 兹达诺维奇对牲殉的方式进行了分类，将其区分成“全身”“部分躯体”以及“肢体部位”三种方式。其中第三种使用动物的头或腿等“肢体部位”是常见的主要牲殉方式（Zdanovich 2005：13）。

辛塔什塔墓葬中的随葬器物数量很多。最常见的是陶器，其尺寸大小、装饰以及不太引人关注的制作工艺等方面的变化很大。与聚落出土的陶器相比，墓葬中的陶器在装饰和类型方面都要丰富许多。其中一种腹部尖锐外凸、形似一盏油灯的小型陶罐也是阿巴舍沃文化的典型器物。

金属制品有下列品种：兵器类的有矛、斧（图版2.6–A）、匕首型短刀、箭镞、标枪；工具则有刀、镰刀、针、锥钻、凿；装饰品有发辫垂饰、串珠、螺旋形垂饰等。此外还有很多物件是用骨头和鹿角制作的，其中一种圆形或盾形的角制马镳值得关注。[9]骨器中还包括箭镞和一种铲形器（图版2.6–B）、刀柄和纺轮。石器组合中包括数量众多的中间有脊和铤部截短的两种类型的箭镞，还有石制的磨棒、磨盘和用来打磨器物的石器。没有发现可称之为奢侈品的随葬品。

在一些墓葬中发现了车轮为10—12根辐条结构的两轮马车遗迹，还有一对用于驾驭马匹的“马镳”仿制品（图2.17）。通常车轮遗迹表现为一对平行的、断面类似半圆形晶状体的凹陷压痕。两轮之间的距离通常为130—160厘米，这个距离可以理解为马车的标准宽度。辛塔什塔文化的葬俗并非都是用整辆马车陪葬[10]，毫无疑问，有整车下葬的例子，但也的确有部分车体随葬的现象。与这种“车轮嵌痕”相关的还有墓室中遗有立柱的柱坑遗迹，通常柱子是立在墓室中央或附近地上的（参见图2.17–A）。这种占总数14%的所谓“马拉战车驾驭者之墓”

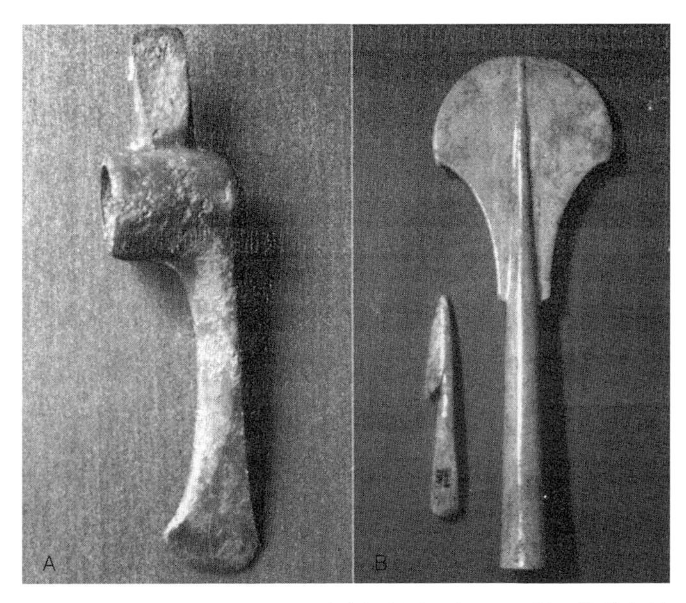

图版2.6　辛塔什塔墓地出土的青铜斧（A），以及骨制箭镞和铲形器（B）

（charioteer's graves）的墓主通常是成年男子，他们同时还随葬有不少兵器。这些“马拉战车驾驭者之墓”大多是集体性的，在墓地的中央或者边缘位置均有分布（Epimakhov & Koryakova 2004）。

随葬品的组成与死者的性别和年龄有很大关系。兵器之中除了匕首型短刀可以作为工具使用之外，其他种类的兵器都只是男性随葬品。装饰品、锥子和针一般是属于女性的。这种基于两性差别的葬俗已经适用于五岁左右的儿童了。还有些物件例如权杖、矛和马车可以解释为墓主社会地位和权力的象征，它们可以出现在中心或边缘的墓葬之中。

因此，与乌拉尔地区其他的青铜文化相比较，辛塔什塔文化的葬俗呈现出更多的变化和类型。不过如何解释，却不是那么容易。

历时性的考古资料统计分析显示辛塔什塔文化的葬俗有一个逐步的、由复杂过渡到简约的趋势：原先正规的金属制品被小型仿制品取代，整个的器物被不完整的或是修复过的旧物取代，整头的殉牲则按照“以部分代替整体”的原则变

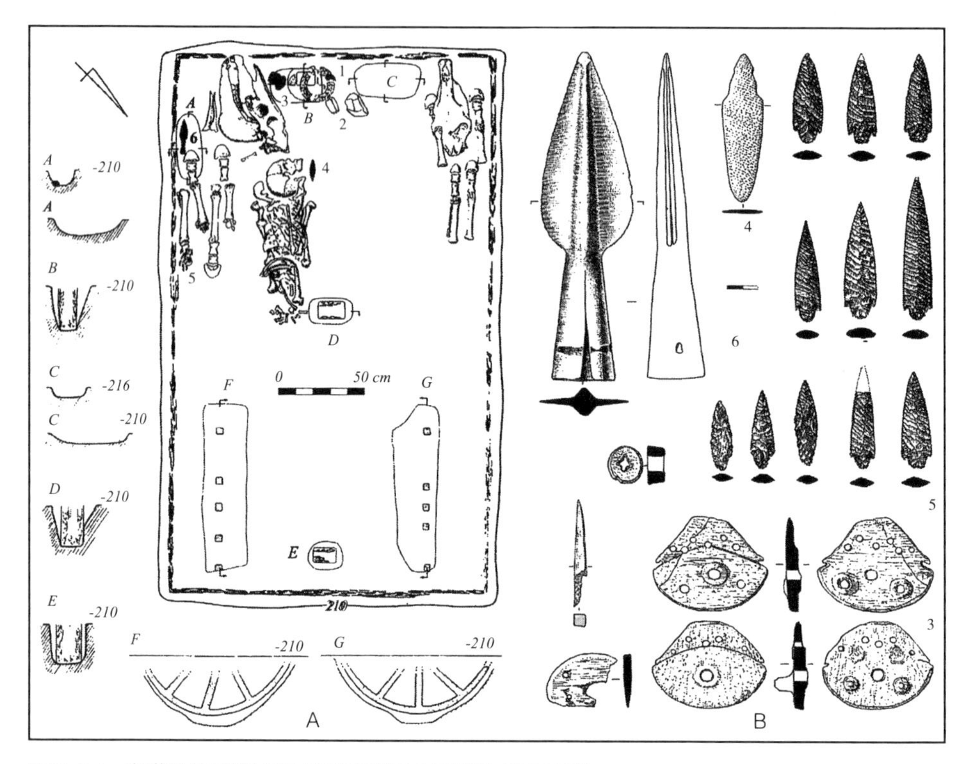

图2.17　辛塔什塔墓地SM 墓葬区第30号墓的考古资料

A.墓葬测绘图：1.陶罐；2.石制工具；3.鹿角制的马镳；4.青铜匕首型短刀；5.骨制和石制的箭镞；6.铜矛

B.随葬品（据Gening，Zdanovich & Gening 1992）

成只使用动物的部分躯体或某个部位。不过与此同时，在辛塔什塔文化葬俗扩张的东部地区，以整头动物作殉牲的做法仍较为常见（Zdanovich & Gaiduchenko 2002）。

足够的考古资料和数据使得我们认为上述简约化的做法还表现在葬俗中那些非标准化的成分在逐步减少方面。这种趋势我们可以在辛塔什塔文化的继承者，或称子文化——彼得罗夫卡文化那里看到。

四　彼得罗夫卡文化

彼得罗夫卡文化是在大约三十年前首次被识别出来的，它是在人们对哈萨克斯坦北部一系列聚落和墓葬考古资料所进行的坚实的调查研究基础上产生的（Zdanovich 1973）。一些遗址的地层序列清晰地显示，彼得罗夫卡文化层要比阿拉库文化的地层早（Zdanovich 1988：165）。目前，这个文化的分布地域已经确认扩展到外乌拉尔的草原和森林–草原地带（Potyemkina 1985；Vinogradov 1995a）、哈萨克斯坦中部（Tkachev 2002）[11]以及托博尔河中游地区（Matveyev 1998）。特卡乔夫（Tkachev 1998）把乌拉尔西侧南部地区的一些遗址也纳入了它的范围。尽管分布的面积如此之广阔（图2.18），但是迄今它在空间（本地的）和时间序列上的具体类型还没有细分出来。目前只有哈萨克斯坦中部的一些特别类型如努尔台类型（Nurtai type）得到了初步确认。

目前人们已经对其十多个占地最大到3.5公顷[12]、具有防御设施、平面呈矩形的聚落遗址做过比较详细的考古研究。它们所在的地形地貌比较相似：都坐落于宽阔平坦的河流两岸台地上，极少靠近湖泊；少数位于靠近大草原的隆起土坡上。选址都考虑到了靠近水源以及周边是低地等重要因素。

个案研究显示，一些彼得罗夫卡类型的设防聚落打破了原先辛塔什塔文化的聚落遗址。[13]防御设施内的建筑都密集地聚集在一起。它是由数座共享同一个屋顶的房址组成的，彼此仅仅由街道或墙隔离开来。不同于辛塔什塔聚落那种中心辐射布局，彼得罗夫卡聚落的屋舍街巷一般是直线排列的。防御设施也有多种式样。例如库列夫齐（Kulevchy）遗址的所谓防御工程实际上不过是一圈象征性的篱笆而已。而乌斯提聚落则拥有一道由木材和泥土做成的墙以及壕沟所组成的全方位防御体系（Vinogradov 1995a：17）。

彼得罗夫卡聚落上主要是一些建在地面的长方形的木柱–框架结构的房屋。像辛塔什塔聚落的建筑一样，房屋的后墙也是与防御墙连在一起的。同一个聚落内的房屋面积基本上是标准的，建筑面积为80—160平方米。[14]类似走廊或斜坡式的入口位于房屋的角落，面对着两排房屋之间的街道。房屋内部看似分成隔

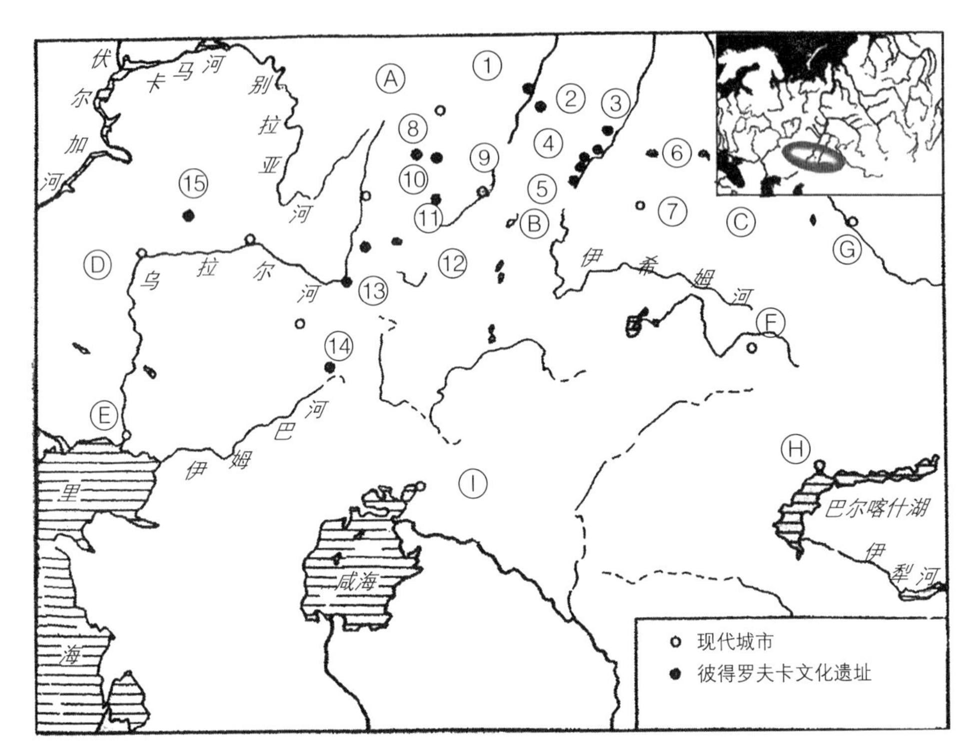

图2.18　彼得罗夫卡类型文物遗址的分布

现代城市：A.车里雅宾斯克；B.库斯塔奈；C.科克舍套；D.乌拉尔斯克；E.古里耶夫（现名阿特劳）；F.卡拉干达；G.巴甫洛达尔；H.巴尔喀什；I.阿拉尔斯克（现名阿拉尔）[①]

具有彼得罗夫卡文物遗存的遗址：1.库尔干；2.拉斯卡吉哈；3.新尼科尔斯科；4.克涅斯；5.别尔力克；6.彼得罗夫卡；7.阿克塞曼；8.斯特普诺；9.特罗伊茨克；10.库列夫齐；11.辛塔什塔；12.阿尔卡伊姆；13.新库马克；14.库尔克-Ⅰ；15.格拉西莫夫卡

间。哈萨克斯坦北部一些房屋的地面还有灰泥涂抹过的痕迹，而乌拉尔地区则发现有木制地板的遗迹。房屋地面之下发现过儿童墓葬。每座房屋内都有一座炉子和一口井。枯井通常在一个房屋单元内、沿着纵墙分布着，其数量因每座房屋而异，不过在一段时间内通常只有一口井在工作。我们认为房屋内部这些设施是在屋墙砌成之前就有了的。正如前面所述，彼得罗夫卡聚落房屋内的炉子数量不

① 除车里雅宾斯克之外，其他八个城市1992年后都属于哈萨克斯坦共和国。——译者注

少，并且经常是用于金属冶炼的。这些炉子都用比较好的石块作基础。彼得罗夫卡类型的陶器在青铜时代晚期开放式的村落中也有所发现（Nelin 2000）。这种现象在哈萨克斯坦中部的遗址里表现得尤为突出。

因此，一方面彼得罗夫卡聚落的建筑与辛塔什塔文化建筑有很多共同之处，另一方面它又表现出明显的原先比较精密的建筑技术趋于衰落的迹象。那种房屋呈横排竖直布局的聚落看似处于彼得罗夫卡文化的中级阶段，在这以后则逐步演变成青铜时代晚期由独栋房屋组成的开放式村落。

彼得罗夫卡聚落遗址出土了丰富的陶器碎片、动物骨骼和以工具为主的金属器物（参见图1.7）。大部分金属器物是纯铜制作的，其次是锡青铜，此外还有少量的锡砷合金的青铜器。[15]第二组铜锡合金青铜器是青铜时代晚期的典型器物，在青铜时代的起始阶段还没有广泛应用。位于穆戈贾雷山脉（Mugodzhary Mountains）与哈萨克斯坦中部之间地区的矿藏可以作为彼得罗夫卡文化冶金业的原料基地（Degtyareva et al. 2001：34—35）。正如前面所述，彼得罗夫卡类型金属制品的化学成分与阿巴舍沃和辛塔什塔这两种文化相差较大，而与阿拉库文化的金属制品成分相近。

彼得罗夫卡文化特别是位于乌拉尔地区的墓葬已经得到了较好的研究。最早一批墓葬在20世纪60年代初期就开始了调查研究工作（Matveyeva 1962；Stokolos 1962），后来一系列引人注目的墓葬发掘使情况更加明朗了，这些墓地有阿拉布卡（Alabuga）和拉斯卡吉哈（Raskatikha）（Potyemkina 1985）、克里沃耶湖（Krivoye Ozero）和库列夫齐-Ⅵ（Vinogradov 1984，2000）、斯特普诺（Stepnoye）-7和特罗伊茨克（Troitsk）等（Kostukov & Epimakhov 1999）。只有克里沃耶湖墓地显示出与一处聚落有明显联系，它就是封闭式的基本上呈长方形的切尔诺雷奇-Ⅲ聚落。[16]库列夫齐-Ⅵ墓地与库列夫齐-Ⅲ村落二者之间也有关联，不过该村落的防御设施非常简陋。

彼得罗夫卡文化的墓地也分布在河流的一级台地上。目前还无法准确地估算出当初墓地实际的规模。不过今天依然可以清晰地看到几十座库尔干古坟组成的大型墓地，还有小型的由3—5座古坟所组成的墓地。人们在各个时段的墓地上发现了一系列彼得罗夫卡类型的墓葬。

乌拉尔地区的库尔干古坟相对较小，坟包高0.5—0.7米，直径为20—25米。通常在地面几乎无法识别它们，只有大规模或彻底的发掘工作才能使考古工作者确认墓葬的结构是否如特罗伊茨克-7遗址展示的那样。不过我们可以确认这些古坟是用泥土和木材建造的，石材仅偶尔用来垒长方形的矮墙。

彼得罗夫卡类型的库尔干古坟内通常包含很多墓葬，根据墓葬的内部结构可以把它们分成两种类型：基于中心与边缘墓葬布局模式的；线性布局的。前者按主次布局的墓葬显然是延续辛塔什塔文化传统的，后者线性布局的源头尚不清楚。就辛塔什塔文化来说，我们注意到它的聚落和墓地的布局规划是一种彼此对称的关系；然而在彼得罗夫卡文化那里，我们却没有看到二者有这样类似的对称布局形式。聚落布局的变化必然会影响墓地的布局规划。例如，有时候一座库尔干古坟外围会有一圈浅沟，极个别的还会垒一圈石头来划界，不过通常古坟外表没有任何考古工作者可见的界线标志。古坟中一些晚期的墓葬会被安置在界壕以内、相对于中心墓葬的边缘位置，其他的则直接嵌入与中心墓葬没有任何关联的坟包中。

墓主男女老少都有，不过彼得罗夫卡墓中逝者的年龄几乎没有超过50岁的。墓室的大小会因下葬人数而定（集体或是个体）。统计资料表明彼得罗夫卡文化墓穴的深度要比辛塔什塔的浅。墓主一般呈屈肢左侧卧状，头朝西或朝东。成对的男女合葬则是彼此面对面侧卧着的。

通常库尔干古坟中心都有一个较大且深的墓穴，里面葬有一位、两位甚至三位逝者。所有这样的中心墓都被盗过，不过它们还是保存了比较丰富的随葬品以及很多墓室结构细节。墓室的顶盖、框架和侧板都是由木材建造的，由很多垂直的木桩来支撑。特罗伊茨克-7墓地还发现了墓室内分成三个部分并且使用木板隔断的现象。[17]

与辛塔什塔文化墓葬类似的是，彼得罗夫卡库尔干墓葬中也发现有大量的殉牲遗迹，不过牺牲的主要躯干部分不是随葬在墓室，而是另放置在当时的地面或者单独的祭祀坑内，似乎表明这些殉牲并不是与具体哪个墓葬相关的。没有发现使用野生动物作殉牲的现象。

在哈萨克斯坦一些有两匹马随葬的墓穴中，其西边位置常能发现一对仿制的马镳。乌拉尔地区的牲殉制度已经相当复杂了：马匹通常随葬给成年男子，儿童则用绵羊殉葬。在这里，根据墓室地面的车轮[18]、马镳和马匹骸骨等遗迹，考古工作者对这种“马拉战车驾驭者的（墓葬）综合体”进行了较为详细的记录。同时，考古工作者们也注意到了这些盾形角制马镳上的“针齿”从数量到尺寸都呈现出逐步减小、总体上逐步简化的趋势（图2.19）。

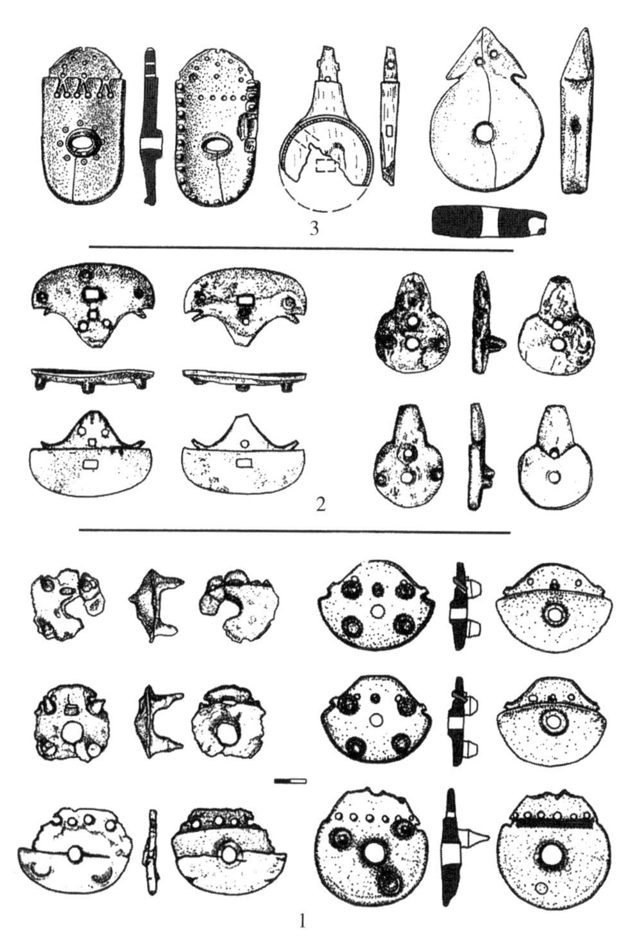

图2.19　青铜时代的马镳

1.辛塔什塔类型；2.彼得罗夫卡类型；3.阿拉库类型

男性墓主随葬的兵器有矛、战斧、骨制或石制的箭镞以及石制的权杖；女性则随葬装饰品如有凹槽的手镯、扭转的螺旋形垂饰、椭圆和十字形的垂饰以及金属和含铅琉璃制作的串珠等。此外所有墓中都出土了丰富的陶器。

彼得罗夫卡文化以平底、鼓腹或直壁或混合型的、陶土中夹杂有云母、火候中等的陶器为代表（图2.20）。它们在一定程度上显现了一些阿巴舍沃文化和早期木椁墓文化陶器的风格，不过有装饰的陶器更多（大约40%的陶器布满纹饰）。

图2.20　彼得罗夫卡文化墓葬中的陶器

主要纹饰有锯齿纹、波浪纹以及斜线虚影的三角形等。器身有明显隆凸的陶器很普遍。很多陶器是以现成的陶器为模子再覆盖布这样的方法翻制的。它们与辛塔什塔类型陶器的不同之处在于，陶器从颈到肩部过渡的地方缺少一圈内侧的肋条和“唇”下面的条带。陶器的主要装饰主题是由线条虚影的等腰三角形、平行的锯齿形和直线等几种相对有限的图形构成的，制作手法使用了平面的梳篦状的模印。人们可以非常容易地察觉到彼得罗夫卡文化的陶器组合具有比较稳定的传统，这恰好与形式变化多样的辛塔什塔文化的陶器形成鲜明对比。

五 辛塔什塔与彼得罗夫卡文物反映了什么？

坦率地说，上述特色鲜明的考古资料经常会使学者们感到困惑，也总能引起学界的热烈讨论。

在熟悉了辛塔什塔和彼得罗夫卡这两种文化的考古资料之后，我们要问的第一组问题就是这些考古资料是如何反映当时居民的基本物质条件、社会结构以及他们的思维和意识形态的。要问的第二组问题就是如何诠释公元前二千纪起始阶段的文化面貌。回答这些问题主要取决于辛塔什塔文化本身的角色和作用及其与彼得罗夫卡文化的关系。此外，很多学者总是很关心这两个考古学文化的族属问题。不过这方面不是我们的专长，所以只能在非常有限的范围予以讨论。有关这个问题的一些诠释我们还会在本书其他章节阐述。

经济形态

学术界基本上认为畜牧业是辛塔什塔文化社会维生经济的基础，所有遗址都出土了大量的家畜骨骼。彼得罗夫卡文化社会的维生经济模式与辛塔什塔相比，略有差别但大致相同。

动物考古学者（Gaiduchenko 1993；Kosintsev & Varov 1995）以青铜时代中

期遗址出土的家畜组成为依据，认为当时社会的居民已经有了有限的移动放牧能力了。在辛塔什塔文化聚落出土的动物骨骼中，大型有角家畜占多数（46%—60%）。彼得罗夫卡文化遗址的数据则显示绵羊比例有所上升，而牛的数量虽略有下降但比例依然较高，达40%—50%（Kosintsev 2000）。

当我们试图想象这种畜牧业经济是如何运作和组织的时候，问题就来了：它的具体形式是怎样的呢？我们还没有掌握一种特别选定的能够与密集型经济发展有关的具体经济活动的直接证据，因为仅仅根据考古发现的那些工具组合是无法复原当时畜牧业具体经营方式的。

如果我们不考虑辛塔什塔文化和彼得罗夫卡文化经济模式的一些特点，而是强调冶金技术发展的同时可以把牛羊等家畜作为交换金属制品的一种支付手段的话，那么当时的经济活动就是另一番场景了。理论上讲，如果假设当时的牛羊等牲畜都是作为金属制品贸易活动的支付手段而从外界交换而来的，那么这些牲口各个年龄段的构成就会有不平衡现象，例如年幼牲口的比例会比较低。不过这个问题迄今还没有很好地调查研究过。至于牛羊等牲畜是如何作为金属制品贸易交换手段这个问题仍然难于评估。

根据大卡拉甘斯基墓地出土的几种家畜骸骨的考古动物学研究，我们可以找到与上述家畜作为金属制品贸易中介这个假设完全相反的例证：半粗腿（semi-thick-legged）的矮小牲畜占了家畜总数的8.3%，半细腿（semi-thin-legged）的矮小牲畜占25%，中等个头半粗腿的占8.3%，中等个头半细腿的牲口则占了41.67%，[①] 显然这些符合自然比例构成的家畜都是当地居民自己饲养的（Gaiduchenko 2002c）。

毫无疑问，家畜的存栏数量是受到当地生态环境承受能力制约的；家畜过多，牧场就会很快退化。假设当时草原上两个设防御聚落之间的平均距离为20—30公里，那么就可以算出当时居民的活动范围大致为1300—2800平方公里。不过，迄今还没有一个能够准确计算牧场生态承受能力的有效方法。因此我们需要

① semi-thick-legged和semi-thin-legged，均为衡量牛、马、羊等动物骨骼发育程度的指标。——译者注

参考近代牧民这方面的资料，因为他们能够采取最佳的方式来经营牧场。根据热列兹契科夫（Zhelezchikov 1983）的估算，理论上来说，50万平方公里的牧场可以供养200万只羊，或15万匹马，或12万头牛。

根据辛塔什塔文化遗址中的动物骨骼，动物考古学研究得出了各种家畜的组成比例：大型有角的牲畜占总数的近60%，小型有角的牲畜占了30%，马匹则占15%（参见表2.3；Gaiduchenko 2002b；Kosintsev 2000）。盖杜琴科（Gaiduchenko 2002b）认为前面提到的小型有角牲畜的比例明显偏高，在大多数考古发掘的聚落遗址（除了别尔苏阿特），马匹都是仅次于大型有角的牲畜牛居于第二位。

表2.3　辛塔什塔文化和彼得罗夫卡文化遗址中的家畜品种（乌拉尔南部和哈萨克斯坦北部地区）（据Kosintsev 2000）

物种	遗址						
	阿尔卡伊姆	辛塔什塔	米尔尼Ⅳ	彼得罗夫卡－Ⅱ	库列夫齐－Ⅲ	新尼科尔斯科－Ⅰ	乌什－卡塔
牛（%）	60.4	46.2	67.5	46.6	49.8	56.0	43.4
绵羊和山羊（%）	24.2	8.1	26.2	27.6	39.2	26.3	41.3
马（%）	15.4	5.7	6.3	25.8	11	17.7	15.3
骨骼数目	6782	829	1425	2715	5108	3404	843

因此，我们可以有条件地将以上数据作为出发点，来估算一下2000平方公里的“活动范围”能够供养的牲畜的种类和数量，结果大致是绵羊2400只，牛300头，马60匹。由于当时居民的移动能力有限，能够全部利用这2000平方公里的牧场是不大可能的。从民族志资料我们得知，一位牧民需要100公顷的牧场才能维持他的生计。由此辛塔什塔文化的这片“活动范围”若以游牧经济方式可养活2000人，不过青铜时代能够供养的人数应该少一些，因为当时居民采取的定居放养牲畜的方式远没有后来骑马游牧社会那样的移动能力。按照盖杜琴科（Gaiduchenko 2002：412）的估算，辛塔什塔文化的牧场距离牧民所居住的聚落一般只有几十公里。

辛塔什塔文化和彼得罗夫卡文化的居民饲养的牛主要是头上没有角的那种。

盖杜琴科（Gaiduchenko 1995；2002c：412）认为这种无角牛起源于畜牧业传统更古老的（欧亚）南部地区。养马主要着眼于发展和使用它们的畜力：速度和力量，仅部分地充当肉食。根据大卡拉甘斯基墓地考古资料所进行的初步同位素检测分析结果，可知当时此地居民的饮食结构中，马肉和马奶并不占主要位置，他们仍以牛羊肉及其奶制品为主食（Privat 2002）。绵羊和少量山羊为他们提供羊毛（Gaiduchenko 2002c；Kosintsev 2000）。

当地的自然生态资源也为居民补充了食物所需：各地遗址几乎都发现了野生动物和鱼类的残骸。此外还发现了当地生长的几乎所有可食用植物的遗迹，只有橡实和李子很可能是域外输入而不是本地所产（Gaiduchenko 2002b）。

近期在阿尔卡伊姆和阿兰茨科这两处设防聚落遗址发现的小米[19]和耕地遗迹（推断的）[20]让一些学者（Zdanovich 1995）认为，辛塔什塔文化的居民已经在从事农业种植活动了。①盖杜琴科（Gaiduchenko 2002b）研究了几个贮藏器皿中发现的谷物，认为它们已经成为辛塔什塔居民饮食中重要的营养组成部分。不过欧亚草原地带的埋藏环境的一些特殊状况并不利于谷物的保存。如果再考虑到这个地区严酷的气候条件，人们就不会指望这里的农业经济能够取得较大的发展。缺少储藏粮食的大型容器也在某种程度上支持了这种消极看法。显然，除非相关农业种植活动得到了大量的系统分析研究，否则它的存在总是有些让人起疑。尽管如此，我们仍可以认为辛塔什塔一些聚落的居民已经熟悉农业种植相关技术了。

作为相对高技术的冶金技术，它的发展依赖于很多必要的条件如专业的工匠和团队以及所掌握的自然资源等。同时，专家们也注意到那个时期的冶金技术仍然处于比较低的水平，很多必要的工艺还在发展之中，出土遗物中有很大一部分是废品就是这种技术水平的反映（Degtyareva et al. 2001）。

一些特别的个案研究也显示出公元前二千纪起始阶段经济方面的变化。其中一项就是关于陶器上遗留的纺织品印痕研究。切尔奈（Chernai）对来自乌拉尔

---

① G. 兹达诺维奇认为阿尔卡伊姆聚落之外环绕着一片长130—140米、宽45米、辅有沟渠灌溉系统的耕地。据维基百科英文版相关词条。——译者注

南部和哈萨克斯坦北部地区铜石并用时代和青铜时代陶器上的一系列纺织品印痕进行了分析研究。根据他的观察，作为这些地区铜石并用时代文化特色之一的非纺织而成的毛毡的工艺水平停顿了，并没有达到欧洲东部地区的先进水平。后来这种毛毡被这个地区先前未曾有过的半纺织而成的一种布匹代替。同时也伴随着陶器制作技术的变化：开始采用纺织品覆盖原有的陶器作模子的办法制作新器，先做器物的腹部，然后再加上肩和颈的部分。切尔奈（Chernai 1985：109）认为这些纺织和制陶技术如此快捷的变化只能是食物生产型经济的快速发展和来自外界的技术革新影响下的结果。这种采用纺织品覆盖旧器翻制新器的方法在随后的阿拉库文化和木椁墓文化中都有延续。乌萨楚克（Usachuk 2002）在详细调查研究了马镳的制作工艺后也得出了一个有趣的推论，他确信这些马镳都是由专业工匠制作的。此外，制作马车毫无疑问也是一门非常专业化的工艺。

除了制陶、皮革加工、纺织等，这里还有其他的经济行业领域，一般认为仍都处于家庭手工业水平。

总而言之，根据墓葬中发现的大量殉牲的骸骨，我们可以认为当时的维生经济不仅能够满足人们的生活所需，而且还有剩余产品。这些剩余产品都是在哪里，又是如何消费的呢？又是由什么人来主持分配的呢？这些问题都与辛塔什塔和彼得罗夫卡这两种文化的社会结构密切相关。当时的社会已经具有精英阶层元素了吗？我们知道作为这些地区主要经济模式的畜牧业是不需要强大的集中体制或是由一群精英人士来管控的。在特定阶段，这种集中管控的职能可以由一群特殊的“管理者-武士”来执行。此外，聚落的规划和建设是需要（严格的）组织和管理行为的，不过这方面考古资料还未能提供更明确的信息。

社会形态

辛塔什塔社会的聚落已经拥有了经规划设计建成的房屋建筑群以及复杂的防御体系。令人称奇的是，这些聚落遗址都有着明确的、规划的布局，所有细节都经过了比较认真的考量。如果没有一定的组织权威以及足够的服从这种权威的社会共识的话，这种规划设计是不可能实现的。对于阿尔卡伊姆聚落遗址的性质，很多解释分别指向军事要塞、早期城镇以及礼仪和宗教中心等。如果我们考虑到遗址各处发现的人工制品并不属于典型的日常生活用品的话，那么后一种认为它属于宗教中心的假设就显得更合理些。我们很难接受一些学者主张的把阿尔卡伊姆这类聚落看作行政和礼仪中心的解释，他们认为除了一些工匠和贵族，那里的居民（人口大约一千到两千人）会定期举行聚会和献祭等活动（Berezkin 1995）；同样也难以想象在如此封闭和狭窄的有限空间以及那么长的时间里会有那么多的人在一起生活。不过，我们也有可能还没有掌握恰当的历史学和民族志方面的证据来解释这种现象。此外，我们注意到一些设防聚落遗址如阿尔卡伊姆是只有一个地层的，而有些聚落例如库依萨克则有两次甚至多次重建的地层痕迹。按照G. 兹达诺维奇和巴塔尼娜的观点（Zdanovich & Batanina 2002：137），这些设防聚落的防御功能有着重要意义。可我们迄今还不知道他们的敌人是谁。一些学者（Medvedev 2002a；Pyankov 2002）认为这种聚落与某些古代神话有关。他们特别指出，阿尔卡伊姆聚落一方面与在阿富汗发现的库尔杜克－土丘（Kulduk-tepe）和“达什里3号”（Dashly 3）两处宗教崇拜遗址①以及中亚花刺子模②地区的神庙式要塞“科依－克里拉干－卡拉”（Koy-Krylagan-Kala）③有不少相似之处，另一方面又与古代波斯宗教经典《阿维斯塔》（*Avesta*）中为了拯救人类由“依玛”（Yima）[21]建造的被称作“瓦尔”（Var）的城镇有关。

---

① 达什里为阿富汗北部与土库曼斯坦交界处朱兹詹省的一块绿洲，距离阿姆河只有几十公里。这里分布着中亚地区最古老的青铜时代农业文明巴克特里亚－马尔吉阿纳文明体（Baktria-Margiana Archaeological Complex，简称BMAC）的数十处遗址，其中达什里3号遗址为一泥砖墙的圆形设防聚落，内有神庙等公共建筑，年代为公元前2300—前1700年。参见译者补充参考资料A. H. 丹尼等（2002）、Philip L. Kohl（2007）和Warwick Ball（2019）。——译者注

② 又作花拉子模，是位于中亚西部阿姆河下游三角洲地区一片历史悠久的大型绿洲。包含今天乌兹别克斯坦、土库曼斯坦和哈萨克斯坦的部分地区。在中世纪突厥化之前，这里与阿姆河中游的粟特地区都一度以操东伊朗语的居民为主。公元前二千纪中期这里就有了经营灌溉农业的青铜文化塔扎巴吉亚文化（Tazabagyab culture），或为安德罗诺沃文化的牧民转化为农民的结果。——译者注

③ 科依－克里拉干－卡拉设防神庙遗址，位于乌兹别克斯坦西部卡拉卡尔帕克斯坦自治共和国境内，乌兹别克语有“死羊城堡”之意。始建于公元前5世纪，前3世纪曾被塞迦人摧毁，后重建。城堡布局呈圆形（包括土墙的直径为90米），其中的神庙内有祭拜火、水及河流之神和太阳神等遗迹，还有宴飨葡萄酒的壁画。参见译者补充参考资料雅诺什·哈尔马塔（2002）。——译者注

实际上，这种包含一个中心广场、房屋邻墙相连、外围环绕防御设施的原始聚落在青铜时代早期的安纳托利亚、爱琴海以及东南欧地区就早已存在了（Korfmann 1983；Merpert 1995a，1995b；Yakar 1985）。根据E. 库兹米娜（Kuzmina 1994）的观点，大约公元前1750年以后，类似的圆形布局设防聚落在克里米亚和顿河流域出现，这些设防聚落很可能是一种长期存在于草原地带的军事营地。

非常有趣的是，当我们阅读科尔夫曼对安纳托利亚地区的德米尔吉胡尤克（Demircihuyuk）遗址的相关描述时，就会发现它与阿尔卡伊姆有着惊人的相似之处：

> 德米尔吉胡尤克遗址建造的排屋能够使居民降低营造成本，并且在冬季提供额外的保暖。不过这种集体建筑设计也有缺陷，即其中一家房屋需要维修或者失火都会影响到其他与之共享屋顶的左邻右舍。在德米尔吉胡尤克遗址，这种集体合作方式不仅表现在民居上，更大程度表现在居民共同筑建的外围防御墙方面。这种建筑模式的存在也是以社区居民的经济能力为前提的。其优势在于，其中任何一家房屋的主人因某种原因无法独自维修时，社区便能够在物质和劳动力方面帮助他们解决困难。总而言之，对这里的居民来说，拥有财富是非常重要的，而社区的团结协作也一定是要重视的（Korfmann 1983）。[22]

毫无疑问，这种至少延续了两百年之久的连体建筑传统，正是当时辛塔什塔社会存在一种稳定和牢固的社会组织的佐证。

然而，若要在规模大小和复杂化程度上对这些设防聚落进行细分却不那么容易。布局形式上的差别可以用聚落所处的不同年代来解释（Zdanovich & Batanina 1995），不过由于大部分聚落遗址还没有得到彻底的发掘和研究，所以年代序列还不具备牢固的基础。目前，我们对于设防聚落周围那些像卫星一样环绕的开放式的聚落是否为其“从事农业的邻居”也没有充分的证据。根据初步观察，这些“从事农业的邻居”的确是存在的，不过在这些开放式的聚落遗址被考古发掘和分析研究之前，我们必须对此谨慎判断。毫无疑问，不用说狩猎、捕鱼和采集这些野外经济活动了，就是放牧和采矿这些基本的经营活动肯定也是在设防聚落之外进行的。那些在阿尔卡伊姆河谷地带不同地点发现的陶器碎片很有可能就是这些经营活动留下的遗物。

墓葬资料提供了更多值得讨论的话题。一方面，辛塔什塔文化各处墓葬已经显示出其葬俗与一种新型的社会威权制度及其确立的象征意义有关。这种制度是建立在社区礼仪基础上的，同时也与一些个体可见的象征意义有关。以牛和马为主的祭祀殉葬制度已经成为葬俗礼仪的基本组成部分，大多数情况下它们都与一位或一群特殊人物有关。学者们将牲殉方式分成三类：第一类是以整头动物作牺牲的牲殉，第二类是根据家畜主人自己的意愿而施行的牲殉，第三类则是与社区的葬俗礼仪有关的牲殉。第一类殉牲通常放在墓室顶盖的下边，第二类通常放置在紧靠墓室的一个特别祭祀坑中，第三类则是将它们集中埋葬在墓地中一个特别的地方（Gening et al. 1992；Sinuk & Kozmirchuk 1995；Zdanovich & Gaiduchenko 2002）。

墓中殉牲的数量和品种各有不同。一些墓主可能随葬一两头牲畜或者只是牲畜的一些身体部位，而有些墓主则随葬一群牲畜（Gening et al. 1992）。盖杜琴科和D. 兹达诺维奇（Gaiduchenko & Zdanovich 2000）研究和计算了墓葬单位面积内殉牲的数量和消耗的肉量等数据，认为它们都与墓主的年龄、性别和社会身份有关。D. 兹达诺维奇（Zdanovich 2005：15）注意到成年男子随葬殉牲的数量（或肉量）大约是儿童的25倍，这很可能是因为参加儿童葬礼的人很少，不需要消耗那么多肉。相对于成年男子的殉牲数量（肉量），女性要少一些。规模最大的、数量多达12头家畜的殉牲行为是与一些地位显赫的成年男性墓主有关的［如斯特普诺7-4、辛塔什塔和克里布诺沃（Khripunovo）墓地］。像这样地位显赫人士的葬礼可能有数百人参加。另一种与此类似的是那些随葬有兵器、马拉战车和驭马马具等军事色彩物品的成年男子的墓葬。我们还要注意像石制权杖和骨制铲形器（图版2.6-B）这些具有威权象征的器物。

第一眼看去，如果就墓主的财富多寡而言，这些经过调查研究的墓葬几乎都很相似，没有什么差异，还没有可以被定义为单独的高等级大墓。毫无疑问，墓葬总会在随葬品的种类和数量方面有所不同，不过差距并不是那么明显。虽然多数学者认为当时已经存在一个精英阶层，但是我们并没有看到（墓主之间）显著的财富差别（Bochkarev 1995a；Vasily'ev et al. 1992）。有些学者试图证实的确存在精英阶层（Epimakhov 2002b；Zdanovich 1997a），他们认为：①（当时的）所谓精英人士并不是“终身”的（聚落遗址上并没有这些精英存在的痕迹，在葬俗仪式中这种痕迹也不多见）；②辛塔什塔文化的墓葬葬俗主要表现在墓主性别和年龄方面的差别，而社会身份的差别还是比较少见的。

此外，比较有规律的随葬马拉战车的墓葬也证实，虽然这些墓主肯定拥有与众不同的社会地位，但是他们在物质生活方面与其他居民是一样的。学者们根据哈萨克斯坦西部的别斯塔马克（Bestamak）墓地的考古和人类学资料，得出了关于两性在社会角色方面十分有趣的结论。洛格温（Logvin 2002）这样写道，哈萨克斯坦西部别斯塔马克墓地单身男性和女性的墓葬是按照一定标准建造的，显示出墓主生前的社会地位是平等的。同时，洛格温也试图根据墓葬中的随葬品来判断墓主所属的社会群体，他认为拥有斧-扁斧之类随葬品的男子要比那些没有这类器物的社会成员的地位高（图2.21）。

正如前文所述，学者们对这些文化冶金技术的相关考古资料已经有了相当的了解。一些墓葬中发现了金属熔渣、矿石、熔液残滴和加工工具等（Epimakhov 1996）。

同时，根据比较粗略的人口统计数据（Epimakhov 2002a），我们可知当时只有大约三分之一的居民死后才有幸被埋葬在库尔干坟墓中。值得重视的是墓葬中发现了所有的年龄-性别组合，可见死亡率是接近正常的。[23]因此可以设想，当时社会的其他成员应当采取了另外的尸体处理方式。

由于考古调查并没有接触到当时社会的所有死者，因此仅依靠墓葬资料来复原当时的社会结构肯定是不完整和不公允的。不过，所有关于辛塔什塔文化社会状况和发展水平的结论还必须依赖墓葬考古资料。

与此同时，辛塔什塔类型的墓葬出土了大量随葬殉牲和器物，如果与其他草原和森林-草原地带青铜时代的遗址相比较，辛塔什塔文化无疑是与众不同的。虽然谈得上奢侈品的精美文物很少，学者们通常把权杖、战斧、矛和马拉战车等

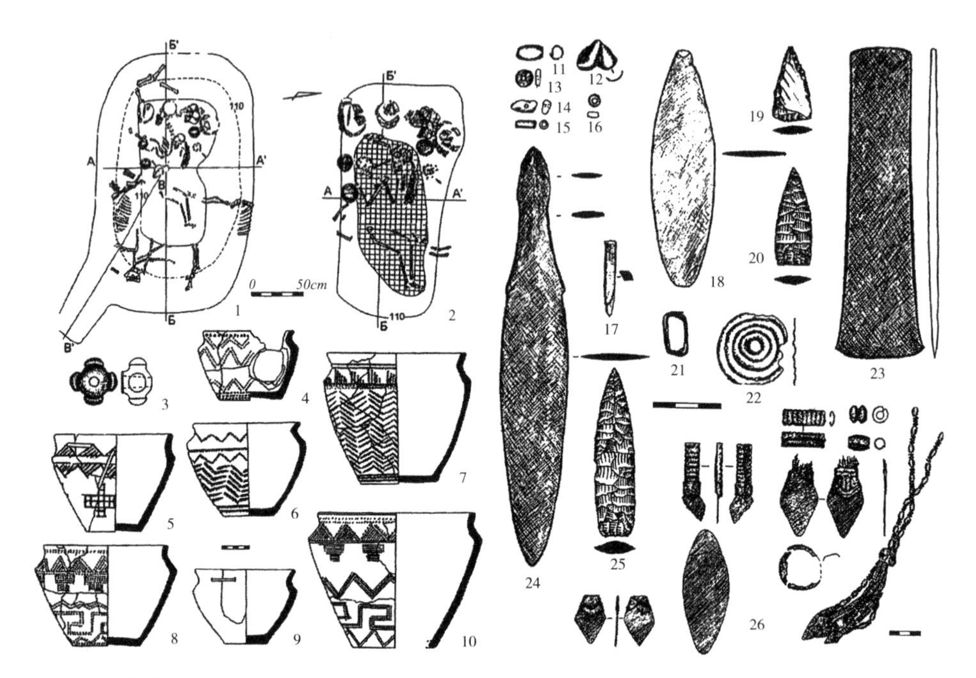

图2.21　别斯塔马克墓地

左上方为出土陶器和石制权杖头的5号墓的两个平面图。1.有三匹马殉葬的墓；2.葬有一对男女的墓；3.石制权杖头；4—10.陶罐；11—26.男女合葬墓的随葬品：11、13—16.项链等装饰品；12.项链坠儿；17.青铜钉扣；18.刀；19、20、25.燧石箭镞；21.手镯；22.饰片；23.扁斧；24.青铜刀；26.发辫饰物（据Logvin 2002）

视为社会权威的象征。欧洲地区发现的与此类似的新石器时代和铁器时代的文物，也都被视为社会权威的象征和酋邦社会的标志（Bradley 1991；Kristiansen 1991）。

由此可以得出一个简单的结论：只有将这些随葬品组合、牺牲的数量和复杂化程度（是否使用替代品）以及是否位于大墓中心位置等都看作墓主社会地位标志的时候，我们才能判断出一个社会是否出现了精英阶层。D. 兹达诺维奇（Zdanovich 1997a）在研究分析了辛塔什塔社会的葬俗之后认为，虽然当时的社会已经“知道”精英组织的存在，但是至少从墓葬资料来看，这些精英与其他社会成员相比并没有什么显著的差别。我们认为辛塔什塔社会精英的主要职能是行政管理和社会组织方面的，其中或许首先是祭祀礼仪方面的组织功能，因为这种活动在辛塔什塔社会具有非常重要的意义。

显然，要辨别辛塔什塔社会各个阶层的人口数量和所占比例是很困难的。不过我们可以这样说，作为复杂社会特色之一的社会等级（制度）只有在考虑经济活动专业化分工的时候才能显露。我们也可以这样设想，由于经济活动的专业化分工，当时一部分居民会像一些理论著作（Carneiro 1981；Kristiansen 1991；Tainter 1988）所描述的那样，能够比较容易地获得物质资源，不过这样的社会特色在考古资料中表现得不明确。

辛塔什塔考古学文化的特色可以归纳为以下四点：①聚落和墓地的选址比较系统；②拥有精巧的防御设施和分区民居这样高度规划布局的聚落；③有相对集中的对死者身体和殉牲施行复杂祭祀活动遗存的综合墓地；④具有重要的金属器物、兵器，以及当时相当先进的交通工具马车和有意挑选的陶器组合。

社会复杂化程度通常与专业化的生产活动，具有特殊意义和多样性的建筑、聚落等级制度，社区规模的扩大以及葬俗礼仪的分层等因素相关。辛塔什塔社会的复杂化程度显然要比那些建立在非生产型经济基础上的后铜石并用文化的土著社会高很多。[24] 虽然辛塔什塔文化的聚落规模不能与古代近东地区的原始城市相比，还是可以和古代小亚细亚地区的一些城镇例如特洛伊（Troy）Ⅱ相匹敌的。特洛伊Ⅱ的面积也不超过两平方公顷（Masson 1989）。虽然目前我们还不大可能对辛塔什塔社会的发展水平进行量化评估，但我们也无法否认当时这么一个紧凑的地域（6万平方公里）已经养活了如此多的人口，这种现象对于平常的草原地带来说是非常出色的。

当时的某些社会群体已经部分或全部从事不同种类的经济生产活动了，包括手工业以及聚落的规划设计和建筑工程，同时也参与宗教祭祀等仪式活动的组织工作。值得一提的是对礼仪祭祀活动的重视正表明了他们与组织管理、等级制度和宗教之间的紧密联系（Wason & Baldia 2000：224）。

彼得罗夫卡社会看起来与辛塔什塔社会略显不同。这一点在乌拉尔地区表现得尤为明显。这两种文化在聚落的规模以及容纳的人口数量方面是基本相似的。不过其中一些平面呈长方形的聚落遗址在结构复杂程度上还是有差别的，也就是说，这里我们看到（彼得罗夫卡文化）有一种逐步简约化的趋势。仅仅依靠聚落遗址资料是几乎不可能对当时的社会进行阶层划分的。幸好墓葬考古资料能够向我们展示当时社会变化进程中的一些情况。

我们可以看到，一种新的秩序决定了彼得罗夫卡文化的墓葬形态。随葬陶器的各种基本类型也较好地确立起来了。在辛塔什塔文化阶段，只有部分居民死后能够被安葬在库尔干古坟中；而到了彼得罗夫卡文化时代，情形就不同了。古坟边缘位置单独安葬儿童墓穴的现象越来越普遍，不过儿童随葬品的数量则变少了。成人墓葬虽然在变化程度上没有儿童墓葬那样明显，也能够看到同样的发展趋势。换一句话说，彼得罗夫卡文化时期，人们在墓葬方面的投入明显减少了。

彼得罗夫卡墓葬的确出土了一些具有权威象征意义的器物，特别是兵器（不过相对来说数量比较少）。此外我们还看到这时期的社会出现了某种程度上的“个性化”趋势：单独的个体成人墓葬数量和比例都有上升，同时随葬品更多地与特定的墓主联系在一起。由此我们可以推测在当时的社会关系中，家族因素（不仅基于同一血缘而且可以由通婚而形成）在彼得罗夫卡社会关系中扮演了非常重要的角色。

自最初辛塔什塔文化遗址的考古资料发布起，这些遗址的族属问题就成为学术界感兴趣的焦点（Gening 1977；Smirnov & Kuzmina 1977）。盖宁和E. 库兹米娜比较系统地提出了印度–伊朗语族这个族属假设。还有学者将辛塔什塔文化墓葬的牲殉所反映的等级性的葬俗与文献史料《梨俱吠陀》和《阿维斯塔》复原的类似葬俗做了比较研究（Zdanovich 2005）。结果是辛塔什塔文化葬俗恰恰与这些文献中印度–伊朗语族居民以三种基本动物——马、牛、羊作为不同等级祭品的葬俗惊人相似。此外，使用狗（狼）来殉葬与这种族属推测也不矛盾。随葬的狗（狼）是被置于墓穴地面（相当于古文献中的“阴间”）与地表（相当于“生命世界”）之间的，这种现象与上述古文献的记载如此雷同显然不是一种巧合。学者们还了解到，狗在上古印度–伊朗语族居民信仰中是具有“生命世界”与“阴间”之间往返中介功能的，例如《阿维斯塔》中提到的四只眼睛的狗“克尔贝罗斯”（Kerberos）。琼斯–贝雷（Jones-Bley 2002）将《梨俱吠陀》和《阿维斯塔》这两部文献所涉及的印欧语民族的古代葬俗与辛塔什塔文化的各种考古资料进行了比较研究，他认为“辛塔什塔文化的墓葬包含了印欧语民族主要葬俗的所有因素，同时也包括了那种被认为是脱离了肉体的心理失常（灵魂）因素”（Jones-Bley 2002：78）。

辛塔什塔文化核心传统的起源和最终命运

我们认为辛塔什塔文化居民的命运是与他们的起源紧密联系的。总体而言，下面的这种起源模式在某种意义上可以代表辛塔什塔社会的发展历程。

在青铜时代中期晚段，曾经为南北两个文化区长期提供大规模联系的环黑海冶金文化网遭受了一种破坏性的变化。它不仅影响了对后来的辛塔什塔文化有传播作用的洞室墓文化形态，而且也影响了整个欧洲东部的森林-草原和草原地带。一些学者认为，在公元前三千纪和公元前二千纪之交发生了一场横扫整个环黑海地区和爱琴海地区的移民浪潮，结果是他们代替了曾经占据着高加索北部到东欧大草原这片地区的洞室墓文化的居民（Chernykh 1989：24；Zdanovich 2005：17）。

如果这场移民潮并没有消灭原有文化传统的土著居民，那么这场破坏并不意味着原来所有文化的原始形态都被废弃了。不过在特殊情况下，社会发展的规律体系也被迫改变了，由此，一些处在社会意识边缘的文化原始形态也能够获得发展或选择。此外，气候变化因素也是值得重视的。专家认为在公元前二千纪初期，辛塔什塔文化所在地区经历了剧烈的气候干燥、土壤盐碱化和森林减少等环境变化（Lavrushin & Spiridonova 1999；Zdanovich & Zdanovich 2002）。这些因素有可能是推动居民迁徙和移民的动力，并且导致他们的社会和经济发展策略发生了显著变化。

尽管辛塔什塔文化的初始因素有多种起源，在外乌拉尔南部地区形成的辛塔什塔文化类型还是产生了新型聚落和墓葬结构，冶金技术也获得了快速发展。我们可以设想一下（这场移民浪潮）在摧毁了这个地区青铜时代中期原有的文化之后，几乎同时出现了多道附加堆纹文化、阿巴舍沃文化以及辛塔什塔文化的情景。冶金技术、建筑工程和木材加工等方面都呈现了间歇性发展的势头。考古发现的马拉战车遗迹就是上述技术在当地取得发展和进步的证据。

所有上述文化的发生都是与环黑海地区南部及其相关地区如高加索和巴尔干地区相联系的。辛塔什塔和彼得罗夫卡这两个文化传统最富有特色的一面——复杂的动物献祭和牲殉制度在本地文化传统中是没有的，但是与它最近似的（确实不是完全相同的）一种祭祀和牲殉制度可以在洞室墓文化遗址中找到（Gei 1999；Sinuk 1996；Zdanovich 2005）。

没有人怀疑彼得罗夫卡文化核心传统的起源是与辛塔什塔文化有着显著联系的。我们想要知道的是，哈萨克斯坦中部和北部地区的原住民在多大程度上对彼得罗夫卡文化当地类型的形成以及彼此之间的年代序列关系起到了作用呢？同时，哈萨克斯坦的彼得罗夫卡类型的遗址与辛塔什塔类型的遗址是否部分同步发展的关系呢？

彼得罗夫卡文化又是与阿拉库文化紧密相连的（参见第三章），不过仍然有一些学者持不同意见。大多数学者赞同由G. 兹达诺维奇（Zdanovich 1973）提出、维诺格拉多夫（Vinogradov 1982）发展了的阿拉库文化起源于彼得罗夫卡文化的观点。也有一些观点并不赞成二者有继承关系，而是认为“彼得罗夫卡”与“早期阿拉库”属于两种平行的文化（Vinogradov 1983）。波滕姆基娜（Potyemkina 1995）持另一种观点，她认为阿拉库文化原是以外乌拉尔森林–草原地带铜石并用文化的居民为基础的，而彼得罗夫卡文化因素只起到了次要作用。格里戈里耶夫（Grigory’ev 2002a）则声称阿拉库文化的原始形态起源于乌拉尔西侧地区的辛塔什塔文化类型。

因此，我们坦承（俄罗斯考古学界）对于上述所有出土文物的分类标准以及遗址的诠释都还没有达成共识。原因一方面是彼得罗夫卡和阿拉库这两种文化的考古资料的确存在着一系列相似之处，另一方面也是因为它们的很多遗址都具有混合元素这一事实所决定的。此外，主要根据墓葬资料特别是出土的陶器，[25] 人们已经能够确立两种文化的形象了。然而对它们的聚落遗址所进行的考古调查研究总是将问题更加复杂化了，有时甚至会得出“辛塔什塔–彼得罗夫卡”文化这种概念来。

尽管如此，我们确信彼得罗夫卡和辛塔什塔这两种文化的遗址是与众不同的。它们共时性的特点在乌拉尔地区得到了证实。需要注意的是，哈萨克斯坦中部和北部地区并没有发现辛塔什塔类型的遗址，所以说这里发现的彼得罗夫卡文化的考古资料才标志着这个地区真正的青铜时代的开始。[26]

正如前面所述，在航空遥感技术聚落调查和墓地地层学研究的帮助下，彼得罗夫卡文化的年代序列已经较好地确立起来了。乌斯提聚落遗址的考古发掘（Vinogradov 1995a）证实了这些观察。克里沃耶湖墓地10号库尔干古坟的地层关系，显示出彼得罗夫卡的文化层是晚于辛塔什塔文化的。特卡乔夫（Tkachev 1998）在研究了乌拉尔西侧地区的考古资料之后也得出了类似结论。

相比之下，我们在调查彼得罗夫卡与阿拉库这两种文化的关系时所获得的资料却不够有代表性。正如马特维耶夫（Matveyev 1998）指出的那样，托博尔河中游地区墓地上的彼得罗夫卡文化特色在早期阿拉库文化阶段逐步淡出了。特罗伊茨克-7墓地的地层关系可为证明（Kostukov & Epimakhov 1999）。

总而言之，辛塔什塔文化的很多元素在外乌拉尔南部地区是没有任何根源的，我们只有在乌拉尔西部和西南部地区才能找到它们的源头。这些文化元素在乌拉尔这片地区得到了系统的发展。

六　森林地带各考古学文化

在北部欧亚地区，拥有比较先进经济形态（畜牧业和冶金技术）的社会与那些相对落后还处在后新石器时代和铜石并用时代的社会，二者相互交流构成了青铜时代早中期森林地带文化发展的基本特色。这些联系和交流涵盖了整个欧洲东部和西西伯利亚地区的阔叶林和针叶林地带的南部。然而，由于森林地带的文化进程与南方（草原地带）相比通常缓慢，特征也不明显，因此在当地逐渐发展的文化中很难发现明显的踪迹。

乌拉尔西侧地区

当欧亚南部地区的文化在快速发展的时候，北部地区直到草原和森林–草原地带分别出现了激烈变革的竖穴墓文化和阿巴舍沃文化的时候，仍然在延续传统的文化模式。我们首先简要描述一下南北两地文化的差异（参见图2.5–A）。

在森林地带的大部分地区，铜石并用时代一直延续到公元前二千纪的起始阶段。虽然总体来说这种进程与经济的大幅度变化相关，但是发展依然缓慢。森林地带南部地区刚好处在生产型经济的影响之下，生产型经济逐步被引入传统的渔猎生活。公元前二千纪初期最早出现的青铜器标志着这个地区青铜时代的开始。

考古学者考察了北部欧亚森林地带两种文化和一些考古学子区域，它们分别位于乌拉尔山脉两侧的伏尔加河–乌拉尔以及外乌拉尔–哈萨克斯坦地区，这里也拥有数种地区性的文化类型（Shorin 1999）。所有文化类型的陶器装饰都具有梳篦纹饰传统。

学术界普遍接受了这片森林地带的居民是原始芬兰–乌戈尔语族（Proto-Finno-Ugrian）的推断：伏尔加河–乌拉尔子区域居住的是其下属的芬兰–彼尔姆语支（Finno-Permian）族群；而外乌拉尔亚则属于原始乌戈尔语支（Proto-Ugrian）和萨摩耶德（Samoyed）语族居民。这些说法都是建立在有关乌拉尔语系族群起源的总体理论特别是语言学、古生物学语言学[27]、考古学以及民族学研究基础之上的（Fodor 1975；Goldina 1999；Hajdu 1985；Napolskikh 1997；Shorin 1999）。我们没有理由不相信这些研究成果。

按照这种理论，原始乌戈尔语在公元前六千纪到公元前五千纪晚期发生了分裂和蜕变；到了公元前2500年左右，原始芬兰–乌戈尔语族分裂成两个主要语支（原始芬兰–彼尔姆语支和原始乌戈尔语支），其中原始乌戈尔语支到公元前二千纪结束时又演变成南北两个分支。

考古资料显示森林地带的居民主要以捕猎大型有蹄类动物如驯鹿、麋鹿、羚羊、野猪，以及熊和河狸等为生，此外还从事采集[28]和捕鱼。鱼的品种有鲟鱼、鳟鱼、梭鱼、鲢鱼、鲤鱼等。考古发现的鱼钩、渔叉和渔网等复杂而特别的工具以及大量的鱼骨和鱼皮遗存都证明了这一点。这些居民懂得建造相当大的彼此相连的原木房屋，有的还附有带房檐的通道与庭院相通（Goldina 1999）。这些长方形的房屋都沿着河岸成排分布。

公元前二千纪早期，这里的居民通过巴拉诺沃文化和阿巴舍沃文化集团从高加索地区的冶金中心获得金属制品。金属成分分析结果显示，他们后期的金属制品已经是用当地砂岩铜矿石冶炼而成的了。卡马河地区出土的金属器物反映了乌拉尔西侧森林地带形成了当地最早的仍原始的冶金技术（Chernykh 1970; Kuzminykh 1977）。高水平的渔猎活动能够为当地居民提供稳定的食物来源，随着食物生产型经济成分的增加，当地社会的人口数量也有所改变。考古工作者注意到了当时的聚居点（开放式的村落）通常位于河流的交汇处。不过，这样的村落并不能容纳数百人，这种小型的社区依然是建立在亲属关系基础上的，这种关系正如芬兰－乌戈尔语中的古代词汇“家族”和“亲属关系”所描述的那样（Haidu 1985：186）。

欧洲东部的森林地带在青铜时代早期发生了一系列重要事件。这些事件都是由从西方往东方传播的、懂得放养牲口的牧民和农民造成的，例如考古学上的绳纹陶文化和其他类似的文化。这些后来移民的早期遗址在陶器装饰、石制工具以及葬俗方面都有很多相似之处，这些因素使他们在从波罗的海东部、芬兰西南部到伏尔加河中游及卡马河流域这片广大地区形成一个文化历史共同体。

俄罗斯学者认为，欧洲东部地区几种绳纹陶文化的传播是分阶段式的长期过程，这种开疆拓土的传播过程或许是由于生态环境因素造成的（Bader et al. 1987）。欧洲东部绳纹陶文化的特征就是在表面平坦或有坟包的库尔干古坟内埋有屈肢葬的人体骸骨，多数情况下随葬有鼓腹短颈的陶罐和石制战斧。

这里简单叙述一下位于巴拉诺沃文化东北部、可以看作绳纹陶文化分布最东边的、位于卡马河－维亚特卡河－韦特卢加河这三河地区的考古资料。它们发现于19世纪，最初曾被认为是法季扬诺沃文化的一个类型。代表巴拉诺沃文化的数百个遗址如村落、墓地，以及众多的石制斧子等都是人们偶然发现的。这些遗

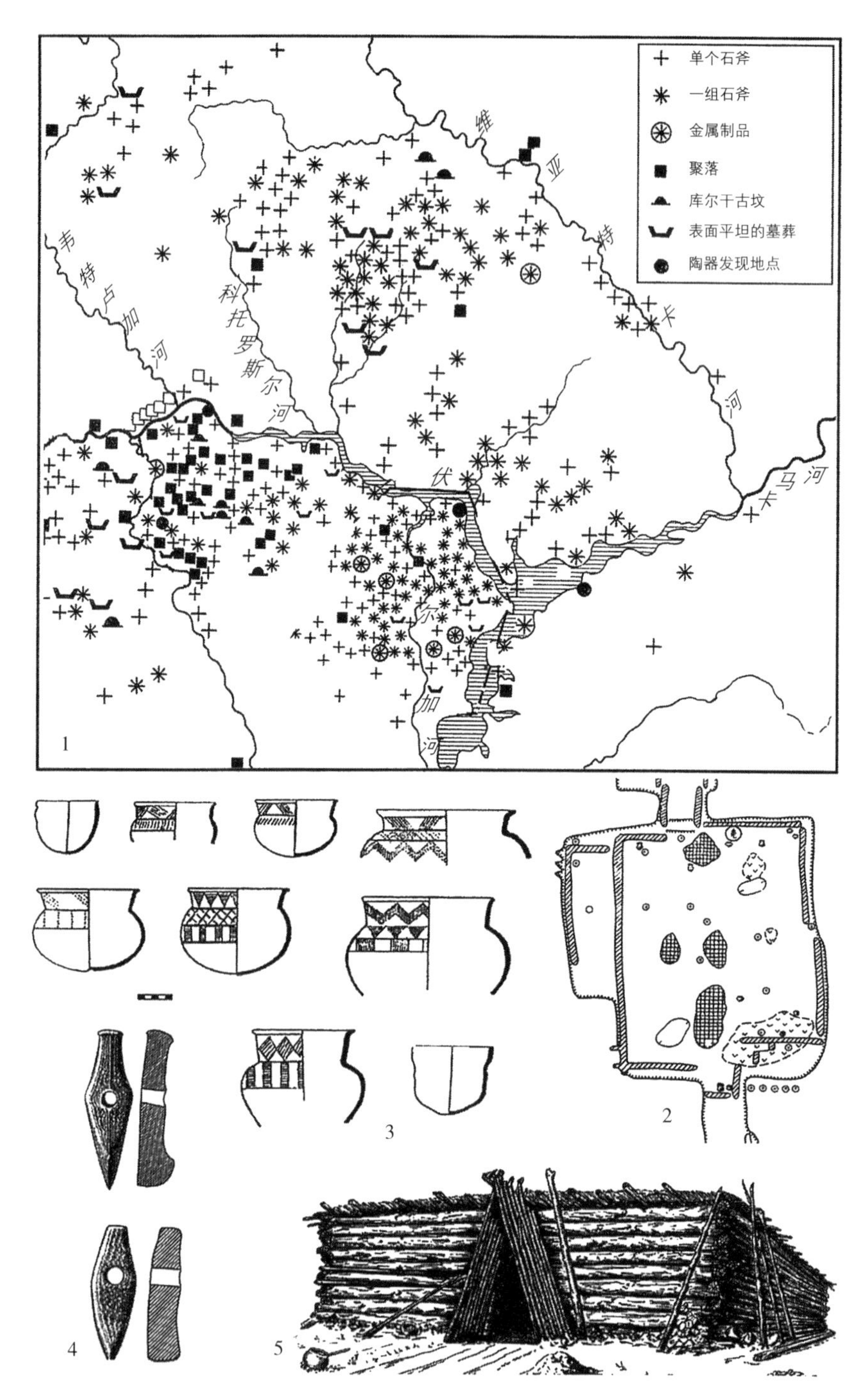

图2.22　卡马河－维亚特卡河地区的巴拉诺沃文化

1.遗址分布图；2.卡尔基纳山（Galkina Gora）聚落房址平面图；3.巴拉诺沃文化的陶器；4.石制战斧；5.瓦西苏尔斯科（Vasilsurskoye）聚落一座屋址的艺术复原图（节选自Bader & Khalikov 1987）

址通常位于河岸两边较高的山丘上。村落一般是由数间建在地表、由原木建造、屋顶呈马鞍形、彼此有通道相连的房屋（面积16—28平方米）组成（图2.22-2、5）。

墓地中，有坟包或地表平坦的墓葬中都葬有单个或多个墓主。男性墓主通常放置在墓室的右面，女性在左面，都呈屈膝姿势（图2.23）。死者用兽皮或桦树皮包裹，放进木椁之中。墓室为长方形的土坑。巴拉诺沃墓葬的随葬品中除了家猪、绵羊外，还有铜制装饰品和工具等（图2.24）。随葬品的数量和种类是根据墓主人的性别、年龄和社会地位而定的。铜斧仅随葬给社会地位较高的人，石制的

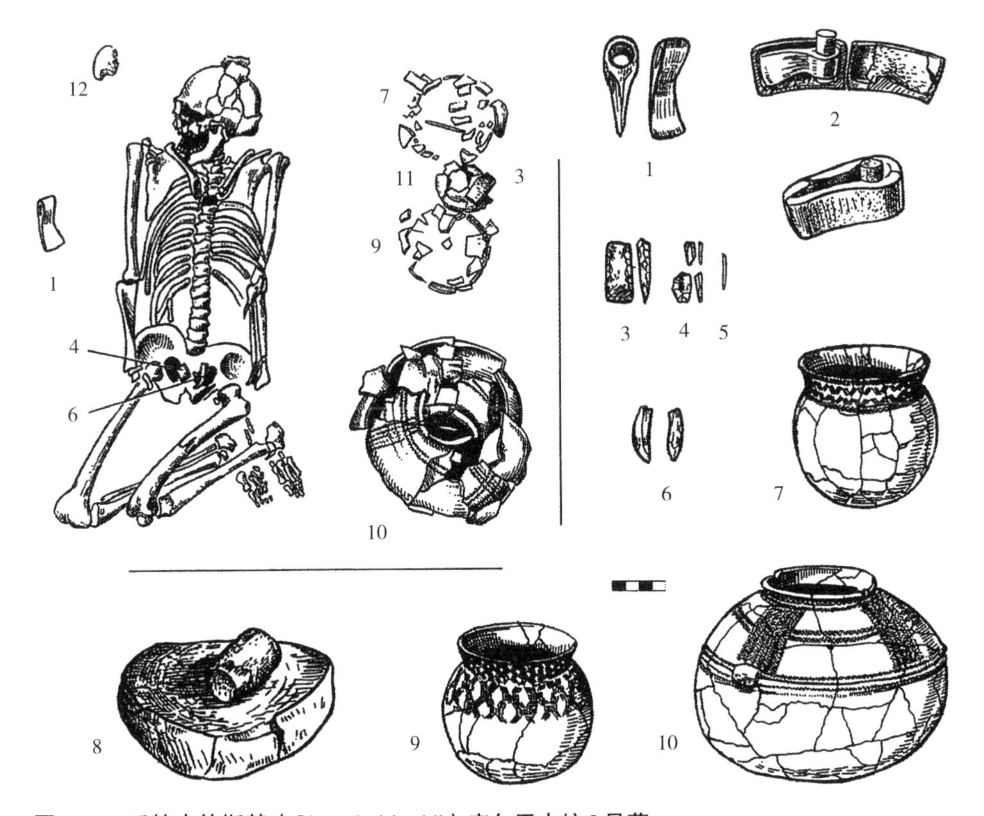

图2.23　丘拉克钦斯基（Churakchinskii）库尔干古坟2号墓
1.铜斧；2.铸范；3.燧石手斧；4.石片；5.锥钻；6.熊牙齿；7、9—11.陶罐；8.石磨和磨棒；12.石块
（据Bader & Khalikov 1987）

斧头–锤子（图2.22–4）随葬给成年男子和少年，燧石打制的手斧则配给包括妇女和儿童在内的、除氏族和部落首领之外的所有人。墓葬中还发现了很多护身符类遗物。

近来的考古调查证实，巴拉诺沃的文化层基本与铜石并用时代的晚期沃洛索沃文化（Volosovo culture）和加林斯卡文化（Garinskaya culture）的地层相连或是叠压在它们之上的。按照索洛维耶夫的分析（Solovyev 1994），巴拉诺沃文化最早出现在伏尔加河右岸较高的山丘之上，以及维亚特卡河与韦特卢加河之间

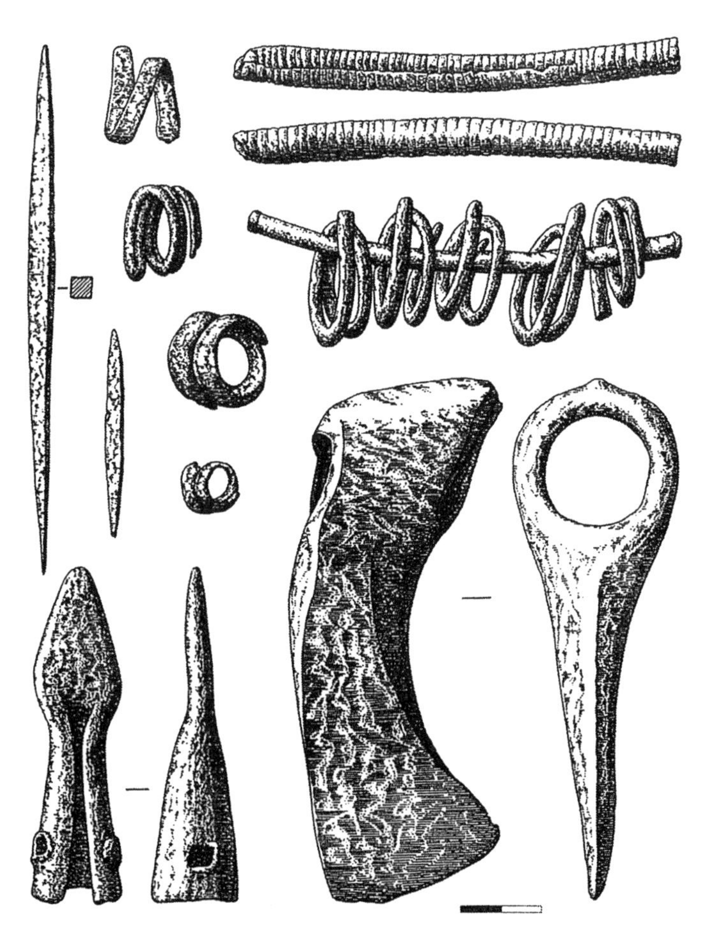

图2.24 巴拉诺沃墓地出土的铜器（据 Goldina 1999）

地带，而铜石并用时代文化遗址则位于较低的森林覆盖地区。巴拉诺沃文化的陶器与原先铜石并用时代的陶器差别很大，在聚落遗物中占17%—36%。可以认为大约在公元前1750年左右，具有巴拉诺沃文化核心传统的居民占据了原先铜石并用文化居民的一些地方。这些新移民[29]与晚期沃洛索沃文化的居民（混有巴拉诺沃与沃洛索沃这两种文化的遗址）[30]部分混居在一起，也部分取代了一些原住民（可见巴拉诺沃类型陶器占主导地位的遗址）。这些新移民带来了更先进的经济和文化传统。他们经营畜牧业，在公元前二千纪初期主要是放养猪和羊，不过到公元前二千纪中期前夕，牛和马这些更适合当地生态环境的家畜也开始饲养了。这些新移民懂得使用由牛牵引的两轮车子（Goldina 1990）。巴拉诺沃文化的居民懂得利用当地的砂岩铜矿冶炼金属，同时还从事刀耕火种的原始农业（Krasnov 1971）。

青铜时代晚期，卡马河周边子地区分布着普里卡赞斯卡文化（Prikazanskaya culture）、伊尔佐夫斯卡文化（Erzovskaya culture）、卢戈夫斯卡文化（Lugovskaya culture）、库尔曼陶文化（Kurmantau culture）和布依斯卡文化（Buiskaya culture）。它们仍然延续着原有文化传统，在陶器和房屋的设计方面都反映出某种程度的文化延续性。学者们认为这些文化所处的年代与原始彼尔姆语①的发展同步（Goldina 1999：164—165）。居民的主要谋生手段是相对稳定的畜牧业，同时佐以渔猎。他们饲养牛和马，以及少量的猪和羊。发现的一些石制、骨制或青铜制造的农具则显示当时已经有了种植农业。在卢戈夫斯科耶（Lugovskoye）-Ⅰ聚落遗址还发现了小米（粟）的遗存（Zbruyeva 1960）。不过，农业似乎不是这里的主要产业。尽管有来自安德罗诺沃文化、切里卡斯库文化（Cherkaskul culture）等的持续影响，乌拉尔西侧森林地带的这些居民依然保留着他们的族群认同，并把文化传统延续到铁器时代的后裔。

① Proto-Permian language，又称芬兰-彼尔姆语。——译者注

西西伯利亚森林-草原及南部针叶林地带

外乌拉尔和西西伯利亚地区在1917年俄国革命之前就已经开始了零散的考古发掘工作，到20世纪20—30年代粗具规模。西西伯利亚地区的考古学研究是与切尔涅佐夫、萨利尼科夫、格里亚兹诺夫、贝尔斯、科萨列夫等学者分不开的。从早期发掘研究到现在，考古资料数据库得以大幅扩充，建立在相对年代学基础上的当地和地区性的年代体系也获得了学术界认可。当然，从乌拉尔到鄂毕河流域这片地区是相当广阔的，显然不可能所有地方都获得了均衡的调查和研究。

梳篦几何纹（combed geometric patterns）陶器在外乌拉尔-哈萨克斯坦子地区的分布涵盖了数个地貌地带：从（北方的）冻土带到（南方）哈萨克斯坦中部和东部的草原带。这是铜石并用时代才有的独特现象（Shorin 1999）。从青铜时代开始，文化的分布都严格按照地理或生态环境来划分。不过我们还得强调在这个子地区"南-北"地区间的文化联系在此后所有时期都很显著。

在乌拉尔以及西西伯利亚地区的森林地带，有一部分聚落坐落于远离河流的河岸或高地上。（对于乌拉尔地区而言，此时正处在全新世气候最适宜期和向亚北方期过渡时期。）这个地区的居民从事多种经济形式的渔猎等活动。鄂毕河流域的考古遗址清楚地显示，捕鱼是当地的支柱产业（Kosarev 1984；Matushchenko 1999a）。陶器装饰是判断所有铜石并用时代文化的标志。这些由各式各样的几何形纹饰所组成的装饰图案已经相当复杂，以横向布局为主，密布圆底或尖底的直壁陶罐全身（如图2.25-2）。

该地区的石制工具更具特色。所有的文化形态都以小型石片石器工艺为主。相对标准化的石制工具有刀、刮削器、箭镞、矛和锥钻等，它们是用乌拉尔山产的碧玉制成的。作为新型材料的铜在公元前三千纪就出现了，不过在这个地区还很少被使用。一些零星发现的铜器是从乌拉尔地区分布广泛的泥炭沼泽遗址中得到的。这些泥炭沼泽遗址还保留了大量的木器，如船桨、浮板、护胸甲、渔网浮标等渔具、水舀、桦树皮盒子等。

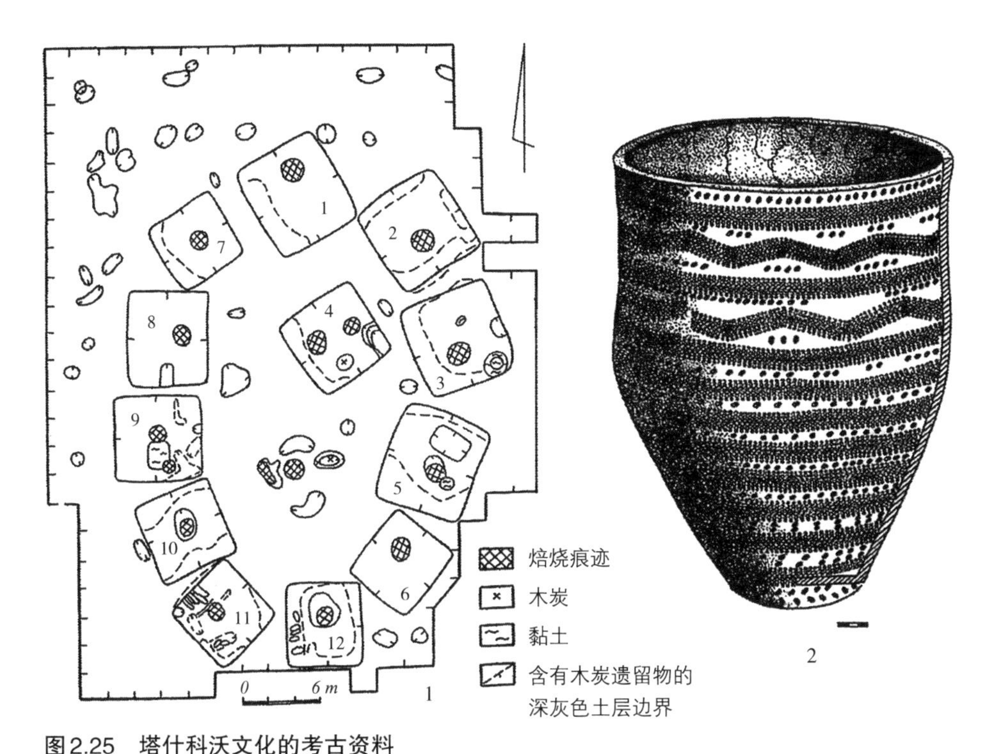

图2.25　塔什科沃文化的考古资料
1.塔什科沃聚落发掘平面图（据Kovaleva & Ryzhkova 2002）；2. 余奥村（Yuao）－XⅢ出土的大个陶罐（据Kovaleva，Ryzhkova，& Shamanayev 2000）

托博尔河与额尔齐斯河流域这片地区作为森林和草原地带的中介，其文化形态具有非常重要的意义。草原地带文化因素的定期输入为森林地带文化的发展提供了动力。

西西伯利亚森林－草原地带的前安德罗诺沃文化层位

这里最早的一批青铜器是公元前三千纪结束时在西伯利亚西南部出现的。从那时候（欧亚地区总体年代序列的青铜时代中期）起，从外乌拉尔到叶尼塞河地区几乎所有的森林－草原和南部森林地带，都是由下列几个文化和集团占据着：塔什科沃文化（Tashkovo culture，托博尔河中游）、洛基诺沃文化（Loginovo culture，伊希姆河中游）、奥吉诺文化（Odino culture）、克罗多沃文化（Krotovo culture）和叶鲁尼诺文化（Elunino culture）[31]（分别位于额尔齐斯河中游、鄂毕河上游和阿尔泰山区）以及萨姆斯文化（Samus' culture，托木河–丘雷姆河地区）①（Molodin & Glushkov 1989）（参见图2.5）。这些文化构成了所谓“前安德罗诺沃文化层位”（pre-Andronvo cultural horizon），时间为公元前1750年左右，它清晰地显示了由生产型和非生产型等经济所组成的多种经营模式（Korochkova et al. 1991；Matushchenko 1999a；Molodin 2001）。

这些文物的年代序列主要是根据陶器的类型学和纹饰研究得出的，陶器表面布满了各种以小坑和梳篦纹为主的纹饰，这些纹饰可以追溯到早期传统。其中以塔什科沃和克罗多沃这两种文化为典型。克罗多沃文化一直延续到了青铜时代晚期（Gening & Stefanov 1993；Molodin 1985）。总体而言，这些文化看起来是相当独特的，只是受到了草原地带文化的轻微影响。它们的确对西西伯利亚地区后来的文化有很大贡献。塔什科沃文化的聚落以圆形或半圆形布局的10—12座房屋所组成的村庄为代表，通常位于小河或湖泊岸边，出土了数量相当多的装饰繁密的平底陶罐（图2.25–2）。目前至少已经有三个村庄获得了比较全面的考古发掘（Kovaleva 1997；Kovaleva et al. 2000）。克罗多沃文化的主要特色是由一室或两室的半地穴式房屋所组成的分散的开放式村庄聚落，以及地表平坦的墓地。

目前已知的“前安德罗诺沃文化层位”的墓葬发掘工作，主要集中在东部的额尔齐斯河中游和鄂毕河上游地区。它们多数位于河流两岸或附近较高的台地上，一般墓葬的地表是平坦的、不起坟包的，如阿布拉莫沃（Abramovo）XI、索布卡（Sopka）–2、罗斯托夫卡和叶鲁尼诺（Elunino）。墓葬成行排列，有土葬也有火葬。特别之处是有施撒赭石粉的葬俗，有时可见单独埋葬的头颅或肢体，此外还有多次的集体葬以及二次埋葬的现象（Matushchenko 1994）。有些墓葬出土丰富的金属器物，如罗斯托夫卡（图2.26）、叶鲁尼诺、索布卡–2等，其中就有塞

① 托木（Tom）和丘雷姆（Chulym）这两条河均为鄂毕河上游右岸的支流，流经图瓦西北部的哈卡斯共和国地区。——译者注

伊玛－图尔宾诺类型的青铜器。

塞伊玛－图尔宾诺类型的遗址

前面我们已经多次谈过塞伊玛－图尔宾诺类型冶金技术的情况，下面我们着重讨论其文化概貌。

1912年，在奥卡河①地区的塞伊玛墓地和位于摩尔达维亚②境内的博罗季诺窖藏（Borodino hoard）分别出土了数量和质量都相当可观的金属器物，后来被称为塞伊玛－图尔宾诺类型。1924—1927年，在靠近彼尔姆（Perm）市（乌拉尔西侧地区）的图尔宾诺墓地又出土了类似的金属器物。从那个时候开始，有关这些出土文物在文化、年代序列和技术上的具体问题就被研究者称为"塞伊玛－图尔宾诺现象"，它一直是俄罗斯考古学界的难解之谜。[32]第三个重要考古发现就是70年代在西西伯利亚地区发现的大型墓地——罗斯托夫卡，出土了相当多的塞伊玛－图尔宾诺类型的金属器物（参见图2.26）。这块墓地由38个表面平坦的墓葬组成，内有土葬的呈仰卧或屈肢姿势的墓主遗骸以及在外面被火葬处理过的骨灰；还发现了一个专门的火葬坑。随葬品很丰富，有很多类似于伏尔加河与卡马河之间地区塞伊玛－图尔宾诺类型的金属器物。陶器则接近于克罗多沃－叶鲁尼诺文化类型（Matushchenko & Sinitsina 1988）。近十几年来，鄂木斯克地区的几处聚落遗址也发现了这种类型的陶器（Matushchenko 1999b）。

20世纪70年代，人们在奥卡河地区的雷士诺耶（Reshnoye）墓地以及西伯利亚西北部孔达河③地区的萨提伽墓地又发现了大量塞伊玛－图尔宾诺类型的文物。卡马河地区（乌拉尔西侧地区）最近还发现了出土这类遗物的单独墓葬。

这些墓地和单独的墓葬都出土了精美而容易识别的青铜兵器和工具：尾端整体铸造的矛（形制参见图1.6）、斧和匕首型短刀等（Chernykh 1992），很少发现

① 奥卡河（Oka River）流经莫斯科附近，是伏尔加河右岸的一条支流。——译者注
② 今摩尔多瓦共和国，俄国人和本书作者习惯上仍然称其为摩尔达维亚。——译者注
③ 孔达河（Konda River）为额尔齐斯河左岸的一条支流。——译者注

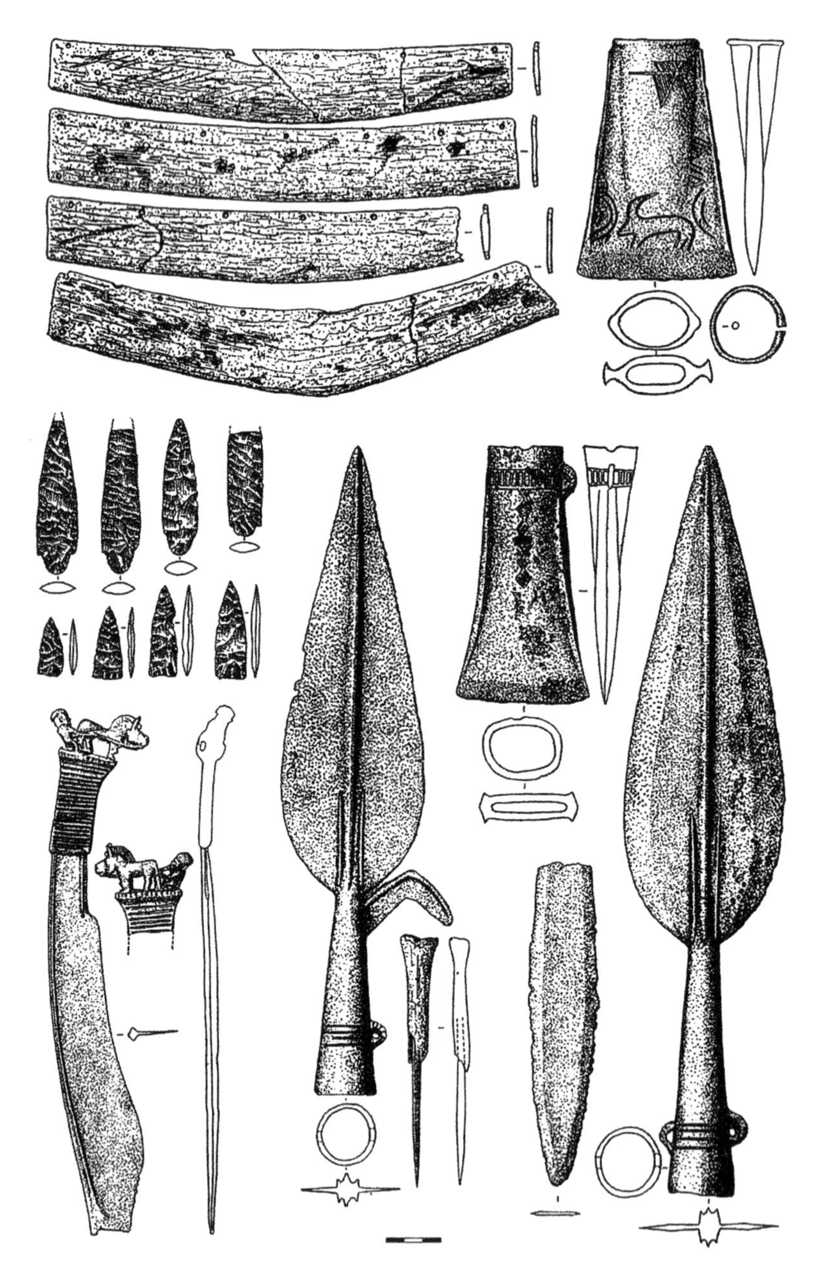

图2.26 西西伯利亚罗斯托夫卡墓地的塞伊玛-图尔宾诺类型文物（据 Matushchenko & Sinitsina 1988）

人骨。此外，随葬的陶器也很少，即使有的话也是没有任何特色或与当地风格略有不同的陶器。也没有发现与墓葬有关的聚落遗址。自从被发现以来，这些墓葬遗址就成为学术界讨论的焦点。专家们对塞伊玛–图尔宾诺现象的起源、文化归属和年代序列都进行了很多探讨。不同学者将它的年代设定为公元前1700—前800年。

切尔内赫和库兹米尼赫（Chernykh & Kuzminykh 1989）提出了有关塞伊玛–图尔宾诺现象目前最通行的理论解释。根据他们的说法，此现象产生有两个决定因素：第一或许也是最主要的因素就是它们与生活在阿尔泰山区、草原及森林草原地带的冶金工匠和牧马人有关，他们是熟悉制造锡青铜器的阿凡纳谢沃文化和奥库涅沃文化（Okunyevo culture）集团的后裔；第二个因素或是与叶尼塞河和贝加尔湖周围针叶林地带从事渔猎的居民有关。那里出产软玉，其中一些软玉制品就出现在塞伊玛–图尔宾诺类型的墓葬之中。他们是一群掌握了相当先进技术的冶金工匠，很早就知道使用封闭式薄壁铸范来制造锡合金青铜器的秘密。他们还懂得运用失蜡法这种青铜铸造工艺。那些可用于格斗厮杀的塞伊玛–图尔宾诺类型的兵器是公元前二千纪中期北部欧亚地区最有效、最先进的。实验样品和微痕检测结果显示，一款短骹长刃的矛（器长44厘米）还可以作短剑用（Solovyev 2003：28）。兵器组合中有器身纹饰繁丽的斧、双刃匕首（短剑）、矛和弯刀等。塞伊玛–图尔宾诺类型的武士还身着用窄长的鹿角片制成的护甲（参见图2.26）。

根据切尔内赫和库兹米尼赫（Chernykh & Kuzminykh 1989）的观点，凭借先进的青铜兵器以及一把青铜刀柄顶端装饰（参见图2.26左下角器物）所示的马拉雪橇这种交通工具，塞伊玛–图尔宾诺类型青铜器的族群能够在相对较短的时间内跨越大面积地区并向西北方向移动。他们沿途留下了自己的墓地。这些墓地都分散在从阿尔泰山到乌拉尔西侧地区广阔的森林–草原和森林地带。

阿尔泰地区的考古新发现显示，基柳辛（Kirushin 1992）的解释更加合理，他认为塞伊玛–图尔宾诺类型的冶金技术是公元前19—前18世纪在阿尔泰山麓地区的叶鲁尼诺文化居民中最早出现的，他们在安德罗诺沃文化殖民者的压力下向北方迁徙。迁徙运动发生的时间不晚于公元前18世纪（Kirushin 1992）。

不过很难想象叶鲁尼诺文化的居民是如何穿越荒原和茂密的西伯利亚原始森林的。他们很有可能是利用鄂毕河和额尔齐斯河的水路进行迁徙的。这种假设也获得了出土塞伊玛–图尔宾诺类型青铜器的一些北方遗址如萨提伽和卡尼纳斯卡（Kaninaskaya）洞穴通常位于鄂毕河下游流域的沼泽–针叶林地带的佐证。

我们还可以参考E. 库兹米娜（Kuzmina 2004：57）有关塞伊玛–图尔宾诺现象的理论模式。她认为相当一部分塞伊玛–图尔宾诺类型的冶金技术源自哈萨克斯坦东部地区，它们是建立在费德罗沃文化（Fyodorovo culture）和克罗多沃–叶鲁尼诺文化因素基础之上的。

现在的研究已经比较清楚地显示，塞伊玛–图尔宾诺类型的青铜器是在哈萨克斯坦东部和阿尔泰地区的数个冶金中心制造的，这些中心拥有当时相当先进的冶金技术（Kuzmina 2004；Parzinger 2000）。这些冶金中心原本是西西伯利亚地区大部分金属器物的供应者，不过正如本书前面章节所示，当时欧洲东部和乌拉尔南部地区的金属器物是由其他冶金中心提供的。我们可以设想，从一开始起，塞伊玛–图尔宾诺类型的冶金技术就可能是一种以特定氏族为基础的工艺。一些氏族或部族在他们武士精英们的率领下沿着金属器物传播之路向北方和西方迁徙。途中，一些工匠和商人会停下来组成某种形式上的殖民点，考古发现的一些墓地很有可能与这些殖民点有关。这些殖民者特别是远离自己家乡的那批人，会使用当地的陶器并生活在当地风格的房子里，因此很难把他们从当地物质文化遗存中识别出来。

E. 库兹米娜（Kuzmina 2004：52）进一步设想，“那些著名的图尔宾诺类型兵器是武士精英们的财产，在任何情况下，只有知名的武士而不是工匠才能把它们带到（西方的）博罗季诺和（东方的）中国”。[①]

塞伊玛–图尔宾诺类型青铜文化的主人到达乌拉尔地区后，留下了三条考古工作可循的迁徙路线。第一条通过乌拉尔南部阿巴舍沃文化所在地区，停留在

---

① 有关中国境内发现的塞伊玛–图尔宾诺类型的文物参见书后译者补充参考资料林梅村相关著作。——译者注

卡马河中游一带，以图尔宾诺和扎奥辛诺沃（Zaosinovo）-4这两处墓地为代表（Goldina 1999）。显而易见，这些新移民接触到了阿巴舍沃文化的居民，并采纳了当地的冶金技术，使用当地的铜、银矿石来冶炼金属器物。因此在图尔宾诺墓地中也发现了阿巴舍沃文化类型的器物。

第二条路线的移民沿着安德罗诺沃文化北部边缘地带，最终停留在卡马河下游和伏尔加河中游地区，以索科洛夫斯基（Sokolovsky）墓地和一系列偶然发现的塞伊玛-图尔宾诺类型的器物为证。第三条路线的移民则穿过乌拉尔山脉的中部和北部，最终到达伯朝拉河（Pechora）[①]流域，他们在迁徙途中的西伯利亚西北部地区留有墓地。

从技术角度来讲，塞伊玛-图尔宾诺类型青铜文化的主人不仅在冶金技术而且在石器制作方面都显得比当地的土著居民先进。石制箭镞和刀具做得相当好，这与他们西伯利亚地区的石器文化传统关系密切（参见图2.26）。塞伊玛-图尔宾诺类型青铜器分布的地区可分为西部的欧洲和东部的西伯利亚。在西伯利亚地区，锡合金青铜器占主要地位；而在欧洲地区，相当数量的青铜器是含砷或铜-砷合金的。两地器物类型也有所不同（Chernykh & Kuzminykh 1987）。锡青铜器大约占所有塞伊玛-图尔宾诺类型工具的41.4%。塞伊玛-图尔宾诺类型的青铜器也常常伴随着软玉一起出土，这些软玉在贝加尔湖地区蕴藏丰富。看来在青铜时代就有一条“伟大的玉石之路”，把西伯利亚南部地区与欧洲连接起来了。

尽管塞伊玛-图尔宾诺类型青铜器如此引人注目，但有关其发展模式的探讨仍不确定。第一就是塞伊玛-图尔宾诺冶金技术起源的时间问题。除非我们掌握了足够系统的碳-14年代数据，否则这个问题依然无法全面解决，然而很多个案中缺少伴生的可供碳-14测年的骨骼等有机材料。正如前面所述，直到最近这些碳-14年代数据依然不够充分，因此它的起源时间应当移到公元前二千纪的起始阶段。第二点，除了要具备丰富的原材料和必备资源，我们仍然不清楚还有哪些因素为形成这种创造性的青铜工艺提供了条件。第三点，我们不清楚是否发生过

① 伯朝拉河源于乌拉尔山脉中段科米共和国境内，西北流入巴伦支海。——译者注

有组织性的冶金工匠移民活动或者存在过一个由武士–商人组成的网络来将这些高质量的包括兵器在内的青铜器和宝石（软玉）制品在森林–草原和森林地带传播开来。问题是这些因素似乎都有可能发生过，但是它们的社会背景仍然是个谜。理解这种长距离迁徙或贸易的发生原因是很重要的。我们可以明确解释为什么这场迁徙没有从草原地带通过，这是因为草原地带的居民既是金属制品本身的提供者也是它们的消费者。如此，我们的结论认为公元前二千纪起始阶段的欧亚地区，并存着这两种竞争性的技术体系。

虽然塞伊玛–图尔宾诺现象还有许多未解之谜，不过在任何情况下，我们都不能否认它对公元前二千纪欧亚地区的居民产生了非常重要的影响。

总而言之，我们需要强调在青铜时代早期和中期，乌拉尔和西西伯利亚地区居民的生活绝不那么平静。那是一个革新创造、开疆拓土和文化交流网形成和发展的时代。同时也是各地区彼此在经济、意识形态和社会方面产生差异和分歧的时代。我们将在本书最后一章再次评述这个令人振奋的时代。

第三章

青铜时代晚期的稳定、殖民与扩张

在青铜时代晚期，欧亚地区的草原、森林–草原和乌拉尔地区发生了两个大的文化——木椁墓文化和安德罗诺沃文化的互动与交流。这些分布在欧亚地区草原和森林–草原地带的文化体系是由一大批面积不同、拥有很多民居的聚落以及展现多种多样葬俗的墓葬为代表的。最能够反映这些文化集团特色的当推几种不同类型的装饰图案和形状的陶器。

一 木椁墓文化集团的乌拉尔类型

木椁墓文化首先是戈罗佐夫（Gorodstov 1916）根据顿涅茨河（Donets）流域的考古资料运用统计学方法识别出来的。它是由发现的一种墓室内有木结构设施的墓葬来命名的。后来发现这种墓室内有木椁结构的墓葬其实数量很少，只占墓葬总数的2%左右。就像其他有些考古学文化广布而分散一样，这批墓葬的名字便成为木椁墓这个文化与历史共同体的名称（Merpert 1985）。

木椁墓文化有以下基本特征：分布地域广；遗址数量众多，其中有些已经被考古发掘和研究过，而新的发现还在进行中；所有考古资料都具有惊人的统一性。不过木椁墓文化所有遗址迄今尚未完全统计过。成千上万个聚落遗址主要集中分布在森林–草原地带，此外还记录了数百座库尔干古坟和数千座已被发掘的墓葬。

实际上，木椁墓文化占据着先前阿巴舍沃文化分布的地区。主要不同点在于木椁墓文化遗迹的分布地点比阿巴舍沃文化更加往西，也更加往东（直达乌拉尔以东，至中亚细亚地区，参见图3.1）。所有学者一致认为乌克兰东部地区分布着很多早期木椁墓文化的聚落和墓葬，也有学者认为远至乌克兰西部也有它的遗迹。在早期木椁墓文化与阿巴舍沃文化重叠的地方，因为它是建立在顿河地区［施洛夫科（Shilovskoye）、莫索罗夫斯科（Mosolovskoye）］和乌拉尔西部地区（别列戈夫斯科耶、图布雅克和老亚巴拉克林斯克）具有多个文化层聚落之上的，所以早期木椁墓文化在年代序列上通常要比阿巴舍沃文化晚一些。由于木椁墓文化在空间分布上的广阔性和时间上的长久性，显然不可能非常统一和均匀。如果考虑到它在空间和时间上的各种差别和类型的话，我们可以认为它是一个由多个文化所组成的集团。不过，与安德罗诺沃文化不同的是，木椁墓文化各个类型之间的差别并没有那么明显。

木椁墓文化的一些元素在阿姆河（Amu Darya）下游（花剌子模）地区也有发现，在那里它又与混有一些阿拉库文化元素的塔扎巴吉雅布文化（Tazabagy'ab culture）结合（Itina 1961，1963，1977）。按照奥托什琴科（Otroshchenko 2003）的观点，木椁墓文化集团是由两个时间和空间上的大型联合体组成的。其中波克罗夫卡文化集团（公元前17—前15世纪）是木椁墓文化最早呈现的形态，这一点可在伏尔加河与乌拉尔之间地带看到。另一组贝雷兹诺夫斯科-马耶夫斯卡集团（Berezhnovsko-Mayevskaya group）则属于第聂伯河与顿涅茨河之间草原地带晚期木椁墓文化的代表。

我们的目的不是评论木椁墓文化所有类型，这里只详细探讨它的乌拉尔类型。

考古学特征

乌拉尔地区的木椁墓文化遗址多位于森林-草原地带，反映了该文化在其东部边缘地带的活跃。乌拉尔类型的北部边缘位于卡马河左岸地区，东北部的边界则是沿着别拉亚河左岸延伸。从目前的考古研究工作来看，其南部和东部边界仍

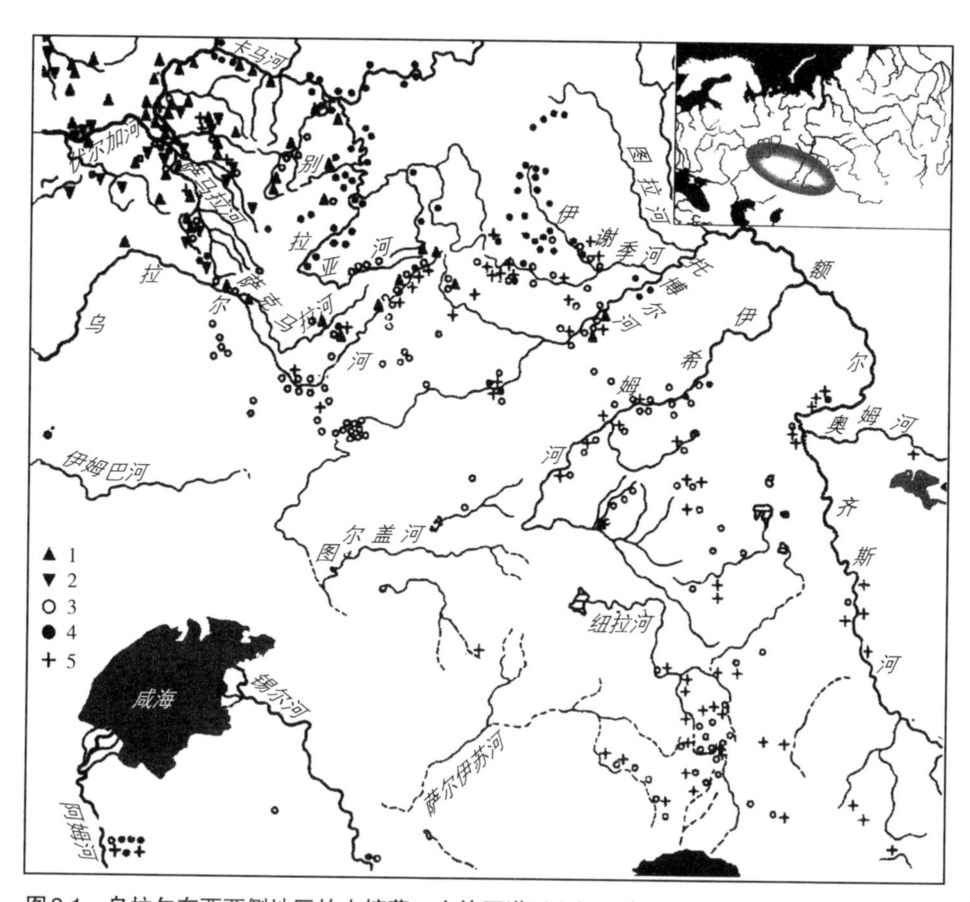

图3.1　乌拉尔东西两侧地区的木椁墓、安德罗诺沃和切里卡斯库诸文化遗址

1. 木椁墓文化；2. 晚期木椁墓文化；3. 木椁墓－阿拉库文化；4. 阿拉库文化；5. 切里卡斯库－费德罗沃文化（据Goigory'ev 2002a）

然模糊不清。尽管如此，木椁墓文化依然在这片地区与阿拉库文化和费德罗沃文化的居民有着活跃的交流。对这些文化交流的研究在某种程度上受到了比较薄弱的木椁墓文化和安德罗诺沃文化内部年代序列的影响，这一点很重要，因为这两种文化的年代学关系还没有完全建立。

一些学者试图区分出木椁墓文化的外乌拉尔类型（位于乌拉尔河与乌拉尔山脉之间地区），其他学者则认为这只不过是木椁墓文化影响的痕迹而已。同时，我们注意到那些通常混有其他文化元素、具有早期木椁墓文化考古资料的一批遗址，都位于外乌拉尔地区，特别是在早先辛塔什塔文化所在地区，在那里它们的文化层都是属于最晚期的。还有学者试图从木椁墓文化乌拉尔西侧类型发展过程中划分出几个阶段来，这种辨别工作目前都只能凭借墓葬和部分陶器资料来进行。

聚落、墓地、文物窖藏和巨石遗迹体现了乌拉尔地区木椁墓文化遗址的面貌。

聚落遗址的数量相当多，在伏尔加河以东到别拉亚河之间地区目前已经发现了八百多处（Obydennov & Obydennova 1992：10），[1]其中大约8%已获得考古发掘，不过发掘的大型聚落遗址（500—3000平方米）只有6处。几乎所有聚落都含有阿巴舍沃文化、美周夫卡文化（Mezhovka culture）或其他文化的元素。木椁墓文化的聚落面积大小不等，大型（超过1万平方米）的数量并不多。一些聚落遗址只不过体现为一些陶器碎片而已。

学者们根据遗址文化层的厚度和饱和状况提出了当时这片地区存在着经济和文化中心的假说，其中两处已经获得了比较详细的研究：别列戈夫斯科耶，面积虽然不大，但已经发现了15处遗址；图布雅克微地域（Tubyak micro-regions，Gorbunov 1992：81—83）。根据戈尔布诺夫（Gorbunov）的研究，这些经济和文化中心是由具有冶金技术遗迹的大型聚落以及一些小型聚落和墓地组成的。

这些聚落通常位于小河两岸的台地或是曾经的台地上。比较例外的是以专业化金属冶炼和制造而闻名的卡尔加里微地域（Chernych 1997b）。一些考古学者相信木椁墓文化存在专业从事皮革和骨器加工制作的聚落（Morozov 1981）。

虽然有关木椁墓文化的研究已有很长一段时间，但目前只有大约25座房址获得了全面的发掘，有关它们的结构布局还缺少总体性的研究。曾有一些发现壕沟遗迹的个案报道。

这些长方形或方形房址的建筑面积不等（15—200平方米），不仅在建筑本身而且在功能方面都有所差别。房屋通常是用木材和泥土建造的，有些地基铺有石块，数量相当多。有些是半地穴式结构，地基深入地表0.5—1.2米，房屋为垂直的木柱支撑的框架结构。这些房屋需要相当多的工时来建造。还有些房屋是建在地表的，也是由类似木柱等组成的框架结构来支撑的（Morozov 1982）。这些房屋都只有一个入口。里面还发现了开放式的火塘、贮存坑和井（图3.2）。

正如前面所述，木椁墓文化中最引人注目的遗址就是20世纪80年代以来一直持续研究的卡尔加里采矿和冶金制造综合遗址。在这片矿坑随处可见、从青铜时代早期一直延续到公元前18世纪的大面积地区，已经发现了大约20处木椁墓文化的聚落遗址。其中一个聚落遗址（靠近先前的高尔尼）考古工作者用了数年时间才完成了对它的系统调查研究。这里发现了数百个与冶金技术有关的遗物如

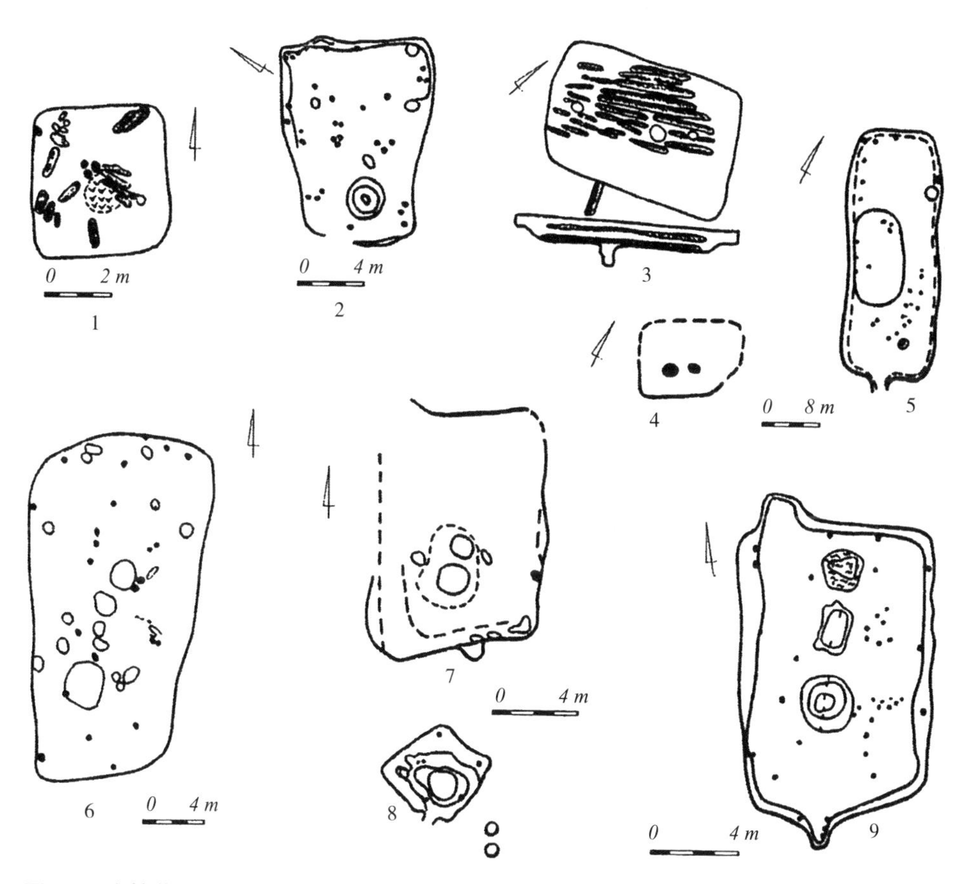

图3.2　木椁墓文化的房址

1.苏斯坎斯科（Suskanskoye）-Ⅱ；2.苏斯坎斯科-左翼别列兹诺（Suskanskoye Levoberezhnoe）；3.苏斯坎斯科-右翼别列兹诺（Suskanskoye Pravoberezhnoe）；4、5、7—9.别列戈夫斯科耶-Ⅰ；6.库施基尔亚克斯科（Kushtiryakskoe）（据Obydennov & Obydennova 1992）

矿渣、棒杵、铸范、熔渣和成品等。产自卡尔加里冶金中心的金属制品一直传播到顿河流域，这足以反映当时制造规模之大。乌拉尔地区专门从事冶金制造的工匠们用矿石来交换牧民的牛和马，因此这里也发现了大量的家畜遗骨。这些家畜遗骨统计数量超过100万块，其中80%是牛的骨头，属于2万多个个体（Antipina & Morales 2003）。

总体而言，木椁墓文化聚落的物质文化主要以陶器碎片和从事各种经济活动的工具为代表。几乎所有使用的青铜工具如刀、镰刀、锥子、鱼钩等都属于有刃的技术产品。石材主要用来制造石杵、打磨器，很少用来制作箭镞。箭镞尾部的铤都是直的。

各种骨器中，类似钥匙柄或圆片式的马镳具有特殊地位。它既可以用来分析遗址的绝对和相对年代，也可以用来复原当时的社会生活面貌。

相对于聚落，伏尔加河与别拉亚河之间的木椁墓文化墓葬要多得多；目前已经发掘了拥有大约1100座墓葬在内的超过300座库尔干古坟。按照墓葬所属年代分类，早期与晚期的墓葬数量比例为1∶6（Obydennov & Obydennova 1992）。外乌拉尔地区也发现了数百座木椁墓文化的墓葬（Grigory'ev 2000a；Salnikov 1967）。

墓地位于与聚落同样的地形上。除了起坟包的库尔干大墓，也发现了一批表面平坦的墓。墓地通常由3—8座库尔干古坟组成。唯一例外是老亚巴拉克林斯克墓地，那里已经发掘了一百多座墓葬组合（Gorbunov & Morozov 1991）。库尔干古坟的体积大小不等，坟包直径为8—10米，甚至可达30米（图3.3）。南部地区的古坟比北部的大。大约80%的坟包是圆形的，少量是椭圆形的。坟包都是土积而成。有时候坟包周围有一圈浅壕沟或陶土沟环绕，沟内还保留着当时人们在下葬前为某种特殊目的用火烧的痕迹（Bogdanov & Khalyapin 2000：45）。坟包内发现一些用火遗迹，以及动物骨骼和陶器碎片等。坟包外垒石块的现象在外乌拉尔地区偶有发现。

晚期墓葬有在古坟东南角、墓坑外面埋放陶罐的传统，这种现象在所有墓葬中出现的频率为8%。很少有用整头动物来殉葬的。

通常在第一阶段，每座库尔干古坟内有1—5个墓葬。到第二阶段，一些古坟

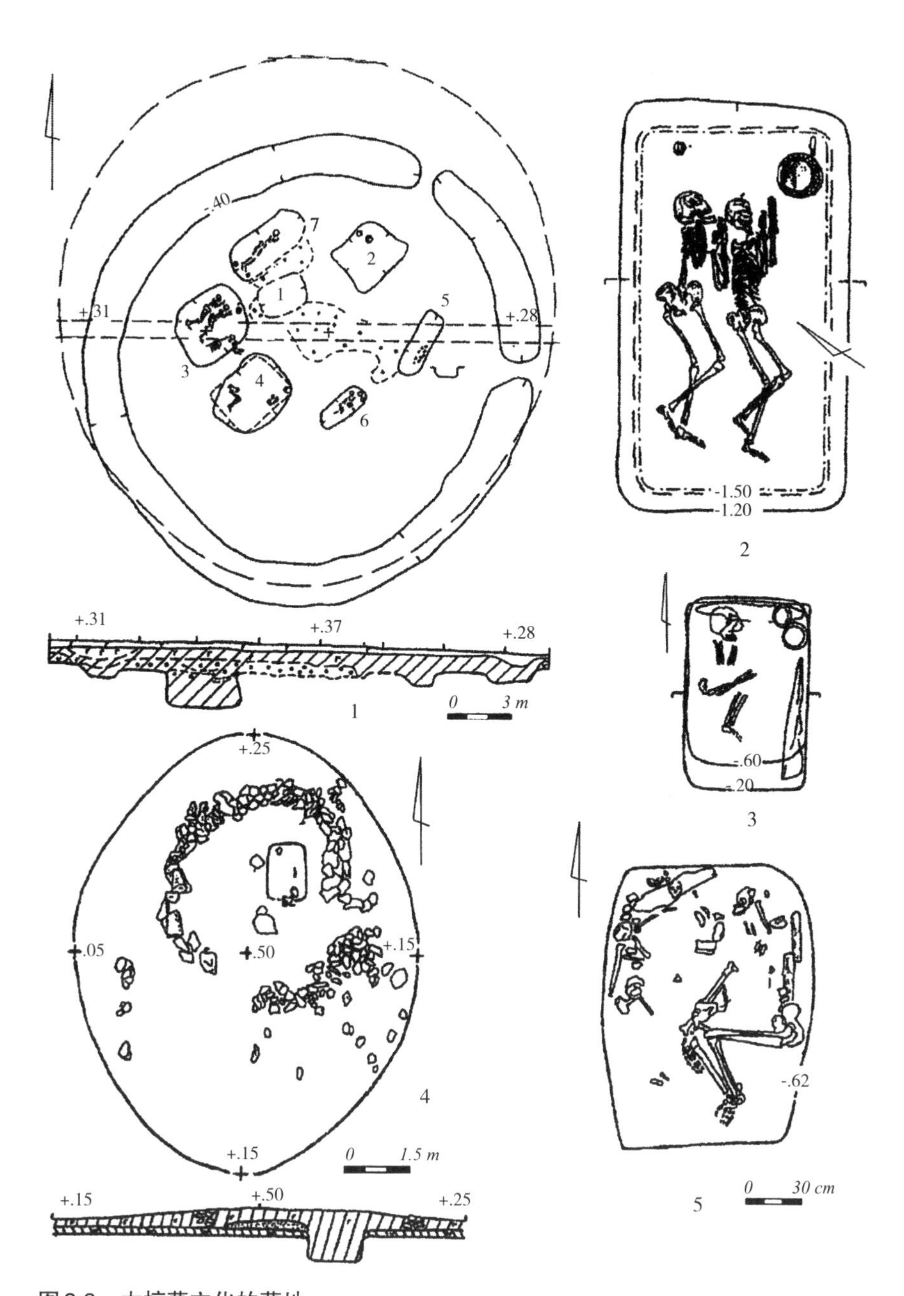

图3.3 木椁墓文化的墓地

1、2.大卡拉甘斯基墓地20号库尔干古坟平剖面图及其中3号墓；3、4.依里亚斯卡（Ilyaska）墓地 1号库尔干古坟1号墓；5.依里亚斯卡墓地1号库尔干古坟中心墓（据Lubchansky & Ivanova 1996；Botalov et al. 1996）

内则含有20—25个墓葬。墓葬要么围绕着一座中心墓，要么是排成一排分布的。到了后期，古坟则是呈链状排列。墓穴呈长方形，并不深（大约0.4—0.5米），面积大小可分为小型（0.2—1平方米）、中型（1—2.3平方米）和大型（3—3.5平方米）三种，以中型墓穴为主（Obydennov & Obydennova 1992：80—81）。不过只有在大型墓穴里才有一些精心制作的复杂设施，包括墓室顶盖和支撑立柱等结构以及二层台等（通常开凿在一侧）。建在墓室地面上的木结构很罕见。绝大多数死者是按照土葬风俗下葬的。不过也存在着一定数量的二次埋葬和被肢解的尸体遗骸。死者通常呈屈肢左卧状态，双手摆放在脸部位置，头部朝北或东北方向。其他的姿势如右卧或仰卧则非常少。此外葬礼中使用赭石、白垩和木炭的现象也很少见。

墓主以单人为主，也有成对的男女葬或集体合葬。墓主一般都呈上述标准葬姿。目前只发现了一处墓葬中的男女是面对面侧卧着的。儿童与母亲合葬墓，儿童总是被放在母亲背后。虽然我们承认像梅尔佩特（Merpert 1954：142—146）所说的那样，存在一些墓主身体被肢解的现象，但是也得承认很难发现这种肢解尸体下葬的踪迹。因此，我们对于木椁墓文化社会是否存在这种葬俗持谨慎态度。值得注意的是，那些确认为被肢解的尸骸都是成年男子的。

随葬品不是很丰富而且通常只有陶器（占74%），金属工具和装饰品稀少。大约三分之一的儿童和五分之一的成人墓中没有随葬品。统计分析显示，墓中放置陶器和墓主双手放在脸前是主要葬俗传统。殉牲骸骨都发现于成人墓中，儿童只随葬陶器。

陶器是木椁墓文化遗址发现最普遍的东西（图3.4）。所有陶器都是用黏土与沙子、捣碎的贝壳等羼和料一起手工制作的。我们可以从中分辨出直腹罐和汤碗。木椁墓文化陶器的装饰特色就是器物表面有类似梳篦、叶脉以及木条等所谓刮擦痕迹的纹饰。

大约三分之一的陶器是没有纹饰的，其他的只是在器物上半部分才有所装饰。最流行的是用梳子戳印或者手工刻画而成的锯齿形、三角形、V形（占69%）、菱形、鱼尾纹等纹饰。肩部具有凸棱的陶罐被认为是早期组合。制作陶器

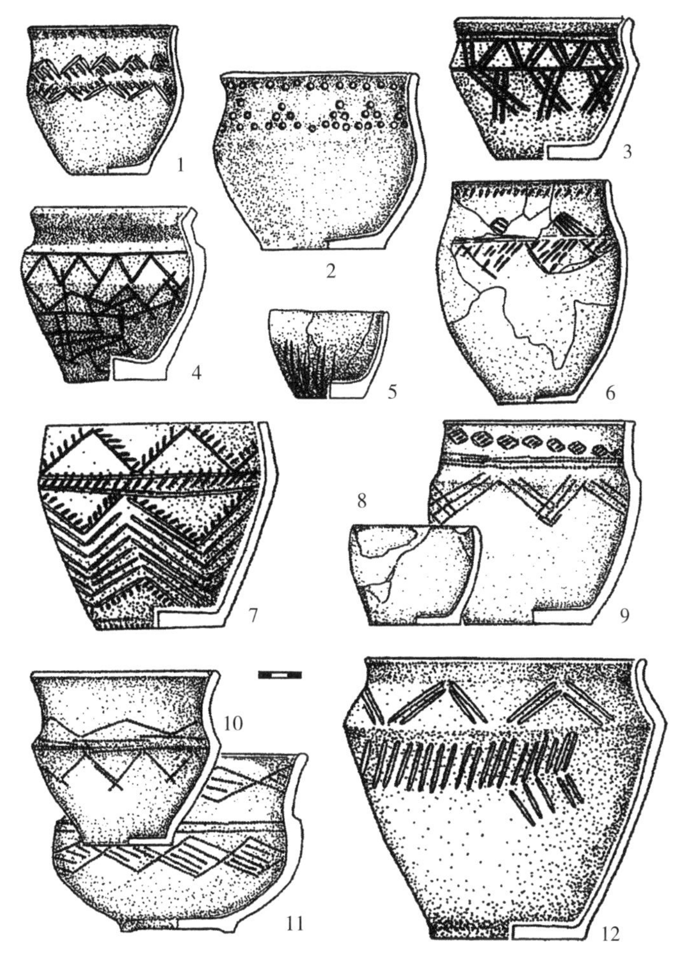

图3.4 木椁墓文化的陶器

1、2、4、8—11.依里亚斯卡墓地；3、5—7、12.大卡拉甘斯基墓地（据 Grigory'ev 2000a）

是在一个固定的模子上成形的。不过这不是木椁墓文化的传统。这种制作方法与彼得罗夫卡文化传统接近，也使得学者们认为后者一定程度上构成木椁墓文化的起源因素。那些具有管孔纹饰的陶器被认为属于早期。值得注意的是，上述装饰到晚期阶段几乎消失了，纹饰变得越来越简单，也越来越少。

金属器物以工具为代表，有青铜制的匕首型短刀、锥钻、鱼钩等，装饰品包括青铜制的手镯、串珠和加长的项链垂饰，有些装饰品外面还贴有金箔。还有数量相当多的玻璃和骨制串珠，其中一些设计成复杂的辫状，有的还要穿上钻孔的动物犬齿、贝壳等。上述装饰品中只有加长的项链垂饰才称得上具有木椁墓文化自己的特色。其他物件不仅在乌拉尔地区，而且远在伏尔加河、哈萨克斯坦以及西伯利亚地区都有发现。

巨石文化遗存（Megalithic constructions）是最近五六年间在外乌拉尔南部地区发现的。对它们的系统研究还处于初始阶段，因此我们只会简单谈及。它们发现于木椁墓与阿拉库两个文化的交汇处，最早的发掘和资料除了一些青铜时代晚期的具有木椁墓–阿拉库文化特色的陶器碎片外，几乎没有发现能够代表它们的文化属性。

乌拉尔地区的巨石文化表现为单独、成排或成群的由扁平或者略微雄伟的直立大石块（图版3.1）。很多巨石在较早的时候就遭到了损坏或摧毁，因此在地表不太容易看到。

这些巨石作为人类规划的地貌景观的一部分，通常矗立在靠近聚落、墓地或

图版3.1　阿库诺沃（Akunovo）的巨石遗迹（E. 奇比列夫摄）

者嵌入所谓“村落–巨石–墓地”组合的轴线上。这种组合的每一个因素都占据着独特的地形：聚落位于一级台地上，巨石位于山麓，而墓地则位于地势最高处（Polyakova 2002）。

另一组木椁墓文化遗址是文物窖藏，在乌拉尔西侧地区已经发现了13处（Obydennov 1996）。它们通常位于小河的河谷地带，与聚落所在地或库尔干古坟有关联。这些窖藏由一些平直的（安德罗诺沃类型）和钩状的（木椁墓类型）镰刀（81件）（图版3.2）、平头斧子（9件）、铸锭、铸范和石杵等组成。学者们根据类型学研究将这些文物归为木椁墓文化，其中两处窖藏又根据其伴出陶器来确认文化归属。

总而言之，木椁墓文化的考古资料是十分丰富的，其遗址遗物是乌拉尔西侧地区发现数量最多的青铜时代文化遗存。不过，我们得坦承迄今还没有比较新的对这片地区考古资料进行系统性综合研究的著作问世。

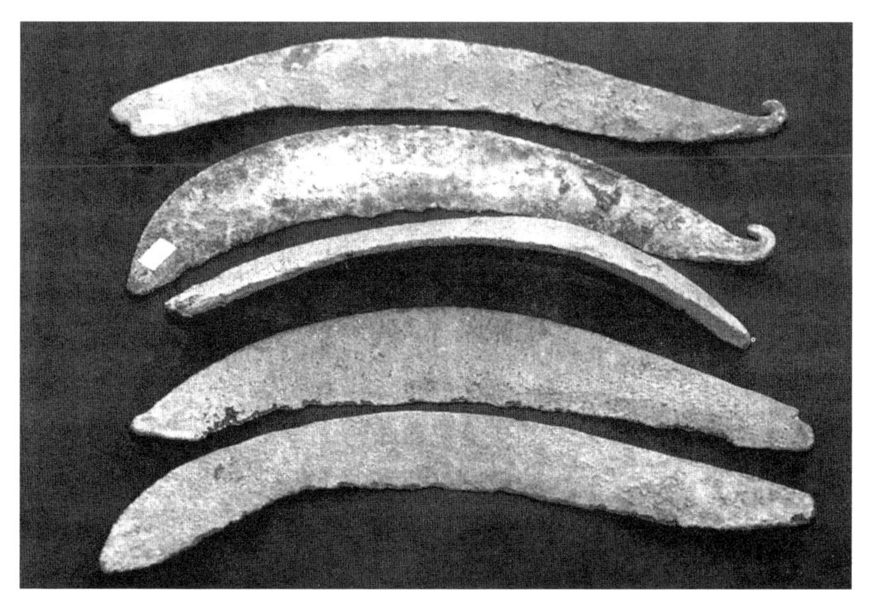

图版3.2 列比亚日耶（Lebyazh'ye）聚落窖藏出土的青铜镰刀（E. 奇比列夫摄）

经济和社会概况

总的来说，包括聚落和墓葬在内的木椁墓文化遗址看起来都是比较朴素和相似的，遗物甚至是比较匮乏的。长期以来，木椁墓文化的标准化和单调性被一些学者用来解释木椁墓文化社会是人人平等的社会结构。

在目前所掌握的对这些考古资料进行诠释的新观点中，我们需要关注的是戈尔布诺夫（Gorbunov 1992）提出的关于经济和文化中心的观点以及考古发现的卡尔加里这个专门从事冶金制造的聚落（Chernykh 1997a）。其他从事冶金制造的特别地点还有别列戈夫斯科耶、图布雅克和塔夫里卡耶夫斯科（Tavlykayevskoye）等聚落。不过它们在生产规模上都不能和卡尔加里相比。

尽管如此，畜牧业仍然是木椁墓文化社会主要的维生经济（Chernykh et al. 1997）。这也得到了各个遗址所处的地理位置以及动物考古学研究的证实。所有发现的动物骨骼中93%是家畜：牛、绵羊、马和猪（Kosintsev & Varov 1995）。猪在森林－草原地区的地位稍微重要一些（Otroshchenko 2003：326）。犬的遗骨也有发现。可以说考古发现的各地区家畜品种组合之间的差别正是由它们所在地区的生态环境决定的。

传统的一些解释推测此时农业种植已经占据了显要地位，但是我们并没有掌握直接证据。一些学者把出土的石制工具如镰刀看作农业种植用的，不过乌拉尔西侧地区还没有进行过古植物学的分析研究。尽管如此，人们还是在从乌拉尔到乌克兰这片地区大约34处遗址提取到了一些古植物样本（Pashkevich 2000）。对它们的分析研究表明，农作物种植在欧洲东部地区的出现不会早于青铜时代晚期的中间阶段，尤其是木椁墓文化存续这段时间。值得注意的是，这些农作物（谷物）遗存是在乌克兰草原和卡尔梅克共和国南部草原地带、木椁墓文化的贝雷兹诺夫斯科－马耶夫斯卡类型所在地区发现的。不过在包括乌拉尔西侧地区在内的整个欧洲东部森林－草原地带的木椁墓文化的波克罗夫卡类型的居民都还不懂得种植谷物，他们仍然是牧民和从事冶金制造的工匠。

根据上述资料，我们可以认为农业种植在这片地区的作用依然有限。而集约化的采集活动更显重要，能够对居民传统的奶制品-肉类饮食有所补充。

我们认为劳动力的分工以及木椁墓文化所在地区各个文化集团和社会之间的联系和交流，很有可能扮演了重要角色。

木椁墓文化的葬俗也表现出高度统一性。不过这些葬俗并不能为复原当时的社会结构提供确凿证据。正是这片广大地区宗教信仰行为方面的高度统一才使我们能够推测他们族属的一致性。这些在宗教礼仪和陶器装饰方面表现出来的统一性在木椁墓文化向晚期过渡期间一直呈上升趋势。此外毫无疑问的是，木椁墓文化社会的居民存在着性别和年龄方面的区别和分类。

聚落遗址的规模使得学者们认为当时这些聚落已经能够容纳200—250人了，这已经是一个相当大的社区了。虽然这些聚落看似都是人人平等的社会，但是我们也不能排除当时对于居民彰显财富很可能存在着一些严格的意识形态方面的限制措施。

认为木椁墓文化社会是人人平等的观点近年来也受到了挑战。有人试图从伏尔加河地区的墓葬中区分出精英人士的墓葬（Malov 2002）。根据权杖和钉针的出土情况，学者们推测伏尔加河-乌拉尔地区木椁墓文化波克罗夫卡类型社会内部已经存在具有精英阶层的等级制度（Dryomov 2002；Tsimidanov 1997）。奥托什琴科（Otroshchenko 2003：326）则认为，那些有家畜随葬（殉牲）的墓主都属于精英阶层（这些墓葬数量占木椁墓墓葬总数的2%—15%）。

然而由于墓葬中没有发现任何有关社会等级制度的标志，乌拉尔西侧地区很难做出上述的结论。同时，戈尔布诺夫（Gorbunov 1996：16—17）认为，木椁墓文化所表现出的这种统一性正是一种“特殊专制集权制度”存在的结果，正是这种“权威”才能大规模地征发社会中的男子从事采矿等工作，这些“训练有素的”工匠无疑是在一种被动精神状态下工作的。

卡尔加里如此大规模、复杂的采矿和冶金制造活动是要求大量劳动力投入的，此外还有矿石和金属材料及制品的搬运工作，一般认为只有成年男子才能胜任。非直接的证据包括这里发现的大量动物骨骼遗存，其中绝大多数是牛的（Antipina & Morales 2003：327），显然是大量居民一起以肉为食的反映。另一种支持当时社会存在“权威”阶层的证据来自波克罗夫卡类型的一小部分男子墓葬的考古资料（Otroshchenko 2003：322）。

尽管如此，虽然上述认为木椁墓文化社会存在权威统治阶层的假设从理论上讲是非常有趣的，但是事实上这些假设的可能性是很虚弱的，令人很难相信它还能吸引那么多的支持者。至于木椁墓文化社会生活方面的高度统一，这可以根据相同族群中存在的统一的社会意识形态来解释。总而言之，冶金制造这些有组织的活动并不需要整个族群全部人员参与才能进行，只需要个别氏族或氏族的某些成员就可以了。

传统认为木椁墓文化起源于伏尔加河－乌拉尔地区，那里集中分布着大量早期的文化遗址。它的产生又是由波尔塔夫卡文化（竖穴墓文化晚期的一个类型）、阿巴舍沃文化和洞室墓文化晚期集团促成的（Agapov et al. 1983）。尽管如此，现在学者们普遍认为木椁墓文化波克罗夫卡类型的主要基础是与博塔波夫卡文化最上面的文化层相连的（Vasily'ev et al. 1994）。从一开始起，早期木椁墓文化集团（波克罗夫卡类型）就与阿拉库文化集团有了紧密联系。因此关于木椁墓文化起源问题，奥托什琴科（Otroshchenko 2003：319）强调来自乌拉尔南部文化源头在军事和技术上的冲击作用，这个源头就是辛塔什塔文化。

有些自相矛盾的是，木椁墓文化居民的语言归属，这个语言学上的“永恒”问题本书并不准备予以详细讨论。根据木椁墓文化与斯基泰人文化的联系，[2]所有学者都认为木椁墓文化的族属是伊朗语族。这个观点绝对适用于伏尔加河地区，那里是木椁墓文化的核心地域，并且它在由青铜时代晚期向铁器时代过渡时期的踪迹非常明显。

在乌拉尔西侧地区，木椁墓文化为美周夫卡文化遗址所延续，学者将这些遗址的族属解释为芬兰－乌戈尔语族居民。要整合上述两种语言族属的观点几乎是不可能的，因为从考古学角度很难确认当时居民语言的从属关系，这些考古资料所能反映的当时居民的文化外貌是不全面的。重要的是我们要强调在相似的经济条件和彼此文化整合的共同利益方面，居民语言上的差别只扮演了次要角色。

二　安德罗诺沃文化家族

安德罗诺沃文化所在区域涵盖了亚洲大陆西部非常广阔的地区。它的西部边缘位于伏尔加河与乌拉尔河中间地带，与木椁墓文化有一段重叠区域，向东则延伸到米努辛斯克盆地（Minusinsk depression）（图3.5）。遗址往南一直分布到科佩特达格山（Koppetdag）[①]、帕米尔高原和天山脚下，仅北部针叶林地带的界线不是很清楚。此外，西西伯利亚的森林-草原地带也分布着一系列安德罗诺沃类型的文化。关于安德罗诺沃文化的考古学研究比木椁墓文化深入，因此我们会多用一些篇幅来描述它。

几乎所有的人都承认，安德罗诺沃文化在俄罗斯考古学界曾经引起过非常多的争论，还产生过一些似是而非的见解。第一是它的名称。它是由发现点——叶尼塞河畔（西伯利亚南部）的一个小村庄——安德罗诺沃（Andronovo）命名的，这里其实属于该文化非常靠东的边缘地带。1914年，在这个村落附近发现了数个内有屈肢葬骸骨的墓葬，出土了装饰非常富丽的陶器。

20世纪20年代，捷普劳霍夫（Teploukhov 1927）开始研究安德罗诺沃类型的文物。他根据所掌握的考古资料创立了西伯利亚南部地区最早的文化和年代学序列。这个序列包括阿凡纳谢沃、安德罗诺沃、卡拉苏克（Karasuk）[②]、库尔加纳（Kurgannay'a culture）和塔什提克（Tashtyk culture）等文化。他将安德罗诺沃文化断代为前二千纪的。因此从一开始，安德罗诺沃文化这个名称就与米努辛斯克盆地遗址联系在一起，但是逐渐地，安德罗诺沃类型遗址的发现地点从西伯利亚南部一直扩展到了乌拉尔南部地区。格里亚兹诺夫（Gryaznov 1927）改进了它的年代序列（定为公元前14—前11世纪），同时明确了西部与东部安德罗诺沃文化的特征。

---

① 位于土库曼斯坦与伊朗交界处。——译者注

② 卡拉苏克文化（Karasuk culture）存续于公元前1500—前800年，分布于西起咸海东至叶尼塞河上游、南到阿尔泰山和天山地区。上承阿凡纳谢沃文化、奥库涅夫文化和安德罗诺沃文化，下继塔加尔文化和塔什提克文化。维生经济以畜牧业为主，佐以农业。墓葬为库尔干古坟下的石板墓。其陶器和青铜器与中国北方系相关器物风格相近，上有动物纹饰。最新的古DNA测序表明，其居民为原始印欧人常见基因类型，显示了安德罗诺沃文化的居民东进的影响。参见维基百科英文版词条。——译者注

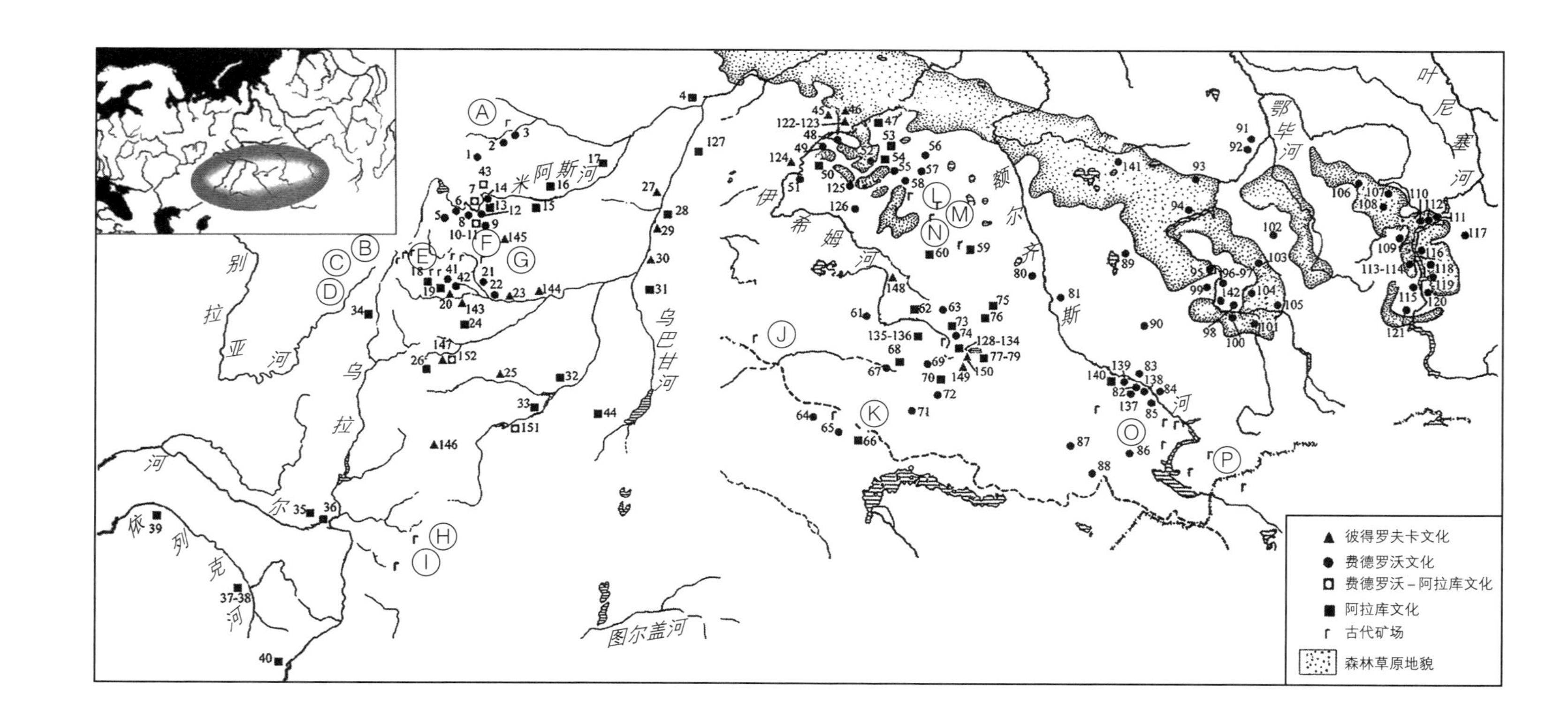
彼得罗夫卡文化
费德罗沃文化
费德罗沃－阿拉库文化
阿拉库文化
古代矿场
森林草原地貌
米阿斯河
别拉亚河
乌拉尔河
依列克河
乌巴甘河
图尔盖河
伊希姆河
额尔齐斯河
鄂毕河
叶尼塞河

图3.5　安德罗诺沃文化诸遗址分布图

1.努尔巴克沃；2.新布里诺；3.波尔沙雅·喀拉波尔卡；4.托米洛沃；5.涂克图巴耶沃；6.比什基尔；7.切尔尼亚基；8.索斯诺夫卡－Ⅰ，Ⅲ；9.西奈格拉佐沃；10.斯莫里诺－Ⅰ，Ⅱ；11.依萨科沃－Ⅰ，Ⅴ；12.苏科梅索沃；13.楚里洛夫－Ⅱ；14.费德罗洛夫卡；15.阿拉库；16.苏布波基诺；17.巴克兰斯科；18.贝雷佐夫斯基；19.切尔诺雷奇；20.斯特普诺－Ⅰ；21.基泽尔斯基；22.乌拉萨耶夫斯基；23.特罗伊茨克；24.巴什尼雅·塔美拉纳；25.库列夫齐－Ⅲ，Ⅵ，尼柯拉耶夫卡－Ⅱ；26.米尔尼－Ⅲ；27.沙列夫·库尔干；28.卡梅什诺耶；29.拉斯卡吉卡；30.维尔卡纳·阿拉布伽；31.依夫格涅夫卡；32.阿列克谢耶夫卡；33.佩垒莱斯基；34.斯巴斯科－Ⅰ；35.奥尔斯克；36.尼克尔；37.阿克杜宾斯克·波利根；38.阿克杜宾斯克·波吉谢法布里克；39.皮亚季马里；40.伊姆巴；41.普吉劳夫斯卡·塞姆卡；42.普利波罗特尼峡谷；43.乌来夫第；44.瑙尔祖姆；45.克涅斯；46.彼得罗夫卡；47.塞米帕拉特诺；48.布尔鲁克－Ⅰ；49.阿利帕卡什；50.依非莫夫卡；51.喀拉切夫斯基；52.克瑙特凯尔；53.高克切塔夫；54.察克林卡；55.高克什卡尔白Ⅰ；56.彼列克－科尔；57.奥巴里；58.波洛沃；59.努尔马姆别特；60.巴里克理；61.支兰迪；62.阿尔伽巴斯；63.博塔卡拉；64.科萨伽尔；65.桑格鲁Ⅱ；66.扎曼塔斯；67.布古里Ⅰ；68.塔迪；69.白巴拉；70.依格兹－科依塔斯；71.阿克沙陶；72.卡纳塔斯；73.贝斯－奥巴；74.占曼塔斯；75.萨坛；76.塔尔迪；77.塔斯－布拉克；78.格拉什纳·格鲁恰；79.巴特金·帕耶克；80.阿克莫拉；81.列彼亚哲；82.马里·科依塔斯；83.择瓦基诺；84.前戈尔诺；85.鄂毕拉克特卡；86.卡拉特扎尔；87.萨里科尔；88.拉德洛夫的考古发掘；89.下苏依特卡；90.新亚历山大罗夫卡；91.依洛夫卡－Ⅱ；92.尤尔特·阿克巴里克；93.瓦克卢谢沃；94.奥尔丁斯科；95.巴尔纳乌尔；96.近伊尔巴尼－Ⅻ；97.近伊尔巴尼－ⅩⅣ；98.科穆金卡；99.谢普诺娃；100.沃尔奇卡；101.斯灭耶夫卡；102.乌尔；103.基特马诺沃；104.依科尼科娃；105.靠近城镇的科兹艾斯特沃；106.波尔谢匹楚基纳；107.安德罗诺沃；108.欧拉克；109.依兹忽尔；110.索列诺兹尔纳；111.普里斯坦－Ⅰ；112.苏科湖；113.亚尔基－Ⅰ；114.亚尔基－Ⅱ；115.乌斯特－艾尔巴；116.卡门卡－Ⅲ；117.卡门卡－Ⅰ；118.拉宁峡谷；119.列比亚哲－Ⅰ；120.帖普塞；121.波特库宁斯基·乌鲁斯；122.贝尔里克；123.阿克塞曼；124.乌鲁白；125.库洛帕特基诺－Ⅱ；126.帕夫洛夫卡；127.赤斯多列别亚兹斯基；128.阿克－托别－Ⅰ，Ⅱ；129.阿什－欧赛克；130.玛依坛；131.努尔台；132.塔什克；133.沙巴特；134.阿克－托别；135.靠近卡拉甘迪的索夫科兹基洛瓦；136.依菲莫夫卡；137.别特库都克；138.扎尔塔斯；139.白卡门卡；140.伊尔马克；141.阿布拉莫沃－4；142.波尔都里诺；143.克里沃耶湖；144.别列佐夫斯基；145.谢巴耶沃夫－Ⅰ；146.阿兰茨科；147.乌斯特；148.依克片－Ⅰ；149.萨坛；150.努尔台；151.丽萨科夫卡；152.索尔尼谢－塔利卡（据Kuzmina 1994）

古代矿藏：

A.卡扎科夫斯基；　B.吉兹雅卡耶沃；　C.大卫多沃；　D.通伽托尔；　E.萨纳拉；　F.科尔伽；　G.乌斯特－卡班；　H.依列诺夫卡；
I.乌什－卡塔；　J.哲兹卡兹甘；　K.阿尔丁－图别；　L.斯大林斯基；　M.切尔卡；　N.斯特普纳；　O.民初库尔；　P.切尔托雅克

20世纪40、50年代，萨利尼科夫发掘了费德罗洛夫卡（Fyodorovka）村庄和阿拉库湖附近的墓地。这些墓葬在葬俗和出土陶器方面都有所不同。在对考古资料进行研究的基础上，他得出了费德罗沃（东面的）和阿拉库（西面的）分别代表了安德罗诺沃文化两个发展阶段的观点。前者（公元前15—前12世纪）以火葬以及有丰富的梳篦纹装饰的圆肩形陶器为代表；后者（公元前11—前9世纪）则以土葬以及折肩突出、装饰三角纹、最后打上平面模印的陶器而著称。安德罗诺沃文化的最后阶段（公元前8—前7世纪）即萨马拉耶沃阶段（Zamarayevo stage）也被甄选出来（Salnikov 1951）。后来，经过多处尤其是乌拉尔南部地区地层学的观察和研究，萨利尼科夫（Salnikov 1967）对上述阶段序列进行了修正并得出了新的结论即费德罗沃（公元前18—前16世纪）、阿拉库（公元前15—前12世纪）以及萨马拉耶沃（公元前12—前8世纪）这三个阶段。

其他学者，特别是关注年代序列和阶段划分的学者，对此体系的很多地方予以批评。费多罗娃-达维多娃（Fedorova-Davydova 1964，1973）指出，根据阿拉库遗址的早期特征，它的独立地位必然与费德罗沃诸遗址是同时的。因此建议阿拉库文化应当被看作安德罗诺沃文化与历史共同体内的一个单独文化。[3]然而在20世纪60、70年代，前面那种安德罗诺沃文化阶段论占据了俄罗斯考古学界的主流地位。它的势力如此强大，以至于不允许学者承认考古资料所反映的费德罗沃文化和阿拉库文化属于本质上两个不同发展途径的事实。那种阶段式的发展模式允许分出一些地区类型和混合类型。显而易见，有关这些文化形态的起源和族属问题过去和现在都依然在热烈地讨论着。到了80年代中期，对安德罗诺沃文化的研究似乎到了一个进退维谷的状态。只有新的考古发现才能给考古研究带来“活力”，这些新发现即使不能解决所有的问题，但至少可以打开一条通往新研究领域的道路。

过去二十年中，一些与安德罗诺沃文化所在地区相关的新的考古学文化被确认了，其中就有彼得罗夫卡文化和辛塔什塔文化。正如前面所述，彼得罗夫卡文化主要分布于乌拉尔以东的托博尔河与伊希姆河之间地区，而辛塔什塔文化则位于乌拉尔南部地区（Zdanovich 1988）。这两个文化有一些共同点，不过早期发掘的辛塔什塔聚落遗址，由于它与经典的安德罗诺沃文化不同并且具有一些阿巴舍沃文化的特色，人们在早期研究阶段对它不是很懂，直到最近才有了清楚的认识。1976年，斯米尔诺夫（Smirnov）和E. 库兹米娜提出了被认为是安德罗诺沃文化早期阶段的新库马克斯基阶段（Novokumaksky stage），时间为公元前14世纪。

安德罗诺沃文化广泛分布于亚洲地区西部草原和森林–草原地带，其文化形态具有非常重要的意义。在研究过程中，人们已经积累了大量扎实的考古资料。这也导致出现了许多关于文化形态的阶段划分和结构特点等各种不同甚至部分有争议的体系和观点。现在，人们通常认为安德罗诺沃文化家族是由彼得罗夫卡文化、阿拉库文化、费德罗沃文化及萨尔加里–阿列克谢耶夫卡（Sargary-Alexeyevka culture）等组成的，不过学者们主要的分歧点在于阿拉库和费德罗沃这两个文化综合体之间内在关系的解释以及其中一些中间文化类型的定义。这些都体现在下列有关文化相互关系的模式中。

第一，由G. 兹达诺维奇（Zdanovich 1988）和阿凡涅索娃（Avanesova 1979, 1991）提出的直线进化模式。这是一种从铜石并用时代起源、发展到铁器时代的进化过程，不过与萨利尼科夫体系不同的是，它把阿拉库文化放到费德罗沃文化之前了。

第二，平行或部分共存的发展模式。它获得了E. 库兹米娜（E. Kuzmina 1994）、波滕姆基娜（Potyemkina 1985）、科萨列夫（Kosarev 1981）、叶夫多基莫夫（Evdokimov 2000）、特卡乔夫（Tkachev 2002）和格里戈里耶夫（Grigory’ev 2000a）等学者的支持。按照这种观点，阿拉库文化和费德罗沃文化在特定历史阶段曾经共存过，但是它们依然有着各自不同的起源和发展道路。

第三，马特维耶夫（Matveyev 1998）提出的系统发展模式。他把公元前二千纪外乌拉尔及西西伯利亚地区所有文化统称为“安德罗诺沃文化家族”（Andronovo family of cultures）的概念，将其定义为由数种性质相似的文化所组成的历时性共同体，并总结出以下基本特征：

食物生产型经济；

畜牧业（主要是牛、小型家畜、马，没有猪）占主导地位；

拥有长期而稳定的聚落和房屋，房屋基本上是半地穴式的由柱子支撑的框架结构；

聚落中有燃烧过的灰烬堆积；

将死者埋葬在专门的墓室里，其中有些在地面上用泥土、泥砖或石块筑成坟包；

使用木材、石头或将二者混合建造和布置墓室；

同时存在火葬和土葬两种葬俗，有时会进行二次埋葬；

具有特别意义的在下葬过程中燃火以及用犬来随葬；

器身装饰富丽的之字纹、波浪纹、三角形等几何形图案的陶器；

冶金制造过程中使用石制工具；

骨制骰子。

根据马特维耶夫的观点，安德罗诺沃文化家族中所有文化的起源都可以追溯到新库马克斯基联合体中的辛塔什塔和彼得罗夫卡这两个亚文化身上，后来它们又演变为阿拉库文化。而阿拉库文化的发展又产生了一系列后续文化：费德罗沃文化、切里卡斯库文化（早期阶段）、美周夫卡文化、萨尔加里–阿列克谢耶夫卡文化、伊尔门文化（Irmen culture）和卡拉苏克文化（后期阶段）等。

尽管有些明显的特别之处，马特维耶夫的理论模式还是比较合理的，它强调了已经被一些学者注意到的安德罗诺沃文化区内各个文化之间的基本共同点。

阿拉库文化

传统上一直认为，阿拉库文化是安德罗诺沃文化家族中的最基本成员。这个概念曾经变更多次，迄今是否把它看作一个文化联合体都还没有形成共识。特别是直到20世纪70年代晚期（Zdanovich 1973）甚至到目前，包含彼得罗夫卡遗址在内的阿拉库文化都被认为是阿拉库文化早期传统的一个类型。我们不否认彼得罗夫卡–阿拉库之间的文化传承关系，但是我们认为只有在术语方面采取模糊态度才能够正确理解这个文化的发展进程。因此，我们将首先区分彼得罗夫卡文化和阿拉库文化的属性。

（1）考古学特征

阿拉库文化遗址发现于外乌拉尔以及哈萨克斯坦北部、西部和中部这片广阔地区的草原和森林–草原地带（参见图3.5）。[4]它的东部边界以西西伯利亚地区的伊尔马克（Ermak）4号墓地为代表（Khabarova 1993）。西部界限则比较模糊，因为乌拉尔河流域青铜时代晚期文化的遗址混合了阿拉库和木椁墓这两个文化集团的元素。在外乌拉尔地区以及乌拉尔西侧的草原地带，阿拉库文化的元素占主导地位，而在乌拉尔西侧的森林–草原地带，则以木椁墓文化传统为主。墓葬资料显示阿拉库文化的主人同化了外乌拉尔森林–草原地带所有的居民并且将其纳入自己的北方疆域。而在南方，阿拉库文化（在外乌拉尔地区）的发展则受到草原地带的限制。

阿拉库文化以聚落和墓地考古资料为代表[5]（图3.6）。其中外乌拉尔、哈萨克斯坦的草原和森林地带（不包括它的北部边缘地区）的遗址得到了比较好的研究；不过现在仍像十年前那样（Zdanovich 1988），还没有一处聚落遗址获得全面发掘。通常只发掘了一两处房址，因此我们并没有足够的考古资料来描绘作为建筑综合体——聚落的具体细节。

聚落位于河流的一级台地或者湖畔，通常靠近大河的河谷，高地则很少发现阿拉库文化的聚落遗址。聚落面积一般不超过一万平方米，大型聚落分布于文化区的东部地带。波滕姆基娜（Potyemkina 1985：76—103）的研究证实，阿拉库文化晚期聚落的面积已经达到3.5万平方米。位于外乌拉尔地区文化边缘地带的卡梅什诺耶（Kamyshnoye）–Ⅱ聚落还发现了比较原始的防御设施。

聚落规划以直线布局为主，房屋通常沿着河岸排成一排，极少有两排的（Stefanov 1996；Stokolos 1972）。聚落是在原有房屋旁边添加一座又一座新房这样的方式形成的。各聚落房屋的建筑结构因技术细节而各有特色。建筑过程中广泛使用石材是乌拉尔西侧或哈萨克斯坦中部缺少树木的草原地带的典型特色。这种

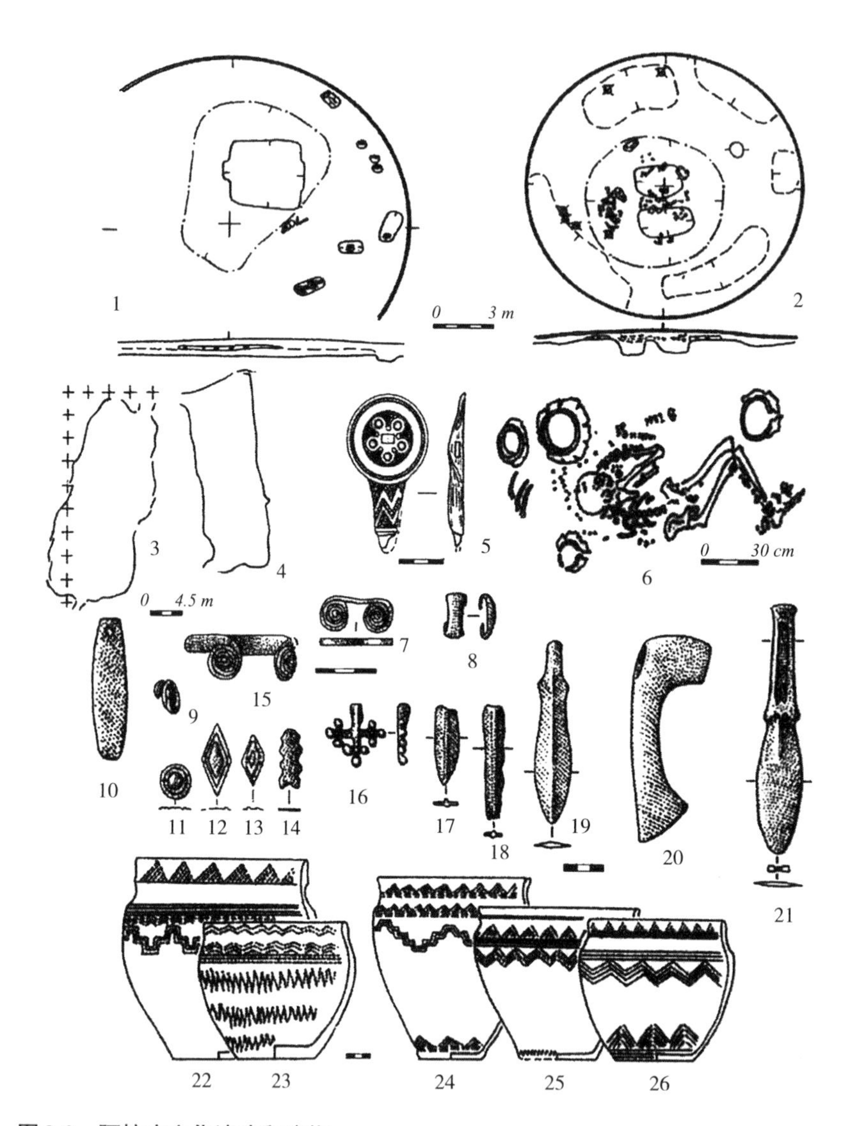

图3.6 阿拉库文化遗迹和遗物

1.塞米帕拉特诺（Semipalatnoye）墓地2号墓；2.阿利帕卡什（Alypkash）墓地32号墓；3.库列夫齐-Ⅲ聚落7号房屋；4.彼得罗夫卡-Ⅱ聚落1号房屋；5、25.出自新尼科尔斯科（Novonikolskoye）墓地5号古坟2号墓；6、15、22—23.出自阿利帕卡什墓地32号古坟4号墓；17、18.出自塞米帕拉特诺墓地5号古坟5号墓；19、20、24.出自沙列夫（Tsarev）古坟7号墓；21.出自新尼科尔斯科-Ⅰ聚落；26.出自阿拉库墓地18号古坟8号墓（5为骨器；7—21为青铜器；22—26为陶器，据Zdanovich 1988）（7—14、16原书未提出处）

建筑传统在外乌拉尔和哈萨克斯坦北部地区未曾出现。[6]该现象不能仅仅用功能主义来解释，而是因为山脉山麓地带石材很丰富。

阿拉库文化的房屋呈长方形，占地面积140—270平方米，地下有0.5—0.7米深（图3.7–A、B）。[7]房屋入口被设计建在角落或横墙上。大量柱洞（多达300个）显示房屋是由木柱支撑的框架结构。木柱的数量与房屋大小和结构有关。许多个案显示沿着房屋纵轴分布着很多柱洞。屋顶是两层坡顶的（包括一种不对称的类型）和一种金字塔类型的（Zdanovich 1988）。房屋内部被隔成数个区间。

一座房屋内有5—7处水井、贮藏坑和火塘，这也是阿拉库文化房屋内部的典型特色。在火塘上，可以识别出一组由一个或数个部件组成的冶金熔炉。火塘是用石头和特别烘制的小块黏土砖建成的。有趣的是这些砖块的数量并不足以垒一个火塘，并且它们有时候还是有装饰的，因此功能还不是很清楚。很多火塘比较简陋，人们只能根据地面一些被烘烤过的“回火点”来识别它们。

聚落上比较典型的考古发现有动物骸骨，大量陶器碎片，用于冶金制造的石器，用于加工皮革的骨器、纺锤、锥子和针等（图3.7）。金属工具以匕首型短刀、镰刀、有插口的凿子、半圆凿、钩子等为代表。兵器比较少。发现青铜、石材和骨头制作的箭镞和权杖头等。没有尖状凸起的马镳只在个别情况下有发现。

作为大多数青铜时代文化标志的陶器在这里也是很特别的，这使得曾经在20世纪50年代乌拉尔山区主持发掘阿拉库墓地的萨利尼科夫（Salnikov 1952）提出了安德罗诺沃文化西部类型的观点。所有陶器均为平底，轮廓明显；颈与肩之间有一圈外凸设计，表面都经过仔细处理（图3.8）。超过一半的陶器纹饰都是梳篦压印和手工刻划、绘制的。装饰部位通常位于陶器的颈部和肩部，很少出现在器物下半部。常见的装饰图案有线条虚影的等腰或直角三角形、之字纹和菱形。此外，陶器颈下部还有一条没有装饰的环带，这个特点也长期被视为阿拉库陶器的一种典型装饰。不过现在有学者认为阿拉库聚落上的陶器并不受此约束（Stefanov 1996：46）。我们不应该忘记，有关阿拉库文化陶器的印象主要是建立在墓葬考古资料上的，这方面的资料相当丰富，不过也有不少需要解释的例外。聚落上出土的陶器通常体积比较大，只有一小部分是有装饰的，装饰图案也比较简单。

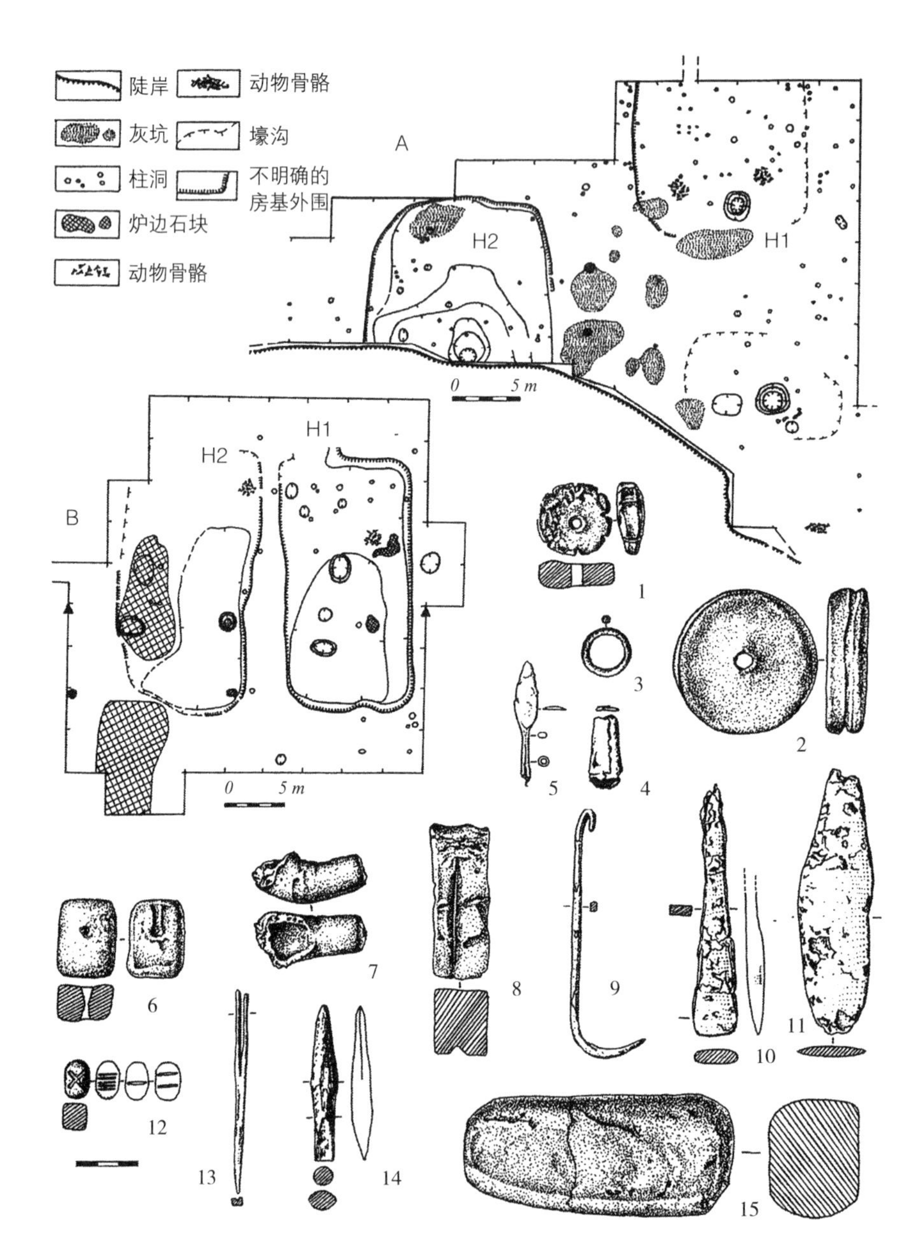

图3.7　阿拉库文化聚落的房址和遗物

A.米尔尼-Ⅰ聚落房址平面图；B.米尔尼-Ⅱ聚落平面图

1、2、6、8、15.石器；3—5、9—11.青铜器；12—14.骨器；7.陶制熔炉鼓风吹管（1—8、12、14出自米尔尼-Ⅰ聚落；9—11、13出自米尔尼-Ⅱ聚落）（据Stefanov 1996）

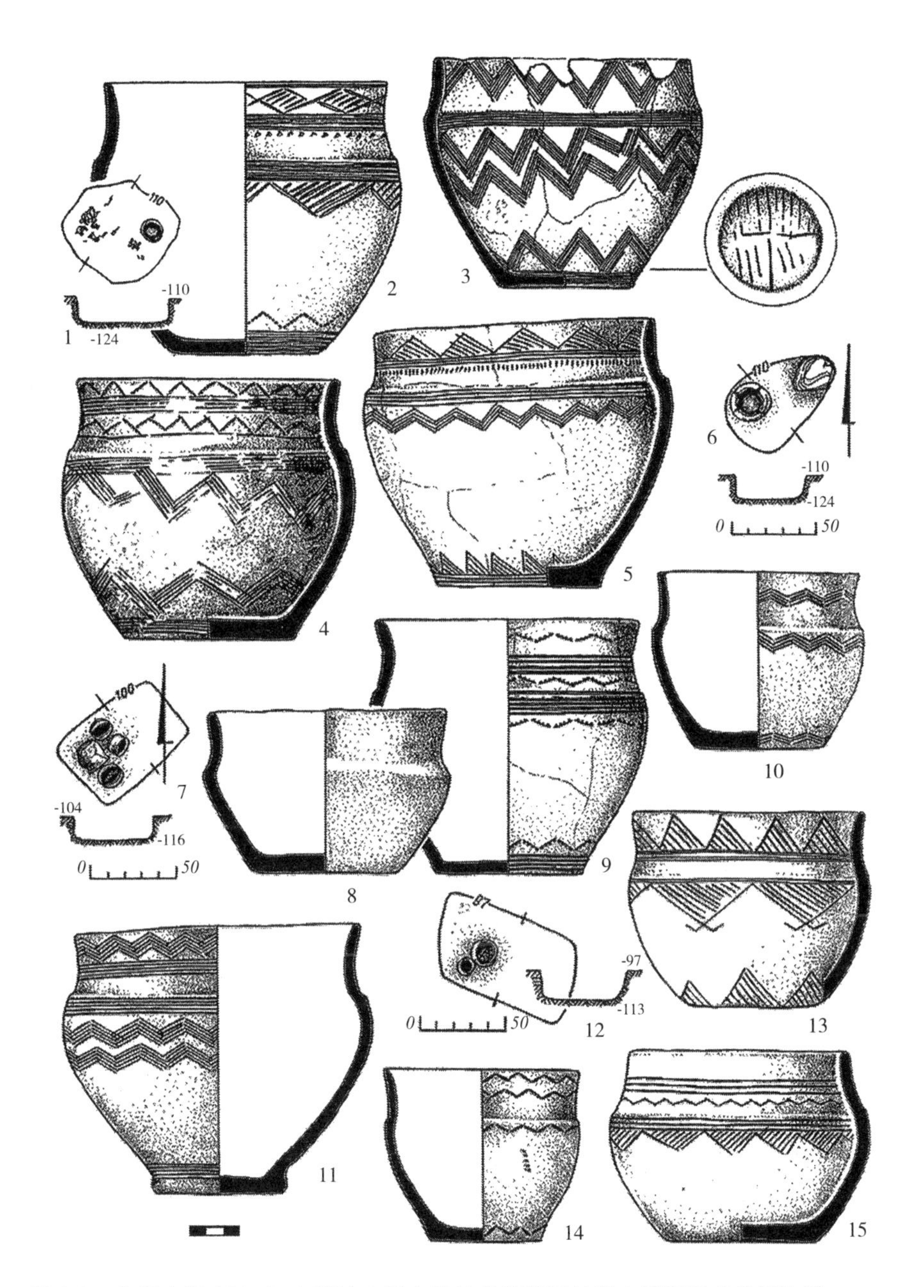

图3.8 乌雷夫提（Urefty）墓地2号古坟的儿童墓及其出土的阿拉库类型陶器

1、2出自6号墓；3出自7号墓；4出自8号墓；5、6出自9号墓；7—10出自10号墓；11、12出自12号墓；13—15出自12号墓旁边的一个穴坑（据Stefanov & Korochkova 2006）

阿拉库类型的墓葬以聚落中零星的儿童墓和库尔干古坟墓地为代表。儿童墓相当简陋，随葬品基本只限于陶器。聚落中埋葬的儿童很有可能是为建造房屋而施行的一种献祭行为。当然这不意味着当时建造房屋之前或过程中都要杀人作牺牲。对此我们或许需要参考历史上曾经存在过的类似的古老风俗，在古代斯拉夫人和欧洲其他民族历史上都有过类似的记载（Baiburin 1983：80—83）。阿拉库的墓葬文化不存在辛塔什塔文化那种“阴间/死亡世界”和“世间/生命世界”的“可见”界线。

墓地与聚落所处地形基本相同。阿拉库类型墓地的数量相当多，最大的墓地拥有几十座库尔干古坟（Matveyev 1998；Potyemkina 1985；Salnikov 1952；Stokolos 1962，1972）。虽然“库尔干”古坟这个术语不太适用于阿拉库墓地，特别是针对那些通常以一到两座大型墓葬为中心、周围环绕分布着很多基本上由儿童墓葬所组成的墓地而言（图3.9）。这种墓葬综合体的外围经常有一圈壕沟。墓葬地面的封土主要覆盖在一两座中心墓之上，其他众多小型墓也是需要为坟包额外垒土的。因此，考古工作者注意到整个墓葬组合是分几个阶段建成的。这样的库尔干古坟内部可以包括40—50座墓。地面上坟包的规模取决于墓葬的数量，不过总体来说，库尔干古坟体积很少有直径超过20米、高度超过1米的。此外还有些只有一座墓的库尔干古坟。这两种类型库尔干古坟之间的关系目前仍不明确。

处于大墓外围的墓葬朝向的多样性可根据它们所处的地理位置来解释。在一些个案中，东西朝向的墓葬在乌拉尔西侧地区（Sorokin 1962）以及哈萨克斯坦中部的一些墓地中占多数。所有墓穴都是长方形的，其大小完全由逝者的年龄而决定，墓穴都不深。墓室内部建构也很简单。在森林-草原地带发现有用木材作墓室内墙、木墙上涂泥以及木料封顶等现象。从乌拉尔西侧地带直到哈萨克斯坦中部的草原地带则更多地用石头来做墙、封顶和围裹墓主。在后期，考古学者证实费德罗沃文化兴起的时候，也能在外乌拉尔地区墓葬中发现石材（Vinogradov et al. 1996）。

阿拉库文化的葬俗仍然以土葬为主。零星发现的火葬现象也是先在墓地外将死者火化处理，再将骨灰等放入墓室。然而具有这种骨灰葬的墓地综合体往往含

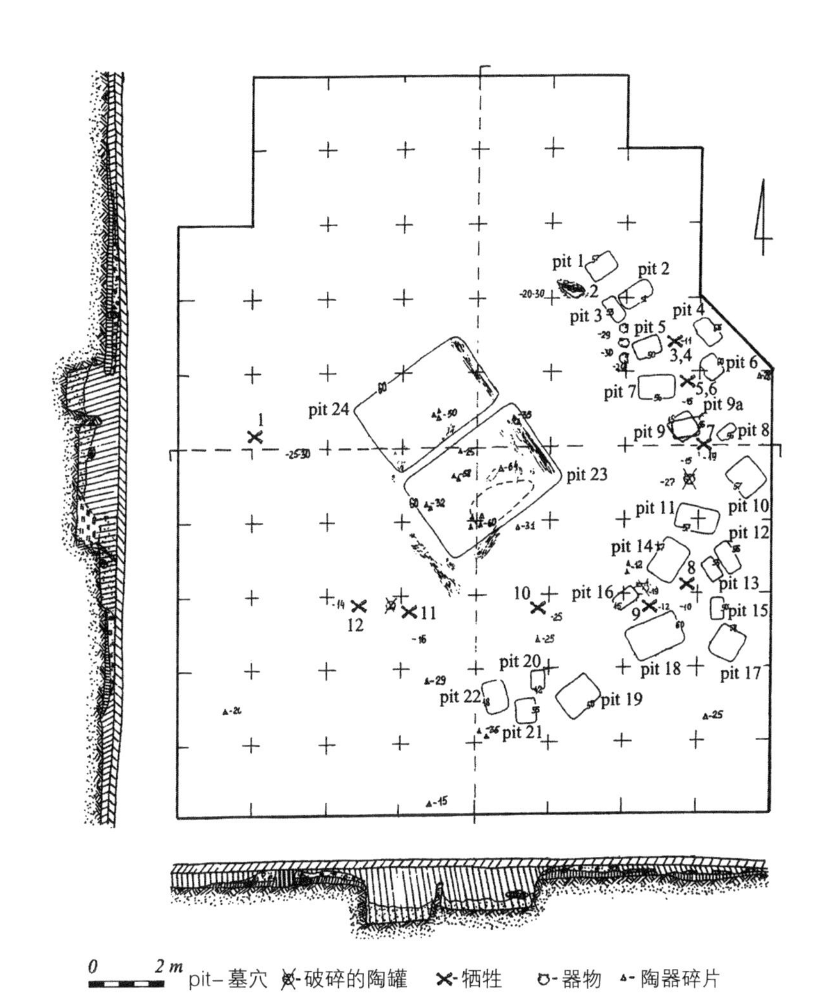

图3.9　阿拉库墓地20号库尔干古坟（S. 希洛夫主持发掘）

有费德罗沃文化的一些元素。除了极个别的，大多数中心大墓都被盗过。不过我们仍然可以从中识别出墓葬最初的基本情形。大多数墓葬的墓主都呈屈肢左侧卧姿势，两手放在面前（图3.10–1）。还有一批男女合葬墓，二人面对面侧卧（男子左侧卧，女子右侧卧）。也发现有成年父母和儿童三人合葬的。墓主身体朝向都以东西方向为主。

相对于早期其他文化的葬俗，阿拉库文化的殉牲以动物部分肢体为主。人们

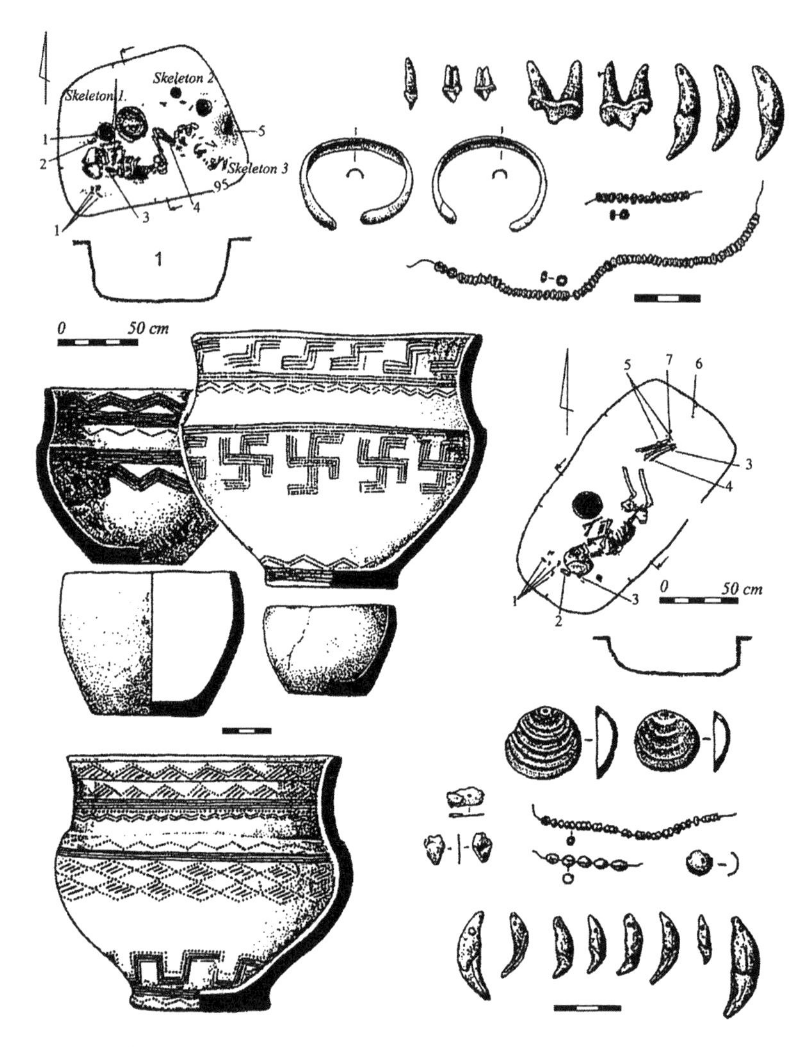

图3.10 乌雷夫提墓地 21号库尔干古坟及其出土遗物（据Korochkova & Stefanov 2004）

用动物的头部和四肢来代替整头动物。与此同时，选择不同的动物作牺牲依然和彼得罗夫卡文化的风俗一致：牛是头等牺牲祭品，其次是羊，然后是马。同样，阿拉库居民举行献祭时，也是在特别的坑穴或墓穴旁边进行的。通常这种献祭活动与大型下葬活动有关。有趣的是，当时还存在着一些用整只的犬或它的部分躯体献祭的葬俗，这在外乌拉尔地区尤具特色（Matveyev 1998）。

火在阿拉库文化的礼仪葬俗中扮演了重要角色，不过想要探究火在葬礼中如何具体使用，已经不大可能了。总体来说，火的使用只反映在零星的火葬现象方面，[8] 此外在库尔干古坟古代墓葬的表面也发现用火痕迹，一些大型墓室内部的木椁曾经被火烧过，据推测这种墓的墓主为成年妇女。有些墓葬也用赭石粉来代替燃火。

由于很多库尔干古坟的中心大墓都被盗过，所以现有墓葬资料不足以让我们对随葬品整体情形有足够的了解。尽管如此，阿拉库文化墓葬通常还是出土了大量的人工制品。

除了陶器，各式各样的装饰品是阿拉库文化中最常见的，有串珠、用动物獠牙制成的护身符、凹槽形的手镯（有螺旋形封闭式和开放式收口的两种类型）、指环、十字形和类似眼镜形状的胸坠儿、平面的徽章、锻造的空心耳环等；包括发辫垂饰在内的各种女性发辫装饰品很值得关注（图3.11）。它们不仅反映了阿拉库文化居民的民族特色（Evdokimov & Usmanova 1990），也是女性墓主身份和年龄的标志。非常有趣的是，在哈萨克妇女传统服饰中仍然能够看到与此类似的发辫装饰。

传统上，学者对马勒之类的马具感兴趣，然而到了青铜时代晚期，马具发现的数量却大幅度减少了。聚落遗址出土的一些盾形马镳的形制也发生了变化：凸起的尖状物（刺）消失了，有些饰有复杂的图案，结果让人觉得它们更像仪式用具而不是实用马具（参见图2.19–3）。同时，用马匹祭祀殉葬的现象减少了，这也可以间接证明当时的马车技术衰落了。

通常阿拉库文化的墓葬尤其是儿童墓葬都只出土少量陶器。陶器组合多样化，学者可以娴熟地予以分类。根据墓葬和聚落遗址出土陶器的研究，人们将之分成较高的、中等高的和比较矮的三种陶罐类型。早期阶段的一些陶器具有比较陡直的肩部和类似衣领的颈口边缘设计，它还与肩肋凸出的典型阿拉库文化器物特色相结合。装饰方面依然以平面的按压手法为主。

到了后期，陶器这种类似衣领的颈口边缘设计消失了，肩肋凸出的样式取代

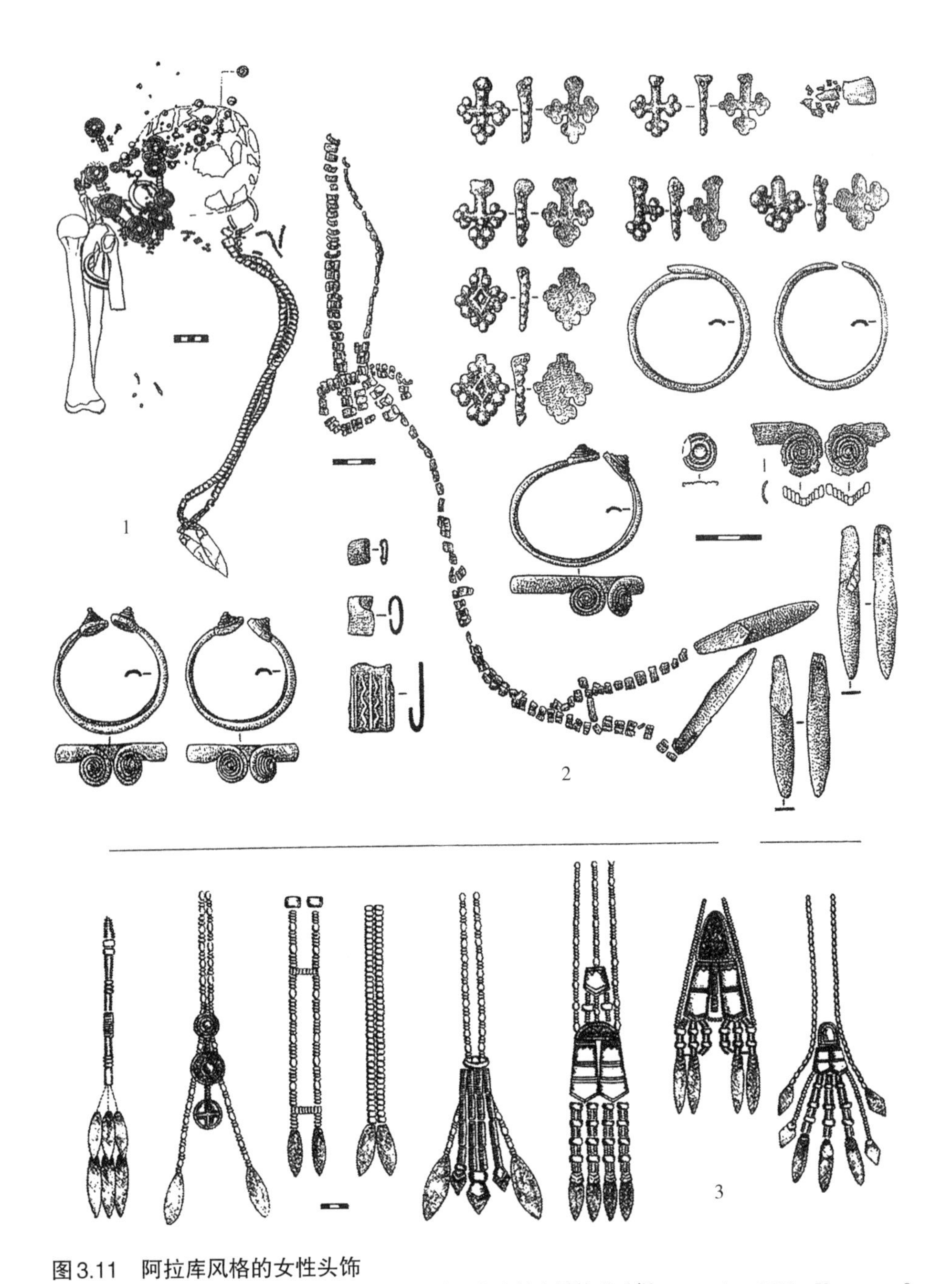

图3.11 阿拉库风格的女性头饰

1、2出自库列夫齐－Ⅲ墓地；3为复原的阿拉库文化女性发辫饰品（据Vinogradov 2000；Usmanova & Logvin 1998）

了原先肩部陡直的设计，同时梳篦压印手法也逐步得到应用。装饰图案母题又增加了波浪纹、斜三角形等其他纹饰。装饰模式趋向于以各种几何图案为主，同时广泛使用梳篦压印方法。陶器外形也逐步变得圆润。

（2）年代序列与阿拉库文化的起源

从年代学来看，阿拉库文化与木椁墓文化都属于青铜时代晚期。就古代冶金技术分期而言，阿拉库文化的文物与欧亚冶金技术网的第一期和第二期的一部分相关（根据切尔内赫的观点）。后者有不同的断代方法，这要看具体是采用传统的（相对年代）还是碳-14同位素测年技术。碳-14断代倾向于缩短阿拉库文化的起始年代——降到了公元前1700年（经校正）。另一种认为阿拉库文化起始时间较早的观点是马特维耶夫（Matveyev 1998：370—371）在发掘两座阿拉库文化北部边缘地带的库尔干大墓时进行碳-14断代获得的，他认为最早的起始年代是在公元前三千纪与前二千纪之交。不过这种早期观点并没有被众人接受，因为如果接受这种年代序列的话，就会使阿拉库文化的遗址不仅与彼得罗夫卡文化而且与辛塔什塔文化遗址都是同期的了。

直到近来，阿拉库文化内部分期的基础依然是薄弱的，因此对具体遗址的诠释就要依据陶器组合中费德罗沃文化因素来评估了。这种做法显然设想费德罗沃文化的起源是建立在阿拉库文化基础之上的。虽然目前依然作为分期标准的陶器演变分析在多年前就已经建立了，但是这种方法却使所有内部分期观点都易受批评。

学者们根据考古资料中早先和后续的文化形态特点，通常将阿拉库文化分成早期、中期和晚期三组。例如G. 兹达诺维奇（Zdanovich 1988）认为阿拉库文化的起源是与彼得罗夫卡文化相关联的。波滕姆基娜（Potyemkina 1985）认为彼得罗夫卡文化起源于外乌拉尔地区南部和哈萨克斯坦北部地区。她的理论基础是当地青铜时代早期的文化与其他文化如辛塔什塔、阿巴舍沃和波尔塔夫卡等彼此之间都有着紧密的联系，由此促成了彼得罗夫卡文化的形成并且可以视为阿拉库文化的一个早期阶段。在所有个案中，阿拉库文化的内部分期都是建立在陶器及其纹饰的演变分析基础上的，同时佐以地层学观察。

阿拉库文化的年代序列也与它的起源问题相关。然而直到最近，这个问题几乎还没有人讨论过，因为它作为彼得罗夫卡文化继承者的地位并未受到质疑。马特维耶夫认为阿拉库文化的起源与以辛塔什塔文化占主导的多种文化成分有关。这一点显然是正确的，因为在哈萨克斯坦北部调查研究过的彼得罗夫卡文化遗址就不包括成系列的阿拉库文化因素。然而如果认为辛塔什塔文化和阿拉库文化二者之间有直接联系，则又把事实简单化了。外乌拉尔地区的彼得罗夫卡文化遗址的确表现出一些后来阿拉库文化考古资料所具有的特别元素。相对于辛塔什塔文化而言，彼得罗夫卡文化显然是属于后期的。这种彼得罗夫卡-阿拉库文化发展序列有着牢固的地层学基础，它同时也为上述其他考古资料所证实。

与上述观点相反，格里戈里耶夫（Grigory'ev 2000a）又重新回到了早年费多罗娃-达维多娃（Fedorova-Davydova 1964）的观点。他认为阿拉库文化起源于乌拉尔西侧南部地区。根据他的观点，阿拉库文化导源于晚期阿巴舍沃文化和辛塔什塔文化的一种混合类型，到公元前16世纪，随着向东方外乌拉尔地区的移民而传播开来。这种假说看似比较完整，但是它的证据基础还不够坚实。

阿拉库文化居民的命运还不是很清楚，部分是由于阿拉库和费德罗沃这两种文化之间模糊的年代学关系造成的。尽管关于阿拉库文化起源问题的内部解释还有很多声音，人们还是普遍接受了它与辛塔什塔文化-彼得罗夫卡文化演化链相关的解释。

费德罗沃文化

费德罗沃文化概念的提出已经超过六十年了（Salnikov 1940），现今仍为讨论焦点。尤其关于它在安德罗诺沃文化区的地位和作用，还有着不同的诠释。由此也产生了有关安德罗诺沃自身文化形态的各种不同解释和观点。按照其中一种偏激的假说，费德罗沃文化是不应该包括在安德罗诺沃文化家族成员之列的。尽管如此，西伯利亚考古工作者仍然经常根据20世纪20年代米努辛斯克盆地发现的费德罗沃类型的文物来确认安德罗诺沃文化。

费德罗沃文化遗址的分布范围的确十分广阔，从乌拉尔到西伯利亚南部这片广大地区都有发现。乌拉尔以西到乌克兰也发现了一些具有独特色彩的费德罗沃类型的墓葬和陶器。因此很难说在如此广阔的地域只有一种高度统一的文化。与此同时，学者们也将费德罗沃类型的遗址遗物归纳为一个具有普遍性的文化。从地理环境来看，费德罗沃文化的遗址遗物更多地分布在森林-草原地带。这一点在外乌拉尔地区表现得尤为明显，那里所有的大型墓地都集中分布在车里雅宾斯克以及乌韦利卡河（Uvel'ka）与乌依河①周边地区。后者代表了北部草原地带与森林-草原地带的边界（参见图3.5）。

在外乌拉尔地区，费德罗沃文化遗址分布的情况就不够清晰了。它们在哈萨克斯坦北部、中部和东部地区都没有形成成片的地域，不过它们的“痕迹”远到天山和新疆地区都有所发现（Mei 2000；Mei & Shell 1999）。费德罗沃文化以或多或少“纯粹”的形式在阿拉库文化之外的中亚细亚的东部、哈萨克斯坦东部、阿尔泰地区以及米努辛斯克盆地都有分布（Kuzmina 1994）。在哈萨克斯坦中部还发现很多混有其他文化元素的遗址。

外乌拉尔、哈萨克斯坦北部和中部地区青铜时代晚期费德罗沃文物的相对年代序列是不容置疑的。它是建立在对相关文物详尽的类型学研究和地层学仔细观察基础上的。至于绝对年代，一些学者就费德罗沃与阿拉库这两种文化之间的关系总是会得出不同的结论。由此产生两种有关文化形成的理论，一种是二者为同步的平行发展的理论，另一种是认为二者之间有承继关系且费德罗沃文化起步较晚的观点。[9]我们认为外乌拉尔和西西伯利亚地区的考古资料更倾向于第二种，即这两种文化之间有一定的比较松散的承续关系。

费德罗沃文化几乎都是由墓葬资料来认定的，这些墓葬资料与装饰独特的陶器一起成为费德罗沃文化的标志。至于聚落的情况则相对困难一些。一些单独的费德罗沃类型的陶器碎片在聚落中虽时有发现，但所占比例相当有限。此外，发现的真正费德罗沃类型的房屋数量还相当少，并且都只是些单独的房屋。在一些个案中，被一些学者认为是费德罗沃文化的一种聚落类型、由多个房屋组成的聚

① 这两条河均发源于乌拉尔山脉东坡，向东流入额尔齐斯河左侧支流托博尔河。——译者注

落结构及其“比什库尔陶器”（Bishkul ceramics）都有呈现。考虑到费德罗沃聚落的模糊特性，我们先对墓葬资料进行描述。

（1）考古资料

外乌拉尔地区费德罗沃文化的墓葬主要分布在天然湖畔（图版3.3–A）。这种选址与先前居民喜欢平坦的河流台地形成鲜明的对比。一块墓地的墓冢数量从

图版3.3　费德罗沃文化的库尔干古坟

A.发掘中的一座费德罗沃文化的墓地

B.一座有石头垒墙和石棺椁的库尔干古坟

数十个到上百个，最大的墓地则集中分布在乌依河与乌韦利卡河之间。当库尔干大墓的数量多到可以形成链状时，就可以分析其空间结构了。在一些墓地，费德罗沃文化的墓葬是可以和位于偏僻位置的阿拉库文化类型的墓葬区别开来的（Korochkova 1993；Korochkova & Stefanov 2004）。西西伯利亚地区（额尔齐斯河中部流域）多以表面平坦的墓地为主，而在鄂毕河上游，费德罗沃文化类型的墓地则有地表平坦的和起坟包的两种墓冢样式。

费德罗沃文化库尔干古坟的体积比阿拉库的要小一些，其建筑结构比较多样。一些墓地也有椭圆形的坟包，显然是后来添加新墓造成的（Salnikov 1967）。费德罗沃文化墓葬最显著的标志就是在墓室周围建有圆形或长方形的围墙（图3.12）。这些围墙用石块堆积或堆砌而成，有时候从围墙的外围开始就被坟包土整体封起来（图版3.3–B）。这种墓室周围垒有长方形石墙的古坟在分布上有从西往东逐渐增加的迹象。因此在费德罗沃文化传统所在的东部地区，这种由竖立的石块组成墓室石墙（石椁）的现象最普遍，还有完全用石块建造的墓冢。与此同时，人们在外乌拉尔地区也能看到不用任何石材建造的墓冢。

通常费德罗沃文化的库尔干古坟都有个长方形的墓穴。不过这些墓穴的内部结构即使在同一墓地也有着较大差别。外乌拉尔地区的墓穴大致有四种类型：墓穴底部有木结构的，有石墙的，有石棺椁的，相对简陋的墓穴。这四种墓穴的顶部都有木料或石材的顶盖。在乌拉尔以外地区，人们还可以看到石板顶盖的石棺墓。至于费德罗沃葬俗的标志性特征，就是以先在墓葬外面火葬后再入葬为主，这在外乌拉尔地区尤为显著，越往东部地区这种葬俗特征越弱。同时还有其他用火痕迹，例如火烧过的墓室墙壁、坟墓中成堆的木炭以及墓室顶盖被烧过等证据。哈萨克斯坦和西伯利亚南部地区则以土葬为主。

墓葬通常呈东西方向，以线型布局为主（图3.13）。一座古坟通常是在先前墓葬的基础上添加新的墓穴，逐渐扩大起来。一般认为这种由多个墓穴组成的古坟（可多达五个墓穴）属于费德罗沃墓葬文化传统的最后阶段（Kuzmina 1994）。西西伯利亚地区表面平坦的古坟内部也有平行排列的数个墓穴。大多数墓穴内都只有一位墓主，不过东部地区也有一些双人墓，主要是母亲与儿童二人合葬。

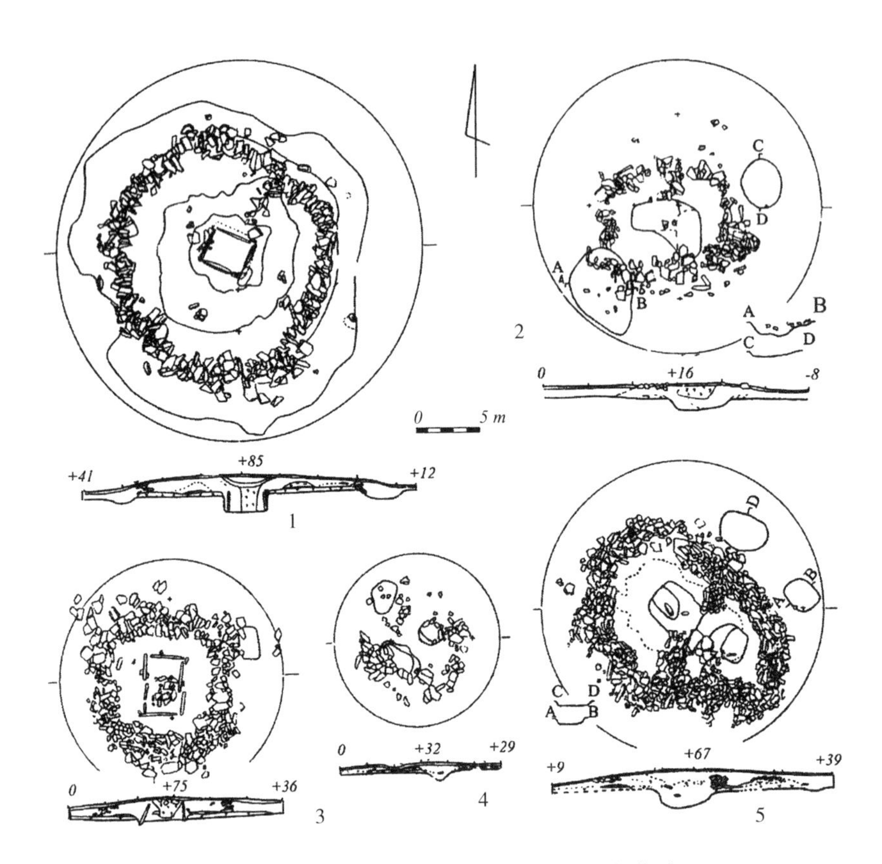

图3.12 普季洛夫斯卡·扎姆卡（Putilovskaya Zaimka）墓地
1.7号古坟；2.3号古坟；3.2号古坟；4.8号古坟；5.6号古坟（据Zdanovich 1988）

总体来说，仅凭墓葬考古资料来判断费德罗沃文化的人口状况是非常困难的，因为几乎都是以火葬为主。同时，我们也注意到死者是与殉牲或殉牲的部分肢体一起火葬的。在乌拉尔以东地区，土葬的墓主都呈屈肢左侧卧状，双手靠近脸部。

除了墓室结构，乌拉尔地区费德罗沃文化墓葬都是以最低限度的葬俗仪式以及非常有限的、能够使它们与先前或后来的文化区别开来的成套随葬品为特色的。随葬的动物骸骨没有阿拉库墓葬那么丰富，只遗有一些肋骨、马的肩胛骨、马或羊的头骨和四肢。个别情况下还发现殉葬的犬。西西伯利亚地区费德罗沃类型墓葬的葬俗仪式相对比较丰富。

随葬的青铜装饰品有喇叭形的耳环、手掌状的胸坠儿、螺旋形手镯和圆盾式的装饰铜牌等[10]。还发现了首部和茎部略微弯曲的匕首型短刀。当然最常见的器物还是陶器。典型的陶器壁薄、外形明快流畅（图3.13–6、7），它们被认为是费德罗沃文化综合体的代表性器物。陶器的制作工艺与阿拉库文化不同：费德罗沃文化的陶器是从直接制作器身开始的，而阿拉库文化的陶器则是以实物作模子翻制的。器身都经过仔细处理，有的还经打磨处理，有些还有特殊的底部设计。制作的陶器都遵循特定的尺寸规则，例如器物开口的直径通常与器物的高度相等。令人印象最深的莫过于装饰手法了，一般由三条装饰带组成，每条装饰带都是按照严格的范式制作的。

当时人们用小的梳篦压印纹饰来装饰陶器，图案以斜角网格（万字、波浪和三角形）为基础的复杂几何形组合为主。有些图案像成排的小孔或管子（浅槽）。斜线阴影的三角形纹饰多数在器物颈部，波浪纹则在器身中部（Korochkova & Stefanov 2004：91）。需要注意的是我们描述的这些陶器虽然都是最具代表性的，不过它们在包括乌拉尔地区在内的整个费德罗沃文化墓葬中的数量并不多。

最为常见的是那些按照上述规则采用平面模印制作的成排平行线条装饰的陶器。乌拉尔地区费德罗沃文化陶器还包括长方形或椭圆形的盘子，这种器形在安德罗诺沃文化其他地区陶器组合中未曾见到（参见图3.13–9、11）。

费德罗沃文化的墓地上还有一些不属于真正墓葬用途的设施。它们表面看起来像库尔干古坟，但是里面却没有墓葬，发现大量的焚烧过的人和动物的骨骼以及陶器堆积物。很可能是火葬场。

无论是在北部森林–草原地带还是哈萨克斯坦中部费德罗沃文化的边缘地区，真正的费德罗沃文化聚落还没有被发现过。在乌拉尔地区，目前只有乌依河畔的卡缅纳亚–列奇卡（Kamennaya Rechka）这一处聚落得到发掘。至于其他情况，那些具有多层文化层聚落上的费德罗沃文化元素往往是通过类型学或地层学研究识别出来的。

已知的聚落都坐落于靠近大河河谷的一级台地上，由四五十到上百座呈直线排列的房屋组成。房址面积为30—300平方米，建筑结构可分为单一框架结构和

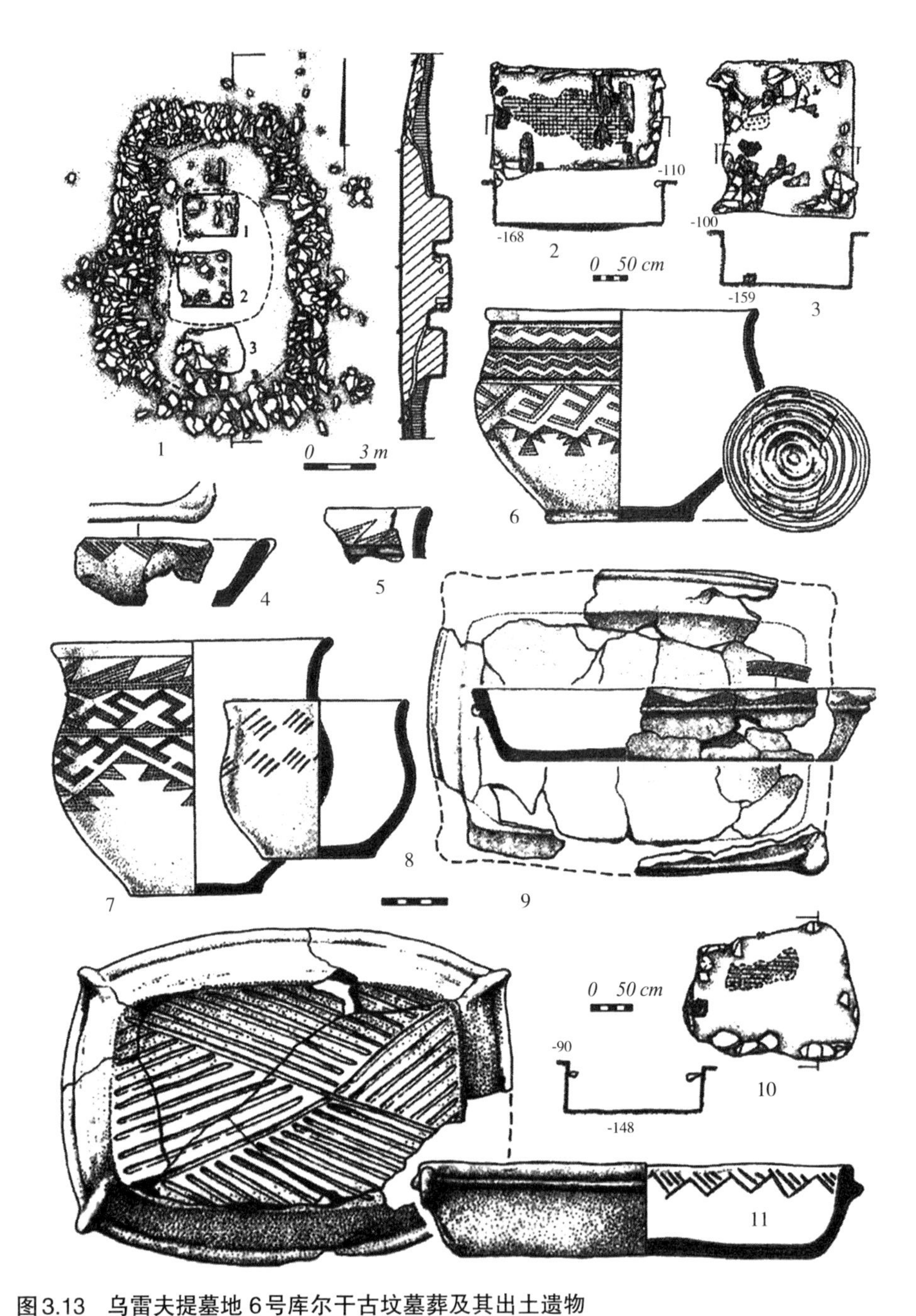

图3.13 乌雷夫提墓地6号库尔干古坟墓葬及其出土遗物

1. 墓葬平、剖面示意图；2、4—6、9. 1号墓及其出土遗物；3、7、8. 2号墓及其出土遗物；10、11. 3号墓及其出土遗物（据Stefanov & Korochkova 2006）

由数个房间组成的大型半地穴式两种类型（Malutina 1990；Matveyev 1998）。通常房屋内有储藏坑、壁龛、水井和灶台等。大型房屋综合了居住和圈养幼畜的功能。费德罗沃文化房屋建筑的多样性可以用已知分布在文化区内不同的聚落来解释。例如在哈萨克斯坦中部建在地面之上的房屋都受到来自中亚地区的影响。费德罗沃文化中发现的纳马兹加（Namazga）四期的陶器也证实了其与中亚地区的联系（Malutina 1991）。半地穴式房屋显然是本地起源的。

某种程度上，费德罗沃聚落出土的遗物要比墓葬丰富，体现在除了陶器还有其他人工制品。金属器物以箭镞、凿子、锥钻、钩状镰刀、匕首型短刀等为代表。骨器则包括用于加工羊毛和皮革的工具以及大量箭镞。金属器物是用陶范铸造的，还发现有金刚砂磨石、棒杵等金属加工工具和矿渣，这在哈萨克斯坦中部遗址尤为典型。

（2）费德罗沃文化核心传统的起源问题

探讨费德罗沃文化核心传统的起源是一项困难的课题。所有观点可以归纳为“森林说”和“草原说”这两种基本假设。前者认为费德罗沃文化的遗址是外乌拉尔地区森林地带文化自身演变并扩张到最大范围的结果（Salnikov 1967）。这种观点也是以乌拉尔地区文化属于费德罗沃文化为前提的。后者则为更多的考古学者所认同，认为费德罗沃文化是在南方草原地带的伊朗语族文化影响下发展起来的。

需要强调的是，上述两种观点并不是没有争议的。一方面，传统上被视为费德罗沃文化传统“北方”诞生地的森林地带，其实在很早的时候就已经被阿拉库文化传统的居民同化了（Matveyev 1998），由此可见，费德罗沃文化是不可能在那里起源的，它在年代序列上偏晚。

另一方面，把哈萨克斯坦中部地区作为费德罗沃文化发源地的观点在年代序列上也是不正确的。目前为止还没有发现任何封闭的考古综合体只含有费德罗沃或阿拉库一种类型的陶器。这两个文化区只是部分重叠的，如果再加上无法确认的晚期阿拉库文化遗址等其他因素的话，就会迫使我们考虑这两种文化的异步不同时特性。哈萨克斯坦中部阿塔苏（Atasu）遗址的地层学观察也证实，相对于阿拉库陶器，费德罗沃文化陶器年代相对较晚（Kadyrbayev & Kurmankulov 1992；

Kuznetsova & Kurmankulov 1993）。这是符合青铜时代末期考古学文化中费德罗沃文化元素要多于阿拉库文化这个事实的。

上述有关费德罗沃文化起源的观点显然不能完全反映俄罗斯考古学界相当多的、有细微差别的解释。比较特别的是格里戈里耶夫（Grigory'ev 2000a，2002），他认为费德罗沃文化起源于外高加索和近东地区（靠近伊朗的阿塞拜疆地区）。根据他的观点，一些小规模的原始费德罗沃文化的成员参与了辛塔什塔文化居民往东北方向移民的先锋活动。

科罗齐科娃（Korochkova 1993）认为费德罗沃文化墓葬传统并不是由文化因素决定的，而是一种社会演进的反映；费德罗沃文化的墓葬属于一些拥有特殊社会地位的群体。这种解释能够帮助我们理解，为什么在众多典型的费德罗沃文化墓葬背景下却很少发现"纯粹的"费德罗沃文化聚落这个事实。

所有个案都显示，阿拉库和费德罗沃这两种文化的墓葬传统差异很大，因此也妨碍了人们探寻二者之间直接的起源关系。

目前普遍认为是费德罗沃文化的居民创造了附加堆纹文化（青铜时代末期，参见第四章）。不过到了青铜时代末期，火葬习俗事实上却消失了。费德罗沃文化的遗产不仅活跃于外乌拉尔地区，而且在伏尔加河地区的森林-草原地带也有发现，其中结合了西部和东部地区文化传统的苏斯坎类型（Suskan type）已经被识别出来了（Kolev 1991）。这片地区具有费德罗沃文化地区与处于青铜时代晚期和末期的乌克兰地区之间文化中介的特点，所以发现了很多包括众多典型费德罗沃文化陶罐在内的费德罗沃文化元素（Bereyanskaya & Gershkovich 1983）。学者认为这些元素正是费德罗沃文化居民向西方逐渐渗透的证据（Gershkovich 1998）。这可以理解为北部欧亚地区东西方活跃的文化与人群交流的结果。

安德罗诺沃文化各类型的经济与社会形态

正如本书导言所说，青铜时代晚期欧亚草原地带的生态环境对大规模畜牧业是有利的。此外，各地的植被、降雨量和风力等环境特色也会导致不同的生态系统，从而影响当地畜群种类的构成。

特定生态系统是以特定的植物品种为主导的，这些植物又各有不同的繁殖和产出能力。例如，席草（mat-grasses）是一种根系发达（可深达1米）的旱地植物，一公顷土地可产3000公斤。若作为牧草饲料，春季每公顷可产300—700公斤，夏季为200—500公斤，秋季100—300公斤，冬季只产大约150公斤。每个生态系统内，单位面积内植物的数量一定是超过食草动物数量的，也超过食肉型鸟类的数量。因此，单位面积内动物的数量要比植物“更具扩张性”（消耗更多的能量）。但是在欧亚草原气候条件下，理论上比较容易经营，但它要求人们付出更多的体力劳动，而产量却比较少（Evdokimov 2000）。

为了生存，牧民们已经懂得在家畜与草场之间保持理性的平衡。科萨列夫根据收集到的19世纪的统计数据，认为一个有4—6人的哈萨克牧民家庭至少需拥有24头家畜（以一匹马为基本价值单位），[11] 从事有限农作物种植的牧户至少要养18头家畜，半定居的农牧户需要15头，而一户专业农户只需要12头家畜。科萨列夫（Kosarev 1991：38）根据统计数据算出，青铜时代一户牧民维持最低生活所需的家畜数量为12头。他提到为了维持基本稳定的家畜繁殖能力，一次屠宰不能超过家畜总数的四分之一。这样安德罗诺沃文化一户五口之家一年内不能食用超过3匹马，相当于3.6头牛或18只羊。他同时计算出这样的五口之家如果拥有12头家畜的话，那么至少需要大约一平方公里的草场才行。

阿拉库文化居民的维生经济与先前相比变化并不大，畜牧业一直是主要谋生手段。固定的聚落遗址正是阿拉库文化畜牧业的见证。聚落上与费德罗沃文化陶器一起发现的大量动物骸骨让我们设想当时这个主要经济来源的情形。它是建立在饲养家畜基础上的，但是具体形式还不是很清楚。家畜以牛为主（60%），其次为羊（22%）和马（15%）。马匹有三个品种：矮小的，肩隆高度为128—136厘米；中等高的，肩隆高度为136—152厘米；高头大马，肩隆高度为152—160厘米。大个儿和小个儿的牛都是欧洲东部品种（Kuzmina 1996b：89）。在北部地区，捕鱼以及主要猎取麋鹿的狩猎活动在经济生活中依然起着非常重要的作用。在一些聚落遗址还发现了冶金制造遗迹（Zakh 1995）。

虽然有些工具（锄头和石磨）被解释为农业用途，但是这里依然缺少农业种植的直接证据。不过波滕姆基娜（Potyemkina 1985：320—321）对此提出质疑，她认为当时的生产力水平和谷物产量都很低，导致我们低估了农业在阿拉库文化中的基本角色。我们倾向于同意并分享这个观点。

考古资料也清楚地证实了纺织、皮革和羊毛加工等经济活动的存在。没有人怀疑冶金技术的存在，不过它的具体形式还不是很清楚。到目前为止，阿拉库文化所在地区还没有发现类似乌拉尔西侧南部地区木椁墓文化的高尔尼Ⅰ或顿河流域的莫索罗夫斯科这种专门从事冶金制造的特别聚落。尽管如此，阿拉库文化的很多遗址都能发现金属冶炼或铜器生产的遗迹，更不要说出土的大量金属制品了（图3.14）。

看起来外乌拉尔地区的矿藏一直在开采着，同时冶金生产活动得到了哈萨克斯坦和乌拉尔西侧地区（依列诺夫卡、乌什-卡塔矿藏）原材料的补充。锡合金青铜器的出现和广泛使用证实了这里与蕴藏有大量锡矿的哈萨克斯坦东部地区的联系。

总而言之，根据阿拉库文化考古资料所反映的文化印象，我们认为它是以亲属关系为纽带的社会组织。葬俗清楚地反映了当时社会的两性状况和年龄结构，但是我们依然难于判断其他社会等级结构（职业的或宗教方面的）的具体情形。不过，中心墓葬与边缘墓葬的对比似乎正是享有不同社会地位的墓主在等级制度上的反映。就基本特征而言：火葬与土葬并无区别。波滕姆基娜（Potyemkina 1985）注意到墓主的年龄与殉牲品种之间的关系：马匹骨骼总是陪伴着中心墓穴中的成年男子，牛则是成年人与少年的殉牲，而绵羊与山羊的骨骼更多的时候与婴幼儿墓葬有关。

虽然很多基本的葬俗礼仪和成套的随葬品都还保留着，但是在葬俗方面投入的劳力却明显减少了。作为权威象征的物件（权杖、矛、战斧以及马拉战车组合）也有同样的趋势。墓地葬俗的研究结果与聚落研究结果比较匹配。根据聚落的面积，我们可以估算出当时一个聚落可容纳数百人。

根据墓地的规模，我们可以把它设定为一个有血缘关系的墓地。不幸的是，

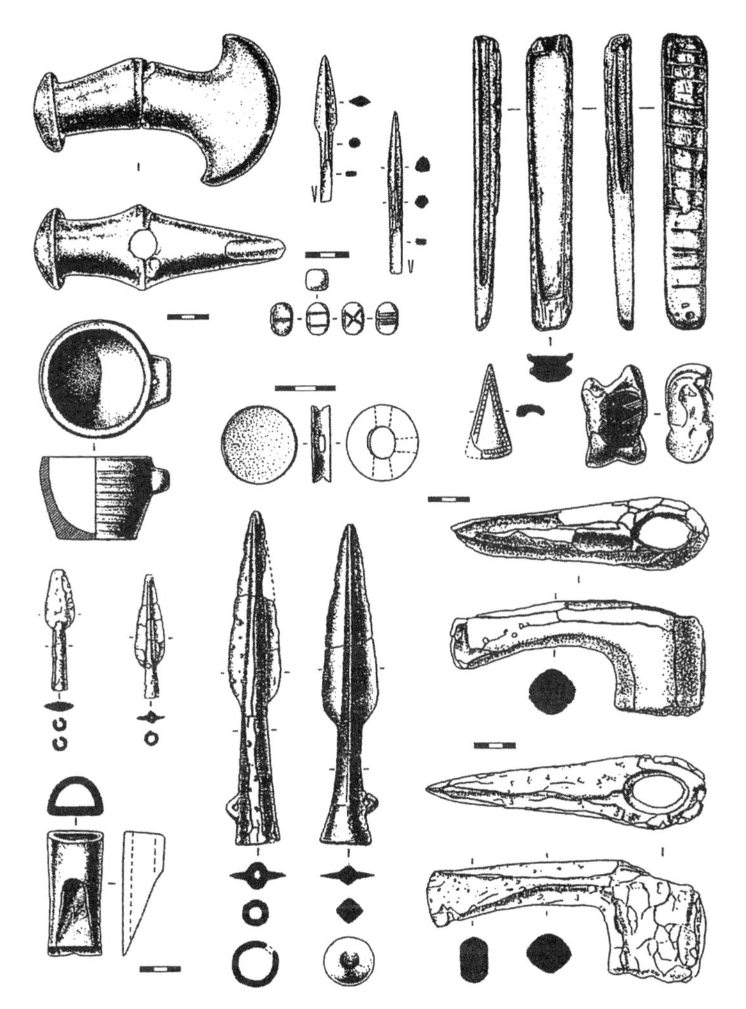

图3.14　阿拉库文化科尔基诺（Korkino）聚落遗址出土文物（据Chemyakin 2000）

由于土壤条件以及成人墓葬曾经遭到大规模盗掘，导致我们所获得的体质人类学资料相当欠缺。鉴于此，我们也无法判定当时下葬的所有死者是否都以土葬为主，虽然看起来如此。阿拉库文化墓地一些确认的女性火葬现象可以证明阿拉库文化与费德罗沃文化的居民有联姻关系。

至于费德罗沃社会的组织结构，仍然比较难以说清楚。在谈论这个话题之前，我们可以简单地描述一下它的人口统计基本资料。根据彻底发掘过的聚落——切里奥姆科维库斯特（Cheryomukhovyikust）的相关资料，我们可以估算出它的人口。主持发掘工作的扎赫（Zakh 1995：73）认为它可以容纳110—120位居民。这显然是一个以亲属血缘关系为基础的社会组织。这么一个人数不多的聚落，墓地倒是很大，不过若考虑到墓地的使用时间较长的话，那么它与聚落规模之间的对比反差似乎就不足为意了。

虽然在聚落和墓葬资料方面我们看到了一些社会分层迹象，但还是缺少当时社会等级分化的直接证据。我们可以比较一下修建一座墓葬所投入的劳力规模，可以将是否出土有像匕首型短刀或矛这类稀有人工制品作为判断墓主社会阶层的标志。同时，我们也要考虑到随葬品中缺少金属制品是因为它们容易招惹盗墓行为所致。这一点非常符合哈萨克斯坦地区墓葬的实情，因为那里的墓葬地面上都没有坚固的工程设施。

当时的冶金技术已经相当进步，主要集中表现在其产品广泛传播到欧亚温带地区的少数几个冶金中心上。然而，如果考察随葬品的话，我们就会发现墓主在财富方面并无明显区别，墓葬中域外输入的产品也非常有限。不过，我们需要注意的是虽然黄金制品传播的范围不大，但是安德罗诺沃社会已经懂得欣赏它们了。此外，乌拉尔南部地区的阿拉库类型以及木椁墓–阿拉库混合文化的墓葬中都出土了一批令人称奇的打磨光滑的石斧（图3.14左上第一件器物；图版3.4），这些石斧让人联想到与之非常类似的特洛伊遗址和博罗季诺窖藏的同类制品。

总而言之，我们注意到木椁墓文化和安德罗诺沃文化社会比较稳定，因此没有发现设防的堡垒或复杂的建筑工程，也没有“显赫”的随葬品。虽然墓葬在葬俗方面的确各有差别，同时一些价值较高的随葬品可以解释为社会等级制度的产物，但我们还是认为这些葬俗并没有提供不可置疑的社会分层证据。没有什么考古资料是与我们对当时社会人口增长的设想以及包括各种手工业在内的相对稳定的经济活动相矛盾的。表面上安德罗诺沃文化网获得了很大的扩展，同时，通过共同的冶金制造传统，它能够使欧亚大部分地区的交换网联系在一起。乌拉尔地区的居民已经掌握了很多公元前1500年前后就已经产生的新发明，尤其是像马拉战车这样的军事装备，这种马拉战车在公元前2000—前1500年（经过校正的碳-14测定年代）的欧亚草原上占尽了优势。这段时期可以被认为是社会稳定和殖民扩张的时期，当然我们也不否认当时各地社群之间存在着军事冲突。

E. 库兹米娜（Kuzmina 1994）对阿拉库文化和费德罗沃文化居民的语言归属问题进行了比较详细的论述。她结合语言学、古人类学和印度-伊朗语族的民族志等材料，对安德罗诺沃文化的大量考古资料进行了详细研究，得出了青铜时代晚期乌拉尔和哈萨克斯坦地区的全部居民属于（印欧语系）东伊朗语支居民（eastern Iranians）的结论。[12]

我们赞同她的观点，并且相信这已经是相当可靠并无须额外证明的结论了。令人感兴趣的是印度-伊朗语族与芬兰-乌戈尔语族之间发生联系的时间和地点问题，这些问题都获得了语言学和地名学方面比较完善的研究。

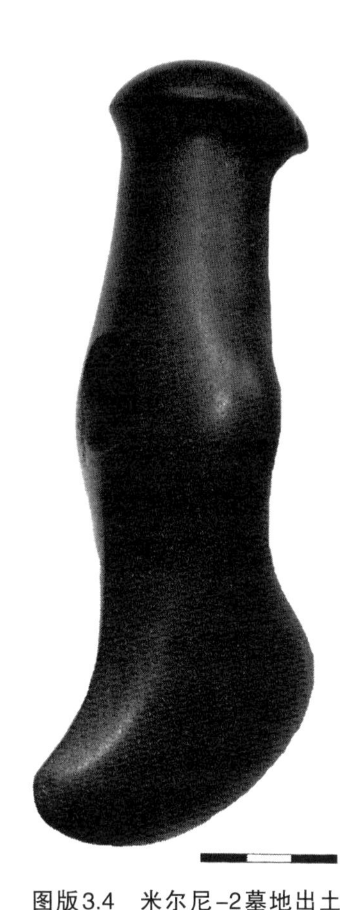

图版3.4　米尔尼-2墓地出土的打磨光滑的石斧

根据乌拉尔地质科学院进行的岩相学分析研究，这把石斧是用含有玄武岩成分的火山凝岩制成的。这种岩石在俄罗斯和白俄罗斯西南部由玄武岩构成的岩层中比较常见

在阿拉库文化遗物中也发现了一些来自北方文化综合体的痕迹。其中最引人注目的是切里卡斯库文化的元素。这种文化的陶器甚至在哈萨克斯坦地区都有发现。很有可能，从“古典”阿拉库文化阶段开始，草原地带与森林地带居民相互联系、影响的规模和方向就已经发生了改变。

三 向北方扩展

公元前1500年左右，阿拉库文化以及稍后的费德罗沃文化的居民都开始向北方的森林–草原和针叶林地带拓展。很多聚落发现的具有上述文化特色装饰的陶器都证实了这些移民运动。这些地带的原住民因此接受了畜牧业，并且开始更多地使用锡青铜器。他们之间的这种互动模式可以定义为“牧民、猎人和渔民”或者是“牧民、冶金工匠和猎人”的关系。其结果是导致乌拉尔及其以东广大地区的居民重新布局，并产生了文化转型。

草原地带的居民向森林地带移民的特点和时间可谓因地而异。不过研究者普遍将时间定为青铜时代晚期的早期阶段。例如在外乌拉尔地区北部的森林–草原地带，阿拉库和费德罗沃这两种文化的资料都有明显体现（Korochkova et al. 1991；Koryakova et al. 1991；Matveyev 1998；Stefanov & Korochkova 2000；Zakh 1995）。因此，西西伯利亚森林–草原地带的原住民受到了南部草原地带居民强烈的冲击，表现在原住民被直接殖民和同化。由此在文化交融的森林地带产生了一种被称为“安德罗诺沃式”（Andronoid）或“与安德罗诺沃（文化）类似的”（Andronovo-like）文化。自从第一波以费德罗沃文化居民为主的安德罗诺沃式的殖民浪潮开始，他们就开始与森林地带的原住民相融合，促使当地一些社会文化内部产生变化。一方面，我们看到森林–草原地带的物质文化彼此有着惊人的相似性；另一方面，我们也注意到其中一些明显区别。

安德罗诺沃式文化

安德罗诺沃式文化是由几个亚文化组成的，其中最重要的有切里卡斯库文化（外乌拉尔中部和南部地区）、帕科莫沃文化（Pakhomovo culture，额尔齐斯河中游和托博尔河流域）、苏兹衮文化（Suzgun culture，额尔齐斯河中游的针叶林地带）和叶洛夫卡文化（Elovka culture，鄂毕河–额尔齐斯河之间的森林地带）（参见图3.1）。这些亚文化和一些其他小社群都拥有类似的陶器——短颈、肩部较高或中等高、身上装饰密集的具有各种明显的“森林特色”和所谓“安德罗诺沃气质”的几何图案的平底陶罐。具体的陶器式样组合和设计决定了各个亚文化自身的特色。此外，我们还掌握了一些与乌拉尔东西两侧以及西西伯利亚东部地带几种同步发展的文化形态相似性的资料。安德罗诺沃几何形装饰设计的引入使当地（原先）装饰小坑和梳篦纹饰陶器的分布区域有所减少；不过在针叶林和北极地带，大部分地区依然以传统纹饰的陶器为主（Potyemkina et al. 1995）。

切里卡斯库文化的遗址主要集中分布在乌拉尔山区森林地带的南部以及森林－草原地带的北部（参见图3.1）。不过这个文化综合体的某些元素在它的核心区域之外甚至草原地带都有发现（Evdokimov 1983）。因此，切里卡斯库文化的遗址有时候会被认为属于安德罗诺沃家族费德罗沃文化晚期传统的一个类型（Matveyev 1998）。

切里卡斯库文化的陶器与费德罗沃文化有许多共同之处，例如它们在装饰中都比较频繁地使用地毯式图案，不过它的纹饰要比费德罗沃文化传统更密集、更复杂。平底的陶罐线条流畅、外形美观（图3.15–A）。制作陶器的当地陶土中混有大量的滑石成分（羼和料）。虽然切里卡斯库文化的陶器广泛分布于外乌拉尔地区，但是却很难发现一处只有“纯粹的”切里卡斯库文化层的遗址，当地绝大多数遗址的文化层都是由多种文化混合而成的。由于这种原因以及当地土壤的特殊性，切里卡斯库文化建筑方面的考古资料只有少量发现。在山区森林地带，房屋地基通常不深，只是一些长方形的浅坑。它们可以作为建造比较小的（大约22—50平方米）、室内有火塘的、木柱框架结构房屋的地基（图3.15–B）。这种房屋有类似走廊式的入口。南部森林－草原和草原地带的房屋相对比较大（100—200平方米），地基也比较深。一些或多或少“性质相同的”聚落遗址中发现了曾经大量居民安定生活的证据，例如从事渔猎的工具、以家畜为主的动物骨骼、骨制的骰子以及改进的冶金制造遗存等（图3.16）。此外，深井和灰烬堆积也是切里卡斯库文化聚落的特色。

切里卡斯库文化的核心传统表现出一些很有趣的葬俗。这里仍然以火葬和土葬两种葬式为主，其中火葬主要分布于文化区的南部，土葬则分布于北部和西

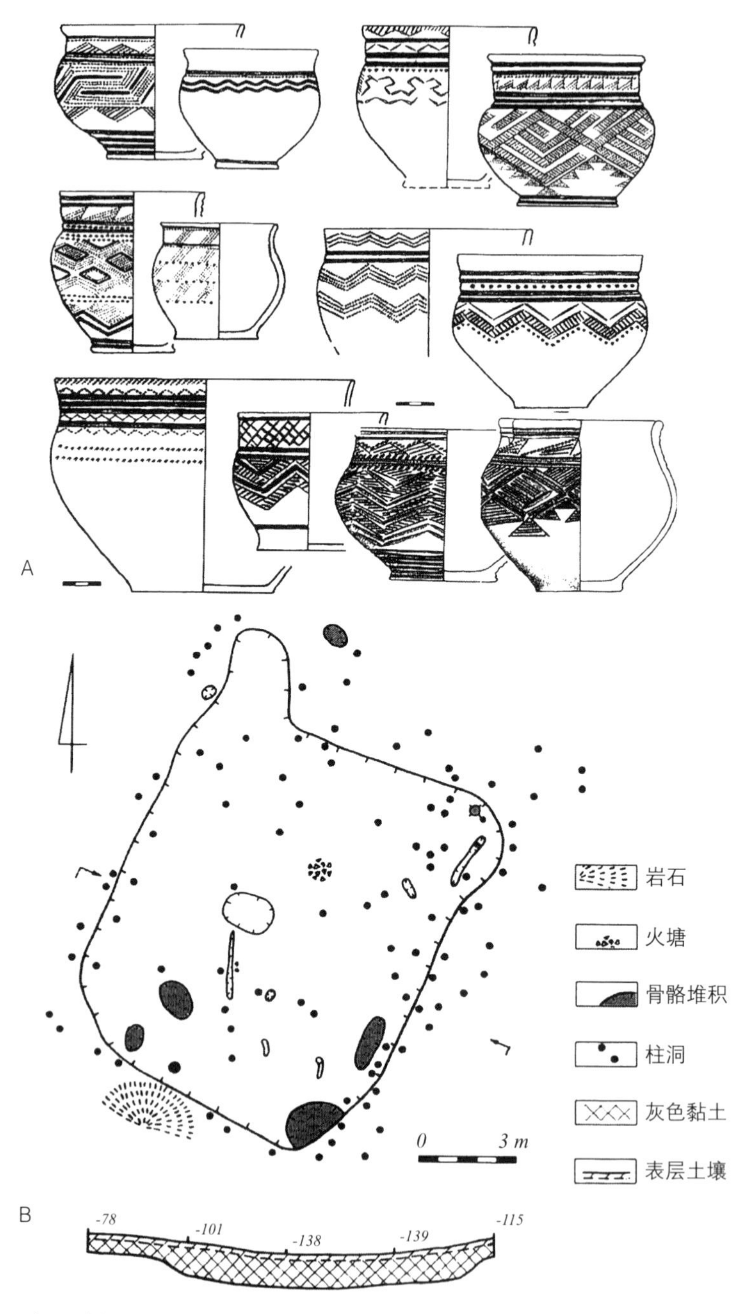

图3.15 A. 切里卡斯库文化的陶器
B. 切里卡斯库文化舒库白（Shukubai）– Ⅱ 村落的房址（据Evdokimov 1985）

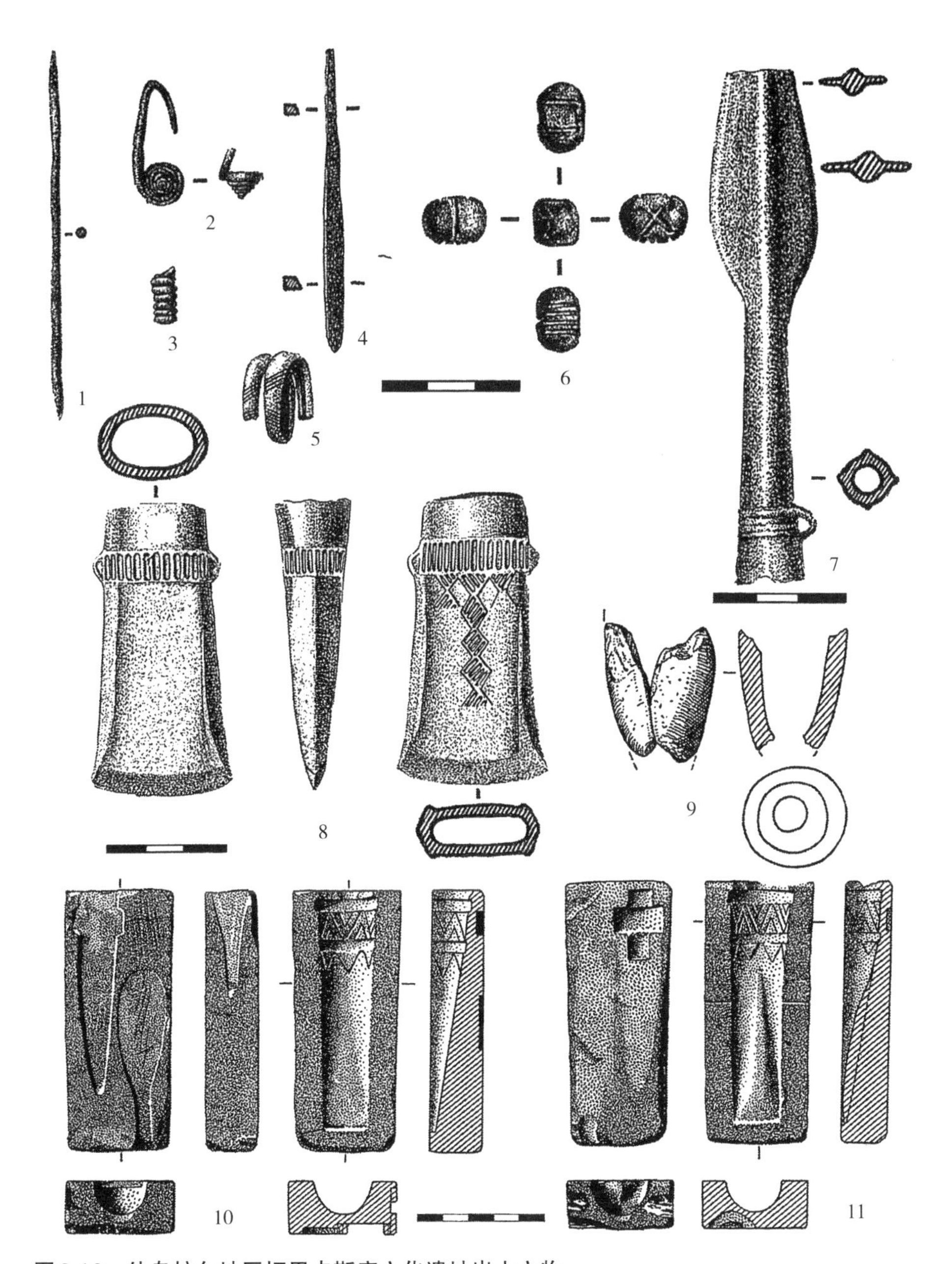

图3.16　外乌拉尔地区切里卡斯库文化遗址出土文物

1.锥钻；2.耳环；3.串珠；4.刀；5.戒指；6.骰子；7.矛；8.空首斧；9.冶炼炉的空气吹管；10、11.利普瓦亚–库丽雅（Lipovaya Kury'a）聚落发现的石制铸范［据绍林（Shorin）未出版手稿，绘图出自Timoshek & Khlobystin 1976］

部。墓的建造方式因地而异。在文化区南部，以石头垒墙和起坟包的小型库尔干古坟为代表，坟包下面的个体墓葬中都有火葬痕迹，一般认为当时事先是在墓穴外火葬后再下葬的。一些墓葬，例如大卡扎克巴耶沃（Bol'shekazakbayevo）19号库尔干古坟（图3.17）就展示了一个明显的仪式性混合葬仪的例子。其中四个深邃的适合埋葬四位成人的墓穴里只有火葬遗迹，骨灰都被铺撒在墓穴底部。墓穴角落安放着1—4个数量不等的陶罐。

土葬的墓主通常呈左卧屈肢姿势埋在比较浅的墓穴中，随葬品不多。公元前14世纪以后，切里卡斯库文化的居民又移民他乡了。他们成功地融入安德罗诺沃文化以及安德罗诺沃式文化集团所在的相邻族群之中。

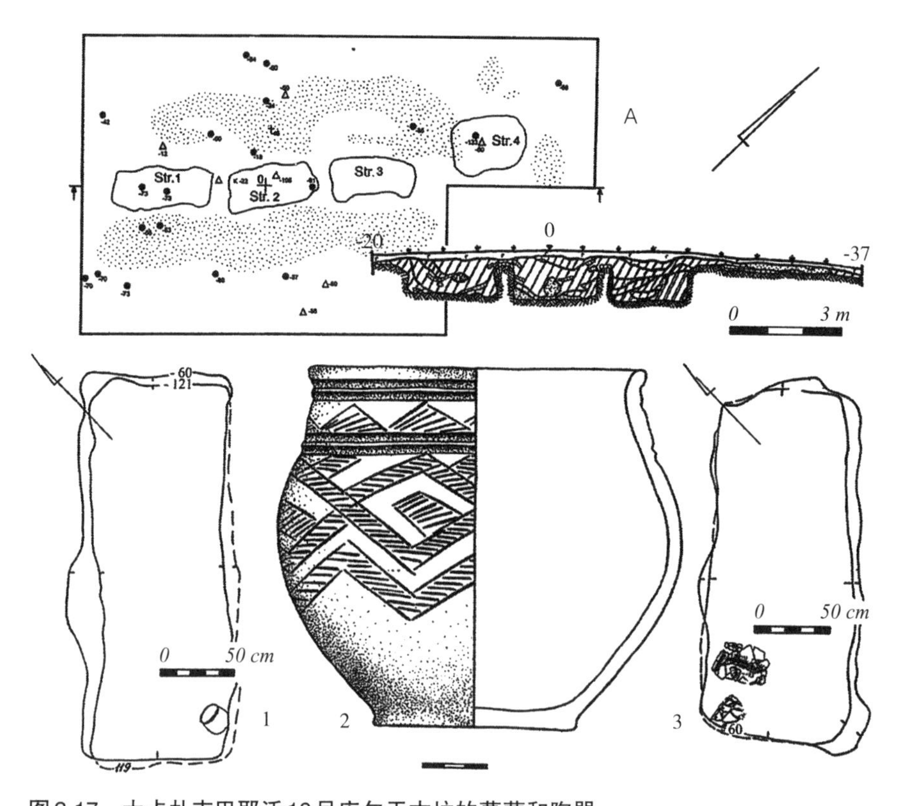

图3.17　大卡扎克巴耶沃19号库尔干古坟的墓葬和陶器

A. 古坟及墓葬测绘图，Str.1—Str.4为1—4号墓；1. 1号墓平面图；2. 陶罐；3. 2号墓平面图

构成公元前12—前11世纪安德罗诺沃式文化集团南部居民的帕科莫沃文化集团，分布于森林–草原地带的北部以及托博尔河与额尔齐斯河流域的森林地带。考古资料基本上以聚落遗址为主，墓葬相对较少。这个居民集团的陶器与费德罗沃文化的陶器在类型、纹饰以及表面处理方式等方面都有不少相同之处。不过，帕科莫沃文化的陶器组合总是保留着一些森林地区非常流行的各种单调的小坑和模印图形纹饰（Korochkova et al. 1991）。

帕科莫沃文化聚落的规模通常不大，平均4500平方米左右，发掘的房屋类型较多但是数量不多（Pletneva 1994）。房屋多半建于地面上，极少有半地穴式的，占地面积大约100平方米，呈长方形，有垂直的木柱来撑起金字塔形的屋顶。屋内有开放式的火塘和储藏坑。灶台修建的具体细节也各异，其中包括木头框架的、黏土或砖建造的。室内还有一些经济用途的小型木构件。此外帕科莫沃文化的村庄遗址还发现了水坑、灰烬堆积和灶台设施，这些都与安德罗诺沃文化房屋的设施明显相似。

除了陶器，帕科莫沃文化遗址的考古资料还包括大量的与渔猎、冶金技术（坩埚、铸范）相关的金属制品（锥钻、针和装饰品等）等。动物考古学资料和渔猎工具遗存都证实，当时作为以饲养牛马为主的畜牧业补充的渔猎活动，在经济生活中仍然占有重要地位（Korochkova et al. 1991）。

在与帕科莫沃文化相关的托博尔河中游地区的新沙迪里诺（Novo-Shadrino）聚落遗址，只发现了少量简陋的墓葬以及灰堆中13具不全的人体残骸（Korochkova 1999）。[13] 这些墓葬与其他安德罗诺沃式文化中个人与集体墓的残骸现象，都反映了青铜时代晚期森林地带社会的葬俗特征。

苏兹衮文化集团（公元前12—前9世纪）分布于帕科莫沃文化以北地区，同时在伊希姆河北部与额尔齐斯河森林–草原地带与它有部分重叠（Polevodov 2003）。有些遗址坐落于额尔齐斯河河谷的高地上，其余的则位于比较低的河流台地上。地形地貌、占地大小和经济形态等因素都对聚落的规划布局起到了决定作用。

一些位于高地的聚落例如苏兹衮Ⅱ和楚兹卡山（Chudskaya Gora）被认为是当时居民的“圣所”（sanctuaries）（Potyemkina 1995）。目前只有楚兹卡山聚落的布局比较清楚，不过如果以此来推断苏兹衮文化其他聚落的情形还是谨慎为妙，因为这个聚落具有其他聚落没有的独特之处（图3.18）。在此已经发掘出了十座有走廊式入口设计的长方形屋舍（长8—12米，宽3.5米）。在木栅栏作边墙的聚落内部，沿着边墙紧凑地聚集了25—30座房屋。房址上可以看到当年成排的垂直木柱的柱洞遗迹。这些木柱很可能是按一定规则组合成框架来共同支撑一个平面屋顶的。该遗址考古报告的撰稿人认为，这里具有很多安德罗诺沃建筑文化元素（Potyemkina et al. 1995）。

此外，这个聚落遗址还出土了大量各种式样的人工制品，特别是陶器（有1100件之多），这些人工制品与各种动物骨骼如狗的尸骸、单个狗头以及鱼鳞等都分布在房屋内部或房屋之间的堆积层中。其中有些骸骨被焚烧过，可见灰烬以及炭化的骨骼堆积。很多完整的陶罐发现时是开口朝下的。下面是该遗址考古报告对此现象的解释：

> （遗址地层中）大量的陶器及其放置方式和地层中的其他因素都可以解释为当时众人参与祭祀活动并且一起享用献祭食物的证据。这些活动是在遗址较高的地方进行的。在很长一段时间，这个聚落及其附近的居民都定期来到这个圣所（Potyemkina et al. 1995：36—37）。

因此，根据以上详细的研究分析我们可以认为，楚兹卡山聚落具有仪式和行政中心的功能，那里长期居住的居民很有可能是维护和执行这些传统习俗的人。

目前只是在不同时期的苏兹衮文化墓地上偶尔发现了一些单个土葬墓，而一些含有不同葬俗的集体墓是最近才发现的，它们都反映了苏兹衮文化的葬俗情况。所有这些都是在当时的古老土层发现的，死者主要呈伸直的仰卧姿势。位于伊希姆河与额尔齐斯河之间地区的乌斯特-基特尔马（Ust-Kiterma）-Ⅴ、Ⅳ这两个聚落墓葬的情形非常引人注目。第一处墓葬在一个小坟包下面，包括37具部分火葬过的骸骨；第二处则包括一具土葬的个体墓主和十具部分火葬过的骸骨。这些墓葬都是在聚落停止使用之后才建造的（Polevodov & Trufanov 1997）。

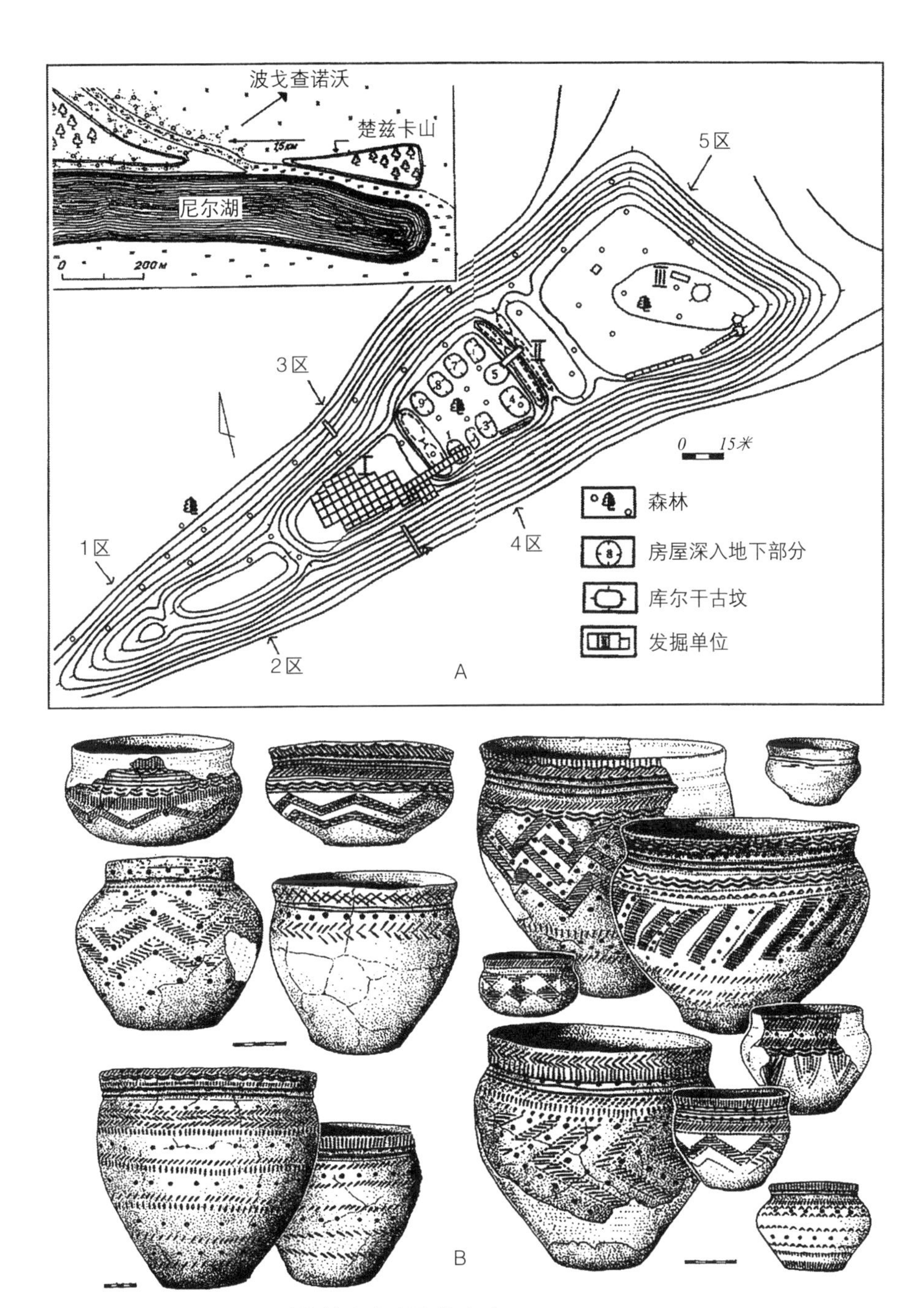

图3.18　A.额尔齐斯河畔的楚兹卡山聚落遗址
B.苏兹衮文化的陶器组合（据Potyemkina，Korochkova & Styefanov 1995）

苏兹衮文化的葬俗可以分成两种类型：一、地面上有圆形或椭圆形坟包的小型库尔干古坟，下面通常有1—4座墓；二、埋有数十具尸骸的集体墓，尸骸事先经过某种清洗程序。其中既有土葬也有部分火葬的。苏兹衮文化的一些葬俗元素可以追溯到安德罗诺沃文化之前，还有一些元素与青铜时代晚期的安德罗诺沃式文化相关（Polevodov 2003）。

正如前面所述，陶器是苏兹衮文化遗址发现最多的人工制品（图3.18-B）。包括外形流畅、表面由数种几何图案（条带、三角和菱形等）装饰的平底或圆底陶罐（Kosarev 1981）。

苏兹衮文化的文物组合还有纺锤、铅坠、骨制的镐头和箭镞等，还有一批青铜器。值得注意的是，这个地区虽然铜矿资源稀缺，却出土了很多青铜器，的确是相当独特的现象。金属制品在楚兹卡山聚落出土文物中占了相当大的比例，由此使我们相信冶金技术或许也是当地礼仪活动的一部分。

动物考古学和出土文物的分析研究可以帮助我们重建苏兹衮文化居民多样化的社会经济形态。家畜品种以牛为主，其次是马。狩猎特别是捕鱼，依然是居民基本的经济维生手段，不过二者的相互关系不同。学者们注意到在安德罗诺沃式文化最晚期的遗址中，马骨比以前多了，而绵羊则少了（Kosintsev 1989）。

这些安德罗诺沃式文化彼此之间不仅在地理位置和年代序列上，而且在经济与社会生活方面都很接近。它们都源自一种包括生产型和非生产型部门在内的多种经营的经济形态，其中各个部门所占的比例一定会根据具体条件和外在因素的影响而变化。最强烈的促进作用来自南方，即安德罗诺沃文化所在地区；其影响的具体方式包括直接移民或同化当地的土著和选择性输入一些文化元素等。当地的文化传统由此变得比较稳定，同时安德罗诺沃文化元素也在某种程度上发生了变化。不过当地的文化传统依然保留着能够让人们识别出来的细微差别、色彩和元素。问题是什么样的动力能够产生如此的促进作用？安德罗诺沃文化的居民究竟向北方地区深入了多远？研究显示，安德罗诺沃文化的居民（首先是阿拉库文化，然后是费德罗沃文化的居民）的确深入北方森林地区的南部，不过主要集中在森林-草原地带。他们的文化传统是以一种经过变革后的形式、由第一波安德罗诺沃文化殖民浪潮的后裔输入森林地带的。值得注意的是在这些安德罗诺沃式文化形成的时候，也就是公元前13世纪左右，安德罗诺沃文化本身在草原地带已经不存在了。

相对于灿烂的“古典”安德罗诺沃文化而言，安德罗诺沃式文化金属器物的数量明显减少。这可能有以下原因。第一是当地缺少矿石等原材料。第二是金属器物还没有成为森林社会主要经济生活的必需品。各种骨头、鹿和牛羊角及其他材料的制品不像金属器物那样需要密集的人工就能完成，而且还很有效，因此这些器物在很长一段时间内并没有为金属制品所取代。在这段时间，西西伯利亚这片地区各个社会之间东西方向的横向联系还是十分紧密的。

安德罗诺沃式文化的人口规模比较小。他们受到了所处森林地带生态承受能力的制约。因此在这里，狩猎、捕鱼和采集活动比南方地区更显重要。此外，这里天然就需要更大的空间地段。森林－草原尤其是森林地带的人口密度是相当小的。居民们主要以社区形式沿着河流分布，河流是当地居民迁徙和联系的重要途径。这里的物质文化没有显示出任何比较明显的具有等级制度的复杂社会迹象。这片广大地区也缺少墓葬遗址，由此增加了我们了解其社会状况的难度。仅有的一些墓葬考古资料更多表现的是这些文化的精神面貌而不是社会状况。我们注意到礼仪和仪式活动在当地社区的社会经济生活中扮演了重要角色。

青铜时代末期，以西西伯利亚地区居民的生活变化为标志，安德罗诺沃式文化的各个类型也发生了一些变化。在草原地带产生了附加堆纹文化的东部类型。（原先）湿润地带的气候此时变得寒冷和更加潮湿，来自针叶林地带的十字印纹陶（Cross-Stamped ceramics）出现在森林－草原的北部边缘地带。

如果认为阿拉库文化和费德罗沃文化或安德罗诺沃文化集团各分支居民的语言属于原始伊朗语或印度－伊朗语的话，那么就需要假定这些语言在扩张的同时又与传统位于西西伯利亚森林和森林－草原地带的原始乌戈尔语部分重叠才行。尽管受到南部地区的影响，这些安德罗诺沃式文化依然保留着一些牢固的来自铜石并用时代和青铜时代早期（在陶器、屋舍和葬俗等方面）本地传统元素。对此问题的研究远没有达到彻底解决的程度。非常有趣的是，人们可以看到一些“经典的”安德罗诺沃文化的装饰图案，如源自南方的“波浪纹”在北方森林地带常出现，这些装饰图案还一直保存到相当晚的历史阶段的鄂毕–乌戈尔诸语居民——汉特人（Kanty）和曼西人（Mansi）之中。专家们也注意到印度–伊朗语族与芬兰–乌戈尔语族在神话传说方面的相似性。例如印度–雅利安语的神祇“瓦卢纳”（Varuna）和“密特拉”（Mitra），就与芬兰–乌戈尔语的“努米–托鲁姆”（Numi-Torum）和“密尔–苏斯耐–忽姆”（Mir-Susne-Hum）相当（E. Kuzmina 1994，2001；Steblin-Kamenskij 1995）。这些分布在西西伯利亚森林和森林–草原地带安德罗诺沃式诸文化所提供的证据都是支持印度–伊朗语族和芬兰–乌戈尔语族居民之间有着活跃交流假说的，这些交流表现为二者之间有很多的相互渗透，其中一些甚至可以追溯到公元前二千纪（Carpelan & Parpola 2001；Napolskikh 1997）。

第四章

新时代前夕——青铜时代的最后阶段

公元前14世纪和前13世纪前后，安德罗诺沃－木椁墓文化地区的社会逐渐发生了变化，这种变化不能简单地用衰落或崩溃来形容。有些地方变得整齐划一或简单化了；而有的社会则调整策略，朝着更加适应环境（自然的、文化的和社会的）方向发展。在我们所研究的地区，所有实例都显示，先前几个世纪很稳定的文化传统均改变了外貌。这些都反映在不同的考古学文化之中。

一　萨尔加里文化

欧亚草原的青铜时代末期是以“附加堆纹陶器文化层位”命名的大范围文化形态为标志的（Chernykh 1983）。这个文化形态分布于东起阿尔泰山西至欧洲东部广大的草原和森林－草原地带。最西部由多瑙河下游、喀尔巴阡山东部和黑海北部的几个文化组成，在东部则包括顿河－伏尔加河－乌拉尔地区的晚期木椁墓文化、乌拉尔南部和外乌拉尔以及哈萨克斯坦地区的萨尔加里文化（Sargary culture）、楚什尼科沃文化（Trushnikovo culture）、但丁白－别加兹文化（Dandybai-Begazy culture）、阿米拉巴德文化（Amirabad culture）等。它们共享一种装饰简陋、平底、肩部或颈部有黏土贴塑环绕的陶罐。此外，它们在金属制品、经济结构和葬俗等方面也有不少相似之处。

到目前为止，草原地带只有少量经过大规模发掘的属于这个时期的遗址。经考古调查的遗址数量则相当可观。因此我们的分析研究不得不主要依靠调查资料。

与早前阶段相比，此时地形地貌等地理环境已经不再对文化的传播尤其是金属制品和一些特殊类型陶器的广泛分布起间隔作用了，整个文化区也得名于这种陶器形态。我们认为在物质文化传播的同时也伴随着居民族群的迁徙活动。有人认为这些文化和社会的不稳定状态或许是公元前二千纪与前一千纪之交的气候变化导致的。

传统上把青铜时代末期定为公元前13、前12世纪到前9、前8世纪（即向铁器时代过渡阶段）。根据最新的年代学数据，青铜时代末期的起始时间应该不晚于公元前13世纪并一直持续到前10世纪。曾有学者试图将该阶段考古资料划分为两个年代组，但乌拉尔草原地带因为缺少相应的考古资料而无法归入年代序列体系。不过在乌拉尔以外地区，那些刚好处于早期游牧社会文化之前的考古资料已经识别出来，它们就是伏尔加河地区的努尔类型（Nur type）和哈萨克斯坦地区的东噶尔类型（Dongal type）。不过这两个文化类型代表的考古资料并不多，主要是陶器。因此要从青铜时代末期墓葬资料中识别出最新的物质文化还是比较困难的（Korenyako 1982）。

乌拉尔南部地区在此时期以有时被称为阿列克谢耶夫卡文化的萨尔加里文化著称。它是20世纪70年代由S. 兹达诺维奇（Zdanovich 1983，2003）确认的，分布区域相当广，包括托博尔河与额尔齐斯河之间以及哈萨克斯坦北部和中部地区（Evdokimov 2000；Potyemkina 1979）（图4.1）。这里有“纯粹的”萨尔加里文化的聚落和墓葬遗址。此外，在哈萨克斯坦中部还有被称为但丁白–别加兹文化的遗址分布（Kuzmina 1994；Margulan 1979）。它以出土制作考究的精美陶器的巨型墓冢为特征。陶器特点是底部直径很小，器身呈球形，颈部又像圆柱形，装饰以几何形的小块梳篦纹为主。这个地区近年来的研究显示，其中一部分这样的陶器又与萨尔加里文化的陶器在一起。由此，瓦尔福洛梅耶夫（Varfolomeyev 1991，2003）将二者合称为“但丁白–萨尔加里文化”（Dandybai-Sargary culture）。根据

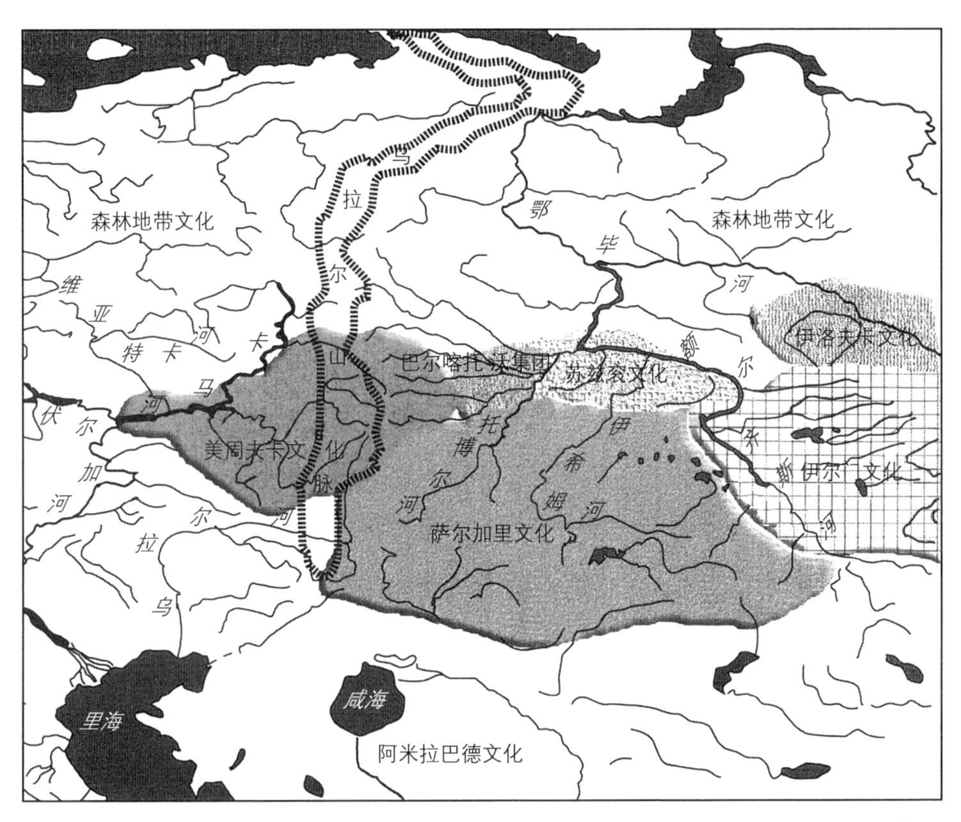

图4.1　乌拉尔及西西伯利亚地区青铜时代末期诸考古文化分布（草原和森林–草原地带）

科列尼亚科（Korenyako 1990）的观点，这里的巨型墓冢都是为社会等级高的（精英）人士特别修建的。因此可以认定哈萨克斯坦中部是该文化的核心地区。

在外乌拉尔地区，萨尔加里文化的陶器又往往与其他文化特别是与美周夫卡文化的陶器共出。与此同时，美周夫卡文化遗址（文化层中）也包括很多萨尔加里文化的陶器。S. 兹达诺维奇（Zdanovich 1983）将萨尔加里文化划分为早期、中期和晚期三个阶段，时间范围为公元前13—前8世纪。

萨尔加里文化的考古资料以聚落、墓葬和一些偶然的发现为主。聚落可分为两种类型，但是具体的年代关系还不明确。第一种类型占地面积较大，房屋都是较深的半地穴式建筑（图4.2）。一座房屋的占地面积超过200平方米，一个聚落

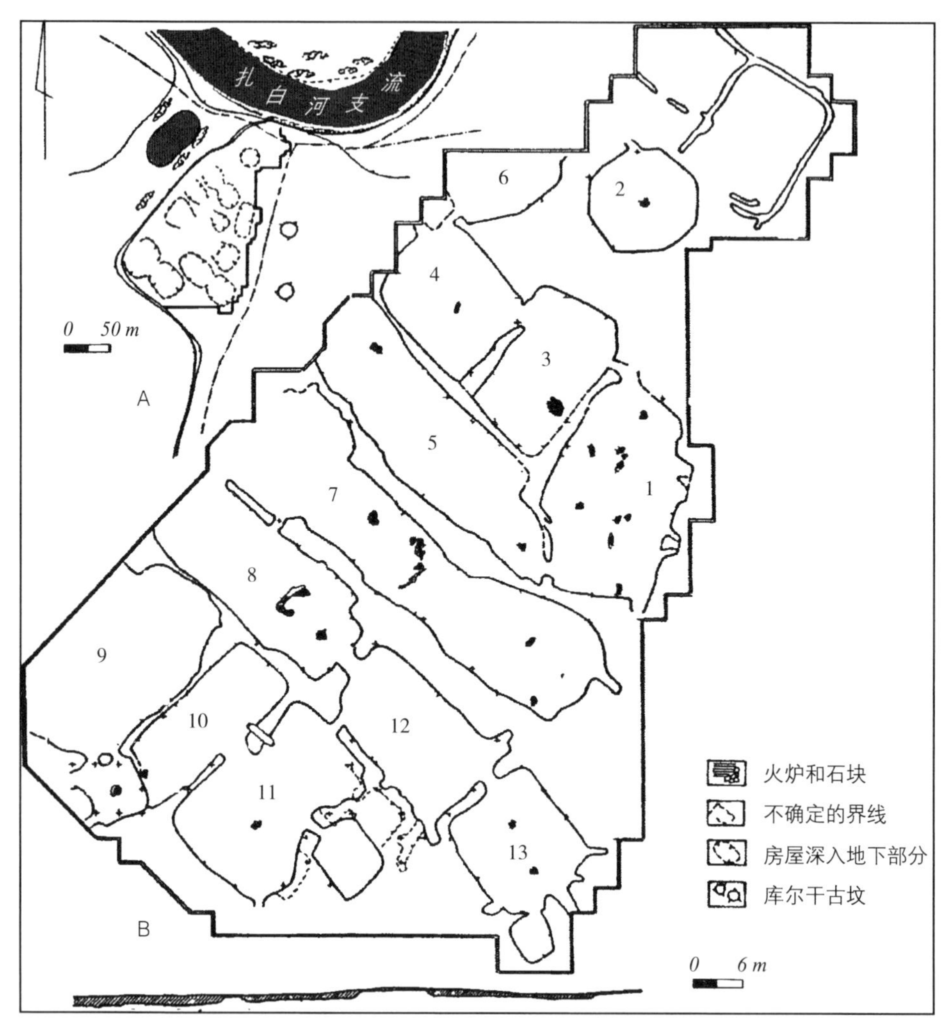

图4.2 萨尔加里聚落
A.聚落地理位置示意图
B.发掘的聚落平面图（据Zdanovich 1983）

有几十座这样的房屋（Zdanovich 2003）。整个聚落占地面积可达2万平方米。但这里的文化层堆积总体来说内涵并不丰富。

第二种类型的聚落规模相对较小（占地面积1000—2500平方米），房屋地基普遍没有深入地下的迹象，房屋的数量和类型与第一种相似。居民在此的生活看似是阶段性的，或许是季节性的。

一些大的村庄显示出变成小营地的趋势，不过也有与此相反的例子：一些聚落变得越来越大了，其中一个典型就是大型的聚落遗址——金兹台（Kinzhitai）（Vinogradov 1991）。这个聚落遗址出土了一些考古资料，特别是可追溯到公元前7世纪咸海南部地区的库尤塞斯卡文化（Kuyusayskaya culture）的陶器。整个聚落占地大约9000平方米，包括九座深入地下0.9米的半地穴式大型房屋，房屋占地面积130—350平方米。

聚落的布局规划不是那么明确。通常房屋随意地沿着河岸排成一排，其横向的墙壁一般都面对着河水。有些房屋建在经常洪水泛滥的冲积平原的高处。一个聚落平均有15座房屋。房屋通常是长方形的，结构与前代非常相似：仍然以木柱支撑的框架结构为主，房屋深入地下0.7—1米。根据焚烧过的木结构残件人们可以比较容易地复原当时房屋的基本模样。屋顶有两种类型：平顶，屋顶架在纵向的一排柱子和椽子上；四面坡顶，屋顶架在房间中央四根支撑的木柱之上。

聚落主要出土动物骨骼和四种类型平底陶器，其中有三种不同形制的圆罐，还有一种筒形罐。第一种（如图4.3–23）短颈，器身呈不完全的球体（上腹部鼓出），圆形的平底直径很小；第二种器身矮壮，球形鼓腹，开口较大，颈部较长（如图4.3–24）；第三种开口很小，颈部相对直且长，肩部突出，鼓腹（如图4.3–22）；第四种类似圆筒。总的来说陶器制作工艺都很精细。大约40%的陶器没有任何外部装饰，其余陶罐仅略微在颈和肩部装饰弯曲的之字纹（刻上去的）、菱形网、鱼尾纹和V字形等纹饰。还有大约10%—20%的陶器颈部有用陶轮板刺划的纹饰（Zdanovich 1984）。

金属工具相当多，包括刀、德尔贝登类型（Derbeden type）的镰刀、可插木柄的楔形凿子和器身较平直的斧子。这些工具通用于森林–草原和森林南部地带。武器则有中间有脊、两边有翼、尾部有插孔的青铜箭镞以及三棱形的骨制箭头（参见图1.9）。

在外乌拉尔地区，萨尔加里文化的墓葬都是由1—3座用泥土和石头建造的库尔干古坟所组成的小型墓地。相对于先前时期的墓地，它们分布在远离河流的

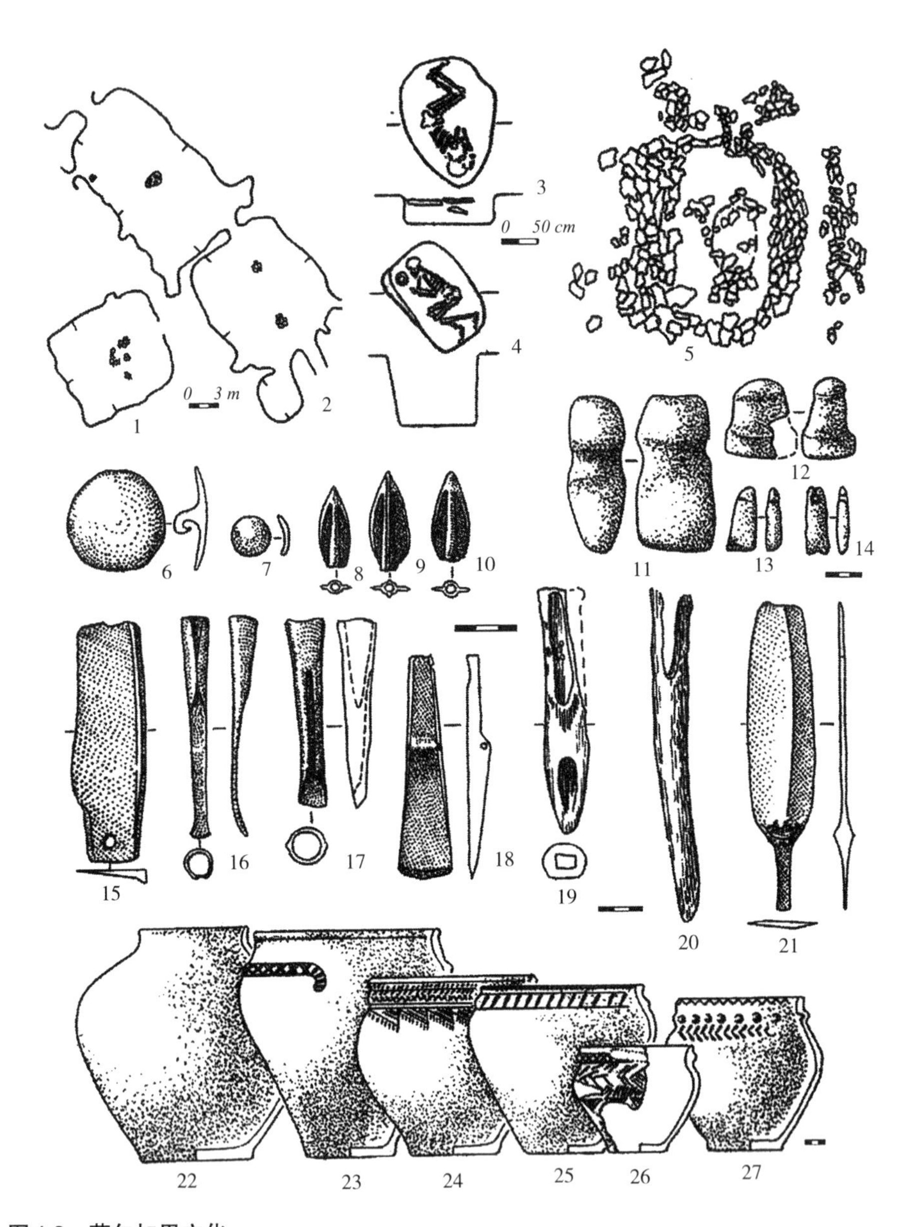

图4.3 萨尔加里文化

1.彼得罗夫卡-Ⅳ聚落的一座房屋；2.萨尔加里聚落的房屋；3—5、23.萨尔加里墓葬及陶罐；6.彼得罗夫卡-Ⅲ聚落的铜泡；7—11、22.萨尔加里聚落的小饰片、箭镞、石锤和陶罐；12—14、20、21、25.新尼科尔斯科聚落的石制工具、骨器、青铜刀和陶罐；15—18.彼得罗夫卡-Ⅱ聚落的青铜工具；19、27.伊林卡（Ilyinka）聚落的骨制工具和陶罐；24.阿列克谢耶夫卡遗址的陶罐；26.朱凯（Zhukei）墓地的陶罐（据Zdanovich 1988）

地方，往往坐落于原来河岸的高地上。古坟体积不大，通常包括一个或两个土葬墓；个别也发现了用火的遗迹。死者呈屈肢侧卧状，身体朝向并无规律。随葬品很简单，大多数是陶器，极少有装饰品（发现背后有环、可穿线作为垂饰的半球形青铜片）。

同时，一些墓地呈现出相当复杂的葬俗仪式。例如别洛克鲁乔夫卡-7（Belokluchovka-7）墓地（Kostukov 1999），有数座库尔干古坟，每座古坟下面都只有一个随葬品极少的墓葬。不过墓室内部安放的石椁式样却很不寻常，有人解释这些是模仿一辆马车车厢或人体的形状（图4.4）。

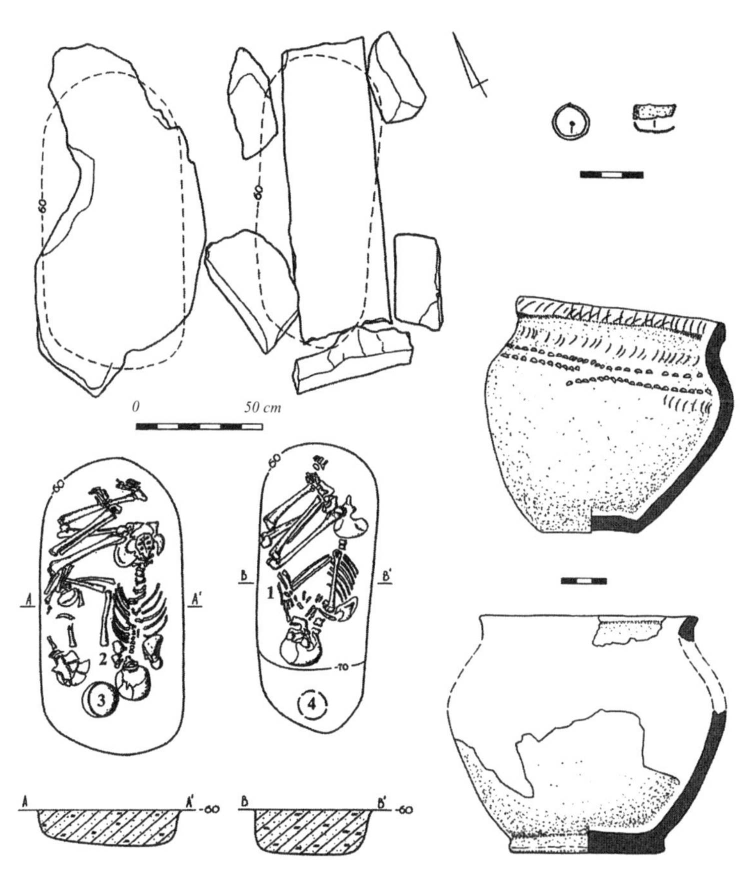

图4.4　别洛克鲁乔夫卡-7墓地7号库尔干古坟的墓葬和遗物

在哈萨克斯坦中部和北部地区，个人土葬墓室经常有被“石棺椁”或石块包裹现象。墓主的葬姿各异，有屈肢左侧或右侧卧的，也有屈肢仰卧或呈坐姿的（Tkachev 2002；Varfolomeyev 1991；Zdanovich & Malutina 1976）。

萨尔加里聚落和墓葬考古资料都证实，当时居民的维生经济受到了环境因素的制约，但是其经济基础毫无疑问仍然是畜牧业。所有聚落都发现有大量的家畜骨骼，占第一位的还是牛，其次是马和绵羊（Zdanovich 1981，2003）。萨尔加里聚落的牛属于大型牲畜，一般认为来自青铜时代欧洲东部的草原地带（Tsalkin 1964）。萨尔加里文化的马有瘦腿和半瘦腿两种类型，肩隆高136—144厘米（Makorova 1976）。

在整个青铜时代，外乌拉尔和哈萨克斯坦及欧洲东部地区家畜的情况并没有大的改变。最显著的变化发生在青铜时代末期，马匹在数量上有了显著增长。S. 兹达诺维奇（Zdanovich 2003：402）认为，萨尔加里文化的居民已经实行年度周期性放牧了，即一部分村民赶着牲口像旅行一样在村庄周边地区放牧，而另一部分人则留在村里照顾产奶的家畜、喂养幼畜以及制作奶制品等。

这个时期萨尔加里文化还出现了最早的与农业有关的可靠证据：在阿列克谢耶夫卡圣山（Alexeyevka sacred hill）发现的炭化小麦穗和谷物（Krivtsova-Grakova 1948）。萨尔加里出土文物中有相当一部分农业工具，如谷物磨盘、磨棒、砍刀、镰刀和石锄等（Evdokimov 2000；Zdanovich 2003）。但这仍然不足以作为当时已有农业的直接证据，因此农业在萨尔加里文化经济结构中的地位还是不够清楚。我们只能确认，与先前青铜时代晚期相比，此时几种家畜情况有所变化（Kosintsev & Varov 1995）。动物考古学研究证明，与牛相比马匹的数量有所增加，增强了人们的移动能力。

聚落还发现有不少冶金制造遗迹，如熔炉和铸范等（Evdokimov 1975；Krivtsova-Grakova 1948）。早先的冶金中心此时也转移到了其他地方特别是哈萨克斯坦中部［阿塔苏、肯特（Kent）］，[1] 它们在贸易和交换的基础上为其他地方提供金属器皿和原材料。由此这片地区变得富裕起来，集中出现了不少大型聚落（用石块建造的建筑）、各种类型的采矿和冶金制造遗迹、具有特殊意义的大型墓冢以及其他“奢侈”品等（图4.5）。所有这些都与其他地区总体简朴的文化面貌形成鲜明对比。

没有发现可以反映萨尔加里社会结构方面直接的考古证据，但我们可以清晰地看到（当时）社会发展进程中的两种趋势。第一种是最具代表性的，当时的社

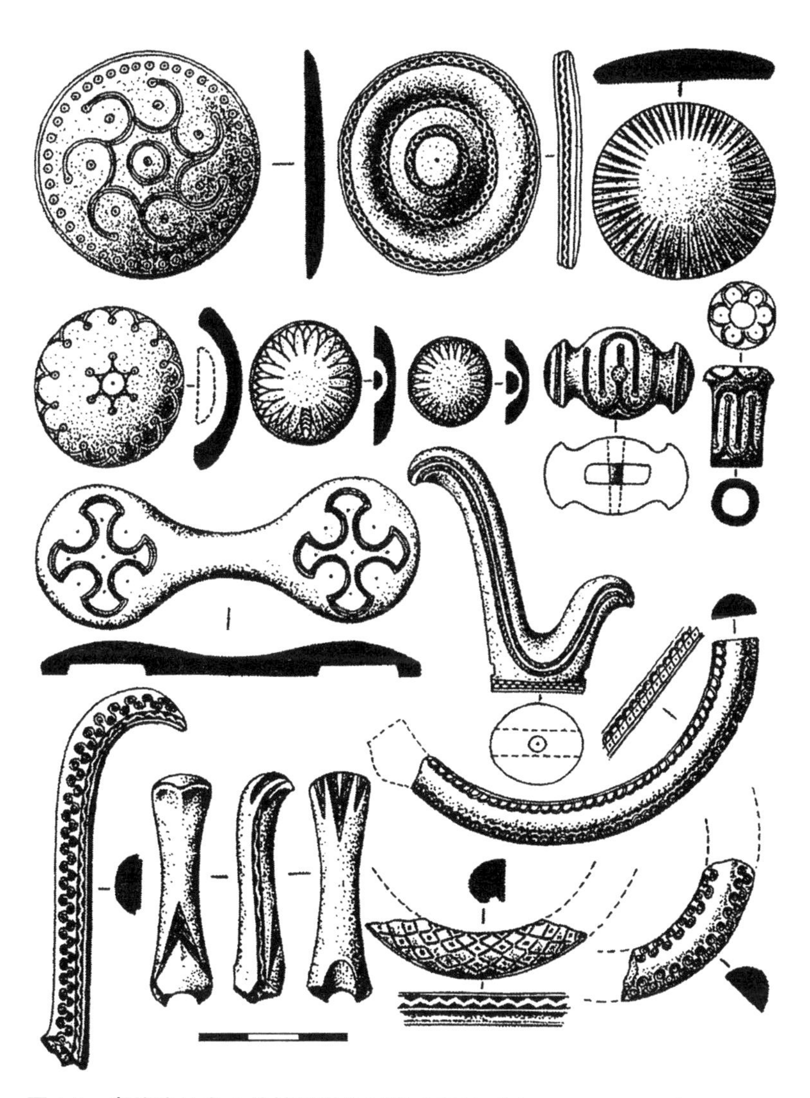

图4.5　肯特遗址出土的精美骨角制品（据Varfolomeyev 2004）

会趋于“原子”结构，即聚落人口规模变得更小了（特别表现在外乌拉尔地区）。聚落只出土了很少器物，其中还有一些兵器。墓葬随葬品倒没有这种现象。当然我们不该忘记，这些现象或许是由于当时的风俗习惯决定的。毫无疑问，乌拉尔南部地区的居民并非所有人都能以土葬形式入葬库尔干古坟，至于那些死后没有入葬古坟的居民占多大比例，我们也无从获知。因此，我几乎不可能同意像某些学者（Tsimidanov 1990）所说的那样，伏尔加河地区的社会已经具有了一种源于政治的武士文化因素。

最重要的是，我们不应该把萨尔加里文化相对简朴的面貌解释为文化上直线型的衰落。一个处于变革和不稳定状态的社会总是试图找到一种最理想的生活方式，因此在考古工作者面前呈现出相对简朴的一面。

第二种发展趋势反映在聚落的聚集[①]方面，例如肯特遗址就能够明显证实它在当地区域的崛起、发生了人口混合，以及出现了新的本地精英（Evdokimov 2000；Varfolomeyev 2003）。根据瓦尔福洛梅耶夫（Varfolomeyev）的研究，建造大型的库尔干古坟需要比普通墓冢多得多的、几十人甚至上百人劳力工时的投入才能够完成。萨尔加里文化各地区社会之间存在着如此大的贫富差距，也被视为社会走向危机的前兆。

正如前面提到的，萨尔加里文化保持着与外界包括相当遥远的中亚细亚、土库曼斯坦西北和南部地区的物质文化交流（Kutimov 1999；Vinogradov 1995b）。其他重要的交流地区还有哈萨克斯坦东部和阿尔泰地区，那里在青铜时代与铁器时代之交时期正是卡拉苏克文化的发展时期。这些文化交流活动目前都以偶然发现数量却相当多的兵器为代表。萨尔加里文化具有比较强的接受外来文化的能力，这一点在陶器上表现得尤其突出。因此可以说这片具有多种地貌的广大地区，在此时展现了比较明显的文化相似性。

萨尔加里文化的起源被认为是由费德罗沃文化（比什库尔类型）和切里卡斯

① 聚集（agglomeration）这一概念用以表明聚落的集合度。地貌、给水、安全、生产方式等因素都会影响聚落的聚集和密集程度。参见李水城（2002）。——译者注

库文化共同参与的一个复杂的产生过程，这两种文化在青铜时代晚期就进入了草原地带（Zdanovich 1983）。还有人设想萨尔加里文化的居民已经成为早期游牧文化的一个组成部分。

科列尼亚科（Korenyako 1982：49）认为在青铜时代末期乌拉尔东西两侧草原地带早期游牧民的影响下，这里的文化发生了显著的变化。他指出在青铜时代向铁器时代过渡期间，这里缺少墓葬发现。然而我们也不能排除萨尔加里居民及其后裔在乌拉尔南部地区一直生活到了铁器时代的可能性，他们一直保留着自己的经济生产方式和相对简朴的文化。

二　美周夫卡-伊尔门文化

相对于先前青铜时代的几个阶段，青铜时代末期乌拉尔山脉东西两侧不同地貌环境地带的遗址都表现出文化上高度的相似性。这是因为考古学文化的主要标志——陶器在这些聚落遗址文化堆积中总是以不同的比例组合，由此导致学者对同一个遗址的文化归属也会产生分歧意见，使得青铜时代末期的年代学分期遇到了很多障碍。

这个时期森林-草原地带的一组文化被学术界统称为“美周夫卡-伊尔门文化”（Mezhovka-Irmen cultural horizon）。美周夫卡文化和伊尔门文化比较重要，也得到了较好的研究（Matveyev 1986，1993）。遗址文化层分布于从乌拉尔西侧到阿尔泰山这片广大地区。它们在保留本地区特色的同时，也表现出风格上普遍的相似性。

它们与森林-草原地区和西西伯利亚森林南部地带的安德罗诺沃式文化是有关联的。此外，一些森林地带起源的文化的确在公元前二千纪最后几百年内出现在这个地区，这就是我们后面还要谈到的以十字印纹陶器为标志的文化。

美周夫卡-伊尔门文化将源自安德罗诺沃式诸文化的几种文化联合到一起，不过它们在来自北方（十字印纹陶文化）、东方（卡拉苏克文化）和南方（萨尔加里–阿列克谢耶夫卡文化）等文化影响下已经发生了变化。其中来自（东方）卡拉苏克文化的影响比较显著。出土文物中有很多卡拉苏克冶金中心制造的器物，如曲柄刀、各种式样的有銎斧、有装饰的双刃环首短刀等，这些外来文化元素为它们增添了别样色彩。

美周夫卡文化

美周夫卡文化是青铜时代末期规模最大的文化之一。遗址分布于乌拉尔山脊的东西两侧（图4.6），它也是乌拉尔和西伯利亚森林与森林–草原地带文化链的一部分。这条文化链包括伊尔佐夫卡文化（Erzovka culture，乌拉尔西侧）、巴尔喀托沃文化（Barkhatovo culture，外乌拉尔地区）、晚期苏兹衮文化（伊希姆河与额尔齐斯河之间地带）以及伊尔门文化（鄂毕河与额尔齐斯河之间的森林–草原地带）。

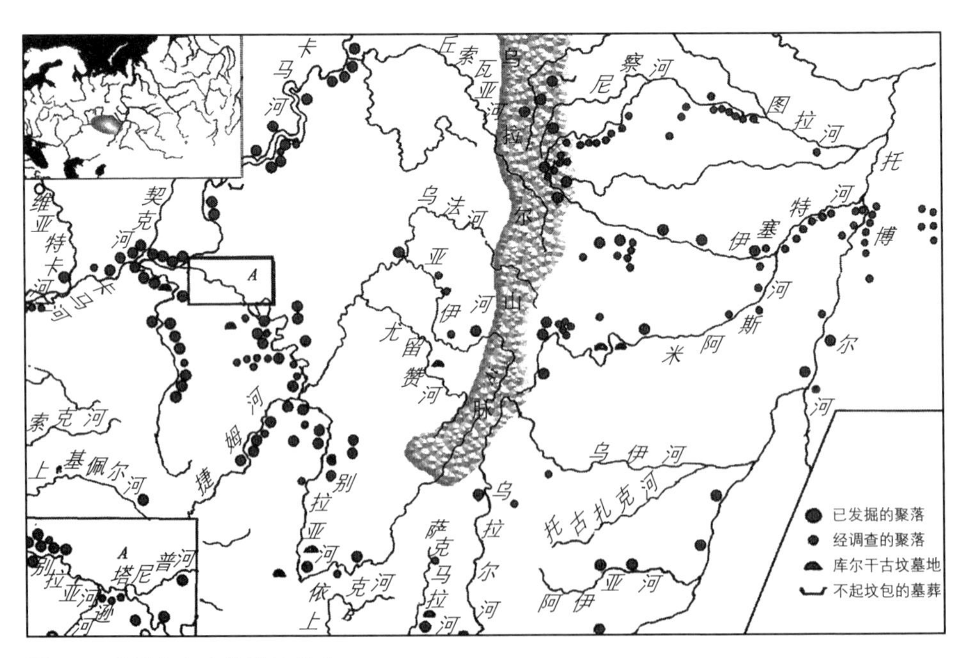

图4.6 美周夫卡文化遗址分布

托博尔河流域是美周夫卡文化陶器分布的最东端，最西端则位于别拉亚河弯曲处，再沿着卡马河往中游直到支流丘索瓦亚河（Chusovaya）的森林-草原和草原地带（均在乌拉尔西侧）。美周夫卡文化的辐射范围往南可达萨尔加里文化聚落。

美周夫卡文化的年代序列主要是建立在陶器类型学以及与其他地区，特别是金属制品的关系等比较研究基础上的。它的地层关系在外乌拉尔地区得到确认，我们可以看到那里从切里卡斯库文化向美周夫卡文化过渡的情形。由此可认为它起始于公元前12世纪晚期，结束于公元前8—前7世纪（Petrin et al. 1993）。

“纯粹的”美周夫卡文化遗址规模并不大，都是开放式的小型或中型聚落。总体上把这些聚落划分成长期固定住所、短期性营地和停留地这三种类型，它们的数量比例为1∶2∶4（Obydennov 1998）。它们通常坐落于河流台地或者河流、湖泊岸边的高地上。位于外乌拉尔地区的雅兹耶沃（Yazyevo）-Ⅰ和卡梅什诺耶-Ⅱ这两个聚落遗址已经拥有防御设施（壕沟和土墙），不过它们都含有彼得罗夫卡和阿拉库这两种文化的器物，因此这些防御设施或许与这两个文化有关（Potyemkina 1985）。

聚落的规模、数量以及房屋的具体情况都会根据它们在森林或森林-草原地带的具体位置而定。美周夫卡文化陶器在某些地区的萨尔加里文化遗址中常有发现。房屋因大小和建造方式而异。最大的木柱结构的房屋与森林-草原地带的房屋类似，小型的房屋（占地大约100平方米）在森林地带更为常见。不过，南部地带那些规模较大的聚落遗址也受到了萨尔加里文化或晚期木椁墓文化的影响，因为它们的陶器在聚落上是与美周夫卡文化陶器一起出现的。最大的房屋（250—300平方米）是在图布雅克和尤卡里库拉耶夫斯科（Yukalikulayevskoye）这两个聚落上发现的。它们建造时深入地下超过一米。其中一种建筑方式是垂直的木柱支撑的框架结构；另一种是挖掘比较深的半地下室，然后在房屋下半部垒起与地面平行的木头框架。类似走廊设计的入口通常面对水面，不过总是开在边墙或角落。室内常发现火塘和贮藏坑。较大的房屋内都发现了隔间遗迹。

美周夫卡文化遗物大部分是陶器和动物骨骼。有些陶罐颈部有一圈用陶轮板划的特殊痕迹（纹饰），因此最初曾有人以此陶器来命名这种文化。不过后来发现这种陶器在总数中占不到四分之一，这种用陶轮板划陶器表面的做法在青铜时代末期的欧亚草原和森林–草原地带有广泛发现。

陶器主要分为两种类型：颈部短而直或外翻，球形鼓腹平底罐；圆柱形大陶罐。对于文化识别有重要意义的是装饰部分，通常位于陶器颈部和肩部。与先前那种完全以梳篦印纹为主的装饰手法相比，此时更流行刻划法。也正是由于这些后来文化元素的存在，美周夫卡文化的陶器混在各种风格的陶器中仍然能够比较容易地识别出来。总之，美周夫卡文化陶器的纹饰比较简单，主要有人字形纹、斜划纹、之字纹和网格纹等。

青铜器以大量工具为代表，其中有辛梅里安类型的斧子、德尔贝登类型的凿子、德尔贝登与卡泰斯克（Kataisk）两种类型的镰刀、卡尔达什斯基（Kardashinsky）和辛梅里安等类型的匕首（图4.7）。其中双刃短剑的格部圆润地过渡到手柄部。锥钻和针的数量也不少。大多数金属器物要么发现于混有其他文化的堆积之中，要么是偶然发现的。不过我们至少可以肯定其中一部分器物属于美周夫卡文化本身，在一些聚落中发现的青铜器铸范足以证明这一判断。石制的工具有石杵、锤子、砧板和磨石等。

骨制和石制的箭镞也很多。骨制箭镞的式样往往由骨头的具体形状来决定：大多数箭镞中间都有凸起的脊，只有一枚箭镞尾端有插孔。石制箭镞尾部的铤较短。此外还发现了有三个孔的别洛泽尔斯卡文化（Belozerska culture）的角制马镳，可用来确定相对年代。

大多数美周夫卡文化的墓葬遗址位于乌拉尔西侧地区，不过都是相对孤立、规模不大的库尔干古坟和墓葬。我们还没有掌握美周夫卡文化居民全面的葬俗情况。目前唯一全面调查和发掘过的墓地是克拉斯诺戈尔斯基（Krasnogorsky）–Ⅰ，出土了一些具有库尔干古坟墓葬传统特色的资料。坟包上面竖立石块；坟包下面通常有1—3个墓葬，死者呈仰面直肢或侧卧状。有二次埋葬现象，其中一些墓主仅仅被放置在当时的表土层之上。美周夫卡文化墓葬的典型特点是墓室都不大，也不太深，里面只有少量木结构设施，墓主朝向以东西向为主。体质人类学研究

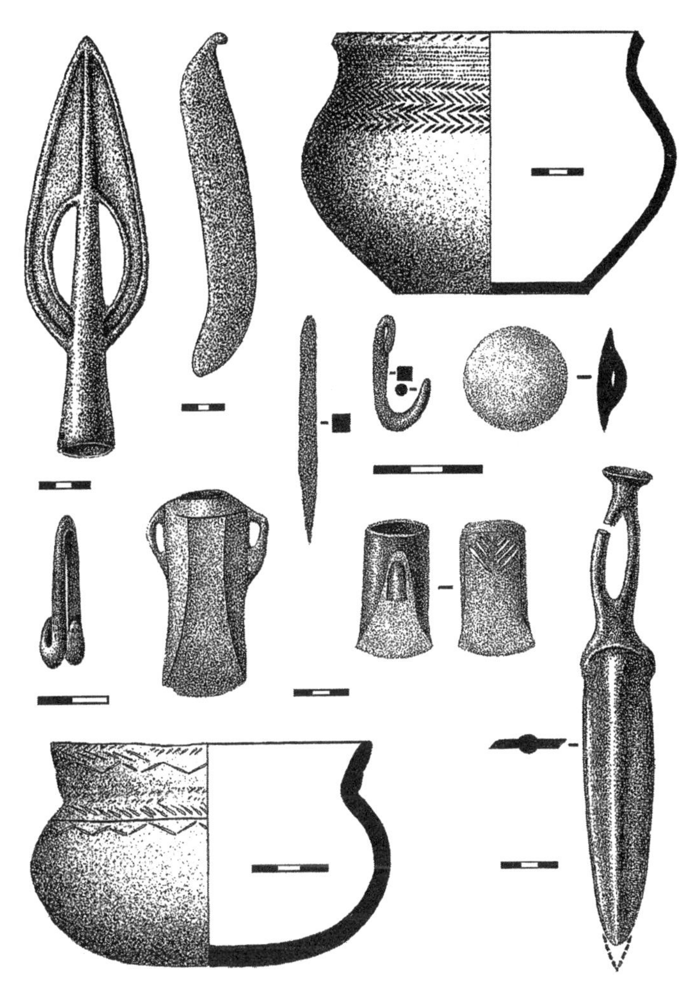

图4.7 外乌拉尔地区美周夫卡文化遗址的出土文物［据肖洛金（Shorin）未出版的手稿，绘图提摩谢克（Timoshek）］

表明，古坟内各个年龄段的墓主都有（Obydennov 1998）。

墓葬出土的以牛骨为主的动物骨骼反映了当时牲殉祭祀的风俗。随葬品中有陶器、金属匕首、两侧有翼的矛（发现两支）、双刃刀和装饰品等。

有关美周夫卡文化的研究还有不少空白点，因此我们很难进行准确的诠释。不过我们可以利用现有资料对它进行一番推论。

首先值得注意的是，美周夫卡文化的居民分布在各种各样的生态微环境中，这些具体环境会导致他们选择不同的维生方式。然而，如果想全面说明这个问题，我们需要按照当地不同的生态环境类型选择一个遗址进行分析，不过这方面我们掌握的资料不全。

因此，唯一能在总体上进行分析的方法就是与经济生产活动联系在一起。虽然农业种植在草原地带已经为人所知，但是这里的森林-草原地带却没发现这方面的资料。这里的维生经济依然以畜牧业为主。至于当地居民利用动物资源的情况，可知野生动物的比例是相当高的，乌拉尔西侧地区的尤卡里库拉耶夫斯科聚落考古发现的野生动物骨骼比例高达15%，这么高的比例说明当时居民仍然以捕猎能够提供肉食的动物为主，仅能提供毛皮的动物则比较少。家畜以牛和马为主，绵羊和猪比较少。

至于外乌拉尔地区，唯一能够利用的考古资料来自位于阿尔加济湖（Argazy Lake）地区的别雷斯基（Berezki）-V聚落遗址。这里与乌拉尔西侧地区类似，包括水鸟在内的野生物种比例相当高，接近于家畜马和牛所占比例（31.25%），绵羊比例较低（12.5%），家猪骨骼很少（Kosintsev 1988）。还发现了鱼骨。

因此我们可以认为，美周夫卡文化区居民为获得食物，各个经济分支都是很重要的。乌拉尔山脉两侧畜牧业的不同之处在于养猪的比例，这也是由具体的生态环境决定的。更明显的是马匹，如果它在家畜中的比例很高，那是因为它具有较强的过冬能力。毫无疑问的是，食物生产在美周夫卡文化南部地区要比北部地区更显重要。

有关该地区冶金技术的发展状况一直受到学者们的关注。考古发现的铸范、坩埚以及用来粉碎矿石用的特制石制工具都可以证明，当地青铜冶炼和制造活动的存在。虽然美周夫卡文化区分布着大型铜矿，然而迄今为止还没有发现过采矿遗迹。这些矿藏可能到了铁器时代起始阶段的伊特库尔文化（Itkul culture）才开始被开采加工。有关美周夫卡文化金属制品的来源一直没有定论，很有可能是从南部其他地区进口而来。美周夫卡文化其他经济分支并没有突破本地生产的规模。

学者们估算当时的聚落可以容纳200—300人。这个数字是根据每人所需生活空间计算得出的，并没有把容纳小牛等幼兽的可能性考虑进去。幼畜可能属于同一血缘关系的群体（家族）所有，被分散到小的组织或许是家庭共有的棚厩里。

墓葬也未能给我们提供足够的、比较全面地反映当时社会组织情况的资料。所知只有一些规模有限的、相对较小的墓葬。但我们仍然相信当时大部分居民死后是按照土葬风俗下葬的，只是他们的墓没有被考古发现而已。这里的库尔干古坟传统可能来自南方，大多数美周夫卡文化的聚落都集中在南北文化的接触地带也间接地证实了这一推测。

关于美周夫卡文化居民的语言归属问题，学者们在文化比较研究基础上达成相对一致的意见。这里出土的装饰品与乌拉尔和西西伯利亚地区乌戈尔语支居民民族学调查到的装饰品比较接近。不过，物质文化的持续发展并不必定会反映在语言方面的连续性上；另外，文化形态的变革也不足以导致居民语言的变动。美周夫卡文化在草原世界的伊朗语居民那里留下了非常多的痕迹。奇列诺娃（Chlenova 1981）认为，美周夫卡文化的起源与远在乌拉尔以东的哈萨克斯坦东部和阿尔泰山脉地区的卡拉苏克文化有关，而卡拉苏克文化各方面看起来又与中国的冶金传统有关系。不过大多数学者对此都持谨慎态度，他们都认同美周夫卡文化与切里卡斯库文化有渊源。

合理的、可接受的假设都会考虑这个时期所有文化都具有的多元化特色。毫无疑问，南北方的频繁互动只会导致彼此在文化与经济模式方面相互的继承和利用。

有关美周夫卡文化结束的情形还不是很清楚，因为它在向铁器时代过渡期间的考古资料不仅在乌拉尔地区而且在其他地区都非常有限。美周夫卡文化与后来的戈罗科沃文化（Gorokhovo culture）和伊特库尔文化的文物有些相似（详见第八章）。这些仍然需要加以特别研究。

伊尔门文化

美周夫卡-伊尔门文化层位的第二个组成部分位于东部。考古资料丰富的伊尔门文化（Irmen culture）最早于20世纪50年代被识别出来（Chlenova 1955; Gryaznov 1956; Matushchenko 1974）。鄂毕河上游河谷地区聚集着不少伊尔门文化的聚落和墓地，由此形成了数个具有本地特征和年代学意义的群组。这里是伊尔门文化的核心地带。一般认为伊尔门文化是由本地文化与经过较大变革的安德罗诺沃式文化元素整合的结果。与此同时，在鄂毕河上游地区，卡拉苏克文化元素也很丰富；因此，格里亚兹诺夫（Gryaznov 1956）把伊尔门文化看作以西伯利亚南部地区为中心的卡拉苏克文化的一个类型。人们很容易看到从东往西，卡拉苏克文化的影响在递减。其文化影响最西可达乌拉尔南部地区，那里发现了一批典型的卡拉苏克文化的匕首，有着管状手柄和蘑菇似的首部（Chlenova 1981; Vinogradov & Epimakhov 2000）。

西西伯利亚地区伊尔门文化的聚落遗址包括传统式样的房屋、开放式的村落、小型营地和设防聚落等，设防聚落是伊尔门文化后期特色之一。目前得到较好研究的遗址有米洛瓦诺沃（Milovanovo）-3、贝斯特罗夫卡（Bystrovka）-4和奇恰-Ⅰ。聚落规模依当地生态环境和使用时间长短而异，占地面积从数百到2.5万平方米不等。房屋的建造方式以木柱框架和原木结构为主。房屋面积相当大（200—350平方米），内有数个火塘遗迹，以及各种室内活动和冬季圈养家畜的厩舍等。伊尔门文化村落中还发现了一批具有经济功能的独立房屋以及使用过的灰堆，有些灰堆高达3.5米，内有大量损坏的工具、陶器碎片和动物骨骼等。

陶器数量不少，主要有两种基本类型：底部平坦的大型陶罐，小型平底或圆底的圆罐和筒形罐。第一种多数发现于聚落遗址，第二种在墓葬中也有发现。在各种装饰技法中，表面雕刻手法最为常见，有时候也采用梳篦按压和凸起的类似“珍珠”的乳钉纹装饰手法。随葬陶器具有清晰的安德罗诺沃文化类型纹饰：斜线虚影三角形、横排布局的菱形、之字形等（图4.8）。

我们对于伊尔门文化葬俗的了解比其他青铜时代末期的文化多一些。很多墓地都被彻底发掘过，出土的考古资料丰富并且具有鲜明特征（Bobrov et al. 1993; Matushchenko 1974; Molodin 1985）。伊尔门文化库尔干古坟内有多次葬现象，并且所有墓穴基本上呈直线分布（图4.8）。墓主呈屈肢右侧卧状，头朝向南。墓穴

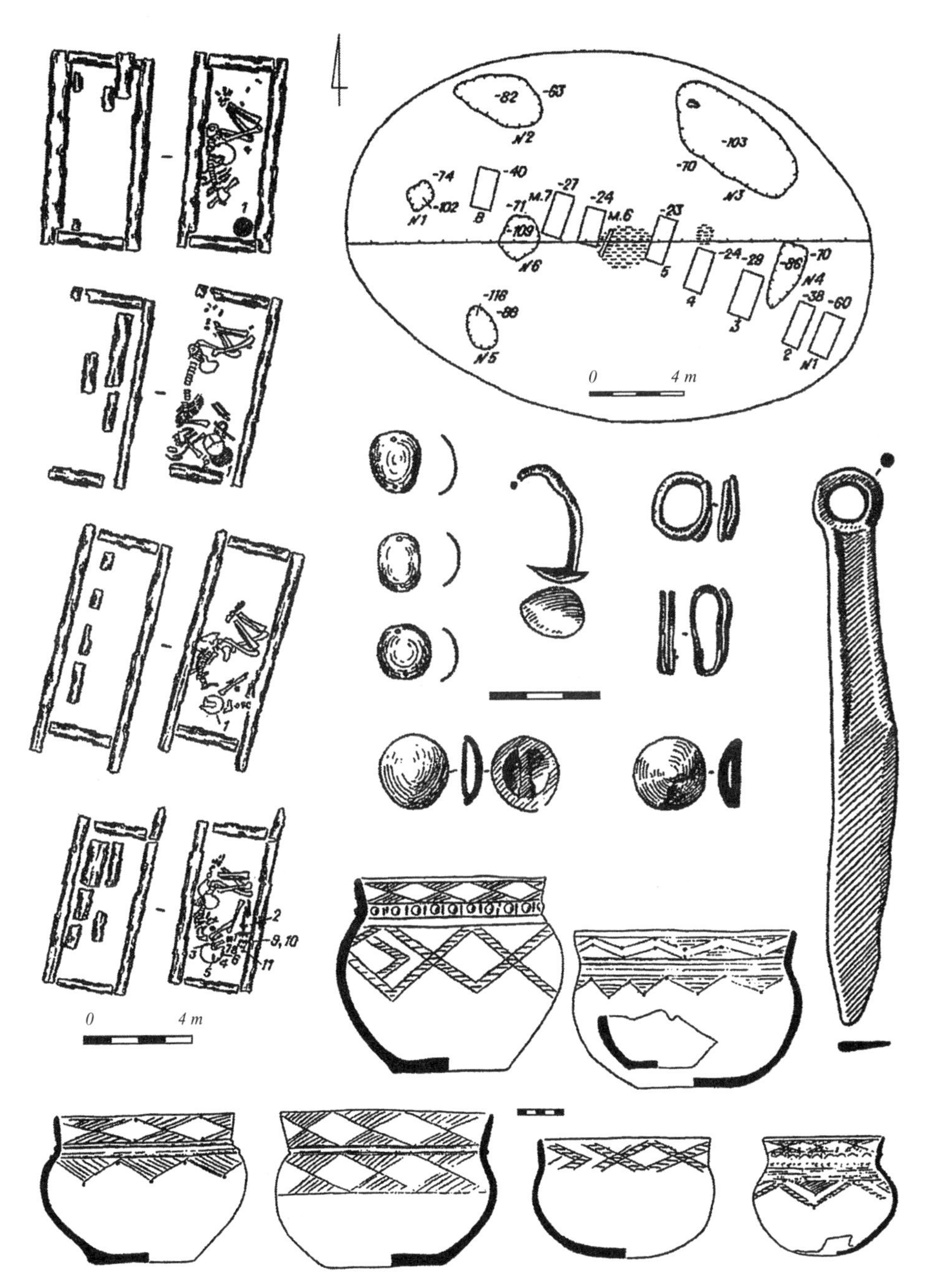

图4.8　伊尔门文化茹拉夫廖沃（Zhuravlevo）–4墓地库尔干古坟及其出土遗物（据Bobrov，Chikisheva & Mikhailov 1993）

很浅，里面遗留了在当时的土层上竖立的木框架。除了少数集体葬之外，大部分为单人葬。随葬品有陶器和一些金属器物（类似指甲盖的垂饰、耳环、可缝在衣服上的胸徽等）。

与其他安德罗诺沃（费德罗沃）文化传统的“继承者”一样，伊尔门文化的居民拥有许多明显从事畜牧业的证据，从事农业种植的证据很少。动物考古学资料显示，相对于狩猎的野生动物，家畜的骨骼数量占了绝对优势。各地冶金技术的发展水平也会根据当地矿产资源的具体情况而有所差异。

伊尔门文化的年代问题依然有很多争论。作为文物类型学专家，奇列诺娃（Chlenova 1994）一直把它们的年代定得很晚（公元前8—前7世纪）。大多数专家（Kosarev 1981；Matveyev 1993；Molodin 1985）却持不同观点，认为其年代为公元前11—前8世纪，并将其划分为两个发展阶段。遗憾的是，奇恰－Ⅰ设防聚落遗址出土材料的碳－14年代数据迄今尚未公布。

伊尔门文化的考古资料之所以引起注意，不仅因为数量众多，而且由于它们与后来铁器时代各种文化之间有着明显的联系，这一点我们在后面章节中还会探讨。

三　小结　青铜时代的发展轨迹

到此我们已经探讨了欧亚北部地区一千多年的考古学文化发展史。从考古学角度来看，它们都体现在反映本地和地区千变万化文化传统的众多遗址上，其中某些文化传统的分布和传播比本书所研究的地域范围还要广阔。

这些文化的发展是以非常重要的青铜冶炼技术和其他工艺广泛使用为标志的技术经济的兴起、畜牧业的发展以及人口增长为特色的。不过这些文化对读者来说可能有些复杂难解。与铜石并用时代那些分布广泛但是相当单调的文化不同，对于青铜时代这些各种因素相互影响的文化，我们需要考虑它们不断变化的多样性。因此，我们将在此概括这些文化发展的轨迹并强调它们最重要的特性。图4.9

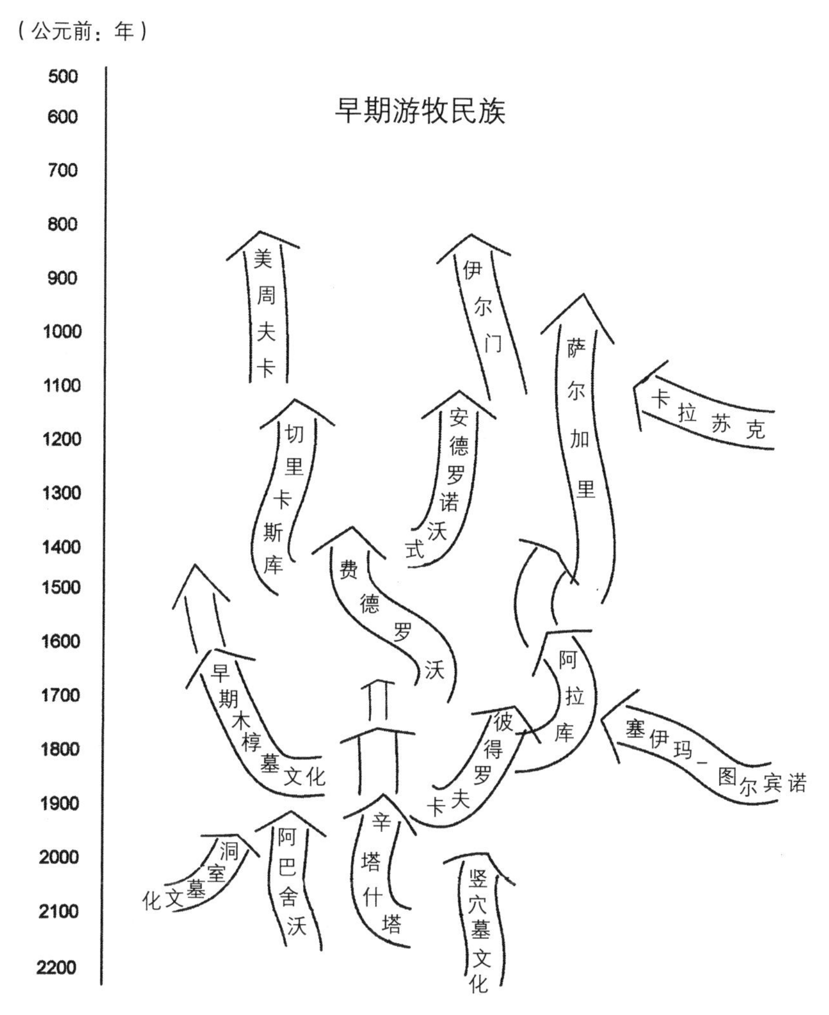

图4.9 青铜时代主要考古学文化演进示意图

展示了公元前三千纪到前二千纪乌拉尔和西西伯利亚地区可能存在的各种文化之间关系的大致情况。需要注意的是，我们所研究的这片地区有一些决定性的“关节点”：（1）青铜冶炼技术和畜牧业的传播与竖穴墓文化、绳纹陶文化扩张的关系；（2）在环黑海地区技术文化网的瓦解与洞室墓文化居民积极扩张这两个因素的促进下，阿巴舍沃文化和辛塔什塔文化的形成问题；（3）安德罗诺沃文化和木椁墓文化集团的形成与欧亚技术文化网发展之间的关系；（4）地区经济体系崩溃时上述文化是如何转变或瓦解的。

我们知道这个地区最早出现食物生产型经济——畜牧业和冶金技术的遗址是大约公元前3400—前3300年（经过校正的碳-14年代）在乌拉尔南部地区的竖穴墓文化出现的，到了前二千纪起始时期它演变成波尔塔夫卡类型（又称波尔塔夫卡文化）。竖穴墓文化的居民在他们部落族人的墓葬上面垒土筑起数量众多的库尔干古坟，由此改变了草原长期以来单调的地貌。这种古坟传统建立起来并延续了很长时间。

根据目前所掌握的资料，乌拉尔地区竖穴墓文化的形成正是伏尔加河与里海之间草原地带居民东进的结果。畜牧经济和牛马牵引的轮车为移民活动提供了条件。

在竖穴墓文化大背景下，专业化的冶金制造活动在最早开采的矿区——卡尔加里得到了完美体现。这个证据非常重要。它使得我们认为导致竖穴墓居民在乌拉尔地区出现的动力因素之一与寻求新的矿藏有关。由此也反映出作为环黑海地区冶金技术网中强有力中心之一的高加索冶金中心的影响和扩张趋势。对此有两种推测：第一种是乌拉尔地区铜矿的发现有可能是外来移民深思熟虑的结果，第二种是这些矿藏有可能是这些外来移民在向东的殖民过程中偶然发现的。当然，对于这两种推测，我们通过逻辑推理认为这些新移民中应有一些对采矿冶金非常熟悉的工匠。

卡尔加里的金属制品主要流向西方。或许从一开始，这里的冶金制造活动就是为了满足伏尔加河下游地区一些特权集团的需要并在其指导下进行的。在出现众多大型库尔干古坟的公元前2500年之后这段时间，乌拉尔地区竖穴墓文化的人口获得增长。

虽然我们说过青铜冶炼技术最初并没有产生革命性的作用，但是我们需要强调它的影响力的确越来越大。那些拥有丰富金属矿藏的地区变得非常有吸引力，新移民们在控制了邻近地区的同时，将此发展成更加活跃、交流更加频繁的地区性中心。这些中心位于高加索和里海-东欧大草原地带，那里以洞室墓文化为代表的社会扮演了重要角色，他们已经在高加索–东欧大草原–巴尔干这片广大区域进行着频繁的交流和互动。洞室墓文化社会具有较强的经济基础，同时具有社会分层与职业分工并具有一种军事化的特征（Pustovalov 1992，1994）。

到了公元前三千纪与前二千纪之交这个阶段，环黑海地区冶金技术网内部的交流逐渐衰落，这是由多种原因造成的，包括产生和兴起了一批新的具有竞争力的冶金中心，同时新兴的精英阶层和人口移动的影响力都在加强，由此产生了新的文化传统。此外，我们还看到当时特别是青铜时代中期结束的时候（公元前二千纪初期）出现的一些技术方面的变化：西方的（环黑海地区）和东方的（塞伊玛–图尔宾诺）两个主要技术传统在争夺欧亚地区的主导地位。

在这些进程中，欧洲东部的草原和森林–草原地带发生了一些显著的文化变革。晚期竖穴墓文化、洞室墓文化和绳纹陶文化传统之间的频繁互动导致了阿巴舍沃文化共同体的产生，它正是青铜时代中期欧洲东部最关键的文化实体。这一时期畜牧业和青铜冶炼技术都被引入森林–草原地带并传播到尚处于铜石并用时代的欧洲东北部森林地带。

在外乌拉尔南部地区，自发产生的辛塔什塔文化综合体此时产生了一股强烈的动力，由此与当地原有的铜石并用时代文化背景形成了强烈对比。需要注意的是，辛塔什塔文化复杂的陶器和金属器物与阿巴舍沃文化和晚期洞室墓文化的器物有很多相似之处。此外，辛塔什塔文化已经形成了在紧凑地域系统布局的核心聚落模式，拥有封闭式的防御设施以及在聚落内密集建造房屋这种稳定的建筑传统。这些都暗示它在当地铜石并用文化中是没有任何根基的，然而我们却能够在安纳托利亚西部、巴尔干和东欧大草原等其他地区的物质文化中找到与它相似的元素。毫无疑问，辛塔什塔文化传统是通过移民活动从西方或西南方传入外乌拉尔南部地区的，但是它的动力和具体形式还不是很清楚。我们可以坦率地说，只有在一部分具有强烈组织意识的社会人士的规划下，辛塔什塔文化的聚落才有可能按照同一种标准来进行规划和建设。虽然我们不否认导致这些移民活动的其他因素，但是我们认为主要动机很有可能就是为了寻找用于冶炼金属的矿产资源。需要注意的是，辛塔什塔文化存续期间的生态环境是干燥的，但土壤、水和矿产等资源还是很丰富的。所有这些，再加上风景如画的地貌，很有可能符合这些新移民的理想。虽然这片土地人烟稀少，但新移民仍与当地土著居民打交道，不过他们还是试图保持独立状态。

与此同时，作为辛塔什塔文化继承者的彼得罗夫卡文化，其中的一些元素特别是在陶器方面，却经常呈现出受到当地土著文化的影响。

总体而言，在葬俗方面，辛塔什塔文化的居民仍然延续着库尔干古坟传统；小型古坟组成比较紧凑的墓地往往与附近聚落有关。这种模式显然是当时居民定居生活的反映，丰富而复杂的殉牲祭祀活动也反映了当时居民祈求丰产、繁殖和社会和谐的观念。各种类型的畜牧业模式再加上青铜冶炼和其他工艺都构成辛塔什塔居民的经济基础。乌拉尔南部地区出现的具有辐条车轮的马拉战车是欧亚地区最早的发明之一。这种马车组合在欧亚草原上四向传播。很多学者认为马匹、圆片状马镳以及手工制造的陶器等都体现出辛塔什塔文化和彼得罗夫卡文化传统对中亚地区的传播和影响（Kuzmina 1994；Masson 1999）。

我们很难估算出辛塔什塔社会的发展水平。不过它的确显示出社会复杂性方面某些突破性的增长，这或许不符合传统的以农业社会为标准的社会发展模式。我们能够清晰地看到当时的地貌和资源都已经得到了较好的规划和利用，强调防御功能的聚落规划和密集型的建筑布局也比较系统，此外当时各种祭祀和仪式，特别是葬俗方面，也已经是相当复杂而且非常重要了。很难想象当时住在这些彼此相连的房屋内、总数达一两千或有五六百人的社区，内部是人人平等的。这样的社区应当具有社会组织，并且已经“懂得”一些社会专业化分工、性别–年龄和地位分级、物质和财富集中等事情了。不过需要注意的是，这样的社会依然是基于集体意识和原则而运作的。社会精英扮演了组织者的角色，虽然我们在考古实物资料方面不容易看出来。

公元前二千纪初期，伏尔加河和乌拉尔之间地区发生的这些活跃的文化互动是在辛塔什塔文化促进下并且围绕它发生的。由此产生了一系列在考古学方面表现为由明确的文化属性统一而成的文化传统。彼得罗夫卡文化和阿拉库文化最重要的特色就是它们与辛塔什塔文化有着明显的渊源。这两种文化的所在地域和年代部分重叠。它们在地域扩张和发展的同时也抹掉了很多辛塔什塔文化的传统印迹。原先围绕一个中心布置建筑群的聚落模式为分散布局和独栋房屋所代替，殉牲祭祀仪式也变得简单化了，陶器则在传统基础上变得更标准化了。与此同时，一种新的葬俗——火葬出现了。地域分布最广阔的是费德罗沃文化，与先前那些文化不同的是它具有土葬和火葬两种葬式：火葬流行于西部地区的库尔干古坟墓葬，而在东部地区表面平坦或有坟包的古坟则流行土葬。这种（文化）多样化的进程也反映在墓葬结构方面，有简单的穴坑，也有用石块包裹成类似棺椁的墓葬。可以确认的是，阿拉库文化和费德罗沃文化的居民曾经在同一地区共同生活过，他们还在某些地区留下了彼此混合的文化综合遗存。

外乌拉尔和西西伯利亚地区安德罗诺沃文化家族的形成是与欧洲东部草原和森林－草原地带的木椁墓文化发展同步的。这两大文化集团互动的大片地区就包括了乌拉尔南部地区，那里既可以看到“纯粹的”，也可以看到混合了这两个传统的文化。

这两大文化实体分布的地域非常广阔。尽管具有某些地区和本地特点，它们仍在青铜冶炼技术显著的兴起以及金属工具和武器需求的刺激下有了双向的联系和交流。草原牲畜业是这两个文化集团居民主要的维生经济分支。不过不同的生态环境和气候波动等因素对各地居民采取定居或是移动的生活方式产生了影响。手工业和贸易交换对整个晚期青铜时代欧亚地区居民的经济生活模式也起到了重要作用。

当时的居民集中生活在河谷地带，广阔而没有河流的草原基本上是人烟稀少的。聚落也以分散模式为主，规模大小各异：从拥有几十座房屋的相对较大的村落到小农庄或临时性的营地都有。三至四个聚落可以组成一个集群，各集群间隔5—10公里，沿着主要的几条河流集中分布（参见图3.5）。根据叶夫多基莫夫（Evdokimov 2002：87—91）的古人口学复原研究，当时托博尔河上游河谷地带估计有450—550人居住在八座同期的木椁墓文化和阿拉库文化的聚落里。这个地区的人口密度每平方公里为0.008—0.011人。根据他的估算，同期哈萨克斯坦中部和北部地区（总面积约40万平方公里）的人口至少有3500—7000人。他们很可能是分类择地群居的（不同规模的部落），社会组织是建立在真正或虚拟的亲属血缘关系上的，如具有共同的生活地域、族名、礼仪、文化甚至可能是共同的语言/方言等因素。

公元前二千纪中期，渔猎经济大大缩减且只集中在欧亚地区北部广阔的针叶林地带，这是畜牧业和冶金技术扩张的安德罗诺沃文化集团殖民活动的结果。冶金技术与传统的渔猎活动相结合，在森林-草原和针叶林南部地带形成了一种多种经营

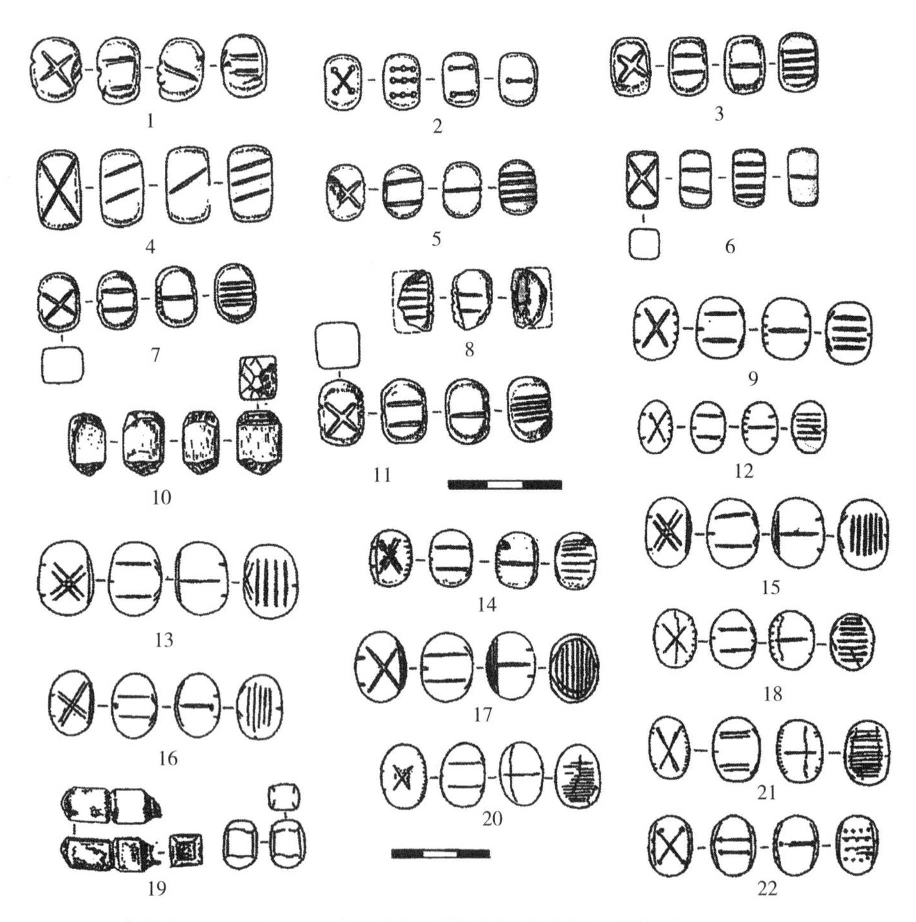

图4.10 乌拉尔和西西伯利亚地区青铜时代晚期遗址出土的骨制骰子

1、2、5、10属于切里卡斯库文化；4、7、8、11属于阿拉库文化；3、6、9、12—22属于乌拉尔地区的木椁墓文化（据Stefanov et al. 2001）

方式，由此催生了一系列混合型的文化。很有趣的是像骨制骰子这种具有独特文化属性的物件在青铜时代晚期的乌拉尔和西西伯利亚地区被广泛使用（图4.10）。

公元前二千纪最后几个世纪还发生了另一次文化转型。它们是在阿拉库文化和费德罗沃文化核心传统的逐步解体以及东部卡拉苏克文化影响不断增强的背景下形成的。

正如前面许诺的那样，我们在这里不会深入探讨当时居民的族属问题，因为相关的资料还不够充分。同时，通过考古资料我们还是看到了印欧语特别是印度–伊朗语向东方扩张的趋势，我们也看到了在冶金技术日趋统一的大背景下，各地区呈现出更多的文化多样性以及地区性和本地性的特色传统。

西西伯利亚地区的森林–草原地带是印度–伊朗语族和芬兰–乌戈尔语族居民互动的活跃地区。估计当时伊朗语是这个地区居民的通用语言，就像中古时期突厥语是这里的通用语一样。

公元前一千纪，安德罗诺沃文化的继承者在草原畜牧业、冶金技术以及高水平的生态适应和精神领域等方面都经历了很多发展和变化。然而，他们的经济和社会潜能却不足以强大到能够抵挡由很多因素联合导致的一直在增长的危机，这些因素包括生态环境恶化、技术难关、人口衰减以及地区之间联系的减弱等。

第二部分

铁器时代

—— 区域互动的形成

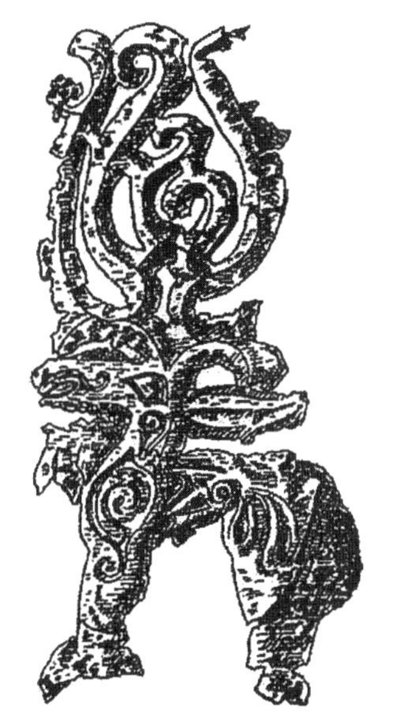

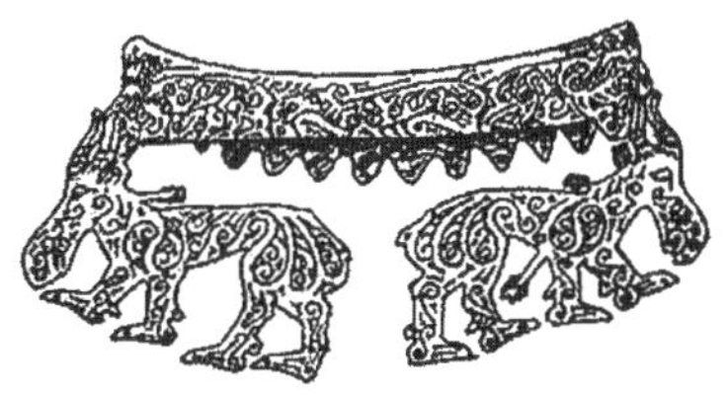

第五章

向铁器时代过渡与经济发展新趋势

本章对铁器在欧洲东部和西西伯利亚森林和森林–草原地带的起始和发展做一概述。[1]

就矿藏而言，总体上该地区铁矿石蕴藏非常丰富，也因质量、矿物成分以及矿床沉积等具体情况而异。最富的铁矿石矿藏出在乌拉尔和阿尔泰山区，其中可利用成分高达60%—70%；最贫的铁矿石矿藏位于欧洲东部和西西伯利亚的森林地带，含铁成分不超过45%（Kolchin 1953；Zinyakov 1997）。古代的冶金工匠在面对矿藏时已经懂得如何发现、拣选和加工不同类型的矿石了。

有关铁器的起始问题涉及年代学、冶金技术和社会经济三个方面。虽然不可能对每个方面都进行全面深入探讨，但我们还是要努力探寻这些问题。

铁器时代拥有大量类型多样的考古遗址，研究显示，这段时期在人类历史上具有非常重要的地位。学术界普遍认为历史的发展是技术发展的结果，而人类技术发展最重要的成就之一就是冶铁技术的发明。不过我们承认相对于考古遗址出土的铁制工具和兵器的类型学、文化属性研究，有关冶铁技术的起源问题，学术界还没有给予系统关注。

科尔钦（Kolchin 1953）研究了俄罗斯古代冶铁工艺，他是公认的俄罗斯冶金考古学奠基人。他与同事克鲁格（Kolchin & Krug 1965）率先研究了熟铁或块炼铁的加工过程，使得学术界对此有了更多的了解。有关欧洲东部地区铁器的起始问题，捷列霍娃和罗莎诺娃（Terekhova & Rozanova 1997）、沃兹涅森斯卡娅

（Voznesenskaya 1967，1978）、科姆托娃（Khomutova 1978）、施拉姆科（Shramko 1962，1963，1969，1977）和伊尔里赫（Erlikh 2002a，2002b）都出版了具有启发的研究著作。孙楚卡谢夫（Sunchugashev 1979）研究了西伯利亚东部和南部地区的冶金技术传统，而辛亚科夫（Zinyakov 1988，1997）则让我们对西西伯利亚地区的冶铁技术有所了解。其他俄罗斯学者对这个课题也进行了研究，他们通常采取金相分析的方法（Zykov 1993）。

学者们将铁器的使用和冶铁技术的发展划分了几个阶段。根据斯诺德格拉斯（Snodgrass 1980：337—338）的研究，冶铁技术经历了三个阶段：第一阶段，铁器非常稀少并且主要承担礼仪的角色；第二阶段，开始有了冶铁生产，但是规模远小于青铜冶炼；第三阶段，铁器取代其他材料，成为主导的金属制品。

普莱纳（Pleiner 2000）认为，铁器的发展经历了四个阶段。第一阶段，铁器只是零星出现，主要具有仪式意义，而且非常昂贵。第二阶段可称为铁器的起始或原始铁器时代，此时铁器生产的规模非常有限，不过已经有了正规的基础，很可能只供给社会上层人士使用。从考古学来看，这个阶段与青铜时代晚期或末期重叠。第三阶段是早期铁器时代，此时像刀、凿、斧和镰刀等一些基本类型的工具、兵器都用铁制造了。第四阶段的特点是能够大规模地对所有类型的器物进行专业化铁器生产，生产工艺相当复杂。

除了一些细微差别，学术界普遍认为铁器时代的开始是以人们自觉地掌握了有关铁器的炭化处理技术，同时逐步将青铜器从主流（基本的）冶金生产中淘汰为标志的。秉持这个观念，我们要追踪铁器是如何以及从什么地方引入我们研究的这片地区的。我们也试图了解冶铁这个新技术传播的动力以及它是如何在社会和经济领域发挥作用的。

一　冶铁技术在欧亚地区的兴起

近几十年来的考古研究为我们提供了不少可靠的资料和数据，显示铁器早在铁器时代开始之前的数千年前就已经在欧洲东部的南方、乌拉尔南部和西伯利亚南部地区出现了。目前已知青铜时代早期的竖穴墓文化、阿凡纳谢沃文化和洞室墓文化遗址一共出土了46件铁器和4件铁与其他金属复合的金属器物（图5.1）。[2] 欧洲东部地区的器物可分为四类：工具和兵器、装饰品、与信仰崇拜有关的器物，以及一些无法识别用途的器物，很有可能是工具的碎片。在萨彦岭和阿尔泰山地区，最早的铁器都是装饰品。

我们可以清楚地看到欧洲东部和中亚地区用铁上的差别。欧洲东部地区，铁用来制作工具和某种兵器如刀、扁斧、凿和刮刀等。而在阿凡纳谢沃文化地区，铁器只用来制作装饰品。从类型学来看，这个时期的铁制和青铜-铁复合器完全符合环黑海地区冶金技术传统（刀、扁斧和凿）。在大博尔德列沃（乌拉尔西侧南部地区）库尔干古坟中出土了一套非常有趣的器物：一片圆形铁片，上面居然承着一个小的内装铁矿石粉的白垩杯子（参见图2.4 第12号圆形铁片）。遗址还出土了（欧亚地区）最早的铜-陨铁复合器物（Bogdanov 1995；Morgunova 2000；Morgunova & Kravtsov 1994）。

我们不会总执着于竖穴墓文化库尔干古坟中的铁是否都来自陨铁这个问题。通过对这些铁器进行的光谱、化学和金相学分析，我们有足够证据证明它们的成分是陨铁。显然，最早一批冶金工匠已经懂得如何加工陨铁了，虽然它们很坚硬，但是加热后可以锻造成器（Terekhova et al. 1997）。遗憾的是，我们还没有阿凡纳谢沃文化铁制品的分析数据，但是我们不妨先赞同捷列霍娃及其同伴的相关结论。

目前已知数据都证实，铁在竖穴墓文化社会是一种非常珍贵和具有很高地位的金属。这些铁器都来自大型堆土而成的库尔干古坟中富有墓主之墓（Vasily'ev 1980）。

目前最早由熟铁制成的铁器，出自青铜时代早期欧洲东部的南方，令人联想到格拉西莫夫卡遗址①出土的一把陨铁刀。这把刀的来源还不清楚，它很可能是

① 属于洞室墓文化，位于大致今天乌克兰东部的草原地带，参见图5.1。——译者注

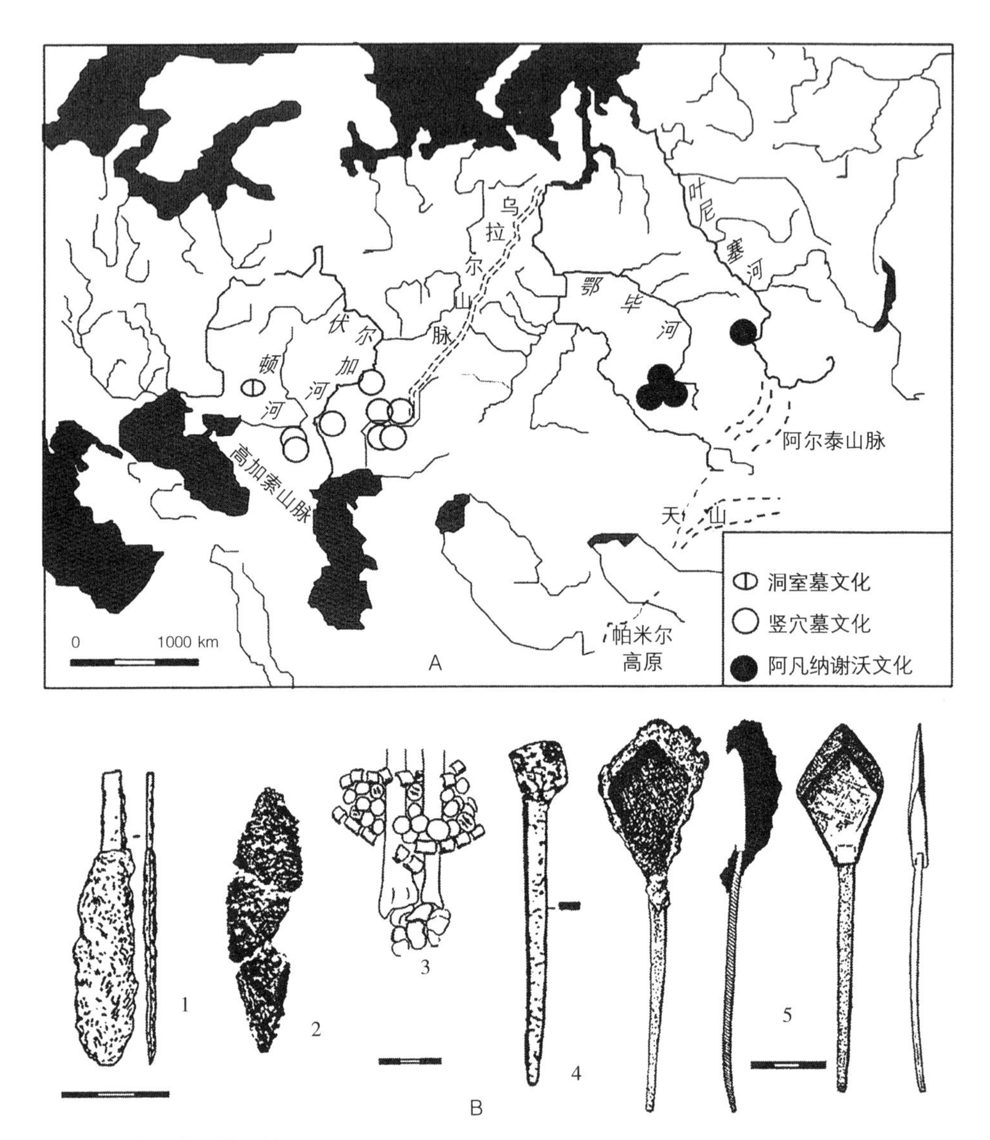

图5.1 欧亚地区的陨铁

A.陨铁分布图；

B.青铜时代早期和中期中央欧亚北部地区陨铁制品及其发现地点：1.格拉西莫夫卡（洞室墓文化）；2.比什金－布鲁克（Bichkin-Buluk，竖穴墓文化）；3.阿凡纳谢瓦山（Afanasyeva Gora）26号墓2号结构（阿凡纳谢沃文化）；4.乌捷夫卡（Utevka）1号古坟1号墓；5.塔玛尔－乌特库尔－Ⅶ墓地8号古坟4号墓（竖穴墓文化）。除了比什金－布鲁克发现的是纯粹陨铁制品以外，其他四个地点发现的四件物品均为陨铁和铜的复合制品（据Gryaznov 1999；Vaily’ev 1980；Bogdanov 1995；Morgunova & Kravtsov 1994；Shramko 1993；Grakov 1958）

从南部高加索地区输入的。

然而到了青铜时代晚期早段，我们却没有发现任何冶铁方面的资料。这似乎表明竖穴墓文化和阿凡纳谢沃文化的陨铁加工技术没有延续下来。

铁器在欧亚地区下一个阶段居民生活中再次出现要等到青铜时代晚期的结束阶段了。它是建立在早期冶铁加工经验基础之上的（图5.2–A）。其中以位于欧洲东部森林–草原地带的木椁墓文化和萨巴吉诺夫卡文化（Sabatinovka culture）遗址出土的几十件铁器（仿制同青铜器类型的锥钻、刀等）为代表（Bagautdinov et al. 1979；Berezanskaya 1982；Berezanskaya & Gershkovich 1983；Podgayevski 1935；Pryakhin 1996）。近年来一些学者提出了公元前二千纪末期有可能发生过的“全球性生态和经济危机”的理论。梅德韦杰夫（Medvedev 1999a，1999b）就指出当时顿河流域森林–草原地带出现了这种有争议的现象，特点是青铜器生产呈现显著短缺，导致人们被迫使用古老的石器和骨器。与此相反，木椁墓文化地区（顿河上游一带）的聚落仍然保留着铁器及其生产活动的遗迹。根据格拉科夫（Grakov 1958）和普里亚欣（Pryakhin 1973）的观点，顿河流域森林–草原地带是公元前二千纪中期欧亚地区早期铁器出现的中心之一。有趣的是当地青铜时代末期遗址却没有发现任何铁器。也就是说，铁器应当不是当时社会最重要的金属器物。也有其他学者认为欧洲东部森林–草原地带的居民是独立发明和制造熟铁的（Shramko 1987）。

不过，总体而言，我们注意到青铜时代末期附加堆纹陶器文化层位的一些遗址出土了更多的铁器（Berestenev 1994；Berezanskaya 1982；Buinov 1980；Nikitenko 1998）。数目达33件之多，其中有6把铜–铁复合材料制成的匕首型短刀。主要为工具和兵器的25件铁器均为别洛泽尔斯卡文化和邦达里基诺文化（Bondarikhino culture）的遗物。在某种程度上它们可以和最简单的早期阶段（木椁墓文化）的铁器相提并论。别洛泽尔斯卡–邦达里基诺文化的铁器以匕首型短刀为代表，器物类型更多样，包括很可能是从巴尔干–多瑙河地区进口的一把铁剑和一只服装搭扣（fibula）。然而从类型学上分析，上述铁器的形制都是模仿青铜制品的。到青铜时代晚期，双刃刀已经取代了单刃刀。

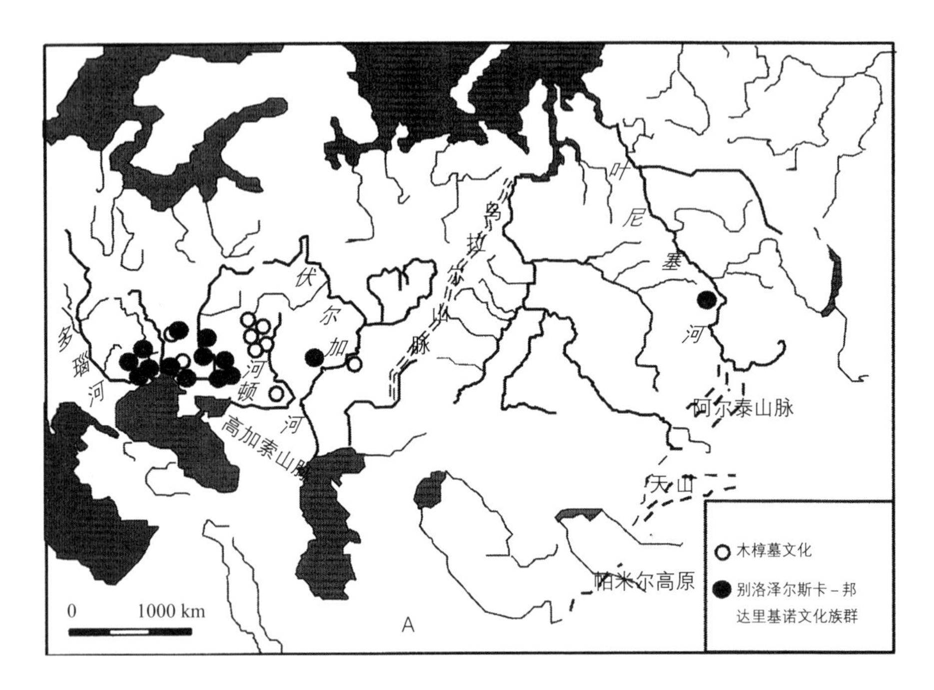

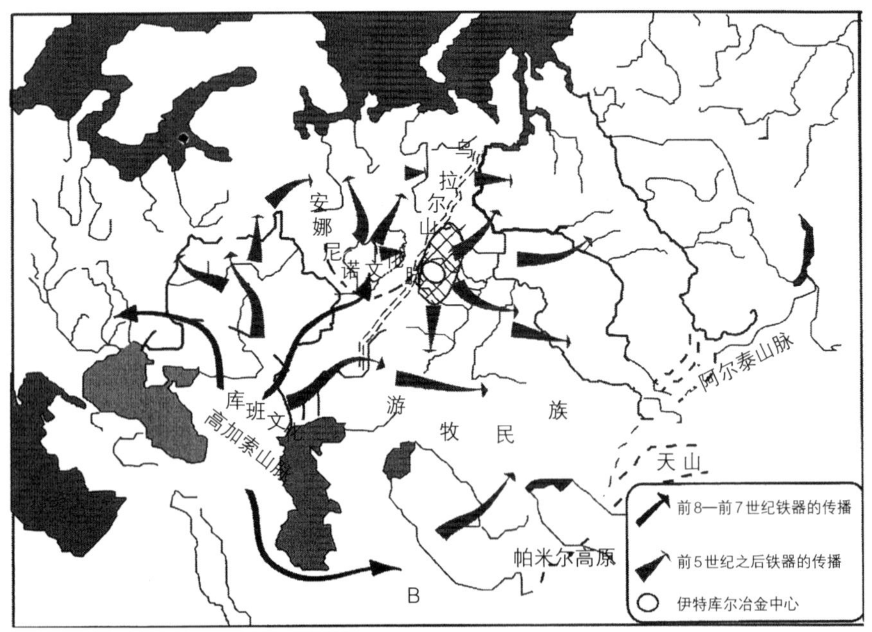

图5.2 A.青铜时代晚期和末期熟铁制品在欧亚地区的分布
B.铁器在欧亚地区的传播

按照捷列霍娃等（Terekhova et al. 1997）的观点，制作铁刀和锥钻都是从简单将铁加热后随意锻造开始的。不过，也有证据显示当时工匠已经掌握了“加热锻焊”技术，即利用铁匠炉的高温把一块铁反复加热锤打、折叠再锤打使之坚硬的技术。通过金相分析，我们注意到其中一些铁器含碳成分的变化。

除了铁剑和搭扣这种明显的域外输入产品外，大多数铁制品都是在当地的冶金中心制造的。我们需要注意的是在北部欧亚的亚洲地区只发现了一件冶炼铁器。

鉴于此，我们认为欧洲东部草原和森林–草原地带比较早地成为铁器生产地区。到公元前二千纪结束的时候，铁器和铜铁复合制品都在逐步增多，反映了在原有纯铜和青铜冶炼工业基础上，冶铁作为一种新兴技术在空间上的传播。这种冶铁生产与陨铁加工技术并无关联，它主要依赖于将海绵状的粗铁锻打成器的所谓熟铁或块炼铁加工技术。

公元前10—前9世纪，曾经占据了欧亚广大地区的欧亚冶金技术网开始衰落。不过它已经改变了这片地区的社会文化和技术面貌。冶铁技术在向东方和北方传播到森林地区时留下了很多遗迹。

青铜时代文化衰落部分是由于以气候变冷为标志的气候波动造成的。气候变冷等因素破坏了定居的畜牧业经济基础，由此导致草原地带居民重新选择游牧生活方式，同时也使得森林–草原地带的居民社会产生了结构性重组。最重要的或许还是原先存在的相对稳定的贸易交换体系崩溃了。传统的金属矿藏资源枯竭，锡的供应也变得更困难了。

欧亚温带地区大范围过渡到以铁制工具和兵器为主，发生在公元前8—前3世纪（图5.2–B）。

公元前9世纪末，欧洲东部地区的居民已经掌握了冶铁技术。公元前8世纪，外高加索、东欧大草原北部和伏尔加河中游地区的居民已经懂得制作铁和青铜复合材料的剑，并且尝试制造钢材。实际上，在公元前8—前7世纪这么短的时间内，所有与冶铁相关的基本工艺都已被证实流行了（Grakov 1977；Shramko et al. 1977），换句话说，各种类型的钢材也能生产了。他们已经掌握了热处理、锻打焊接以及局部炭化处理等工艺了。根据俄罗斯学者们的最新发现，我们认为欧洲东部铁器时代前夕存在着两种可以追溯到先前时代的技术传统：

（1）欧洲东部东欧大草原传统。基本上以所谓纯铁为主，其质量远不如青铜。以东欧大草原和森林–草原为中心，它的出现是青铜短缺的结果。

（2）外高加索传统。它的特点是已经有了经过炭化和热处理的钢材了。这个传统可以追溯到地中海东部早已确立的古代冶铁中心（Terekhova & Erlikh 2000）。

大多数学者认为这种“前斯基泰时期”（pre-Scythian period）特色的由铁–青铜复合材料制成的剑和匕首是通过高加索北部地区传来的（Terekhova et al. 1997：41）。不过我们可以这么说，为了满足战争尤其是满足箭镞需求的青铜工业虽然达到了技术高峰，产品传播到欧亚大草原地带，但是此时铁器也已经登上了历史舞台。需要注意的是，此时大多数装饰品和马具、锅（鍑）等器物仍然是用青铜铸造的。

公元前7世纪，欧洲东南部[①]的居民已经掌握了除了铸铁之外几乎所有铁器生产工艺（Shramko 1962）。当时的欧洲东部地区存在数个冶铁工业中心，它们与森林–草原地带大型设防聚落也有联系（Shramko 1987：115）。那里的居民很快掌握了冶铁技术并且成为斯基泰人有效的供货者。新的金属材料可以用来制造剑和匕首型短刀。

二　乌拉尔地区的冶铁技术

虽然域外输入的铁器特别是铜–铁复合材料制成的剑在青铜时代乌拉尔地区早已为人所知，但直到公元前一千纪中期，这里依然以青铜冶炼为主。此时的铁器是非常昂贵和稀少的。铁器在乌拉尔以东地区的广泛使用则要推迟到公元前5—前3世纪，铜和锡蕴藏非常丰富的西伯利亚南部地区尤其如此。

随着乌拉尔地区青铜时代的结束（公元前9—前8世纪），两个重要的冶金

① 指黑海北岸、高加索以北的欧洲地区。——译者注

中心在乌拉尔山脉两侧建立起来，它们就是位于西侧的安娜尼诺（Ananyino）和东侧的伊特库尔。这两个冶金中心保持着松散的联系，也有着一些共同的基础，都在延续先前的技术传统，但是它们影响的地区范围却是不同的：西侧的安娜尼诺中心主要向西方和北方进行文化传播，而东侧的中心伊特库尔的影响范围主要是南方和东方。它们都活跃在公元前8—前3世纪（Bel'tikova 1993，1997；Kuzminykh 1983）。

安娜尼诺冶金技术（乌拉尔西侧地区）

乌拉尔西侧地区冶金中心是建立在由数个文化组成的一个文化世界基础上的，这些文化都带有青铜时代以来本地的基本传统。重要的是它们一起组成了安娜尼诺文化集团（Ananyino cultural groups，详情参见第七章）。

安娜尼诺冶金中心完成了伏尔加河–乌拉尔地区非铁器冶炼的发展（Kuzminykh 1983：171）。它包括许多振兴的塞伊玛–图尔宾诺和其他欧亚类型器物的特色。目前已识别出三组安娜尼诺铜合金的基本器物，即含有锡或锡–锑–砷合金以及纯铜制作的器物，它们被广泛使用的时间和青铜时代一样长。这个中心生产了大量的金属制品，如有木柄或箭杆插孔的斧子、矛、箭镞、战锤和匕首型短刀，以及许多装饰品。安娜尼诺冶金技术一直传播影响到欧洲西北部、瑞典中部和北部以及芬兰等地（Hjarthner-Holdar & Risberg 1999；Talgren 1937；Zbruyeva 1952）。从一开始这里的冶金工匠们就与高加索和黑海北岸东欧大草原地区的冶金中心保持着紧密联系，并从那里输入所谓辛梅里安式青铜器，其中有十字形护手（格）的匕首、库班文化（Koban culture）的战斧、双环链式马勒、各种胸徽和刀剑等（Terekhova et al. 1997）。这对我们研究的问题非常重要。

安娜尼诺文化最早的遗址（公元前9、前8世纪到前6世纪）显示，当时不仅能够生产青铜器，而且还能制造技术水平很高的青铜–铁复合材料以及铁制产品了（图5.3）。有趣的是大约三分之二已知铁器都出土于早期的公元前8—前6世纪的埋藏之中。它们是在当地制造的，我们不否认其中某些器物拥有高加索地区的

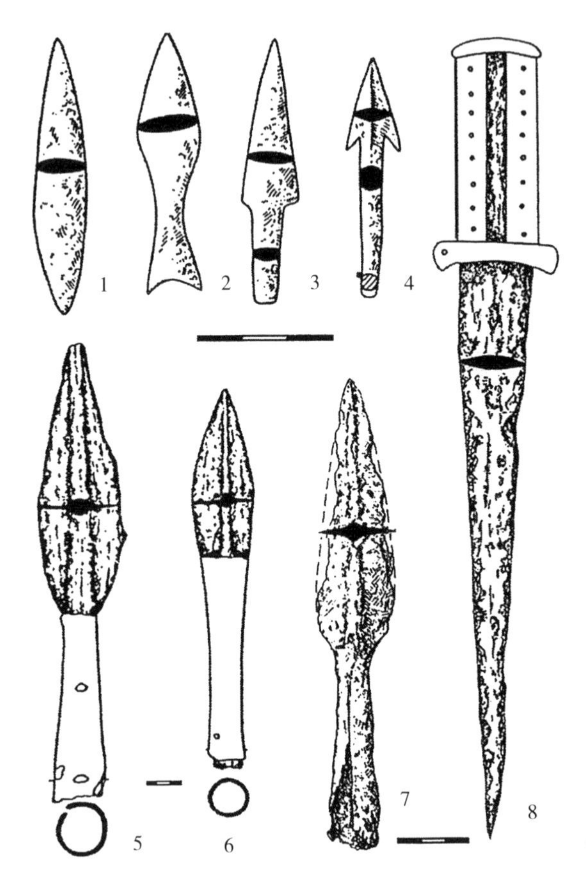

图5.3 安娜尼诺文化遗址出土的铁器和铜铁复合制品

1—5、8.老艾哈米洛夫斯基（Starshii Akhmylovsky）墓地；6、7.安娜尼诺墓地（据Kahlikov 1977；Kyzminykh 1983）

技术特色，它有可能是高加索地区掌握了熟铁或块炼铁技术的工匠移民带来的。疑点是高加索地区离这里（乌拉尔西侧）还很远，并且这两地之间也没有发现早期铁器。

从公元前4世纪起，当地金属制品生产转而满足萨夫罗马泰人（Sauromatian）[①]的需求了。不过需要注意的是，安娜尼诺文化南部类型考古遗址只发现金属加工

① 又译作“撒乌洛玛泰依人”。见于希罗多德《历史》等古典著作，老普林尼认为他们与萨尔马泰人（Sarmatian）是一个族群。有些学者把他们看作早期的萨尔马泰人。参见本书第六章及译者补充参考资料余太山等的著作。——译者注

而没有任何矿冶遗迹。虽然大多数金属器物出自墓地，但是我们可以说这些金属加工活动应与村庄和设防堡垒有关。

当时的铁都是做什么用的呢？首先可以用来制造各种使用工具。已经发现的总共大约1300件铁器中有700多件是工具；其次是兵器，有520多件（剑、匕首、战锤–战斧、矛、箭镞和箭囊挂钩等）。此外大部分马具也是铁制的。最后，铁还可以制作装饰品（有27件）。[3]

安娜尼诺文化冶铁技术达到了怎样的水平呢？我们可以用技术分析研究做得比较好的老艾哈米洛夫斯基墓地出土资料加以说明。其中大约一半的铁器是用熟铁和含碳量比较高的钢制造的。当时的人们已经掌握了使器物表面变硬和调整火候等技术。有14%的器物是用"纯"铁制作的。质量好的钢则用来制造战斧和矛。安娜尼诺文化的居民已经得心应手地掌握了热成型、焊接、压印、抛光和雕刻等工艺。看来当时的冶金工匠们在社会中都拥有一定的特殊地位，他们死后通常会与自己的冶金工具一起被安葬在公墓中。

不过我们不应该忘记，安娜尼诺金属冶炼成品中铜器与铁器的比例是20：1。当时，冶铁技术在欧洲东部和乌拉尔西侧地区还处于起步阶段。从公元前3—前2世纪开始，冶铁技术的影响才逐步扩大。安娜尼诺文化的直接继承者之一——皮亚诺波尔文化（Pyanobor culture）已经完全以铁器生产为基础了。当时只有皮亚诺波尔妇女使用的沉重而繁丽的装饰品是青铜制作的。

伊特库尔冶金技术（乌拉尔东侧地区）

乌拉尔山脉东侧地区在公元前8—前3世纪居住着一批特殊的冶金工匠，他们在伊特库尔文化留下了自己的印迹（详情参见第八章）。他们把金属冶炼加工点安排在生活住所的附近。已发现的大约40多个加工点都坐落在山丘上，周围有防御土墙和壕沟保护。通常2—9个加工点集中在一起，形成某种程度上当地的冶金中心（Bel'tikova 1997）。

伊特库尔文化的冶金工业依赖于沿着乌拉尔山脉长约270公里的一片富含铜

和铁的矿藏地带，那里留有各种遗迹，例如熔炉（大约100座）、铸范（175个）、熔渣、矿石、废料、鼓风嘴之类的工业用陶器制品以及选矿和金属加工用的工具等。熔炉的构造通常比较简单，发现于防御设施的附近。铸范是用黏土、滑石和铜制作的。伊特库尔文化冶金工匠们已经能够生产品种多样的产品：工具（扁斧或铲、矿工用的鹤嘴锄、锥钻和凿）和兵器（箭镞、矛、剑、匕首、马具）[①]。这些都是草原和森林-草原地带的常用器物。不过大多数器物还是用铜做的。整个伊特库尔文化遗址发现的铜与铁制品数量比例为600：25（24：1）。与安娜尼诺文化冶金中心不同的是，这里在公元前5—前3世纪才开始生产铁器。所有与铁器生产有关的作坊都位于伊特库尔文化东南部边缘地带。这或许是铁矿石在西西伯利亚地区广泛分布，而铜矿大多集中在乌拉尔山区的缘故吧。

根据目前掌握的资料，我们还不能把炼铜和炼铁的熔炉区分开来。很有可能二者的鼓风-熔炉结构是通用的。令人称奇的是熔炉是位于地面之上的，炉腔很深且内部还可以划分为几个大小不同的腔室。

铁器主要是工具和个别单件装饰品（仅25件），不过我们要知道目前所发现的伊特库尔文化的遗址只是聚落而没有墓葬。所有铁器都是模仿青铜器制造的。金相学分析显示铁刀是采用随意锻打熟铁而成的，质量比较差。而大头钉是由碳处理不均匀的钢材制作的（图5.4）。当时制造铜-铁复合材料的刀具是相当费力的。总体上，伊特库尔文化的冶铁技术还是比较原始的，处于熟铁加工技术的初级水平。

鉴于此，我们可以认为外乌拉尔地区（伊特库尔）的冶金中心已经具有了独立发展冶铁技术的基本条件，当然我们也不能否认外来因素的促进和影响。这种外来因素有可能是另一个具有比较成熟的采矿-冶金技术的文化。另一个外来因素则是与乌拉尔南部地区的游牧民有关，他们早在公元前3世纪就成为伊特库尔金属制品最主要的消费者（伊特库尔居民向他们供货或缴纳贡赋）。

---

① 作者在这里将马具归类为兵器。——译者注

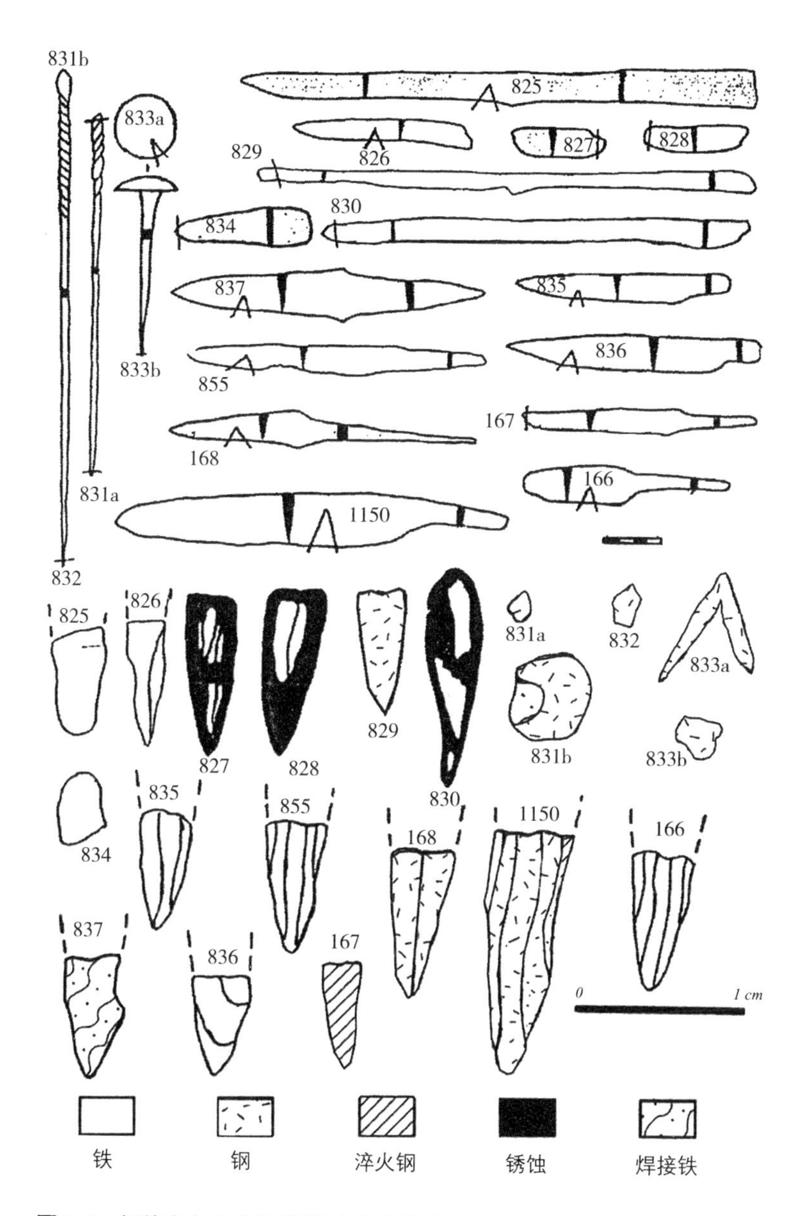

图5.4　伊特库尔文化铁器的技术分类（据Bel'tikova 1991）

向真正的铁器生产过渡

公元前5—前3世纪是真正的冶铁工业形成的时期。这期间，虽然很多装饰品、日常生活和宗教崇拜用途的器物以及延续先前草原传统形制的最后一批箭镞还是青铜制作的，但铁制工具和兵器也已经在生产了。从公元前3世纪起，铁制工具和兵器的生产规模扩大，类型也增加了，还出现了新的制铁工艺。

外乌拉尔地区考古研究最好的当属萨尔加特文化（Sargat culture）（详见第八章）。不过严格说来，有关公元前最后几个世纪萨尔加特文化冶铁活动的证据目前还相当稀少。

与青铜冶炼技术相比，萨尔加特文化的冶铁技术是在本地成长起来的。不过，我们认为它的起源还是与某些外来因素有关，也就是说它是处于游牧民影响范围之内的，同时又与伊特库尔文化有紧密的联系。

萨尔加特冶铁技术以聚落和墓地出土的数量可观的各种铁器为代表，还包括铁矿石、熔渣和熔炉残迹等。简单地说，自公元前3世纪起大多数工具和兵器都是用铁制造的了。不过铁在一开始还是非常昂贵的，墓葬中铁器总伴随着骨器一起出土。

令人遗憾的是，迄今为止还没有人从事萨尔加特冶铁技术的专题研究。不过已有一些铁器的分析研究成果发布（Zinyakov 1997）。分析样品来自12个遗址，合计74件，其中工具28件，兵器24件，马具15件，服装配饰6件和1件无法识别的器物。铁首先用来制作刀、箭镞、匕首、剑、战斧等工具和兵器。几座没有被盗过的萨尔加特文化的墓葬还出土了一系列用于攻防战斗的兵器、马具，以及不少来自中国的文物。

正如金相学分析所示，萨尔加特文化的铁器大部分是由可锻造的韧性铁和中等或较高质量的钢材制作的（图5.5）。碳处理不均匀的钢是直接在鼓风熔炉里冶炼的。总而言之，经过碳处理的钢是采取“渗碳法”制成的，主要用来制造兵器。当时的工匠还掌握了锻造、多层次焊接和淬火处理等工艺。当制作小件装饰品的时候，工匠们还会使用钎焊技术。萨尔加特的冶金技术被认为是一种家庭作

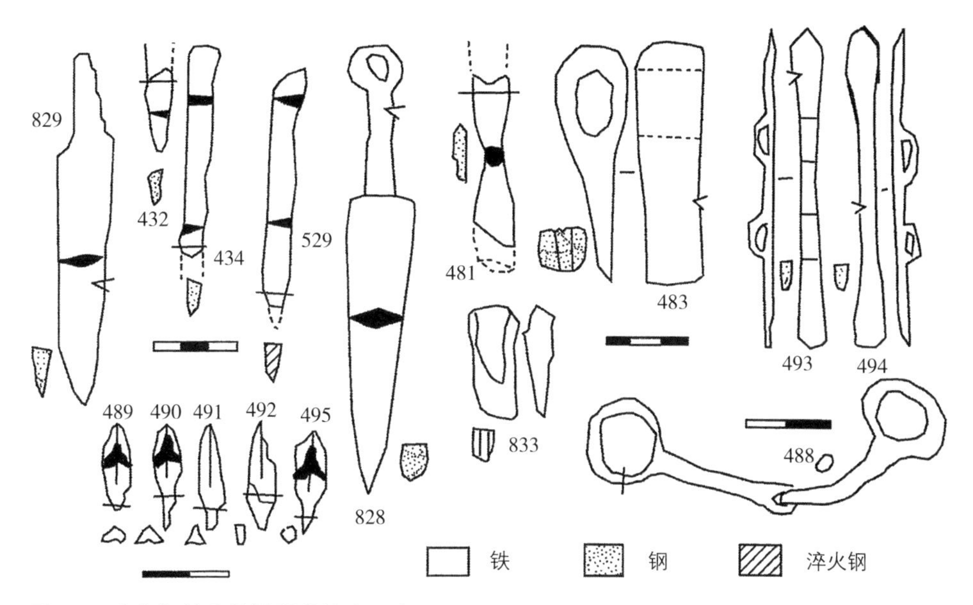

图5.5　萨尔加特文化铁器的技术分类（据Zinyakov 1997）

坊式的工艺，热焊成形的铁器质量不高并且火候也相当不稳定。在一些聚落遗址中发现了比较简单的鼓风熔炉和熔铁炉的遗迹。正如辛亚科夫（Zinyakov 1997：114）所述，在金属熔炼过程中，工匠们按照严格的技术流程规定，首先建好熔炉（要注意熔炉的类型、鼓风装置的安置和冶炼时的各种参数），熔炼过程中要注意矿石和木炭的配置比例、炉料装填的时机、鼓风力度以及熔化时间等。萨尔加特文化的铁匠已经懂得并且使用在机械性能上远优于软铁的碳素钢了。

森林–草原地带其他地区［鄂毕河上游的大莱切文化（Bol'sherechye culture）］的冶铁技术与萨尔加特相似，只是更具有某些地方特色。

因此在公元前一千纪后半段，萨尔加特冶铁技术相对而言是比较先进的。铁器产量的增加可以满足当地民众和邻居草原游牧民族的需求。随后冶铁技术向北传播到森林地区，那里分布着鄂毕河–额尔齐斯河广大地区的各个文化社群，其中又以库莱文化（Kulay culture）为代表。

到公元前3世纪的时候，森林地区的居民已经很熟悉熟铁或块炼铁技术了。

他们在公元前一千纪中期就已经懂得制作各种工具和兵器、拟人形的牌子和装饰品了。不过技术水平还是比较原始，仍处于冶铁技术的起始阶段。锻铁、软钢（低碳钢）和中碳钢也能造了。库莱文化冶金技术的特色是，青铜铸造依然处于稳定的主导地位，并且规模在冶铁业之上，特别是在生产有关“北方动物纹饰风格”的用于宗教崇拜的器物方面。尽管如此，到了公元前一千纪结束的时候，铁器已经占据主导地位并且迫使青铜器退出了工具和兵器的生产（Chindina 1984：142—143）。

我们对本章做一小结。

铁作为一种原材料，欧洲东部和乌拉尔南部地区的居民早在公元前三千纪就认识它了。那时候的人们利用和加工的是陨铁，不过这种技术传统后来中断了。

接下来的原始铁器时代是与考古学上的青铜时代晚期结束阶段同步的，此时在靠近高加索和东欧大草原的欧洲东部地区试验性地发明了熟铁或块炼铁加工技术（公元前二千纪后半段）。

熟铁加工技术发明后，它就开始从欧洲东南部向东传播开来，时间为公元前8—前5世纪（铁器时代的起始阶段）。其中最早接受这种新技术的地区就是位于乌拉尔西侧的安娜尼诺冶金中心，随后它又将此技术传播到更远的（欧亚地区）北部和西部森林地带。相对于比较早地掌握了较为先进的铁器制作工艺的欧洲东部森林-草原地带，森林地带的安娜尼诺冶铁技术显得比较逊色。而乌拉尔以东地区达到与西部冶铁技术同样的水平则又要晚几个世纪，那是公元前5—前3世纪的事情了。这可以说是内部和外部各种因素相互作用的结果，其中政治和军事是主要决定因素。虽然外乌拉尔森林地区直到公元前最后几个世纪才进入铁器时代，不过它也有自己的特色，即长期保留着青铜器的生产传统。

公元前后，欧亚地区几乎所有地方都进入了真正的铁器时代。铁器不仅能够满足本地需要，而且成为与外部贸易交换的商品，在西西伯利亚的森林-草原和欧亚草原地带都发现过中国产的铁制兵器。实际上，上述地区的社会还是比较强大的，他们有自己的生存之道：要么拥有比较先进的冶铁技术，要么能够持续地

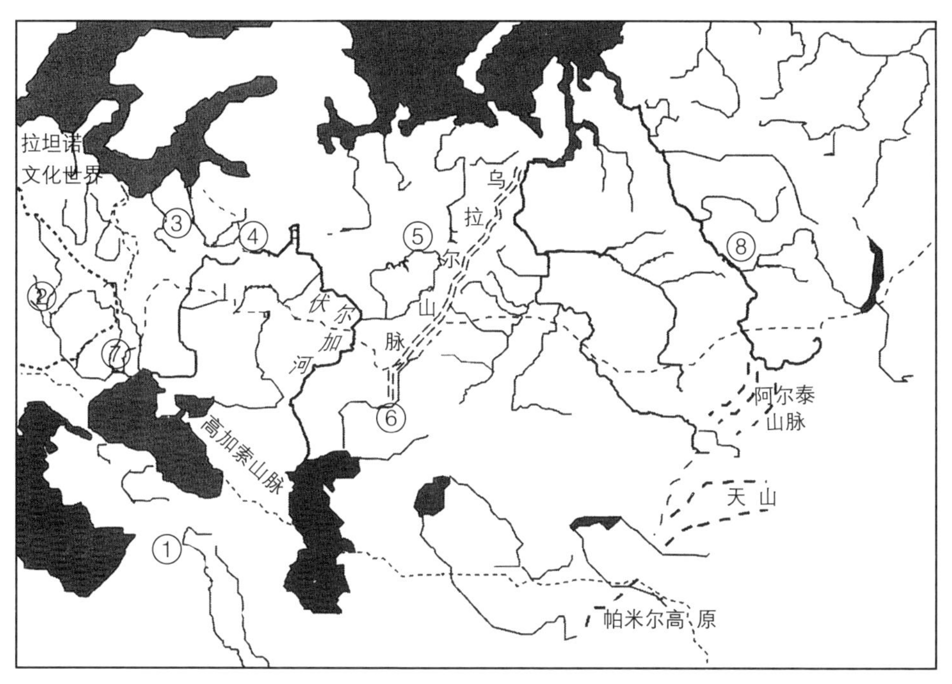

图5.6 公元前一千纪欧亚地区的文化世界

①古典文明世界；②凯尔特文化世界；③波罗的海文化世界；④伏尔加河上游森林文化世界；⑤乌拉尔山西侧森林文化世界；⑥游牧文化世界；⑦色雷斯文化世界；⑧外乌拉尔森林文化世界

消费铁产品。

欧亚地区技术发展的不平衡表现在各个不同的文化方面。但是大家都有一点共同的规律，即在通往新技术的过程中，总是伴随着旧传统的瓦解和新文化和社会的形成。虽然该过程不像西欧地区那样具有“革命性”特征（Kristiansen 1998：217），但是它长时间的影响还是很大的。

在铁器时代欧亚地区这张图上（图5.6），可以比较容易地认清我们命名的由一些地域和文化集团所组成的“文化世界”，下面这八个文化世界都是由各个文化之间密集的互动、共享的文化模式和历史命运结合在一起的：

（1）古典文明世界；

（2）凯尔特文化世界[①]；

（3）欧洲北部文化世界[②]；

（4）欧洲东部森林文化世界[③]；

（5）乌拉尔西侧及卡马河地区森林地带的文化世界[④]；

（6）游牧文化世界；

（7）巴尔干和喀尔巴阡山文化世界[⑤]；

（8）外乌拉尔森林文化世界。

实际上，这些文化世界之间并不存在着不可逾越的鸿沟。虽然边疆地带时有变化，但总体上这些文化世界的基本状态一直维持到中世纪早期。这些文化世界之所以有区别，不仅仅是由它们的文化标志和生态环境决定的，也是由它们内部彼此不同的社会结构和秩序造成的。文化世界之间比较悬殊的差别可以从作为经济、政治和文化中心的古典文明国家以及欧洲东部和西西伯利亚森林地带文化世界各自不稳定的社会结构等方面看出来。上述大多数文化世界彼此之间共享一定程度的技术和经济发展，铁器的使用在这个复杂的文化交流互动网中起着重要作用。

---

① 原著图在其西北部又标出一个属于铁器时代欧洲中部凯尔特文化的拉坦诺文化（La Tene culture）世界。——译者注

② 原著图标为波罗的海文化世界。——译者注

③ 原著图标为伏尔加河上游森林文化世界。——译者注

④ 原著图标为乌拉尔山西侧森林文化世界。——译者注

⑤ 原著图标为色雷斯文化世界。——译者注

第六章

文化交流的十字路口

——游牧世界中的乌拉尔南部地区

公元前一千纪出现了一批后来长期占据人类历史舞台并且非常强大的新角色，他们的“蛮族”形象总是与不断迁徙、破坏和恐怖联系在一起的。古代作家们认为他们天性好战且战无不胜。有史以来，他们虽然不断地在“文明世界”的边缘地带以不同的名字出现，却总是给人们留下作为一个新时代象征的骑马驰骋的武士印象。在相对短暂的时间内，这些游牧民族就适应了极端气候条件下广阔的草原，并将各个地区的居民，无论是自愿的还是被迫的，都统一成一个经济文化共同体，极大地促进了（欧亚）各个地区之间的文化交流和联系。他们创造了一种“蛮族边缘地带”，没有它，“文明的”国家和地区也是无法存在的。欧亚地区“游牧世界”的产生可以说既不轻松也不受欢迎，但也是别无选择的。在探讨乌拉尔地区的游牧文化之前，我们先来考察一下有关游牧文化研究的总体情况。

一　游牧文化研究概况

欧亚地区游牧文化的生态与历史范畴

欧亚地区游牧文化早在帝俄时代就成为旅行家、作家、民族学家、史学家、政府官员和军官们的关注焦点。他们留下了很多亲身经历和具有统计学价值的描述和记载。从中我们得知，直到20世纪初，以放养牲畜为主的游牧文化实际上并没有太大的变化。地理环境和家畜种类、牧民们迁徙的路线和对自然资源的利用方式都是游牧文化的决定因素。而他们赖以谋生的生活方式数千年来大体没有变化，这是与特定的生态环境相适应的，由此学者们可以根据丰富的民族志材料来重建古代游牧民族的基本形象（Khazanov 1975，1984；Tairov 1993）。

关于游牧文化有多种界定，从“纯粹的”游牧到定居的放牧等（Cribb 1991：16）。本书倾向于鲁坚科（Rudenko 1961）和哈扎诺夫（Khazanov 1975：5—15；1984）的定义，即一种以大范围移动式放养牲畜为主的食物生产型经济，可以全年自由地放牧，无须专门提供厩舍或储备草料，大部分牧民随着畜群定期迁徙。作为一种经济、文化和社会现象的欧亚游牧文化需要这种必要前提条件：一片明确的只能有限发展农业的生态区域，一套特别能够适应干燥环境的牲畜品种组合，还要具有马鞍和轮式车辆等可用来骑乘和牵引的交通工具，还要在财产方面出现分化，这样才能允许个人对牲畜拥有所有权（Khazanov 1975：9；2003）。学者们也一直提醒，不要指望任何一种游牧文化是完全符合上述定义的，相反应当承认在各个游牧社会上述特征都不同程度存在。草原游牧文化包括草原放牧（pastoralism）和游牧（nomadism）两种模式，前者所占的成分越大，转变为游牧社会的趋势也就越强烈（Cribb 1991：16）。按照哈扎诺夫（Khazanov 1984：19）的观点，半游牧式的草原放牧模式是以全年或大多数时间定期更换牧场以及草原上大规模放牧为特色的，不过农业作为次要或具有补充作用的经济活动仍然存在着。不过在北部欧亚地区，作为补充型经济角色的农业是由渔猎等其他经济活动代替的。

因此，环境、气候和地形地貌都会反映在人类文化各要素上，并影响各种文化传统的形成。相似的环境条件显然会或多或少地产生相似的文化属性（cultural attributes）。这些文化和经济形态理论在俄罗斯民族学家的著作中都有论述（Andrianov 1968；Cheboksarov & Cheboksarova 1971；Levin & Cheboksarov 1955），也时常出现在有关欧亚地区游牧民族的历史著作之中。

以哈萨克斯坦西部和乌拉尔南部地区的游牧民族为例。这里具有比较典型的、稳定的夏季和冬季牧场，一直延续到20世纪初。冬季牧场位于锡尔河（Syr Darya）下游、咸海附近和里海北部，夏季牧场沿着乌拉尔河及其支流以及托博尔河上游分布（Vostrov 1962）。虽然历史上各个时期这里曾被不同族群的游牧民族占据，但是数个世纪以来这种草场利用模式没有太大变化（图6.1）。

欧亚草原包括东起蒙古西至匈牙利的潘诺尼亚草原这片非常广阔的地域。虽然有共同特点，但是各地在生态环境上仍具有自己的特色。人类的活动也改变了欧亚草原的自然环境，使之能够为游牧畜牧业提供更好的条件。马萨诺夫（Masanov）分析了哈萨克人的民族志材料，指出游牧民族的生活空间可以分成核心和边缘两个地带。所谓核心地带是由干燥的、大陆性气候以及季节性生长的植被组合等因素构成的生态系统，主要是草原、半沙漠和沙漠地貌。这里雨水稀少（通常年降雨量200—400毫米），太阳辐射强烈，经常干旱，土壤侵蚀严重，多风，水资源短缺，这些都是限制经济发展的因素，也要求核心地带的居民在社会和文化方面采取特别的适应策略。游牧式的畜牧业可以说是他们唯一的生存方

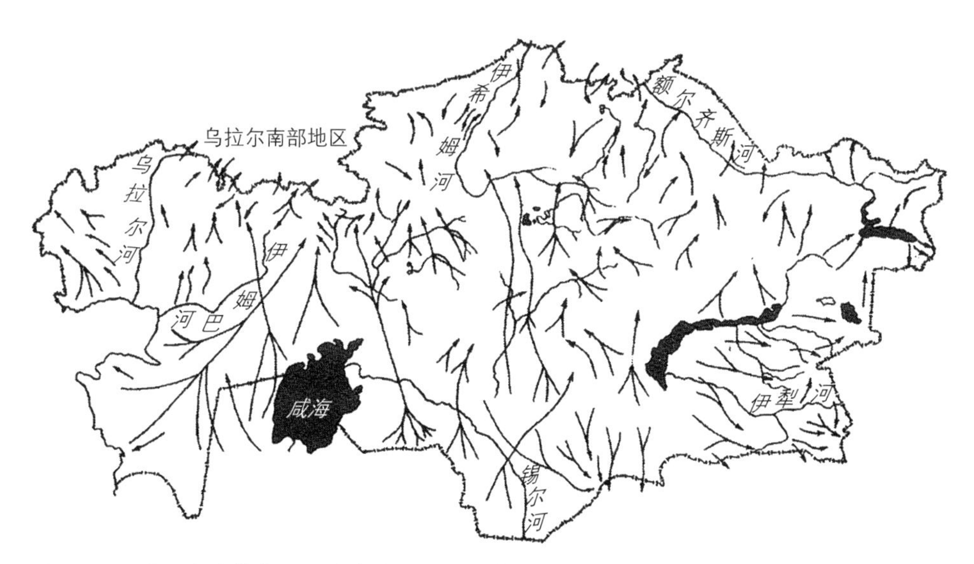

图6.1　19世纪末哈萨克斯坦境内游牧民族季节性转场路线图（箭头指示牧民从冬季牧场向夏季牧场的迁徙方向）（据Tairov 1993）

式。这里的人口密度每平方公里仅1.5人。稳定的定居生活在这里是不可能实现的（Masanov 1995：22—24）。

游牧民的边缘地带是年降雨量超过400毫米的半干燥地区，或者普遍具有稳定天然水源或全年有水的河流。它们有的位于某种地形或气候带的交界地带，也有的位于气候循环更加稳定的游牧地区的边缘地带，例如河谷、湖畔或者是森林-草原地带、山脚下以及定居农业地区的周围等。以渔猎、农业种植等其他经济活动作补充的半游牧式畜牧业在上述地区更有代表性。因此，乌拉尔南部和哈萨克斯坦西部的草原和森林-草原地带可以归类为游牧民族的边缘地带。这里牧民迁徙活动的规模比较小，人口密度也比核心地带大。相对于干燥的核心地带，边缘地带的牧民会因时因地采取农牧、渔猎等多种经营方式，显示出更多向定居生活转变的趋势。游牧民族总是试图全力控制这样的边缘地带。

多年以来，学者们在研究游牧民族历史的过程中也多次试图将游牧式畜牧业归纳分类。虽然尚无普遍认可的结论，但仍可根据移动式畜牧业的时间和结构把它们分类。标准有：①建筑形态（是便携移动式的、固定的还是永久性的），②牲畜种群的具体情况（是否有牛群），③辅助经济部门的特点（是否有农业种植）以及④迁徙移动方式（Khazanov 1975；Markov 1976；Masanov 1995；Pershits 1994；Shamiladze 1982）。牧民们年度迁徙移动的程度决定了他们属于游牧式、半游牧式或是半定居式类型，牧业管理方式也受当地环境是草原、山地草场还是森林-草原等因素的制约。季节性的牧场也有很多类型。

根据托利别科夫（Tolybekov 1974）的研究，半游牧式畜牧业的特点是要在一个地方停留相当长（大约六个月）的时间，此外要有过冬房屋、贮存草料和一定数量的农业种植。通常半游牧式社会要比那些基本上只饲养马和羊的游牧社会更多地饲养牛。我们还可以区分出游牧民的几种来回迁徙的路线模式：南北子午线式的、半子午线式的、辐射状的、高低垂直式的和椭圆形等（Aksishev 1972；Markov 1976；Masanov 1995；Vainshtein 1972，1980），这些来回迁徙的路线模式都是由特定生态环境决定的。生态环境与社会文化因素一起又影响了牲畜种群的具体组成。每一种牲畜都有自己的优势，并且它们应当在经济结构中保持平衡状态。

图版6.1　牧场上的马群

马萨诺夫（Masanov 1995：79—84）认为水资源的利用方式是非常重要的。最好是天然的，这在森林－草原和草原上比较常见；与此相对的是人工取水，主要是在干旱的沙漠和半沙漠地带，那里靠打井才能取水。当人们在冬季牧场停留的时间较长而不在水井之间迁徙的时候，渔猎和原始农业种植活动就会沿着河流地区发展以用来补助迁徙中的牧民（图版6.1）。

拉德洛夫（Radloff 1989）这样描述吉尔吉斯人（哈萨克人）[1]游牧社会：

他们的风俗、品行和思维方式，或者说，他们所有的生活方式和行为都是与牲畜的移动紧密联系的。对于这些移动放牧的族群来说，找到适合冬季和夏季放牧的地方（牧场）是非常重要的。总之，春秋两季牧民们可以在任何地方度过，因为春季牲畜可以很容易地找到水草，而秋季的多雨又可以促使新草生长。不过对于冬季营地来说，必要的条件是能够让牲畜远离恶劣

① 这里指哈萨克人。俄国历史上长期把哈萨克人和吉尔吉斯人都称为吉尔吉斯人，直到1925年苏联政府才将1920年成立的吉尔吉斯自治社会主义苏维埃共和国更名为哈萨克自治社会主义苏维埃共和国。后来的吉尔吉斯斯坦当时则属于突厥斯坦苏维埃社会主义自治共和国（1918—1924）。——译者注

> 的气候。森林或是地势较低的河谷地带是理想的过冬之地，这些地方可以避风，拥有丰富的水源和燃料木柴，还可能有积雪比较薄的牧场。与此相反，理想的夏季牧场应该是具有像湖泊那样的充足水源的怡人的开阔牧场（Radloff 1989：253—257）。

至于冬季牧场，这绝对是游牧经济非常重要的组成部分。民族志材料显示，欧亚地区大多数游牧民的冬季牧场都位于游牧地区的南部，不过哈萨克斯坦北部的一些游牧民选择了更靠北方的森林–草原地带来过冬。正如海因斯所述："一部分哈萨克人的（冬季）牧场位于哈萨克草原的南部沙丘之间地带，或者是沿着满是芦苇和灌木的河流两岸地区；而另一部分牧民则是向北迁徙到靠近河流的密林中过冬。"（Heins 1898：60）

哈萨克斯坦南部和中部，平均一户游牧民家庭拥有15—20头骆驼，4—5匹马以及100—150只小型牲畜（Pershits 1994：140；Tolybekov 1971：131），他们往返冬夏两季牧场迁徙的距离竟长达1000—1500公里。哈萨克斯坦北部的游牧民家庭平均每户则拥有约15匹马、2头骆驼、50只羊和6头牛，他们来回迁徙的距离只有20—200公里。

乌拉尔地区的游牧民一年中大约六个月都待在他们世代居住的永久性冬季营地。18世纪叶卡捷琳堡地区的巴什基尔人（Bashkirs）通常会向西部的乌拉尔山脉方向迁徙40—70公里（Popov 1813：16—17）。而沙德林斯克（Shadrinsk）地区的巴什基尔人主要在平坦的西西伯利亚平原来回迁移（Murzabulatov 1979：64）。在冬季，牧民们将不同种类的家畜分开放牧，因为它们吃的是不同的牧草或者是同一种牧草的不同部位。马匹通常成群被赶到比较远的、积雪不超过40厘米厚的牧场（总会保留2—5匹马在营地）。冬季快结束的时候，马群才被赶回来。能放羊的地方雪深只能在10—12厘米，牛群则都留在营地附近。混合型放牧只在特别时期或采取让不同家畜分批吃草的方式才可以维持（Masanov 1995：95）。俄罗斯旅行家对此有过描述："首先把马群放过来，它们会用蹄子刨开积雪，吃草的顶部。牛和骆驼随后过来，它们吃草的中部，不过会留下草根。最后羊群上来，把

靠近根部的草吃掉。”（Levshin 1832：197—198）

历史学和民族志材料证实，只有严重灾害才能让游牧民改变季节性来回迁徙的生活方式（Kradin 2001a；Shakhmatov 1964）。

特殊生态环境和干燥地区畜牧业分布的广阔性决定了游牧民的分散状态。如果牲畜拥挤在承受能力非常有限的一块牧场，就会导致过度放牧，随后引发生态危机和疫病流行。对于游牧经济，的确有很多限制它发展的生物和社会方面的因素，只有维持两方面的动态平衡才能够有效运转（Masanov 1995：120—121）。作为游牧社会的基础，军事或战争因素也是争论的焦点，因为集结大量牲畜和人员（作战）会导致牧场退化。这也是导致游牧民迁徙移动的原因。

普列特涅娃（Pletneva 1982）认为游牧文化经历了三个阶段：第一阶段，游牧民按照不规律的路线全年迁徙移动（“野营”阶段）；随后的第二阶段是季节性有规律的迁徙；最后一个阶段已经有了持续使用的冬季营地和固定房屋，迁徙的距离和时间都相对缩短了（所谓半游牧阶段）。不过我们并不赞成这种阶段理论，特别是第一阶段“野营”式的迁徙活动。实际上，各种结构形式的游牧文化并不受“进化因素”的制约。那种与所有牲畜一起举族迁徙的情况是非常少见的，只有在遇到自然、社会或政治性灾难时才会发生。欧亚地区游牧经济的移动能力和程度完全依赖于不同的地理环境。例如在那些大范围和持续降雪的地区，游牧民族冬季的迁徙规模就相当小。

尽管如此，历史上这种游牧经济模式并不是一成不变的。变化主要是与畜牧技术、物质文化的发展、军事潜力以及政治事件对游牧社会的影响等因素密切相关的。总而言之，游牧社会迁徙移动的空间范围和程度都经历了从小到大的发展进程；从马具的发展和牧民由乘坐大篷车到骑马或骆驼出行来看，游牧民族物质文化中那些不便于打包携行的东西逐渐减少直至消失了（Masanov 1995：42）。

对于游牧型畜牧业的种种研究，如果不考虑那些特殊条件和文化属性的话，就不可能把它们归结为一种统一的经济发展战略。一个社群是可以同时采取游牧、半游牧和定居放牧这些经济模式的。牧民们的交通活动能力、牲畜品种以及迁徙移动的广度和距离显然都是由当地环境、社会经济发展水平以及自身文化传统所决定的。

当然不是所有的草原畜牧经济都是游牧式的，但是，随着青铜时代到铁器时代转型过程中草原畜牧业的增长，欧亚地区显示出向游牧文化过渡的强烈趋势（Akishev 1972；Evdokimov 2000；Gryaznov 1957；Khabdulina & Zdanovich 1984；Khazanov 1975；Kosarev 1984；Kuzmina 1996a，1996b；Margulan 1979；Markov 1973；Masanov 1995）。

欧亚地区游牧文化的起源

学术界对于这个问题的观点和研究主要可以分成两组：第一组，认为欧亚地区以草原放牧为主的游牧文化是在相当早的铜石并用时代就产生了；第二组，支持游牧文化“晚期起源说”。我们曾在第二章谈论过第一种“早期起源说”。

早期起源说是根据木椁墓文化和安德罗诺沃文化拥有的某些游牧文化元素而产生的，认为这两个文化具有向游牧社会过渡的趋势。实际上，这两种文化的经济是混合了草原畜牧业、河谷地区原始农业、金属冶炼、渔猎以及某些家庭手工业而形成的。

根据魏因斯泰因（Vainshtein 1972，1973，1980）的观点，游牧文化可能起源于狩猎活动。马萨诺夫也部分同意这个观点，他认为：“干燥地区的牧民是在追捕野生有蹄类动物的过程中认识那里的生态和地理环境的，同时他们以季节性迁徙的方式将畜牧业和狩猎活动结合在一起。”（Masanov 1995：35）

在这种情况下，只有一小部分居民有可能投入了季节性迁徙的狩猎活动，这种经验是非常重要的。它可以帮助人们更好地了解动物的行为，并且能够“清理”一下现存物种所在的环境。实际上，后来那些与家畜一起来回移动的游牧民很有可能就是在重复野生动物的自然迁徙路线。这种狩猎-畜牧模式可能就是通往游牧文化的几种过渡方式之一，而游牧经济也成为干燥环境下唯一可能的维生经济模式。这个过程很有可能始于青铜时代末期，考古发现那时候羊和马的骨骼要比牛和野生动物的骨骼更多。

根据近年来欧亚草原各个地区所进行的古环境学研究，我们了解到当时的居民在应对干燥和半干燥地区不稳定的气候条件时，其生态环境适应方式是不均衡的。降雨和干旱等交替变化会使居民们不断地改变经济取向。我们可以设想，移动式放牧可能是经过数次才实现的，这要取决于当时的主要气候状况。不过如果这种模式要达到高潮即完全适应游牧文化并且使之成为一种社会经济制度的话，它的前提不仅是要有一个特殊的地理环境，还需要掌握骑马等种种相关技术和长期的放牧经验才行。毫无疑问，像季节性转换牧场和寻找水源这些欧亚游牧社会最具特色的经验其实早在青铜时代就已经有了一定的基础（Akishev 1972），不过等到公元前一千纪才得到了全面落实。

还有另外一个重要而有趣的情况，哈扎诺夫（Khazanov 2003）提醒我们注意，作为一种经济和社会文化现象，欧亚地区的游牧社会是不可能很早产生的，这是因为在很多情况下，游牧社会的产生取决于他们与那些已具有国家形态的社会在经济和社会政治方面的互动。这些因素看起来是次要的，其实不然。这种观点可以帮助我们理解为什么欧亚草原地区那些典型的游牧社会都是在比较晚的历史时期才出现的。作为一种特殊类型的经济形态，游牧经济需要定居农业社会的产品，就金属和木材而言，游牧民就需要从森林和森林–草原地带的居民那里获得。换而言之，欧亚各地区之间的劳动分工或者是全球性经济和政治发展水平等因素，都是欧亚地区游牧社会形成过程中非常重要的前提。

有关土壤、植被和气候等方面的分析显示，现代土壤和气候的总体特征是在公元前一千纪形成的（Demkin & Ivanov 1985；Ivanov 1995a，1996b）。欧洲东部和西西伯利亚草原地区的物种状况是在全球或地区性气候带影响下形成的。此外气候波动现象在乌拉尔山脉东西两侧和南北两地都有着明显差别。乌拉尔山脉以东地区的干湿变化程度及其所影响的地貌变更情形都要比山脉西侧的欧洲东部地区明显得多。因此，东部草原地带（哈萨克斯坦和西西伯利亚）的居民为了适应环境，更多地选择了迁徙移动的模式。这对于不定期从事渔猎和畜牧业，或者是游牧、半游牧式社会占据的中间过渡地带——森林–草原地区来说显得尤其重要。森林–草原地区之所以能够吸引游牧民前来是这里拥有比较稳定的植被和水资源，同时对南方草原地带的牧民开放。实际上，能否控制作为边缘地带的森林-草原地区，足以反映一个游牧民族的实力强弱。

此外，还有一些关于游牧文化形成原因和起始阶段的探讨。[1]有些学者认为，传统的畜牧-农庄经济转型是由于这两个基本经济分支发展的不平衡性以及牲畜大量增加的结果。在这种情况下，人们不得不去开拓新的土地并完善牧场体系。主流理论强调气候因素是向游牧文化过渡的必要条件（Gumilev 1966，1989；Khabdulina & Zdanovich 1984；Kosarev 1991；Medvedev 1999a；Tairov 2003）。次要因素还包括那些已经进入国家阶段的国家社会的政治压力（Khazanov 1975）。看起来游牧文化的起源是生态、社会经济、政治和文化等多种因素相互作用的结果（Markov 1973，1976；Masanov 1995；Shnirelman 1980，1988）。

大约在公元前二千纪与一千纪之交，作为一种社会经济和文化现象的游牧社会已经在欧亚地区出现了。它的出现可以说是人们长期驯化动物、积累特殊条件下饲养家畜的知识、掌握有关生态环境的必要经验以及形成特别的物质文化综合体等方面综合发展的结果。此外，青铜时代各种技术的优势和创新也都为向游牧经济这种新的经济形态过渡奠定了基础。

看来游牧社会最早是在蒙古草原和中国西北地区产生的。这里的居民在生态环境因素影响下，比欧亚草原西部地区更早地进入了游牧社会。蒙古草原环境条件相当严酷，冬季降雪较少。因为经常刮风，降雪没有欧亚其他地区那么厚，相对而言可以长年放牧。但这里如果要继续扩大放牧规模就会明显遇到环境和生物资源的限制。在丰年，游牧式的畜牧业会很快导致家畜种群大量繁殖，从而急需更多的草场和水。蒙古草原养活家畜和人口的承受能力是有限的，如果人口持续增加就会超过草原的承受能力，导致发生“蒙古式民族摇篮”这样的游牧民族迁徙扩散现象（Kurochkin 1994）。

欧亚地区在公元前二千纪的后半段气候总体上比较温暖。距今3100—3000年前，蒙古和中国西北地区的气候进入干冷阶段，并且一直持续到距今约2700年前（Tairov 2003）。在这期间，我们可以看到来自东方游牧民族向西方迁徙的迹象，由此开了游牧民族从东往西大迁徙的先河。这些离开蒙古草原西迁的游牧民族分支主要是通过“准噶尔山门”①进入欧亚草原的。

几乎所有重要的游牧民族的迁徙都是从东方开始的。加夫里卢克在她的名著中对这些游牧民族的迁徙模式有清晰的描述，或多或少具有普遍意义（Gavriluk 1999）。第一个阶段的迁徙（游牧民族自身迁往新的社会和地理环境）是非常短促的，仅持续大约一代人的时间，更多地表现为军事上的劫掠或征服，由此形成了新的物质文化的基本原始类型和行为方式。他们的物质文化的遗存很少，尽管在当时是无人匹敌的，但实际上几乎没有留下考古遗迹。

然后，这些游牧民族在新开拓的地区开始了比较长的第二个阶段——有时又被称为“建设家园”阶段。[2]它持续了大约三代人的时间，其特点是融合了当地原有的和新的文化传统。一个经济体系对新环境的适应取决于它在起始阶段的情况。这个阶段的考古资料也很贫乏。随着时间的推移，季节性循环利用牧场的制度在各个氏族（clans）建立起来。游牧经济的地区性结构只在经济模式长期不变的情况下才会发生。如果牧民的社会经济状态总是趋于稳定，他们冬季的营地就会逐渐演变为固定住所，由此产生向定居生活过渡的趋势。这时的考古资料就比较丰富了。如果人口和牲畜的密度越来越高，那么环境的发展潜力就会越来越小。如此下去牧场会很快出现过度放牧现象并最终导致当地的经济系统崩溃瓦解，从而增加了当地游牧社群再次迁徙他乡的可能性。

欧亚地区游牧民族的社会组织形式

尽管已有大量关于游牧文化和历史的成果，但是对于游牧社会的发展问题国际学术界还没有更进一步的研究。对此，苏联学者要比西方学者探讨得更多。在多年来苏联以马克思主义观点指导的相关研究文献中，游牧社会的发展水平被用不同的方法定性为处于各种不同的社会阶段：从非常“原始的平等社会”到“成

① 指穿越中国新疆北部阿拉套山一条长约90公里、宽20公里的峡谷走廊，又称阿拉山口，现有阿拉山口市和口岸。在古代是欧亚草原之路和游牧民族迁徙的重要交通走廊。——译者注

熟的封建社会”等。那些试图把游牧社会放在马克思主义社会发展形态某些位置的努力总是会遇到一些困难，主要是因为以草原放牧为主的游牧经济，其主要特点几乎是没有什么变化的，同时游牧社会也缺少真正的社会阶级存在。到了20世纪80年代后期，苏联学术界运用几种综合概念把游牧社会划分为几种层次：①产生阶级之前的游牧社会，②早期国家，③某种形式的封建社会，④一种特殊的游牧生产方式（Bondarenko et al. 2003；Masanov 1995）。某些学者在研究欧亚地区游牧民族历史的时候还倾向于使用游牧“文明”这个说法（Martynov 1989a，1989b）。

我们再来看看俄罗斯传统的民族志材料所反映的欧亚地区游牧民族的社会组织情况。有关游牧社会的生产方式[3]，其中一些特别或是基本的争论焦点是以牲畜是否成为牧民的私有财产、社群生产的特点（如何管理牧场）以及社群是否共享土地和水资源等因素为前提的。牲畜是主要财富，不过很容易因被盗窃或死亡、生病或饥荒等造成损失。

畜牧业并不需要大量和集中的人力资源，它的生产体系具有分散性的特点。不过为了让这种体系更有效地发挥作用，需要一种有效的管理手段和制度。专家学者都认为，游牧社会的共性就是拥有复杂的、具有等级制度以及有很多分支的氏族-部落结构，这种社会结构能够让每一位成员都能够骄傲地拥有自己在氏族-部落中的归属感。

游牧社会的再生产是由家庭、家族、社群以及经济和地方集团等社会单位共同运作的结果。其中“社群”对它的经济活动起着非常重要的作用。在物质生产活动中，地区和社区之间相互联系所组成的系统具有主导作用。它们能够保证至关重要的生产运作的完成（Masanov 1995：132—133）。

我们可以分出两组游牧社群。第一组活动于冬季，这时候的牧草和水资源都非常有限，因此它可被称为最小的或者是分散的社群，拥有和管理秋季的牧场以及冬季营地周围的土地。第二组是扩大型的，主要在温暖季节存在。它可以由数个上述最小规模的社群组成，社群牧民共享水源和夏季牧场。牲畜则是属于家庭的私有财产（Masanov 1995：141—143；Shakhmatov 1964）。

另一种社会关系体系存在于非实用的和军事的领域。重要的社会地位往往是由世系原则自上而下建立起来的、包括父系大家族在内的具有等级制度的组织占据着。个体成员的社会地位都是由其世系、资历和名分所决定的。

一个家族是由代表了父系家族关系最低层次的两三代人所组成的，它又是由社群工作、社会化程度、遗产继承和人生的重要礼仪（出生、成年和死亡）等因素确认的（Masanov 1995：150—151）。更大的家族组织还有“世系”（lineage）、“联合集团”（associative group）等不同的名称，他们负责管理土地的使用和产权制度、调解社区之间的关系、提供仲裁、规范管理以及捍卫社区的利益等。18世纪的民族志材料提到了当时一些社区的牧民有被剥夺了游牧社会传统的土地使用权的现象，不过这种现象都是在战争和动乱期间发生的。在这种情况下，酋长和社区的头人都会主持像社区迁徙这样的重要事情。

这种制度是从牧民自由使用牧场发展而来的，那时候草原上的人口相对稀少，土地兼并在生活中也不多见（Shakhmatov 1962）。那种经典的、严格管理牧场、随季节迁徙的草原游牧社会是在中古时期才成熟的。因此，我们可以设想游牧社会对牧场尤其是冬季牧场的争夺一定十分激烈。那些组织性更强、具有中央集权体制以及更好战的游牧社会，在控制领土方面显然比较成功。

军事与父权体制（military-potestal relations）可以胜任通常被称为“部落”的组织管理职能。部落负责处理与其他部落之间的关系，解决政治和军事方面的问题。一个部落可以分成两个部分（左右翼）或三部分（左右两翼再加上中央本部），在军事上以十、百、千人为单位编制军队，同时各级皆有不同等级的长官[4]（Taskin 1989）。在和平时期，游牧社会的分散特性并不要求建立一个强有力的中央集权体制，因此部落酋长的权力意义不大；但是在战争期间，中央集权的领导权威就很必要了。众所周知，游牧民族在战争危急关头或政治斗争时具有迅速组织和集结庞大军队的惊人能力。在通过社会政治手段巩固游牧社会的进程中，领袖的人格魅力也是不容低估的。匈奴部落联盟的历史就是个很好的例子①。克里伯（Cribb 1991：55）这样强调部落属地的特点：“部落是人口与属地相匹配的作战单位组成的。”

① 如冒顿单于创立匈奴帝国，见《史记·匈奴列传》。——译者注

游牧社会有下列几种社会分层方式（Pershits 1994：147—148）。最简单的方式就是根据（牧民）财产的多少来划分。第二种分层方式，佩尔希茨（Pershits）解释为功能性的，即社会成员整体被分成统治者和被统治者两个阶层。这种分层方式与世袭的社会地位有关，如历史上突厥和蒙古游牧社会划分的所谓“白骨头”和“黑骨头”[①]。“白骨头”又特指成吉思汗的子孙后裔。此外，一个“强大的”或是“资格老的”部落，其成员的社会地位总是要比那些“弱小”或“资历浅的”部落成员的地位高。社会分层显然是由氏族部落的习惯法决定的。

建立在个人及其各种真实或虚构的祖先世系基础上的家族血缘原则，决定了游牧社会所有成员的社会地位和各部门的等级制度。这样的社会结构在所有权和社会结构方面具有分级分化的倾向，这在那些较大的、包括很多部落或集团并且正在向酋邦过渡的政体中表现得尤其明显。一个部族的酋长可以是通过数个自愿或被迫组成的部落联盟同时本人作为最强大的那个部落的首领而产生的。根据当时具体的历史形势，这种方式会导致不同的结果：要么停留在一个部落集团状态，要么发展成一个复杂的甚至是超级复杂的酋邦或游牧帝国。游牧社会这样的特性在以农业为主的酋邦或国家社会中是不存在的（Pershits 1994；Semenov 1994）。游牧民族国家形成的方式通常是通过冲突、战争、兼并和扩张来实现的。一些学者还特别强调游牧社会内部凝聚的程度以及与周边定居国家社会之间互动等方面的特定关系（Barfield 1991；Bondarenko et al. 2003；Khazanov 1984；Latimore 1951）。它们之间的关系可以归纳为核心与边缘地带之间的关系，不过有一点例外，即处在边缘地带的游牧社会在一些经济领域（农产品和手工业制品）依然需要依赖核心地带的国家和社会，与此同时，游牧社会对于周边国家和社会也会以各种方式进行直接的和长距离的利用，包括劫掠、上贡、向被征服地区征收“贡赋”以及在边境地区进行不平等的互市贸易等。这些活动对游牧民族来说总是非常重要的，并且也一直是他们为之战斗的目标（Kradin 1992，2001a，2002）。

---

① 白骨头（蒙古语chagan yasun）和黑骨头（蒙古语kara yasun）分别指代贵族和平民百姓。19世纪俄国哈萨克人也有类似习俗。参见译者参考资料J. J. Saunders（2001）和乌丙安（2013）。——译者注

目前为止发现的所有资料都支持欧亚地区游牧社会“晚期起源说”，这种理论展示了欧亚地区游牧民族相当独特的社会发展之路。毫无疑问，游牧社会也是一种复杂社会，只是他们的草原畜牧业规模十分庞大，而人口密度和定居化程度又非常低，因此游牧社会并不要求具备一种法律形式上（严格）的等级制度。实际上只有当游牧民被纳入由农业和放牧两种经济模式组成的政治实体，或者是他们需要长时间地与发达城市社会进行频繁互动的时候，他们才会产生建立等级社会的要求。例如，庞大的草原帝国都表现出高度的专制国家形象。不过它们的内部结构相对比较原始，并且还是建立在家族亲属关系基础之上的。因此，克拉金（Kradin 1992，1995，2000，2001b）将游牧帝国定义为一种比较原始的、具有早期国家特征的、超级复杂的酋邦。

有学者根据游牧社会政治结构方面的复杂性及其互动程度将它们分成三个层次：①群龙无首、各自为政的氏族和部落；②“中等规模”的部落联盟和酋邦；③游牧帝国以及规模较小的“类似帝国的”游牧民族政体（Kradin 2002）。

游牧民族物质文化

对于构建整个游牧社会物质文化总体面貌的各种研究，我们不能急于或简单地只看结果。实际上，放牧作为一种特殊活动并不需要专门的工具（Cribb 1991：69）。那些只凭器物组合来识别游牧文化的努力几乎没有成功的。民族志材料显示，所谓纯粹的游牧文化和社会是非常少见的。按照俄罗斯学者的说法，活动型的房屋、配有马镫的马鞍、轻便的装备以及整年都在大范围内放牧，这些才是游牧生活方式的标志。然而这些民族学研究提供的所谓游牧社会的基本标志，并不总会在考古发现和研究中全部体现出来。

普遍接受的欧亚草原游牧文化的考古学标志是什么呢？包括库尔干古坟墓地（图版6.2）、缺少长期定居的聚落和房屋或者只有某些营地遗址，同时缺少或是仅具有规模非常有限的农业，还需要发现轮式交通工具的遗存以及适宜全年长距离放牧的家畜骨骼等，还需要具备加工牲畜产品的工具。

定居社会的居民能够使用游牧民族器物组合中的很多物件，反过来游牧民族也可以使用定居社会居民的器物（Cribb 1991：69）。例如在铁器时代，“游牧式的”兵器组合和马具等就广泛分布在欧亚地区几乎所有地方，包括森林-草原甚

图版6.2　草原上的库尔干古坟

上图：菲利波夫卡（Filippovka）的库尔干古坟[①]

下图：阿尔卡伊姆遗址保护区博物馆复原的特米尔（Temir）古坟

① 墓地位于今乌拉尔南部的奥伦堡州菲利波夫卡村外数公里处，共有25座规模不等的库尔干古坟，位于古坟群中央的是出土了大量黄金制品的1号库尔干大墓。参见图6.7-3、图6.11和参考文献Aruz et al. 2000。——译者注

至森林地带。能够将这些不同地貌地带的文化区别出来的只有陶器和聚落了。其中一些聚落位于边缘地带，它们有可能只是联系交流的据点，也有可能聚居了包括牧民在内的各种居民。例如以游牧民族而著称的匈奴人就拥有较大的外有城垣、内有复杂设计建筑的聚落。克拉金（Kradin 2001a）就此提出了一个有趣的设想，他认为这种设防定居聚落的居民包括匈奴人以及为他们劳作的工匠和农民等。

根据民族志资料，判断游牧民族的物质文化应该考量三个方面，即其家用设备一是固定的或是可移动的，二是经久耐用的或是容易耗损的，三是珍贵保存的或是可消费的（Cribb 1991：66—75）。欧亚地区早期游牧民族最主要的特征就是广泛使用陶器。几乎所有墓葬中都发现一定数量的手工制陶器。通过陶轮板制作的陶器显得比较珍贵，因为它们通常是从（定居的）国家和社会输入的。近来的研究显示，这些随葬陶器可能盛放过当时的大众食物如奶、肉汤和谷物煮成的粥（kasha）[①]（Koryakova & Daire 1997）。

通常在精英阶层墓葬中还发现盛放过肉食的青铜大锅（鍑），当然出土时里面只剩下骨头。墓葬中常见的陶器也引起了人们对它在游牧民族物质文化中地位的思考，因为陶器不仅在迁徙过程中、即便平时都是很容易破损的。我们的确不能完美地解答这个问题，因为无法掌握这些游牧民族物质文化的全貌，我们只知道他们的器物大部分是有机材料制成的，并且绝大部分已经消失了。幸运的是我们可以参考阿尔泰地区数个发现时还处于冰冻状态的古代游牧民族的墓葬资料。其中出土有木制的盘子、杯子和碗，桦树皮制成的箱子以及皮革制成的壶罐等（Kubarev 1987；Polos’mak 1994，2000；Rudenko 1961，1970）。

还有一个有趣但仍没有讨论的问题就是，当时欧亚地区的游牧民族是如何制作陶器以及如何在迁徙过程中防止陶器损坏的。当时的游牧民族无论是在夏季营地还是冬季房屋内都已经懂得制作陶器了，有关制作工艺和生产管理方式在冬夏两季有所不同。正如实验证实的那样：夏天制作陶器并不困难，即便是在木材燃料短缺的时候。人们只需花一个半到两个小时就可以做成一件陶器，然后再用三到十

---

① kasha为俄语罗马化单词，是用水或牛奶煮熟的谷物，类似粥。——译者注

分钟去装饰它。根据民族志材料和模拟实验，人们可以把牧场上丰富的牛马粪便晒干、压制成燃料，尽可能少地使用木材。这种经过干燥和压制的粪饼很易燃，并且能够长时间保持温度，能够维持900—950摄氏度的高温达两三个小时之久（Koryakova & Fedorov 1993：32—33）。当然，这个制陶过程在一定时间内需要稳定措施。除了烧制陶器之外，整个工序还包括拣选陶土、制坯和准备各种羼和料等。

同时需要注意的是，游牧民族也经常使用定居社会民众制造的陶器，例如居住在顿河、伏尔加河一带的萨尔马泰人的一部分陶器就是这样获得的。公元前8—前7世纪，这个地区的游牧民族只是短暂地在开放草原上扎营生活一段时间，他们在森林-草原地带还保留着固定的通常有防御设施的聚落（Medvedev 1999a），茂密的森林可以作为庇护所。

对欧亚草原游牧民的库尔干古坟及其葬俗有过大量的研究成果。但是目前对这些古坟在游牧社会的作用以及当时建造古坟的具体过程仍然缺乏准确的了解和介绍。学术界已经知道这些斯基泰人、萨尔马泰人和其他古代游牧民族的巨型墓冢中有较大的木制（有时候是石板的）墓室遗存。显然这么大的建筑工程需要投入大量劳动力、使用大量的木材，而古坟所在地区都是没有树木的广阔草原。学者们也注意到一些著名的斯基泰人的古坟大墓是重复使用的，这可以解释为游牧民族曾经把这些古墓当作固定居所。正如巴泽雷克文化（Pazyryk culture）[①]墓葬资料所示，一些来自固定居民点的建材木料被用来建造古坟的墓室。例如阿克-阿拉卡（Ak-Alakha）墓地1号古坟墓室顶部覆盖的原木就是从一座被拆解的多边形房屋那里搬移而来的（Polos'mak 1994：13）。这显示当时游牧民族在特别严寒的地方建有相当坚实的过冬房屋。正如波罗斯马克在书中（Polos'mak 1994：14）所述，虽然乌科克高原（Ukok plateau）[②]没有树木，但是那里的巴泽雷克人却能够用木材建造木椁墓。他们很可能是在冬季将附近森林中的木材放在冰雪上用绳索牵

① 巴泽雷克文化为铁器时代（公元前6—前3世纪）欧亚草原游牧民族的一支考古学文化，墓葬主要位于今哈萨克斯坦阿尔泰山区的巴泽雷克谷地。参见译者补充参考资料郭物（2012、2016）和St. John Simpson & Svetlana Pankova（ed.）（2017）。——译者注

② 位于俄罗斯阿尔泰共和国最南端，毗邻中国、哈萨克斯坦和蒙古。——译者注

引滑行运来的。当地人将这种运输方式叫作“沃洛库沙”（volokusha），源自动词“沃洛赫”（voloch）（拖拉），这种做法至今仍然可以见到。树木年轮分析结果显示，所有墓室使用的木料都是在冬季砍伐的，而葬礼却是在春季或初夏进行的。很多研究认为那些最复杂的墓室建构有可能是事先建造的，并且也只有在相对比较稳定的生态和政治环境才有可能施工完成。

这些古坟不仅具有墓葬功能，也是一种反映当时社会特殊的艺术或宇宙观的复杂建筑结构。墓地空间布局在相当程度上是当时社会等级秩序的体现。这就是为什么我们在广阔的草原和森林-草原地带看到那么多古坟的内部结构都非常相近的原因（Pyatkin 1987）。很多关注铁器时代欧亚地区库尔干古坟的考古学者都指出，当时大型的古坟通常坐落于当地可见地貌的最高点并与其他古坟大墓有意彼此间隔5—10公里，这样形成一条大墓链的视觉效果。这些库尔干古坟组合中

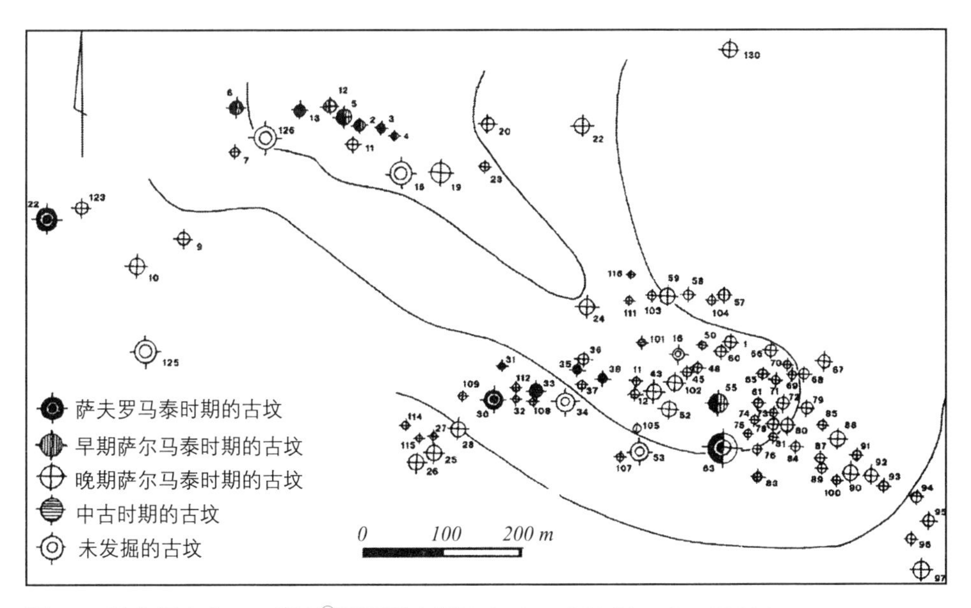

图6.2　波克罗夫卡-10墓地[①]平面图（据Malashev & Yablonsky 2004）

① 具体位置参见图6.7-4。

也包括一些规模较小的墓冢（图6.2）。

这种库尔干古坟空间上的分布制度很可能与当时游牧民族的交流方式有关。这些古坟都坐落于离河流有相当一段距离的开阔地带的最高点，不过这种现象是早期铁器时代才出现的。青铜时代的古坟则与之不同，它们通常成群分布在河流两岸的台地上。考古学者特别是在哈萨克斯坦北部（Zdanovich et al. 1984：41）和乌拉尔南部地区的（Tairov & Botalov 1988）考古学者，他们对某些库尔干古坟的结构进行了复原工作。通过比较详细的古土壤分析研究，学者们认为像哈萨克斯坦北部卡拉-欧巴（Kara-Oba）和欧巴利（Obaly）这样的库尔干大墓是用当时表层泥土制作的长方形泥砖堆砌而成的。学者们如此描述古坟的建造过程：

> 首先选一块适宜的墓地，一般位于地势比较高的邻近牧场和水源且没有树木的草原。坟墓四周先挖一道比较宽而浅的用来示界的壕沟，挖出来的土都堆在内侧。然后人们开始举行葬礼仪式，这些我们可以根据古代土壤发生过的变化和遗留的有机材料（草和灌木等）等遗迹察觉到。然后挖掘墓穴，挖出来的大量土堆在周围，其中一些土摊到别处。这时在墓穴周边腐殖土中再挖一圈直径比外围壕沟小的浅沟。下葬结束后，人们把一部分土回填墓穴。墓穴中间部分的上方覆盖着灌木，四周都填上土。坟包上层是用上层土壤做的泥砖覆盖着的。最后人们用外圈壕沟里的黏土把坟包整个涂抹一番（Zdanovich et al. 1984：43—44）。

以墓穴为圆心的周围地面坟包的土壤平均面积有2100平方米之多。根据学者的估算，建造如此一个坟包需要200—400人连续工作10天，或者70—140人劳作一个月才能完成。如果再加上必要的制造椁室的各种工作（如伐木、运输等）以及挖掘壕沟的话，整个大墓建造工程所要投入的劳力是非常可观的。卡拉-欧巴库尔干古坟外形就像一个切去顶端的圆锥体，有4米高。乌拉尔南部地区的瓦尔纳（Varna）古坟外观则是一个分成三层的圆锥体结构，复原之后显示它的高度为5.7米，顶层直径为1.6米（Tairov & Botalov 1988）。这两座古坟足以让我们感到当时的建筑规模是如此令人惊叹（参见图版6.2）。

直到最近，哈萨克人和吉尔吉斯人都只把死者埋在自己的冬季牧场附近（Rudenko 1952：9—10）。而图瓦人，根据迪亚科诺娃的资料，他们则是将死者埋在传统的往来迁徙的地方。因此，同一个图瓦人家族的成员有可能被埋在一个与自己氏族所在地区不同的墓地中（Dyakonova 1980）。如果我们承认像图瓦人这样的葬俗也存在于史前和历史时代初期（似乎很有可能）的话，那么我们就得问一下，如何确认一个特定氏族集团内部成员分散在各处的墓葬呢？从考古学角度来说，我们应该把这些不同地点的墓葬看作一个或另一个考古学文化所属的个别单位；问题在于如何确认这些墓葬的特定族属并进一步确认它们属于哪一种文化或社会。

我们已经阐述了有关游牧生活模式研究的主要观点，现在谈一些更具体的问题。

二　乌拉尔南部地区的游牧民族

游牧民族的世界既不是一个单一的文化，也不是一个单一的族群。游牧世界各地区游牧社会之间有着明显的差别，主要还是欧亚地区东部和西部游牧世界的差别，也包括各自不同地带之间的差别。然而总体来说，各地游牧社会也都拥有共同的、统一的文化因素，例如相似的武器（刀剑和弓箭）、马具（马勒），具有特定的动物形象或象征性纹饰的器物（弯着腿奔跑着的鹿、日常或宗教仪式用途器物上刻画的意象化的动物纹饰，图版6.3）以及相似的葬俗（不同规模的墓冢，内部按照类似模式建造的墓室等）。此外，青铜制的大锅（鍑）和铜镜在欧亚地区草原和森林–草原地带都有发现。

欧亚地区游牧民族历史概览

游牧民族开始与古代周边国家接触的时候，他们就引起了这些国家作家、历史和地理学家的关注（图6.3）。不过他们对于游牧民族的观察经常是非常狭

图版6.3 具有动物（野兽）纹饰的器物（公元前6世纪晚期—前5世纪早期）
奥布鲁切夫卡库尔干古坟2号墓出土的骨梳（左）和石祭台（右）

窄和模糊的。虽然文献资料时常存有不少争议，但仍为我们提供了有关公元前一千纪游牧民族的资料。他们有着许多名称，例如斯基泰人、萨夫罗马泰人、萨尔马泰人、塞迦人（萨卡人，Saka/Sacian/Sacae）、伊塞顿人（Issedonias）、阿里玛斯波伊人（Arismaspians）①、马萨格泰人（Massagetians）、大益人（Dakhi/Dahae）②、乌孙人（Wu-sun）、罗克索拉尼人（Rhoxolani）、色拉基人（Siracae）、亚兹克人（Yazygs）、奥尔塞人（Aorses）、阿兰人（Alans）等。阿兰人通常被认为属于"萨尔马泰人"，是东伊朗语民族（Machinsky 1971，1972；Milukova 1989；Shchukin 1994；Skripkin 1990）。上述部族几乎都与乌拉尔南部地区有所关联，而

---

① 又作Arimaspi，即包括希罗多德在内的一些古希腊作家提到的位于斯基泰人北部"瑞费山"脚下的"独目人"，瑞费山一般认为是乌拉尔山，也有人认为是萨彦岭-阿尔泰山。有现代学者认为古希腊人误将从斯基泰人那里听来的Arimaspi（早期伊朗语"爱马者"的意思）理解成了"独目人"。不过有外国学者认为他们生活在西伯利亚南部及阿尔泰山区，是阿凡纳谢沃文化、奥库涅沃文化的后裔（吐火罗人），亦有中国学者联系到《山海经》中被称为"一目国"的"鬼国"（鬼方），参见维基百科相关词条和译者补充参考资料余太山相关著作。——译者注

② 大益人（梵文Dasa，希腊语Dai，拉丁语Dahae）为古代中亚一个操伊朗语的游牧部落联盟（希罗多德《历史》Ⅰ.125），由帕尔尼（Parni）、鲜提（Xanthii）和毕苏里（Pissuri）三个部落组成，活动区域大致位于咸海与里海之间。古波斯铭文提到他们东与塞迦人为邻。《史记·大宛列传》称之为"大宛"西边的"小国"，估计是留守的大益人部落。——译者注

此处正好是欧亚地区各个民族迁徙移动的十字路口。但这片地区远离欧亚大陆东西两端定居社会与国家，古代作家们因而没有留下多少相关史料。因此研究者只好主要依靠考古资料和历史上附近文明国家和民族的间接信息了解他们。

在俄罗斯，人们对游牧文化的研究有着较长且丰富的历史，这是从19世纪初期就开始的。20世纪上半叶几位著名学者如罗斯托夫采夫（Rostovtseff 1922，1925）和拉季谢夫（Latyshev 1947a，1947b，1947c，1947d，1992）对古代文献的卓越分析，迄今对俄罗斯学界有关斯基泰人和萨尔马泰人的研究仍有影响。在寻找这些历史文献中曾经描述或仅仅提到过的部落相关考古学遗迹的时候，学者们进行了复杂的复原工作，有些学者会把同一个部落设想到完全不同或者遥远的地方。当判断某一考古学文化族属的时候，情况同样复杂。[5]俄罗斯学界近年来也在探讨这个问题，亚布隆斯基认为应当拒绝使用历史上那些族名来命名早期游牧民族的考古学遗存，他认为应当代之以"斯基泰和西伯利亚联合体"这个术语，虽然不合乎逻辑，不过不少学者还是接受了"斯基泰和西伯利亚文化与年代层位"这种相对中性的说法（Yablonsky 2000，2001；Yablonsky & Bashilov 2000）。虽然有学者赞同亚布隆斯基的观点，但是大多数人并没有接受（Medvedev 2002b）。更何况亚布隆斯基本人也没有放弃使用历史和民族学术语（Yablonsky 1996b）。

我们在此不会过多地考证那些复杂的历史文献，不过也不可能完全避免使用传统上认为与早期铁器时代欧亚地区游牧民族有关的历史名称。通过表6.1大家可以看到我们所研究的历史上知名部族演变的情况。这个表格反映了学界最普遍的诠释而不是特殊理论。

斯基泰人可以说是古代欧亚地区最著名的游牧民族了，他们在亚述文献中被称为"阿什古仔人"（Ashguzai）或"依什古仔人"（Ishkuzai）。根据希罗多德（Herodotus Ⅳ，Ⅱ，103—106）[6]，关于斯基泰人的最初记载是从他们与占据东欧大草原北部的辛梅里安人①的争斗开始的。公元前670年，他们一路追杀辛梅里

① 辛梅里安人（Cimmerians，又作Kimmerians），为公元前11—前7世纪居住在黑海北岸到高加索山脉以北东欧大草原上的印欧语游牧民族，后被斯基泰人击溃，国土被占据。地名克里米亚（Cremea）或源于此，参见希罗多德《历史》第四卷。——译者注

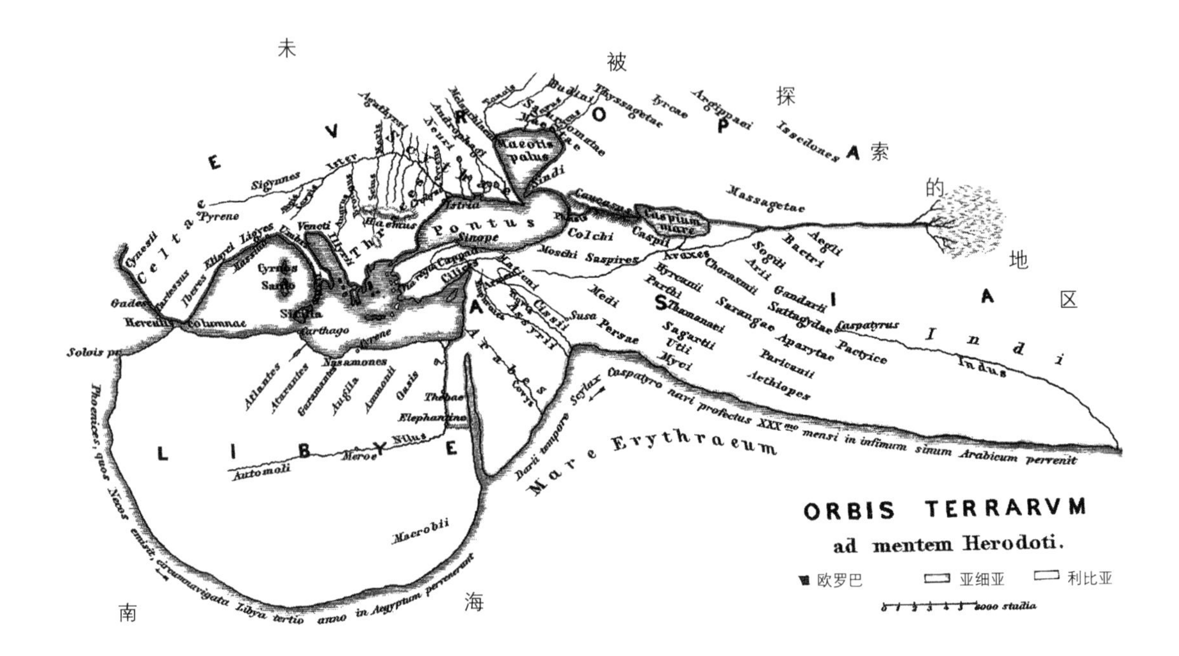

图6.3　希罗多德的世界地图[1]

主要地理和族名译名对照（自西往东顺时针方向）：

Celtae-凯尔特人
Ister-多瑙河
Thraces-色雷斯
Scythae-斯基泰人
Tansis-顿河
Oarus-伏尔加河
Pontus-黑海
Maeotis palus-亚速海
Caucasus-高加索山脉
Sauromatae-萨夫罗马泰人
Iyrcae-伊尔卡人
Arimaspi-“独目人”
Issedones-伊塞顿人
Massagetae-马萨格泰人
Caspium Mare-里海
Araxes-锡尔河
Chorasmii-花剌子模
Sogdi-粟特
Bactria-巴克特里亚
Gandarii-犍陀罗
Indi-印度
Indus-印度河
Persae-波斯
Midi-米底
Susa-苏萨
Tigres-底格里斯河
Assyrii-亚述
Armen-亚美尼亚
Tigris-底格里斯河
Euphrates-幼发拉底河
Arabes-阿拉伯
Nilus-尼罗河
Thebae-底比斯
Oasis-阿蒙神庙所在绿洲
Ammonii-阿蒙尼人
Carthago-迦太基
Mare Erythraeum-厄立特里亚海[2]

① 此图原著作者未说明出处，估计为近代早期欧洲学者编绘的。拉丁文名称是“根据希罗多德著作编绘的世界地图”。——译者注

② 古希腊人对红海、阿拉伯海以至印度洋的泛称。——译者注

表6.1　欧亚历史上著名游牧民族及主要考古学文化

年代	主要历史事件	西伯利亚南部、阿尔泰和哈萨克斯坦东部	哈萨克斯坦中部和南部	中亚细亚和咸海地区	外乌拉尔南部地区	乌拉尔西侧南部地区	伏尔加河下游地区	顿河下游地区	黑海北岸地区
前800		塞迦人	→	→		→			
前771—前770[1]	西周结束,东周开始	阿尔然(遗址)							
前623—前594	斯基泰人第二次入侵外高加索地区				塔斯莫拉式文化 伊塞顿人	考古遗址稀少 伊塞顿人?	早期斯基泰人		辛梅里安人 斯基泰人
					←“其他斯基泰人”→ 塞迦人	←--------	--------→	→	
前600	“希罗多德贸易之路”							希罗多德描述的萨夫罗马泰人	
前545	波斯阿契美尼德王朝								斯基泰人
前530	居鲁士二世讨伐马萨格泰人		塞迦人	马萨格泰人 伊塞顿人 花剌子模国	普罗科沃文化 (精英层次)	伊塞顿人? 萨夫罗马泰文化			
前514—前512	大流士一世对外征服		塔夫莫拉文化						
前500									
		巴泽雷克文化					萨夫罗马泰人 萨夫罗马泰文化	萨夫罗马泰人 萨夫罗马泰文化	
	花剌子模脱离 波斯帝国统治		塞迦人 ↓		大益人 →				
前400		月　氏		大益人 →					
		乌　孙				普罗科沃文化 早期萨尔马泰人 奥尔塞人 →			斯基泰人
前330—前328	亚历山大大帝远征						早期萨尔马泰人		
前209	帕提亚帝国(开始)	匈奴国家形成		月氏人 ←			普罗科沃文化		
前201	匈奴冒顿单于扩张						萨尔马泰人 →	萨尔马泰人	
前200		匈奴 ↓		阿兰人			奥尔塞人		
					中期萨尔马泰文化(遗址稀少)			罗克索拉尼人 →	色拉基人
前165—前160[2]	匈奴击败月氏			康居 哲提-阿萨尔文化		中期萨尔马泰文化 (遗址很少)	→	阿兰人	萨尔马泰人
前100							中期萨尔马泰文化	阿兰人	阿兰人
公元93年	鲜卑击败匈奴			阿兰人 →		阿兰人			
公元55年[3]	匈奴帝国瓦解	→							
155—158年	北匈奴向西方和西南方迁徙				晚期萨尔马泰文化(遗址稀少)	晚期萨尔马泰文化 →	萨尔马泰人		

译者注：①原著西周结束时间误作前770年。

②据《汉书·匈奴传》，前176年匈奴冒顿单于给西汉文帝来信称已经破月氏。前174年其继承人老上单于杀月氏君长，迫其西迁。

③一般认为匈奴分裂成南北两个政权的标志是匈奴日逐王比自立为南单于，此年为东汉建武二十四年，公元48年。

安人到了小亚细亚地区，在大约28年时间里，他们所到之处，“用暴力毁灭了一切”。大约公元前5世纪初期，他们被米底人（Medes）从中东地区赶走，回到了高加索山脉以西的草原地带；后来又迁徙至第聂伯河下游一带，在那里创立了大斯基泰国（斯基泰第二王国），公元前5—前3世纪斯基泰人经历了从全盛到衰落的历程。引人注目的是斯基泰与马其顿人的战争以及塞迦人和萨尔马泰人的入侵和蹂躏等因素都导致了斯基泰王国的崩溃。

根据出生于古希腊城邦普罗克奈苏斯（Proconessus）的阿里斯提亚斯（Aristeas）[①]的记述，斯基泰人在欧洲东部出现之前（公元前8—前7世纪），他们是与或许占据着乌拉尔南部和外乌拉尔草原地带的伊塞顿人为邻的。而伊塞顿人不远的地方又居住着伊尔卡人（Ircae/Irks）和“其他斯基泰人”（Herodotus Ⅳ，21—27）。萨夫罗马泰人只是在公元前6世纪才出现的（Machinsky 1972）。根据格拉科夫（Grakov 1947）和斯米尔诺夫（Smirnov 1964）的研究，“萨夫罗马泰人”是泛指那些占据着相当于今天顿河、伏尔加河以及乌拉尔河的很多游牧部落，这片地区当时被古希腊文献称为斯基泰以东、塔内斯（Tanais）河[②][7]之外的那片地区。

在公元前5世纪末和前4世纪初期，萨夫罗马泰人与斯基泰人的关系大体上是和平的，后来逐渐变得紧张，一部分萨夫罗马泰人向西进入斯基泰人的领地。公元前4世纪出现了“萨尔马泰人”这个族名，并最终代替了萨夫罗马泰人的说法，二者或为同义词。马钦斯基（Machinsky 1971）注意到，此后伊塞顿人这个族名在历史文献中也消失了。公元前3世纪，萨尔马泰人跨过塔内斯河入侵黑海北岸的东欧大草原。雅森科（Yatsenko 2003）指出古代作家总是强调萨尔马泰人比斯基泰人更加“野蛮”，事实并非如此。学者普遍确信，公元前3世纪末或前2世纪初时，萨尔马泰人战胜了斯基泰人。在此之前发生的马其顿国王亚历山大大帝在近东地区的征服和扩张活动，可被视为促使北方欧亚草原出现新霸主的影响因素之一（Milokova 1989：156—157）。

① 古希腊诗人、旅行家，活动于公元前7世纪左右。——译者注
② 古希腊人对顿河的称呼。——译者注

从一开始，古希腊各个城邦和罗马人与萨尔马泰人这个欧亚游牧世界西部最重要的政治力量之间的关系就是紧张的。起初罗马人对萨尔马泰人并不是很在意，但是当他们开始骚扰罗马帝国边境的时候，罗马人被迫予以重视（Bozi 2002：8—9）。根据罗马皇帝奥古斯都的得力助手玛尔库斯·阿格里帕（Marcus Agrippa）绘制的地图，萨尔马泰当时已经被视作罗马帝国的24个行省之一。公元前1世纪一些有关的史地文献，特别是斯特拉博（Strabo）的《地理学》(*Geography*）都提到"欧罗巴和亚细亚的萨尔马泰"，二者之间以塔内斯河为界（Strabo Ⅺ，1—6）。托勒密（Ptolemy）[①]最早在地图上注明了二者的区别。斯特拉博的《地理学》显然反映的是萨尔马泰人在公元前2世纪的情况（图6.4）。从斯特拉博和普林尼对地理与族群的记载和地图的比较研究中获悉，由亚兹克人、奥尔塞人、罗克索拉尼人和色拉基人等部落组成的一股新的游牧民族的西迁浪潮出现了（Machinsky 1972），由此我们注意到第聂伯河以西地区调查的萨尔马泰人考古遗址的数量增多了。

在顿河以东的所谓亚细亚萨尔马泰地区（Asiatic Sarmatia），起初是以色拉基人［又称色拉克人（Siraks）］、奥尔塞人以及上奥尔塞人（Upper Aorces）为主导，他们可以和顿河以西的罗克索拉尼人比肩。舒金（Schukin 1994）认为萨马尔泰人的西进运动使得他们在东起第聂伯河、西至普鲁特河（Prut River）[②]这片地区建立起独立的萨尔马泰王国。另一个萨尔马泰人的部落联盟则以伏尔加河下游为中心。大约在公元前70—前50年，萨尔马泰人征服了乌拉尔以西的其他部落。公元1世纪的文献资料则强调在当时的多瑙河和高加索地区出现了阿兰人。

古希腊人对他们所说的亚细亚或东方的斯基泰人等欧亚游牧世界东部的游牧民族了解并不多。对古希腊人来说，"斯基泰人"这个词似乎成了所有游牧民族的代名词。后来的罗马人也是这样。波斯人则称他们为"塞迦人/萨卡人"，这个名称又可以泛指公元前一千纪（具体是前8—前3世纪）欧亚地区东部所有的游牧部落，不过他们中间又可以分成很多单独的族群，例如"荷麻瓦尔加塞迦"

---

① 托勒密（约公元100—170年）是主要活跃于罗马帝国东部城市亚历山大里亚的著名天文、数学和地理学家，他使用希腊文写作。——译者注

② 普鲁特河为多瑙河下游的一条支流，目前部分为罗马尼亚和摩尔多瓦两国之间的界河。——译者注

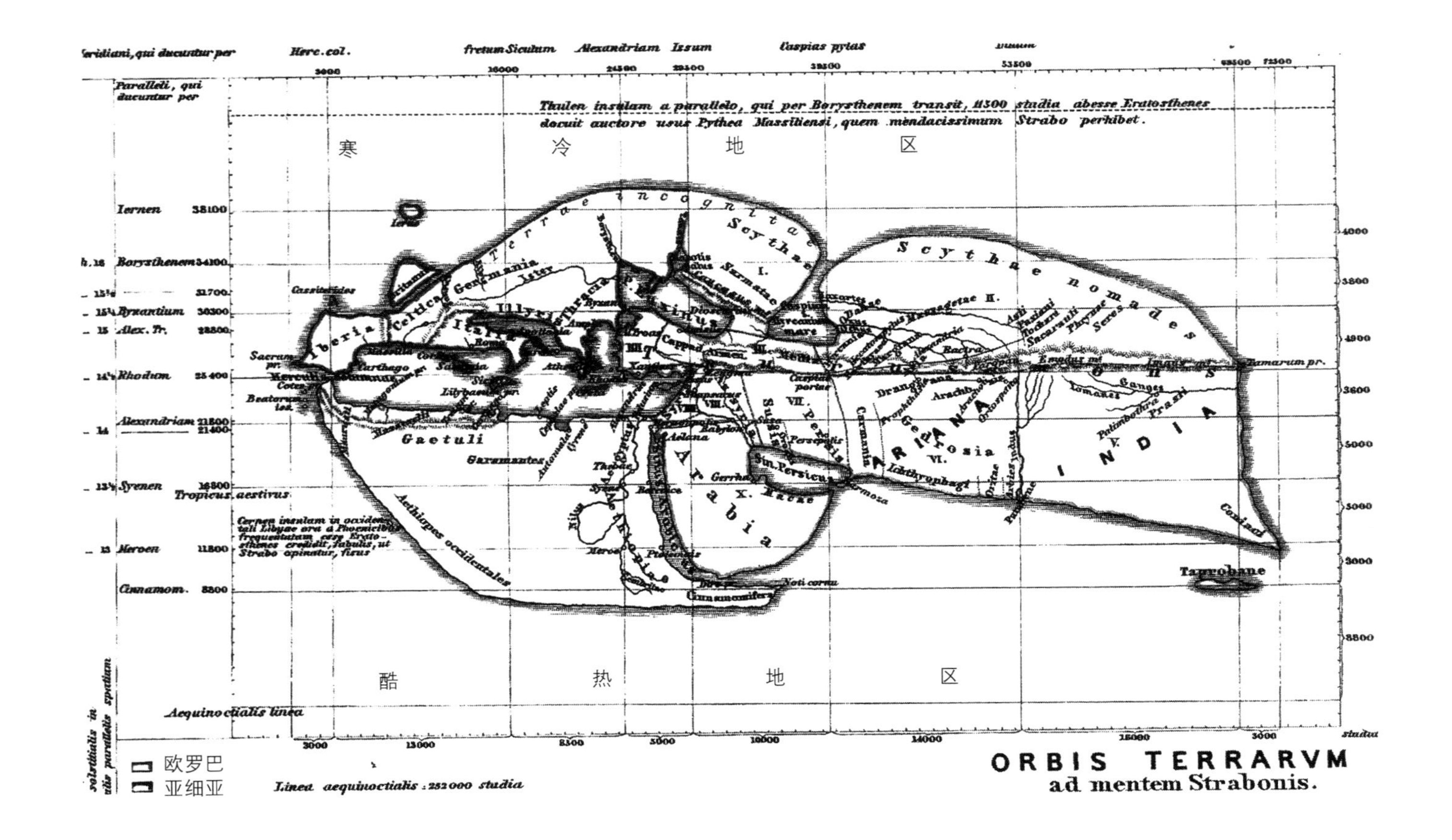
Meridiani, qui ducuntur per
Herc. col.
fretum Siculum
Alexandriam Issum
Caspias pylas
Paralleli, qui ducuntur per
Thulen insulam a parallelo, qui per Borysthenem transit, 11500 stadia abesse Eratosthenes
docuit auctore usus Pythea Massiliensi, quem mendacissimum Strabo perhibet.
寒冷地区
Iernen 38100
Borysthenem 34100
Byzantium 30300
Alex. Tr.
Rhodum 25400
Alexandriam 21800
Syenen 16800
Tropicus aestivus
Meroen 11800
Cinnamom. 8800
Terrae incognitae
Scythae I.
Scythae nomades
Germania
Celtica
Iberia
Italia
Illyris
Gaetuli
Garamantes
Aethiopes occidentales
Arabia
Sin. Persicus
Carmania
Gedrosia
ARIANA
INDIA
Ganges
Taprobane
Cassiterides
Cinnamomifera
Noti cornu
酷热地区
Aequinoctialis linea
欧罗巴
亚细亚
Linea aequinoctialis : 252000 stadia
ORBIS TERRARVM
ad mentem Strabonis.

图6.4　斯特拉博的世界地图[1]

主要地理和族名译名对照（自西往东顺时针方向）：

Celtica–凯尔特
Germania–日耳曼尼亚
Ister–多瑙河
Thracia–色雷斯
Scythae–斯基泰人
Tanais–顿河
Sarmatae–萨尔马泰人
Caucasus ms–高加索山脉
P. Euxinus–黑海
Caspium mare–里海
Scythae nomades–游牧的斯基泰人
Dahae–大益人
Massagetae–马萨格泰人
Asii–阿锡人
Paxiani–帕锡亚尼人
Tochari–吐火罗人
Sacarauli–萨卡拉利人
Seres–塞里斯（丝绸之国）
Iaxartes–锡尔河
Oxus–阿姆河
Bactria–巴克特里亚
Ganges–恒河
India–印度
Indus–印度河
Ariana–雅利安（伊朗）
Persis–波斯
Persepolis–波斯波利斯
Susa–苏萨
Assyria–亚述
Armen–亚美尼亚
Babylon–巴比伦
Arabia–阿拉伯
Aegyptus–埃及
Alexandaria–亚历山大里亚（埃及）
Thebae–底比斯
Nilus–尼罗河

① 这张用拉丁文标示的地图原书没有注明出处，译者在此仅译出相关地名和族群名称。——译者注

（Saka-Haomavarga）[①]、“帕拉达拉基亚塞迦”（Saka-Paradarayia）[②]和“提格拉快达塞迦”（Saka-Tigrakhuada）[③]等（Litvinski 1972；Moshkova 1992）。中国史书称之为“塞”或“塞种”人[④]。波斯阿契美尼德王朝统治者对他们的控制力有限，只是不断地派兵去征讨或防止他们前来劫掠。而有些塞迦人有时也充当波斯帝国的雇佣兵。

据希罗多德（Herodotus Ⅰ，201，202），塞迦人的亲缘部族马萨格泰人居住在里海以东地区；斯特拉博则认为他们分布在从乌浒河（Oxus）[⑤]直到锡尔河西部这片地区（Strabo Ⅺ，6，7，8）。希罗多德认为马萨格泰人“位于伊塞顿人前方”（参见图6.3），由此我们可知伊塞顿人占据着乌拉尔南部草原地区并且在哈萨克斯坦北部与马萨格泰人为界。公元前530年波斯国王居鲁士二世最后一次战役就是远征草原上的马萨格泰人，他死于此役[⑥]，这足以彰显马萨格泰人强大的战斗力（Moshkova 1992：15）。公元前330—前328年，亚历山大大帝征服了巴克特里亚和中亚的粟特（Sogdiana）地区，但是他对这些游牧部落并没有取得任何重大胜利。他死后，帝国便陷入内部纷争而瓦解，后来被纳入塞琉古王国的版图。随后不久，公元前3世纪中叶左右，塞琉古王国东部的几个省如巴克特里亚和帕提亚都各自独立了（Tolstov 1948：241—246）。

公元前4世纪末到前3世纪初，一个叫作“大益”（Dahae/Dakhi）的游牧部落联盟在帕提亚[⑦]的东北方向崛起。大益人的进攻可以看作游牧民族围攻南方定居国家的开始。

大益和帕尼人（Parnae）扬名要比塞迦人略微晚一些，这两个族群关系彼此很亲密，所以史料总是将他们二者并称。根据斯特拉博（Strabo Ⅸ，7，Ⅰ：

① 意思是吸食荷麻的塞迦人。——译者注

② 意思是海那边的塞迦人。——译者注

③ 意思是戴尖顶帽的塞迦人。——译者注

④ 参见译者补充参考资料余太山（1992）。——译者注

⑤ Oxus是古希腊罗马人对阿姆河的称呼。《魏书》及两唐书分别为“乌许水”“乌浒河”，此处从唐人译法。——译者注

⑥ 一说为战役第二年，即前529年，居鲁士二世即著名的居鲁士大帝，被复仇的马萨格泰王后托米丽丝率众围歼杀死，出自希罗多德的名著《历史》。——译者注

⑦ Parthia，此处的帕提亚是地理概念，位于古波斯帝国的东北部，西邻“米底”地区。马其顿亚历山大帝国和塞琉古王国也曾统治过这里，直到大益和帕尼人建立安息（帕提亚）王朝。——译者注

8，ⅰ—3，Ⅺ，511）的记载，公元前3世纪的时候，大益人的牧场位于里海以东，邻近马萨格泰人（参见图6.4）。可以确信他们的领袖阿尔沙克（Archak）曾经在帕提亚建立过一个强大而短暂的王朝（公元前247—前225年）。虽然时间很短，但是毕竟创建了未来强大国家的雏形[①]。后来，类似的情况又在贵霜帝国重演（Moshkova 1992）。[②]很明显，公元前3世纪是欧亚游牧民族历史上的转折点。

古代作家笔下的游牧民族是混有多个族群的，其中阿锡人（Asii）、帕锡亚尼人（Paxiani）、吐火罗人（Tokharians）和萨卡拉利人（Sakarauli）等一般认为都属于塞迦人和马萨格泰人之种属（Strabo Ⅺ，Ⅶ,2；参见图6.4）[③]，公元前3—前2世纪，他们逐渐集中到中亚南部地区。当欧亚草原上各个部族为牧场领地而斗争的时候，内部纷争不已的希腊巴克特里亚王国在这些北方游牧民族的进攻下逐步衰落下去（公元前141—前128年）。

中国史料之所以能够提供上述有关历史事件的基本信息，主要是因为他们长期与这些“北方蛮族”打交道，这些“蛮族”总是不断骚扰着中原地区并深深地影响了他们的政治（图6.5）。其中最强劲的对手就是匈奴了。公元前3世纪末，匈奴在他们的首领冒顿单于掌权后强大起来。在超过25年的统治时间里（前209—前174年），冒顿单于征服了很多部落，领土快速扩大并把原来的部落联盟变成主要能对抗中国中原地区和以往的宿敌——月氏人的强大政权。匈奴和汉的对峙有着深远的影响，在相当程度上解决了以往蒙古草原长期存在的人口过剩问题。

---

① 大益-帕尼联盟的首领阿尔沙克就是帕提亚帝国的奠基者，史称阿尔沙克一世，所以帕提亚帝国也以他的名字扬名，西汉时因此翻译为安息。——译者注

② 此处似指同样来自北方、征服了希腊巴克特里亚王国属地“大夏”的游牧民族大月氏人与塞迦人融合后所形成的五部之一的“贵霜翕侯”丘就却兼并其他四部，并进一步建立贵霜帝国的事迹，参见《汉书·西域传》《后汉书·西域传》。——译者注

③ 有学者认为斯特拉博《地理志》提到的萨卡拉利人即塞迦/萨卡人，帕锡亚尼人即本书提到的大益-帕尔尼人，而阿锡人与吐火罗人很可能就是西迁中亚并步塞迦人后尘征服“大夏”地区的大月氏人，因为公元前2世纪以后伊朗语文献将阿富汗兴都库什山脉以北到阿姆河这片地区（即汉代所知的“大夏”）称为吐火罗斯坦；梵文文献称为Tukhara。《魏书》《北史》《隋书》以及两唐书和《大唐西域记》等都提到了吐火罗国。主张吐火罗即月氏的学者有列维、伯希和、塔恩（W. W. Tarn）、纳拉因（A. K. Narain）、张广达、林梅村、黄盛璋等。不过，王国维、余太山等则认为上述四部族均为塞迦人，他们首先入侵并征服了希腊巴克特里亚王国并把当地名为“大夏”。参见维基百科英文版词条和译者补充参考资料Duane W. Roller（2014）、W. W. Tarn（1966）以及余太山、徐文堪等人的著作。——译者注

月氏人原先住在匈奴西边多山的甘肃地区。加上乌孙人，他们都似乎命中注定受到匈奴入侵的巨大压力（McGovern 1939：125—129）。起初乌孙人所在地区与月氏人相邻甚至共享一些牧场；公元前176年，他们向匈奴表示臣服。公元前165—前160年，匈奴经过多次战役最终打败了月氏人。月氏幸存者只得沿着天山险峻的小路逃走。他们往西南方向迁徙，在准噶尔地区与那里的“塞迦人”（Sacae）冲突并把他们赶走。后来乌孙在匈奴推动下又打败了月氏人。月氏人只好继续迁往西南方向的粟特和巴克特里亚地区去了。[8] 月氏人后来在阿姆河以北地区居住下来，他们把征服的土地分给五个各有酋长（“翕侯”）的部落。这些信息是中国派往这些地区的第一位使节——张骞回国后提供的，他于公元前138年由汉武帝派遣出使西域，目的是联络月氏人一起对抗共同的敌人——匈奴。他于公元前128年才回到中国（Bichurin 1953a，1953b；Gumilev 1993a；McGovern 1939）。①

中国的古代文献有关于欧亚地区相当混杂的描述，不过民族、地理和历史年代等方面的信息还是比较模糊的。然而有一项事实非常清楚，即公元前2世纪，中亚地区的政治形势是非常不稳定的，充斥着各种戏剧化甚至是灾难性的事件，由此导致很多游牧民族经常变换牧场领地。汉帝国和匈奴都在争夺这个地区的主导权。而东方的希腊化王国都在那些“蛮族”的进攻下瓦解了，这些南下的游牧民族有意或无意地成为古代世界晚期两个伟大帝国——（波斯）帕提亚王朝和贵霜帝国的建立者。

此外，中国史书还提到一些其他的游牧民族国家。其中康居位于花剌子模北部，其西北边境又与另一个酋邦“奄蔡”（Yantsai，Yan-T’sai）相邻。古代史家注意到这些国家的居民与月氏人风俗类似。公元前1世纪时，康居已经臣服于匈奴（Bichurin 1953b；Kuner 1961；Zuyev 1995）。后来康居又把主要兴趣转向北方的阿兰国。阿兰人这个族名首先出现于1世纪欧洲的历史文献中，同时还有一些来自东

① 据中国学者研究，张骞第一次出使西域时间为公元前139—前126年。事见《史记·大宛列传》《汉书·西域传》。参见译者补充参考资料余太山《塞种史研究》《贵霜史研究》等著作。——译者注

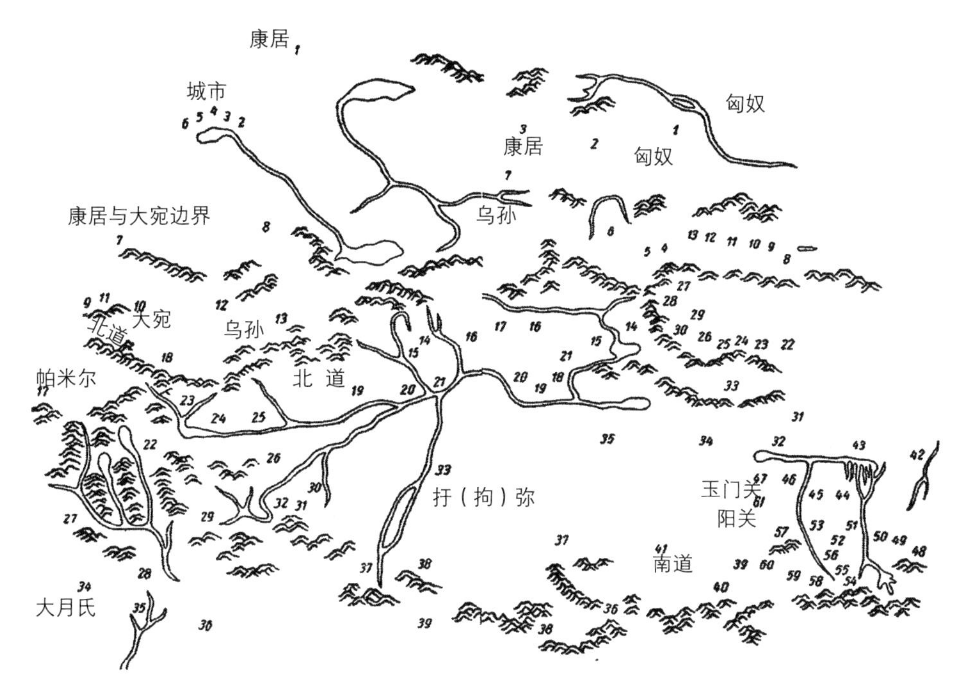

图6.5　中国西汉时期的西域示意图（图中数字标示着历史文献涉及古代国家和民族的名称。由H.库纳尔由中文翻译过来）（据Bichurin 1953c）①

方的其他游牧民族。根据阿米阿努斯·马尔切利努斯（Ammianus Marcellinius）②的记载，阿兰人与马萨格泰人的风俗是一样的（Am. Marcel. History. XXXI，2，12）。

1—3世纪的康居是中亚草原上最强大的国家，其广袤的领土还包括延续了“奄蔡”的阿兰国（Alanya）。③有趣的是，根据古代史著，康居和奄蔡是通过中原地区、喀什噶尔和费尔干纳（“大宛”）的商路而相互联系的，这条商路还一直往北到达乌拉尔地区和伏尔加河流域（Bichurin 1953a，1953b，1953c；McGovern

① 此图估计是俄罗斯早期汉学家比丘林（N. Y. Bichurin，1777—1853）根据中文有关西域史地著作中的地图编绘的，图中编号有重复，译音多有不确之处，译者有所订正。——译者注

② 公元4世纪罗马帝国晚期最著名的史学家，著有关于4世纪古典世界比较详细的历史记述，可惜近一半散佚了。——译者注

③ 康居和奄蔡均见于《史记·大宛列传》，又《三国志》注引《魏略·西戎传》：“奄蔡国，一名阿兰国，与康居同俗。”——译者注

1939)。在有关康居疆域范围的学术探讨中，魏因贝格(B. I. Vainberg)夫人的观点最为确凿。她将康居的疆域划为北起乌拉尔山脉南部及乌拉尔河，西北至里海沿岸，南到克孜勒库姆沙漠北部边缘(Vainberg 1999)。在所有中国有关“西域”的古代地图上，康居总是被绘制在西北角(Bichurin 1953c)(图6.5)。

匈奴帝国晚期发生了一些重大变化。公元前1世纪，帝国遭遇了一系列事件并开始分裂。1世纪中叶，在汉军队的攻击下，匈奴分成了南北两部分(两个王国)：南匈奴和北匈奴。南匈奴成为汉朝的藩属；而北匈奴在93年被鲜卑击败后分成了四个部分：一部西迁至中亚的谢米列契地区(Semireche)[①]；第二部降附了鲜卑人；第三部内附汉朝；第四部则西迁了(Gumilev 1993a)。155—158年，匈奴人遭受了以檀石槐为首领的鲜卑人的多次劫掠，他们被迫离开故地向西南和西部远走(Bichurin 1953a)。有关后来这批匈奴人命运的消息就不清楚了。有材料提到大约在160年和175—182年，他们到了靠近里海的草原地带(Gumilev 1986)。多年后，4世纪后期，匈奴人入侵欧洲，这时他们广为人知的族名叫“匈人”(Huns)。以375年“匈人”击败阿兰人为标志[②]，开启了欧亚历史上著名的民族大迁徙运动的主要阶段。

所有在中亚地区发生的各个游牧民族之间的冲突、战争和重新划分领地等都对周边其他地区特别是欧洲产生了深刻影响，在欧洲出现了游牧部落四处劫掠的局面。在与马其顿亚历山大大帝及其继承人的征战中，游牧民族(塞迦人和马萨格泰人)产生了新的战术和精湛的武器装备，标志之一就是骑手和战马都披挂着铁甲的重装骑兵(Shchukin 1994；Sulimirski 1970；Tolstov 1948)。公元前53年，罗马军团第一次在帕提亚重装骑兵攻击下惨败。[③]

这里的综述比较简短，且只包括了直接或间接参与我们所研究这片地区历史上的民族，但是毫无疑问，来自亚洲腹地的游牧民族在公元前一千纪整个欧亚地

① 即七河地区，指巴尔喀什湖周边地区，七河指流入巴尔喀什湖的包括伊犁河、阿克苏河等在内的七条河，现仅存五条河。——译者注

② 匈奴人打败和兼并阿兰人在先(罗马史家及《魏书》《北史》的西域传等都有记载)。公元375年匈奴人击败的是哥特人部落(以此为标志)。参见译者补充参考资料约达尼斯(2012)。——译者注

③ 指著名的卡莱战役，罗马远征军主帅克拉苏被杀，大量士卒被俘。——译者注

区舞台上扮演了非常重要的角色。这些游牧民族不断经过乌拉尔地区并在那里留下印记。西西伯利亚地区也是非常活跃的，因为那里的森林–草原环境在草原地带局势不稳定时，还是很具吸引力的。我们将在后面探讨大多数游牧社会的共同特点及其变化，由此彰显本书所研究的这片地区的特色。

乌拉尔地区的游牧文化

欧亚游牧文化的历史可根据当时主导的游牧民族分成两个基本阶段。第一个阶段即斯基泰人阶段，通常认为在公元前7—前3世纪；第二个阶段即萨尔马泰人（又称匈奴–萨尔马泰人）阶段，时间范围为公元前2—公元4世纪。有时候前面还加上一个早期阶段（公元前9—前8世纪），被称为辛梅里安人、前斯基泰人或原始斯基泰人阶段。这个阶段可以看作斯基泰人以及其他游牧文化的起始阶段。[9]

如果我们看一下公元前一千纪起始阶段欧亚草原考古发现，就会发现遗址真的不多。因此迄今为止斯基泰和塞迦文化的起源问题仍然有很多争论。我们不了解他们最早的聚落是什么样子，只有库尔干古坟才会显示某些文化状况。最初考古学界调查到的遗址是属于大斯基泰国①时期的，所以那时学者认为斯基泰文化是从欧亚草原西部起源的。不过到了20世纪初，学者们开始把目光转移到了东方也就是西伯利亚地区（Rostovtseff 1922）。阿尔泰、图瓦和哈卡斯②这些地区丰硕的墓葬考古发现以及碳–14断代技术的应用都确认了斯基泰文化东方起源的观点。其中图瓦地区发现的阿尔然大墓③出土文物证实，比较成熟的动物（野兽）纹饰元素和复杂的社会精英葬礼在公元前9—前8世纪的东方已经饶有特色了（Sementsov et al. 1997；Zaitseva et al. 1997b）。此外，有些学者甚至把萨彦岭和阿尔泰山看作斯基泰人神话传说中的祭奠之地——瑞费山（Riphei mountains）。这似乎有些夸大其词了。

① 公元前5—前3世纪，疆域大致相当于今天乌克兰中西部到摩尔多瓦共和国这片地区。——译者注

② 三者均为俄联邦具有民族自治地方性质的共和国，属于西伯利亚联邦管区。——译者注

③ 指20世纪70年代苏联考古学者在图瓦共和国首府克孜尔西北60公里处发现的一座大型的以一对古代游牧民酋长夫妇为中心的阿尔然–Ⅰ大墓，树木年轮校正年代为公元前9世纪末到前8世纪初。参见译者补充参考资料St. John Simpson等的著作。——译者注

1983年，格里亚兹诺夫提出了与塞迦和斯基泰文化形成过程有关的“阿尔然-切尔诺格罗沃”阶段说。尽管有地域性的类型变化，随着相似的意识形态和社会、经济模式的扩展，公元前9—前8世纪这片地区的物质文化都呈现出共同的特色，其代表是一种具有新的语义背景和艺术体系的动物风格纹饰诞生了（Gryaznov 1983；Rayevsky 1985）。这意味着早期游牧文化综合体在公元前10世纪晚期和前9世纪初期的中亚地区最早形成，按照博科维科的表述（Bokovenko 1996），后来这种游牧文化以一种隐蔽的形式传播开来。特别重要的是，新的（游牧民族的）葬俗正是这些骑马驰骋的武士死后新的世界观的反映，同时也强调了他们与众不同的社会地位。

近年来的考古发现和研究都证实了动物（野兽）纹饰的最初元素起源于东方的观点，在从东往西传播的过程中，又吸收了其他不同来源的、新奇的影响而变得更加丰富多彩了。以“鹿石”（stag steles）[①] 在欧亚地区传播的情况为例：它最早出现于公元前9世纪晚期的欧洲东部的南部地区，在中亚和西伯利亚南部等地区（蒙古、图瓦、阿尔泰和中国新疆等）也多有发现，都属于早期阶段（Bokovenko 2004；Kovalev 2000）。鹿石的传播过程在乌拉尔南部地区也留有痕迹。其中特别的是“大古马洛沃”（Big Gumarovo）库尔干古坟一座墓葬出土的一块雕有数种武器图案的鹿石，上面刻有一把直“格”、手柄顶端像蘑菇式的剑和斯基泰式的弓，此外还出土一批相当特别的属于早期类型的青铜箭镞等（图6.6）（Ismagilov 1988）。其他地点还发现了剑、匕首、铜镜、古朴风格的箭镞以及特殊类型的马具等，它们都显示了曾经发生的“原始斯基泰人”西进运动（Murzin 1990）或“阿里斯提亚斯和狄奥多罗斯笔下的早期斯基泰人”的面貌（Alexeyev 2003）。[②]

在研究游牧文化过程中，学者们注意到乌拉尔南部地区的独特性，这种特性可以追溯到青铜时代，这是由它地处欧亚地区各方向人员交流往来的十字路口而决定的。学者们一直试图理解当地文化的结构，乌拉尔草原分布着数以千计的文

---

① 因石头上常雕刻有鹿的形象而得名。——译者注

② 来自西西里岛的狄奥多罗斯（Diodorus of Sicily）为公元前1世纪希腊化时期的著名史学家，著有《历史丛书》（*Library of History*）40卷，其中有涉及斯基泰人的记载。——译者注

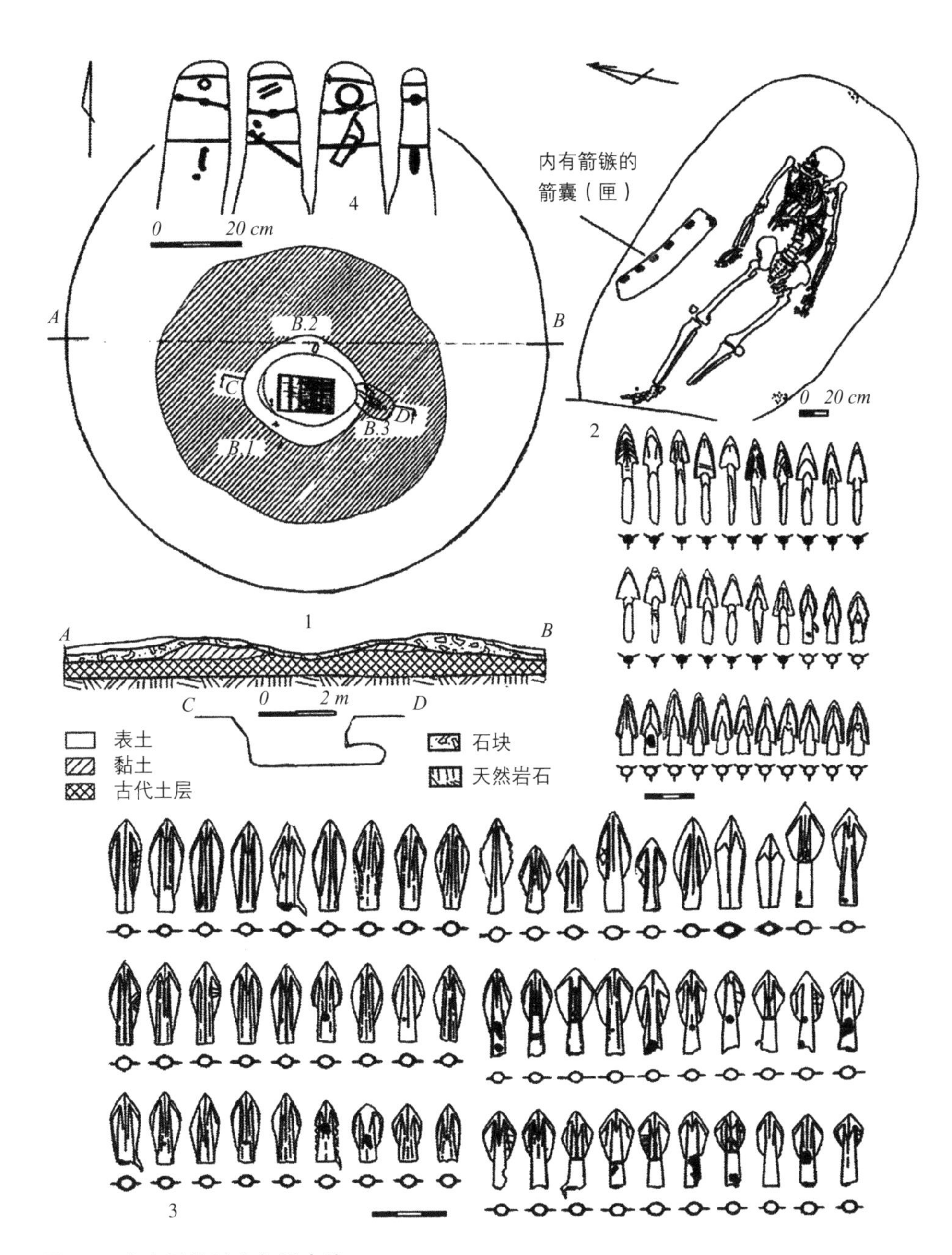

图6.6　大古马洛沃库尔干古坟

1.古坟测绘图；2.墓葬；3.各种青铜箭镞；4.刻有图案的四块鹿石（据Ismagilov 1988）

化遗址（图6.7）。这片草原可以分成乌拉尔以东和以西两个部分，二者有着文化差别。

遗憾的是，目前还没有有关游牧民族物质文化比较完善的年代学体系。一些综述著作仅仅关注基本器物特别是兵器的类型学比较和年代序列（Khazanov 1971；Smirnov 1961）。1947年，格拉科夫提出了一种迄今仍广泛使用的欧亚游牧文化的年代序列。他将从伏尔加河到乌拉尔地区所有相关的考古资料划分为四组，每组文物代表一个历史时期，也被一些学者称为一种考古学文化。这四组是：①萨夫罗马泰时期，布鲁门菲尔德文化（Blumenfield culture，公元前6—前4

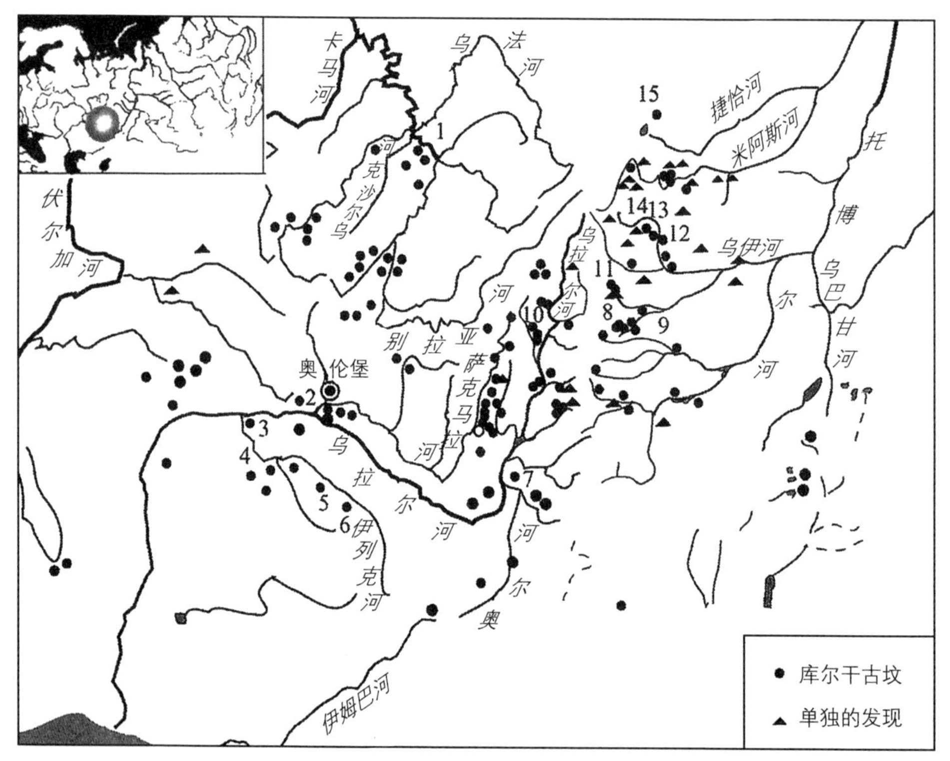

图6.7　乌拉尔南部草原地带早期游牧民族遗址

1.比顺伽罗沃；2.切尔纳，卡尔达依洛沃；3.菲利波夫卡；4.波克罗夫卡；5.皮亚季马里；6.麦切特-塞；7.新库马克；8.瓦尔纳；9.克塞涅；10.阿尔穆卡灭托沃；11.特米尔；12.波布罗夫卡；13.别列佐夫卡；14.普吉洛夫斯卡·塞姆卡；15.伊尔提亚什

世纪）；②早期萨尔马泰时期，普罗科洛沃文化（Prokhorovo culture，公元前4—前2世纪）；③中期萨尔马泰时期，苏斯罗沃文化（Suslovo culture，公元前2世纪—2世纪）；④晚期萨尔马泰时期，希波沃或阿兰文化（Shipovo/Alanian culture，2—4世纪）。每一个阶段都包括了一种萨尔马泰文化。近年来，人们对这种分类体系进行了调整。其中希波沃古坟后来被认为是属于更晚阶段的；而普罗科洛沃文化（或早期萨尔马泰时期）的年代序列尤其具有争议性，其中一些特别的地方类型比较准确，由此把该阶段的时间范围扩展到公元前5—前1世纪（Skripkin 1990；Tairov 1991）。这阶段还应该包括该文化在乌拉尔南部地区形成、扩展到伏尔加河地区以及最后在黑海北岸地区发展等阶段。因此，中期萨尔马泰文化阶段的范围应当为公元前1世纪到公元150年（Moshkova 2002：7）。萨尔马泰年代学体系是完全建立在丰富的出土文物的类型学分析、跨文化比较研究以及历史文献资料基础上的，我们这里不会深入探讨那些相当复杂和繁琐的问题。

至于萨尔马泰人与萨夫罗马泰人二者是否有亲缘关系目前还不清楚。问题在于这种年代学框架事实上正确地反映了欧洲地区游牧民族物质文化年代序列上的变化，它是从一种文化演化理论发展而来的，同时也是民族历史在考古学文化上的直接反映。当然并非所有事情都是那么简单。正如我们从史料中得知的那样，游牧民族总是处于运动和分化过程中。因此很难仅仅依据考古资料来判断它们的主人当年活动的具体地区和年代范围。这也就是萨尔马泰人与萨夫罗马泰人及其两个年代不同的考古学文化彼此关系仍然有很多争议的重要原因。此外争论中的还有萨尔马泰文化众多类型等令人棘手的问题。不过，我们完全能够理解那些不受考古学文化研究限制的游牧文化自身不断变化的意义，我们把这些考古学文化仅仅当作游牧社会发展的轨迹和标志而已。

前萨尔马泰与起始阶段的萨尔马泰文化

乌拉尔南部地区在向游牧社会过渡期间（公元前10—前8世纪）的考古遗址非常稀少。此外，乌拉尔－哈萨克斯坦草原以及乌拉尔与伏尔加河之间也没有发现这种早期遗址（Korenyako 1982；Morozov 1995）。

最早的游牧民族的遗址已经在乌拉尔以东地区发现了。从考古学角度来看，公元前7—前6世纪，游牧民族物质文化以标准的库尔干古坟和偶然发现为主。这些遗存都属于以哈萨克斯坦中部和北部地区为中心的早期游牧文化——塔斯莫拉文化（Tasmola culture）的波布罗夫卡阶段（Bobrovka stage）（Tairov 2000）。古坟是用泥土、石块或二者混合建成的。青铜时代的古坟有时也会被重新使用。墓穴的平面一般为长方形或椭圆形，其中有些墓穴的竖壁上还挖出特别的"偏洞室"（俄语称为Podboi）。死者呈仰卧直肢葬姿，头部朝向西北（图版6.4）。身体下面发现过有机材料制成的寝具或铺的灰烬等，随葬肉块或一条羊后腿等，还发现匕首型短刀、尾部有插孔或铤的双翼或三翼箭镞、复合材料制成的腰带和铜镜、石祭台、哈萨克斯坦中部风格的刀和护身符等随葬品（图6.8）。各墓葬的随葬品在数量、品种和质量等方面都有所不同。男性墓主以兵器为主，女性主要随葬用于装饰和祭拜的用具。墓葬有明显的财富等级之分。

青铜器光谱分析结果显示，塞迦人的部落社会主要使用金属器物。因此，外乌拉尔南部地区游牧民族早期遗址一定是属于塞迦人历史文化范围的（Yablonsky et al. 1996），只是因为环境、迁徙方式和气候等因素才造成了某些特别之处。外乌拉尔南部地区游牧民族的冬季营地靠近咸海，在那里他们与中亚细亚和哈萨克斯坦南部地区的其他游牧民族都有联系，不过夏季牧场则位于乌拉尔南部靠近西西伯利亚的森林-草原地带。他们与哈萨克斯坦中部的塔斯莫拉文化关系紧密。[10]此外，一些斯基泰西部文化因素在这个地区也有体现，以"大克里莫夫斯基"（Big Klimovski）库尔干古坟出土的考古资料为代表（Gustalov 1998）。显然证明这里与欧洲地区的斯基泰人是有着稳定联系的，学者们对此解释为，从公元前6世纪晚期这里就已经开通了联系欧洲地区的"希罗多德商路"（Herodotus Trade Route）（Grakov 1947；Smirnov 1964；Tairov 2000）。我们知道希罗多德《历史》提到的"其他的斯基泰人"居住在乌拉尔山脉周围地区。另外，乌拉尔地区丰富的矿藏尤其是黄金和铜矿很有可能吸引了西部游牧民族的到来（Tairov 2000）。巴尔特谢娃（Bartseva 1981）指出，公元前6—前4世纪第聂伯河左岸地区斯基泰人

图版6.4　公元前7—前6世纪伊尔提亚什（Irtyash）墓地的墓葬①

墓葬中28%—36%的金属器物都是用源于乌拉尔地区的金属材料制成的。这些欧洲地区的斯基泰人对金属制品的需求很有可能刺激了乌拉尔地区新冶金中心的建立和发展，其中安娜尼诺冶金中心从一开始生产的产品就是面向西方的，只是后来逐步为当地游牧部族所控制。

公元前6世纪晚期到前5世纪，虽说外乌拉尔地区游牧民族的葬俗基本上趋

① 具体位置参见图6.7-15。——译者注

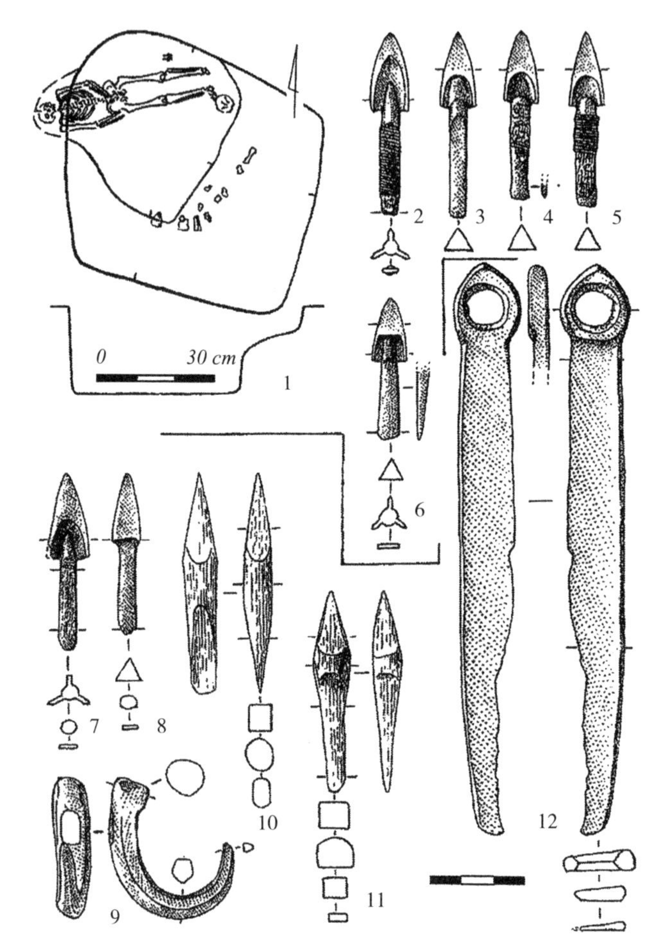

图6.8　公元前6—前2世纪乌拉尔南部地区出土文物

1—6.出自克塞涅墓地12号古坟1号墓穴2号墓；7—12.出自普吉洛夫斯卡·塞姆卡墓地；2—9、12.青铜器；10、11.骨器（据Tairov 2000，图34）

于稳定，但是具体情况仍然发生了变化，出现了连同墓室的木盖都被烧过的火葬方式，还有在原先古代土层建有木结构的椁以及凿有阶梯和墓道的墓穴等，这些新葬俗都被认为是源于中亚咸海地区的。此外还出现了一批新型器物如带有壶嘴的罐子、有小把手的梨形平底罐、表面光滑的青铜镜和有足的石制祭台等，都显示有来自南方的新族群到达这里，随后的族群和社会关系更加巩固了。泰洛夫

（Tairov 2000）认为，这些从南方来到乌拉尔地区的游牧民族很有可能是由于公元前6世纪波斯帝国阿契美尼德王朝统治者在中亚细亚地区的一系列扩张行动造成的。例如著名的公元前530年波斯国王居鲁士二世北征马萨格泰人的战役，不过马萨格泰人先败后胜；后来国王大流士又于公元前519年大举讨伐威胁帝国北部边境的塞迦人，这次他比较成功。这些事件都不可能不对生活在欧亚草原南部的游牧民族产生巨大影响。据我们所知，游牧世界中，如果任何一处传统牧场体系瓦解，必然造成赖以生存的游牧民族的分化和重组。这些来到北方乌拉尔地区的新移民有些进一步向西北方向即乌拉尔西侧草原地带迁徙，当时那里的人口比较稀少。据热列兹契科夫（Zhelezchikov 1988）估算，这个进程大约持续了100—150年。与此同时，有些游牧族群还靠近了西伯利亚森林–草原地带。考古资料都显示军事方面的因素和作用在加强，出现了专门葬有武士的墓葬，它们的数量以及随葬的具有东方或西方元素的兵器的数量和种类都大大增加了（图6.9）。

因此在公元前6世纪最后阶段，欧亚草原出现了两个大的源于乌拉尔南部地区的游牧政权：西面的主要以伊列克河（Ilek）[①] 为中心，东面的则以外乌拉尔南部地区为中心。看来他们都被纳入以奥伦堡东部地区为中心的强大的、按等级制度组织起来的部落联盟（Tairov 2000）。公元前6世纪晚期之后，游牧文化对其北方邻居的影响力不断加强。其中最靠近游牧民族的森林地带居民，特别是伊特库尔文化的居民明显感受到了密集压力。在沿着斯那拉河（Sinara River）[②] 的边疆地带，分布着一系列没有发现实质考古遗存的小型要塞遗址，毫无疑问是当时的边防据点。此外我们也可以根据外乌拉尔地区游牧民族墓葬出土的大量青铜箭镞的化学成分分析结果来证实：到了公元前5世纪，大多数箭镞都是在伊特库尔文化（森林地带）的冶金作坊里铸造的，而在此之前，金属器物都是用哈萨克斯坦中部地区的矿石冶炼制成的。

公元前6世纪后半期，乌拉尔南部草原地带的生态环境是很适合草原游牧活

① 伊列克河（Ilek）为乌拉尔河中游一条支流，主要流经俄罗斯奥伦堡州地区，参见图6.7。——译者注
② 斯那拉河（Sinara）为西西伯利亚平原托博尔河支流伊谢季河的一条支流。——译者注

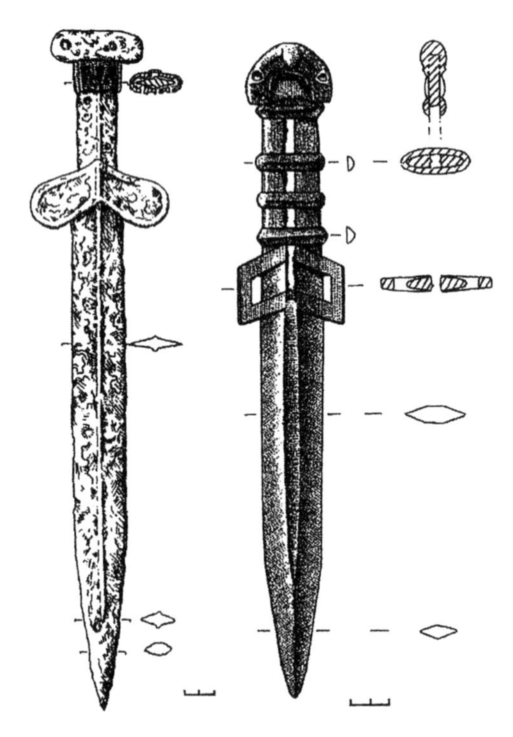

图6.9 公元前6—前2世纪外乌拉尔南部地区出土的两把匕首（据Tairov 2000）①

动的。此时气候比较湿润，[11]不过也有比较干燥的年份。植物考古学家复原了当时草原的状况，当时那里甚至还生长着一些树林（Tairov 2003：35；Khokhlova & Kuznestov 2003：70）。

乌拉尔地区游牧社会的演化是由上述外部（游牧民族的分化和重组）和气候波动等因素造成的，由此导致这里的游牧民族更多地参与西部（萨夫罗马泰人）而非东方的政治事务，虽然他们与（东方）亲戚塞迦人的传统联系还维持着。这种政治参与进程在物质文化方面展现出具有伏尔加河-乌拉尔这片广阔草原特色的萨夫罗马泰人的外在文化面貌。不过我们并没有把这里的文化确认为历史上萨夫罗马泰人的文化，他们从公元前6世纪后期就占据着顿河下游草原一带（Ochir-

① 左侧为铁器，右侧为青铜器。据译者补充参考资料Hermann Parzinger（2006：552—553）。——译者注

Goryaeva 2000）。乌拉尔地区这些具有“萨夫罗马泰文化”特征的游牧民显然属于另一个民族，如果考虑到游牧民族对这片地区的适应过程的话，我们认为他们很可能是一个混合其他族群的联合体。其中扮演领导角色的很可能是伊塞顿人。因此，这些游牧民族的丧葬行为在很多细节上显示出东方或西方不同风格的多种变化。同时在用来生产箭镞、马具装饰的金属材料上，我们也看到类似具有东西方不同风格的变化（Kuznetsova & Kurmankulov 1993）。此外，斯基泰文化的元素从某些墓葬资料中也可以找到。

大多数库尔干古坟都埋有原生墓葬，以单人为主，一般置于穴坑墓之中，墓室内搭建有不同类型的木椁（图6.10）。此外正如特里马拉（Tri Mara）墓地所示，有些墓葬发现了多次下葬多个墓主的现象，他们很可能是亲属关系（Smirnov 1975）。墓主通常呈仰身直肢葬姿，头部朝向西方；也有大约7%的墓主顺着墓室对角线躺在那里（Zhelezchikov 1980）。有些墓地还专门为精英阶层兴建了宏伟的巨型库尔干古坟。像这样高7—10米的大型古坟主要集中在奥伦堡州的奥尔河[①]以及伊列克河地区（参见图6.7；Smirnov 1975）。其中一些大型库尔干古坟[②]出土了大量精美的塞迦/动物（野兽）纹饰的黄金艺术品（图6.11）和昂贵的域外产品（Aruz et al. 2000；Pshenichnuk 1989）。这些库尔干古坟都是为当时的部落军事首领兴建的，其中也葬有一些妇女（Smirnov 1975）。随葬品很丰富，有很多兵器，有些还是新造的；还有马具、青铜大锅（鍑）、平底为主的陶器、装饰品、有手柄的铜镜以及这个时期典型的宗教仪式用具等。对于这些“萨夫罗马泰人”墓葬中出土的昂贵的域外输入品，有些学者认为它们是当时与南方农耕世界的国家和人民保持稳定贸易的往来证据，不过另外一些学者认为这些都是当时一些游牧部落为波斯阿契美尼德王朝服役或予以援助所获得的报酬和赏赐。这些昂贵的器物也很可能是对方的外交礼品。无论它们的功能如何，在一些单独的、显赫的精英大墓中出现的频率和密集程度，再加上墓葬结构的复杂程度以及其中大量兵器等随

① 此奥尔河（Or’）为乌拉尔河中游一条支流。——译者注
② 例如乌拉尔河左岸支流伊列克河下游的菲利波夫卡古坟，具体位置参见图6.7-3。——译者注

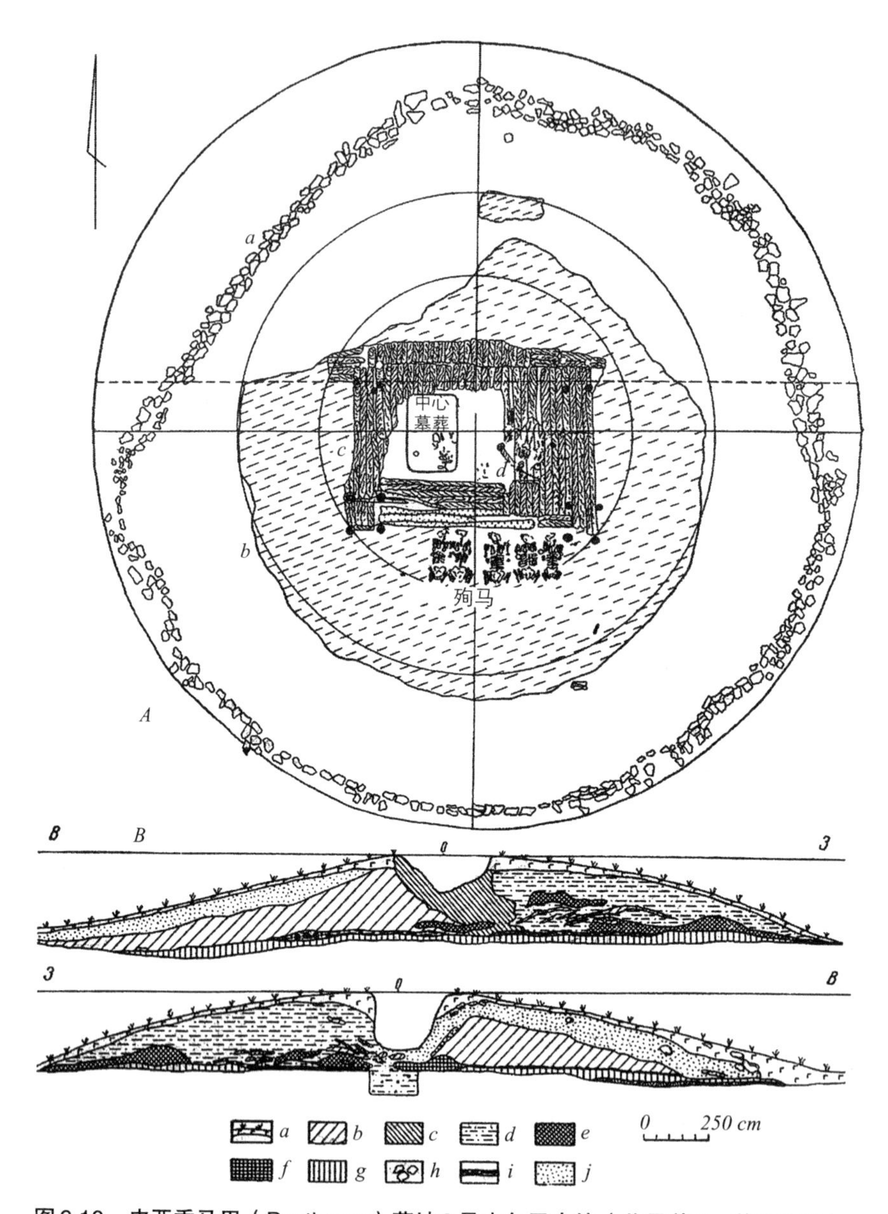

图6.10 皮亚季马里（Pyatimary）墓地8号库尔干古坟（公元前6—前5世纪）

A.平面图：a.一圈垒放在古代土层上的石块；b.铺盖在古代土层以及木椁和殉马尸骨之间的一层木材和植物遗存；c.木椁；d.墓室

B.古坟剖面图：a.表层土壤；b.棕-灰色含沙黏土；c.浅棕色-灰色含沙黏土；d.含有碎石的含沙黏土；e.深灰色的含沙黏土；f.含有小块碎石的沙土；g.回填的土；h.石块；i.木材；j.黄沙（据Smirnov 1964）

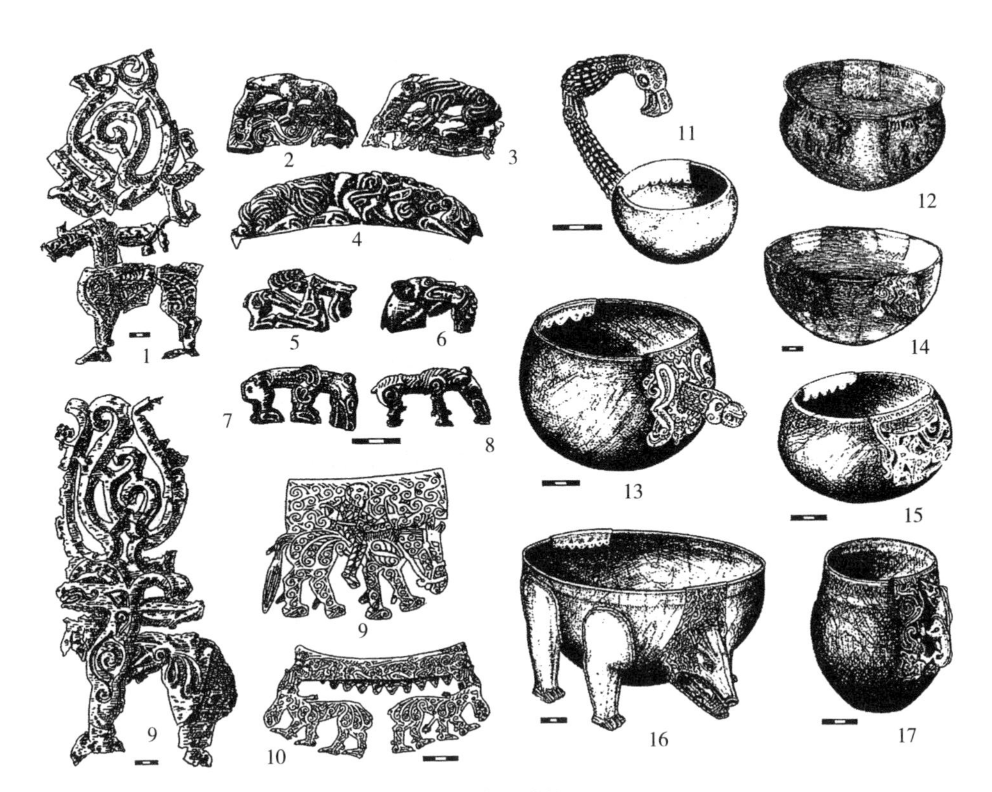

图6.11　菲利波夫卡1号库尔干古坟1号坑出土遗物

左侧1、9为两头通体覆盖金箔、顶有巨型鹿角的雄鹿木雕。2—10均出自1号坑：2、3为覆盖雄鹿木雕的金饰片[①]；4类似一头正在吞食鹿的大型猫科动物形象的把手；5为雄鹿造型的器物把手；6为嘴里叼着食物（半个人头？）的大型猫科动物形状的把手；7、8是两只狼造型的器物把手；9、10是镶嵌在同一只木碗口沿的金饰片。其中9饰片上有一个穿着裤子、骑在马上弯弓射箭的"胡人"形象；10饰片可见两头身上中箭的鹿；11—17是复原的镶嵌有黄金制成的各种动物造型把手、饰片的木碗等器物，其中16由四只金熊足支撑，金熊头的眼睛和鼻子都镶嵌着彩色玻璃（据Pshenichnuk 1989, 2000）[②]

葬品，都足以证明当时无疑已经存在相当强大的社会权威，且总是刻意彰显它的重要性。前面提到的菲利波夫卡库尔干古坟显然属于皇家级别的墓葬，其建造和下葬时间可能比较晚。[③]

---

① 原文如此；据Aruz et al. 2000，这两个饰片实为镶嵌在木杯上的金把手。——译者注

② 以上说明译者据Aruz et al. 2000做了补充和修改。此库尔干古坟共出土26个"金鹿"木雕。——译者注

③ 菲利波夫卡库尔干古坟据信为公元前4世纪（早期萨尔马泰阶段）建造的，参见Aruz et al. 2000，pp. 3-39。——译者注

早期萨尔马泰文化（普罗科洛沃文化）

大量研究表明，具有早期萨尔马泰文化的主要元素都是起源于外乌拉尔南部地区，那里在公元前5世纪形成了普罗科洛沃文化（早期萨尔马泰文化）。一些新的文化元素，特别是含有可帮助处理火候的滑石等羼和料的圆底陶器为代表的新元素是从外乌拉尔地区森林-草原地带的居民那里引入的，他们与草原地带的游牧民长期维持着良好的关系（Moshkova 1974；Tairov 2000）。然而草原上又出现了一批新的领导部落集团，很可能是大益人和奥尔塞人，他们或许把自己文化中的一些元素带到了当地土著居民中（Smirnov 1964）。

早期普罗科洛沃文化的库尔干古坟是用泥土或土石建成的。石块要么覆盖在坟包上，要么围绕坟包而立。坟包下面常发现木椁结构的墓室和土台（图6.12）。与先前的墓葬相比，这时期二次埋葬现象比较普遍，它们通常被安置在原先中心墓穴的周围（图6.13）。后来学者们提出，这些二次埋葬都是围绕着一个中心墓葬呈环形布局。像这样有二次埋葬的墓冢大部分是在乌拉尔地区发现的，这里的气候要比西边的伏尔加河、顿河地区寒冷。如果我们假定在这种寒冷条件下，游牧民们会像阿尔泰地区的居民那样把冬季去世的死者留到春季或初夏再下葬的话，那么我们就得承认这些环绕着中心墓穴的二次埋葬都是“延迟”下葬的。土壤和古植物学分析结果也证实，乌拉尔地区早期萨尔马泰人的大多数墓葬都是在比较温暖的季节兴建的（Demkin & Demkina 1998）。此外，中心和外围的墓葬大多数情况下是同时修建的（Zhelezchikov 1980），这才有可能产生这种现象。承认这点的话，我们就得认为这个时期游牧民的冬季牧场就是在乌拉尔地区，并且他们来回迁徙的路程并不长。

墓室形式多样，有简单的，有带阶梯的和附有腰坑或侧洞的墓穴，还有带墓道的，等等。它们通常搭建各种各样的类似木棺椁的结构，例如木制的框架、枕木或棺材，墓室顶部用木材或石板遮盖。墓室中常铺有赭石、白垩粉灰和木炭屑等。死者一般沿着墓室纵轴方向呈仰面直肢姿势；偶尔也有沿着墓室对角线斜躺着的。公元前4—前3世纪，死者头部的朝向由朝西改为朝南了。随葬羊的前腿或马的肩胛部分。与先前葬俗相比，火葬现象完全消失。在普罗科洛沃文化阶段还出现了新式的兵器，其中不少“重型武器”如较长的剑和刀、箭匣和长矛（图6.14），此外还有头盔（兜鍪）、胸甲和其他部位的护甲等。铁制的三棱脊箭镞也开始普遍使用了（Milukova 1989）。这些武器装备都说明当时的军事战术发生了重要变化——已经出现了重装骑兵和远距离杀伤武器。

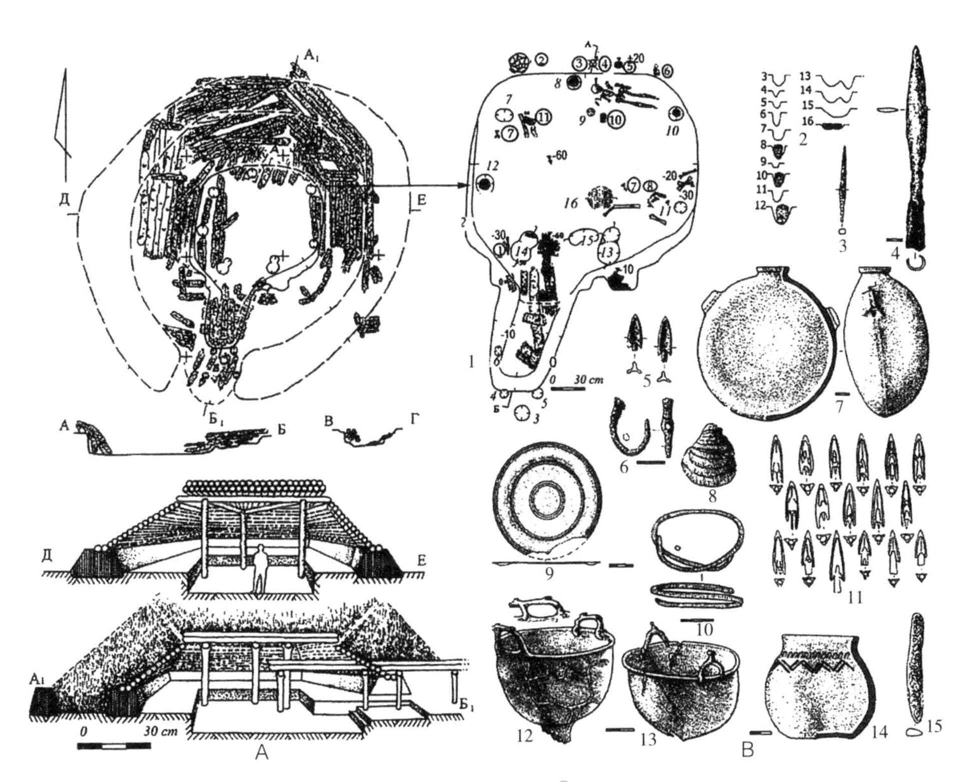

图6.12　特米尔（Temir）库尔干古坟的遗迹和遗物①

A.木结构的遗存和墓室复原的想象图

B.古坟、墓室和随葬品：1.墓室随葬品平面图；2.多种柱坑的示意图；3.铁针；4.铁矛；5、11.青铜箭镞；6.铁制的箭囊挂钩；7.轮制的陶壶；8.贝壳；9.青铜镜；10.青铜手镯；12、13.青铜锅（镀）；14.陶罐；15.铁刀（据Tairov 2000）

① 具体位置参考图6.7-11。——译者注

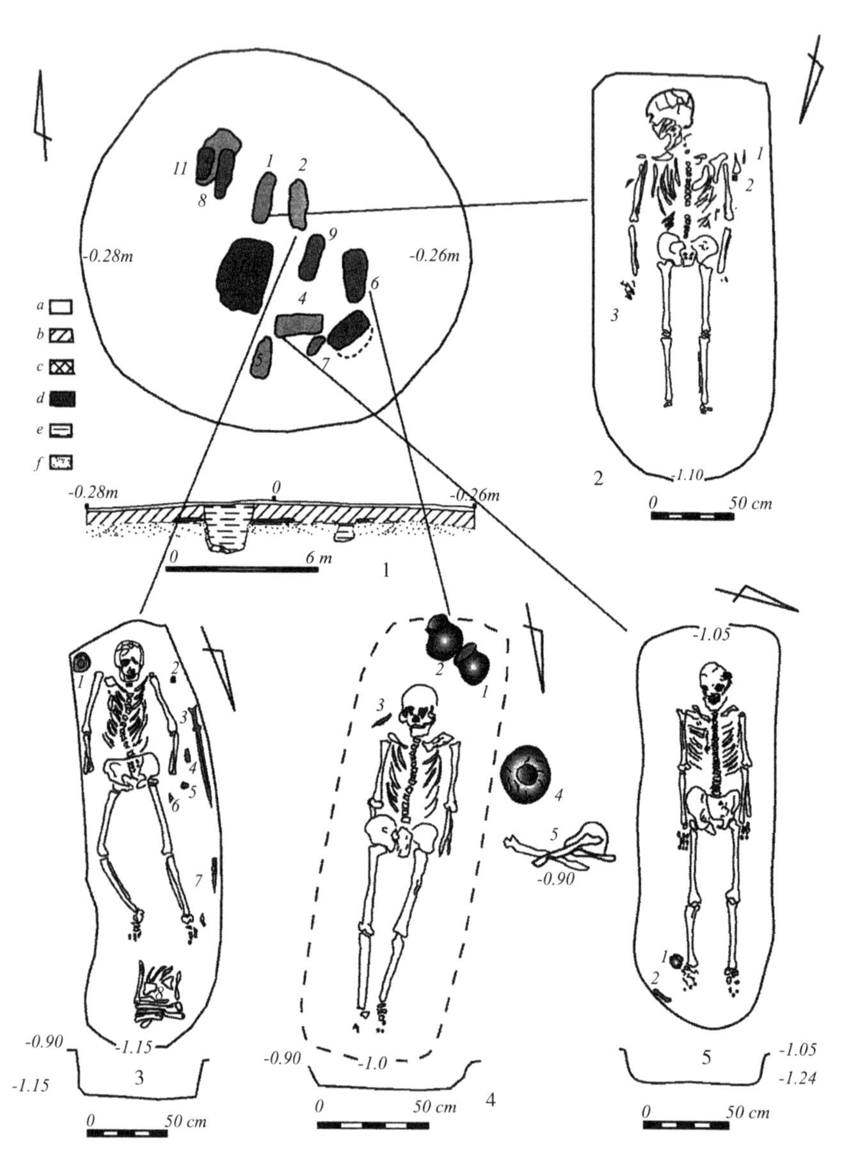

图6.13　切尔纳（Chernaya）库尔干古坟的遗迹和遗物[①]**（公元前3—前2世纪）**

1.古坟测绘图；2.墓葬1号（1.刀；2.动物骨头；3.数只铁箭镞）；3.墓葬2号（1.石制的权杖头；2.玻璃串珠；3.铁剑；4.磨刀石；5、6.铁制的皮带搭扣；7.铁矛；8.马的骨骼）；4.墓葬6号（1、2、4.陶罐；3、5.动物骨头）；5.墓葬4号（1.纺锤；2.动物骨头）

① 具体位置参考图6.7-2。——译者注

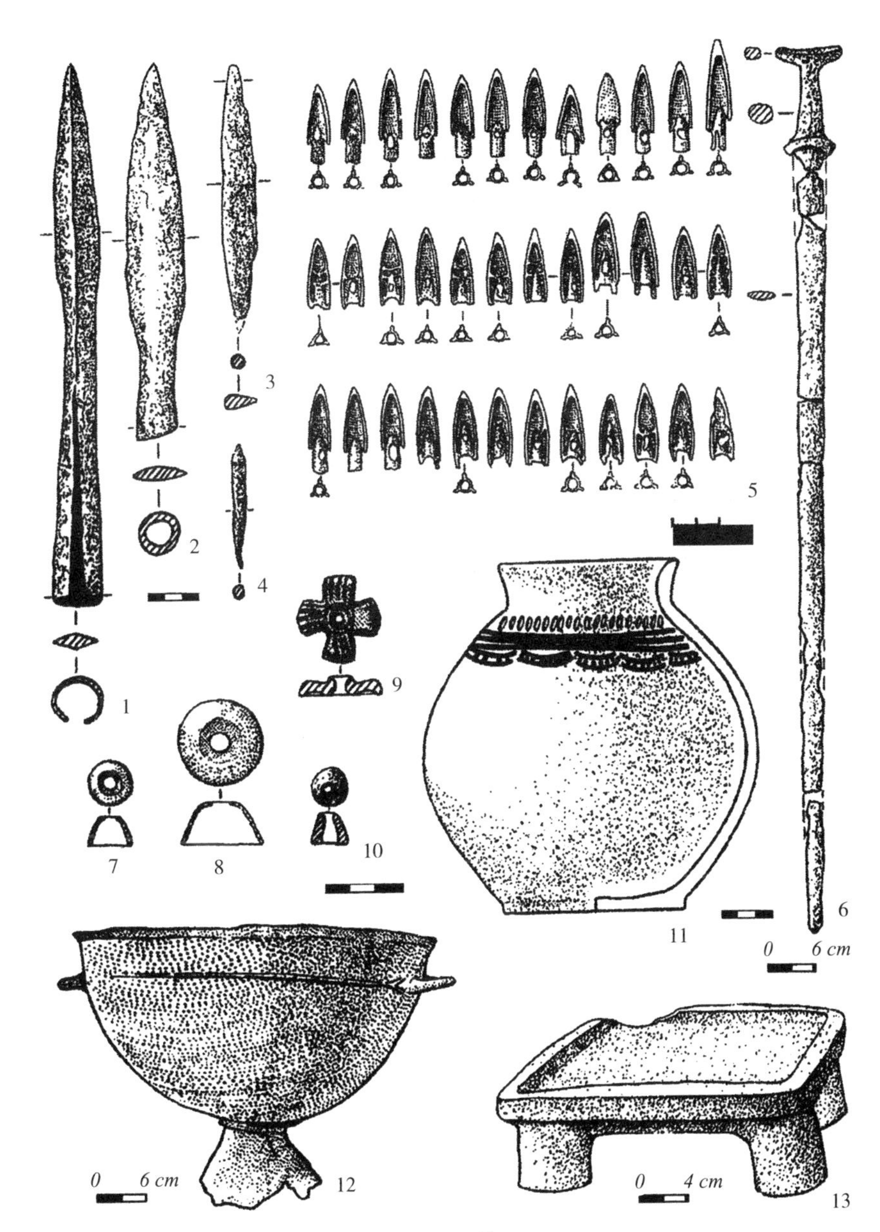

图6.14　别列佐夫卡（Berezovka）库尔干古坟[①]出土遗物

1—4、6、10.铁器；5、7、9、12.青铜器；8.银器；11.陶罐；13.石制的矮桌（据Tairov 2000）

① 具体位置参考图6.7-13。——译者注

乌拉尔地区公元前4—前3世纪的遗址数量都明显超过了以往。根据热列兹契科夫（Zhelezchikov 1980）的著作，乌拉尔西侧地区22.1%的遗址是萨夫罗马泰时期的，56.5%是早期萨尔马泰时期的，9.2%为中期萨尔马泰时期的，其余的则属于其他时段。在一些特别地区，早期萨尔马泰的遗存所占比例还要高，就像在伊列克河地区调查到的那样，40座古坟合计150座墓葬的80%都属于普罗科洛沃文化阶段（Demkin & Ryskov 1996；Yablonsky 1996a）。在乌拉尔地区，在公元前4—前3世纪竟然如此集中地居住了这么多的游牧民，其中部分原因可以用生态环境因素来解释。德姆金和李斯科夫（Demkin & Ryskov 1996：51）认为，在公元前一千纪中期，哈萨克斯坦中部和南部及中亚其他地区的地貌都以沙漠和半沙漠为主，而乌拉尔南部地区的生态条件比较好。因此，这片地区扮演了"（文化）积淀的走廊"或"民族熔炉"的重要角色，游牧民各族群从这里向各个方向和地区迁徙和扩散。萨尔马泰部落联盟的中心后来也移到伏尔加河-顿河下游地区。

公元前4—前3世纪，普罗科洛沃文化综合体向外扩散，主要还是从乌拉尔地区向西传播。公元前4世纪乌拉尔地区的游牧民首先向西南方向移民，到了公元前4、前3世纪之交的时候，他们又向乌拉尔山脚下的森林-草原地带迁徙，更远到达伏尔加河流域。

古人类学研究成果也间接地支持上述观点。巴拉巴诺娃（Balabanova 2000：95—96）指出与当地的先民相比，早期斯基泰时期的居民具有不同的体质人类学特征，其中欧罗巴人种成分呈弱化趋势。最重要的是，他们是第一拨从东方来到伏尔加河地区的移民集团，带来了一种不同的体质形态组合。这种后来的人种组合在萨尔马泰时期的乌拉尔到伏尔加河这片地区广泛分布着，他们具有圆颅型头骨，脸庞较宽，鼻梁突出。

这些新移民与斯基泰人原先和睦的关系破裂了，斯基泰人也无法抵挡他们大规模的移民潮。乌拉尔地区的游牧民也有一部分往东（哈萨克斯坦北部和西西伯利亚）迁徙，最远到达东南方的咸海地区。之后他们很可能参与了游牧民前锋向希腊巴克特里亚王国的进攻（Mandelshtam 1978）。这些移民和迁徙是多种原因造成的，有人认为是乌拉尔地区人口膨胀的结果，还有可能是因为气候条件变坏以及军事、战争频繁造成的，还有可能是新移民和中亚细亚特别是靠近乌拉尔游牧民冬季营地所在地区的总体政治形势发生了变化等（Tairov 2000）。从考古资料来看，萨尔马泰人影响力的增长反映在欧亚很多地区被“萨尔马泰化”方面，只有一些具有当地形制和风格的陶器才能证明土著居民的存在。

中晚期萨尔马泰文化

根据乌拉尔地区已经发掘的大约两千处墓葬资料以及这个地区的生态潜力，热列兹契科夫（Zhelezchikov 1980）试图估算出公元前6世纪到公元1世纪乌拉尔山脉东西两侧草原地带游牧民族的人口状况。按照他的估算，公元前6—前4世纪每年约有一万人在这里生活；到了公元前3—前2世纪，则有两万人之多；而在公元前1世纪到公元1世纪这段时间，这里只剩下五千到七千人了。当然，这种研究模式没有考虑当地的野生动物、季节性利用牧场以及不同种类牲畜的食草量等因素（Khaldeyev 1987）。不过总体而言，考古学的研究成果还是确认了其中一些数据。

目前在外乌拉尔南部和哈萨克斯坦北部地区只发现了大约100处公元前2世纪到公元1世纪的墓葬遗址；其中大部分属于早期阶段，只有少数是晚期的（Botalov 2000）。另外乌拉尔西侧地区也发现大约100座同期墓葬，其中绝大部分集中分布在乌拉尔河右岸以及巴什基尔地区（图6.15）（Pshenichnuk 1983; Zhelezchikov 1980）。

这些古坟变得越来越小，内部也没有复杂的结构，甚至原先乌拉尔地区墓葬的典型用料石材也很少使用了。库尔干古坟内部主要是一些最早挖掘的狭窄而加长的墓穴，墓穴建有二层台或偏洞室，内置头部朝南的尸骸（Sergatskov 2002: 94）。还有很多方形的穴坑墓，死者沿对角线放置（在乌拉尔西侧地区占47%）。所有墓穴内都有一些有机材料制成的垫板、木制的顶盖或“门”等设施。随葬品相对比较简陋，主要有铁制的箭镞、复合弓、长剑（手柄顶端没有圆球形设计）、平底的陶罐、大口杯和刀等（Skripkin 1990, 2000）。墓主随葬的“食物”几乎都是些羊腿。

与伏尔加河下游地区相比，乌拉尔南部地区在中期萨尔马泰时期的人口处于衰减状态，这在伊列克河与奥尔河之间地区表现得尤为明显（Pshenichnuk 1983；Skripkin 1990；Zhelezchikov 1983）。乌拉尔南部地区也没有大型的库尔干古坟（Sergatskov 2002：93）。很显然，这片地区变成了以伏尔加河下游为中心的亚洲萨尔马泰人这个强大部落联盟的边缘地带。学者们认为这种情况是当地气候剧烈恶化造成的（Demkin 1997；Tairov 2003）。乌拉尔草原地带在2—4世纪的晚期萨尔马泰才重新焕发了生机。

与先前相比，晚期萨尔马泰文化组合中具有偏洞室的墓葬明显增多了，还出现了人为致变形的头骨和头部朝北的葬式。多数墓葬随葬品比较简陋，有手

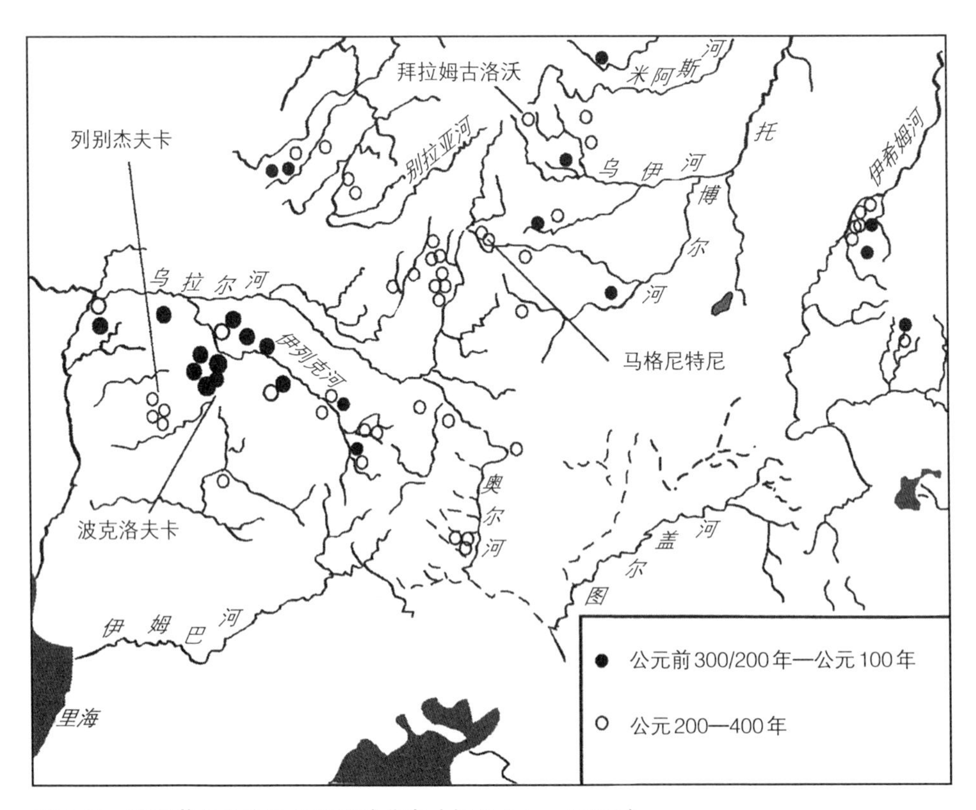

图6.15 晚期萨尔马泰文化遗址的分布（据Botalov 2000）

制或轮制的陶器、镶嵌玉石或玛瑙的长剑、类似铜镜的项链垂饰以及乌拉尔地区未曾出现过的数量相当多的扣针等（图6.17–10和图6.18–1、2）。此外，在乌拉尔南部地区发现了一批相当于2—3世纪时期比较富有的大墓［例如列别杰夫卡（Lebedyevka），参见图6.15］。大墓内主要葬有一个或两个墓主的单独墓穴。随葬品丰富，包括一些像长剑这样的“重武器”，以及来自东方或西方的“舶来品”如希腊式的双耳陶瓶、扣针、中国的铜镜（图6.18–3、4）、罗马玻璃器等（Moshkova 1982，1994）。

除了上述典型特征之外，这个时期乌拉尔南部和哈萨克斯坦北部地区的文化显示出与西部类型有着较大的区别。这里的库尔干古坟都是沿着从北到南的方向成系列分布着的，古坟的数量从两座到五座甚至多达上百座。除了标准样式的古坟之外，还有一些泥土堆砌的呈不规则长方形的、加长的或者是类似杠铃形状、中间有土堤连接而成的墓冢。其中狭长的矩形墓穴要比伏尔加河地区多一些。发现的中国铜镜也比较普遍。此外还发现有复合弓和匈奴式的青铜大锅（鍑），以及加重的铁制有棱角的箭镞，东方式的新型马具也获得广泛应用（Bokovenko & Zasetskaya 1994；Botalov 2000）。大部分学者认为这些变化都是来自东方的新的游牧民族西进运动造成的。这些新的游牧民族是谁，学术界还在热烈讨论中。斯克里普金（Skripkin 1990）认为，早期萨尔马泰文化的族属是奥尔塞人即中国史料中的“奄蔡国”，中期萨尔马泰文化的主要创造者是阿兰人，他们原先是属于或臣服于康居的。

从公元前最后一个世纪开始，欧亚地区草原和森林–草原地带出现了一批源自东方的器物，如绿松石和黄金制成的具有动物纹饰的物品，此外还有中国的铜镜、未加工的罂粟、镶嵌着玉石的刀鞘、漆器、丝绸等物品。公元1世纪还出现了一批随葬品很丰富的墓冢。这些价值不菲的器物多发现于巴克特里亚［蒂拉丘地（Tilla-Tepe）遗址］，西西伯利亚的希多洛夫卡（Sidorovka）和伊萨科娃卡（Isakovaka）以及顿河下游地区的浩赫拉齐（Khokhlach）、萨多维（Sadovyi）、科比亚科沃（Kobyakovo）、朱托沃（Zhutovo）、维索基诺（Vysokhino）、达齐（Dachi）等遗址。顿河下游地区很可能是当时强大的以阿兰人为首的游牧部落联

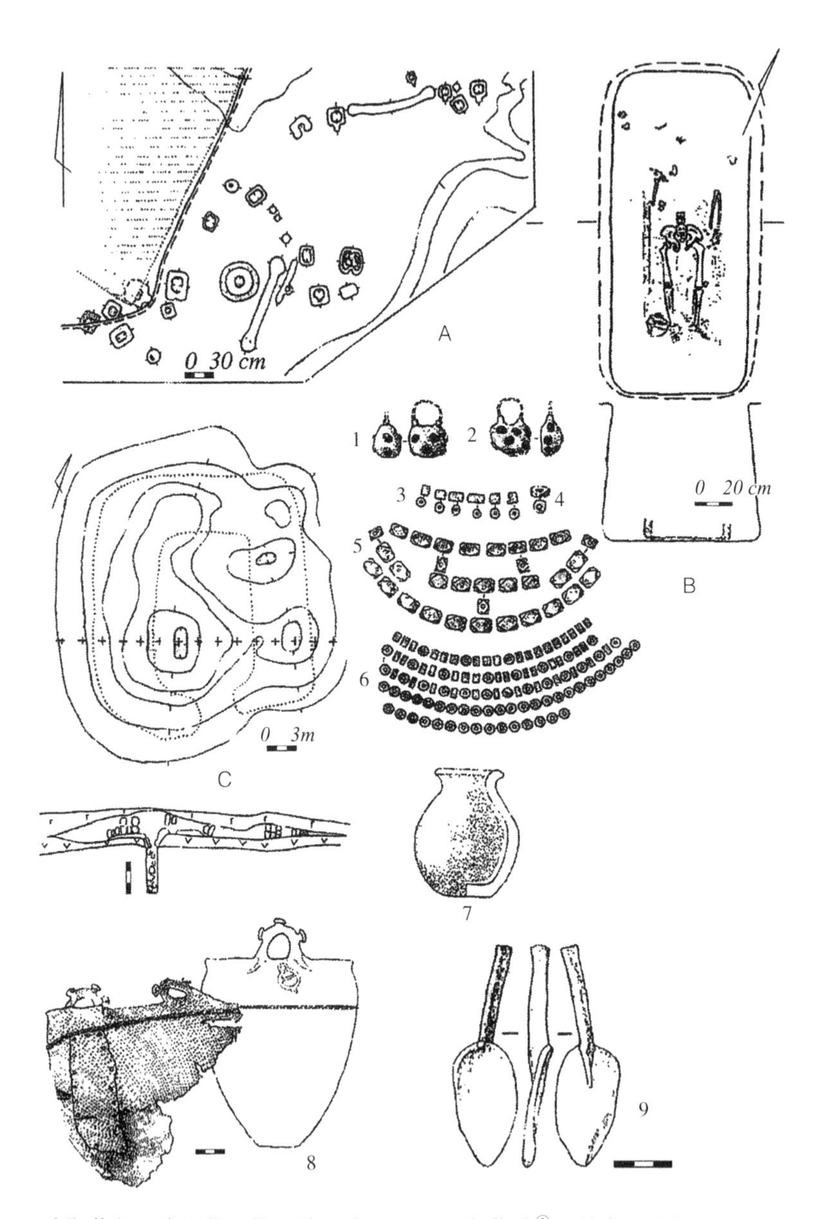

图6.16　晚期萨尔马泰文化马格尼特尼（Magnitnyi）墓地[①]及其出土遗物

A.墓地平面图；B. 3号古坟1号墓；C. 3号古坟测绘图：1、2.金串珠；3、4.金-玻璃串珠；5、6.红玛瑙和玛瑙串珠；7.陶罐；8.青铜锅；9.木勺（据Botalov 2000）

---

① 具体位置参见图6.15。——译者注

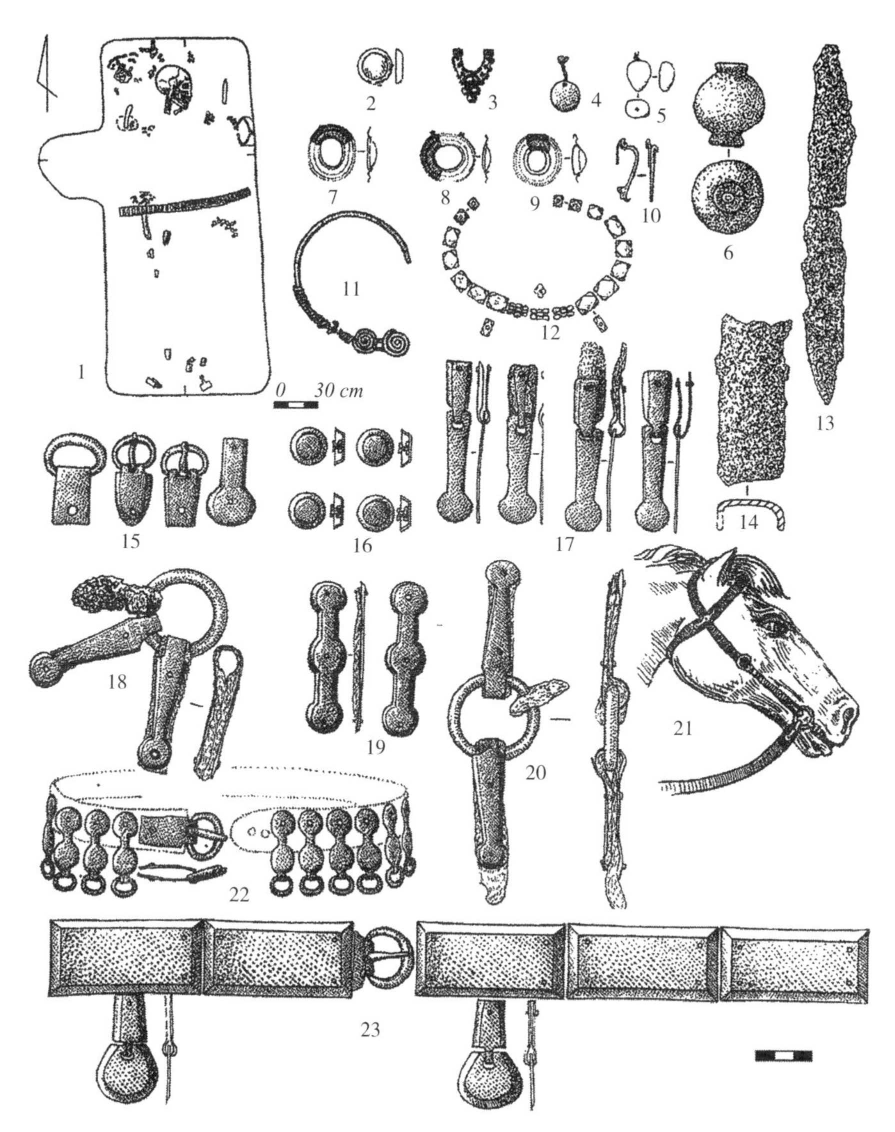

图6.17　晚期萨尔马泰文化拜拉姆古洛沃（Bairanmgulovo）墓地[①]2号库尔干古坟2号墓及其出土遗物

1. 2号墓平面图；2、5、12.玻璃串珠；3、4.黄金饰品；6.陶制纺轮；7—9.银饰片；10.青铜扣针；11.银项圈；13.铁刀；14.铁器；15.青铜搭扣；16.皮带青铜饰件；17—20.各种用途的青铜马具（衔铁等）；21.马具复原图；22—23.腰带（据Botalov 2000）

---

① 具体位置参考图6.15。——译者注

图6.18 晚期萨尔马泰文化列别杰夫卡（Lebedevka）墓地[①]及出土遗物

1、2.青铜扣针；3、4.青铜镜；5.铁制水舀；6、7.红陶和黑光陶壶。1、4、5、7出自23号古坟2号墓；2出自23号古坟1号墓；3出自19号古坟；6出自11号古坟（据Moshkova 1982）

盟的中心地带。上述物品反映了公元前36年开始的丝绸之路北部支线的贸易往来情况。这些器物应该是沿着丝绸之路而来的，不过顿河下游和第聂伯河地区那些随葬品很丰富的古坟中发现的大量珍贵的黄金饰品应当不是贸易交换的产物。类

① 具体位置参考图6.15。——译者注

似的黄金饰品在西伯利亚地区和匈奴人遗物中也有。最有可能传播这些绿松石和黄金工艺品的当推当时各个国家和地区（不仅仅是各族群的）的军事贵族集团。

如果上述器物的主人是阿兰人的话，那么我们就得承认他们是经过乌拉尔南部地区到达欧洲的。另一个问题接踵而至：是谁留下了这些具有晚期萨尔马泰文化面貌的遗址的呢？学者们认为萨尔马泰人内部的发展是连续性的，不断有新的主导部落崛起。我们需要承认这种从东往西的、不断的民族迁徙运动在时代之交的确发生过。博塔洛夫（Botalov 2000）把2—5世纪这段时间乌拉尔和哈萨克斯坦草原地区所有的遗址都统一归纳为“匈奴-萨尔马泰”（Hunnish-Sarmatian）文化，并把它产生的原因归为匈奴人。考古学和体质人类学资料都证实，这些新的来自东方的游牧民族西迁时总是会先在乌拉尔地区落脚停留一段时间，而原先那里新组建的游牧民族集团已经往西走了。如果考虑到发生在中亚地区这些戏剧性的历史事件的话，我们就得承认匈奴人很可能也加入那些失去传统牧场领地的游牧民族之中，往西方寻找机会去了。

正如前面所示，乌拉尔南部地区很容易被游牧民族同化，不过具体情况也要看当时的气候状况和政治形势，因为各游牧部落的人口数量和结构都是不同的，有的部落实力在加强，而有的在衰弱。尽管如此，这些游牧民族还是通过各种方式影响了他们的邻居，我们将在后面章节继续探讨。

第七章

文化认同的维系

——乌拉尔西侧、欧洲东部森林地带诸文化的世界

本章所探讨的乌拉尔西侧、欧洲东部森林地带的文化世界，是由一直延续着当地青铜时代基本传统的各个文化组成的。其中最重要的是两个作为铁器时代早期（公元前8—前3世纪）和晚期（公元前2世纪—公元2世纪）代表的考古学文化，即安娜尼诺文化和皮亚诺波尔文化，主要遗址都沿着卡马河流域一带集中分布。盖宁（Gening 1988）认为，这里正是导致形成西部乌拉尔语民族如科米-彼尔姆人（Komi-Permians）、乌德穆尔特人［Udmurts，又称沃提雅克人（Votyaks）］、切列米斯人［Cheremis，现称马里人（Mari）］和莫尔多维亚人（Mordvins）[1]①的“卡马河周边历史地理区域”（Prikamsky historical and geographical region），也是这个地区经济、社会和文化等持续发展的必然结果（Goldina 1999；Khalikov 1990）。一些斯堪的纳维亚地区的学者把芬诺斯堪底亚（Fennoscandia）②北部地区看作欧亚地区的最西端。在公元前8—前7世纪及其以后时期，芬诺斯堪底亚北部地区经济文化的发展变化主要与安娜尼诺文化的冶金中心相联系（Aronsson & Hedman 2000）。欧洲东北部也是安娜尼诺文化的分布地区。

乌拉尔西侧卡马河地区的考古学研究已经有一百多年历史了。1858年，当地官员阿拉宾（Albin）就在位于维亚特卡河畔的安娜尼诺村附近发掘了48座墓葬。

① 莫尔多维亚人是芬兰-乌戈尔语族民族，在俄联邦有自治的莫尔多瓦共和国，注意不要和罗马尼亚的邻国摩尔多瓦（旧称摩尔达维亚）相混淆。——译者注

② 是指包括科拉半岛、斯堪的纳维亚半岛和芬兰等陆地地区的地理名词，不包括丹麦和冰岛。——译者注

他收集到大量青铜器，其中有兵器、女性装饰品、工具，以及人物造型的石雕等（Alabin 1859，1860）。到了19世纪80年代，在卡马河畔的皮亚诺波尔村附近又发现了一批精美的青铜器如厚重的青铜皮带搭扣、钩子、灯具和耳环等。1898年，杰出的俄罗斯考古学家斯皮钦（Spitsin）组织了大规模的发掘，经过一番研究，他以此遗址命名皮亚诺波尔斯卡/皮亚诺波尔文化，并被学术界接受。

上述发掘工作激发人们对卡马河地区的考古遗址进行了密集的田野调查和发掘。安娜尼诺文化墓地吸引了很多学者，到19世纪90年代已经发掘了大约2000座墓葬。19世纪的确发现了大量墓葬和聚落。从那时候起，安娜尼诺文化和皮亚诺波尔文化的遗址就成为学术界关注的焦点。相关的研究学者有阿斯佩林（Aspelin 1877）、斯皮钦（Spitsin 1893，1901）、塔尔格伦（Tallgren 1919）、施密特（Schmidt 1928）、斯米尔诺夫（Smirnov 1952）、斯布鲁耶娃（Zbruyeva 1952）和盖宁（Gening 1988）等。学者们在研究过程中探讨了各种各样的问题。我们在这里将主要介绍学术界普遍认同的安娜尼诺和皮亚诺波尔这两个文化传统的发展情况，以及它们在当地几个文化集团中所反映的地域和年代序列的类型和变化。

一 安娜尼诺文化集团

安娜尼诺文化遗存主要分布在卡马河及其支流维亚特卡河、丘索瓦亚河以及别拉亚河两岸地区，有数量众多的墓地，开放式或设防聚落。靠近卡马河注入伏尔加河的河口一带也有安娜尼诺文化遗址分布（图7.1）。此外在欧洲东部最北部的伯朝拉河、维切格达河（Vychegda）以及梅津河（Mezen'）[①]流域也有发现。

安娜尼诺文化区的南部与乌拉尔南部-伏尔加河地区的游牧民族萨夫罗马泰人之间有一个缓冲地带。而在乌拉尔山脉东侧森林覆盖的山区则分布着比较原始的加马云文化（Gamayun culture）和伊特库尔冶金技术文化的居民。

① 梅津河发源于乌拉尔山脉西侧的科米共和国，向西北流入巴伦支海的延伸——白海。——译者注

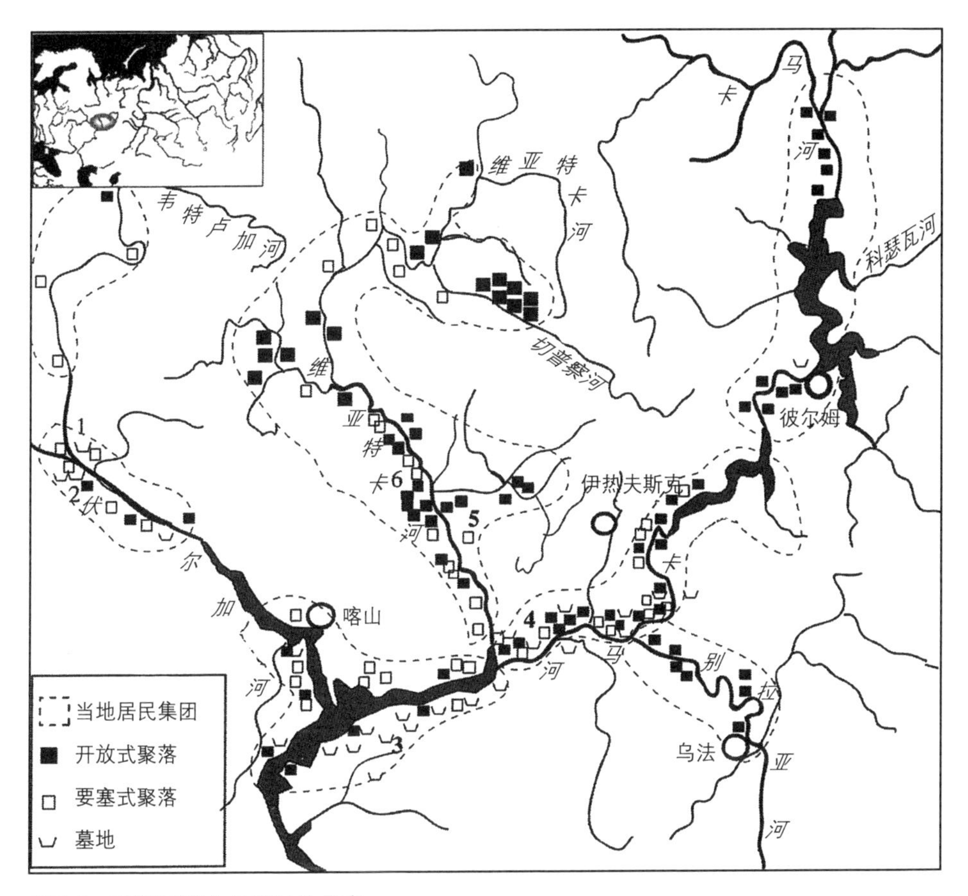

图7.1 安娜尼诺文化遗址的分布

1.老阿哈米罗夫斯基墓地；2.阿科任斯基墓地；3.新摩尔多夫斯基墓地；4.安娜宁斯基墓地；5.阿尔金斯科设防聚落；6.布依斯科设防聚落（据Khalikov 1977；Zbruyeva 1952）

安娜尼诺文化的存续时间为公元前8—前3世纪。公元前6世纪之前为早期阶段，公元前4—前3世纪为晚期阶段，划分主要依据墓葬资料（Khalikov 1977；Vichtomov 1967；Zbruyeva 1952）。虽然安娜尼诺文化所在地区的陶器具有明显的共同特征，但是研究者还是在各地区划分出了11种类型。其中两个互动频繁的集团［后马克拉谢耶沃集团和纺织品集团（post-Maklasheyevo and Textile group）］在公元前8—前6世纪分布在伏尔加河与卡马河地区的阔叶林地带，拥有相当发达的青铜冶炼技术，经济也比较发达。而其他生活在卡马河、维亚特卡河以及韦特卢加河地区森林地带的居民，相比之下则显得落后很多，仍主要以渔猎谋生。

安娜尼诺文化遗物的特点是高度发达的冶金技术和继承早前传统的相对比较古朴的石器工艺。石器工具在欧洲北方的文化集团中更具特色（Savelyeva 1984）。

详细的考古调查确认了一批开放式和要塞式聚落。后者通常坐落于河边隆起的狭窄高岸（高20—25米），相距20—40公里（图7.2）。要塞式聚落的两个侧面都由陡坡来防护，第三面则掘有宽阔的壕沟（Goldina 1999；Zbruyeva 1952）。它们的面积为2000—30000平方米，多半属于安娜尼诺文化的中期和晚期。相比之下，安娜尼诺文化早期的聚落小而简陋，通常靠近水源。要塞式聚落最早出现于安娜尼诺文化所在地区的南部，显然是为了应对游牧民族的威胁而产生的。类似现象在欧洲东部和西伯利亚地区森林–草原地带也有发现。所以森林地区的铁器时代有时候又被称为"要塞时代"（Age of Fortresses）。此外，安娜尼诺文化核心区域出现的这些设防聚落可以证实安娜尼诺社会内部各种不稳定因素在增长。哈里科夫（Khalikov 1977：18）却认为，要塞式聚落在伏尔加河与卡马河地区出现，正是公元前二千纪中期芬兰–彼尔姆语支集团[2]分裂瓦解的结果。

安娜尼诺文化要塞式聚落的文化层出土很多陶器、动物骨骼、灰烬和河蚌等遗存。开放式的聚落面积要比它大，但是文化层则比较贫瘠。除了稳定的定居点外，考古工作者还发现了一些季节性的临时营地，出土遗物主要以安娜尼诺类型的陶器组合为代表。

因此，安娜尼诺文化聚落可以概括为四个类型：①大型的可以作为行政、礼仪中心的要塞式聚落（面积可达3万平方米）；②小型的可以充当次一级行政、礼仪中心的要塞式聚落（面积可达4000平方米）；③开放式聚落；④临时性的狩猎营地。

聚落建有一些长方形的房屋。房屋式样呈现从小型半地穴式房屋再到比较大的、位于地表、由柱子或原木搭建房屋的演变趋势。有些房屋墙壁还涂有黏土［如马拉亥（Malakhai）聚落］。火塘通常位于房屋中心，房屋一般有一到两个进出口。维亚特卡河地区经全面发掘的聚落遗址阿尔金斯科（Argyzhskoye）（参见

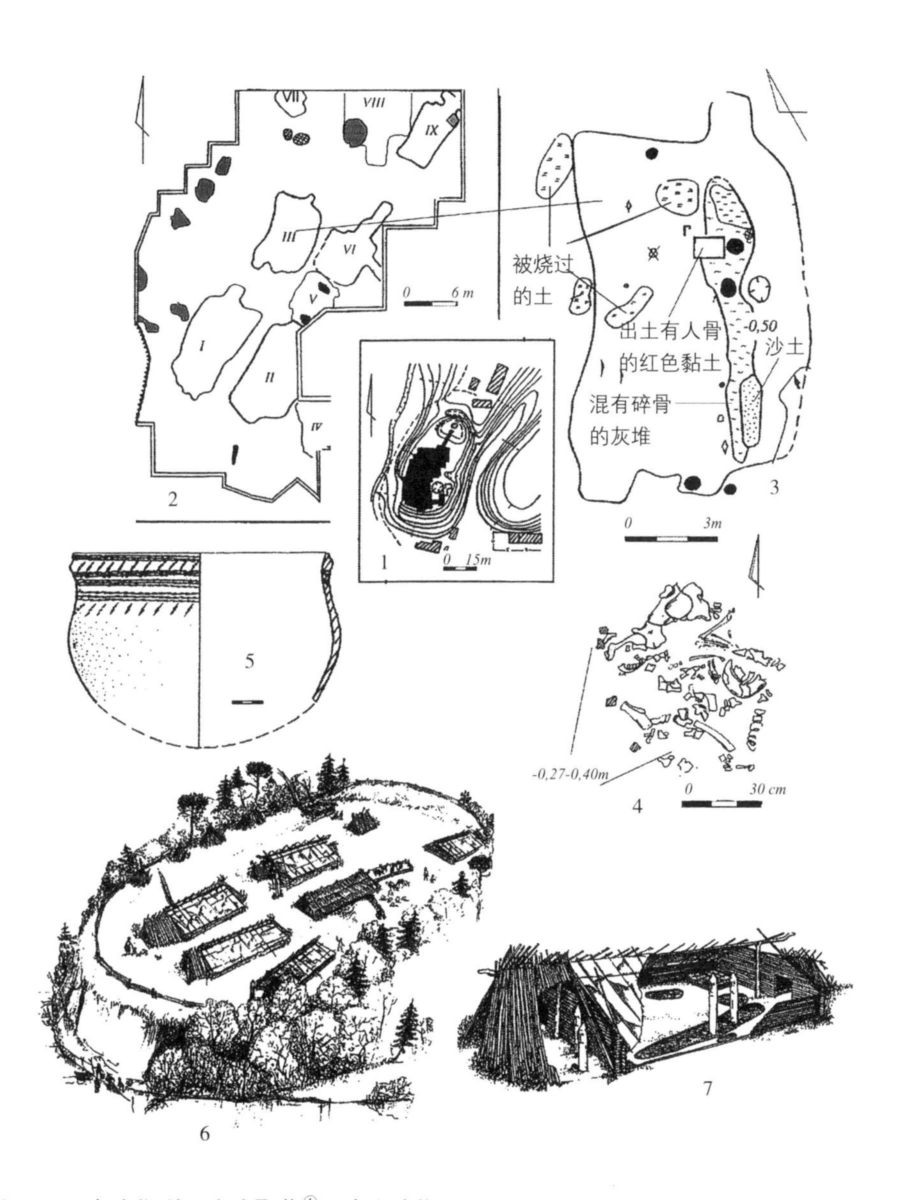

图7.2　阿尔金斯科要塞式聚落[①]及出土遗物

1.总平面图；2.早期安娜尼诺聚落布局；3.圣所（屋舍Ⅲ）平面图；4.屋舍Ⅲ内发现的三名男子、一名妇女和一名儿童的骸骨；5.陶罐；6.聚落复原图；7.崇拜圣所复原图（据Chernych 2001；Chernych et al. 2002a）

① 具体位置参考图7.1-5。——译者注

图7.1-5）有三排功能不同的建筑（图7.2）。第一排为两座较大的面积为80—100平方米的房屋。中间第二排，两座房屋中有一座是祭祀等礼仪用途的圣所，[①]面积为52平方米，有两个进出口。中间有一个大火塘和一道较宽的地沟，内填木炭灰烬和碎屑、石灰石、烧过的和没有烧过的骨头以及陶器碎片等。在地沟旁边还发现了一个内有部分被烧过人骨的乱葬灰堆。骨骼分别属于三名男子、一名妇女和一名儿童。第三排由一座较小的房屋和一个工作间组成，工作间内有火塘、矿渣和破碎的铸范等。贮藏坑位于屋外靠近隆起的要塞土台边缘（Chernych 1996）。另外在祖耶维克鲁齐（Zuyevy Kluchi）聚落也发掘了一处宗教性质的“圣所”，里面有大量献祭的马、牛等牺牲的骨骼（Goldina 1999：175）。

安娜尼诺文化很多知名墓地如阿科任斯基（Akkozinsky，已发掘110座墓葬）、新摩尔多夫斯基（Novomordovski，25座墓葬）、卒耶夫斯基（Zuyevsky）、老阿哈米罗夫斯基（Starshi Akhmylovsky，937座墓葬，图7.3）、佩尔辛斯基（Pershinsky，176座墓葬）等都提供了很多重要的考古资料。所有已知墓地都位于靠近河流、

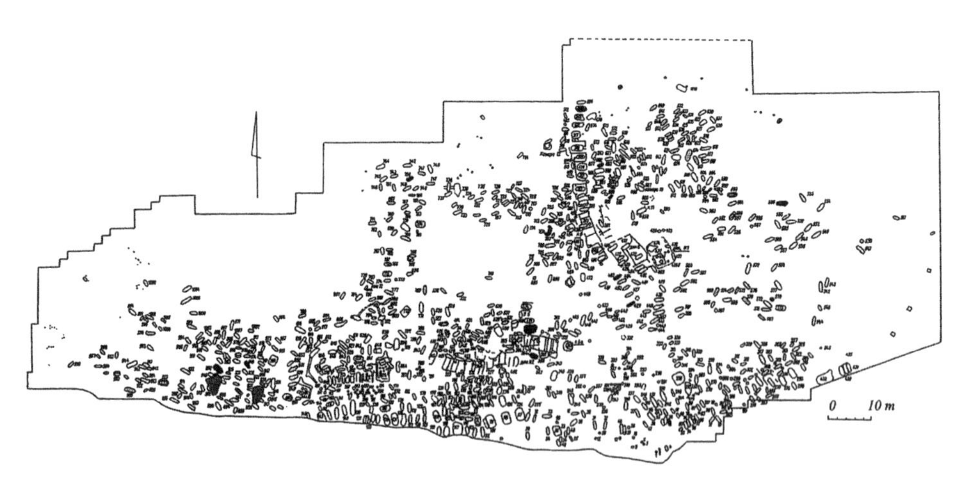

图7.3 老阿哈米罗夫斯基墓地平面图（据Khalikov 1977）

① 原文如此。根据图7.2，这座圣所编号Ⅲ。可惜原著叙述时没有注明编号，有些含混不清，尤其在复原图中看不出来。——译者注

图7.4　安娜尼诺墓地的石碑（Zbruyeva 1952）

地势较高的河岸和台地，并通常与附近某个特定村庄有关联。这些墓地在地面没有任何标志，一处墓地可容纳少则几十多则数百座墓葬，墓葬一般与河水的流向平行布置成数排。主要的河流如伏尔加河与卡马河对当地的居民来说意义重大，他们很有可能把流动的水看作死者去往另一个世界的通道。死者都呈直肢葬式被埋在椭圆形或长方形的墓穴中，腿部朝向河水。虽说墓葬在地表没有坟包之类的标志，但还是不断发现一些被火焚烧过的原木遗迹。学者据此认为安娜尼诺文化的居民有在墓葬上面建小型木制“享堂”（mortuary house）的风俗（Khalikov 1977：91）。当时的墓穴挖得都比较浅（70—80厘米深），有些墓地上靠近墓葬处还立有石碑。其中最著名的是一块顶部呈椭圆的长方形石碑（图7.4），上面刻着一把手持匕首、箭匣里装着箭还配有一把战斧的武士正面立像（Zbruyeva 1952：21）。

大多数墓葬只有一位墓主，也有少量的男女双人或男女其中一人与一名儿童的合葬墓（图7.5）。每处墓地都有二次埋葬（1—5座）现象，埋葬的是已经去掉组织器官的骸骨或仅仅是颗人头。一些墓中还发现没有头颅的骸骨（Goldina 1999：179；Khalikov 1977：99）。有亲属血缘关系的人们一般埋在同一块墓地。男性墓主的随葬品可见马匹的骨骼、武器（矛、箭镞、战斗用的锤斧和空首斧）、工具（刀）以及装饰品（有饰牌的皮带、金属项圈和手镯）等；女性随葬有牛骨、装饰品、缝纫用的针和纺锤。所有墓主都有陶器相伴。安娜尼诺文化的居民有崇拜火的习俗，我们可以从墓穴中填充的很有可能是来自火葬场柴堆的木炭余烬判断出来。这种葬俗在靠近彼尔姆的佩尔希诺墓地（校正的碳-14年

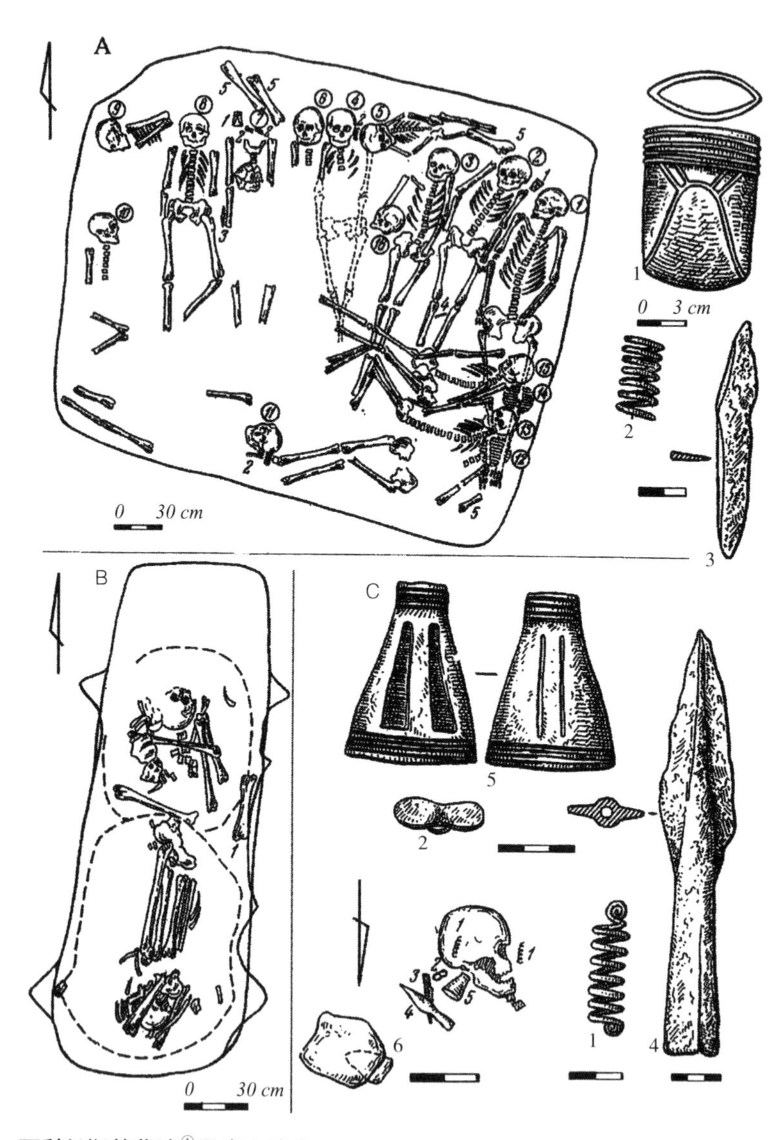

图7.5 阿科任斯基墓地[①]及出土遗物

A.46号墓（集体葬）：1.空首斧；2.螺旋形饰品；3.刀；4.锥子；5.动物遗骨

B.32号墓：1.动物遗骨

C.52号墓：1.螺旋形银饰；2.连缀的青铜徽章饰片；3.铁刀；4.铁矛；5.青铜垂饰；6.石块（据Khalikov 1977）

① 具体位置参考图7.1-2。——译者注

代为公元前800—前700年）中也有。那里发现176座单人、男女双人和集体墓葬以及3座地基为40—50厘米深的木结构“享堂”，地面保留了大量用火遗迹。沿着墓壁放置着用桦树皮制成的直径约50厘米的圆盒子，内盛骨灰、烧过的骨头和木炭等。科雷努克（Korenuk 1996：37—39）把这些解释为火葬遗物。

当时一些地位显赫者（如当地酋长）的葬俗仪式更复杂，他们的坟墓环立石块并且被（享堂）延伸的木制屋顶遮盖着。其中一些墓只葬有头颅，但是随葬品很丰富（Zbruyeva 1952：122）。

安娜尼诺文化制陶黏土中往往掺贝壳粉作羼和料。陶罐通常圆底，颈部造型流畅，陶器表面光滑，有些是经过打磨的。陶罐上部装饰有混合着小坑的绳纹和梳篦纹饰。

尽管有些地域性的差别，安娜尼诺文化各地社会彼此之间在金属制造、圈养牲畜、狩猎和采集方面仍具有很多共性。至于当时是否有了农业种植活动，我们可以根据聚落遗址出土的大量与农业活动相关的工具如骨制锄头、铁制镰刀和磨盘来推断出农业种植的存在（Goldina 1999：193）。

聚落出土的动物骨骼以家畜为主（占58%—87%），包括了所有温带地区的家畜种类：牛（30%—40%）、马（30%）、猪（20%—30%）和绵羊（10%）。各地区家畜种类所占比例因当地环境而异。有趣的是，在要塞式聚落［如斯维诺高斯科（Svinogorskoye）、布依斯科（Buiskoye）、阿尔丁－陶（Alten-tau）］中，猪的骨骼数量占据首要位置（Bogatkina 1992：129）。这些猪的体型相当大（肩隆高度有83.3厘米），它们通常在满一岁前就被屠宰（Andreyeva 1967）。牛是细腿型的，无角，与欧洲东部其他森林文化地区所养的牛相比体型较小：母牛的肩隆有108厘米高，公牛为114厘米高（Andreyeva & Petrenko 1976；Petrenko 1984）。牛通常是在28个月大时被宰杀，马则等到两岁或三岁的时候。安娜尼诺文化的马匹个头虽然不大（肩隆只有122—143厘米高），但是很强壮，主要用来作交通工具。绵羊数量较少，不过一直被当地居民作为羊毛的主要来源而饲养。当地的家犬类似于现代的西伯利亚哈士奇，是主人日常工作生活的伙伴（Bogatkina 1992）。猎捕熊、河狸、松鼠、野兔和鹿主要是为了获取毛皮，它是与邻近部落居民贸易交换的重要商品。熊在当地居民眼里是非常重要的、用来崇拜的动物。此外，当时居民还捕猎野鸭、野鹅、天鹅、雉鸡和鹭等各种森林和水中禽鸟。安娜尼诺文化遗址出土了20多支长2.5—9厘米的骨笛，可发出较高的嘶鸣声。学者认为这是当时居民用来模仿鸟鸣的工具，有可能用来辅助狩猎，也可能用于特别的巫术活动（Korenpanov 1994：53）。聚落遗址上还有很多鱼骨（鲟鱼、小体鲟和梭鱼等）。

表7.1　安娜尼诺文化遗址的家畜品种（据Andreyeva & Petrenko 1976）

聚　落	马		牛		绵羊和山羊		猪		合　计	
	个数	百分比	个数	百分比	个数	百分比	个数	百分比	个数	百分比
格莱米亚禅斯科	6038	44.54	3827	28.23	1618	11.94	2072	15.29	13555	100
波罗维诺耶	956	65.26	335	22.87	98	6.69	76	5.19	1465	100
卡里诺夫斯科	113	37.79	135	45.15	10	3.34	41	13.71	299	100
苏波金斯科	67	56.78	43	36.44	2	1.69	6	5.08	118	100
斯科罗度姆	136	44.59	126	41.31	21	6.89	22	7.21	305	100
加尔金斯科（F）	260	37.36	396	56.90	18	2.59	22	3.16	696	100
科涅茨高斯科（F）	247	30.88	366	45.75	123	15.38	64	8.00	800	100
阿尔丁-陶（F）	189	57.80	115	35.17	10	3.06	13	3.98	327	100

注：F表示要塞式聚落

正如前面所述，青铜冶炼是当地经济的高级部门。它促进了其他手工技术如骨器、木器和铁器的发展，而冶铁技术也在逐步代替青铜制造。

由于安娜尼诺居民能够有效地利用当地各种自然资源，因此他们的经济和人口都获得了较快的发展，我们可以根据公元前5—前4世纪的遗址数量来证实。

安娜尼诺社会无疑是由数个部落集团或小酋邦组成的，社会内部仍然保留着一些社会平等的传统，同时各部落之间的界线都很模糊。不过与欧亚地区温带森林地带其他社会相比，安娜尼诺社会显示出较高的军事化倾向：聚落出土了大量比较先进的武器。聚落模式也反映了明显的等级制度和多功能特色：要塞式聚落可以作为行政中心和警戒点，此外还有规模不同的开放式村落。根据随葬品可以分辨出安娜尼诺社会分层情况，这在男性墓葬群组中表现得尤为明显（Zbruyeva

1952：152）。一些墓葬出土了比较贵重的器物如矛、战斗用的锤斧、匕首和大量箭镞等。多处地点都发现了一种作为权力特殊标志的、主要为仪式用途的战斧。战斧上部装饰着张牙舞爪的狼形象，“銎”孔部位还饰有怪兽的头脸。此外，安娜尼诺文化早期阶段遗址还拥有大量来自西伯利亚、哈萨克斯坦和其他中亚细亚地区的域外输入器物，它们都集中在当地酋长手中。

安娜尼诺文化也属于欧亚地区以动物形象为母题的“动物纹饰分布区”。不过它的风格与多数学者认为对它产生影响的“斯基泰动物纹饰”还是有所不同的。安娜尼诺文化民众总体上更喜欢麋鹿、熊和鸟，有时候加上鹿、蛇和猪等形象，很少用马匹作母题（图7.6）。麋鹿的头、类似熊的动物以及由熊或狼及其猎物所组成的形象都在安娜尼诺文化区广泛传播。这些动物风格的艺术品成为我们复原安娜尼诺社会符号系统的重要依据。

学者们认为，安娜尼诺文化居民的世界观是由三部分组成的。这个观点是建立在上述众多文物以及对乌德穆尔特人的神话和民间传说进行的比较研究和诠释基础上的。其中一件引人注目的文物就是来自布依斯科设防聚落的一把骨制发梳，上面有独特的装饰造型（图7.6左下角）。阿什赫米娜（Ashikhmina 1992）根据相关的民族志资料，认为它反映了当时人们崇拜的“世界之树”（world-tree）的形象。[①]

安娜尼诺文化居民宇宙观的第一部分也就是上层部分是与太阳有关的，太阳的形象不断出现在各种文物上面（例如绘有人脸的圆盘、同心圆设计的饰片以及装饰图案的纺锤等）。麋鹿、熊、狼和马这类动物属于宇宙观的第二部分即中间层次，而水下和地下的生物则是低等的第三部分。当时的一些聚落和特殊地点已经具备了执行社区和部落礼仪中心的功能［例如祖耶维克鲁齐、斯维诺戈尔（Svinogor）、扎奥辛诺夫斯科（Zaosinnovskoye）、格莱米亚禅斯科（Gremyachanskoye）、格里亚捷诺夫斯科（Glyadenovskoye）］。我们在当时具有宗

① 又称宇宙树，流传在北欧神话中。这棵巨树的枝干衍生了包括天地、人间和阴间等在内的九个王国，其下有三根粗大的树根连接着诸神和邪龙等。——译者注

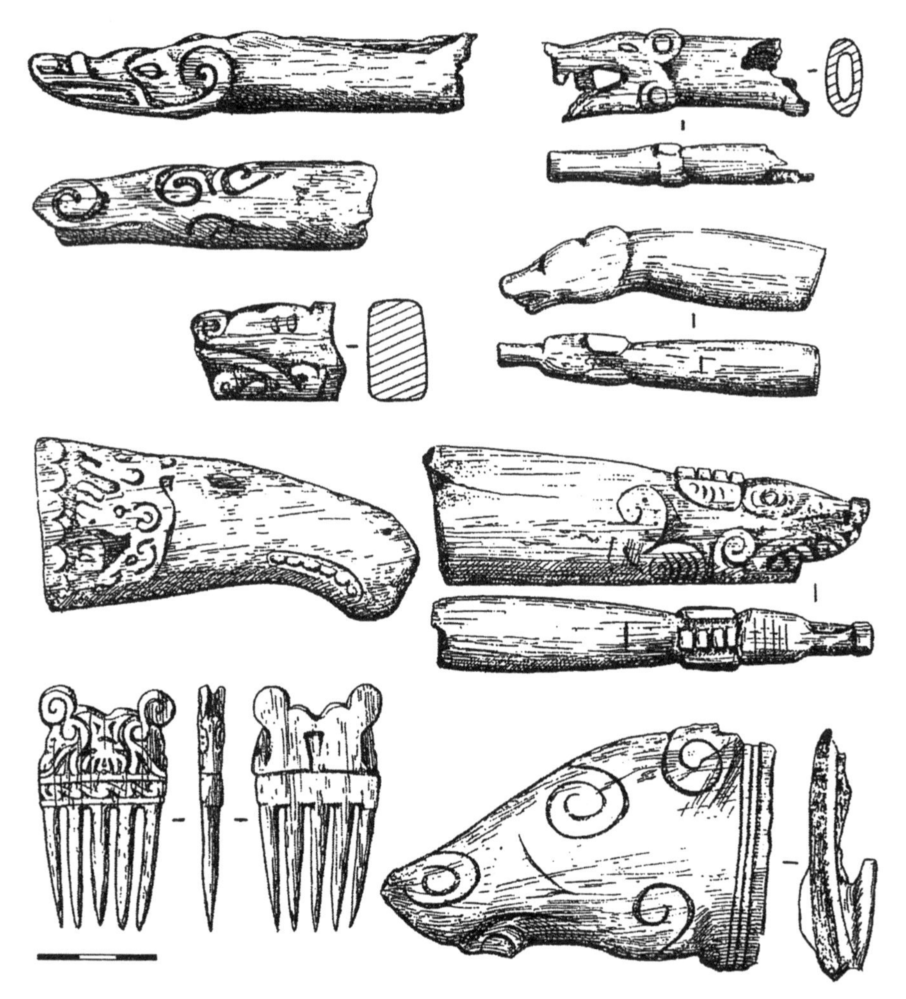

图7.6 安娜尼诺文化要塞式聚落出土的具有动物形象和纹饰的骨器（据Goldina 1999）

教仪式功能的圣所内的柱子周围能看到用火的遗迹和很多祭品的遗存，例如动物骨骼、人或动物形象的小雕像、黏土烧成的土块（仿制的“糕点”）以及各种具有太阳造型的物件。当时部落的中心通常位于地势较高的台地，上面发现大量的内含灰烬、木炭、碎骨和各种祈祷祭品的堆积，此外还发现了数千枚箭镞，数百个以人和鸟或动物如狗、苍蝇、蜜蜂等为造型的小雕像。学者认为动物骨骼与聚落居民每年不同时间举行的各种集体献祭仪式有关，祈祷用的祭品很可能是个人奉献的。安娜尼诺社会还有以人为祭（人牲）的风俗（Goldina 1999：203）。

考古学、民族学和语言学工作者普遍认为安娜尼诺文化社群的遗址都是操彼尔姆语的族群［乌德穆尔特人、科米–彼尔姆人和科米–齐良人（Komi-Zyryans）］祖先留下的。[3]在西边的伏尔加河中游流域，安娜尼诺文化社群又与用纺织品蒙在现成陶器上面来翻制新器的伏尔加芬种人（Volka Finns）①为邻（Goldina 1999；Napolskikh 1997）。正如纳波尔斯基赫（Napolskikh 1997：196—197）指出的那样，在铁器时代，那些来自伏尔加河流域操芬兰语的民族完成了向欧洲西北部的迁徙和移民。这个进程可以从考古资料中金属制品和用纺织品来翻制新陶器的技术从伏尔加河与卡马河地区向外传播等现象得到很好的印证。他认为导致芬种人迁徙的原因是多方面的，有气候变化因素（公元前二千纪与前一千纪之交气候变冷和潮湿），还有乌拉尔西侧地区冶金技术的活跃以及欧洲西北部森林地带居民对新技术具有比较强的适应能力等。

二　皮亚诺波尔文化集团

公元前3世纪和前2世纪，原先具有很多共性的安娜尼诺文化联合体分裂成几个以不同的考古学文化为代表的新集团，它们都继承了很多安娜尼诺的文化传统，但各自又在不同的社会文化条件下发展起来（图7.7–A）。这些分裂是由于各个具有本地特色的文化社会内部不断增长的紧张关系和矛盾以及来自南方游牧民族的压力促成的。从技术角度来看，新的考古学文化几乎完全依赖冶铁生产，社会发展也达到了较高的水平。它们存在的时间范围都在公元前3世纪到公元5世纪，组成了（我们这里所要研究的）皮亚诺波尔文化或泛部落的联盟（Gening

① 又称东部芬种人，是位于伏尔加河上游一带的芬兰–乌戈尔语族居民，他们的后裔有马里人、莫尔多瓦人等。——译者注

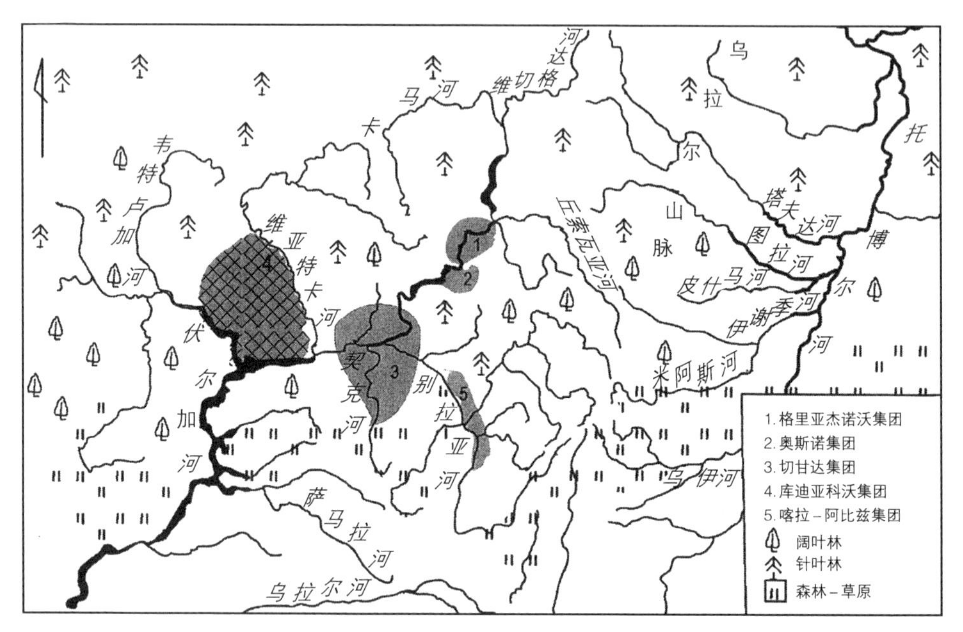

图7.7　A. 皮亚诺波尔文化各集团的分布

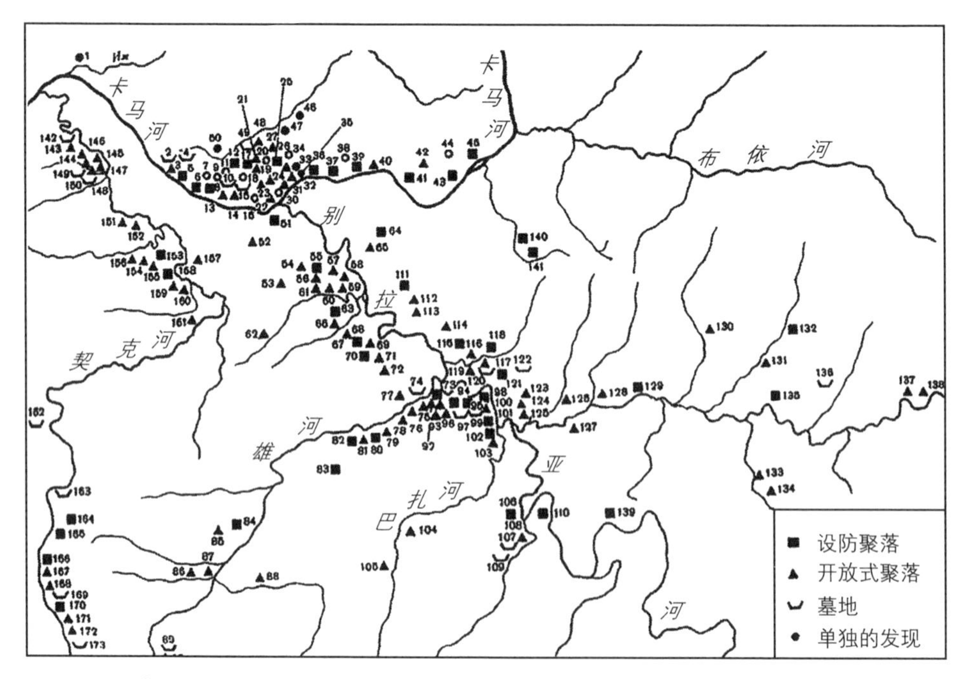

图7.7　B. 卡马河流域切甘达集团（Cheganda group）遗址分布（据Gening 1988）

1988：28—29）。它们位于卡马河中下游、别拉亚河下游以及维亚特卡河地区。另一个从安娜尼诺文化联合体中发展而来的是位于卡马河上游地区的格里亚杰诺沃联盟（Glyadenovo union）（图7.7–A，1）。二者刚好与从彼尔姆语分出的原始乌德穆尔特语和原始科米语这两个族群相吻合（Goldina 1999：209）。

皮亚诺波尔文化联盟的南部以喀拉–阿比兹亚文化（Kara-Abyz subculture）为代表，它主要分布在沿着别拉亚河中游（巴什基尔西北部）地区的阔叶林和森林–草原地带（图7.7–A，5）。其特点是有着巨大的开放式或要塞式聚落以及表面平坦不起坟包的墓地（早期的希波沃古坟除外）。要塞式聚落占地面积从5000到5万平方米不等，都位于地势较高的地方，并且具有壕沟和土墙等能够从两面或三面御敌的天然或人工设施。其中最大的要塞式聚落——奥赫列彼尼诺（Okhlebinino）–Ⅱ占地面积2.5万平方米。开放式聚落位于较低的河岸两侧，相较于要塞式聚落，它们的考古学文化内涵相当匮乏。遗憾的是这两种类型的聚落遗址被发掘的数量和规模都很小。

墓葬中的死者通常呈仰面直肢姿势躺在或包裹在树皮上面或里面，他们的腿都朝向河流，随葬品有各种服装饰件，其中以腰带饰品为主（图7.8–A）。随葬品因墓主性别、社会地位有所不同：男性的随葬品以铁剑、匕首、矛等武器和马具为主（图7.8–B）；女性的大部分是各种耳环和垂饰、项链、胸牌、胸坠儿等装饰品以及陶器等日常生活用品。复原的喀拉–阿比兹女性的民族服饰大体是这样的：她们胸前衣服上有两条交叉的、上面饰有很多金属回形针和圆片的皮带，皮带终端为一U字形金属饰片。死者还随葬一只羊腿或猪腿。俄罗斯体质人类学家对喀拉–阿比兹集团居民头骨进行的研究显示，他们具有欧罗巴人种的主要特征，不过脸庞较宽，具有一些蒙古人种的特点（Efimova 1991）。

皮亚诺波尔文化依然延续着安娜尼诺的文化传统，但是受到萨尔马泰（普罗克洛沃文化）的影响，并且混有来自乌拉尔以东地区的居民。游牧民族（萨尔马泰人）对这里的影响不宜低估。当时一些游牧民族在这里选择了定居生活，转变为更加稳定的集团。研究者还将集中分布在大型要塞式聚落附近的居民划分成四个部落集团。与其他皮亚诺波尔泛部落联盟的文化相比，喀拉–阿比兹集团的居

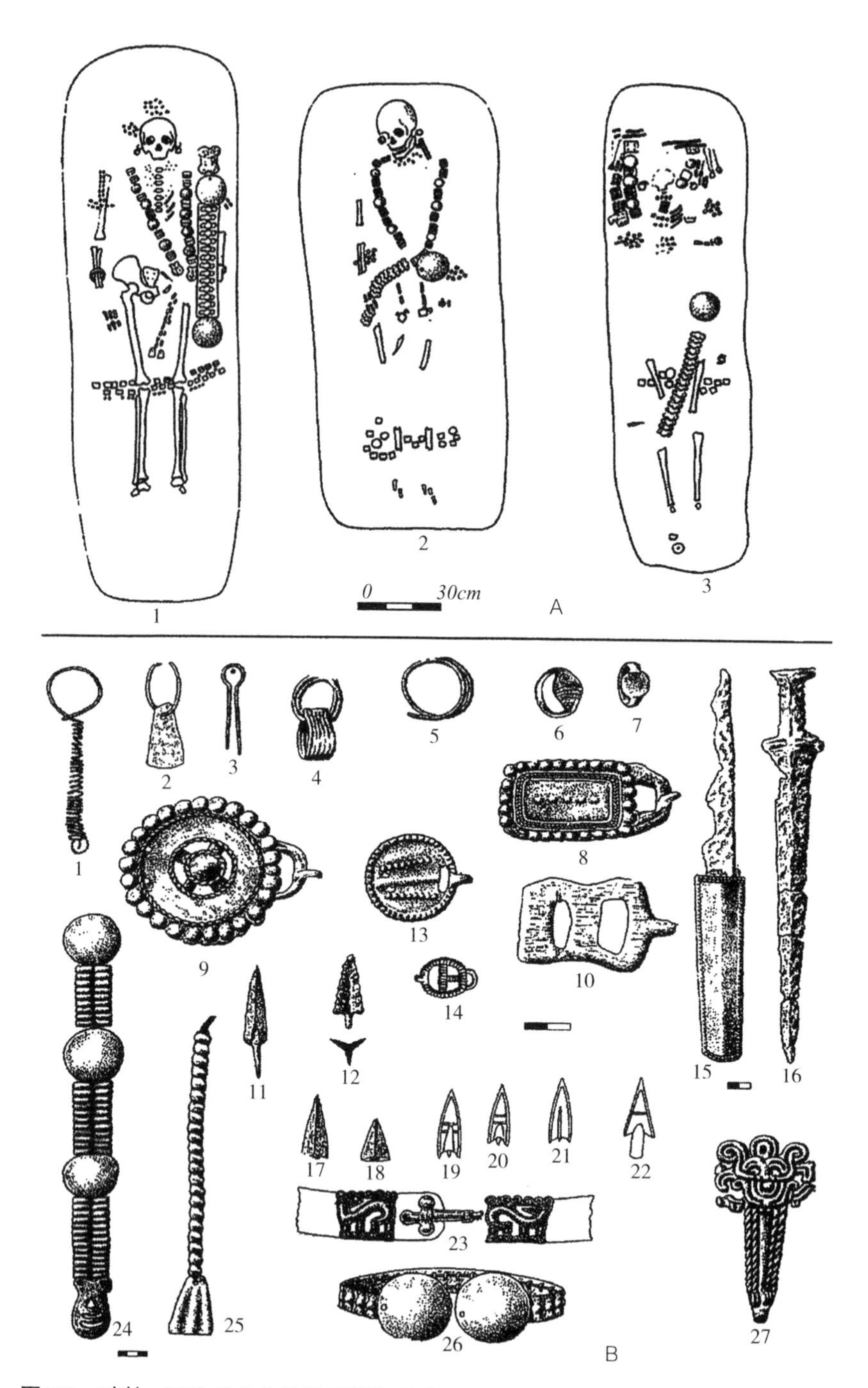

图7.8　喀拉-阿比兹文化传统墓葬和遗物

A.彼基米洛夫斯基（Biktimirovsky）-Ⅰ墓地：1.46号墓；2.1号墓；3.3号墓（据Gening 1988）

B.喀拉-阿比兹亚文化墓地出土文物：1.垂饰；2、4.耳环；3.金属回形针；5—7.戒指；8—10、13、14.皮带搭扣；11、12、17—22.箭镞；15、16.剑；23、24、26.不同装饰的皮带；25.皮带上的垂饰；27.箭囊挂钩（据Bader 1976）

民人数更多并且武备精良。它总体的年代范围为公元前3世纪到公元3世纪。

学术界研究最多的是切甘达亚文化（Cheganda subculture）（图7.7–A，3），它又被称作狭义的皮亚诺波尔文化（Ageyev 1992）。它分布于卡马河与其支流别拉亚河相汇处的针叶林和阔叶林地区（图7.7–B）。众多聚落遗址坐落于宽阔的卡马河与别拉亚河的河谷地带，那里有非常适合放牧的草地。地势比较低的台地可以发展农业。面积超过5000平方米（从5000到5万平方米不等）的设防聚落主要供民众定居，而那些面积只有500到2000平方米的设防聚落仅仅是避难场所或警戒前哨（图7.9）。大型要塞式聚落周围还有4000—10000平方米可供居住的地方。数个聚落组成一个群，各群之间相隔20—30公里。每个聚落群的领地面积为90—100平方公里，刚好和一个特定的部落集团所在区域相吻合（Ageyev 1992；Gening 1988）。

房屋的式样除了一些细微区别外基本差不多，面积均为5米×10米，中心为火塘，墙壁上涂抹有黏土灰泥。房屋之间相距10—15米，组成一条街巷。贮藏窖和夏季火塘建在两个房屋之间。一些聚落还发现有大型的公共性建筑（Goldina 1999：212）。

切甘达文化的墓地都离聚落不远，它们与喀拉–阿比兹亚文化墓地有一些共同点。目前已经在40处墓地发掘了大约5000座墓葬。当然，墓地的规模不等，仅塔拉索沃（Tarasovo）一处墓地就拥有1879座墓葬（图7.10），而切甘达–Ⅱ墓地只有224座墓葬。

墓地通常位于河岸。地上除了一些当时举行祭祀仪式的遗迹（如食物、陶器、骨头和柴堆灰烬）外，没有土封坟包之类的标志。但地下各个墓葬之间没有发生打破现象，由此可以推测墓葬上面原先是有标志的。伊热夫斯克（Izhevsk）[①]的考古学家对超大型塔拉索沃墓地进行了全面发掘和研究，获得了有关切甘达文化葬俗、社会结构和人口状况等方面非常有价值的资料。学者认为这块墓地为两个氏族所有，它们在墓葬规划和葬俗方面是不同的（Goldina 1999：212—216）。

① 俄罗斯伏尔加联邦管区乌德穆尔特共和国首府。——译者注

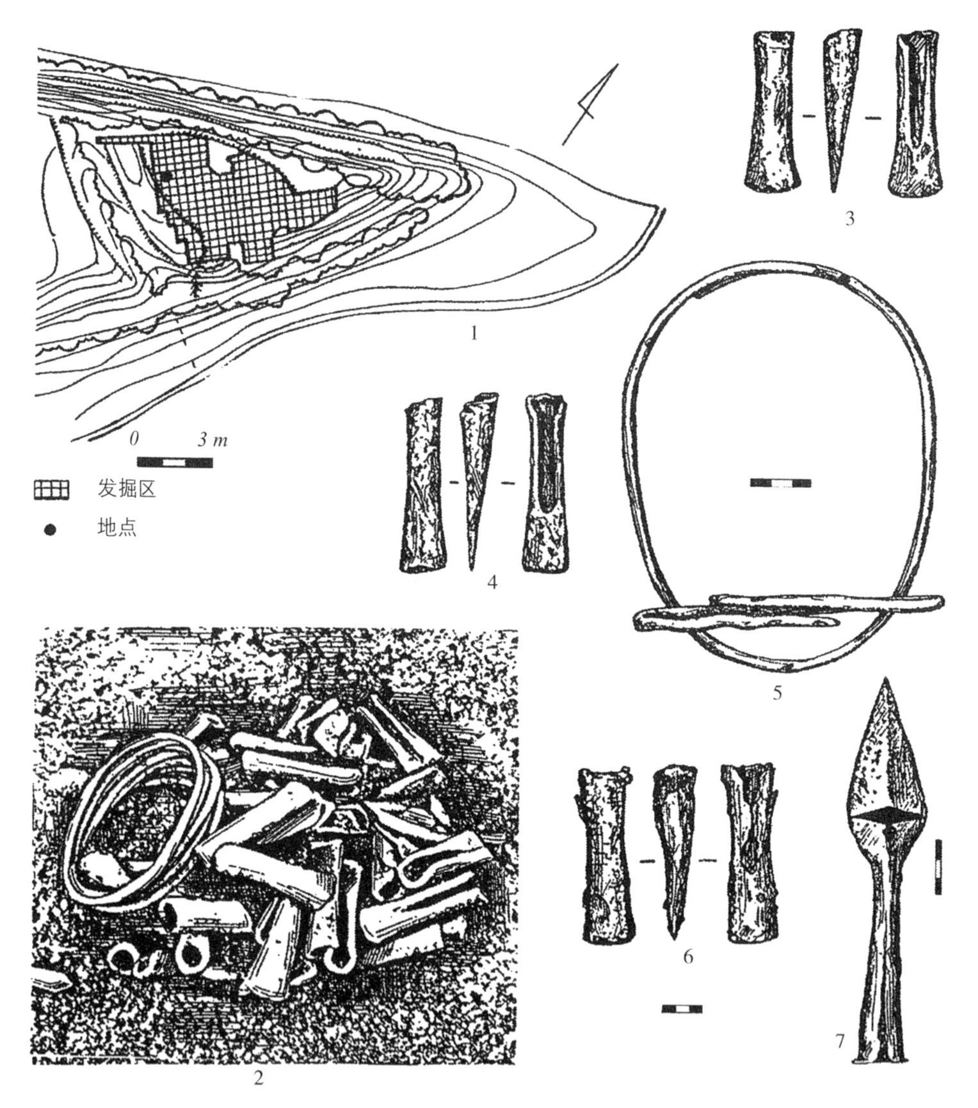

图7.9 布依斯科设防聚落[①]

1.标示着已发掘部分的平面图；2. 2号窖藏；3、4. 2号窖藏中的两件工具；5.青铜项圈；6.铁制空首斧；7.铁矛（据Goldina 1999）

① 具体位置参见图7.1-6。——译者注

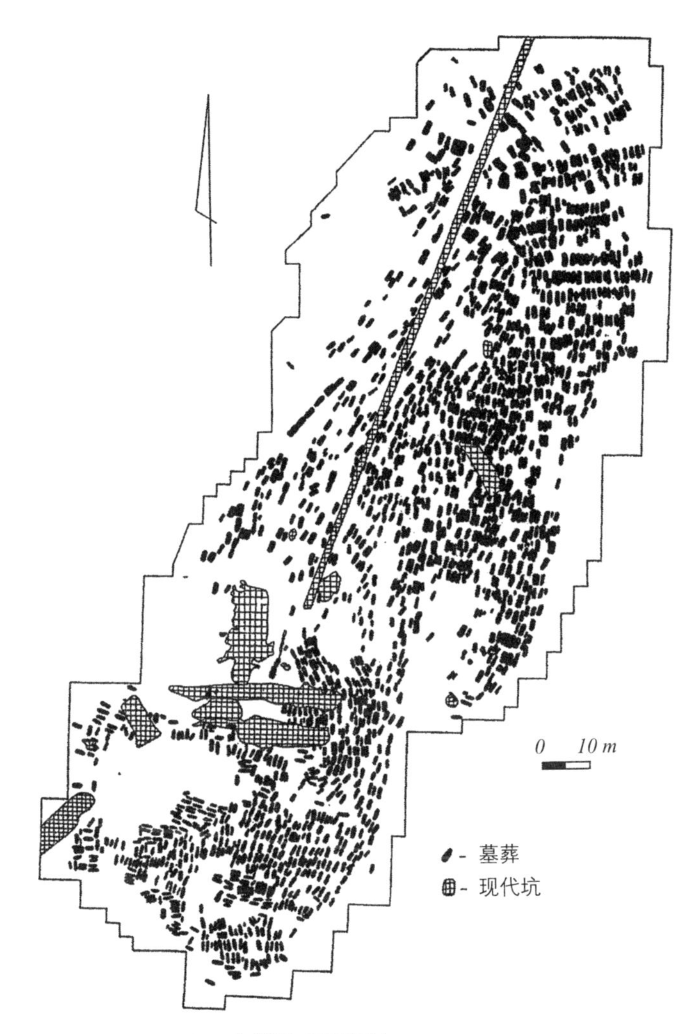

图7.10　切甘达文化塔拉索沃墓地

近亲，也就是三代以内家庭成员的墓葬布置成一排，由此组成了一组小型家族的墓葬区。墓主呈仰卧直肢姿势被安放在有顶盖的木棺之中。大约80%的墓主都是单人葬，也存在一些集体葬（最多的一座墓埋了8个人）。在塔拉索沃墓地就有一块地方集中安置这样的集体葬，这些死者很可能死于某种导致社区人口锐减的疾病。两座墓中，死者的左手位于头部右侧。

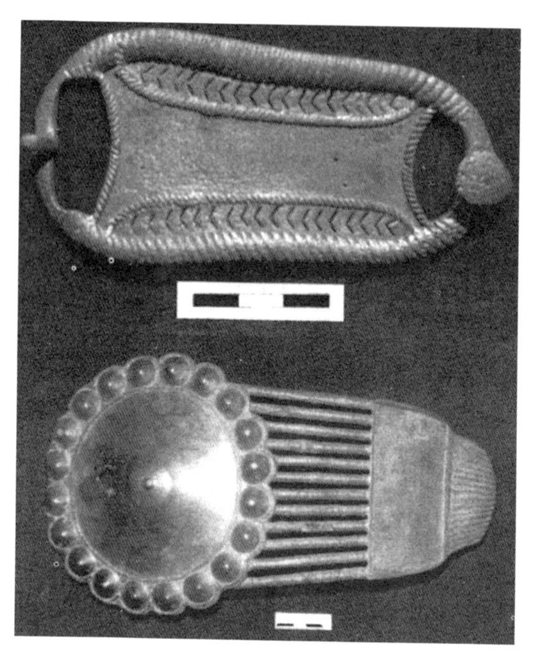

图版7.1 类似肩章的皮亚诺波尔风格的皮带搭扣

当时的日常生活用品很少随葬到墓中。死者都穿着最好的、装饰很多青铜饰品的衣服。其中有类似肩章的腰带搭扣（图版7.1）、形状如倒置问号的可挂在额头太阳穴部位的垂饰、胸前圆形的类似徽章的饰片和项圈等，它们构成切甘达（皮亚诺波尔）文化器物组合中最具特色的器物（图7.11）。墓葬中经常发现有比较重的装饰性青铜胸针，有些墓主身上的青铜饰品竟重达数千克；其他日常生活用品很少。看来皮亚诺波尔女性在服装和鞋子装饰方面是很讲究的（图7.12）。考古工作者注意到当时有两种葬俗：一种是在死者身上系一条皮带，另一种是把一些额外的装饰品和小型器具（礼品组合）放到一个木制的盒子或其他容器里随葬。这两种葬俗起源于公元前3世纪，到公元3—5世纪广为流行，大约占到墓葬总数的20%—30%。这样的“礼品组合”在女性墓葬中更多一些。男性随葬的主要是铁刀、骨制和铁制箭镞、剑，以及各种马具等（图7.13）。陶器以圆底的碗为主要特色，装饰很简单，用当地的黏土和捣碎的贝壳、陶片、干土、钙化的骨头和鸟粪等羼和料制成。

学者们普遍认为切甘达（皮亚诺波尔）社会是分层的，并且形成了以当地酋长为首的数个部落单位联合而成的政治组织。我们可以从各地呈现的系统性的具有不同等级的要塞式聚落及其分布以及比较高的人口密度和物质文化标准化等方面得到验证，其中物质文化的丰富和复杂化程度令人印象深刻。奥斯塔尼娜（Ostanina 1997：134—136）根据随葬品把晚期墓地划分为四组类型的女性墓葬和三组类型的男性墓葬。她的结论是，当时的财富和权力集中在几个世系家族（氏

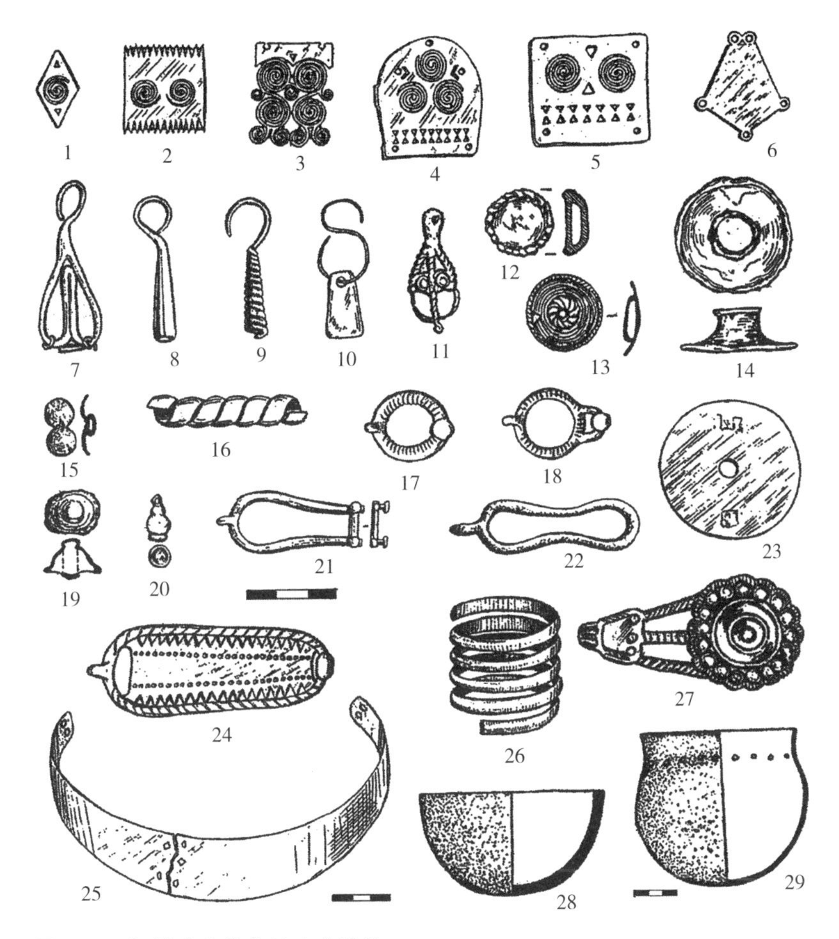

图7.11　切甘达文化墓地出土遗物

1—5、15.服装上的装饰品；6、20.（太阳穴部位的）垂饰；7—11.耳环；12—14、19、23.饰品；16.螺旋形饰品；17、18、21、22、24.有扣钩的皮带搭扣；25.额头的装饰片；26.手镯；27.类似肩章的皮带搭扣；28、29.陶罐（据Goldina 1999）

族）手中，他们可以决定部落成员的财产和社会地位；而个体成员的社会地位和角色又是根据年龄及其对社会经济和军事等方面的贡献决定的。

切甘达社会大约20%的成年男子是骑兵，其余多数男子是步行弓箭手。他们每人还可以配备一把战斧和一把剑。社会地位显赫的男子还身着盔甲（Goldina 1999：219）。他们是可识别的操原始彼尔姆语的族群（Gening 1988）。我们在此

图7.12　皮亚诺波尔女性装扮复原图（据Goldina 1999；V. 盖宁绘图）

不会讨论尚有争议的切甘达（皮亚诺波尔）文化的发展阶段问题。学术界一般划分为三个阶段：形成阶段（公元前3—公元1世纪），中间或古典阶段（1—2世纪）和最后阶段（3—5世纪）。[4]

皮亚诺波尔联盟的另一种类型以沿着维亚特卡河（卡马河右侧支流）分布的库迪亚科沃类型（Khudyakovo variant）①遗址为代表。[5]这里同时流行土葬和部分或全身火葬两种葬俗，因此火在这里表现出比在切甘达集团更为重要的作用。库迪亚科沃集团墓葬的随葬品很丰富，有的一次就出土了三四百件。除了各种款式的类似肩章的皮带搭扣之外，维亚特卡河流域的居民还喜欢使用一种类似马匹造型的垂饰/胸坠儿，这种样式的垂饰在后来中古时期的乌拉尔西侧地区仍然非常

① 又称库迪亚科沃集团，见图7.7-A，4。——译者注

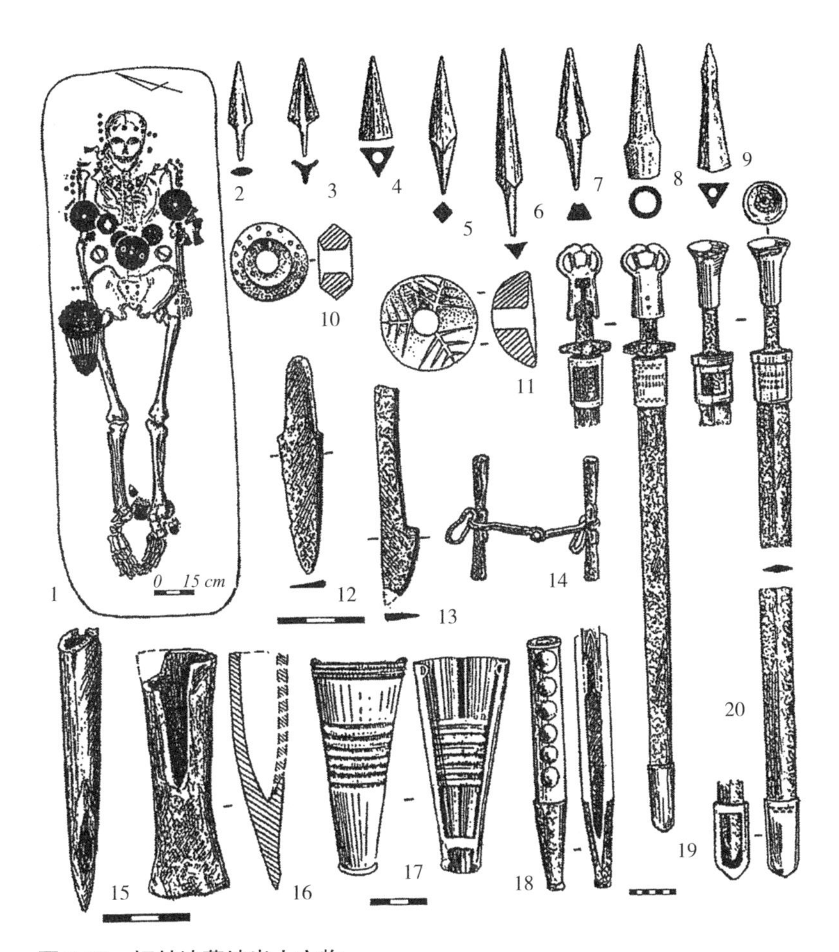

图7.13　切甘达墓地出土文物

1. 15号墓；2—9. 各种材料制的箭镞（其中2号和9号为骨制，3号为铁制）；10、11. 陶纺轮；12、13. 铁刀；14. 铁制马衔；15. 骨制尖状锄头；16. 铁锄头；17、18. 青铜剑鞘；19—20. 铁和青铜合制成的剑（据Goldina 1999）

流行。这里的青铜器制造工艺技术非常高，充分反映在妇女服装和腰带上装饰着的各种样式的青铜贴花、三个部件合成的皮带搭扣以及一种挂在皮带上的长长的复合式空心垂花饰件等方面。其他饰品还有比较大的青铜制的胸牌、项圈、手镯，特殊的用羊毛织成的、上面覆盖着铜制贴花的叫作"塔基亚"（taky'a）类型的帽子，还有小管子、串珠等（Leshinskaya 1995）。在布依斯科和阿尔金斯科这

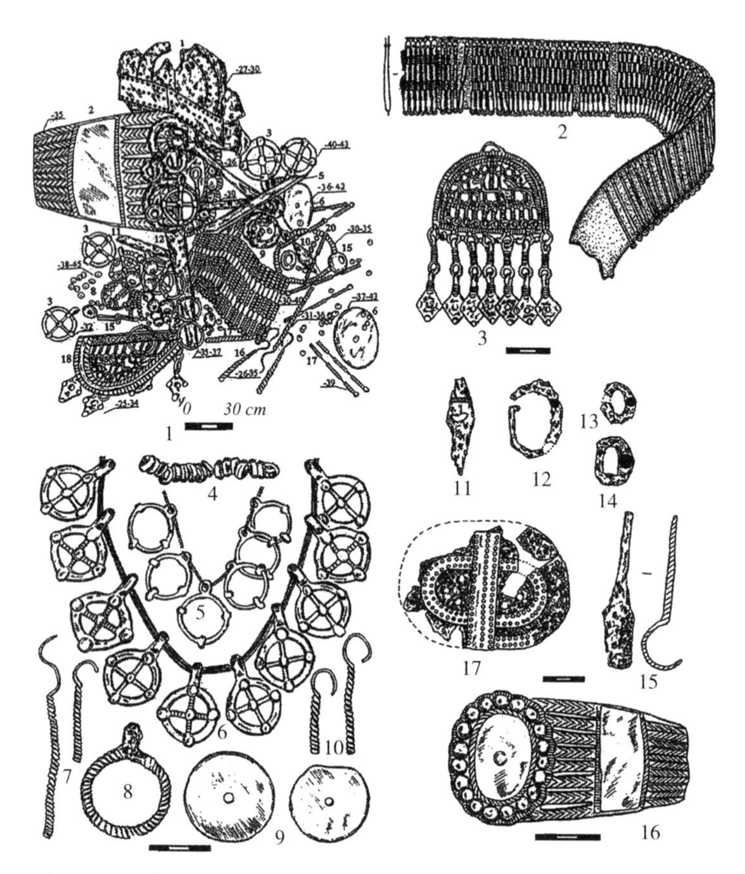

图7.14 阿尔金斯科设防聚落文物窖藏

1.窖藏平面图；2.用青铜片装饰的皮带；3.拱形垂饰；4.由众多青铜指环组成的串链；5、6.较大的青铜圆环组成的垂饰；7、10.类似倒立问号形状的太阳穴部位的青铜垂饰；8.铁垂饰（坠儿）；9.铁圆片；11、12.铁马勒残件；13、14.铁搭扣；15.铁勺；16.类似肩章的皮带搭扣；17.蝴蝶形状的服装扣针（Chernykh，Vanchikov & Shatalov 2002）

两个聚落[①]均发现数个金属器皿的窖藏（图7.14）。其中一个窖藏就出土了900只铁矛、186把空首斧和5个青铜项圈（Ashikhmina 1987）。这些窖藏器物显示出当时铁器生产规模之大、价值之高，所以要藏起来以免敌人抢走。

① 二者也是安娜尼诺文化的两个设防聚落遗址，参见图7.1。——译者注

所有皮亚诺波尔文化遗物都见证了当时社会的相对富足和经济增长，皮亚诺波尔居民持续生活在包括森林和小河河谷地带在内的整个卡马河流域。除了那些由居民人口不断增长的设防聚落组成的大型聚落群，在新开垦的土地上还散布着一些小型村落。有趣的是，这样的小型村落和墓地在森林和小河深处更普遍。

人口学学者认为，皮亚诺波尔社会是由各种结构组成的。那种由几代男女老少、20—25名成员组成的扩大家庭（extended family）是基本的社会和经济单位。他们按照亲属血缘关系又组成比较大的社区（世系家族/氏族）。这些在墓地上表现得尤其明显：小型墓地（30—70座墓）是属于数个家庭或一个家族的（Zhuravleva 1995），而那些大型的（大约2000座墓）墓地则属于数个父系家族组成的集团/氏族。对晚期墓葬进行的人口学研究表明，当时男性的平均寿命是37岁，女性（图版7.2）只有31岁（Ostanina 1997：138）。至于社会分层，早在安娜尼诺社会就已经清晰可见了，在公元前一千纪起始阶段的皮亚诺波尔社会表现得更为强烈。皮亚诺波尔社会结构起初以扩大家庭为主，到了后期则以规模较小的家庭为基础。

图版7.2 一位皮亚诺波尔妇女的复原半身像（G. 列宾金斯卡娅制作）

以铁器为主的冶金技术在更加专业化的同时也成为体系完备的经济部门。当时的冶金工匠在制造各种装饰品和标准化的器物时，已经掌握了热焊和铸造等复杂的工艺，他们已经是相当专业化的工匠，生产目的主要是为了部落之间的交换。皮亚诺波尔文物中那些主要适用于女性的装饰品可以视为当地族群认同的标志，有时候在其他地区也有发现，很可能是与外人通婚的结果。

正如盖宁（Gening 1980：131）所说，到4—5世纪，当地冶金工匠一次就能够从熔铁炉中获得 5 千克的铁。冶金工匠的墓葬与众不同，随葬有铁匠制作首饰的专业工具。布依斯科聚落2世纪时期的一处窖藏就出有186件铁锄头、9只铁矛和6个青铜项圈。毫无疑问的是皮亚诺波尔晚期社会生活中，刀耕火种式的农业地位显得更加重要了。在奥辛斯科（Osinskoye）设防聚落发现了二粒小麦（*Triticum vulgare dicoccum*）、大麦、普通小麦和燕麦的遗存（Goldina 1999：255）。同时渔猎仍然是当地居民重要的维生经济补充方式。为获取动物毛皮而进行的狩猎活动更显重要，聚落中发现的野生动物骨骼以紫貂、松貂、松鼠和河狸为主。畜牧业也有所发展。马、牛和猪是当地主要的家畜品种。只有喀拉-阿比兹集团的家畜骨骼以绵羊为主，其次是马匹，由此可见他们比其他大多数定居居民有更多的草原放牧活动。这种以获取肉-奶为主要目的的畜牧业以卡马河与别拉亚河流域丰盛的牧草资源为依托。这时期人们对家畜的屠宰也更趋于理性化了：3岁以下的牛和9—12岁的马都不会被宰杀了。猪和羊都要养到一岁半以上，在极少数情况下甚至要满3岁才被宰杀。通过分析家畜骨骼的年龄状况，我们得知当时人们饲养牛、猪和羊的目的主要是获取肉、奶和羊毛，养马主要为满足交通运输的需求。彼得连科（Petrenko）把这些家畜认定为森林地带的品种（Ostanina 1997：146—147）。这里以森林为主的环境决定了畜牧业可以采取没有牧民看管的自由放牧方式。这种方式可以从当地民族志材料得到佐证：不同种类的家畜被分成不同的群组（例如猪和羊为一组，马和牛为另一组）予以管理。它们在附近森林中和草地上悠闲地吃草、漫步（Tsalkin 1966：92—93）。例如，在乌德穆尔特人的村庄，从春季到晚秋这段时间，猪都是被散养在围起来的树林中的，入冬前村民们会把它们及其幼崽一起赶回猪圈（Ostanina 1997：148）。家畜的圈养时间也要持续5—6个月。在寒冷季节，幼畜都会养在厩舍里直到强壮为止。

皮亚诺波尔文化遗址出土了不少境外输入制品，在其晚期阶段（2—3世纪）还有增多的趋势。其中有来自地中海沿岸和中亚地区的银器，来自高加索、埃及和叙利亚地区的串珠更受欢迎。

阿格耶夫（Ageyev 1992：86）认为，卡马河流域的居民是由一些具有共同渊源、语言、意识形态、地域以及社会经济发展水平的数个酋邦所组成的联合体。

其中一个酋邦格里亚杰诺沃集团（Glyadenovo group）分布在卡马河上游针叶林地带南部，他们在那里依然以狩猎生活为主。1896—1897年，在格里亚杰诺沃遗址发现了大量的动物骨骼遗存（Novokreshchennykh 1914），后来由学者斯皮钦（Spitsin 1914）出版了考古报告。这个遗址还出土了大量当时居民奉献给神灵的器物，所以一开始就被解释为皮亚诺波尔文化的献祭中心。随着后来一系列类似遗址的发现，学者便把它们统一命名为一个单独的考古学文化——格里亚杰诺沃文化（Gening 1988：131）。大量的骨骼堆积通常位于早期设防聚落的地上，都由数个交替的文化层组成。格里亚杰诺沃文化的骨骼堆积有几种基本情况：①集中在中心点有一层焚烧过的骨骼和骨灰遗存；②在第一个中心点周围有一层没有烧过的骨骼，杂乱无章地堆在一起；③灰堆中有大量的人工制品如陶器，骨制、铁制和铜制的各种工具，兵器（主要是箭镞），刀，玻璃串珠，小的皮带搭扣，复制的小件工具以及祭祀崇拜用的人类、动物和鸟类形象的小雕像等。南卡马斯科（Yugo-Kamskoye）遗址的骨骼堆积与此情形类似。它包括一层50—150厘米厚的焚烧过的骨头和灰烬，上面叠压着一层15—20厘米厚的没有烧过的动物骨骼堆积。堆积中有很多被剁开的长骨，还有单独的肋骨和牙齿，全都胡乱地堆在一起（Polyakov 2001）。

遗憾的是一直没有对这些动物骨骼进行过适当的动物学分析。初步的动物考古学分类研究显示，这些骨骼以野生动物为主，其中有熊、麋鹿、驯鹿、狳猁和野猪。

在格里亚杰诺沃遗址动物骨骼堆积中还发现了12900颗内镀金的玻璃串珠。还发现大约1000个从一张铜板材上剪裁下来的各种形象的小雕像（图7.15）。这些写意风格的雕像有骑手、弓箭手，以及手持巨蛇、骑在龙身上者。此外还有一批包括虫鸟在内的各种动物小雕像（大约460个）：狗、野兔、松鼠、野猪、熊等，有时还有马和牛。鸟都是张开翅膀的造型。此外还有昆虫（蜜蜂）和蛇

图7.15　格里亚杰诺沃骨器制作地点发现的宗教崇拜用途的铜制小雕像（据Gening 1988）

等。这些小雕像都被认为是当时居民献祭给他们崇拜的当地狩猎神灵的。盖宁（Gening 1988）在鄂毕-乌戈尔诸语居民的神话传说和宗教信仰中找到了不少可以对应的主题和形象，他把这些小雕像称为“灵魂的载体”。

最有趣的是在格里亚杰诺沃遗址动物骨骼堆积中发现的五枚铜币。钱币学家认出其中有贵霜帝国君主赫拉欧斯（1—30年在位）（Novokreshchennykh 1914）、迦腻色伽一世（127—147年在位）以及中国东汉光武帝（25—57年在位）的钱币

（Vildanov & Melnichuk 1999）。

对于这样的遗址学术界有两种解释：第一种认为它们是包含火葬和动物献祭遗存的墓地（Gening 1988：155）；第二种认为它们是部落中敬拜神灵的圣所（Polyakov 2001；Spitsin 1914）。近年来发现的一批内含格里亚杰诺沃文化陶器、表面不起坟包的墓葬资料证实第二种解释更合理些。这些墓地的规模各异：有的只有10—12座墓葬，有的多达数百个内有土葬或火葬的标准墓穴。格里亚杰诺沃集团葬俗的特点是除了少量陶器外几乎没有其他随葬品。

格里亚杰诺沃集团所在地区目前已经识别出八个由聚落、墓地和宗教圣所组成的彼此相距15—50公里的集群，它们与草原上的游牧民之间还隔着喀拉－阿比兹和切甘达这两个酋邦，因此没有受到游牧民的侵扰。每个集群都包括1个设防聚落和数个开放式村落在内的2—7个遗址。根据波利亚科夫（Polyakov 2001）的观点，每个遗址群都对应着一个特定的小部落组织。这里的文化相对原始一些，但是它保留着独特的作为社区“圣所”的存在。

总而言之，我们认为上述文化所构成的世界展示了它们的统一性和经济文化演进方面的连续性。如果把这些文化在葬俗方面的基本特性进行分析比较的话，我们又会看到它们具有相当稳定的封闭性特色，例如在将近一千年这么漫长的时间，当地居民一直坚守着那种不起坟包的以土葬为主的传统（Ivanov 1999）。同时我们在聚落形态、陶器造型和宗教信仰等方面也注意到了比较稳定的发展趋势。这些文化产生了具有独特装饰风格的各种器物，其中一些还保存到近代彼尔姆语居民的民间艺术之中（所谓“彼尔姆风格动物纹饰”）。

居民的维生经济是以比较稳定的畜牧业和原始的、于公元前一千纪末期才发展起来的刀耕火种式的农业为基础的。二者都需要一定程度劳动力的投入。根据当地的自然环境，渔猎活动依然是当地居民谋生的基本手段。各种手工业特别是由安娜尼诺文化集团居民创始的冶金制造是非常重要的经济部门。公元前一千纪末期，铁器生产已经成为非常专业化的手工业活动。与同时期森林地带的居民相比，皮亚诺波尔社会的居民显示了明显比较富裕的生活水平。

多种经营的经济模式能够为当地居民提供相对稳定的食物供应。由此促进了当地人口的增长，从安娜尼诺文化和后来的皮亚诺波尔文化集团聚落数量不断增长的现象就能够得到印证。人们特别注意到，在切甘达亚文化地区的人口就达到5000—7000人（平均每平方公里1人）（Gening 1988：204）。

这种多种经营模式能够保障居民在家畜、毛皮、金属制品、兵器、有价值的装饰品以及其他贵重器物等方面的稳定供给，这些贵重器物可能是当地居民通过劫掠或贸易方式获得的，它们常常被珍藏在要塞式设防聚落之中。这些设防聚落不仅出现在与游牧民接壤的边界地带，而且在安娜尼诺文化和皮亚诺波尔文化集团几乎所有地区都存在，这显然是在向我们揭示当时社会内部各集团之间不断上升的紧张状态。这些具有不同等级的聚落体系是在安娜尼诺文化共同体那里开始出现的，在随后的皮亚诺波尔集团又得到继续发展，表现在设防聚落的规模有增大的趋势。

社会发展倾向于加深社会阶层的分化，提升了当地酋长和首领的地位和作用，同时也促使各个部落组成具有共同族源、语言和意识形态的地域性共同体。在比较稳定的经济和政治状态下，乌拉尔西侧地区的社会一直到公元500年都保持着发展的趋势，由此促进和维持了族群的凝聚和文化认同。

2世纪之前，卡马河地区的居民都没有遭受过任何外敌的入侵。不过到了2世纪，我们从考古资料可以看到萨尔马泰人对喀拉–阿比兹亚文化地区的冲击和影响。这里的居民只得向北方迁徙，与切甘达集团的居民混居，留下了混合特色的考古遗址。这场迁徙运动导致整个皮亚诺波尔世界内部一连串的移民活动。4世纪末，一些似乎来自乌拉尔以东地区的部落集团又侵入乌拉尔西侧地区，由此开始了民族大迁徙的进程。[6]这些新来的部落集团与原来的土著居民之间有着非常活跃的交流和互动，因此这片地区的文化面貌变化较大，出现了很多新的文化。不过尽管遭到入侵，原先铁器时代的很多传统还是保存了下来，并延续了数百年之久。

第八章

游牧世界的北部边缘地带
——乌拉尔与西西伯利亚森林－草原地带的文化

一　乌拉尔山脉中部及南部森林－山地地带的文化集团

前面我们在讨论乌拉尔地区冶金技术的时候，特别强调过作为铁器时代外乌拉尔地区冶金中心基础的伊特库尔文化。现在详细探讨它的同时还要介绍一下以加马云文化为代表的乌拉尔山脉东侧森林－山地地带居民集团的文化。与我们先前曾经描述过的那些文化相比，这两种文化规模并不大，却代表了一个相当有趣的在相同环境下彼此共存的实例，它们都能以不同方式适应环境并由此选择了不同的经济模式。

伊特库尔文化和加马云文化所在地区是沿着乌拉尔山脉东坡，北起塔吉尔河（Tagil）、图拉河（Tura）及列日河（Rezh）[①]地区，南到车里雅宾斯克，宽约150公里的一块狭长区域（图8.1）。当地环境属于鄂毕河流域、由树枝状密布的众多河流及活水供应的山地湖泊所组成的森林－山地地带，拥有适合渔猎的大陆性气候以及丰富的森林和矿产资源。

这两个文化的时间范围都为公元前8—前3世纪，内部的年代序列有所分歧（Bel'tikova 1993；Borzunov 1992）。二者都缺乏墓葬资料，只有伊特库尔文化个别时有些例外。

---

① 这三条河均发源于乌拉尔山脉东坡，向东流入鄂毕河左侧支流托博尔河。——译者注

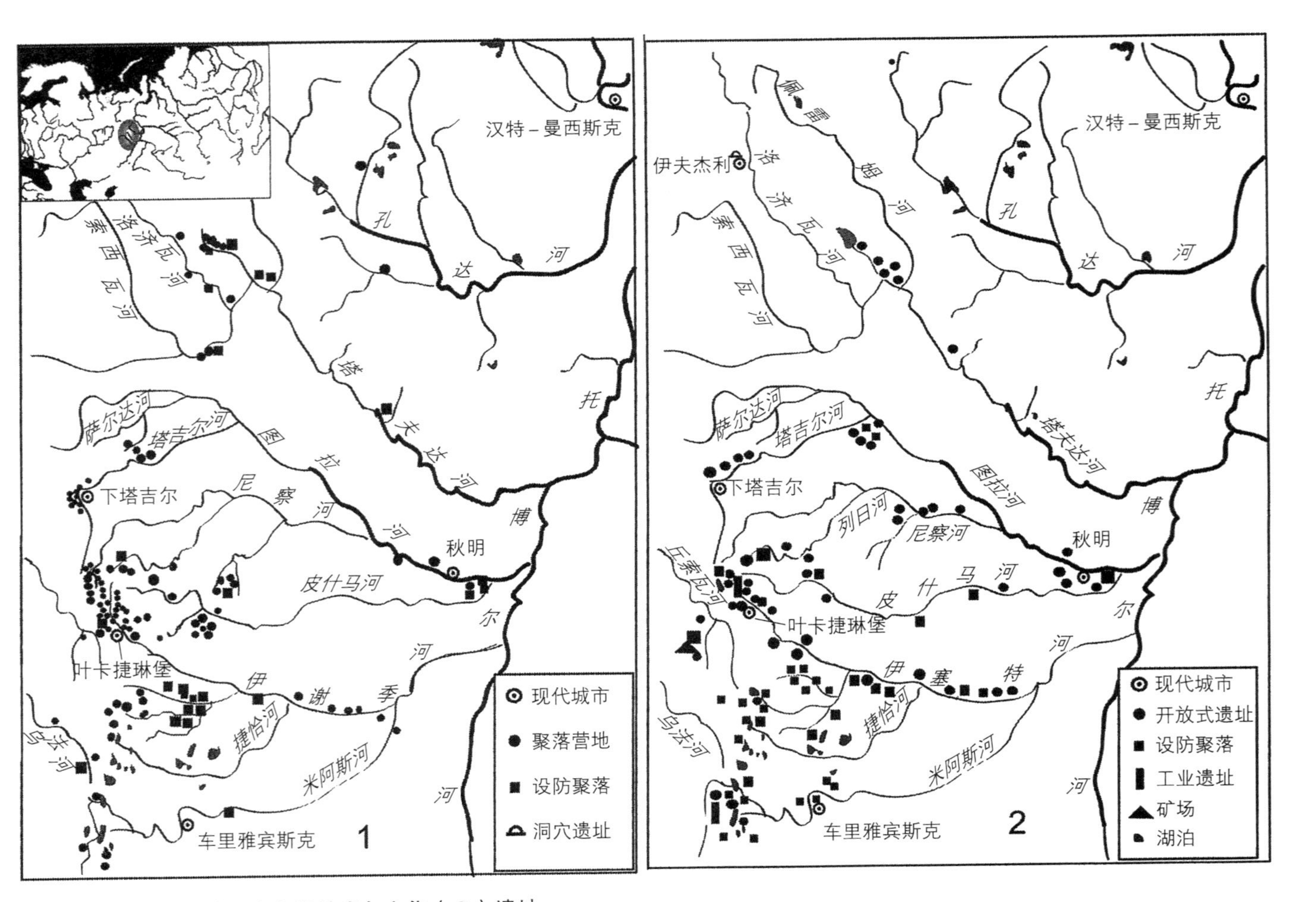

图8.1 加马云文化（1）和伊特库尔文化（2）遗址

加马云文化表面上看起来更古老，因此在研究初期曾有学者把它断代为青铜时代（Borzunov 1992）。它主要以开放式或设防的聚落以及单独的具有防御设施的房屋著称。这种设防的独幢房屋可以看作避难场所，它四周建有坚固的木栅栏，外围还有一道壕沟和土堆来加强防御（图8.2）。平均建筑面积大约为600平方米，居住面积为40—400平方米。这种类型的房屋在早期要比在晚期更为常见。开放式的聚落通常是些包括几间房屋的小村庄以及季节性的渔猎营地。典型的加马云文化的住所都是由一到两间房屋组成的。

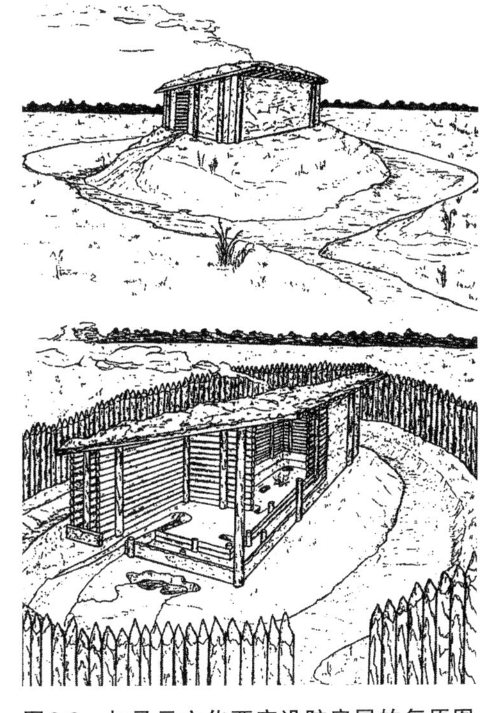

图8.2　加马云文化两座设防房屋的复原图（据Borzunov 1992）

设防聚落规模不等，分为小型（96—1000平方米）、中型（1100—2000平方米）和大型（3200—5300平方米），它们都位于小山丘，或沿着河岸高处、隆起的地方分布（图8.3）。那些规模较大的设防聚落可供居民长期定居，它们在加马云文化后期更具特色；小型的设防聚落主要充当边疆警备站的作用。根据博尔祖诺夫的观察（Borzunov 1992），这些设防聚落主要集中在加马云集团所在地区的边缘地带。总的来说，加马云文化的设防聚落还是比较简陋的，所谓防御设施只是些壕沟以及用泥土和木栅栏建成的土墙而已。房屋多半是些小屋，甚至有的只是圆锥形的可移动的棚屋，所谓固定的房屋也只不过是内有一两个隔间的木柱框架结构的小屋而已。当然这些房屋不仅仅能够供人们居住，而且也能提供室内工作空间。

已发掘的加马云文化遗址都出土了大量石制工具，还有一些骨器和少量铜器、铁器。具有独特花纹装饰的陶器是加马云文化区别于其他文化的标志，陶土

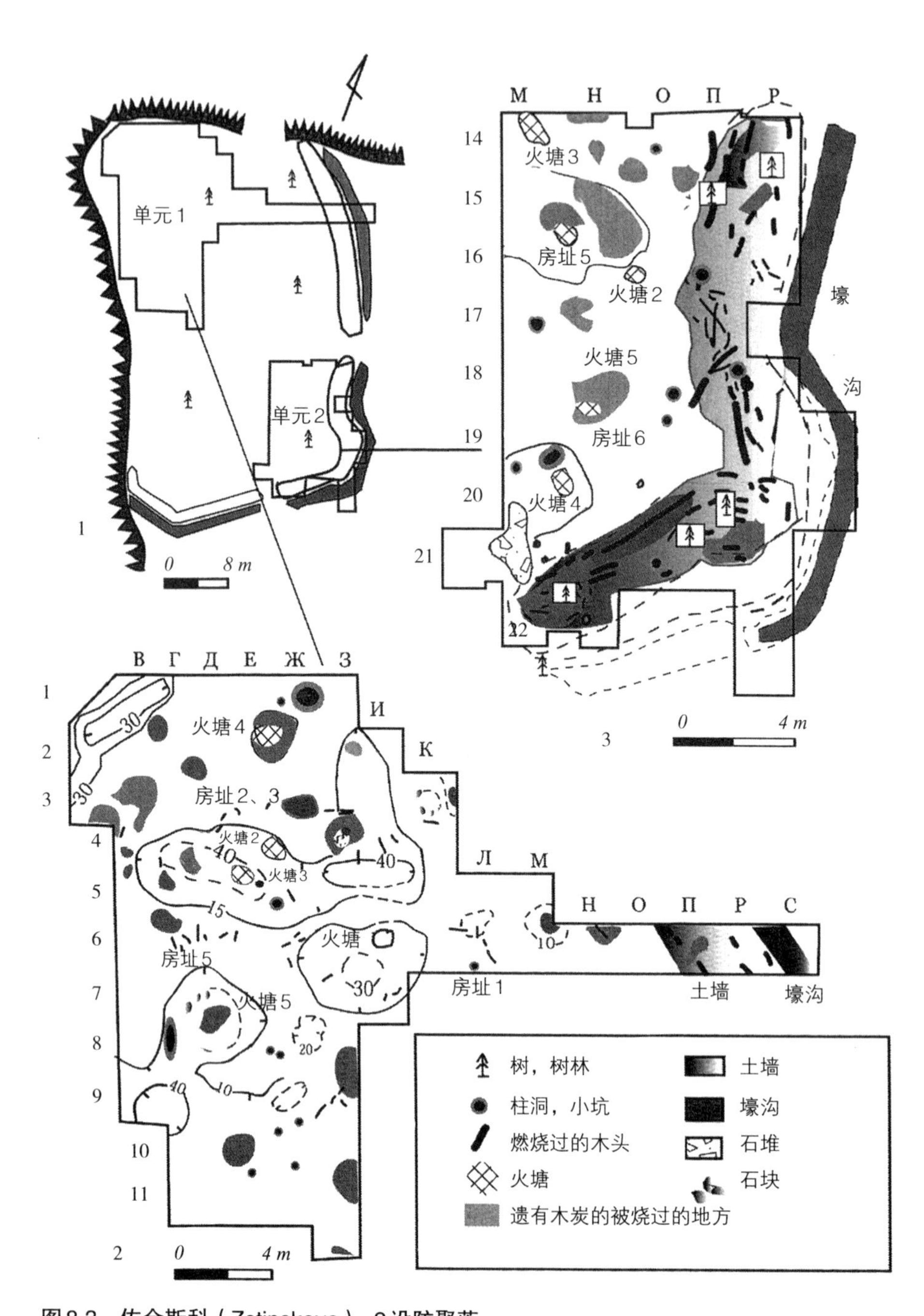

图8.3 佐金斯科（Zotinskoye）-2设防聚落

1.总体布局；2.已发掘部分Ⅰ；3.已发掘部分Ⅱ（据Borzunov 1992）

通常含有滑石、石英和耐火黏土等羼和料。陶器以圆底、敞口较大、器身较矮的陶钵为主，并且基本上都按照一定的标准设计装饰，有压制的交叉小坑、阴影线和波浪纹饰（图8.4–1）。加马云文化装饰的“名片”是压制的十字形纹饰，已发现的有这种纹饰的器物主要分布于西西伯利亚，包括从外乌拉尔到鄂毕河中游大片针叶林地带的最南部和森林–草原地带的北部（所谓具有十字形模印纹饰的多种文化的联合体）。这些文化起源于青铜时代晚期的鄂毕河下游地区，由于公元前二千纪和前一千纪之交环境变得过于潮湿，一些居民集团被迫向南方迁徙

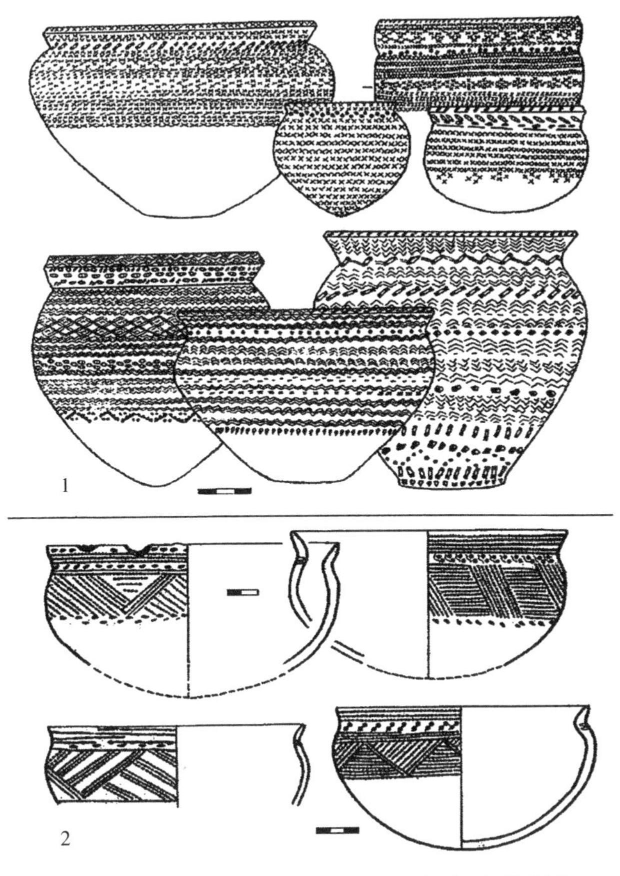

图8.4　加马云文化（1）和伊特库尔文化（2）的陶器（据Borzunov 1992）

（Borzunov 1992；Kosarev 1991）。考古学和古环境学的资料都确认了这场发生在青铜时代晚期鄂毕河下游地区的生态危机。在针叶林地带，气候如果变得过于寒冷和潮湿就会降低渔猎经济的潜力：湖泊都变成了沼泽湿地，动物只得迁徙到生态条件较好的地方。当地居民会沿着河流迁徙。因此起初（公元前10—前9世纪）的移民和开拓都是往北方和西北方向的；于是具有加马云文化典型特色陶器的遗址就会出现在（靠近北极的）冻土苔原地带。青铜时代晚期加马云文化遗址的规模相当小，聚落上估计不超过20或30位居民，可能都属于一个氏族或扩大家庭（Borzunov 1992）。

公元前9世纪晚期，加马云文化其中一个集团来到乌拉尔地区。它拥有以渔猎和采集等手段为基础的、特别能够适应针叶林地带的文化和维生经济系统。在适应期间，加马云集团的居民对畜牧业和冶金技术都比较熟悉并且继承了其中一些文化传统。乌拉尔中部地区遗址中，动物骨骼遗存的80%—90%都是野生动物如麋鹿、獐子和驯鹿；而在乌拉尔南部地区，野生动物骨骼只占50%。此外，加马云文化最令人称奇之处就是它拥有多种石器工具以及制作这些石器的各种矿石。这些天然矿石品种有花岗岩、砂岩、泥岩、碧玉、玛瑙、玉髓、石英岩、滑石和水晶等。绝大多数加马云文化的石器工具是多功能的，主要用于狩猎、屠宰和毛皮加工等工作。

加马云集团新到的乌拉尔（南部）地区原先的土著居民是青铜时代末期美周夫卡文化的后裔——早期伊特库尔文化的居民，他们之前就具有利用当地矿石资源从事冶金制造的传统。从各方面迹象来看，早期伊特库尔文化与（后来的）加马云文化的居民从一开始关系就是比较紧张的。加马云集团的设防房屋数量之多、一些村庄曾遭受破坏等迹象都证实了这一点（Borzunov 1992）。随着时间的推移，新移民与原住民的关系逐步趋于和谐，还在某种程度上形成了一种以劳动和专业化分工为基础的共生关系。

从考古学角度来看，住宅遗址和金属加工作坊是伊特库尔文化的主要代表。伊特库尔文化所有遗址的考古资料都明确反映出社会在冶金制造方面的专业化分工。不过在18、19世纪，大量后来被识别为伊特库尔文化的青铜文物都为很多业余和专业人士所收藏。还有不少进了欧洲国家的博物馆，其中又以赫尔辛基的芬兰国家博物馆所藏为最。20世纪60—90年代，别尔吉科娃（Bel’tikova）对此做了不少专门研究，因此我们现在对伊特库尔文化的考古资料已经有了比较详尽的了解。

大约115处伊特库尔文化的遗址都分布在包括铜矿和滑石在内的各种矿藏主要集中的地区（Bel’tikova 2002）。这些遗址组成七个聚落群，每个群包括2—9个遗址，之间相距30—50公里，极少有间隔达到90公里的。有一些遗址距中心区300公里之遥，都位于西西伯利亚地带，不过那里没有发现任何冶金技术的遗迹。

大多数伊特库尔文化的遗址都是设防村落和金属加工作坊，其中80%坐落于河流或湖泊岸边的高地（高10—40米；图8.5）。这些高地可以是丘陵的平顶或一片岩地，也可以是岬角的一部分或者是河岸边常年刮风的地点。遗址的占地面积为250—3800平方米。其中一些防御设施比较简单，只有一道墙或不同规模的壕沟而已。防御墙的建造方法是先用横着的原木垒起两面平行的木墙，用黏土或石块来加固，然后在两堵木墙之间填上泥土和石块。环绕的防御墙修好后在外侧再挖一条宽约2.8—5米的壕沟。典型的小型和中型设防村庄一般是有防御墙环绕的，呈圆形、长方形或椭圆形平面布局，不过它们所在的地方往往容易受到攻击。而那些较大的设防聚落（1400—3800平方米）都坐落于高地，同时拥有具有防御纵深的开阔地带，布局呈长方形、半椭圆形或梯形。

伊特库尔文化层的堆积与众不同。通常文化层并不厚（80—90厘米），内有冶金活动的各种遗存，土层是一些有樱桃色或黑色细微变化的易碎的深褐色腐殖土，内含矿石碎屑、焚烧过的骨骼、碎陶片、熔渣、松树或桦树的树皮残片，以及大量的灰烬。遗址的生活区倒是没有这些特色。

聚落中有一批建筑结构遗存，可以分成生活住所、有金属加工遗存的住所以及与特别的生产功能相关的房屋共三种建筑。长方形半地穴式或在地上兴建的房屋都采用木柱框架式结构，面积都不大（25—58平方米），内部陈设也很简单：有一或两个火塘、厚木板做的床以及用黏土抹面的比较浅的地坑等（Bel’tikova 1997；Borzunov 1992）。人们在小型室内工作间里冶炼铜或铁，不过通常从事的还是金属加工而不是熔炼矿石。大规模的冶金活动要么是在大型建筑中要么是在户

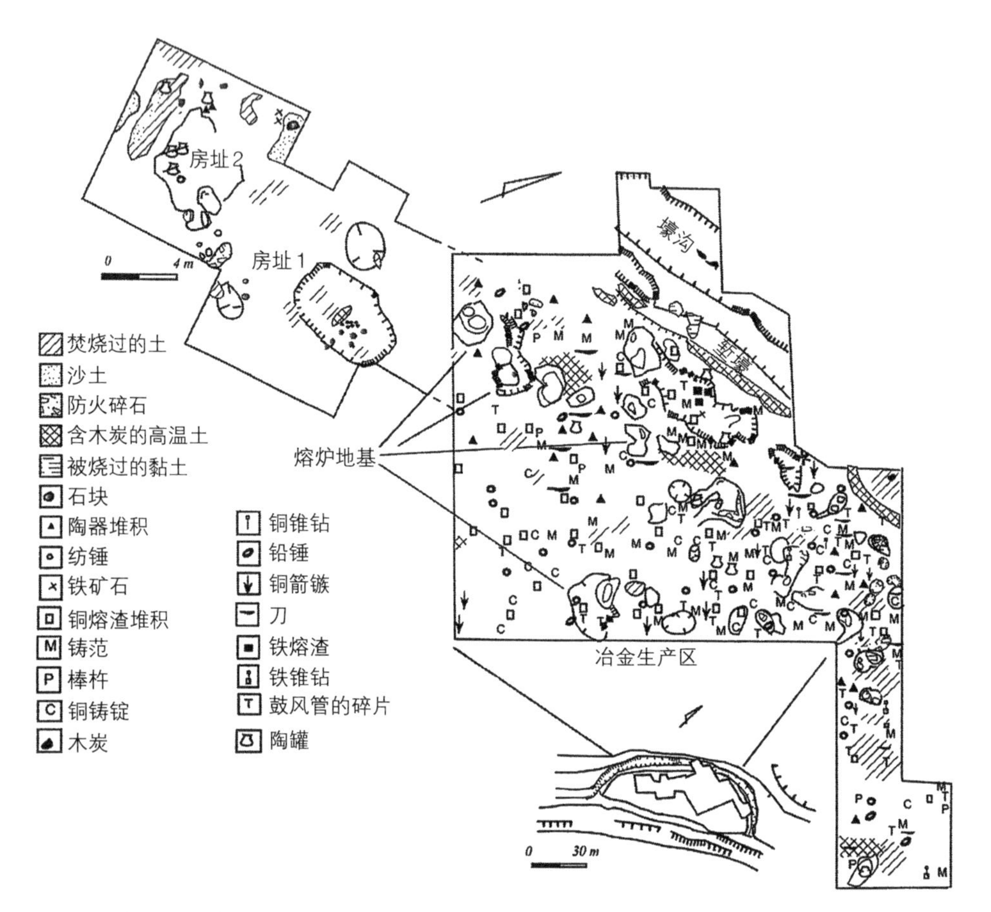

图8.5 伊特库尔Ⅰ设防聚落发掘部分平面图（据Bel'tikova 1986）

外进行的。与这些活动有关的各种建筑遗存都是伊特库尔类型聚落的特色。

所有房屋和作坊位于靠近防御设施或者开放式村落的边缘地带。当时的人们对于冶金技术的整个过程都已经驾驭娴熟了，他们懂得如何采矿（矿石为硫化铜和氧化铜）、加工和运输矿石、熔炼金属和制作金属器物。金属冶炼是在人工鼓风的熔炉里进行的。熔炉的结构是最简单的那种，一般由石块、木材和陶土制成，内部用陶土涂过。

伊特库尔文化遗址出土了不少与冶金技术相关的人工制品。其中有各种可以

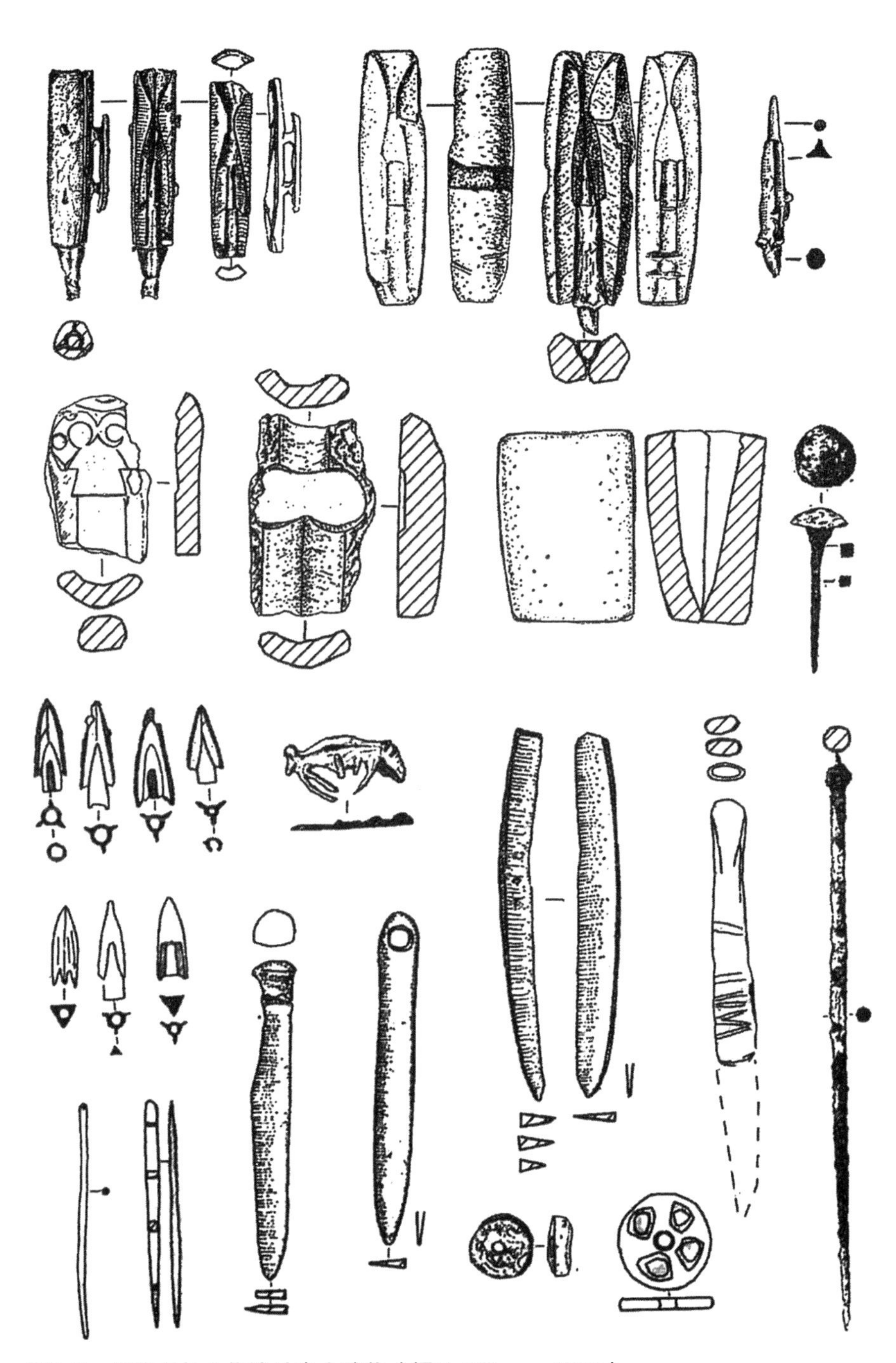

图8.6　伊特库尔文化遗址出土遗物（据Bel'tikova 1986）

一次或多次使用的封闭式铸范，可以铸造平面或立体器物；铸范的制作材料有陶土、滑石或铜材。人工制品包括一系列箭镞、刀和锥钻等，此外还有加工矿石和金属冶炼用的工具等（图8.6）。

伊特库尔社会的冶金工匠主要利用当地矿藏生产青铜器。相关金属器物化学成分的光谱分析显示其中仍以纯铜制品为主（占88.46%）。这是伊特库尔冶金技术的特色。

标准的锡-铜合金青铜器只占所有金属制品的6%，余下的则是锡-砷、砷和铅-砷等成分与铜的合金制品（Bel'tikova 1997）。乌拉尔地区缺少锡矿是导致这里青铜器产量有限的主要原因。这里用的锡很可能是从阿尔泰山地区输入的（Bel'tikova 1993）。伊特库尔文化各种各样的金属制品完全能够满足当时的社会所需，例如有銎的斯基泰和塞迦式的青铜箭镞、矛、匕首、刀和各种工具、装饰品、护身符以及铸造的用于宗教崇拜的鸟类造型小雕像等（图8.7）。

学者们已经确认了各个文化层之间的专业化分工倾向。别尔吉科娃（Bel'tikova 1997）指出，金属冶炼铸造工作主要是在山区的聚落群中完成的，而金属器物的制作加工则主要在边缘地带的聚落来完成。聚落群中的各个遗址之间也有协作分工的迹象，因此有些遗址中可以看到全套的金属冶炼遗迹，而有些遗址只体现了冶金制造的部分工作情形（Borzunov 1981）。

遗址出土的各类动物骨骼向我们展示了伊特库尔居民的维生经济状况。其中森林地带野生动物（麋鹿、狍、熊、狐狸及河狸）的骨骼数量不少（占30%—40%）。家畜骨骼中又以马和牛为主。需要注意的是相对于森林-草原和草原地带，这里马和牛等家畜的数量和品种都不够丰富。此外根据别尔吉科娃的观点，这些家畜的骨骼显示它们不是在当地起源的，很可能是与森林-草原地带的居民进行贸易交换的结果。

伊特库尔文化的陶器易于识别。它们是用当地的黏土并混有滑石、碎石、沙子、火泥甚至一些有机材料（作羼和料）一起制成的。陶罐一般是圆底，在器身上部三分之一处装饰横向的、近乎标准的梳篦印纹（图8.4-2）。北部地区陶罐的纹饰要比南部地区的更复杂些。

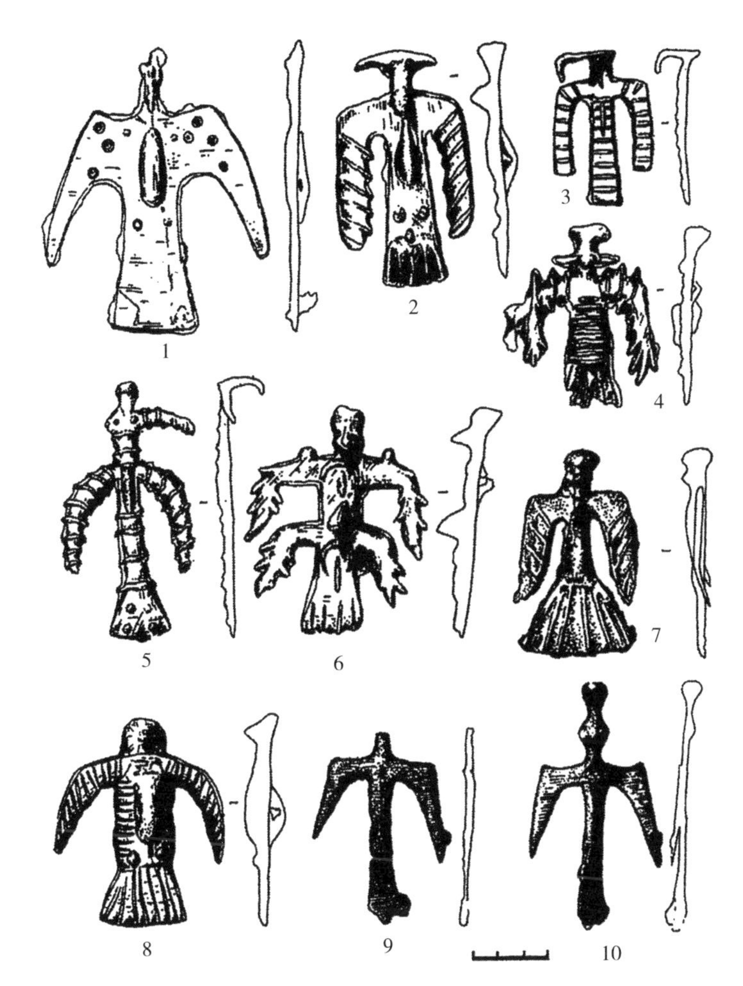

图8.7 外乌拉尔中部伊特库尔文化冶金作坊出土的鸟状小偶像

1—3、5、6、8.出自阿佐夫山（Azov-Gora）；4、7.出自苏科雷辰斯卡（Sokhorechenskaya）洞穴；9、10.出自帕拉基（Palaki）-Ⅰ遗址（据Vitkorova 2002）

别尔吉科娃运用大量包括地层学、文物年代学和文化比较等方面的数据来探讨伊特库尔冶金中心的分布和年代序列的变化（Bel'tikova 1986，1993，1997）。公元前700—前600年（经过校正的碳-14年代），金属冶炼和生产主要集中在伊谢茨科耶（Isetskoye）和伊特库尔湖两地之间狭窄的丘陵地带（相距大约80公里）。这个时期所有具有居住和冶金功能的遗址都能够完成全套从拣选矿石到金属成品加工等一系列冶金制造活动。

公元前500年（经过校正的碳-14年代）左右，伊特库尔文化的冶金活动分布在从南到北大约长270公里的地带。这时候一些遗址出现了有趣的变化：一些遗址不适合人居，却非常适合工匠们从事冶金生产活动（它们坐落于有陡坡的高高的岩地）。在山麓地带的聚落群中，出现了不少具有大规模冶金生产和专业化分工的工场。那里不仅生产青铜器，还能生产一定数量的铁器。这个时期很可能已经出现了传统的冶金工匠和（新兴的）铁匠的分工。此外铁器的生产也促进了伊特库尔冶金技术的发展（Bel'tikova 1997：20）。在主要金属矿藏以外的伊特库尔文化所在地区边缘地带也出现了一批新的生产点。这意味着伊特库尔文化所在地区专业化分工已经达到了一定水平（Bel'tikova 1993）。

这些变化也是由地区性经济状况及其与相邻社会之间的关系等因素决定的。据我们所知，那些相当强大的游牧集团占据着乌拉尔南部地区，它们对金属制品尤其是武器的需求量很大。这些需求导致伊特库尔冶金中心大幅度提高了金属产量，这在考古资料上都有反映。新的冶金和加工作坊以及交换点主要分布在南部邻近游牧民族的边疆地区。此外，伊特库尔文化的金属制品还在森林-草原地带那些占据着伊谢季河（Iset）与托博尔河流域居民的遗址上有发现。这里的沃洛别耶沃（Vorobyevo）、白托沃（Baitovo）和诺斯罗沃（Nosilovo）等集团[1]的器物从风格上都与伊特库尔文化很类似。它们在共同利益和劳动分工基础上组成了所谓伊谢季联盟（Iset association）（Koryakova 1991a，1994b）。公元前7—前5世纪，伊特库尔的冶金中心实际上垄断了对这些地区铜器等金属制品的供给（Bel'tikova 1997，2002）。

公元前5—前4世纪，这个地区的一些遗址同时包含伊特库尔和加马云两种文化的器物（Bel'tikova 1993），可看作这两个文化集团关系密切的证据，它们在经济上是互补的。伊特库尔社会的居民完全集中于冶金和金属制造，而加马云社会的居民则主要从事渔猎、运输矿石和烧炭等工作，其中一部分人很可能是矿工（如果我们还记得他们擅长制造各种石器工具的话）。这两种文化都同时在公元前3世纪末期结束，显然不是偶然现象。

伊特库尔文化与外界的经济联系是相当紧密的，我们可以通过下列四种证据来证明：①金属制品的化学成分；②金属制品的制造工艺；③金属制品的主要类型；④与其他文化陶器的相似类型（Bel'tikova 1997）。伊特库尔文化的冶金工匠不仅为伊谢季联盟的村庄同时还为戈罗科沃文化和萨尔加特文化集团提供金属制品，其中一部分产品还输送到哈萨克斯坦北部和森林地区。伊特库尔文化与懂得部分利用外乌拉尔地区矿藏来生产主要供给西方金属制品的安娜尼诺居民也有着密切联系。此外，伊特库尔文化与一些遥远地区的文化如西伯利亚南部的塔加尔文化（Tagar culture）[①]、鄂毕河上游的大莱切文化以及哈萨克斯坦南部塞迦人的文化也都有着不定期的联系。

然而到了公元前3世纪末期，作为一个生产体系的伊特库尔冶金中心开始衰落了。这是由于铁器的广泛使用引起的，因为铁器生产不再要求像青铜器生产那样的专业化分工了。

二　外乌拉尔与西西伯利亚地区森林－草原地带的文化

这里谈到的几个考古学文化，虽然其中一些遗迹早在16世纪就已经被发现，但是其概念还是近期才确立的。当年外乌拉尔和西西伯利亚地区有很多所谓的寻宝者在此活动，他们的行为很多都是破坏性的。

幸运的是，对西西伯利亚地区墓葬感兴趣的不仅仅是盗墓寻宝的家伙。近年来的考古工作做出了突出的贡献。外乌拉尔森林－草原地带在地理位置上具有显著的中介特点：来自草原和森林地带文化传统的影响非常强，这些文化之间也充满了频繁的互动。

目前的研究显示在铁器时代的第一阶段，萨尔加特文化不仅对托博尔河和额

---

① 塔加尔文化为卡拉苏克文化之后西伯利亚南部地区的一支青铜时代文化，年代为公元前800—前168年，后继以塔什提克文化。维生经济以畜牧业为主，农业为辅（有青铜镰刀和割草刀）。据维基百科英文版相关词条。——译者注

尔齐斯河所在的森林-草原地带，而且对更加广阔的其他地区文化的发展都起到了主要作用（图8.8）。遗址主要分布在（西西伯利亚地区）森林-草原地带，以及西起乌拉尔山东至额尔齐斯河中游的巴拉巴低地（Baraba lowland）[①]这片地区的北部草原地带。萨尔加特文化的影响像一层特殊的“面纱”笼罩在核心地区的周围。至于“面纱”的厚度要取决于它所覆盖的文化而定。

萨尔加特文化是由多种成分所组成的文化系统。因此我们可以区分出两个概念：一是狭义的萨尔加特考古学文化，二是广义的由托博尔河与额尔齐斯河之间地区所有集团组成的萨尔加特文化共同体（Sargat cultural intercommunity）（Koryakova 1991a，1997）。其时间跨度将近千年：从公元前5世纪到公元3世纪。

自20世纪20年代萨尔加特文化首先被确立以来，新发现的遗址大大增加了。我们应当牢记下列对西西伯利亚地区铁器时代考古学做出重要贡献的俄罗斯学者们：列瓦谢瓦（V. Levasheva）、萨利尼科夫、切尔涅佐夫、斯托扬诺夫（V. Stoyanov）、盖宁（V. Gening）、莫基尔尼科夫（V. Mogil'nikov）、琴姬娜（L. Chindina）等。此外还公布出版了一系列有关萨尔加特文化不同概貌的研究报告（Daire & Koryakova 2002；Koryakova 1994a，1994b；Koryakova & Daire 1997，2000；Matveyeva 1993，1994，2000）。学者们提出了一些有关年代序列的模式，这些模式有不少相同之处：都是建立在物质文化的类型学和葬俗研究基础之上，并且参考了萨尔马泰文化建立起来的。碳-14年代数据库也在建立之中，很多新的年代数据还没有被系统发表。不过我们可以认为这些绝对年代数据并没有动摇“萨尔加特文化共同体”年代序列的总体框架。这个框架是由四个反映了其变化基本形式的阶段组成的：①形成阶段（公元前7—前6世纪）；②兴起阶段（公元前5—前3世纪）；③古典阶段（公元前2—公元2世纪）；④衰落和转换阶段（3—4世纪）。各阶段之间的界限并不是那么严格，而是沿着清晰的文化连续性发展并按照传统约定而成的。年代序列最薄弱的地方恰好是形成和结束阶段，显然由这两个阶段的过渡性特点所致。我们在此提出了一种很有可能在铁器时代的托博尔河与额尔齐

---

① 又名巴拉巴平原或巴拉宾斯克草原，位于鄂毕河与额尔齐斯河之间。——译者注

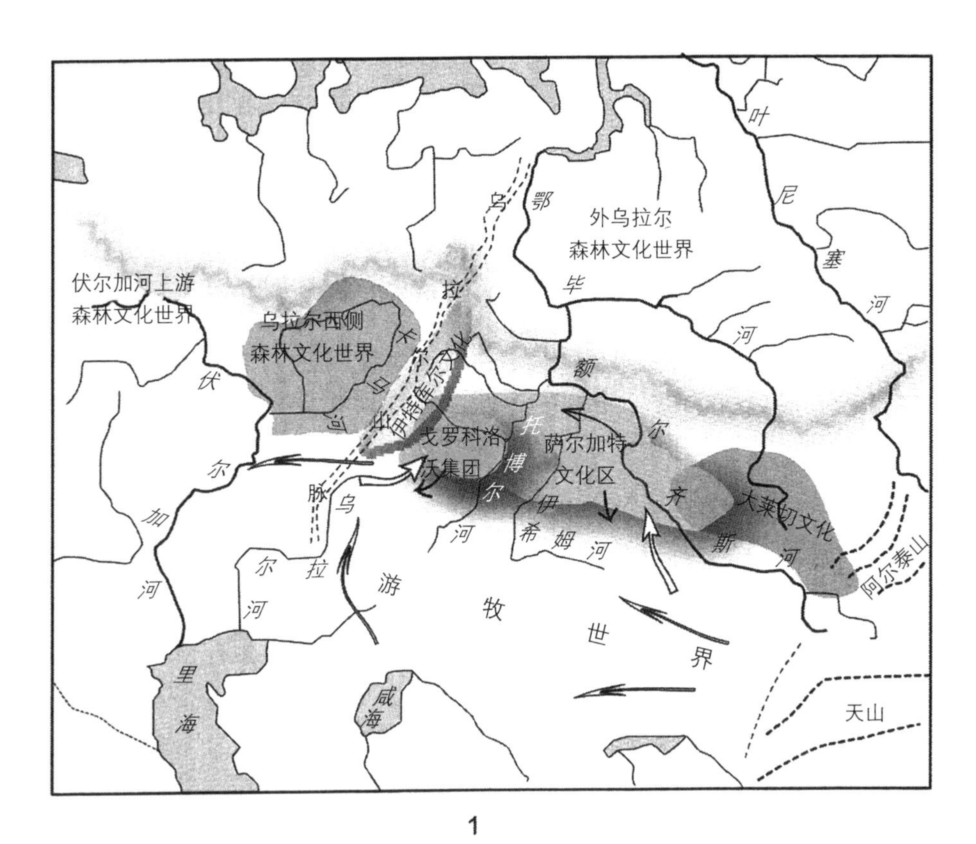

1

▲ 库尔干古坟墓地　■ 设防聚落　○ 开放式聚落

2

图8.8　铁器时代西西伯利亚森林－草原地带的文化集团

1.总体概貌；2.萨尔加特文化遗址分布

斯河之间的森林－草原地带发生过的文化发展的总体模式。这种模式是建立在对数百个遗址所获得的考古文物资料进行大量的分析研究基础之上的。

前萨尔加特（形成）阶段

铁器时代前夕，占据着乌拉尔和西伯利亚森林－草原地带的居民，就是那些曾经在青铜时代末期的美周夫卡－伊尔门文化层位留下印迹的居民后裔。公元前二千纪的最后几个世纪，哈萨克斯坦和中亚细亚的草原地带是以考古学上的附加堆纹文化东面的几个类型为代表的，这些类型包括萨尔加里文化或但丁白－萨尔加里文化，此外还有哈萨克斯坦北部和中部的瓦尔菲洛梅耶夫文化（Varfilomeyev culture）和花剌子模地区的阿米尔拉巴德文化。但丁白－萨尔加里聚落的考古资料显示，森林－草原地带的陶器与花剌子模地区的轮制陶器一起嵌入当地出土陶器的同一文化层中，显然是这些地区之间文化交流的有力证据。

公元前9—前8世纪，西西伯利亚森林－草原地带的文化与正在形成的游牧世界之间的联系是非常微弱的，还要经受来自森林地带文化的压力。具有“森林”文化特色遗址数量的增多，特别是在森林－草原地带出现的十字印纹陶器以及增加的野生动物骨骼数量都证明了这一推论。前面提到的加马云文化集团就是典型代表。传统认为这个（移民）“浪潮”是由生态环境的变化造成的，即针叶林南部地带曾有一段时期过于潮湿，并导致那里的生物群落向南方（森林－草原地带）转移（Kosarev 1984）。还有一种与此相反的解释，即当时针叶林地带的生态环境相当好，导致那里的人口快速增长，社群独立分化并向外移民。其实当时草原地带的生态状况正处在某种生态危机阶段，导致居民向更大规模的游牧生活过渡。

在向铁器时代过渡时期，由于经济专业化和文化外貌的不同，北部欧亚地区出现了下列几种文化带：

- 欧亚草原文化带，以末期附加堆纹文化以及斯基泰和塞迦文化的阿尔然阶段为代表（参见第四章和第六章）。

● 森林–草原文化带，以青铜时代末期的美周夫卡–伊尔门文化层位为代表（参见第四章）。

● 针叶林文化带，以青铜时代晚期的罗兹瓦–阿特里姆阶段（Lozva-Atlym phase）为代表。[2]

这些文化带联系得并不紧密；由于气候波动，它们的轮廓也是不稳定的，由此激发了内部移民的趋势。罗兹瓦–阿特里姆文化集团主要沿着森林地貌这样的环境从北往（南方的）森林–草原地带穿入式地移动迁徙。他们改变了针叶林南部和森林–草原北部地带的文化面貌，同时还形成了一批短暂而又明显的十字印纹文化，其中就有我们前面谈到的加马云文化。

与此同时，又有一些单独的具有附加堆纹文化传统的居民在森林–草原地带南部定居下来。例如，在额尔齐斯河中游地区，我们可以看到晚期的伊尔门、萨尔加里和苏兹衮文化等在年代序列和所处地域方面都有互相重叠的现象，这在考古工作很完善的奇恰遗址中得到了很好的体现（Molodin & Parzinger 2001）。

由于这些文化主人之间的互动和交流，他们的成就和观念作为产生新的文化集团的前提条件或许已经成熟了。很可能这些文化不平衡的发展进程一直持续到了公元前7—前6世纪（Koryakova 1991a）。

正如第六章所述，公元前8世纪，塞迦人的部落联盟占据着西起乌拉尔、东到西伯利亚南部的草原地带。而乌拉尔语系的游牧民族则倾向于控制（森林地带）擅长矿冶和金属制造的伊特库尔文化的居民，金属制品对于与伊特库尔文化相邻的社会是十分重要的。

在伊谢季河与托博尔河两河中游地区，文化集团与其他地区的不同之处仅仅表现在陶器传统方面，它们有着可追溯到当地青铜时代各自不同的文化发展之路。它们在公元前8—前3世纪组成了伊谢季联盟。不过迄今我们对他们的葬俗几乎一无所知。当地居民住在半地穴式或建在地面之上的房子里。他们的聚落有开放式和有设防设施的两种。遗憾的是这些遗址一直没有得到很好的研究，我们无法了解到更多的东西；因此，对于公元前8—前7世纪早期外乌拉尔中部地区的具体情形很难看得仔细。然而不可否认的是，伊特库尔冶金技术在伊谢季联盟社会发展进程中扮演了重要的角色。伊特库尔文化陶器也被发现与当地文化的陶器混在一起。

在外乌拉尔中部地区，也就是前萨尔加特阶段（到公元前5世纪）的心脏地带，除了上述几个文化集团之外，这里还出现了戈罗科沃文化传统（参见图8.8）。这个进程是在来自南方的影响促进下产生的。正如前面所述，乌拉尔南部地区的游牧民族是在中亚与乌拉尔地区之间的牧场来回迁徙的。夏季，他们通常迁往森林-草原地带的南部。因此外乌拉尔地区居民的葬俗与游牧民族有很多共同之处，例如墓主头部都是朝北的，并且都放置在小帐篷式的木椁内，随葬品也几乎完全相同（参见第六章）。

戈罗科沃文化集团是在数个组成因素共同参与下形成的。他们是起源于萨尔加里-美周夫卡文化的伊谢季联盟的一部分成员，在各种因素（气候、经济和政治）影响下逐步接受了游牧式的草原畜牧业。而现有的游牧民族又加速了他们的转换过程。这些游牧民族熟悉中亚地区的文化世界，他们把那里的文化元素（建筑、设防体系和陶器）带到外乌拉尔地区的森林-草原地带。[3]研究显示（Tairov 2000），公元前7—前5世纪，乌拉尔南部地区的游牧民族从文化上甚至有可能从政治上都是与（中亚地区的）塞迦/萨卡人的各个部落联盟有联系的。因此，戈罗科沃文化居民的葬式几乎都是现成的组合，很多葬俗都有一些塞迦人的“风味”。这里我们以戈罗科沃文化一处贵族墓地——斯卡特（Skaty）墓葬为代表（图8.9）（Daire & Koryakova 2002）。

戈罗科沃文化是在乌拉尔南部地区游牧民族的影响甚至是直接参与下形成的，成为“草原与森林-草原”文化世界的一个有机组成部分。我们认为这种体系因游牧社会的崛起和影响而形成，有很多迹象表明当时已经具有了一种高度的社会分层制度。公元前5世纪，在森林-草原地带出现了巨型库尔干大墓，与那里众多的中小型坟墓形成强烈的对比。遗憾的是，这些库尔干大墓早年多有被盗情况，并且由于发掘工作成本高昂，迄今对它们的研究仍很有限。

在伊谢季河与托博尔河流域，戈罗科沃文化建立起一个文化综合体，但并没有摧毁原有的与伊特库尔冶金中心相关的体系。因此，外乌拉尔地区的遗址一方

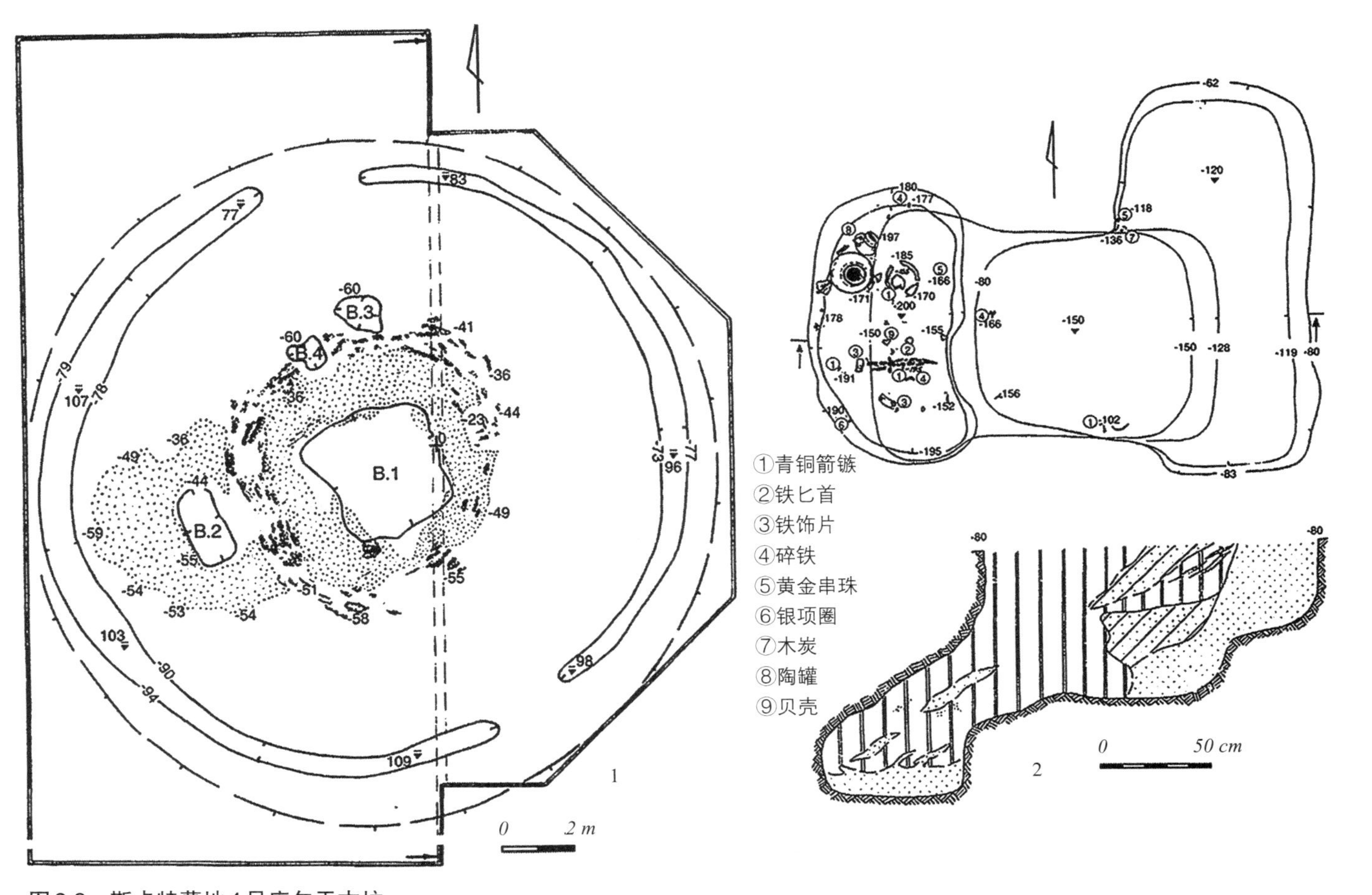

图8.9　斯卡特墓地4号库尔干古坟
1.平面图；2.3号墓

面显示了陶器传统的多样性，另一方面也表现了彼此之间比较稳定的互动关系。

此外，在托博尔河与额尔齐斯河地区森林－草原地带东部也发生了一个与此类似的（文化）进程，它是在晚期伊尔门文化基础上发展起来的，同时也有一些游牧文化因素参与。大量的遗址分布在鄂毕河上游森林－草原、阿尔泰山、巴拉巴草原和额尔齐斯河流域这片广阔地区，其代表为晚期伊尔门文化（Late Irmen culture）。研究者认为伊尔门文化对于萨尔加特文化核心传统的产生有直接影响。在额尔齐斯河中游地区，就像在西部地区那样，这个进程的产生也是在其内部联系日益瓦解和衰弱的情况下发生的，这些情况导致当地居民与（原先）青铜时代末期世代之间传统的信息联系被摧毁了。在向新的经济模式和文化关系过渡的条件下，文化演进的不规律性决定了新旧传统的融合过程。

戈罗科沃－萨尔加特阶段

可以毫不夸张地说，公元前一千纪的后半段正是西西伯利亚森林－草原地带文化的“黄金时代”。相较于先前和以后，此时遗留了大量的考古遗址。

公元前5世纪早期，森林－草原地带的社会状态变得稳定并且确实处于草原（游牧）社会的强力影响之下。外乌拉尔中部地区的戈罗科沃文化综合体达到了顶峰阶段。这里我们可以看到建筑水平相当高的开放式和设防聚落，墓葬也具有鲜明的游牧民族葬俗特色，例如类似帐篷的木椁结构以及有偏洞室的墓穴。戈罗科沃类型的设防聚落都选择建在沿着托博尔河流域各条河流具有战略意义的地方，有两种类型：一种是分布在南部（游牧）部落出没地区的边疆要塞（图8.10），另一种是中型和大型的由设防和开放区域所组成的复合式聚落。当然还有一些小型或大型的开放式村落。戈罗科沃类型的房屋很有意思，主流样式是由一条长走廊连接生活和工作房间的组合式建筑。这种建筑样式在此地很普遍，成为一种标志，是种稳定的建筑传统，说明当时戈罗科沃居民的建筑水平是相当高的。

至于那些内有精英人士墓葬的库尔干古坟，已经成为当地地貌有机的组成部分。它们的结构与草原地带的墓葬很相似，都在复杂的墓室内放置丰富的随葬

图8.10　戈罗科沃要塞式聚落

品。墓葬一般都是凸起于地表的库尔干古坟，内部大多数只有1—3个墓穴。一座墓穴内通常也只有一位土葬的墓主，极少有集体合葬的现象，墓主身边随葬有肉、流质食物和一些器皿，随葬品的多少和精美程度取决于墓主的社会地位。一些墓穴中还保留有由垂直的木柱支撑墓穴顶盖的遗迹，显然是模仿墓主生前帐中日常生活的环境；这些葬俗在靠近乌拉尔南部的西部地区尤其显著。然而在山区，那里有十分简朴的普通牧民的墓葬：地表没有任何醒目的标志，内部也没有什么随葬品。戈罗科沃文化的陶器基本上是用掺杂着云母的陶土制成的，从形态和装饰角度来看，它既像萨尔马泰又像萨尔加特文化的陶器。

丰富的考古资料明确证实当时戈罗科沃社会的维生经济以畜牧业为主。历史上与这种经济形态最相近的当属巴什基尔人[①]的半游牧式经济模式。

戈罗科沃文化集团在公元前4世纪达到顶峰，并且在南方游牧集团对伊特库尔联盟所在地区的直接冲击和政治影响下实现了自身的巩固和加强。要知道公元前5世纪草原地带的政治形势是不稳定的，原先通常在花剌子模和乌拉尔南部地区之间来回游牧的一些塞迦人的部落集团不得不改变传统的迁徙路线，他们把中心移到了北方并在靠近森林-草原地带建立自己的营地（Tairov 1991，2000）。气候变化或许是导致草原地带政治形势发生变化的原因之一。我们知道公元前一千纪中期的时候，沙漠和半沙漠地貌已经在中亚和哈萨克斯坦大部分地区形成了。不过乌拉尔南部和西西伯利亚地区的草原地带仍然很适合放牧。同时，森林-草原地带的植被和水资源都很丰富，因此吸引了草原地带一部分居民不断涌入。

这些进程可以从"萨波哥沃窖藏"（Sapogovo hoards）出土的文物看出（图8.11）。它们是在戈罗科沃集团与南方游牧民接壤的边境地区、沿着卡尔波尔卡河（Karbolka）（乌拉尔南部地区）一带发现的，其中有18个"树状"（Treelike style）、人物造型的小雕像（Tolmachev 1912），不少都是持有匕首和剑等武器的人物形象。通过对这些武器类型和风格的研究，学者们把这批窖藏文物断代为公元前4—前3世纪。从技术角度分析它们接近于一种平面的用于宗教崇拜的人偶铸件，这样的小人偶从公元前5世纪到公元12世纪广泛分布于森林地带。这些窖藏小人偶可能是伊特库尔文化的制品。

近年来戈罗科沃文化已经得到了比较系统的研究，总结出以下特点：①具有比较清晰的核心地域和空间分布；②聚落和葬俗具有明确的等级制度；③墓葬结构有重要纪念意义的和普通的墓葬之分；④军事化特色。我们认为戈罗科沃社会已经是一个部落联盟或游牧式酋邦了。[4]

戈罗科沃社会的凝聚是与来自东方的萨尔加特文化逐步占据主导地位的进程同步发生的。从公元前5世纪起，萨尔加特文化将影响力扩散到整个西西伯利亚

① 今天的巴什基尔人不仅分布在乌拉尔西侧本民族的自治共和国——巴什科尔托斯坦共和国，在鞑靼斯坦共和国、彼尔姆边疆区、车里雅宾斯克州和奥伦堡州等地也有居住。——译者注

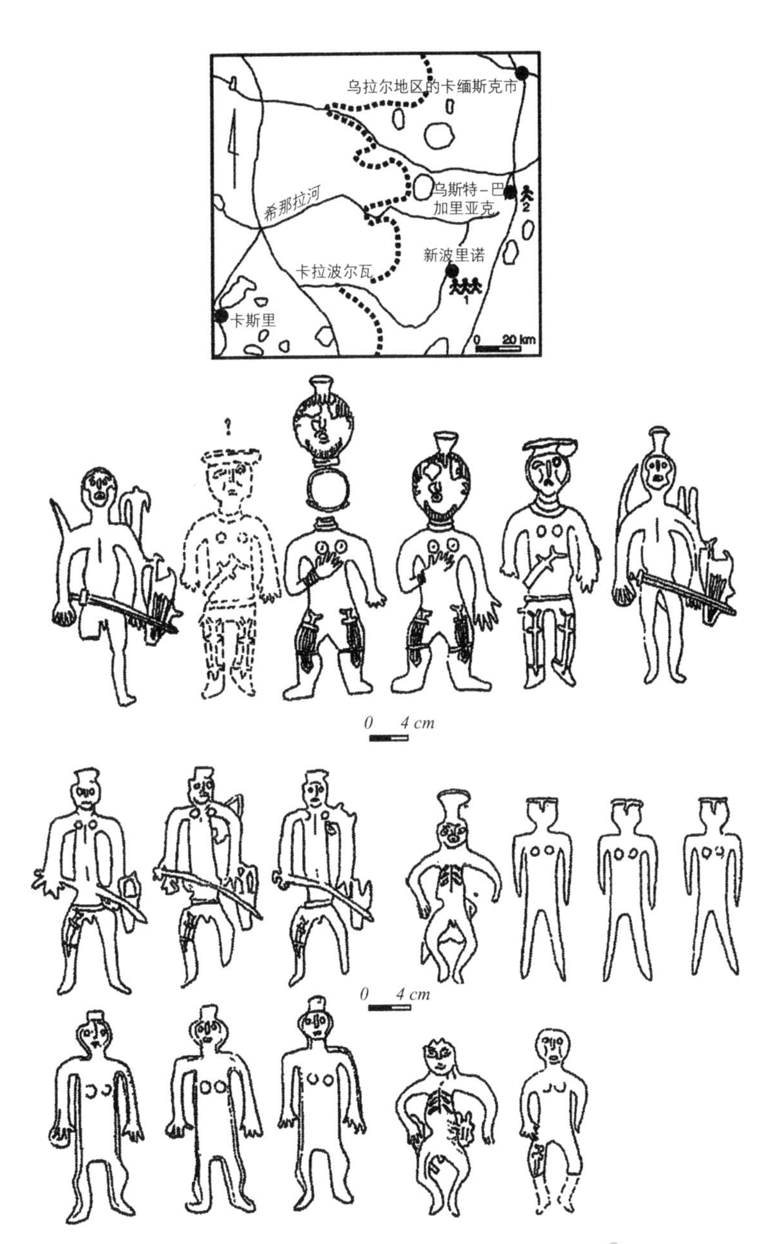

图8.11　萨波哥沃窖藏的青铜小人偶（外乌拉尔地区）[①]

① 据地图最上方出现的城市——乌拉尔地区的卡缅斯克，我们可知窖藏位于外乌拉尔的斯维尔德洛夫斯克州南部地区。——译者注

地区的森林–草原地带，从额尔齐斯河地区到乌拉尔地区，也到达了戈罗科沃集团所控制的地区。

萨尔加特文化能够如此强大也是多种因素造成的。它的底层是当地世代而居的民众；上层估计是由来自哈萨克斯坦北部地区的游牧和半游牧集团所组成的，因为最早的含有萨尔加特类型陶器的库尔干古坟都是在那里发现的。这很可能不是一次性大规模的入侵，而只是一个渐进的北进运动。这些游牧和半游牧集团的人数可能并不多，但是更富有活力和战斗力，还拥有更强大的意识形态力量，其中正在上升的贵族集团起到了巩固和凝聚的作用。

一般认为这里森林–草原地带文化的族属是操乌戈尔语的居民，这或许是正确的，因为这里文化的发展是连续的；不过我们也可以设想有（印欧语系）伊朗语（Iranian）的族群（南方的游牧民）来到了乌戈尔语族群的周围（Koryakova 1994，1998）。这个设想与后来西伯利亚鞑靼人（Siberian Tatars）在此形成过程中所表现出的那种文化发展模式并不矛盾。例如，学者托米洛夫（Tomilov 1986）提到13世纪，有突厥人（Turks）[5]来到原本乌戈尔语族群居住的图拉河地区（外乌拉尔）并且留了下来。不同的游牧部落为了控制森林–草原和森林地带总在竞争，因为在这里可以获得昂贵的毛皮。

公元前4世纪，萨尔加特文化综合体遗址的数量增加了，在从乌拉尔到巴拉巴低地/草原的广阔地区占据了明显的主导地位。遍布的萨尔加特文化陶器证实了这一点（图8.12）。这些陶器发现时往往是与其他文化陶器混在一起，这种现象在萨尔加特文化西部（外乌拉尔）地区更为普遍。在墓葬中，萨尔加特文化的器物经常伴随着戈罗科沃文化的陶器。很多器物的形制是萨尔加特文化的，却是按照伊特库尔文化风格装饰的，并且制作时又像戈罗科沃文化那样在陶土中掺有滑石。由此可见戈罗科沃文化、伊特库尔文化和萨尔加特诸文化核心传统之间存在着密切的联系。近十几年来系统发掘和研究的巴甫里诺沃考古综合体（Pavlinovo archaeological complex）就是戈罗科沃文化和萨尔加特文化之间互动关系最好的证据（Koryakova et al. 2004）。

萨尔加特文化的影响在加强的同时又扩散到更加广阔的地区。因此这些地区

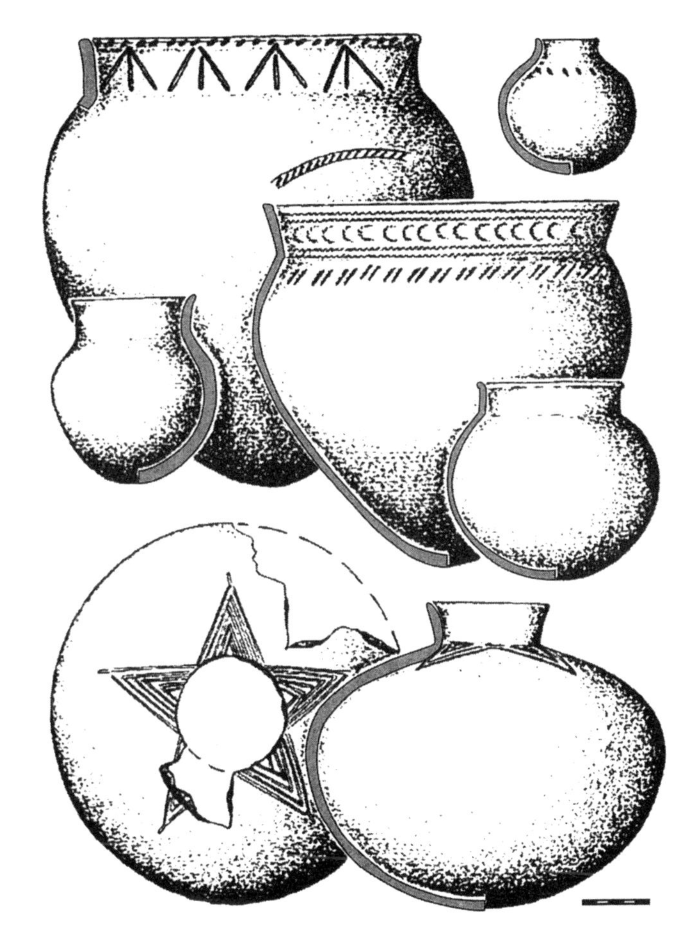

图8.12　萨尔加特文化遗址出土的陶器

都有着共同的葬俗、装饰模式特别是“五角星”形的装饰主题（参见图8.12）以及样式基本相同的房屋建筑。与此同时，那些具有不同起源和经济模式的各个集团，它们通过活跃的交流和融合，在萨尔加特文化这个实体下面创造了多个具有自己族群特色的类型，数目不少于7个。

至于戈罗科沃和萨尔加特这两个文化集团的关系到底有多紧张，我们没有证据。不过，戈罗科沃文化元素向西部地区入侵以及对普罗科洛沃（早期萨尔马泰）文化综合体的冲击很有可能都是萨尔加特文化主导外乌拉尔地区所导致的。

另一方面，我们也看到公元前5—前3世纪，萨尔加特与戈罗科沃这两个文化之间似乎仍维持着某种平衡。此外，戈罗科沃的文化传统在风俗礼仪、建筑样式和陶器制作等方面也一直延续到较晚时候。

正如前面所述，这片地区受到游牧民族第一次冲击发生在前萨尔加特阶段，持续的时间比较长，但扩张性并不很强。然而到了公元前3世纪末，又一轮与萨尔马泰人有关的迁徙浪潮来临了。从公元前4世纪末开始，早期萨尔马泰人就逐步离开乌拉尔南部草原地带，一部分向西迁徙，一部分向南迁徙，其中向南方中亚地区迁徙的萨尔马泰人后裔后来还参加了进攻希腊巴克特里亚王国的战役。

这时期墓葬中出现了一些典型的萨尔马泰人特色如燃火、施撒白垩粉等遗迹以及按照东西方向摆放墓主尸体等，此外武士们的墓葬数量也增加了。另外原先那种类似帐篷的木椁结构也发生了变化，逐渐演变成平面延伸的木制平台。

尽管如此，这些文化内部之间巩固和整合的进程都是与森林–草原地带紧密相连的。而森林–草原地带从来不是荒无人烟的。无论是生态环境还是政治上的"风暴"在此肆虐，森林–草原地带的土著元素对于所有外来文化的冲击总是能够灵活地应对。

古典萨尔加特文化

公元前3世纪末期，这片地区的文化呈现出明显的稳定状态。这个阶段的萨尔加特文化表现为在先前的精英人士中就已经开始的扩张趋势。西西伯利亚森林–草原地带的居民在社会和文化发展方面都是紧随草原地带社会的。这些发展是由冶铁技术兴起、武器制造以及长距离贸易，特别是卷入了与欧洲、乌拉尔和阿尔泰地区的游牧酋邦以及中亚地区有国家组织的社会之间的贸易网等因素造成的。

根据公元前2世纪到公元2世纪后期这段时间大量的考古遗址，我们可以得出此时人口增长的结论（不过与此相反的是同期乌拉尔南部草原地带的文化遗址却减少了）。我们说的萨尔加特考古综合体的古典阶段就是指这段时间。

这时期大大小小的聚落基本上可以分为开放式和设防聚落两种，数个聚落组成一个群，通常坐落于河岸，各群之间相距30—40公里。根据这种模式，萨尔加特文化陶器与其他文化的陶器广泛分布于几乎所有萨尔加特文化聚落，由此可见当时社会之间的内部交流和互动是相当活跃的。一个聚落群是由以一个大型的明显有长时间定居特征的设防聚落为中心的数个开放式村落组成的（图8.13）。有些地方还集中了一批贵族墓地，由此可见当时部落社会（分层）的存在。

学者们对村落中大型木结构建筑进行了研究。这些房屋由一个或多个面积大小不一和内部结构各异的房间组成。在外乌拉尔地区，萨尔加特文化的建筑模式

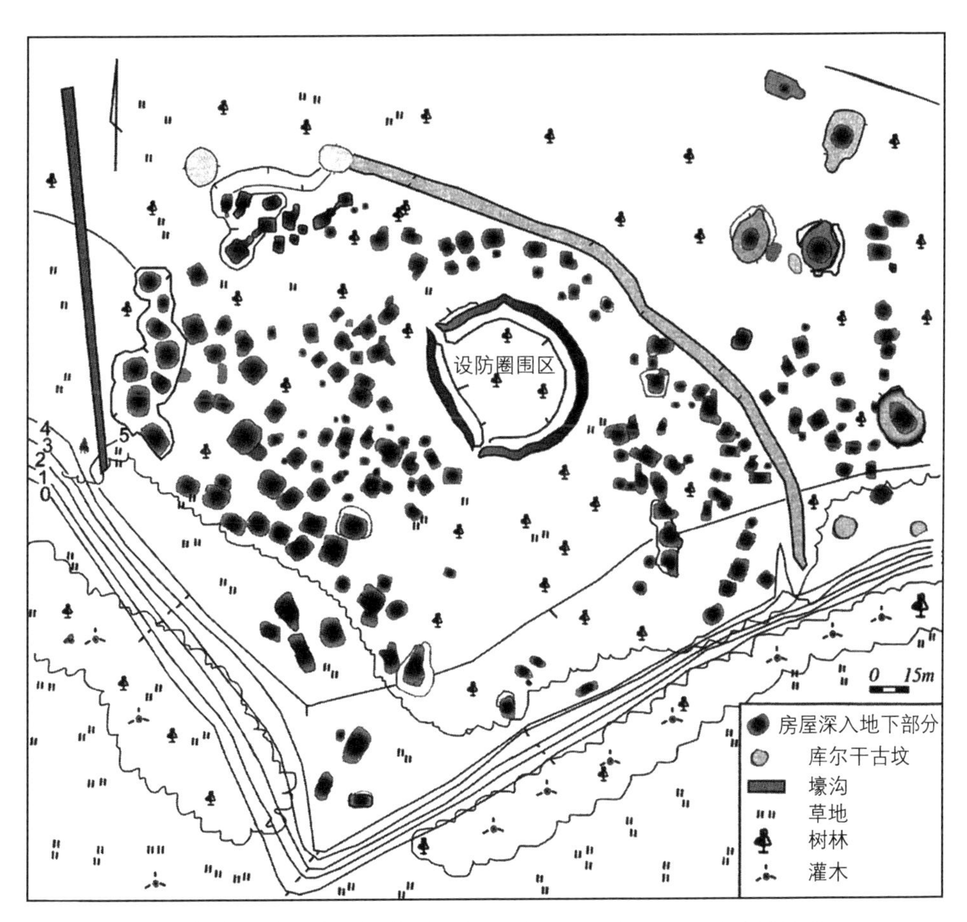

图8.13 萨尔加特文化位于额尔齐斯河畔的巴塔科沃（Batakovo）考古遗址群

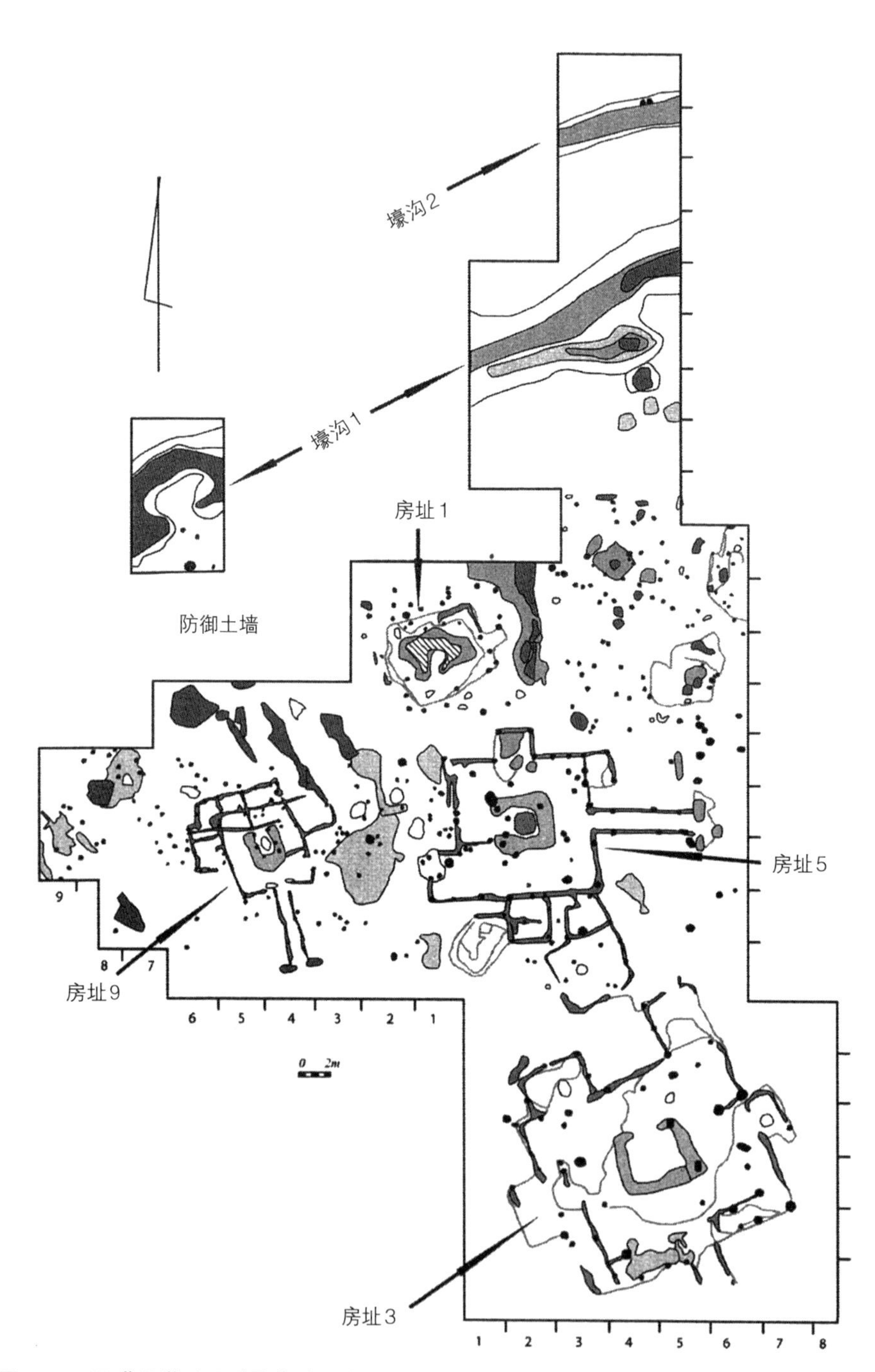

图8.14 巴甫里诺沃设防聚落遗址主要发掘部分示意图

是在戈罗科沃文化串联式房间基础上连接更多的房间形成的，房间数量为3—4间。此外还有一些小型半地穴式和工作用途的房屋。这在一些发掘过的设防聚落中尤为常见（图8.14，图8.15）。

除了原有葬俗之外，还出现了一些新的葬仪，总体来说就是每一处墓冢不是埋葬一具而是会有2—20具不等的尸骸。墓地基本上是集体葬，成员通常属于一个家族。葬俗仪式和随葬品也趋于标准化。库尔干古坟外围通常环绕一两道壕

1

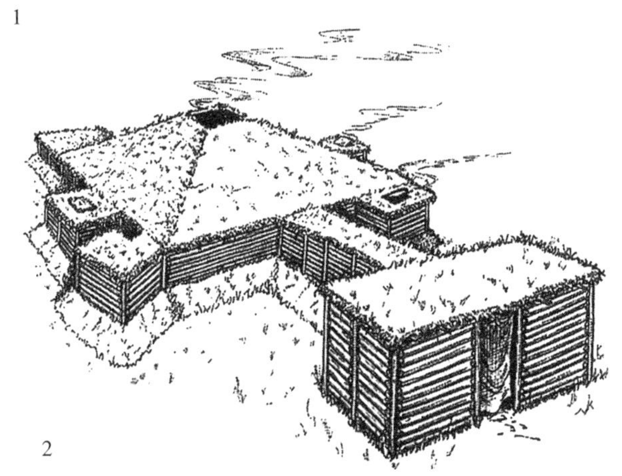

2

图8.15　巴甫里诺沃设防聚落5号房址

1.整体地基平面照片；2.复原图（A.科甫瑞金绘）

沟。古坟中央一两个墓穴一般是最早下葬的，后来的墓葬都是围绕着它而建的。墓穴也有不同的形制，有的墓壁是陡直的，有的是有阶梯的。墓室具有一些房屋内部设计的元素。葬仪则包括“牲殉”和食物随葬等（图版8.1）。一些族群文化的细节特征如在墓室加装顶盖和竖立垂直木柱等做法已经很明确了。

20世纪80年代后期几项重大考古发现是发掘了数座没有被盗的、随葬品

图版8.1 萨尔加特文化加耶沃（Gayevo）墓地的一座墓葬（P. 库尔托摄）

很丰富的墓葬，其中一些金银器足以和彼得大帝、维特森[①]的著名收藏相媲美（Rudenko 1962）。这些文物出自托博尔河与额尔齐斯河地区的一些墓地特别是图特里诺（Tutrino）（Matveyev & Matveyeva 1987，1992；Matveyeva 1993）、依萨科夫卡（Isakovka）（Pogodin 1998a；Pogodin & Trufanov 1991）和希多洛夫卡（Sidorovka）（Matushchenko 1989；Matushchenko & Tataurova 1997）这几处墓葬。与很多萨尔加特文化墓葬相似，这里的墓很多也被盗过，不过有些墓中还遗有轮制的陶器碎片、武器残片和黄金贴花等。其中最引人注目的当属希多洛夫卡墓地1号库尔干古坟，中心墓已经被毁，但一座处在边缘位置的墓葬保存得很好。它的墓穴很大，有两个墓葬；上边的那个已经被毁，下面的墓葬完好地保存了下来。很难说这是有心还是无意的，不过墓室内部原封未动，随葬品很丰富（图8.16）。

另一座精英墓葬出自1989年由波科金（Pogodin）在鄂木斯克州（Omsk oblast）主持发掘的依萨科夫卡墓地。随葬品最丰富和精美的当属3号库尔干古坟6号墓。这座墓位于古坟的外围，甚至超出了环绕古坟的壕沟。墓穴上方覆盖着厚厚的由三层木料做的顶。最下面的那层木顶由墓穴内的木制框架支撑着，由此构成一个相当大的墓室。裹着金丝织锦的男性墓主被安放在一张长2.2、宽1米的木床上，他的头朝向西北。在木椁与墓穴北边墙壁之间放着两只内有木勺、马肉和骨头的青铜大锅（鍑）。墓穴北墙还用铁链吊挂着一个封闭的陶罐，里面竟有五只吸烟的管子和一些白色粉末。墓室西南角放着一个源自中亚地区的容器和一个皮革制的容器，死者头部旁边放了一个手制的萨尔加特文化的小陶罐。靠近头部还有一只大的银制圆形深盘，里面遗有丝绸残片，类似这样的深盘在保加利亚的卡赞勒克（Kazanlŭk）也发现过一只（Marazov 1998）。另一只装饰有荷花图案的银质深盘则放在死者脚部附近，此外脚边还有一只绘有戏水的鸭子和海豚的银碗（图8.17）。靠近死者右膝处有一个可能用于盛酒的青铜壶。墓主人脖子上戴着一只很大的金

① 尼古拉斯·维特森（Nicolaes Witsen，1641—1717），荷兰共和国时期重要的政治家、博物学家和艺术品收藏家，曾为荷兰东印度公司高管，也是彼得大帝的挚友。——译者注

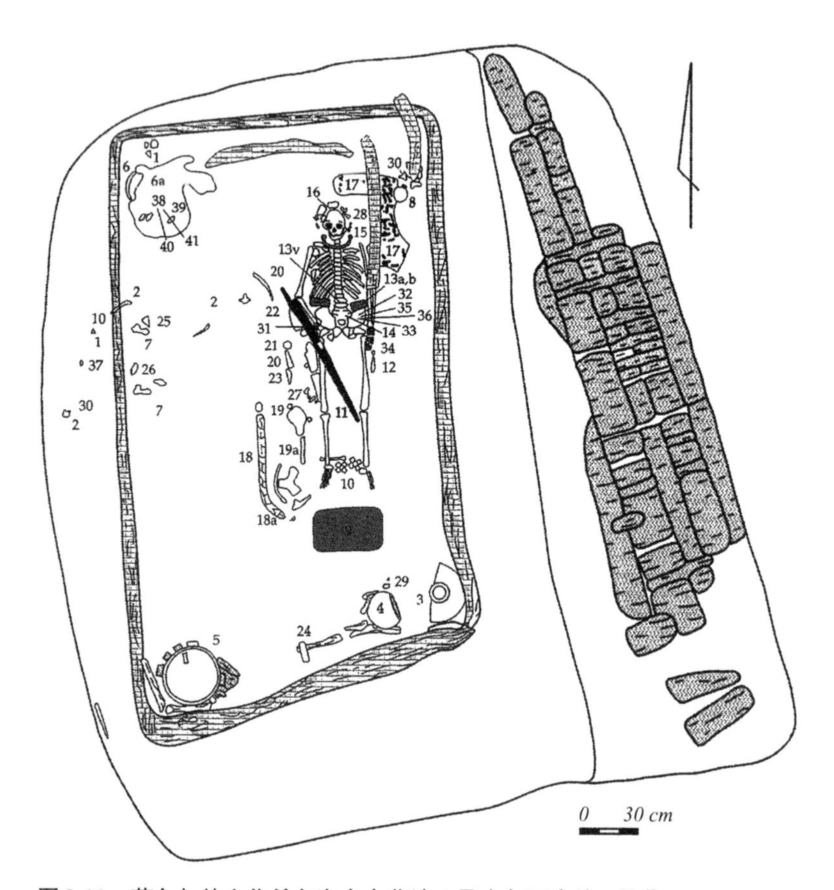

图8.16 萨尔加特文化希多洛夫卡墓地1号库尔干古坟2号墓

1、2.动物骨骼；3.进口大陶罐；4、5.一大一小两个青铜锅；6.银饰牌；6a.铁甲；7.银制搭扣；8.银碗；9.皮革容器残片；10.两只镶嵌有绿松石的黄金搭扣；11.铁剑；12.铁刀；13a、b.两枚金制的胸徽；13v.腰带上的金制饰牌；14.银制皮带搭扣；15.金项圈；16.金饰品；17.混织有金银线的锦缎残片；18.饰有锦缎的箭囊残片；18a.三只金贴花；19.马骨；19a. 20只铁箭头；20.四片加固弓两臂和两端的夹板；21.铁匕首；22.铁串珠；23.六枚小金徽章；24.铁斧；25.大铁制搭扣；26.小件银搭扣；27.骨器残片；28.金耳环；29.银饰；30.手制陶罐；31.九枚银钉；32.一条皮带残片；33.青铜指环；34.银制烟具吸管；35.毛毡残片；36.小银瓶；37.小件铁制圆柄；38.铁制马勒（衔铁）；39.铁制圆柄；40.铁矛遗存；41.金铃铛（据Matushchenko & Tataurova 1997）

项圈，一只耳朵上还戴着金耳环。红色的宽腰带上装饰着两块黄金饰牌，还系有一块U形石器。墓主身上佩剑，剑鞘表面上漆，内有一把铁制长剑；剑与鞘从右到左斜跨过墓主身体。此外腰带上还挂着一把镶嵌有宝石和黄金的铁制匕首。墓穴西边墙壁旁边摆放着一副铁制盔甲和一条宽大的铁制腰带（Pogodin 1989，1996，1998a，1998b）。

依萨科夫卡墓地出土了大量文物，包括“重型武器”（图8.18）、装饰绿松

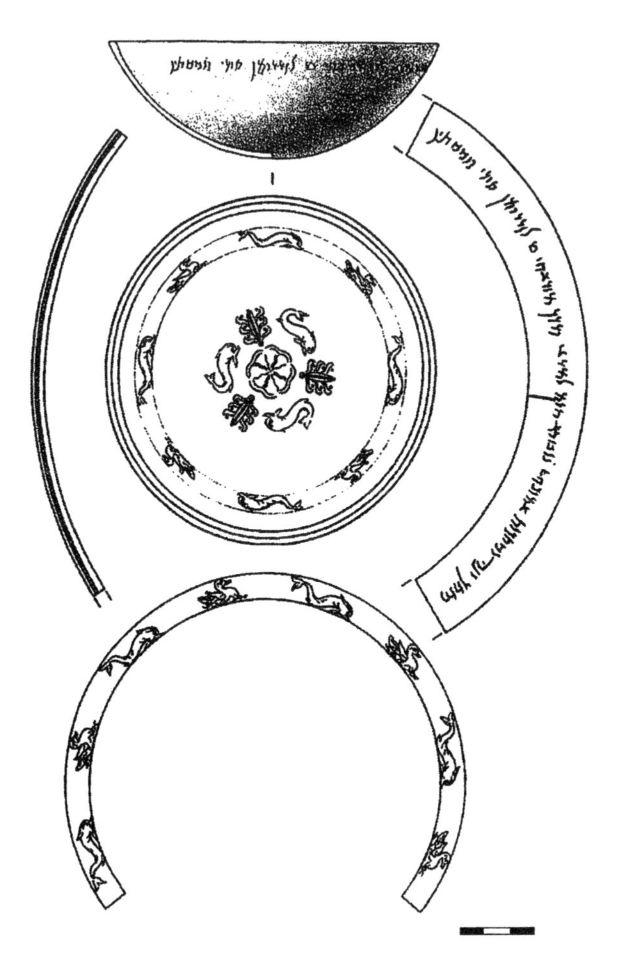

图8.17　依萨科夫卡–Ⅰ墓地3号古坟6号墓出土的二号银碗（据Livshits 2002；Pogodin 1989）

石的黄金腰带饰牌（图版8.2–1）、银制的深盘（图版8.2–2）和银碗（图版8.3）（Livshits 2002），此外还有精美的青铜酒具以及保存完好的中国汉代的容器（Pogodin 1989）。

值得关注的是由波科金主持发掘的依萨科夫卡–I墓地3号库尔干古坟出土的

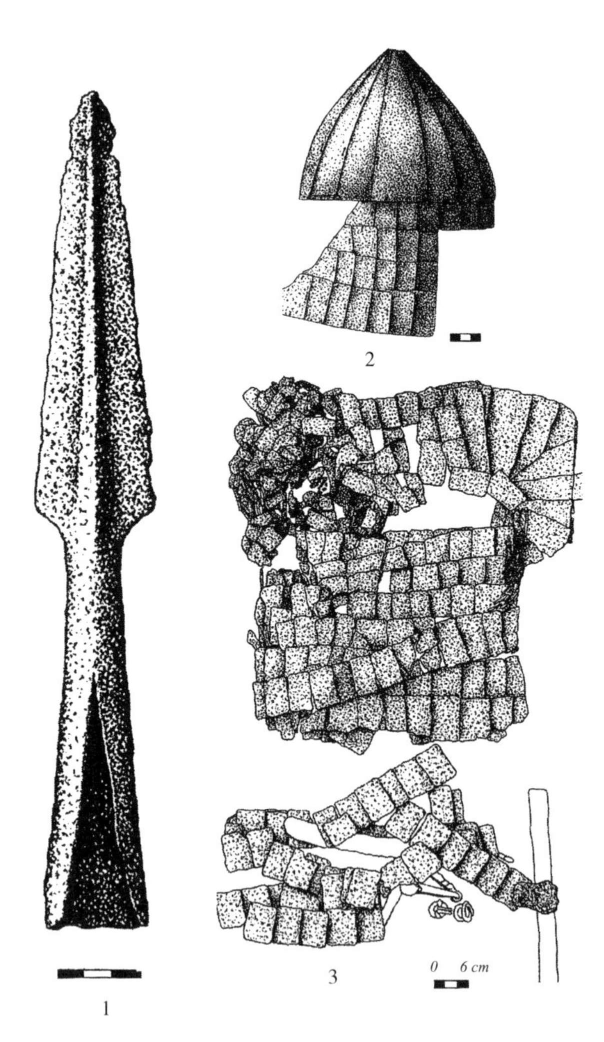

图8.18 萨尔加特文化的“重武器”
1.铁矛；2.铁头盔；3.铁甲和腰带（据Pogodin 1989b）

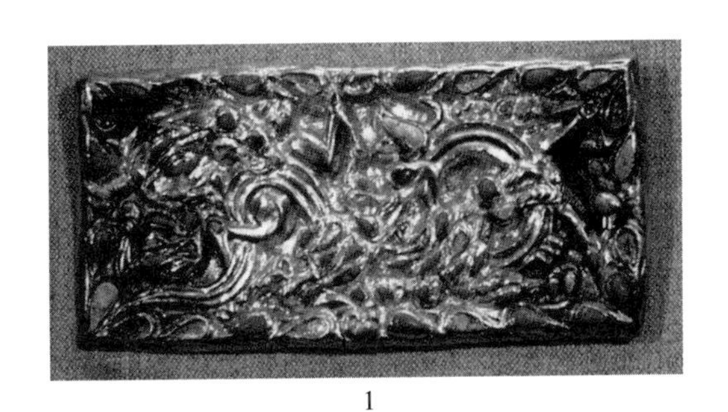

1

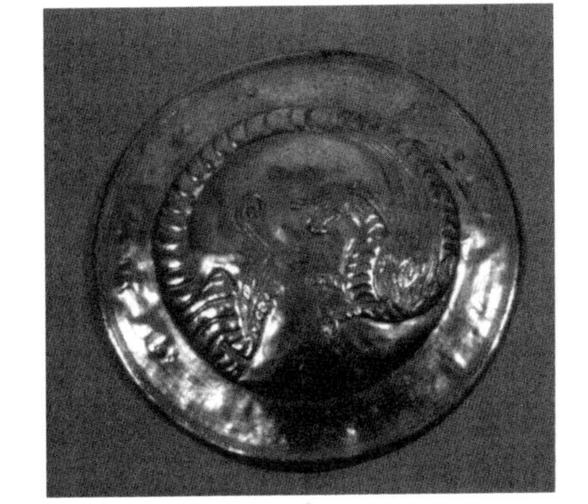

2

图版8.2　依萨科夫卡-Ⅰ墓地1号古坟2号墓出土遗物

1.镶嵌绿松石的黄金腰带饰牌，为在墓主腰部发现的两块镶嵌宝石（绿松石）的腰带饰牌之一，图案是两只老虎正在与一只狼首蛇身的怪兽搏斗，老虎的身体和饰牌边缘都用了一种类似泪珠的凸起装饰工艺；2.一只银制深盘（据Matushchenko & Tataurova 1997）

三只银碗。①其中两只刻有花剌子模文字，另一只是帕提亚语铭文。

一号银碗（图版8.3）碗口外沿流畅地刻着一行铭文。根据利夫希茨（Livshits 2002）的研究，这些铭文属于花剌子模文字的最早阶段，它是由波斯帝国阿契美尼德王朝时期的阿拉姆字母②发展而来的。他提供了几乎完整的释文："这只宴饮用的碗是献给巴尔扎万（Barzavan），塔库马克（Takhumak）之子……阿木尔扎姆（Amurzham）国王陛下，瓦尔单（Wardan）国王之子，（这只碗）是送给他的礼物……于芙拉瓦林（月份）第三日。"

① 其中一只更像是古代希腊罗马人宴饮用的深盘（phiale）。——译者注

② 又称阿拉米字母，是一种源自北方闪米特字母的辅音音素文字，公元前8世纪与腓尼基字母分化，后演化成包括希伯来、叙利亚和粟特字母在内的西亚和中亚地区的数种文字。——译者注

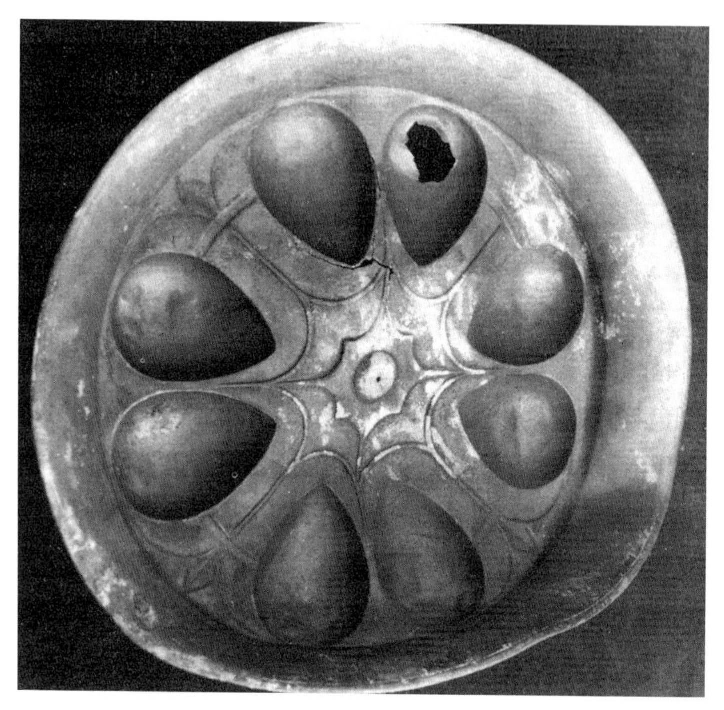

图版8.3 依萨科夫卡－Ⅰ墓地3号古坟6号墓出土的银碗（1#）底部
净重612.2克，有一圈外展的平面盘口。盘口外缘流畅地刻着一行铭文。根据利夫希茨的研究，这些铭文属于花剌子模文字的最早阶段，它是由波斯帝国阿契美尼德王朝时期的阿拉姆字母发展而来的。他提供了几乎完整的释文："这只宴饮用的碗是献给巴尔扎万，塔库马克之子……阿木尔扎姆国王陛下，瓦尔单国王之子，（这只碗）是送给他的礼物……于芙拉瓦林（月份）第三日。"（据Livshits 2002；原照片由L. Pogodin提供）

二号银碗是圆锥形的[①]（参见图8.17）。碗内底部中间绘有三只海豚和三朵花组成的图案，碗口内沿还绘有一圈正在戏水的四只海豚与四只鸭子的装饰带。碗口外沿下面深深地刻着一行花剌子模语铭文。利夫希茨（Livshits 2002：53）只能部分释读如下："这只碗，重（？）120斯塔特……献给君主瓦尔达克（Wardak）……给他的礼物……经由鲁曼（？）替尔的斡旋。"

① 原文如此，实为半球形。——译者注

三号银碗刻的是帕提亚语铭文，碗外采用点刻技法来装饰。铭文提到了这只碗的重量为“5 卡尔什，2 斯塔特，1 德拉克马”（Livshits 2002：54）。碗内底部绘有一组对称的八角形镀金花瓣图案。[①]从艺术风格来看，一号银碗（深盘）与波斯帝国阿契美尼德王朝的金属制品有关（Ozen & Osturk 1996：38—41）；另两只则与（美国）保罗・盖蒂博物馆（典藏Ⅰ，Ⅱ，Ⅲ；Pfrommer 1993：24）[②]和古代色雷斯的同类文物最相似（Marazov 1998）。

据我们所知，目前所发现的许多具有阿拉姆字母铭文的文物都出自萨尔加特文化所在地区，其中一些被特莱维尔（Trever 1940）收录在著作中。

学者们认为，上述珍贵文物与墓葬中一起出土的来自中国汉朝和匈奴的文物可能是外交礼品，或者是入侵南方定居文明的战利品。

通过随葬品的分类、地区分布和墓室结构等方面的研究，我们可以确信当时的社会已经存在了几个阶层（Berseneva 2005；Koryakova 1988，1997；Matveyeva 2000）。这些具有较高社会地位的精英人士（参见图版8.4），其身份标志不仅仅以大型库尔干古坟，更多的是由随葬品尤其是那些备受瞩目的域外产品为代表的。社会等级的另一项标志就是墓室的奢华程度：是否有木结构的木椁设计以及木床、木制顶盖等。这种豪华墓葬有可能被安排在古坟的边缘位置，因此可以说古坟内部墓葬的位置没有明确意义。

所有的研究都反映了萨尔加特社会内部人们在年龄和性别方面的等级变化以及与此相关的象征意义。从考古资料可以看出，以12—14岁为界，有成人和未成年人这两个年龄组之分。一般认为成年的标志是随葬品中具有一些儿童墓葬中没有的武器、马鞍和宗教崇拜性质的器物。不过，我们注意到，斯卡第墓地中某些儿童的随葬品也相当丰富，可以说当时人们的社会地位是继承性的。由别尔谢涅娃主持的萨尔加特文化墓葬研究（Berseneva 2005）显示，像武器、马具和装饰品这类器物反映的不仅仅是生物学上的男女之别，还具有两性社会的意义。萨尔加

① 原著惜未附线图或照片，读者可以查阅译者补充参考资料John Aruz et al.（ed）（2007：112）。——译者注
② 保罗・盖蒂博物馆（J. Paul Getty Museum）位于美国加州洛杉矶，收藏不少欧洲古典时期的艺术品。——译者注

图版8.4 根据萨尔加特文化墓葬两位精英人士头骨等资料复原的半身像（G. 列宾金斯卡娅制作）

特社会的未成年人实际上属于一个等同于妇女地位的单独社会类别。在萨尔加特文化葬俗中，纵向社会地位和关系起到了决定性作用（Berseneva 2005：20）。

另外学者们注意到，萨尔加特文化被埋葬人口的数量和当时聚落人口数量之间有显著差别（Daire & Koryakova 2002；Koryakova 1997）。此外，墓葬中的这些人口数据也是不寻常的（Razhev 2001）。这或许是因为当时萨尔加特社会有着我们不知道的、居民自己选择葬式的标准。这种情况下，我们需要假设当时人们有多种选择，有些墓葬没有留下任何考古遗迹，或者还没有被发现。

毫无疑问的是，森林–草原地带的居民首先接受了南方游牧民族很多军事方面的发明。因此，大约在公元前一千纪的后半期，他们对战争总体性的发展做出了自己独特的贡献。看起来在萨尔加特文化地区使用这种较大的所谓“匈奴式”复合弓[6]要比在萨尔马泰文化区更早。而萨尔马泰人很有可能是从他们东北方（森林–草原）的邻居那里引进这种复合弓的。这种“匈奴式”的复合弓被公认为公元前一千纪晚期最好的弓（Khudyakov 1986）。

公元前3世纪，萨尔加特文化墓葬出土了较大的（复合）弓的骨制夹板，发现时是与较小的斯基泰式弓在一起的，后者用来发射装有伊特库尔文化式的青铜箭镞。而公元前3—前2世纪大量装有铁制箭头的箭则是用来配备这种大型复合弓的。

萨尔加特社会精英的武器装备包括一套弓箭、一把匕首和一只长剑，在特殊情况下还加装一个盾牌、一副头盔和薄片缝制的（鱼鳞）甲，最初甲片是用骨片和皮革制作的，后来变成了铁甲。在希多洛夫卡和依萨科夫卡这两处墓地未被盗掘墓中出土的精英人士的盔甲和武器都是典型的重装骑兵的装备，他们在公元前最后几个世纪的欧亚地区非常有名（图8.18）。像箭镞一样，各种马具也是非常普遍的发现。动物学研究表明马是这里最尊贵的动物。根据古人类学的观察，萨尔加特文化居民在马背上待的时间不算少（Razhev 2001）。前面提到的几处精英人士墓葬的年代还在研究之中。里面都出土了一些镶嵌绿松石的黄金制品，它们一方面与西伯利亚地区的文物有关，另一方面又与1—2世纪萨尔马泰人的随葬品有联系。这种“萨尔马泰式”工艺品风格在欧亚草原地区代替了（原先的）斯基泰动物纹样风格。

在欧亚地区有八处存在这种黄金-绿松石装饰风格的地区：①蒙古和中国的鄂尔多斯，②萨彦岭和阿尔泰山地区，③鄂毕河与额尔齐斯河之间的森林-草原和草原地带，④七河流域（巴尔喀什湖附近地区），⑤伊朗，⑥巴克特里亚，⑦锡尔河下游地区，⑧萨尔马泰（Treister & Yatsenko 1997/98：53）。

根据罗斯托夫采夫（Rostovtseff 1929：100—106）的研究，这种新的动物风格的开创者和传播者是月氏人，是他们将其带到南俄地区。托尔斯托夫（Tolstov 1948：220）认为它与马萨格泰人有关。萨里耐迪（Sarinaidi 1987）设想，这种黄金-绿松石装饰风格的工艺品只是在巴克特里亚地区制作的。而一些学者则认为这种工艺风格是在公元前3—前2世纪的中国最先出现的，在塞迦人那里得以应用，此后巴克特里亚地区才懂得如何制造。后来这种工艺品风格又在萨尔马泰人那里出现，并且作为一种贵族地位的象征进一步向西方传播（Yatsenko 1993）。

按照斯克里普金（Skripkin 1996：164—165）和叶森科等（Treister & Yatsenko 1997/98：59）的研究和观点，这种新工艺风格的传播与阿兰人的西迁活动有关，阿兰人后来对于东欧大草原地区形成强有力的军事和政治联盟起到了巩固和加强作用。我们可以设想在公元前2—前1世纪，西西伯利亚森林–草原地带的居民对这种风格的工艺很可能已经熟悉了。从萨尔加特文化地区发现的黄金–绿松石装饰风格的工艺品所描绘的场景（母题）来看，我们认为它们比较接近于中国汉代和匈奴的艺术传统。由此我们承认萨尔加特社会与东方和南方尤其是花剌子模和康居有着稳定的联系。据统计，萨尔加特文化所有域外输入产品中大部分来自费尔干纳（大宛）、巴克特里亚和花剌子模，大约15%来自东方匈奴人的世界，此外还有大约10%是来自乌拉尔西部地区（Mateveyeva 1995，1997）。

我们需要指出，在萨尔加特地区发现的具有阿拉姆语和早期花剌子模语铭文的文物还是比较稀少的。至于鲁坚科在其著作（Rudenko 1962）提到的西伯利亚盗墓者提供的钱币则显示它们的数量相对要多一些。在托博尔河流域和鄂木斯克附近发现了一些古罗马的钱币（Moglinikov 1992：304），而在巴拉巴草原地区还发现了中国的古钱币（Polos'mak 1987）。

一些学者（Bokovenko & Zasetskaya 1993：86）认为丝绸之路贸易体系已经将遥远的西西伯利亚森林–草原地带包含在它的北部边缘地区了。波科金（Pogodin 1998a：38）专门研究了萨尔加特墓葬出土的漆器遗物，发现大约12条皮带和20把刀剑表面有漆器痕迹。此外他还搜集了一批金丝织锦残片的资料（Pogodin 1996），这些金丝织锦在萨尔加特文化墓葬中的数量也不少。这些都证明萨尔加特社会内部存在着一个强有力的、能够组织和参与长距离贸易的代理集团。

我们认为萨尔加特社会已经是由数个地区性单位联合而成的酋邦了（Koryakova 1996，1997）。马特维耶娃（Mateveyeva 2000）也持此观点。古米列夫（Gumilev 1993a）根据一张中国地图（Bichurin 1953c）上的一个北方乌戈尔语族的王国（“乌依别国”）推测它位于托博尔河与额尔齐斯河之间，这个王国与匈奴关系良好。[①]遗憾的是我们没有任何其他有关西西伯利亚森林–草原地带情形的文献史料。不过有关匈奴人的考古资料还是有的。

大约公元前3世纪，托博尔河与额尔齐斯河之间地区东部出现了一些源自匈奴的遗物，包括青铜皮带搭扣和铁箭镞。中国文献提到了康居国，它在希腊巴克特里亚王国和月氏部落联盟瓦解和解体之后强大起来。不过后来康居被贵霜帝国统治，它只好向北方扩张，臣服了“奄蔡”王国。因此康居的领土有可能到达乌拉尔南部和西西伯利亚地区（Kuner 1961）。

从公元前3世纪开始，萨尔加特联盟受到了来自森林地带的库莱文化[7]的持续压力。森林–草原地带出现的库莱文化遗址就是证明，它们在额尔齐斯河流域的数量尤其多。首先从额尔齐斯河流域开始的（库莱文化）的移民运动导致（原先）萨尔加特东部地区的居民离开故地向外乌拉尔地区迁徙，还有一部分则向阿尔泰山地区移民，因此在这两个地区也有萨尔加特文化的陶器发现。

晚期萨尔加特文化

萨尔加特文化晚期（公元前3—公元4世纪）的考古资料少了许多，并且大部分出自西部（外乌拉尔）地区。调查的遗址基本上是小型墓冢里的墓葬。墓冢通常有一圈浅沟环绕，可据此认为此时的墓葬仍保留了传统葬俗。一方面此时墓葬中出现了一些明显的游牧民族元素，另一方面森林地带文化的影响在逐步加强。虽然萨尔加特文化类型的遗址数量减少了，但是森林地带文化的遗址数量却在增加。考古资料显示当时的人口数量有所减少，显然政权组织也在瓦解之中。萨尔加特文化进入衰落状态。

3—5世纪被称为（欧亚地区）民族大迁徙的时代，这显然不是一系列历史事件中最早发生的。民族大迁徙其实在此之前就已经开始了。铁器技术已经使得欧

① 原文为“Ui-Beigo”，估计为比丘林根据《三国志·魏书》提到的“乌依别国”的音译。“北乌依别国在康居北，又有柳国，又有严国，又有奄蔡国一名阿兰，皆与康居同俗。”至于它的族属和方位学者另有不同看法，参见译者补充参考资料余太山（2011：355页）。——译者注

亚不同地区的政治和经济发展呈现出相对统一的面貌，即使这些地区远离当时定居的、文明发达的大国。公元前一千纪中期，冶铁技术已经在森林－草原地带广泛应用，并向西西伯利亚森林地带传播。

与此同时，公元500年左右，欧亚地区所有地方的文化都发生了显著变化。乌拉尔西侧卡马河流域的皮亚诺波尔联盟逐渐解体了。而在乌拉尔南部地区，萨尔马泰晚期文化的遗址数量也大大减少。文化总体上的衰落和转型都是气候变化、匈奴势力的影响以及原来稳定的贸易网络断裂等因素造成的。

三　小结　游牧民族与森林人群的互动

前面我们看到地理因素导致上述三个文化各异的社会彼此之间不得不发生各种形式的互动。定期占据乌拉尔南部和西西伯利亚地区的游牧社会扮演了地区文化之间交流与互动的核心角色。

游牧民族遗址分布显示，在游牧社会早期阶段（公元前7—前5世纪），其领地仅仅集中在草原地带（Ivanov 1995b）。到了公元前4世纪，在（欧亚）西部地区、顿河以及第聂伯河流域的森林－草原地带已经在文化和政治上被纳入斯基泰王国内了［所谓“斯基泰式的文化”（Scythoid culture）］。而在伏尔加河以东地区，“萨夫罗马泰人”（乌拉尔西侧地区的游牧民族）的遗址则大多数分布在草原而不是森林－草原地带。他们与伏尔加河地区迪亚科沃文化（Diyakovo culture）和格罗捷茨卡文化（Gorodetskaya culture）的主人——伏尔加芬种人并没有直接联系。安娜尼诺文化集团位于乌拉尔山西侧的森林地带，他们与辛梅里安人和斯基泰人的交流比较频繁，与乌拉尔南部地区的游牧民族却几乎没有什么联系。此外，早期安娜尼诺文化的冶金中心都是为斯基泰人政权而生产的。这是一个非常有趣的现象：因为斯基泰人在地理位置上与安娜尼诺文化的距离要比乌拉尔南部游牧民与它的距离更远些。因此可以说物质文化的发展状况反映了政治势力的影响，这种现象在欧亚地区不同社会都有可能存在。

我们也看到公元前8—前7世纪，森林–草原地带至少有一部分地区是人烟稀少的。那些与塞迦人部落集团联系比较频繁的乌拉尔南部地区的游牧民族使用的是外乌拉尔地区（伊特库尔文化）作坊中生产的金属制品。这就是我们看到有直接的游牧民族向西南方向森林–草原甚至远到伊特库尔文化地区迁徙的原因。非常有趣的是，这两个参与互动的集团在文化上是不同的，可以从它们完全不同的考古学物质文化、符号系统和葬俗等方面来证实。

这两个文化集团的关系是符合游牧社会总体理论的，也就是说游牧式的生计模式是非常依赖外界和生态环境的。生态压力理论可以用来解释为什么游牧社会很大程度上要定期变换（牧场）并长途迁徙（Zhelezchikov 1986）。欧亚草原的各个地区会遭遇不同的气候变化，其中一部分地区要么过于干燥，要么过于潮湿。在这种情况下，游牧民族会集中到牧草丰美的地区。不过其他情况如牲畜和人口的过度增长也会导致牧民迁徙他乡以获得更好的牧场和新的土地。公元前5—前3世纪，乌拉尔南部地区相对密集的考古遗址可以证明这里就是游牧民族生活和对外移民的中心。

游牧民族的行为不只由生态环境因素决定。对于他们来说，能够获得稳定的金属制品也是非常重要的，而最近的冶金中心就在伊特库尔文化地区。这些分布在乌拉尔山脉东西两侧山麓地带的冶金中心的生产活动，主要就是满足游牧民族各种武器需求的。在不同的地理环境，各个社会的劳动分工能够促使他们进行各种物质和文化的交换和交流。此外，军事和政治因素，在游牧民族的迁徙和扩张活动促进下，也使他们社会内部的整合得以加强。

正如前面所示，西西伯利亚的森林–草原地带直到公元前6世纪晚期，游牧民族（塞迦人）的影响仍然相对较弱。最初我们可以从个别器物如马具和武器来判断游牧民族的存在和影响；后来在森林–草原南部边缘地带出现了包括大型墓冢在内的（游牧民族典型的）库尔干古坟。这时西西伯利亚地区连同整个哈萨克斯坦草原都成为以中亚和中亚细亚地区国家为中心的相同的文化和经济系统的组成部分。

公元前5世纪是中央欧亚北部地区的转折点：西西伯利亚森林–草原地带遭

遇了游牧民族的冲击。数量众多的、具有等级差别的聚落以及几乎完全是游牧民族葬俗特色的墓地反映出一种新的经过整合的文化。这给我们提供了关于不同经济体制和社会结构（互动）关系的明确范例。这个新文化通过游牧民族与当地土著居民互动形成。这种互动模式是建立在定居的牧民、猎人和游牧民族关系基础上的（Koryakova 1994c）。

森林–草原地带各个文化之间的相互影响可以从具有早期萨尔马泰文化面貌的普罗科洛沃文化中找到踪迹。我们看到普罗科洛沃类型的遗址向西方扩展，其中一些甚至到达欧洲东部的森林–草原地带。在（乌拉尔西侧的）伏尔加河–卡马河流域，森林文化的南部不仅受到萨尔马泰文化比较强烈的影响，而且有可能这里的居民在政治上也是被他们控制的。不过考古发现的这些影响因素大多数表现在物质文化如武器方面，完全没有触及意识形态范畴例如葬俗和葬式、艺术风格以及符号系统等，在这些方面，二者之间还是有着很大差别的。

在乌拉尔西侧地区，森林地带的居民与游牧民族由于各种原因不得不发生各种互动，不过他们在文化和族群方面仍然是各自独立的，并没有混合到一起。正如前面所述，西西伯利亚的森林–草原地带刚好与此相反，这里的居民与游牧民族互动的程度要深很多。

总而言之，本书所研究的地区内存在着各种形式的互动模式。

所有有联系的社会在器物层次的交换和交流上都是固有的，表现在他们的日常生活用品方面。装饰品和一些奢侈品（玻璃串珠、女性装饰、马具以及特殊形制的武器）一开始数量并不多，主要集中在森林地带的部落精英手中。交换和交流有多种层次：从简单的各个氏族之间到社区之间的物物交换，再到核心与边缘地区之间的长途贸易等。定居国家社会可以用奢侈品与具有中介作用的游牧民族交换（他们所需要的）马匹、毛皮、皮革，甚至妇女，也可以代偿游牧民族的服务和佣工。公元前500年后，核心与边缘地区的关系变得尤为重要。对于乌拉尔地区的游牧民族来说，中亚地区定居的国家社会所起的作用就像黑海北岸的古希腊（殖民）城邦对斯基泰人那样。后者一直把前者当作财富的源泉，因此斯基泰人要么前去劫掠，要么是与希腊人进行边境贸易。

根据19、20世纪对这片地区进行的民族学调查资料，我们可以设想当时森林地带的一些社会有可能是通过向相邻的游牧社会缴纳贡赋来换取独立的。这种设想可以从游牧社会墓葬中发现的一些安娜尼诺和伊特库尔这两个文化的特别制品得到证实。不过更大的可能是游牧社会对森林地带的社会只是进行一种远距离控制（“羁縻”），他们并没有直接占领森林地带的社会。

社会之间的互动可以从文化的结构变化来考察。只有在外乌拉尔地区的森林－草原地带，我们才能看到当地居民的葬俗习惯具有接受游牧民族的社会和意识形态模式并发生转变的现象。这种进程的一个必要条件就是要乐意接受新的观念和社会秩序，这种变化最初只发生在当地精英层次中。

最后，游牧民族直接入侵森林和森林－草原地带会受到各种环境因素的制约；不过，如果真的发生的话，这些游牧民族的冲击就会导致（当地）文化发生重大变化，并且会形成一个新的社会网络（体系）。

第九章

公元前二千纪至前一千纪中央欧亚北部地区社会发展趋势

我们将在这章总结前面各章描述过的考古资料，并把公元前二千纪和前一千纪中央欧亚北部地区所发生的一系列主要事件予以进一步说明。

我们当然不可能详细描述这片地区社会发展的所有细节，只能尽可能地展示一些基本要点。就在三十年前，被视为古典文明“边缘蛮族地带”的中央欧亚北部地区文化社会的发展水平还被认为是原始的、刚刚走上了直线型的、从公有制社会逐步过渡到封建社会的发展之路。今天，我们可以认为欧亚温带这片地区的社会走的是一条间歇式循环发展的道路。它们的发展经历了高潮和低谷、繁荣和衰落、新技术的发明和推广，社会自身也经历了统一和瓦解的历程。社会发展最重要的成就或许莫过于使这片地区被纳入由欧亚各个地区组成的一张巨大的文化交流和互动网络之中。

如果从铁器时代的视角来观察欧亚地区青铜时代的考古学成果，我们就会看到这两个时代的差别。对现代人来说，铁器时代自然要比青铜时代更容易理解。铁器时代（社会）对价值、财富、权威和地位等观念的理解都和我们非常接近。然而，对于青铜时代那些社会而言，我们就不能得出同样的结论了。

当前青铜时代考古学研究主要集中在复杂社会的崛起上。一方面，由于近年来一系列考古新发现，我们获得了丰富的考古资料和数据。很多新的文化类型、序列和模式都被引入传统概念之中，使得这些老概念要么发生了变化，要么更加完善了。因此，最值得关注的问题或许是要不要把其中很多但不是全部的文化概念重新断代到比原来更早的阶段。这些发现和研究都使得欧亚青铜时代的文化面貌更加复杂了。

根据20世纪80年代晚期以来的相关研究文献，我们注意到学术界出现了这样一些主流观点。例如近年来有关公元前二千纪青铜时代考古研究的出版物所使用的一些新概念和术语，如“欧亚畜牧业地区印欧语族的非城市文明”（Malov 1995）、“原始城市”、“半成熟的城市文明”（Zdanovich 1997a）、“受挫的文明”（frustrated civilization）（Zdanovich 1995）或“非城市化的早期复杂社会”（Masson 1998）等。这些理论意义上的创新概念显示出学术界对原先那种从原始社会到现代社会所谓社会性质的解释做了修正。

与此同时，传统的一些与马克思主义进化式社会发展阶段理论相关的概念如野蛮（时代）、军事民主制和奴隶制等仍有人使用。根据这种理论模式，青铜时代的文化正处于原始社会解体的早期阶段。不过，这种理论模式对于（青铜时代）早期阶段尚有系统整合的意义，而涉及（青铜时代）晚期阶段时则显得有错误（Gei 2001：84）。相当一部分考古学者对这些旧的社会发展理论不满，他们怀疑考古资料复原过去社会状况的能力。根据这些考古学者的观点，人们唯一可以确信的只有葬俗仪式所反映的当时社会人口的年龄和性别结构。

在俄罗斯，公众对考古学的兴趣越来越浓了。然而直到现在，关于乌拉尔这样一个重要地区历史进程形成原因和形态的相关解释的关键点都还没有建立起来。这是学者们通常主要忙于处理那些文化的具体细节而忽略了总体性的课题研究导致的。

相比之下，由于一些客观和主观原因，欧亚这片广阔地区的考古学研究仍然处于西方考古学者们的理论探讨之外。因此，很多学术问题（西方学者）只是有限地在地区研究中有所涉及。

这里我们将试图考察一下中央欧亚北部地区社会发展的面貌，同时讨论一些我们感兴趣和认为比较重要的课题。

一　公元前二千纪的社会应对策略

前面各章节的叙述已经使读者们了解到青铜时代草原地带的文化对于理解欧亚广阔地区漫长的历史进程具有着非常重要的意义。

毫无疑问，青铜时代的这片地区既不是原始社会，也不是那种具有国家形态的社会。因此，如果把酋邦看作部落社会最高发展阶段的话，我们就只能在从简单部落组织到复杂酋邦这些社会形态中寻求认定。

社会复杂化是在铜石并用时代产生的，到了青铜时代早期和中期就已清晰可见了。但是，我们仍然不能明确地回答像“那时候中央欧亚地区的社会面貌如何”这样的问题。相对于各种理论模式的材料，我们会不可避免地遇到前面篇章中所遇到的那些矛盾，在此仍要强调这些矛盾问题的存在。

青铜时代的开始无疑标志着乌拉尔地区文化发展的转折点，它主要是伴随新的经济和社会模式而产生的。从这个时候开始，乌拉尔南部地区变得发达起来，而北部地区还停留在铜石并用甚至新石器时代，两地有了明显的差异。在青铜时代早期，食物生产型经济还只分布于本书所研究的乌拉尔西侧南部某些地区，但是它的影响不仅在空间而且在时间上都比早期的情形更加深远。食物生产型经济能够给当地社区提供比较稳定的生活保障，因而社区居民可以有更多机会去从事冶金制造活动。与畜牧业专业化发展的同时，一批重要的采矿——冶金中心得以建立。

从历史角度来说，青铜冶炼技术毫无疑问地提高了人们的劳动效率，促进了专业化的技术分工，改变了贸易交换的特性。对金属制品和相关原材料特别是锡这种比较稀缺的矿藏资源逐渐增长的需求，无疑推动了各地区之间经常性的贸易和交换网络的形成。因此，冶金技术的产生可以被认为是导致欧亚各地区互动以及形成相互依赖关系等一系列非常重要的促进因素之一。总而言之，我们认为主要依赖原材料生产的青铜冶炼技术是促进文化向心力发展的最初推动力。

竖穴墓文化居民的社会策略具有扩张性的特点，扩张的动力正是来自社会对金属制品的需求。因此在外乌拉尔和哈萨克斯坦中部地区发现竖穴墓文化的遗存就不足为奇了。我们也不应忘记，很多证据显示当时竖穴墓文化的居民已经发明和使用车这种交通工具了。没有人怀疑竖穴墓文化在我们所研究的乌拉尔地区是外来移民，大家更关注的是这场移民运动的动力和时间。特卡乔夫（Tkachev 2000）认为这里竖穴墓文化移民来自西南方向的高加索西部地区，那里或许是各种文化传统及其元素的源头。库兹涅佐夫（Kuznetsov 1996a）认为在公元前三千纪中期，高加索西部地区的移民来到了乌拉尔地区。

我们认为这场移民运动不仅发生过，而且随后还有多批次小股追随者逐步向乌拉尔地区迁移。移民进程成功的一个重要前提，就是这些移民社会及其内部之间必须具备较好的信息沟通机制。我们认为如果没有一个社会结构组织来管理的话，这样顺畅的移民运动是不可能实现的，那些埋在库尔干大型古坟中的新的精英人士（相对于埋在小型坟墓中的民众）很有可能扮演了移民组织者和管理者的角色。此外，也很难想象那些季节性到艰苦的卡尔加里矿场工作生活的矿工（Chernykh 2002）是属于精英阶层的。更准确的情况是当时金属产品的制造者和消费者可能属于两个不同的阶层。我们认为当时竖穴墓社会至少已经存在两个社会地位不平等的集团：少数的精英和多数的普通民众。如果再考虑各种葬俗礼仪差别的话，不妨推测当时还有着更多的社会分层情况。

遗憾的是，目前资料还不能让我们把这个推测具体化。考古资料仍然是有限和不均衡的，无法依此重建当时人口和社会结构的细节。我们认为社会复杂化的产生是与个人地位差异的增长同步的，它反映在各种葬式礼仪和大多数墓葬中具体的个人特色方面。我们可以凭借逻辑来推测当时的社会已经具有了一个其权威非常仪式化的领导阶层。我们知道礼仪、等级和强迫（劳作）都是复杂社会兴起的标志。

竖穴墓文化对于环黑海地区冶金技术综合体的技术优势向东方和北方传播起到很大作用。一个社会在经济、宗教信仰和信息“革命”等方面的进展是很重要的。这些因素都为后面数代人社会文化的重要变革“准备”了条件，也开启了后来在公元前二千纪头三分之一时期发生的所谓“欧亚地区大发现、大变革”时代。这些历史事件的发生肇始于环黑海地区技术文化网的解体，我们看到传统草原地带社会之间的交换联系中断了，原先的冶金中心也失去了垄断地位。环境因素和一些考古学上无法看到的力量导致移民活动的发生，其结果表现在公元前二千纪的起始阶段，文化的多样化已经丰富多彩了，同时以草原和森林-草原地带为特色的文化复杂性也在提升。只有森林地带仍然保留着原来古朴的状态，此时我们看不到这里有任何来自南方地区实质性的影响。[1]

正如前面所示，公元前二千纪最初的几百年时间，阿巴舍沃文化和辛塔什塔文化是伏尔加河-乌拉尔-哈萨克斯坦这片地区的"亮点"。这时候，我们看到辛塔什塔和阿巴舍沃这两个技术和文化综合体对周边集团都起着文化中心和传播作用，由此形成了一种"中心-边缘"地域关系的系统模式。这成为青铜时代乌拉尔地区的一个特殊标志。与其他同期或青铜时代较晚时期那些文化相比，辛塔什塔社会无疑依然是一个社会复杂化的杰出代表。为了支持这个观点，我们可以援引科萨列夫（Kosarev 1991：90—92）搜集到的一些人类学资料，他在著作中提到，复杂化的社会结构可以定期在社会遭遇危机或者是为了某些经济或政治目的而加强社会凝聚力的时候出现。

对于辛塔什塔现象，目前人们很难根据现有的社会理论和概念对它做出明确的定义。对辛塔什塔社会的解释有：①一个以原始城市结构和强大的地区性社会为基础的中等规模的社会（Zdanovich 1997a），②一个专业化的冶金生产社会，③一个简单的酋邦（Berezkin 1995），④一个复杂的酋邦（Koryakova 1996，2002），⑤一个早期的复杂社会（Masson 1998），⑥一个具有早期或原始城市的社会（Kyzlsaov 1999；Zdanovich & Zdanovich 1995）。

大部分学者都承认，外乌拉尔南部地区的辛塔什塔文化具有的外来文化特征是来自西方或南方的移民造成的。环黑海地区冶金技术网的解体造成了很多移民运动，而这些各种各样的外来文化元素都是在这些移民运动过程中产生的。移民和开拓新的疆土不仅导致早先文化元素的改变，而且还能产生一些原先未曾表现出的趋势。在移民及其后来建设新家园的过程中，社会互动和整合程度增加了，我们可以从神话传说和葬俗中看到。这些或许都可以从辛塔什塔文化葬俗那里得到验证，这些葬俗有可能反映了一种理想的但未必与现实相吻合的社会结构，即便如此，这些神话和葬俗依然可以视为文化形成和领土扩张时期的遗留和记忆存在。不过，有关风俗变化的动力及其与社会关系变化之间的问题仍然是有争议的。

辛塔什塔社会的经济基础是草原畜牧业、冶金制造和农业，同时它的技术潜能也是比较高的。虽然其经济结构情况还没有得到全面评估，但是我们仍可以断定辛塔什塔社会已经拥有剩余产品了。不过当时的社会主要还是投资于居民住宅和非常复杂的礼仪制度。大规模和复杂殉牲祭祀现象可以理解为当时社区为了平息财富上的争执或是为了维护社区凝聚力而采取的一种特殊的重新分配财产的行为。此外，从事畜牧业和冶金技术的社区也可以在发生了生态或其他方面危机的时候，通过生产和（与外界）交换来获得剩余产品（Saenz 1991）。

目前我们还不能就当时社会复杂化的具体情况达成统一意见。正如一些学者指出的那样，当时的社会毫无疑问地还没有达到国家的层次。至于用酋邦或原始城邦等术语来称呼它们仍具有一些局限性。另外，我们还能够看到当时留下的比较明显的大规模组织民众的社会动员行动的痕迹，这是因为考古资料向我们显示了当时相对狭窄的地域条件下人口高度集中的事实。

从外部特征来看，如果将来更多的考古发掘工作能够证实辛塔什塔这个综合体边缘还有一些“村庄”遗存的话，那么它有可能已经是至少具备了两个等级阶层的酋邦社会了。然而，如果仔细分析一下所有文化内涵特别是那些内部没有明显分层的墓葬资料的话，我们就会懂得史前社会财富制度的具体情形了，也会因此怀疑那些认为辛塔什塔社会存在内部不平等和社会分层的推测了（虽然这个标准是不证自明的）。不过，当时的“领导者”在物质方面与大众看似是一样的。此外，库尔干大墓中死者的数量以及性别、年龄等情况似乎也与当时聚落的规模有矛盾之处，这或许是非精英阶层的普通居民死后另有其他不同葬式的缘故吧。我们认为这样的文化综合体证实了辛塔什塔集团社会内部具有一种高度的社会整合能力。

至于当时经济专业化分工的情形，也不是很清楚。如果考虑到当时的冶金技术具有家庭和社区特色的话（几乎所有被发掘的辛塔什塔文化聚落房屋内部都发现了冶金生产的遗迹），那么我们就要问：谁来饲养牲畜呢？虽然当时存在着一些从事单一经济活动的社区，不过畜牧业和冶金生产这两种经济活动都是专业化分工的。对于辛塔什塔文化的居民来说，家畜具有很高的物质财富象征意义和实用价值。除了自己饲养的家畜外，他们还可以通过贸易交换或者是从经济社会发展水平比较低的社会那里“征收”过来。

接触的考古资料越多，我们也越有理由相信有一些与祭典相关的“神圣知识”在辛塔什塔社会发挥着作用。辛塔什塔文化的祭典仪式面貌反映在几个主要组成上：在聚落和墓地定期使用动物牺牲作献祭，由此创造出一种典型的丰产崇拜的“富足”印象（Zdanovich 1997a）。那些具有祭典礼仪相关知识的人是主祭者和统治者。不过那时候他们的权力对外施展得并没有那么广泛。这些现象都迫使我们认为复杂社会不一定是与个人权力的强化和社会等级制度同步产生的，因为这些有可能受到原始民主意识形态的制约。目前的考古资料无法让我们得出那些库尔干大墓的墓主是与大众分开的社会精英的结论来。同样困难的是，我们也无法完全复原当时的社会结构，因为整个聚落及其周边的居民只有部分人死后才能被埋在库尔干墓冢之中并享受牺牲祭祀。我们认为辛塔什塔社会是与保留在社会集体记忆中的那些神圣的祭典知识或意识形态分不开的。

研究分析表明当时还存在着与上述现象相反的两种社会应对策略。一种是集体策略，它适用于社会内部的整合、凝聚和人口的繁衍。我们可以从当时那种与原先土著居民迥然不同的且没有超出一定地域范围的聚落布局模式看到这种策略，此外它还包括以这些聚落为重点的对整个地区地貌的适应以及集体性的墓葬祭祀仪式。正如科瓦列夫斯基（Kowalevski 2000：175）注意到的：“集体策略能够产生政治和经济方面的集体权威，而这种权威还是有可能被限制或者从意识形态上被匿名化。”

另一种社会应对策略即网络策略（network strategy），它反映在辛塔什塔文化的传播和影响等方面。我们看到像马拉战车驾驭者的墓葬和一些其他墓葬传统在哈萨克斯坦、乌拉尔西侧以及伏尔加河这些远离辛塔什塔文化核心地域的地方都有出现。

虽然辛塔什塔文化现象存在的时间比较短（经过校正的碳-14年代为前

2100/2000—前1700年），但是作为中央欧亚北部地区的文化核心，它产生了很多新的文化原始形态，它们对构成后来安德罗诺沃文化集团的很多青铜文化的兴起都起到了促进作用。很有可能上述两种社会发展策略是同步进行的，第二种明显比较成功，它导致了辛塔什塔文化核心传统的分裂和重组。这个传统可以在与辛塔什塔社会发展水平非常接近的彼得罗夫卡社会那里看到，不过它仍然包含着一些被特意削弱和删除了的辛塔什塔综合体的特色。此外，辛塔什塔文化的一些遗产还保留到阿拉库文化和费德罗沃文化之中。

这时，那些曾经导致辛塔什塔社会凝聚和发展的早期因素都已经停止了运作。冶金制造中心扩展到了乌拉尔东西两侧地区。那些设防的中心式聚落开始失去原有的领导地位。建造复杂的设防聚落体系的传统也逐渐消失了。使用兵器作随葬品的葬俗在衰落，显示军事色彩的淡化。原有的各地区之间长距离的联系和交流体系也发生了变化，各地发展水平更趋于一致，由此导致辛塔什塔社会传统的复杂的精英阶层减少了。这些都可以从墓葬考古资料所呈现的葬俗多样化以及墓葬等级弱化等方面得到证实。

广而言之，我们认为乌拉尔地区在公元前二千纪的早期阶段不是那么稳定，当时各种文化和社会之间的差别很大，它们各自社会内部各阶层的竞争也很激烈。

可以说这个阶段，乌拉尔地区社会主要的发展体现在革命性的技术发明背景下出现了一批新型社会组织。

在青铜时代晚期的辛塔什塔文化影响下，从伏尔加河到哈萨克斯坦中部这片地区表现了非常相似的文化模式。如此明显的相似性有可能是伴随着同一个冶金中心的金属制品的传播而形成的。

青铜时代晚期是比较稳定的，它是与木椁墓文化和阿拉库文化核心传统有关联的。它们在经济和物质文化方面的一系列共同点不仅是由于这些地区彼此相似的生态环境，而且也是彼此相近的文化背景以及（印欧语系）伊朗语族诸语的传播而导致的。因此我们不认为青铜时代晚期各个文化的起源是一种直线式的进化过程；实际上，在青铜时代中期，人们就看到这片地区已经在原材料、金属制品的生产和传播以及地区性经济专业化等基础上作为一个联合系统运作了。

与此同时，就安德罗诺沃文化集团来说，青铜时代晚期也被视为大规模殖民和文化扩张的时期。在青铜时代晚期之初，食物生产型经济的区域就扩大了很多。这个现象的产生不仅仅是因为当时的居民采取了新的活动模式，而且也是由于彼得罗夫卡、阿拉库这两个文化传统的居民直接扩张的结果。这种经济模式扩张，最终占据了支配地位，由此我们很快看到这些文化范式在空间上获得了惊人的扩展。通过对这些大范围考古资料的研究，我们看到，在文化类型和风格多样化的同时，阿拉库和费德罗沃文化的社会发展呈简化的趋势。在这片广阔的生态环境比较适宜的可居住地区（参见表0.1），人们能够比较成功地维持一个经济子系统的运转，同时在技术逐步和持续发展的背景下，安德罗诺沃文化集团居民进入大范围扩张发展阶段。

采用锡铜合金以及薄壁铸范技术来制造青铜器在一定程度上导致了原材料的短缺。原产于阿尔泰山和哈萨克斯坦地区的锡成为欧亚地区很多社会集团之间相互交流的重要原料。这条“伟大的锡矿和玉石之路”连接了欧亚很多地区。而塞伊玛–图尔宾诺冶金技术的影响和遗址则分布在远离这些地区的森林–草原地带的北部边缘。

外乌拉尔地区没有发现像罗斯托夫卡、塞伊玛和图尔宾诺这样的出土精美文物的墓地，不过在草原地带也发现过典型的塞伊玛类型青铜器。塞伊玛–图尔宾诺“勃发”现象与辛塔什塔文化和阿巴舍沃文化的技术传统一起，成为综合了南北地区冶金技术发展成就的欧亚冶金技术文化网的重要组成部分。它促进了欧亚各地区之间的文化交流和人口移动，博罗季诺文物窖藏就是这种长距离交流活动最好的证据。此外考古资料还显示北方森林地带的居民有被来自南方草原地带居民取代的现象，[2] 例如早期特征不那么典型的切里卡斯库文化。

这种扩张性的发展显然有它的界限。这些界限不仅仅是由于显而易见的地区生态环境和气候波动等因素，也是由目前还没有得到深入研究的社会组织发展水平所决定的。

这时的考古资料显示，墓葬在规模大小和随葬品方面是比较平等的，同时聚落也是相对较小、绝大部分都没有防御设施的形式，聚落布局也几乎是相同的。这些现象都迫使我们得出青铜时代晚期的社会分层不明显的结论。当时的社会相当程度上依然是以亲属血缘关系为基础的。这种说法并不否认当时存在着专业化分工的村落以及村落互相聚合的现象。不过依然没有足够理由说明当时的社会具有高度复杂性。值得重视的是青铜时代晚期的墓地要比先前大得多。这可以间接证实当时的社区居民基本上都是平等的。[3] 大部分社区居民死后都可以安葬于这些墓地。我们可以认为后来在游牧社会普遍存在的氏族-部落结构在公元前二千纪后半段有可能已经在形成之中了。

正如本书第三章所讲到的，阿拉库文化的特点是物质文化呈现出比较高度的标准化，同时几乎不见军事化色彩。墓葬遗址没有提供明显的社会分层方面的证据，结构复杂的建筑也消失了，聚落分布趋于分散化，还有像兵器和马拉战车这类可以作为社会物质财富和权力标志的器物也减少了很多。没有任何证据显示这里曾经遭受过外敌入侵，可以说文化的发展基本上是其内部因素作用的结果。虽然当时的墓葬体现了多种与一定社会规则有关的葬俗，但是这种社会规则的确切含义我们还无法理解，因此说葬俗资料不能够提供有关社会分层方面的确凿证据。

辛塔什塔文化之后很多社会的复杂性都减弱了，对此有三种解释。第一种认为有可能是这些文化在适应当地的自然和文化环境的过程中产生的结果。因此，我们不能排除公元前二千纪起始时期那些被引入外乌拉尔地区的社会制度已经在不同条件下形成了，并且这种社会制度似乎不适应当地的环境。其结果是它被简化了。第二种是假设辛塔什塔综合体的形成是“冶金技术”促进的结果。在公元前三千纪与前二千纪之交，外乌拉尔地区已经被纳入广大的欧亚冶金文化网，在其中还扮演着一部分与核心地区互动的角色。这种情况下，欧亚各地区的社会是与整个欧亚冶金文化网的命运息息相关的，并随着它的崩溃而瓦解。第三种则是建立在当时精英阶层的意识形态即前面所提到的与祭典仪式有关的“神圣知识”荒废以至于“丧失”这个理论基础上的。

这些解释并不是不可替代的，而是能够相互补充的。总而言之，把一个社会制度简单化并不稀奇，因为任何一个复杂社会都包含一些潜在的、独立的社会结构，总有一种趋于简化和分散的倾向。

正如在先前时期所看到的那样，这样的社会“退化”现象有可能是当时社会无法在一个狭窄的地域维持那么多的人口所造成的。总体看来，到了青铜时代晚期早段，由于技术水平和气候条件的限制，畜牧业（可能还有一些原始农业）发展的潜力实际上都已经耗尽了。当时的居民没有在劳动力方面加大投入，而是在空间上向外扩展。迁徙移动是由几个因素造成的。在青铜时代中期，以及晚期的初始阶段，草原地带的居民在不少方面都具有优势。因为拥有了（畜牧业和冶金技术）新的经济模式，他们能够联合结成较大规模的社会组织。同时比较高的技术水平和积累的长距离联系经验也起到了重要的促进作用。这些联系可以帮助居民获得和传播各种信息和新的观念，并把它们传到新的地区。因此草原地带居民的扩张起始于到发展水平比较低下的森林–草原地带去殖民，这显然不是偶然的。这些殖民活动的结果是形成了一批合成的或共生的安德罗诺沃式的文化和社会，他们又转而把自己的文化传播到北方针叶林地带的南部地区，由此我们在那里看到一些安德罗诺沃（费德罗沃）文化元素，其中一种由复杂的几何纹样所组成的“地毯风格”的装饰传统竟一直延续到近代。

如果把关于青铜时代晚期形成的新形势都归于生态环境因素的话，显然是不够的。[4] 相比之下更重要的还是社会与扩张发展之间互动的变革因素。因此，有的社会可能会拒绝像奢华的葬礼和复杂的建筑这种奢侈化倾向。同时，冶金制造地区的扩展也减少了从金属制品消费地区谋利的机会，结果导致那些以冶金制造为支柱产业的社会收入减少了。由此青铜时代晚期社会对社会生活中一些“非实用性的”如各种祭典仪式活动的投入也一定减少了。

物质文化会以简约化和减少自身一部分特色来应对社会变迁，而这些特色通常会被解读为复杂社会的证据。当谈论社会“退化”的时候，我们需要强调的是这并不意味着社会的解体，（因为当时）所有的技术成就仍然在保持着。[5]

然而，尽管有一些社会简约化的现象，我们还是看到与先前社会不同的是，这时人口还在增长，同时伴随着社区的分立和相互兼容，此外还有族群融合以及形成较大的政治实体等现象。总体而言，安德罗诺沃文化所在地区的社会的异质性在上升，这种现象更多地表现为各个地区之间而不是同一社会内部上下垂直关系的变化。青铜时代结束的时候，广大的中央欧亚北部一些地区已经出现了像肯特和奇恰这样大型的具有城市特征的聚落。各个地区间的专业化分工更趋稳定并且更多地依赖于各种矿藏资源。这些都体现在青铜时代欧亚大陆北部地区在全球性剧烈变化背景下的发展成就之中。

总而言之，公元前二千纪的欧亚大陆至少存在四个结构性不同的地区：①小型城镇地区（地中海东部和美索不达米亚），②相对较近的边缘地带的中等规模地区（外高加索、伊朗以及本书没有涉及的中亚绿洲），③比较远的处在（第二排）边缘地带的、大部分是温带、包括了欧亚大草原的地区，④离古代中东两河流域最远的、长期处在新石器和铜石并用时代文化阶段最靠北的地区。在所谓第二排的边缘地带，我们看到几个像高加索、乌拉尔和阿尔泰地区这样独立的（冶金）中心已经形成了，由此改变了这片广大地区的社会面貌。

这些地区都有着社会和经济方面的显著意义。对于靠近中心地区尤其是中亚细亚绿洲的地区来说，它们更有条件向分层社会和原始城市发展。欧亚南部地区的物质文化特别是萨帕利文化（Sapally culture），都与北方草原地带的居民保持着密切和持续的联系（Masson 1999）。与此相反，根据普扬科娃（Pyankova 1989）和马松（Masson 1999）的观点，土库曼斯坦西南部的瓦克什文化（Vakhsh culture）则受到了草原地带底层文化的巨大影响。

因此，由于建立起以草原畜牧业、原始农业[6]以及包括冶金生产和木材加工在内的各种手工业为基础的混合式经济，欧亚草原和森林–草原地带的居民在社会和经济方面都发生了非常显著的变化。

在森林地带的南部地区，多样化的经济模式主要包括狩猎和渔猎，同时辅助以畜牧业。在针叶林和冻土地带则以渔猎为主。这里可以细分成四种专业化分工的经济类型：①移动式的猎捕野生驼鹿（在冻土带），②集体捕猎森林中那些来回迁徙的有蹄类动物（北部森林地带）[7]，③季节性的渔猎经济[8]，④固定的捕鱼生活[9]。

上述经济活动促进了当地社会人口的增长和结构性变化。而生产和经济分层的增长再加上来自发展水平较高社会的影响，又能够促进长距离和地区间的各种交流。不过，上述发展进程都有可能因当地或所在地区甚至更大地域范围（经济文化）的瓦解而中断。

到了青铜时代末期，尤其是在乌拉尔地区，我们看到了很多人口减少和社会衰落的迹象。这时期主要的创新表现在畜牧业开始趋向移动迁徙式放牧。值得重视的是，此时的墓葬基本上是以个体墓主为主。此外，乌拉尔地区聚落和墓葬等各种遗址的密度是比较低的，[10]因此我们有理由推测很有可能当时的居民只是季节性地尤其是夏季在这里活动。这意味着这个时期乌拉尔地区有可能已经形成了后来铁器时代那种典型的草原游牧体系。

二　铁器时代的社会应对策略

欧亚温带地区广泛使用铁制工具和兵器的过渡发生在公元前800—前300年。据我们所知，实际上乌拉尔地区在比这早一千年的时候就已经知道利用铁了，那时候铁器在竖穴墓文化中被视为显赫和珍贵的器物；但在此后相当长的一段时间却没有再被当作显赫的器物使用了。铁器时代的开始是与为了满足日益增长的军事需求而正处于最后“勃发”状态的青铜生产同步的。这时候的铁器非常珍贵，不会随葬到墓中。这时期拥有金银器以及境外输入的器物都被视为地位尊贵和富有的标志。很快，青铜器的供应量也减少了。

青铜时代文化大范围的衰落一部分是气候恶化造成的，由此欧亚草原地区的居民转向游牧式的经济和社会模式。这个事件本身应具有多种含义。一方面，游牧社会的特性使得它们不仅能够同化广大地区的其他社会，而且还能够解决一部分人口（过剩）问题。另一方面，它们没有大量的城市化潜在资源。不过，虽然游牧社会与定居文明社会之间的关系并不总是和平的，但是如果它们之间断绝了联系，游牧社会及其经济也是无法存在下去的。游牧社会可以帮助定居社会传播它们的成果并且由此参与到（文明社会）历史的总体进程。可以说，我们对铁器时代欧亚地区社会和文化发展趋势的了解，在很大程度上取决于我们对游牧世界的了解。正如前文所述，那些生活在欧亚草原地带的社会始终存在着一种向游牧社会过渡的趋势。在恰当的自然适应机制成熟之前，这些社会在畜牧业方面的确走了一段相当长的路来积累经验。从考古资料来看，这种向游牧社会的转变发生得相当快，但是我们不应该忘记，晚期青铜时代畜牧业的发展显示那时候的马匹已经被训练用来骑乘了，这或许是人们在维生经济转变过程中所进行的一种无意识的准备活动（Kuzmina 1996a，1996b）。

最早的游牧社会精英的库尔干古坟出现在公元前9—前7世纪欧亚草原的东部——西伯利亚地区，后来这些库尔干古坟也成为西部草原地区地貌的组成部分。其中大型古坟显示出不同寻常的大量人力投入建造迹象。著名的库尔干古坟遗址有西伯利亚地区的阿尔然和萨尔比克（Salbyk），北高加索地区的克雷尔麦斯（Kelermes）和乌尔斯基耶（Ul'skiye）以及花剌子模地区的塔吉斯肯。草原上的很多库尔干古坟还没有被发掘过，也有很多被盗毁了。那些考古发掘和研究过的精英的大型古坟多数是公元前5—前2世纪的，其中有些被认为是皇家墓葬遗存的古坟直径达100米。这类古坟当时还具有礼仪中心的功能（Grach 1980；Gryaznov 1980；Murzin 1990）。不必讨论众人皆知的早期游牧文化存在的高度社会分层，更关键的问题是这些社会为什么、又是如何能够在这么短的时间达到如此高度的社会分层的。本书第六章曾经涉及，现在我们继续予以讨论。

学者们把哈萨克斯坦北部地区看作能够提供从青铜时代到游牧社会阶段一系列考古学文化序列的模范地区是合乎情理的。哈布杜丽娜及其他学者（Khabdulina 1994；Khabdulina & Zdanovich 1984）在解释这个地区社会变迁的主要原因时都提到了经济因素，还考虑了公元前10—前9世纪当地气候潮湿多雨以及后来逐步变得凉爽所导致的河床普遍淤塞现象。森林生态系统的变化对其南部地带的影响是使得当地萨尔加里文化的一部分居民离开了自己的故乡。哈萨克斯坦北部地区的很多聚落遗址都发现有洪水泛滥的遗迹（Khabdulina & Zdanovich 1984；Zdanovich 1970）。一些地方的居民总是试图尽量长时间地维持传统的以畜牧业和农业种植为基础的经济活动。不过在新的条件下，这些地方的物质生产很快就耗光了原有的潜能。从考古资料来看，这时期留下来的多半是短期的营地，具有手工业生产的聚落遗址则非常少。后者可以被认为是小型社区的中心。与此同时，仍有一些处在气候条件相对有利地区的少量聚落如哈萨克斯坦中部的肯特就曾经是当地人口增长的中心。不过，随着游牧文化的传播，越来越多的定居性聚落从草原地带消失了。

我们还可以看到此时墓地的形态也发生了变化。与青铜时代那些墓葬密集布置的墓地不同的是，这时期通常在河谷之外的集水地区坐落着一些单独的墓冢。这些墓冢更多地彰显了墓主的个人色彩。公元前8—前6世纪，墓地最显著的特色就是地面建有相当精致和复杂的建筑，成为墓冢综合体的一个重要组成部分。这种标志性的建筑显然反映了一种新的意识形态。根据最新的研究，当时的墓冢很可能是在木制墓室上面有用顶层土壤制成的泥砖堆砌成阶梯状的金字塔形的。这样的大型墓冢通常位于地势比较高的地方，并且占有突出的主要地位。这些大型墓冢出现在早期，由此我们认为当时的精英人士已经拥有了与那些埋在相当简陋的墓室里的大多数普通民众差别很大的库尔干墓冢。这些新型的大墓在物质文化方面都表现了明显的军事色彩。

类似的变革还发生在欧亚草原的很多地方，由于各地区社会和文化发展的不平衡，这些变革不一定会同时发生。梅德韦杰夫（Medvedev 1999a）注意到，欧洲东部草原地带向游牧社会的转变是晚期木椁墓文化的混合式经济崩溃造成的，在气候变得寒冷和干燥的环境，晚期木椁墓文化无法保存自己了。此外，其他族群的活动也起到了负面作用。

因此，在这个多样化的进程中，当时的社会显然会按照不同的经济模式分裂成不同的集团（Korykova 1996）。这些分布在不同生态位上的集团都需要适应新的生态环境。此外，从东方又有一批新的移动迁徙的集团来到乌拉尔地区。

牧场以及对它的激烈竞争对于游牧社会来说具有非常重要的意义。符合逻辑的观点都认为游牧社会之所以能够控制大片土地，是其具有高度集中的社会组织以及更具军事潜质。他们的生存战略极具发动战争的可能。游牧民族的迁徙可以导致不同集团民众之间的频繁互动。正如穆尔辛（Murzin 1990：78）所述，公元前7世纪初在东欧大草原形成的斯基泰人的族群集团就可以被认为是这个进程所产生的结果。这时期斯基泰人联盟的族群和社会结构是由一批来自东方的原始斯基泰部落在共同讨伐外高加索地区的辛梅里安人的战斗中形成的。在压榨被征服民族的时候，早期的游牧民族形成了富有特色的（左中右）三部联合的政权结构。

匈奴部落联盟也源于类似的三部联合模式。匈奴部落联盟起源于蒙古高原南部的匈奴部落，他们向北征服了蒙古高原北部各个土著民族。公元前4世纪，他们组成了包括24个氏族在内的一个早期政治联盟。[①]它由一个具有等级身份的酋长（单于）来领导，各部酋长在他面前按照等级来划分官职（Gumilev 1993b：462）。匈奴社会的稳定是依靠建立在左中右三部基础上的政治和军事组织来维持的。通常左翼部众的地位要比最强大的中心以及相对较强的右翼部众低一些。左翼通常提供民兵，右翼为正规军，而中心部落则行使政治权力。后来中古时期的哈萨克人也是由类似的左中右三部组成的。[②]

因此在铁器时代早期，欧亚地区的社会呈现出大规模结构性变革的趋势。对此学术界传统上都从经济变迁的角度予以解释。不过，我们认为这些趋势都是新的维生经济和生活方式造成的。这时候家畜可以视为一种可移动的财产，这种新型的维生经济也依赖于社区居民如何组织起来去适应新的生态和政治环境。

铁器时代的主要特色在技术革新和政治领域。这时期的社会军事化色彩浓厚。公元前一千纪起始时期，那些来自具有国家形态社会的影响力在明显加强。公元前二千纪尚未闻名的一批新兴的世界帝国，都把自己的势力扩张到了欧业北部地区甚至森林地带。实际上，这些帝国把欧亚北部划成几个势力范围并把它们

① 据《史记·匈奴列传》，太史公认为匈奴单于分置“左右贤王以下至当户……凡二十四长”，即24个不同等级的官职，并没有说匈奴（联盟）由24个“氏族”组成。参见译者补充参考资料林幹（2007）等著作。——译者注

② 原文如此。历史上哈萨克各部落曾分成大中小三个被称为“玉兹”的部落集团，清代对应称之为“大帐”“中帐”和“小帐”。当然“中帐”势力最大，最西边的“小帐”势力较弱，最东边巴尔喀什湖以东地区是曾经归顺大清帝国的“大帐/大玉兹”诸部。——译者注

当作自己的边缘地带，这些边缘地带范围的大小是由当地居民社会的发达程度决定的。首先是草原地带的游牧民族，然后是森林–草原，最后是森林地带的居民，它们都与南方的定居国家形成一种核心与边缘的体系。

公元前5世纪，由于游牧社会的广泛参与，欧亚地区已经形成了比较稳定的贸易体系并在此后获得了进一步发展。除了畜牧业，游牧民族财富的另一来源在于控制贸易通道。这时期战争频繁并且导致武器发生了革命性的变化，不过最初还是延续原来的军事传统。同样，由于对铁器日益增长的需求，那些地处森林–草原地带边缘但是拥有丰富木材资源的居民也被纳入游牧民族"感兴趣"的范围。游牧世界的这片北方边缘地带很快成为他们额外的财富源头，那里的居民（被迫）向游牧政权缴纳贡赋。因此这个地区在铁器时代早期增加了不少设防式的聚落，其中有些还被设计成军事营地。居民对游牧民的抵抗程度因地因时而异：欧洲东部森林–草原地带居民的抵抗程度比较高，出现了一批防御设施比较完善的堡垒；而在外乌拉尔地区（萨尔加特文化的前期阶段），这样的堡垒比较少见。

严格说来，森林地带出现这种堡垒说明那里开始了一种新的社会秩序。不过有些社区依然保留着一些原先的文化传统，例如安娜尼诺文化较大却不起坟包的墓地以及在小的堡垒周围集中分布着一些开放式的村落。这些地区无疑已经被纳入斯基泰人的统治范围了。他们的冶金制造活动主要是为了满足斯基泰人的需要。外乌拉尔地区的文化此时没有地表可见的古坟和墓地。当地的土著居民仅仅在公元前5世纪之后，这片地区成为游牧世界一部分时才改变了自己的墓葬习俗。

我们需要强调的是在早期斯基泰人时期，欧亚温带地区已经形成了一个巨大的跨地区的文化交流网，同时伴随着军事化和社会复杂化程度的增长。公元前6世纪—前5世纪时，在草原和森林–草原地带已经普遍建立了一种由部落酋长组织管理的社会。其特点是越靠近那些定居国家的部落，它们的中央集权体制就越完备。我们不应该忘记的第二个因素就是当游牧民族把那些定居农业社会从地域和经济上都纳入自己的统治范围时，它们实际上已经达到帝国水平了。例如我们注意到了公元前6世纪到前4世纪存在于黑海北岸地区的斯基泰王国，他们积极参与地区政治并且控制了欧洲东部森林–草原地带的一些社会（Artmonov 1972；

Khazanov 1975；Muzrin 1990）。游牧社会这种体系在面临来自内部和外界的众多挑战时总显得非常脆弱。所以游牧社会的领导权总是不时地从一个部落转到另一个更为强大的部落手中，他们控制下的疆域也随之发生变化。

与先前相比，公元前一千纪后半段的考古资料比较丰富。整个欧亚地区发现的遗址数量不菲。不幸的是，我们没有足够有效的手段和方法来理解萨尔马泰时期那些数不清的埋藏在坟墓和聚落遗址中的各种信息，这个时代也被称为欧亚史前社会晚期的“黄金时代”。不过我们在探讨有关此时社会发展的基本趋势时并不悲观。历史还是为我们留下了一些有关这片地区曾经出现过的族群和国家的名称等方面的文字记载。

从这个观点出发，我们应集中在本书所研究地区的考古资料所呈现的特定的社会发展概貌上。这些考古资料主要能够证实当时的许多社会呈现了新的人口和财富总体性增长。几乎所有文化都完全以铁器技术为基础，青铜只是用来制作名贵的或者是宗教崇拜用途的器物。铁器产品的普遍使用和推广使欧亚大部分地区社会和经济发展水平得以提升。在公元前一千纪最后几个世纪，北方森林地带的社会甚至出现了军事化、社会分层和产生精英阶层之类的变化。在当时那些完全以神话式世界观主导的社会，社会秩序和分层主要体现在墓葬风俗方面。与先前相比，此时的考古资料显示出很多新的元素。

对不同地区和文化墓葬的分析研究显示，它们具有比以前发现的墓葬更加清晰的特征。例如，格拉齐（Grach 1980）对外乌拉尔地区发现的墓葬进行了分类。他区分出了几种不同类型的、与几位学者设想的社会阶层相关的墓葬，这些天才设想是哈扎诺夫（最早）提出的（Khazanov 1975）：

（1）皇家墓葬。这种类型的墓葬发现于阿尔泰山区（巴泽雷克文化）、图瓦（阿尔然大型墓葬）、米努辛斯克盆地（塔加尔文化）和哈萨克斯坦［别斯查惕尔（Beschatyr）、齐力克提（Chilikty）］等地。我们还可以把塞迦人和萨尔马泰人在乌拉尔地区留下的如菲利波夫卡古坟这种皇家墓冢以及著名的、大部分是公元前4—前3世纪斯基泰人的墓葬加入此列。这种类型的墓葬在规模和复杂程度方面也有差异。不幸的是它们大部分都被盗过，只有极个别的幸免于难，我们据此可以想象当时的这些墓葬是多么奢华和壮观。不过，有时候要把“皇家墓冢”与那些当地酋长的墓葬区别开来却比较困难。

（2）精英墓葬。这种类型的墓葬一般都有着比较复杂的墓室构造，或者拥有丰富而不同寻常的随葬品。我们不妨参考近年来阿尔泰地区一些发掘时尚处于“冰冻”状态的墓葬，出土了很多反映公元前5—前3世纪中等军事贵族文化的遗物（Polos’mak 1994，2000）。这些墓葬规模不大，但都随葬当时下葬会餐使用的器物，还有双层木墙垒成的复杂墓室。还随葬很多配备有各种马具的殉马，几乎不见域外输入器物，死者的衣着服饰也很普通。看来大多数墓主的财富主要体现在马匹的多少上。此外，他们使用的木器装饰得比较精美（Polos’mak 1994：60—80）。有趣的是，这些墓葬几乎没有黄金制品。不过很多具有动物（野兽）纹饰的木器上也覆盖或镶嵌着比较薄的金箔。

欧亚其他地区的墓葬出土了很多珍贵的金银器。具有著名的动物（野兽）纹饰的器物通常彰显着主人尊贵的社会地位。公元前5—前4世纪，这类具有显赫地位象征的、以动物（野兽）纹饰为主的器物本是源于当地游牧文化的。这些金银器与古典（希腊、罗马）文明的关系最为接近，其次是与帕提亚王国和中国的关系。其社会精英的独特地位体现在是否拥有域外输入的奢华器物上面。这种发展趋势在公元前后几个世纪表现得非常明显，因为此时欧亚各地区间的贸易网络已经完全建立起来了。有趣的是，精英人士的墓葬已经不像传统的那样仅仅局限在古坟的中心位置，而是处于墓冢边缘。有时候它们被安置在一个二次埋葬墓室底下一个比较深的墓穴里，这样往往能够分散盗墓者的注意力。根据对乌拉尔与额尔齐斯河之间地带的数个随葬品丰富的墓葬所进行的发掘和研究，我们可以确认一部分传世的西伯利亚文物藏品（Rudenko 1962）就是来自这片地区的。可以确切地说，当时的萨尔加特文化一定具有相当规模的人力和军事资源，从而成功地与萨尔马泰人竞争，同时维持着与中亚地区和中国的贸易联系。当时社会精英的主要任务就是控制和管理那些穿过西西伯利亚地区的贸易通道。这就是此时随葬品丰富的墓葬里有那么多域外输入产品的主要原因。其中包括很多来自中亚和伊朗的装饰品，还有来自花剌子模的陶器以及汉代中国的铜镜、丝绸和青铜器等。

当时的骑兵队伍主要是由精英人士组成的。通过对墓葬考古资料进行统计分析，我们也得出这个很多研究者曾经明确指出的结论。例如对庞大的外乌拉尔森林–草原地带墓葬资料库的分析研究表明，其中20%左右的墓葬都包括一套“马勒、刀剑和弓箭”的组合（Koryakova 1988；Matveyeva 2000）。其他地区也存在类似组合。布纳强（Bunatyan 1985）就认为在（黑海北岸）的斯基泰（王国）地区有这种组合的墓葬占了总数的15%—20%，并从这些墓葬中区分出几种小的类型来。总之，当时的精英人士是由几个级别的贵族组成的。

（3）平民墓葬。此类墓葬在这个时期的所有文化中是最多的（占60%—70%），通常出土一定数量的工具、箭镞、首饰、容器和动物骨骼等。女性墓主常伴随出土从印度、伊朗和地中海地区输入的串珠。当时整个欧亚温带地区都没有自己的串珠加工工艺。这些域外串珠的发现证实当时存在着一个巨大的串珠贸易市场。

有些平民可以充当“徒步的弓箭手”，这种墓葬占平民墓葬总数的23%，可以说是平民墓葬中最多的一种。

（4）依附民的墓葬。这是一些没有任何财产之人的墓葬，占墓葬总数的3%—5%。这些人的尸骸有时呈非正常状态，有时被埋在壕沟里或者是散落在古坟周围，有的还遗留暴力致死亡的种种痕迹。

当然，上述几种类型的墓葬并不能完全说明当时社会各阶层的具体情况，但特定的类型组合也能够反映出一些具体的地区特色和总体模式。如果当时社会精英能够把大部分财富据为己有并且人数较多的话，那么他们就会运用一切手段来维护自己的地位。如果竞争比较激烈，他们会采取更具扩张性的手段和办法。为了获得财富（墓葬中那些显赫、奢华的器物），这些精英会使用各种手段把民众管控起来。显然民众向他们缴纳的贡赋以及社会的行政职能都会有所增加。我们不应该忘记，欧亚温带地区这时存在着不少堡垒式的设防聚落可以作为当时手工业、人口和交流的中心。我们注意到森林–草原地带几乎所有地方都发现了这类堡垒式聚落（遗址），根据它们在空间结构和防御设施方面较高的复杂程度，我们就不会怀疑它们具有行政管理的职能。铁器时代欧亚地区的社会无疑都具有向等级社会演变的趋势。尽管如此，非常不稳定的政治形势和生态环境总是不断地把一些已经发达的社会重新变回原来那种比较简陋的酋邦或是部落集团。

当新的社会和意识形态关系与经济变革都被导入历史进程时，欧亚地区也就随之建立了新的联系。公元前一千纪后半段，欧亚地区各个社会在经济和文化方面已经不可能在与其他地区隔绝状态下各自独立发展了。公元前一千纪结束时，欧亚地区已经成为罗马、帕提亚（安息）和汉代中国这几个帝国影响下的势力范围。作为这些帝国的边缘地区，欧亚温带地区的这些文化在经济、社会、政治和意识形态方面都受到了强烈影响。我们确信公元前一千纪形成的第一批草原帝国正是出于对那些定居社会国家力量增长的一种应对。

游牧民族不仅要争夺牧场，也要控制那些通过牧场的贸易通道。为了满足定居国家社会对毛皮的需求，游牧部落会去征服出产毛皮的森林地带的居民。中国史料提到紫貂皮在汉代价格昂贵，这些貂皮来自位于乌拉尔南部、“奄蔡”北部的“弇地”（Yan land）。[①]其中一部分毛皮运到了中亚和中国新疆地区，再分别运往印度和罗马帝国（Lubo-Lesnichenko 1994：243）。此外，游牧民族还积极参与与中国进行家畜特别是马匹的贸易活动（图9.1）。

在环境、政治、经济及其他我们此时无法确认的因素作用下，欧亚地区的一些社会在地区经济系统内具有了高度的组织性。这方面表现比较突出的当属中亚的哈萨克斯坦和西西伯利亚地区。研究表明，当时在丝绸之路周边存在着一系列与传统游牧民族来回迁徙路线相吻合的贸易交通体系（Tairov 1995）。当时的主要商品是什么呢？正如前面所述，外乌拉尔地区墓葬出土的那些来自中国、伊朗等定居国家社会的域外输入的“奢侈品”就是明证。此外，乌拉尔地区还发现了一批来自欧洲的手镯和扣针。晚期的历史文献提到，这里向中亚地区输出的一些货物除了毛皮外，还有加工过的马革、蜂蜜、坚果、桦树皮、鱼胶和鱼的牙

① “奄蔡”见于《史记·大宛列传》，被认为是阿兰人前身。作者这里提到的“Yan land”，似可译为“弇兹地区”。《山海经·大荒西经》中有“西海陼中有神，人面鸟身……名曰弇兹”；《穆天子传》卷三提到穆天子会见西王母后，“遂驱升于弇山”。弇山即弇兹山，《山海经·西山经》作“崦嵫山”，郭璞注：“弇，弇兹山，日没所入山也。”参见译者补充参考资料余太山（《早期丝绸之路文献研究》第14页）。——译者注

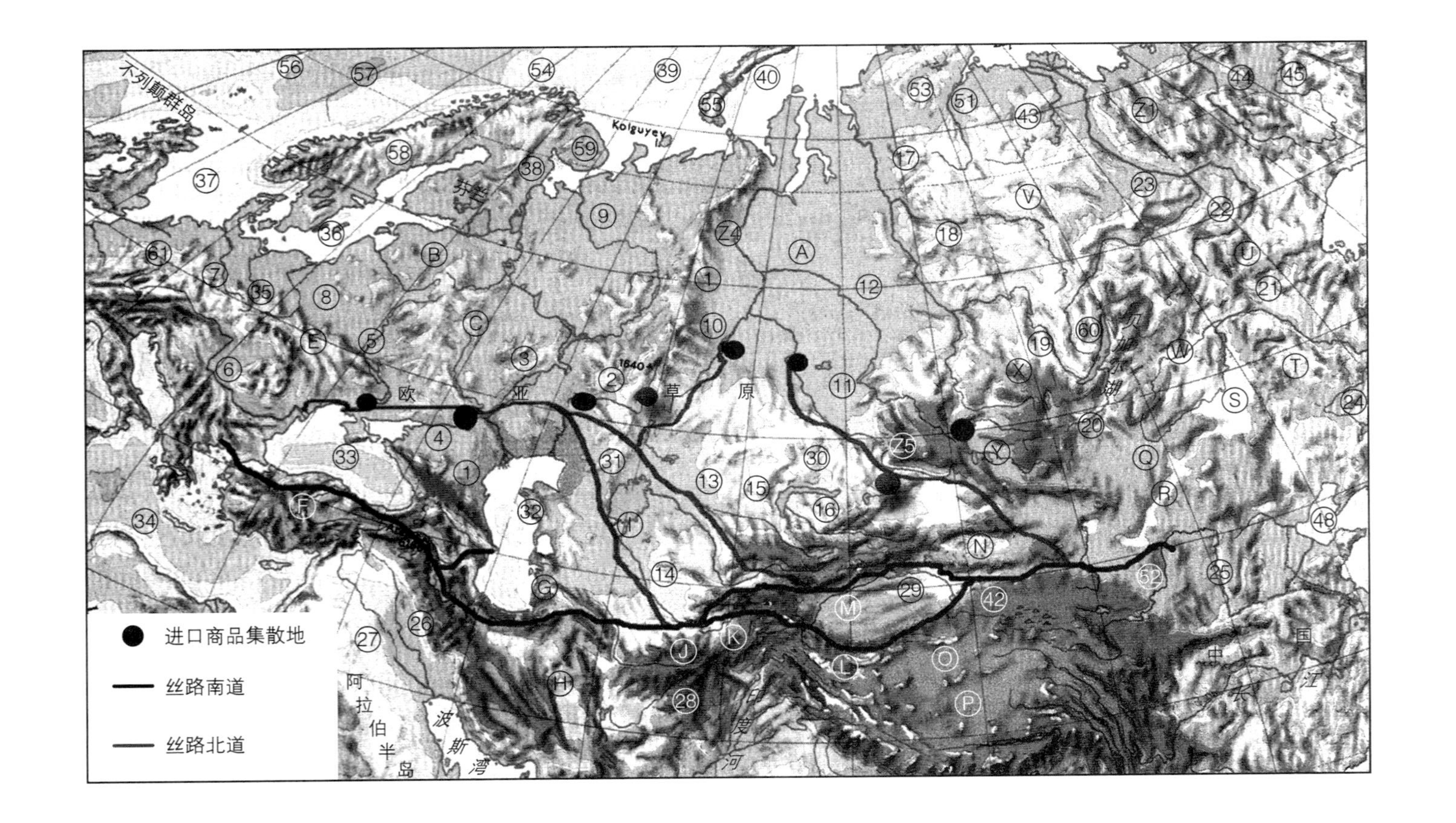
进口商品集散地
丝路南道
丝路北道
不列颠群岛
芬兰
Kolguyev
欧
亚
草
原
贝加尔湖
阿拉伯半岛
波斯湾
印度河
中国
长江
1640

齿（Tairov 1995：34）。公元前4—前3世纪，这里已经建立了与中亚、西伯利亚以至于中国南方的楚国等地区之间的贸易联系。公元前最后几个世纪，欧亚草原和外乌拉尔地区森林–草原地带的墓葬都发现了不少产自中国的铁制长剑，当时的汉代中国对包括武器在内的各种铁器的生产和销售是实行垄断的。巴泽雷克以及欧亚地区其他的一些文化遗址都出土了数量不菲的来自中国的丝绸、铜镜和首饰（Lubo-Lesnichenko 1985，1987；Polos'mak 1994）。到达欧洲的中国产品主要走的是丝绸之路的南路，经波斯到达地中海地区。实际上中国产品早在丝绸之路正式开通之前就已经出现在欧亚地区了。如果没有欧亚地区早已存在的贸易和交通的路网，像丝绸之路这样长距离的贸易之路是不可能这么快建立起来的。不幸的是，除了从中国经蒙古高原往西最后到达里海地区的所谓"草原之路"之外，丝绸之路通往北部欧亚地区的其他贸易交通路线还没有得到比较好的研究（Stavisky

图9.1　与丝绸之路相连的中央欧亚北部地区的贸易通道

1.乌拉尔山脉；2.乌拉尔河；3.伏尔加河；4.顿河；5.第聂伯河；6.多瑙河；7.易北河；8.维斯瓦河；9.北德维纳河；10.托博尔河；11.额尔齐斯河；12.鄂毕河；13.锡尔河；14.阿姆河；15.楚河；16.伊犁河；17.叶尼塞河；18.下通古斯河；19.安加拉河；20.色楞格河；21.黑龙江；22.阿尔丹河；23.勒拿河；24.松花江；25.黄河；26.底格里斯河；27.幼发拉底河；28.印度河；29.塔里木河；30.巴尔喀什湖；31.咸海；32.里海；33.黑海；34.地中海；35.奥得河；36.波罗的海；37.北海；38.白海；39.巴伦支海；40.喀拉海；41.拉普捷夫海；42.罗布泊；43.奥列尼奥克河；44.因迪吉尔卡河；45.科雷马河；46.鄂霍次克海；47.日本海；48.渤海；49.黄海；50.东海；51.科图伊河；52.青海湖；53.泰梅尔半岛；54.北角；55.新地岛；56.冰岛；57.北极圈；58.斯堪的纳维亚；59.科拉半岛；60.贝加尔湖；61.莱茵河

A.西西伯利亚平原；B.欧洲北部平原；C.俄罗斯中部高地；D.高加索山脉；E.喀尔巴阡山；F.安纳托利亚高原；G.厄尔布尔士山脉；H.伊朗高原；I.图兰平原；J.兴都库什山脉；K.帕米尔高原；L.喀喇昆仑山脉；M.塔里木盆地，塔克拉玛干沙漠；N.吐鲁番盆地；O.昆仑山；P.青藏高原；Q.蒙古高原；R.戈壁；S.大兴安岭；T.东北平原；U.外兴安岭；V.中西伯利亚高原；W.雅布洛诺夫山脉；X.萨彦岭；Y.阿尔泰山；Z.天山；Z1.上扬斯克山脉；Z2.科雷马山脉；Z3.锡霍特山；Z4.纳罗达峰；Z5.别卢哈山

1997：22）。有一条从新疆出发的丝绸之路翻过帕米尔高原到达锡尔河中游地区[①]，然后往西北方向延伸（参见图6.5）。有人认为早期丝绸之路还不是完全从头到尾一气贯通的，当时的贸易主要是分地段进行的（Gorbunova 1993/94：7）。

泰洛夫（Tairov 1995）认为，欧亚地区大多数通畅的贸易路线在公元前一千纪后期就已经开通，并且一直持续到19世纪，其间没有发生大的变化。中央欧亚主要贸易中心位于丝绸之路主干道经过的中亚地区的那些国家。公元前6—前3世纪，中亚地区贸易中心的北线主要通往东南欧，但是公元前2世纪之后，经营北线贸易的商队则主要往来西西伯利亚地区了，那里正是当时最强大的族群和政治联盟——萨尔加特文化所在地区。很有可能这是游牧民族为了控制通往伏尔加河地区的丝绸之路北部支线（北线）竞争的结果。后来到了700—800年，这条更显重要的北线将中亚和欧洲东部地区的伏尔加保加尔汗国（Volgan Bulgaria）[②]连接起来。15—16世纪，由于西西伯利亚地区出现了新的西伯利亚鞑靼汗国（Siberian Tatar Kingdom）[③]，这条线路再次畅通了。正是由于参与跨地区贸易的社会都达到了国家至少是复杂酋邦阶段，这些有组织的贸易活动才有可能开展起来。克里斯蒂安森（Kristiansen 1991：25）说得好："当国家这种体制出现之后，任何社会就不可能在封闭状态独自发展了。"

然而，在公元前一千纪中期，受到各种因素的影响，欧亚地区自身建立起来的这个系统瓦解了。破坏因素与从东方游牧民族开始的大规模"民族大迁徙运动"有关。这种民族大迁徙的浪潮可以说是一浪接一浪。

在这些概念和理论（Koryakova 2002）的启发下，我们试图描述乌拉尔地区社会发展的趋势和导向。我们试图按照纵向的社会内部结构变化程度以及横向的文

---

① 古代中亚阿姆河与锡尔河中游的"河中地区"有一批著名的粟特人的商业城邦。——译者注

② 为伏尔加保加尔人所建，他们是与"匈人"关系密切的保加尔人的一支，属于西突厥语族。7世纪保加尔人曾经雄踞顿河流域的东欧大草原。一部分西迁东南欧，形成后来的保加利亚；一部分在伏尔加河中游地区建立了以喀山为首都的汗国，后被蒙古征服，被称为伏尔加鞑靼人。今天俄罗斯境内的楚瓦什人和鞑靼人为其后裔。——译者注

③ 指蒙古金帐汗国瓦解后由金帐汗国可汗拔都兄弟蓝帐汗国可汗昔班（Shiban）家庭后裔在托博尔河与鄂毕河中游之间地区建立的西伯利亚汗国（1490—1598），主要居民有鞑靼人、涅涅茨人、汉特人和曼西人等，他们被俄罗斯人称为西伯利亚鞑靼人。——译者注

化和年代序列的分布来确认与一系列基本的社会和经济发展战略相关的考古资料中的规律。

虽然考古资料为我们提供了一些特别的信息，但是如果没有人类学方面的直接材料，我们即使掌握文献史料也不能全面地复原当时的社会。不过，如果我们在某些必要的标准上达成共识，那么还是能够在一定程度上对社会复杂性的演变趋势做一番探讨。我们可以通过图像式的发展轨迹来描述这种趋势，它可以折射当时社会在本地、地区之间的发展水平（图9.2）。

初步来看，上述趋势轨迹或许还需要进一步完善。这条浓缩了两千多年历史发展的曲线，可以概括当时社会的发展趋势，它是由许多具体的“小历史”（histories）[①]组成的。这些“小历史”可以反映在陶器的类型风格、建筑传统、墓葬以及其他形式不太容易整合的物质文化上面。

显而易见，在一段限定的时间，社会发展趋势往往不是（我们经常理解的）那种渐进式的进步，这种发展趋势具有某种周期性循环的特点，它是受到环境、经济、人口、社会、政治、族群等因素制约的，它可以表现在（社会的）崛起和衰落、稳定和崩溃以及社会系统的凝聚和瓦解等各个阶段的交替。

公元前二千纪和前一千纪，欧亚地区文化和社会的演进过程不是直线型的，其间不断交替着上升和衰落。整个欧亚地区社会较长时期的主要社会发展趋势都具有这种特色：呈现周期性的循环往复，在不同地区和阶段又呈现不同的面貌。

因此，我们可以看到历史上这里曾经有过明显的复杂社会发展阶段，也能看到这些复杂社会结构后来消失了，整个社会又回到普遍的简单古朴的状态。迫使一个社会组织结构方面发生变化的推动力主要来自生态和技术危机，它们是促使社会寻求最佳适应方案的因素。地理环境能够导致人类产生特别的行为方式，在很多不同的文化之中都有体现。

如果我们把本书所研究地区的史前社会晚期发展趋势与克里斯蒂安森

---

① 根据西方新历史主义理论的观点，历史可以分成“大历史”（history）和“小历史”（histories）。——译者注

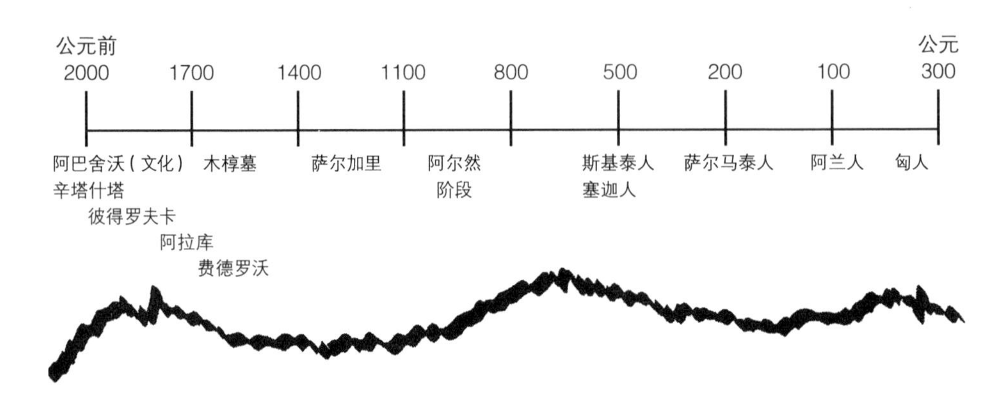

畜牧业 草原放牧 冶金技术 （铜/砷铜-家庭手工艺） 本地和地区内的交换 地区之间的贸易交换	草原放牧 农业 冶金技术（砷/锡合金的 青铜-家庭和氏族手工业） 混合经济 形成地区性交换体系 地区性贸易交换体系形成	游牧社会 半游牧社会 专业化的手工业 冶金技术（青铜+铁/钢） 有限的农业 地区经济专业化 地区和地区之间劳动分工
狩猎、渔猎和采集	狩猎、渔猎和采集	狩猎、渔猎和采集
马拉战车 地区性战争 移民 族群混合 社会分层	完善饲养家畜 人口扩张、开疆拓土 本地冲突 地区间联系加强 社会分化	骑马 武器完善 骑兵和重装骑兵 地区和地区间战争 长途迁徙 文明国家与边缘社会的关系
复杂的建筑 防御设施 要塞 主要埋葬在社区墓地? 复杂的葬俗、大量使用牲殉	开放式村庄 季节性居留 社会凝聚 大型（公共）建筑 多样化的葬俗 牲殉祭祀	要塞、社会凝聚 出现地区性中心 分等级的墓地 纪念性的墓葬建筑（大墓） 牲殉祭祀
神权色彩的酋邦? 民主式的酋邦? 部落集团 合作性策略 社会分化	自治社区 分散的村庄 社会秩序?	社会内部分化 简单和复杂的酋邦 有军事等级制度的联盟 早期游牧帝国

图9.2　公元前二千纪和前一千纪欧亚地区社会发展趋势示意图

（Kristiansen 1998）所研究的中欧地区相关社会的发展做一番比较的话，就会理解其中的相同点和不同点。

公元前二千纪起始阶段，这片地区的社会在技术和军事领域是非常活跃的，同时伴随着向文化复杂性演变的趋势。新出现的一批文化可以说是内部和外部各种因素相互作用的结果，其中包括当时盛行的从欧洲向亚洲地区的移民活动。[①]当时欧亚温带地区的社会面貌是一些规模大小和活动能力各异的早期复杂社会，它们一方面与森林地带大多数部落社会，另一方面与草原地带土著居民一起频繁互动。我们认为具有复杂的意识形态和宇宙观的辛塔什塔文化代表了公元前二千纪这片地区社会发展的最高阶段。

这些早期青铜文化的后裔随后开始了大范围的文化传播和扩散，在新的地貌地带进行殖民活动。在社会发展各种不均衡现象增加的同时，社区内部矛盾也变得越来越突出了。不过技术的进步还是能够使大量人口向外扩张，并且发现了更多的矿产资源。一般认为这个时期，欧亚温带各地区已经达到了以地区性部落为单位、相对自治的社区为特征的发展阶段。

在青铜时代末期，社会的瓦解和崩溃频率的增加都标志着欧亚温带地区开始向铁器时代过渡。在生态压力背景下，欧亚地区的居民改变了经济活动的基本模式。可以说，公元前1000—前800年或许是欧亚史前史最引人注目的一段时期。它启动了（历史上）一系列周而复始的从东方往西方移民的运动，这些移民运动持续打断了欧亚地区文化发展的进程。由此，一些已经发展到很高阶段的社会又不得不退回到以前的起点。

① 例如青铜时代初期的竖穴墓、波尔塔夫卡和辛塔什塔等文化。——译者注

注释

导言

[1] 乌德穆尔特人和科米人属于芬兰-乌戈尔语族彼尔姆语支的两个民族。乌德穆尔特人分布于乌拉尔山脉西侧的卡马河与维亚特卡河之间的地区。科米人分布于从卡马河上游直到伯朝拉河这片地区。汉特人和曼西人（鄂毕-乌戈尔诸语族群）则生活在乌拉尔山脉与鄂毕河之间的西伯利亚西北部地区。直到20世纪初，乌拉尔西侧地区仍然是他们的活动范围。原始乌戈尔语被认为是乌拉尔山脉南部和西西伯利亚森林和森林-草原地带居民的语言（Hajdu 1985；Carpelan & Parpola 2001）。

[2] 直到18世纪后半叶，乌拉尔河仍然被称作亚依克河（Yayik）。那里曾经发生过普加乔夫（E. Pugachev）领导的大起义，叶卡捷琳娜二世为使这次大起义湮没无闻，将其更名为乌拉尔河。

[3] 有趣的是，我们可以参考18、19世纪俄罗斯旅行家有关此地区的见闻："1854年之前，在库尔干（州）地区的克里维诺村周围，有6个湖泊，而这之后则有了30个湖泊。吉尔吉斯（哈萨克）草原上的湖泊也有这样的特点，有时候消失了，不久又充满了水。有些年份湖水很深，里面有很多鱼；然后湖水不见了，湖底长满了很厚的草。当地的民众称，这种现象每20年就发生一次。"（Kosarev 1984：27）

[4] 不过古地理的数据在这方面的意义并不明确（Khotinsky et al. 1982：151）。有关草原地带的植物群落扩展到森林地带的可靠记录是最近十几年才出版的

（Ryabogina et al. 2001a；Semochkina & Ryabogina 2001）。

[5] 直到今天，草原地带有的地方仍保留着大片树林，而在北方针叶林地带也会发现草原景观。

[6] 干燥季节树林发生自燃的概率相当高。一个地区重新被森林覆盖大约需要90年的时间，第一个阶段呈现的往往是森林–草原地貌（Kosarev 1984：40）。

[7] 目前俄罗斯历史与物质文化研究所（圣彼得堡）碳–14实验室公布的数据，都发表在他们出版的《考古学与放射性碳同位素》（*Archaeology and Radiocarbon*）年鉴上面。

[8] 这意味着一些从器物类型学和技术层面曾经被认为属于早期阶段的遗址，实际上是属于晚期阶段即公元前2800—前2500年（经过校正的碳–14测年）的。

[9] 本书不会探讨有关这段时期的课题，按照历史分期，它已经属于中世纪了。

[10] 民族学研究可以探讨以空间为基础的社会系统多样化的差异和特色，根据民族学分析研究原理可以将其分成两大类：①以维生经济和文化取向划分的一类（例如北冰洋地区捕食海洋动物的狩猎民族、森林地带从事渔猎的族群以及草原游牧民族等）；②历史上以及民族志材料所反映的那些地区性的文化共同体（例如包括森林地带居民在内的西伯利亚西部和南部的文化共同体，如萨彦岭和阿尔泰山区的族群、西伯利亚鞑靼人、楚利姆鞑靼人、北方哈萨克人等）。

第一章

[1] 一个冶金中心通常可以完成从采矿、矿石拣选、金属冶炼到成品加工等全套工序。而一个金属加工中心则依赖于从外界输入的金属原材料或废旧品来运行，其作业主要围绕着金属加工这个环节。

[2] 环黑海地区冶金技术网资料库目前已经拥有超过84000件文物（Chernykh et al. 2002b：5—23）。

[3] 青铜时代早期和中期的主要区别在于能否制造当时精英人士使用的有木柄或

杆插孔的武器。

[4] 北部欧亚地区的采矿-冶金区有巴尔干-喀尔巴阡山、高加索山、乌拉尔地区、哈萨克斯坦、帕米尔高原-天山、萨彦岭-阿尔泰山以及西伯利亚东部（外贝加尔地区）。

[5] 在整个乌拉尔采矿-冶金地区已经发现了超过1000座铜矿。较大的矿区有依列诺夫卡和乌什-卡塔（穆高扎尔山脉北段）以及基齐金斯科、麦地纳山、波莱克夫斯科、沃兹涅森斯科、卡门斯基、乌斯特-卡班斯基等。小矿藏更多，例如在乌拉尔西侧的焦马河与伊列克河流域，发现了大约2800座砂岩矿床（Morozov 1981）。

[6] 根据格里戈里耶夫（Grigory'ev 2000b：459）的统计，像这样比较复杂的铜矿熔炉一共发现了大约22座。此外，当时还有其他类型的冶炼炉（例如炉灶式的）。

[7] 很多铜矿石含有硫化物，为了排除冶炼过程中所产生的大量含硫气体，工匠发明了烟囱（Grigory'ev 2000b：468）。

[8] 俄罗斯科学院乌拉尔分院矿物研究所和地质与地质化学研究所的专家把这些金属分成两大类并进一步细分。（A）纯铜：①纯铜（其中砷、锡和银含量均小于0.1%）；②砷铜（砷的含量为0.1%—1%）；③银铜（银的含量为1%—4%）。（B）青铜：①砷青铜（砷的含量为1%—4%）；②锡青铜（锡的含量为1%—7%）；（3）镍青铜（镍的成分占1%—5%）（Zaikov et al. 2002：430）。

[9] 这些地区都相应地与木椁墓文化和安德罗诺沃文化形态有关（Chernykh et al. 1989；Chernykh et al. 2004）（参见第三章）。

[10] 例如，我们可以参考北高加索草原地带（Gei 1986）、顿河-第聂伯河地区（Pustovalov 1994），伏尔加河地区的乌杰夫卡-6（Utyevka-6）和博塔波夫卡墓地（Vasily'ev 1980；Vasily'ev et al. 1994），乌拉尔西侧的佩普基诺库尔干古坟（Bader 1964；Khalikov et al. 1966）以及西伯利亚地区的罗斯托夫卡和索布卡-2墓地（Sopka-2）（Matushchenko & Sinitsina 1988；Molodin 1983），等等。

第二章

［1］这个时期的儿童墓葬在乌拉尔西侧以及其他地区非常罕见。

［2］起源于铜石并用时代中期（经过校正的碳-14年代为公元前3000/2900年）的列宾文化（Repin culture）是由辛努克（Sinuk 1981）在顿河中游地区识别出来的，它从那里扩散到伏尔加河与第聂伯河地区。它的主要特色是开放式聚落，以及起坟包或不起坟包的墓葬，墓主仰身直肢葬。陶器圆底，表面刻有线条、梳篦纹等装饰，颈部下边装饰麻点小坑或绳纹和套管状纹饰（Sinuk 1981）。

［3］最早的阿巴舍沃文化遗址是20世纪20年代由V. S. 斯莫林（Smolin 1927）在伏尔加河畔楚瓦什地区的阿巴舍沃村附近发掘的墓地。在20世纪50、60年代，萨利尼科夫从中区分出了伏尔加河中游、巴什基尔［斯特里塔马克（Stelitamak）］、外乌拉尔［（马格尼托戈尔斯克（Magnitogorsk）］以及顿河中游和下游几种地区类型。到了70年代，A. D. 普里亚欣（A. D. Pryakhin 1971，1976，1977）又将阿巴舍沃这个跨地区的文化共同体划分成几个亚文化（参见图2.5-B）。

［4］有关辛塔什塔文化发现和研究的历史可参考D. 兹达诺维奇的介绍性文章（D. Zdanovich 2002b）。

［5］目前只出版了有关辛塔什塔聚落遗址的相关报告，其他两座遗址的具体情况只有简略介绍。

［6］根据G. 兹达诺维奇的口述，这些用来建造墙壁的泥土都添加了不少其他物质。这个论断是通过比较天然土壤与用来建造墙壁的泥土的成分得出的。

［7］对奥尔金斯科设防聚落遗址的大规模田野调查是2005年夏天开始的，由作者本人主持。

［8］2005年夏天，G. 兹达诺维奇曾经建议发掘“大辛塔什塔库尔干古坟”，目的是探究这个遗址尚未被发掘的部分。

［9］撰写本书时，最早的一批圆形或盾形的马镳都是在乌拉尔山脉东西两侧的辛塔什塔文化、伏尔加河地区的博塔波夫卡文化以及伏尔加河与顿河地区的阿巴舍沃文化墓葬中发现的。

[10] 有些墓葬中发现的车轮压迹明显不是平行的，还有些墓中只发现了一个轮子的压痕。辛塔什塔墓地中一座墓葬发现了四个车轮的印迹，其中只有两个具有明显的轮辋和辐条遗痕。对此并不奇怪难解，因为这些随葬品都是当时祭典仪式的产物，所以盛行“以局部代替整体”的做法。同样我们也认为墓葬中马车的放置状态可能具有部分的或临时性的象征意义。

[11] A. A. 特卡乔夫把哈萨克斯坦中部地区的遗址命名为“努尔台类型”，主要是强调它们的某些特别之处，他并不否认这些遗址属于彼得罗夫卡文化。

[12] 聚落的大小通常算的是设防设施内的面积，也有些聚落的占地面积有可能估算范围比较大。然而，由于这些聚落都没有得到全面的调查研究，所以目前还不能准确得知其面积大小。

[13] 特别需要注意的是，人们在发掘乌斯提遗址时有比较详细的发现和描述。

[14] 我们可以看到乌拉尔与哈萨克斯坦北部地区的房屋建筑结构的差别：哈萨克斯坦北部地区的房屋通常较小，并且多用木材建造；乌拉尔地区则使用木头和泥土的混合材料。

[15] 遗憾的是，这个结论仅根据一份库列夫齐－Ⅲ聚落遗址出土的金属器物研究报告这种孤证得出的。虽然这是学者的观点，但是这种状态与其他彼得罗夫卡文化遗址非常相似（Degtyareva et al. 2001；Grigory’ev 2000b）。

[16] 在某些其他个案中，一些聚落遗址有可能是被近现代工程施工破坏的。

[17] 这种情况下，墓主尸骸横交于墓室的纵轴线，他们的头部朝向北方。

[18] 显然大多数情况下，这些（车轮）都是替代的复制品。在尼古拉耶夫斯卡（Nikolayevka）墓地“车轮穴坑”中发现了一枚青铜钉子。

[19] 小米（粟）遗存是在阿兰茨科遗址一处房屋地基的地面发现的。此外在阿尔卡伊姆和阿兰茨科两处遗址陶罐的食物残渣中，也发现了小米颗粒（Gaiduchenko 2002a：403）。

[20] 遥感照片显示遗址周围的沟渠遗迹清晰可见，专家们把它们解释为古代的灌溉或排水系统（Zdanovich 1995）。

[21] 对于印度－伊朗语族居民来说，“依玛”或“雅玛”（Yima/Yama）就是他们

最早的祖先和来世的主宰（Pyankov 2002：42）。

[22] G. 兹达诺维奇认为，当时的居民在放弃自己的聚落之后，有意地把它们付之一炬。当然这些过火痕迹也有可能是野火造成的。

[23] 大卡拉甘斯基25号库尔干古坟资料显示，死者中儿童只占50%。

[24] 在铜石并用时代（公元前三千纪），乌拉尔南部地区是属于外乌拉尔和北哈萨克斯坦铜石并用文化这个亚地区的（Zaibert 1993），它们也是广阔的具有几何形纹饰陶器的各个文化所在地区的一部分。这片地区东起鄂毕河与咸海、西至波罗的海。外乌拉尔地区铜石并用文化的居民是以捕猎野马和渔猎为生的，他们居住在较大的固定性聚落或小型的季节性营地上。

[25] 这些随葬的陶器显得比较规范化，或许是按照当时严格的葬俗规定有意挑选的结果。

[26] 竖穴墓文化有一些单独的组合，不过现在它们的文化面貌看起来相当简朴。

[27] 古生物语言学研究（linguistic-paleontological approach）是根据古代语言中树木和动物的名称来探究和复原原始语言的发源地及其生态环境（Hajdu 1985；Napolskikh 1997）。

[28] 考古工作者在一些聚落的灶台旁发现了贝壳的堆积和烧烤过的贝肉（Goldina 1999）。

[29] 古人类学资料部分地证实了这一点。头骨分析研究显示巴拉诺沃墓地的墓主几乎都具有地中海中间类型的颅骨，这种头骨类型的居民在此地是初次出现的（Akimova 1963）。

[30] 在维亚特卡河流域，巴拉诺沃类型的陶器是在房址地面与铜石并用时代的加林斯卡文化陶器一起被发现的（Goldina 1999：130）。

[31] 在东部，它们是与萨姆斯－奥库涅沃文化同时存在的。

[32] 俄罗斯考古学界传统上主要根据陶器的风格来识别考古学文化。塞伊玛－图尔宾诺类型的金属器物往往缺乏与之伴生的陶器，因此很难找到一种现成的概念来定义它。

第三章

[1] 这里并没有考虑外乌拉尔地区的斯巴斯科和塔夫里卡耶夫斯科这两个木椁墓文化遗址的资料（Gorbunov 1989：54—55），因为它们的考古资料的确不丰富。不过它们包含一些阿拉库和费德罗沃文化的器物。木椁墓文化可以分成一些不同的地方类型，根据这些类型之间的关系，可以发现它们的异质性。例如在乌拉尔西侧地区，大多数遗址是聚落；而伏尔加河下游地区的遗址则以墓地为主（Kachalova 1993）。

[2] 有关斯基泰人的语言属于伊朗语族的假设，是有坚实的学术基础的。由于他们曾经与黑海北岸的希腊人广泛接触，因此有关他们的一些词汇、名字以及神话传说都得以记载和流传下来。高加索地区的奥塞梯人（Ossetians）与其他伊朗语民族流传的史诗作品都可以追溯到斯基泰人时期（Abayev 1949；Rayevsky 1985）。

[3] “安德罗诺沃文化和历史共同体”这个术语是由福尔莫佐夫（Formozov 1951）提出的。

[4] 在哈萨克斯坦中部地区，那些混有费德罗沃文化文物的阿拉库文化遗址被称为阿塔苏类型（Kuzmina 1994）。

[5] 正如前面所说，我们不会去描述那些众多的采矿遗址，因为对它们通常很难进行文化归类和断代。

[6] 在哈萨克斯坦中部地区的一些遗址中，人们不使用石材来盖房子。从西往东，石材的使用有逐步增加的趋势。石材主要用来加固墙基，而不是建造房屋的墙壁。

[7] 阿拉库文化北部边缘地带发掘的那些小型房址（Koryakova et al. 1991）或许是为了适应森林地带的环境而建的。

[8] 有趣的是，我们可以参考马特维耶夫关于外乌拉尔地区阿拉库文化墓葬的描述，他注意到所有火葬后尚能分清性别的尸骨都是女性（Matveyev 1998：199）。

[9] 对于米努辛斯克盆地的考古资料，学者们已经获得了一批数量相当可观的碳-14年代数据。安德罗诺沃（费德罗沃）文化的遗址经过校正的碳-14年

代范围为公元前1800—前1500年，随后继之以卡拉苏克文化（Corsdorf et al. 2004）。

[10] 考古资料主要来自哈萨克斯坦西部的资料（Evdokimov & Usmanova 1990：77—80）。至于外乌拉尔地区的考古资料则显得相对较少。

[11] 19世纪后期，俄国当局为了比较容易地清查哈萨克牧民的财产，曾经采用一套估算各种家畜价值的方法：以一匹成年马作为基本的估价单位。如此，一匹小马驹的价值就是马匹标准价的1/6，一头牛值一匹马的5/6，一只小牛犊则值1/6头牛，一头成年骆驼值两匹马，两岁的比较年轻的骆驼值一匹马，而一岁大的小骆驼值马的1/2，一只山羊或绵羊都只值马的1/6（Kosarev 1991：37）。

[12] E. 库兹米娜对这些问题进行了探讨：①安德罗诺沃文化综合体与那些操伊朗语的塞迦人和萨夫罗马泰人之间的一些文化元素的演变关系；②安德罗诺沃文化传统可以在一些操伊朗语、印地语和其他（安德罗诺沃文化后裔）族群的文化中看到踪迹（例如高加索地区的奥塞梯、阿富汗的兴都库什山区和南亚次大陆北部和西北部地区的大型房屋建筑以及手制的陶器等）；③根据古代文献、历史传统以及语言学、民族志等材料复原的古代印度－伊朗语族的文化和经济类型被认为是与中央欧亚地区的情况相吻合的。

[13] 新沙迪里诺－Ⅶ聚落遗址是20世纪80年代由科罗齐科娃主持发掘的。除了数座房址，还发现了两个大型灰坑，内有很多陶器碎片、陶土块、动物骨骼以及支离破碎的人类骸骨。其中一个灰堆出土了分别属于13个个体的人类遗骨，它们分成几组与各种垃圾一道填在灰坑中。其中一些人的骸骨被狗啃咬过。这些骸骨当初是连着肌肉和软组织一起被包裹着扔进灰坑里的。这个聚落的葬俗显示当时的居民施行的是部分火葬或剔骨葬（Korochkova 1999）。

第四章

[1] 肯特遗址位于哈萨克斯坦中部、卡拉干达附近肯特山区的森林里。遗址面

积约15万平方米，发现大约100座房址。文化层厚1.2米。这个聚落实际上是由数个小型村落组成的。已发掘面积2632平方米，包括8座房址和一个“大的城”。出土了不少反映当时居民生活生产的器物。

第五章

[1] 本章主要是根据我与G. 别尔吉科娃、S. 库兹米尼赫为2000年10月在（瑞典）乌普萨拉举办的“欧亚地区铁器起源”学术会议准备的论文撰写的，论文题目为“铁器在中央欧亚北部地区的起源”（Introduction of iron in Central-Northern Eurasia）。

[2] 这些数据主要依据下列学者的著述：竖穴墓文化——Bogdanov 1995；Grakov 1958；Morgunova 2000；Morgunova & Kravsov 1994；Porakh 1999；Vasily'ev 1980。洞室墓文化——Shramko & Mashkarov 1993。阿凡纳谢沃文化——Gryaznov 1999；Stepanova 1997。

[3] 这些数据主要出自下列资料：Bolshov 1988；Kakhovski 1983；Kazakov 1994；Khalikov 1977；Patrushev 1984，1990。

第六章

[1] 20世纪50—80年代，俄罗斯学者根据社会发展阶段理论对游牧社会进行过比较详实的探讨（Akishev 1972；Gryaznov 1957；Rudenko 1961），认为游牧社会经历了三个阶段：①在村庄附近放牧；②在牧场的不同区域来回移动放牧；③季节性转换不同牧场的游牧。后来的研究表明实际上向游牧社会过渡是有很多不同形式的，放牧的方式也多种多样，完全不符合上述三阶段假说（Masanov 1995；Shamiladze 1982）。

[2] 这个术语符合匈牙利人的早期历史。匈牙利人，又称马扎尔人（祖先曾经是乌拉尔地区森林-草原地带操原始乌戈尔语、以渔猎为生的居民，与曼西人关系密切，后在欧亚草原游牧民族影响下转变成了游牧民族。——译者注），他们从东往西迁徙并占领了喀尔巴阡山盆地地区（潘诺尼亚草原），这个阶

段相当于匈牙利起源传奇中的“征服阶段”或“创建新家园”时期（9世纪末）。我们知道匈牙利人的祖先是从外乌拉尔地区的老家经历了几段时期的“旅程”才来到今天匈牙利这片国土的。他们首先在乌拉尔山脉南部西侧和卡马河下游地区建立了所谓“大匈牙利”（Magna Hungaria，500—700年）；第二个阶段即马扎尔人占据着（被拜占庭史料称为）“列维底亚”（Levedia）这片地区（700—850年），位于顿河流域，当时的马扎尔人曾经臣服于强大的（突厥）可萨汗国（Khazars）；第三个阶段即马扎尔人迁徙到（拜占庭人称为）“艾特尔科茨”（Etelkoze）这个地方（850—890年），大致位于第聂伯河下游到德涅斯特河一带。他们从那里不断往西去劫掠，并形成了早期的匈牙利王国（Fodor 1975）。

[3] 所谓“游牧生产方式”可以追溯到马尔科夫的著作，他将此归纳为几个特征：①生产具有自给自足的自然特色；②社会内部手工业和贸易分工不明显；③只有在社区协作、互助和共同劳动时才会出现劳动分工；④物质生产完全是在家庭或家族内部完成的；⑤个人与社区、环境、动物、生活方式、劳工圈、物质和精神方面的文化都表现出紧密的（综合）联系；⑥劳动力的增长与环境的“承受能力”是需要协调一致的；⑦社会分层具有普遍性但也有自发性；⑧财产、依附（从属）和剥削等占了主要地位；⑨行政之类的组织机构不健全（Markov 1976）。

[4] 历史记载最早的符合这种制度的是由蒙古和外贝加尔草原游牧部落所组成的匈奴帝国（公元前3—公元1世纪）。匈奴帝国分成中央本部和左右两翼共三个部分，由最高首领（单于）及其近亲统治，其中左翼往往由单于的长子即太子统领（左贤王。——译者注）。单于拥有最高的权力。单于和左右贤王以下，匈奴的等级制度还包括各个部落的酋长和长老。军队是按照十进制编成的：以“千骑”为单位编成作战单位，首长由部落酋长充任；“千骑”以下又分别有“百人队”和“十人/什队”，分别由不同级别的氏族首领担任长官。这种等级制度具有军民两用的特点（Kradin 2001）。（后来的）蒙古社会也有同样的制度。

[5] 例如，早期萨尔马泰文化有自己对应的考古学文化——普罗科洛沃文化。20年前，从伏尔加河到外乌拉尔这片地区的文化曾被认为是相同的，被赋予统一的萨夫罗马泰文化，后来人们将它们细分成几个本地性的亚文化，并且发现它们不完全与历史上的萨夫罗马泰人有关。由此也引发俄罗斯学术界对"考古学文化""时期"（有"萨尔马泰时期"这个术语）以及"文化和历史实体"等概念及其从属关系进行了详细的讨论（Moshkova 1988）。

[6] 我们对待（古希腊）希罗多德的《历史》这部著作特别是其中有关"蛮族"的记载都持谨慎的态度，这些叙述颇具争议性，它们包含了早期的一些历史传统和民间传说，有些很可能远离史实。

[7] 学术界一般都认为古希腊人所称的"塔内斯河"就是顿河，不过还有其他解释。

[8] 托尔斯托夫（Tolstov 1948）认为这些历史事件是匈奴人深思熟虑地与巴克特里亚君主结盟以对付强大的月氏人的结果。

[9] 斯基泰时期内部也可以分成两个阶段：①早期斯基泰（公元前7—前6世纪），②古典（全盛）斯基泰阶段（公元前5—前4世纪）。此外，关于欧洲地区斯基泰人的年代序列和历史分期也有不少其他观点（Alexeyev 2004）。

[10] 塔斯莫拉文化的情况倒是很符合这个定义。传统认为在坟包上垒有八字胡形石块的库尔干古坟正是这个文化的主要标志（Davis-Kimball et al. 1995）。对这种古坟进行的最新的大规模考古发掘结果却显示它们的年代是比较晚的（公元500年以后），属于晚期的"色楞塔什斯基类型"（Selentashskii type）的游牧文化。原因是一些属于公元前7—前3世纪的塔斯莫拉文化标准的库尔干古坟的材料在中古时期又被游牧民重新利用了（Botalov 2000; Tairov 1999）。

[11] 那时候哈萨克斯坦北部和外乌拉尔南部地区7月的平均气温要比今天低1—1.5摄氏度。

第七章

［1］这两个较晚的集团构成了伏尔加芬种人。

［2］芬兰－彼尔姆语支又分成东部的彼尔姆语和西部的伏尔加芬种人的语言。

［3］芬兰－乌戈尔语族居民的历史在苏联时代就获得了考古学、民族学和语言学工作者长期的关注和研究。他们主要对乌拉尔西侧地区、从青铜时代到历史记载时期文化的总体进程做出了很多研究成果（比较全面的研究文献资料可见Goldina 1999；Hajdu 1985；Napolskikh 1997）。

［4］根据奥斯塔尼娜（Ostanina 1997）的介绍，按照盖宁（Gening 1967）的研究，切甘达亚文化的最后阶段是与一个单独的叫作“马祖宁斯卡文化”（Mazuninskaya culture）相关。马祖宁斯卡文化遗址的数量是切甘达和喀拉－阿比兹这两个文化遗址数量之和的3.3倍（Ostanina 1997：85）。

［5］这一组遗址也被认为属于阿兹里诺文化（Azelino culture，公元前5—前3世纪），盖宁对此有详述（Gening 1963）。

［6］“民族大迁徙运动”是用来描述4—8世纪欧亚地区发生的一系列民族迁徙事件的特定术语。其结果是“蛮族”的一批前锋如萨尔马泰人、哥特人、匈人和日耳曼人等涌入罗马帝国境内。

第八章

［1］关于外乌拉尔地区各种陶器传统更详细的叙述可参考斯韦特兰娜·沙拉波娃的研究（Sharapova 2004）。

［2］欧亚北方针叶林地区的文化不在本书讨论范围。

［3］我们需要强调的是西西伯利亚地区与中亚地区之间的文化互动模式一直持续到历史记载时期。

［4］长久以来，马克思主义考古学者一直使用“军事民主制”这个概念来称呼史前社会晚期阶段，我们认为这个概念并不适用于所有还没有达到早期国家阶段的过渡型社会的各种形态。20世纪70年代，一些苏联学者在探讨前国家阶段的晚期史前社会的发展和演变时，他们接受和发展了作为社会和政治组织

中间状态的“酋邦”这个概念（Khazanov 1979；Vsilyev 1981；Kradin 1992；Berezkin 1995），他们认为一个社会只有剩余产品保持稳定增长时才能过渡到酋邦阶段。酋邦社会是基于社会分层的，但是它的结构仍由氏族关系决定。从分类角度看，酋邦可视为一种“军事-等级”社会，它是处在俄罗斯学界传统划分的“军事民主制”或“部落联盟”（enthnopotestal union）之后的阶段（Kubbel 1988）。不过还是有些学者认为它仍然属于军事民主制的一个阶段（Gulyaev 1987）。

[5] 根据历史记载，古代突厥人（中国史料称之为“突厥”和“铁勒”）与北匈奴的一些部落有关。6世纪初，突厥人的各个部落统一成第一个国家——突厥汗国，从此，突厥语各部族主要分布在西西伯利亚、哈萨克斯坦和中亚地区。不过有学者认为早期突厥语民族在公元前最后几个世纪到公元初年就已经出现在这些地区了（Okladnikov 1968）。

[6] 大型的复合弓通常需要两副兽骨或角片来加固弓身和两臂。这样的复合弓身长1.3米左右。

[7] 这里我们没有描述库莱文化，因为它不在本书所探讨的地区范围。库莱文化主要分布在西伯利亚北部鄂毕河流域的针叶林地带。其文化标志是一种非常特殊的具有复杂模印装饰的陶器。

第九章

[1] 有些资料可以证实阿巴舍沃文化的居民到过森林-山地地带，不过多半是零星的而不是持续性的（移民）活动。

[2] 尽管有关切里卡斯库文化的研究还有不少没有解决的问题，但是它往南部地带的扩展是得到很多考古资料证实的。

[3] 这里使用“平等”这个术语时是相对性的，因为我们相信不平等才是人类社会生活的“常态”。通过对大量民族志材料分析研究，奥尔佳·阿尔捷莫娃认为人类社会的早期或起始阶段并不是人人平等的（Artemova 1993）。有证据显示在旧石器时代和现代尚存的看起来完全不是复杂社会的部落居民中也

存在着不平等的现象。

[4] 正如前文提到，古气候学家的研究显示公元前1500—前1000年这里并没有发生严重的生态环境变化。

[5] 唯一例外就是这些具有纪念意义的建筑，关于其实用功能学界仍然在探讨之中。

[6] 位于鄂毕河上游的米洛瓦诺沃聚落遗址出土了一批伊尔门文化类型的、具有不少谷物和小米（粟）印迹的陶器，还发现了成套的石磨盘和磨棒。

[7] 西西伯利亚森林地带居民的民族志资料向我们展现了一种特殊的集体狩猎活动[当地叫作“波科卢加”（Pokoluga）]。猎人们分组守候在猎物过河的地方进行伏击（Matushchenko 1999a: 113）。史前岩画（一些相关画面）和考古发掘的狩猎工具都可以证明这一点。

[8] 除了动物和鱼类的骨骼，渔猎活动使用的工具在北部针叶林地带的聚落遗址中也很常见。

[9] 在土克–依姆托尔（Tukh-Emtor）Ⅳ遗址可见明显的捕鱼专业化遗迹，这里出土了大量鱼骨和渔网的网坠儿（Matushchenko 1999a：104）。

[10] 这些遗址文化层出土的人工制品非常简朴。

参考文献

Abyaev, V. I. 1949. *Osetinsky yazyk i folklore.* Moscow-Leningrad: AN SSSR.

Agapov, S. A., I. B. Vasily'ev, O. V. Kuzmina, & A. P. Semenova. 1983. Srubnaya kultura lesostepnogo Povolzhy'a. In *Bronze Age cultures of eastern Europe*, ed. S. A. Agapov. Kuibyshev: Kuibyshev Pedagogical University: 6–58

Ageyev, B. B. 1992. *Pyanoborskaya kultura.* Ufa: Nauka.

Akimova, M. S. 1963. Paleoantropologicheskiye materialy iz Balanovskogo mogilnika. In *Balanovski mogilnik. Iz istoriyi lesnogo Povolzhy'a v epokhu bronzy*, ed. O. N. Bader. Moscow: Academy of Science Press: 322–362.

Akishev, K. A. 1972. K probleme proiskhozhdeniya nomadisma v aridnoi zone drevnego Kazakhstana. In *Poiski i raskopki v Kazakhstane*, ed. K. A. Akishev. Alma-Ata: Nauka: 31–46.

Alabin, P. V. 1859. Ananyinski mogilnik. *Vyatskiye gubernskiye vedomosti* 27–30.

———. 1860 Ananyinski mogilnik. *Vestnik Imperatorskogo Russkogo geograficheskogo obshchestva* 29.

Alexandrovsky, A. L. 2003. *Paleoklimaty golotsena po dannym izucheniya pogrebennykh pochv stepnoi zony.* Paper presented to the Chteniya, posvyashchennyie 100-letiyu deyatelnosti V. A. Gorodtsova v Gosudarstvennom Istoricheskom Muzeye, Moscow, 2003: 192–3.

Alexeyev, A. Y. 2003. *Khronologiya Evropeiskoi Skifiyi.* St. Petersburg: The Hermitage Publishing House.

———. 2004. Some chronological problems of European Scythia: archaeology and radiocarbon. In *Impact of the Environment on Human Migration in Eursaia*, ed. E. Marian Scott, A. Y. Alekseyev, A. Y., & G. Zaitseva. London: Kluwer Academic Publishers: 9–20.

Alexeyev, V. A., & E. F. Kuznetsova. 1983. Kenkazgan – drevniy rudnik Tsentralnogo Kazakhstana. In *Sovetskaya arkheologoya* 2: 203–12.

Andreyeva, E. G., & A. G. Petrenko. 1976. Drevniye mlekopitayushchiye po arkheologicheskim materialam Srednego Povolzh'ya i Verkhnego Prikamy'a. In *Iz arkheologiyi Volgo-Kamy'a*, ed. A. K. Khalikov. Kazan: Institute of Language, Literature and History: 176–90.

Andreyeva, T. G. 1967. Zhivotnye Prikamy'a anannyinskogo vremeni po ostatkam iz arkheologocheskikh pamyatnikov. *Uchenye zapiski Permskogo Gosudarstvennogo Universiteta* 148: 171–86.

Andrianov, B. V. 1968. Khozyaistevennokulturnyje tipy i istoricheskii protsess. *Sovetskaya etnografiya* 2: 5–20.

Anthony, D. V., & D. R. Brown. 2003. Eneolithic Horse Rituals and Riding in the Steppe: New Evidences. In *Prehistoric Steppe Adaptation and the Horse*, ed. M. G. Levin, C. Renfrew, & K. Boyle. Oxford: McDonald Institute for Archaeological Research: 55–65.

Antipina, E., & A. Morales. 2003. Srubnaya Faunas and Beyond: a Critical Assesment of the Archaeozoological Information from the East European Steppe. In *Prehistoric Steppe Adaptation and the Horse*, ed. M. G. Levin, C. Renfrew, & K. Boyle. Oxford: McDonald Institute for Archaeological Research: 329–51.

Aronsson, K., & S.-D. Hedman. 2000. Intercultural contacts among Eurasian Pastoral Nomads. The Case of Northern Fennoscandia. In *Kurgans, Ritual Sites, and Settlements:*

Eurasian Bronze and Iron Age, ed. J. Davis-Kimball, E. M. Murphy, L. Koryakova, & L. T. Yablonsky. BAR International Series 890. Oxford: Archaeopress: 185–93.

Artamonov, M. I. 1972. Skifskoje tsarstvo. *Sovetskaya arkheologiya* 3: 56–67.

Artemova, O. Yu. 1993. Pervobytnyi egalitarizm I ranniye formy sotsialnoi differentsitsiyi. In *Ranniye formy sotsialnoi differentsiatsiyi*, ed. V. A. Popov. Moscow: Nauka: 40–70.

Arutyunov, S. A. 1989. *Narody i kultury: razvitiye i vzaimodeistviye*. Moscow: Nauka.

Aruz, J., A. Farkas, A. Alexeyev, & E. Korolkova. (eds.) 2000. *The Golden Deer of Eurasia*. New York: The Metropolitan Museum of Art and Yale University Press.

Ashikhmina, L. I. 1987. Klad s Buiskogo gorodishcha. In *Novyje arkheologicheskiye issledovaniya na territoriyi Urala*, ed. R. D. Goldina. Izhevsk: Udmurt University: 25–50.

———. 1992. *Rekonstruktsiya predstavlenij o mirovom dereve u naseleniya Severnogo Priuraly'a v epokhu bronzy i rannego zheleza*. Syktyvkar: Komi center of RAS.

Aspelin, J. 1877. Antiquitès du Nord Finno-ougrien. *Travaux de la 3-e-session du Congres Intern. Des Orientalistes* II.

Avanesova, N. A. 1979. Problema istoriyi andronovskogo kulturnogo yedinstva. Ph.D. dissertation: Moscow: Moscow State University.

———. 1991. *Kultura pastusheskikh plemen epokhi bronzy Asiatskoi chasti SSSR (po metallicheskim izdeliyam)*. Taskent: Fan.

Bader, O. N. 1964. *Drevneishiye metallurgi Priuraly'a*. Moscow: Nauka.

Bader, O. N., & A. K. Khalikov. 1987. Balanovskaya kultura. In *Epokha bronzy lesnoi polosy SSSR*, ed. O. N. Bader, D. A. Krainov, & M. F. Kosarev (Arkheologiya SSSR). Moscow: Nauka: 76–83.

Bader, O. N., D. A. Krainov, & M. F. Kosarev. (eds.) 1987. *Epokha bronzy lesnoi polosy SSSR* (Arkheologiya SSSR). Moscow: Nauka.

Bagautdinov, R. S., L. N. Zhigulina, L. V. Kuznetsova, N. P. Salugina, & V. A. Skarabovenko. 1979. Raboty Kuibyshevskogo universiteta na novostroikakh Srednego Povolzhy'a. In *Arkheologicheskiye otkrytiya 1978 g.*, ed. B. A. Rybakov. Moscow: Nauka: 156–7.

Baiburin, A. K. 1981. Semioticheskij status veshchei i mifologiya. *Sbornik muzeya antropologiyi in etnografiyi, ANSSSR*, XXXVII: 200–20.

———. 1983. *Zhilishche v obryadakh i predstaveniyakh vostochnykh slavyan*. Leningrad: Nauka.

Balabanova, M. A. 2000. Dinamika kraniologiyi kochevnikov Yuzhnogo Priuraly'a i Niznego Povolzhy'a v VI-I vv. do n.e. In *Rannesarmatskaya kultura: formirovaniye, razvitiye, khronologiya*, ed. V. N. Myshkin. Samara: Samarski Nauchnyi Tsentr RAN: 95–104.

Barfield, T. J. 1991. Inner Asia and Cycles of Power in China's Imperial Dynastic History. In *Rulers from the Steppe: State Formations on the Eurasian Periphery*, ed. G. Seamon, & D. Marks. Los Angeles: Ethnographic Press: 21–62.

Bartseva, T. I. 1981. *Tsvetnaya metalloobrabotka skifskogo vremeni*. Moskow: Nauka.

Bel'tikova, G. V. 1986. Itkulskoye I gorodishche – mesto drevenego metallurgicheskogo proizvodstva. In *Problemy Uralo-Sibirskoi arkheologiyi*, ed. V. Kovaleva. Sverdlovsk: Ural State University: 63–79.

———. 1993. Razvitiye itkulskogo ochaga metallurgii. In *Voprosy arkheologiyi Urala*, ed. V. Kovaleva. Ekaterinburg: Ural State University: 93–108.

———. 1997. Zauralskii ochag metallurgiyi: Ph.D. dissertation: Moscow, Institute of Archaeology RAS.

———. 2002. Itkulskij ochag metallurgiyi: orientatsiyi, svyazi. *Uralski istoricheskj vestnik* 8: 142–63.

Benecke, N., & v.d. Driesch. 2003. Horse Exploitation in the Kazakh Steppes during the Eneolithic and Bronze Age. In *Prehistoric Steppe Adaptation and the Horse*, ed. M. G. Levin, C. Renfrew, & K. Boyle. Oxford: McDonald Institute for Archaeological Research: 69–82.

Berestenev, S. I. 1994. Poseleniye Tarantsevo i vopros o naseleniyi Dneprovskogo lesostepnogo mezhdurechy'a v nachale rannego zheleznogo veka. *Rossijskaya arkheologiya* 3: 121–9.

Berezanskaya, S. S. 1982. *Severnaya Ukraina v epokhu bronzy*. Kiev: Naukova Dumka.

Berezanskaya, S. S., & Y. P. Gershkovich. 1983. Andronovskie elementy v srubnoi kul'ture na Ukraine. In *Bronzovyi vek stepnoi polosy Uralo-Irtyshskogo mezhdurech'ya*, ed. G. B. Zdanovich. Chelyabinsk: Chelyabinsk State University: 100–10.

Berezkin, Y. E. 1995. *Arkaim kak tseremonial'nyi tsentr: vzglyad amerikanista*. Paper presented to the Konvergetsiya i divergentsiya v razvitiyi kultur epokhi eneolita – bronnzy Srednei i Voctochnoi Evropy, Saratov, 1995: 29–39.

Berseneva, N. 2005. *Pogrebalnaya obryadnost naseleniya srednego Priirtyshy'a v epokhu rannego zheleza: sotsialnye aspecty*. Ekaterinburg: Institite of history and Archaeology of RAS.

Besedin, V. I. 1995. O khronologiyi Pepkinskogo kurgana. *Rossijskaya archeologiya* 3: 197–200.

Bichurin, N. Y. 1953a. *Sobraniye svedenij o narodakh, obitavshikh v Srednei Aziyi v drevniye vremena* I. Moscow-Leningrad: Academy of Science Press.

———. 1953b. *Sobraniye svedenij o narodakh, obitavshikh v Srednei Aziyi v drevniye vremena* II. Moscow: Academy of Science Press.

———. 1953c. *Sobraniye svedenij o narodakh, obitavshikh v Srednei Aziyi v drevniye vremena* III. Moscow-Leningrad: Academy of Science Press.

Bidzilya, V. I., G. A. Voznesenskaya, D. P. Nedopako, & S. V. Pan'kov. 1983. *Istoriya chernoi metallurgiyi na terripotoriyi USSR*. Kiev: Naukova Dumka.

Bobrov, V. V., T. A. Chikisheva, & Y. A. Mikhailov. 1993. *Mogilnik epokhi pozdnei bronzy Zhuravlevo-4*. Novosibirsk: Nauka.

Bochkarev, V. S. 1978. Pogrebeniya liteishchikov epokhi bronzy. In *Problemy arkheologiyi* 2. Leningrad: Leningrad State University: 30–52.

———. 1991. Volgo-Uralskij ochag kulturogeneza epokhi pozdnei bronzy. In *Sotsiogenez i kulturogenez v istoricheskom aspekte*, ed. V. M. Masson. St. Petersburg: Institute for History of Material Culture: 24–7.

———. 1995a. Karpato-dunaiskii i Volgo-Ural'skii ochag kul'turogeneza epokhi bronzy. In *Konvergetsija i divergentsija v razvitii kul'tur epohi eneolita – bronnzy Sredney i Voctochnoi Evropy*, ed. V. S. Bochkarev. St. Petersburg: Institute for History of Material Culture: 18–29.

———. 1995b. Kulturogenez i razvitiye metalloproizvodstva v epokhu pozdnei bronzy (po materialam yuzhnoi poloviny Vostochnoi Evropy). In *Drevniye indoiranskiye kultury Volgo-Uraly'a*, ed. I. B. Vasily'ev. Samara: Samara Pedagogical University: 114–23.

Bogatkina, O. G. 1992. Ostatki mlekopitaushchikh iz raskopok gorodishcha Sorochyi Gory. In *Arkheologicheskiye pamyatniki zony vodokhranilishch Volgo-Kamskogo kaskada*. Kazan: Kazan State University: 76–85.

Bogdanov, S. V. 1990. Parnye pogrebeniya drevneyamnoy kultury s raschlenyonnymi kostyakami. In *Arheologiya Volgo-Uralskikh stepei*, ed. G. Zdanovich. Chelyabinsk: Chelyabinsk University: 48–60.

———. 1995. *Otchet ob okhrannykh raskopkakh v Orenburgskoi oblasti v 1995 g*. Arkhiv Instituta arkheologiyi. Manuskript.

———. 1998. Bol'shoy Dedurovskiy Mar. In *Arheologicheskie pamyatniki Orenburzhya*, ed. N. L. Morgunova. Orenburg: DIMUR: 48–60.

———. 1999. Drevneishiye kurgannyje kultury stepnogo Priuraly'a: problemy kulturogeneza. Ph.D. dissertation: Ufa, Institute of History, Language and Literature.

———. 2000a. Drevneyamnyj nekropol v okrestnostyakh s. Grachevka. In *Arkheologicheskiye pamyatniki Orenburzhy'a* V, ed. N. L. Morgunova. Orenburg: "Orenburgskaya guberniya": 11–26.

———. 2000b. Materialy tipa Kasimcha-Suvorovo iz okrestnostej Novoorska v sisteme eneoloticheskikh drevnostej Vostochnoi Evropy. In *Kulturnoye naslediye stepei*, ed. S. V. Bogdanov. Orenburg: "Orenburgskaya guberniya": 8–28

———. 2000c. Problemy formirovaniya drevneishikh kurgannykh kultur vostoka Yuzhno-Russkikh stepei. In *Problemy izucheniya eneolita i bronzovogo veka Urala*, ed. S. Zasedateleva. Orsk: Institute for Studies of Eurasian Steppe: 10–6.

———. 2001. *Pershinski kurgannyi mogilnik*. Paper presented to the XV Uralskoye arkheologicheskoye soveshchaniye, Orenburg, 2001: 64–7.

———. 2004. *Epokha medi stepnogo Priuraly'a*. Ekaterinburg: Ural Branch of Russian Academy of Sciences.

Bogdanov, S. V., & M. F. Khalyapin. 2000. Pogrebalnye pamyatniki pokrovskoi epokhi v stepnom Priuraly'e. In *Kulturnoye naslediye stepei severnoi Evraziyi*, ed. A. L. Chibilyev. Orenburg: The Institute of Steppe Studies: 44–56.

Bogdanov, S. V., A. U. Kravtsov, & N. L. Morgunova. 1992. Kurgany drevneyamnoi kultury v levoberezhye r. Ural. In *Drevnaya istoria naseleniya Volgo-Uralskikh stepei*, ed. A. Sinyuk. Orenburg: Orenburg Pedagogical Institute: 80–91.

Bokovenko, N., & I. Zasetskaya. 1994. *The Origin of Hunnish cauldrons in East-Europe*. Paper presented to the The Archaeology of

the Steppes: Methods and Strategies. Naples, 1994: 701–24.
Bokovenko, N. A. 1996. Asian Influence on European Scythia. *Ancient Civilizations from Scythia to Siberia* III (1): 97–122.
———. 2004. Migrations of early nomads of the Eurasain steppe in the context of climatic changes. In *Impact of the Environment on Human Migration in Eursaia*, ed. G. Zaitseva. London: Kluwer Academic Publishers: 21–34.
Bokovenko, N. A., & I. P. Zasetskaya. 1993. Proiskhozhdeniye kotlov "gunnskogo" tipa Vostochnoi Evropy v svete problemy khunno-gunnskikh svyazei. *Peterburgskii arkheologicheski vestnik* 3: 80–9.
Bolshov, S. V. 1988. *Mogilnik na ostrove Mol'bishchenski: Katalog arkheologicheskikh kollektsii.* Yoshkar-Ola: Marijski Muzei.
Bondarenko, D. M., A. V. Korotayev, & N. N. Kradin. 2003. Introduction: Social Evolution, Alternatives, and Nomadism. In *Nomadic Pathways in Social Evolution*, ed. T. J. Barfield, D. M. Bondarenko, & N. N. Kradin. Moscow: Center for Civilizational and Regional Studies RAS.
Borzunov, V. A. 1992. *Zauraly'e na rubezhe bronzovogo i zheleznogo vekov (gamayunskaya kultura).* Ekaterinburg: Ural State University.
Borzunov, V. A., & G. V. Bel'tikova. 1999. Stoyanka abashevskikh metallurgov v gornolesnom Zauraly'e. In *120 let arkheologiyi vostochnogo sklona Urala*, ed. V. T. Kovaleva. Ekaterinburg: Ural State University: 43–52.
Botalov, S. V. 2000. Pozdnyaya drevnost i srednevekovy'e. In *Drevnyaya istoriya Yuzhnogo Zaural'ya*, ed. N. O. Ivanova Chelyabinsk: South Urals State University: 208–88.
Botalov, S. V., S. A. Grigory'ev, & G. B. Zdanovich. 1996. Pogrebalnyje kompleksy epokhi bronzy Bolshekaraganskogo mogilnika. In *Materialy po arkheologiyi i etnografiji Yuzhnogo Urala*, ed. A. D. Tairov. Chelyabinsk: Kamennyi Poyas: 64–88.
Bozi, F. 2002. Sarmaty v I v. do n.e. – II v. n.e. po dannym antichnykh istochnikov. In *Statisticheskaya obrapotka porebalnykh pamyatnikov Aziatskoi Sarmatiyi. Srednesarmatskaya kultura*, ed. M. G. Moshkova. Moscow: Institute of Archaeology RAS: 8–12.
Bradley, R. 1991. The pattern of change in British prehistory. In *Chiefdoms: Power, Economy and Ideology*. Cambridge: Cambridge University Press: 44–70.
Bromlei, Y. V., L. S. Kubbel, & V. A. Shnirelman (eds.) 1988. *Istoriya pervobytnogo obshchestva. Epokha klassoobrazovaniya* (3). Moscow: Nauka.
Buinov, Y. V. 1980. O khozyaistve plemen bondarikhinskoi kultury. *Vestnik Kharkovskogo universiteta* 201: 94–100.
Bunatyan, E. P. 1985. *Metodika sotsialnykh reconstructsii v arheologiyi po materialam skifskikh mogilnikov 4–3 vekov do n.e.* Kiev: Naukova Dumka.
Bytkovski, O. F., & V. V. Tkachev. 1996. Pogrebalnyje kompleksy srednego bronzovogo veka iz Vostochnogo Orenburzhy'a. In *Arkheologicheskiye pamyatniki Orenburgy'a*, ed. N. L. Morgunova. Orenburg: Orenburg Pedagogical Institute: 68–84.
Carneiro, R. 1981. The Chiefdom: Precursor to the State. In *The transition to Statehood in the New World*, ed. G. Jones, & R. Kautz. Cambridge: Cambridge University Press: 37–79.
Carpelan, C., & A. Parpola. 2001. Emergence, Contacts and Dispersal of Proto-Indo-European, Proto-Uralic and Proto-Aryan in Archaeological perspective. In *Early Contacts Between Uralic and Indo-European: Linguistic and Archaeological Considerations*, ed. C. Carpelan, A. Parpola & P. Koskikallio. Helsinki: Soumalais-Ugrilainen Seura: 55–150.
Cheboksarov, N. N., & I. A. Cheboksarova. 1971. *Narody, Rasy, Kultury*. Moscow: Nauka.
Chemyakin, Yu. P. 2000. Poselenie Korkino. In *Uralskaya istoricheskaya entsiklopediya.* Ekaterinburg: Akademkniga: 281–2.
Chernai, I. L. 1985. Tekstilnoye delo i keramika po materialam iz pamyatnikov eneolita-bronzy Yuzhnogo Zauraly'a i Severnogo Kazakhstana. In *Eneolit i bronzovyi vek Uralo-Irtyshskogo mezhdurechy'a*, ed. S. Y. Zdanovich. Chelyabinsk: Chelyabinsk State University: 93–109.
Chernikov, S. S. 1949. *Drevnaya metallurgija i gornoye delo Zapadnogo Altaya.* Moscow: Nauka.
———. 1960. *Vostochnyi Kazakhstan v epokhu bronzy* (Materialy i issledovaniya po arkheologii SSSR 88). Moscow-Leningrad: Academy of Science Press.
Chernykh, E. N. 1966. *Istoriya dreveneishei metallurgiyi Vostochnoi Evropy*. Moscow: Nauka.
———. 1970. *Drevneishaya metallurgiya Urala i Povolzhya.* Moscow: Nauka.
———. 1978. Metallurgicheskiye provintsiyi i periodizatsiya epokhi rannego metalla na

territoriyi SSSR. *Sovetskaya arkheologiya* 4: 53–81.

———. 1983. Problema obshchnosti kultur valikovoi keramiki v stepyakh Evrazii. In *Bronzovyi vek stepnoi polosy Uralo-Irtyshskogo mezhdurechy'a*, ed. G. B. Zdanovich. Chelyabinsk: Chelyabinsk State University: 81–99.

———. 1989. Metall i drevniye kultury: uzlovyje problemy issledovaniya. In *Estestvennonauchnyje metody i arkheologiya*, ed. E. Chernykh. Moscow: Nauka: 14–30.

———. 1992. *Ancient Metallurgy in the USSR. The Early Metal Age*. Cambridge: Cambridge University Press.

———. 1997a. *Kargaly – zabytyi mir*. Moscow: Nox.

———. 1997b. Kargaly-krupneishii gornometallurgicheskii tsentr Severnoi Evraziyi. *Rossijskaya arkheologiya* 1: 21–36.

Chernykh, E. N. (ed.) 2002. *Kargaly* (1). Moscow: Languages of Slavonic cultures.

Chernykh, E. N., S. A. Agapov, & S. V. Kuzminykh. 1989. Evraziiskaya metallurgicheskaya provintsiya kak sistema. In *Tekhnicheskii i sotzialnyi progress v epokhu pervobytno-obshchinnogo stroya*, ed. V. D. Viktorova. Sverdlovsk: Ural Division of RAS: 5–10.

Chernykh, E. N., L. I. Avilova, & L. B. Orlovskaya. 2000. *Metallurgicheskiye provintsiji i rediouglerodnaya khronologiya*. Moscow: Institute of Archaeology of RAS.

Chernykh, E. N., L. I. Avilova, L. B. Orlovskaya, & S. V. Kuzminykh. 2002b. Ancient metallurgy in the Circumpontic area: from unity to desintegration. *Rossijskaya arkheologiya* 1: 5–23.

Chernykh, E. N., & C. J. Easteo. 2002. The beginning of exploitation of Kargaly center: Radiocarbon dates. *Rossijskaya arkheologiya* 2: 44–53.

Chernykh, E. N., & S. V. Kuzminykh. 1987. Pamyatniki seiminsko-turbinskogo tipa v Evraziyi. In *Epokha bronzy lesnoi polosy SSSR*, ed. O. N. Bader. Archeologiya. SSSR. Moscow: Nauka: 84–105.

———. 1989. *Drevnyaya metallurgiya Severnoi Evraziyi (seiminsko-turbinskij fenomen)*. Moscow: Nauka.

Chernykh, E. N., S. V. Kuzminykh, E. Y. Lebedeva, S. A. Agapov, V. Y. Lun'ko, L. B. Orlovskaya, T. O. Teneishvili, & D. V. Val'kov. 1999. Arkheologicheskiye pamyatniki epokhi bronzy na Kargalakh (poseleniye Gornyi i drugiye). *Rossijskaya arkheologiya* 1: 77–102.

Chernykh, E. N., S. V. Kuzminykh, E. Y. Lebedeva, & V. Y. Lunkov. 2000b. Issledovaniye kurgannogo mogilnika u s. Pershino. In *Arkheologicheskye pamyatniki Orenburzhy'a* IV, ed. N. L. Morgunova. Orenburg: "Orenburgskaya guberniya": 63–75.

Chernykh, E. N., S. V. Kuzminykh, & L. B. Orlovskaya. 2004. Ancient Metallurgy of Northern Eurasia: From the Urals to the Sayano-Altai. In *Metallurgy in Ancient Eirasia from The Urals to the Yellow River*, ed. K. M. Linduff. Chinese Studies. Lewiston, Queenston, Lampeter: The Edwin Mellen Press: 15–36.

Chernykh, E. N., E. Y. Lebedeva, & S. V. Kuzminyh. 1997. K probleme istokov zemledeliya v Vostochnoi Evrope. In *Sabatinovskaya i Srubnaya Kultury: Problemy Vzaimosvyazei Vostoka*, ed. V. N. Klushintsev. Kiev-Nikolayev-Yuznoukrainsk: 27–8.

Chernykh, E. N., & L. B. Orlovskaya. 2004. Radiouglerodnaya khronologiya yamnoi obschnosti i istoki kurgannykh kultur. *Rossijskaya arkheologiya* 1: 84–99.

Chernykh, E. M. 1996. Kultovyi komplex Argyzhskogo gorodishcha na r. Vyatke. In *Svyatilishcha i zhertvennye mesta finno-ugorskogo naseleniya Evrazii*. Perm: 58–70.

Chernykh, E. M., V. V. Vanchikov, & V. A. Shatalov. 2002a. *Argyzskoye gorodishche na reke Vyatke*. Moscow: Institut komputernykh issledovanij.

Childe, V. G. 1927. *The Dawn of European Civilization*. London: Kegan, Paul, Trench, Trubner.

———. 1929. *The Danube in Prehistory*. Oxford: Oxford University Press.

Chindina, L. A. 1984. *Drevnaya istoriya Srednego Prioby'a v epokhu zheleza*. Tomsk: Tomsk State University.

Chlenova, N. L. 1955. O kulturakh bronzovoi epokhi lesostepnoi zony Zapadnoi Sibiri. *Sovetskaya arkheologiya* XXIII: 38–57.

———. 1981. Svyazi kultur Zapadnoi Sibiri s kulturami Priuraly'a i Severnogo Povolzhy'a. In *Problemy zapadnosibirskoi arkheologiyi. Epokha zheleza*, ed. T. N. Troitskaya. Novosibirsk: Nauka: 4–42.

———. 1994. *Pamyatniki kontsa epokhi bronzy v Zapadnoi Sibiri*. Moscow: Institute of Archaeology RAS.

———. 1997. *Tsentralnaya Azia i skify*. Moscow: Institute of archaeology RAS.

Corsdorf, J., H. Parzinger, & A. Nagler. 2004. C-14 dating of the Siberian steppe zone from Bronze Age to Scythian time. In *Impact of the Environment on Human Migration in Eurasia*, ed. E. Marian Scott, A. Y. Alexeyev, & G. Zaitseva. London: Kluwer Academic Publishers: 83–89.

Cribb, R. 1991. *Nomads in Archaeology* (New Studies in Archaeology). Cambridge: Cambridge University Press.

Daire, M.-Y., & L. N. Koryakova, ed. 2002. *Habitats et nécropoles de l'Age du Fer au carrefour de l'Eurasie*. Paris: Broccard.

Danilenko, V. N. 1974. *Eneolit Ukrainy: etnoistoricheskoe issledovanie*. Kiev: Naukova Dumka.

Davis-Kimball, J., V. Bashilov, & L. Yablonsky. (eds.) 1995. *Nomads of the Eurasian Steppe in the Early Iron Age*. Berkeley, CA: Zinat Press.

Degtyareva, A. D., S. V. Kuzminykh, & L. B. Orlovskaya. 2001. Metalloproizvodstvo petrovskikh plemen (po materialam poseleniya Kulevchi III). *Voprosy arkheologiyi, antropologiyi i etnografiyi* 3: 23–54.

Demkin, V. A., & I. V. Ivanov. 1985. *Razvitie pochv Prikaspiiskoi nizmennosty v golotsene*. Puchino: Nauchnyi tsentr biologicheskikh issledovanii.

Demkin, V. A., & T. S. Demkina. 1998. *Rol' prirodnoi sredy v zhizni rannikh kochenikov evraziiskikh stepei*. Paper presented to the Antichnaya tsivilizatsiya i varvarski mir, Krasnodar, 1998: 3–6.

———. 1999. O chem mogut povedat' stepnyie kurgany? *Donskaya arkheologiya* 1: 24–31.

Demkin, V. A., & Y. G. Ryskov. 1996. Paleoekologicheskiye usloviya sukhostepnogo Preduraly'a vo II tys. do n.e. – I tys. n.e. i ikh rol' v zhizni naseleniya bronzovogo i rannezheleznogo vekov. In *Kurgany levoberezhnogo Ileka*, ed. L. T. Yablonsky. Moscow: Institute of Archaeology RAS: 49–53.

Demkin, V. F. 1997. *Paleopochvovedeniye i arkheologiya: Integratsiya v izucheniii prirody i obshestva*. Pushchino: Nauchnyi tsentr biologicheskikh issledovanii.

Dergachev, V. A., G. I. Zaitseva, V. I. Timofeyev, A. A. Sementsov, & L. M. Lebedeva. 1996. Izmeneniya prirodnykh protsessov i radiouglerodnaya khronologiya arkheologicheskikh pamyatnikov. In *Arkheologiya i Radiouglerod*, ed. G. I. Zaitseva, V. V. Dergachev, & V. M. Masson. St. Petersburg: Institute for History of Material Culture: 7–17.

Dryomov, I. I. 2002. The Regional Differences in the Prestige Bronze Age Burials (Peculiarities of the Pokrovsk Group). In *Complex Societies of Central Eurasia from the 3rd to the 1st Millennium BC (Regional Specifics in Light of Global Models*, ed. K. Jones-Bley, & D. Zdanovich. Journal of Indo-European Studies Monograph Series 45. Washington, D.C.: Institute for Study of Man: 296–313.

Duryagin, V. V. 1999. Ozernyje geosistemy vostochnogo sklona Yuzhnogo Urala i ikh izmeneniye v zone tekhnogennogo vozdeistviya. Ph.D. dissertation: Perm, Perm University.

Dyakonova, V. P. 1980. Tuvintsy. In *Semeinaya obryadnost' narodov Sibiri*, ed. C. M. Gurvich. Moscow: Nauka: 113–19.

Efimova, S. G. 1991. *Paleoanthropogiya Povolzhy'a i Priuraly'a*. Moscow: Nauka.

Epimachov, A., & L. Korjakova. 2004. Streitwagen der eurasien Steppe in der Bronzezeit: Das Volga-Uralgebirge und Kasachstan. In *Rad und Wagen: Der Ursprung einer Innovation Wagen im Vorderen Orient und Europa*, ed. M. Fanca, & S. Burmeister. Oldenburg: 221–36.

Epimakhov, A. V. 1993. O khronologicheskom sootnosheniyi sintashtinskikh i abashevskikh pamyatnikov. In *Arkheologicheskiye kultury i kulturno-istoricheskiye obshchnosti Bolshogo Urala*, ed. I. B. Vasily'ev. Ekaterinburg: Nauka: 57–8.

———. 1995. Pogrebalnyje pamyatniki sintashtinskogo vremeni (arkhitekturno-planirovochnoye resheniye). In *Rossia i Vostok: Problemy vzaimodeistviya*, ed. G. B. Zdanovich. Chelyabinsk: Chelyabinsk State University: 43–7.

———. 1996. Demograficheskije aspekty sotsiologicheskikh rekonstruktsij (po materialam sintashtinsko-petrovskikh pamyatnikov). In *XIII Urailskoe arheologicheskoye soveshchaniye*, ed. V. A. Ivanov. Ufa: Vostochnyi Universitet: 58–60.

———. 2002a. Complex Societies and the Possibilities to Diagnoze them on the Basis of Archaeological Data: Sintashta type Sites of the Middle Bronze Age. In *Complex Societies of Central Eurasia from the 3rd to the 1st Millennium BC: Regional Specifics in Light of Global Models*, ed. K. Jones-Bley, & D. Zdanovich. Journal of Indo-European Studies Monograph Series 45. Washington, D.C.: Institute for Study of Man: 139–48.

———. 2002b. *Yuzhnoye Zauralye v period srednei bronzy*. Chelyabinsk: Southern Urals State University.

Erlikh, V. R. 2002a. The transition from the Bronze to the Iron Age in the North-West Caucasus (Raising a Problem) Part I. *Rossijskaya arkheologiya* 3: 26–38.

———. 2002b. The Transition from the Bronze to the Iron Age in the North-West Caucasus (Raising a Problem) Part II. *Rossijskaya arkheologiya* 4: 40–9.

Evdokimov, V. V. 1975. Novyje raskopki Alekseyevskogo poseleniya na r. Tobol. *Sovetskaya arkheologiya* 4: 163–72.

———. 1983. Khronologiya i periodizatsiya pamyatnikov Kustanaiskogo Pritoboly'a. In *Bronzovyi vek stepnoi polosy Uralo-Irtyshskogo mezhdurechy'a*, ed. G. B. Zdanovich. Chelyabinsk: Bashkir State University: 35–47.

———. 2000. *Istoricheskaya sreda epokhi bronzy stepej Tsentralnogo i Severnogo Kazakhstana*. Almaty: Institute of Archaeology of Kasakh Academy of Sciences.

Evdokimov, V. V., & E. R. Usmanova. 1990. Znakovyi status ukrashenii v pogrebal'nom obryade (po materialam mogilnikov andronovskoi kulturno-istoricheskoi obshchnjsti is Tsentralnogo Kazahstana). In *Arkheologiya Volgo-Uralskikh stepei*, ed. G. B. Zdanovich. Chelyabinsk: Chelyabinsk State University: 66–80.

Evdokimov, V. V., & V. G. Loman. 1989. Raskopki yamnogo kurgana v Karagandinskoi oblasti. In *Voprosy arkheologiyi severnogo i tsentpalnogo Kazakhstana*, ed. V. V. Evdokimov. Karaganda: Karaganda University: 34–46.

Fedorova-Davydova, E. A. 1964. K voprosu o periodizatsiyi pamyatnikov epokhi bronzy v Yuzhnom Priuraly'e. In *Arkheologiya i etnografiya Bashkiriyi* II, ed. R. G. Kuzeyev. Ufa: Baskirskii Tsentr RAS: 84–92.

———. 1973. K probleme andronovskoi kultury. In *Problemy arkheologiyi Urala i Sibiri*, ed. V. N. Chernetsov. Moscow: Nauka: 125–64.

Fodor, I. 1975. *In Search of a New Homeland: The prehistory of the Hungarian people and the Conquest*. Budabest: Corvina Kiado.

Formozov, A. A. 1951. K voprosu o proiskhozhdeniyi andronovskoi kultury. *Kratkiye soobshcheniya Instituta istoriyi materialnoi kultury* XXXIX: 3–15.

Gaiduchenko, L. L. 1993. Sootnosheniye ostatkov domashnikh i dikikh zhivotnykh iz kazakhskikh poselenij raznogo tipa XVIII–XX vv. In *Kochevniki Uralo-Kazakhstanskikh stepei*, ed. A. D. Tairov. Ekaterinburg: Nauka: 193–6.

———. 2002a. The Biological Remains from the Forified Settlements of the Country of Towns of the Trans-Urals. In *Complex Societies of Central Eurasia from the 3rd to the 1st Millennium BC: Regional Specifics in Light of Global Models*, ed. K. Jones-Bley & D. Zdanovich. Journal of Indo-European Studies Monograph Series 45. Washington, D.C.: Institute for Study of Man: 400–16.

———. 2002b. Nekotoryje biologicheskiye kharakteristiki zhivotnykh iz zhertvennykh komplexov kurgana 25 Bolshekaraganskogo mogilnika. In *Arkaim: Nekropolis*, ed. D. Zdanovich. Chelyabinsk: South Ural Press: 173–95.

———. 2002c. Opredeleniye konstitutsionnogo i khozyaistvennogo typa loshadi po arkheozoologicheskim ostankam. In *Arkaim: Nekropolis*, ed. D. Zdanovich. Chelyabinsk: South Ural Press: 189–95.

Gaiduchenko, L. L., & D. G. Zdanovich. 2000. Raschet velichiny biomassy I poyedayemoi massy tela kopytnykh v arkheoekologicheskikh issledovaniyakh. In *Arkeologicheski istochnik I modelirovaniye drevnikh tekhnologii*, ed. G. B. Zdanovich. Chelyabinsk: Arkaim-Chelyabinsk State University: 45–72.

Gavriluk, N. A. 1999. *Ekonomika Stepnoi Skifiyi. VI -III vv. do n. e.* Kharkov: Izdatelstvo PTF.

Gei, A. N. 1999. O nekotorykh simvolicheskikh momentakh pogrebalnoi obryadnosti stepnykh skotovodov Predkavkazy'a v epokhu bronzy. In *Pogrebalnyi obryad: rekonstruktsiya i interpretatsiya drevnikh ideologicheskikh predstavlenii*. Moscow: Vostochnaya Literatura: 78–113.

———. 2001. K voprosu ob urovne sotsialnogo razvitiya stepnykh skotovodov bronzovogo veka. In *Bronzobyi vek Vostochnoi Evropy: kharakteristika kultur, khronologiya i periodizatsiya*, ed. Yu. I. Kolev, P. F. Kuznetsov, & O. V. Kuzmina. Samara: Samara State Pedagogical University: 82–4.

Gening, V. F. 1963. *Azelinskaya kultura* (Voprosy arkheologii Urala 5). Izhevsk: Ural State University.

———. 1967. Gorodishche Cheganda-I v mazuninskoye vremya. *Voprosy arkheologiyi Urala* 7: 141–63.

———. 1977. Mogilnik Sintashta i problema rannikh indoiranskikh plemen. *Sovetskaya arkheologiya* 4: 53–73.

———. 1980. Oputyatskoye gorodishche – metallurgicheski tsentr kharinskogo vremeni v Prikamy'e. In *Pamyatniki epokhi srednevekovy'a v Verkhnem Prikamy'e*, ed. R. D. Goldina. Izhevsk: Izhevsk State University: 102–39.

———. 1988. *Etnicheskaya istoriya Zapadnovo Priuraly'a na rubezhe nashei ery*. Moscow: Nauka.

Gening, V. F., G. B. Zdanovich, & V. V. Gening. 1992. *Sintashta: arheologicheskiye pamyatniki ariyskikh plemen Uralo-Kazahstanskikh stepei*. Chelyabinsk: South Ural Press.

Gershkovich, Y. P. 1998. Etnokulturnyje svyazi v epokhu pozdnei bronzy v svete khronologichekogo sootnosheniya pamyatnikov. *Arkheologicheskij almanakh* 7: 61–92.

Gimbutas, M. 1965. *Bronze Age Cultures in Central and Eastern Europe*. The Hague: Mouton, & Co.

———. 1997. *The Kurgan Culture and the Indo-Europeanization of Europe: Selected Papers from 1952 to 1993*. In M. R. Dexter & K. Jones-Bley (eds.), Journal of Indo-European Studies Monograph Series 18. Washington, D.C.: Institute for the Study of Man.

Goldina, R. D. 1999. *Drevnyaya i srednevekovaya istoriya udmurtskogo naroda*. Izhevsk: Udmurt State University.

Gorbunov, V. S. 1986. *Abashevskaya kultura Yuzhnogo Priuraly'a*. Ufa: Bashkir State University.

———. 1992. *Bronzovyi vek Volgo-Uraliskoi lesostepi*. Ufa: Baskir Pedagogical Institute.

———. 1996. *Srubnaya kulturno-istoricheskaya obshchnost' – itogi i perspektivy isucheniya*. Paper presented to the XIII Ural'skoje arheologicheskoje soveshchanije, Ufa, 1996: 80–1.

Gorbunov, V. S., & Y. A. Morozov. 1991. *Nekropol epokhi bronzy Yuznogo Priuraly'a*. Ufa: Bashkirskoye kniznoye izdatelstvo.

Gorbunova, N. 1993/94. Traditional Movements of Nomadic Pastoralists and the Role of Seasonal Migrations in the Formation of Antient Trade Routes in Central Asia. *Silk Road Art and Archaeology*: 5–10.

Gorodtsov, V. A. 1916. *Kultury bronzovoi epokhi v Srednei Rossiyi*. Moscow.

Gosden, C. 1999. The organization of society. In *Companion Encyclopedia of Archaeology*, ed. G. Barker. London and New York: Routledge: 470–503.

Grach, A. D. 1980. *Drevniye kochevniki v tsentre Aziyi*. Moscow: Nauka.

Grakov, B. N. 1947. NAIKOKRATO MENOI (Perezhitki matriarkhata u sarmatov). *Vestnik drevnei istoriyi* 3: 100–21.

———. 1958. Stareishiye nakhodki zheleznykh veshchei v Evropeiskoi chasti SSSR. *Sovetskaya arkheologiya* 4: 3–9.

———. 1977. *Rannii zheleznyi vek*. Moscow: Moscow State University.

Grigory'ev, S. A. 2000a. Epokha bronzy. In *Drevnaya istoriya Yuzhnogo Zauraly'a. Kamennyi vek. Epokha bronzy*, ed. N. O. Iovavan. Chelyabinsk: Southern Urals State University: 222–442.

———. 2000b. Metallurgicheskoye proizvodstvo na yuzhnom Urale v epokhu srednei bronzy. In *Drevnaya istoriya Yuzhnogo Urala*, ed. N. O. Iovavan Chelyabinsk: Southern Urals State University: 444–600.

———. 2002. The Sintashta Culture and Indo-European Problem. In *Complex Societies of Central Eurasia from the 3rd to the 1st Millennium BC: Regional Specifics in Light of Global Models*, ed. K. Jones-Bley, & D. Zdanovich. Journal of Indo-European Studies Monograph Series 45. Washington, D.C.: Institute for Study of Man: 148–60.

Grigory'ev, S. A., & I. A. Rusanov. 1995. Experimentalnaya rekonstruktsiya drevnego metallurgicheskogo proizvodstva. In *Arkaim: Issledovaniya, poiski, otkrytiya*, ed. G. B. Zdanovich. Chelyabinsk: Center Arkaim: 147–58.

Gryaznov, M. P. 1927. *Pogrebeniya bronzovoi epokhi v Zapadnom Kazakhstane*. (Kazaki, V. 1). Leningrad: 179–221.

———. 1956. *Istoriya drevnikh plemen Verkhnei Obi* (Materialy i issledovaniya po arkheologiyi SSSR 48). Moscow: Nauka.

———. 1957. Etapy razvitiya khozyaistva skotovodcheskikh plemen Kazakhstana i Yuzhnoi Sibiri v epokhu bronzy. *Kratkie soobshcheniya Instituta Arkheologii SSSR* XXVI: 23–8.

———. 1980. *Arzhan – tsarskij kurgan ranneskifskogo vremeni*. Leningrad: Nauka.

———. 1983. Nachalnaya faza razvitiya skifo-sibirskikh kultur. In *Arkheologiya Yuznoi Sibiri*, ed. A. I. Martynov. Kemerovo: Kemerovo State University: 3–20.

———. 1999. *Afanasyevskaya kultura na Yenisee*. St. Petersburg: Dmitry Bulanin.

Gumilev, L. N. 1966. Istoki ritma kochevoi kultury Sredinnoi Aziyi:opyt istoriko-geographicheskogo sinteza. *Narody Aziji i Afriki* 4: 25–46.

———. 1986. Hunny v Aziyi i Evrope. *Voprosy istoriyi* 6: 67–78.

———. 1989. *Etnogenez i biosfera zemli*. Leningrad: Leningrad State University.

———. 1993a. *Hunnu: stepnaya trilogiya*. St. Petersburg: Taim-Aut – Compass.

———. 1993b. *Ritmy Evraziyi. Epokhi i tsivilizatsiyi*. St. Petersburg: Ekopros.

Gutsalov, S. Y. 1998. Kurgan ranneskifskogo vremeni na Ileke. In *Arkheologicheskiye pamyatniki Orenburzhy'a* II, ed. N. L. Morgunova. Orenburg: Demer: 136–42.

Hajdu, P. 1985. *Uralskiye yazyki I narody*. Moscow: Progress.

Hall, M. 1997. Towards an absolute chronology for the Iron Age of Inner Asia. *Antiquity* 71: 863–74.

Harding, A. 2000. *European Societies in the Bronze Age* (Cambridge World Archaeology). Cambridge: Cambridge University Press.

Heins, A. K. 1898. *Sobraniye literaturnykh trudov* II. St. Petersburg.

Herodotus. 1972. *History*. Leningrad: Nauka.

Hjarthner-Holdar, E., & C. Risberg. 1999. *Interaction between Different Regions in Sweden and Russia during the Late Bronze Age in the Light of the Introduction Iron Technology*. Paper presented to the Complex Societies of Central Eurasia in the Third to the First Millennia BC, Chelyabinsk-Arkaim, 1999: 300–02.

Ismagilov, R. 1988. Pogrebeniye Bolshogo Gumarovskogo kurgana v Yuzhnom Priuraly'e i problema proiskhozhdeniya skifskoi kultury. *Archeologicheski Sbornik Gosudarstvennogo Ermitazha* 29: 28–46.

Itina, M. A. 1961. Raskopki mogilnika tazabagy'abskoi kultury Kokcha 3. In *Mogilnik bronzovogo veka Kokcha 3*, ed. S. P. Tolstov. Materialy Khorezmskoi Expeditsiyi. Moscow: Academy of Science Press: 3–97.

———. 1963. Poseleniye Yakke-Parsan 2 In *Polevye issledóvanoya Khorezmskoi expeditsiyi v 1958–1961 gg.*, ed. S. P. Tolstov. Materialy Khorezmskoi Expeditsiyi. Moscow: Academy of Science Press: 107–29.

———. 1977. *Istoriya stepnykh plemen Yuzhnogo Priaraly'a*. Moscow: Nauka.

Ivanov, I. V. 1992. *Evolutsiya pochv stepnoi zony v Golotsene*. Moscow: Nauka.

———. 1995a. Mesto sarmatskoi epokhi v sisteme landshaftno-klimaticheskilh izmenenij golotsena. In *Problemy istoriyi i kultury sarmatov*, ed. A. S. Skripkin. Volgograd: Institute of Archaeology: 85–7.

———. 1996. *Osobennosti vzaimodeistviya prirody i obshchestva na granitse Evropy i Aziyi*. Paper presented to the Vzaimodeistviye cheloveka i prirody na granitse Evropy i Aziyi, Samara, 1996: 4–6.

Ivanov, I. V., & S. S. Chernyansky. 1996. Obshchiye zakonomernosti razvitiya chernozemov.

———. 2000. Voprosy arkheologicheskogo pochvovedeniya i nelotoryje rezultaty paleopochvennykh isledovanyi v zapovednike "Arkaim." In *Arkheologicheskyi istochnik i modelirovaniye drevnikh tekhnologyi*, ed. S. Y. Zdanovich. Chelyabinsk: Center "Arkaim," Institute of History and Archaeology of RAS: 3–16.

Ivanova, S. V. 2001. *Sotsialnaya struktura naseleniya yamnoi kultury Severo-Zapadnogo Prichernomorya*. Odessa: Odessa Pedagogical University.

Ivanov, V. A. 1995b. Dinamika "kochevoi stepi" v Uralo-Volzhskom regione v epokhu drevnosty i sredenvekovy'a. In *Kurgany kochevnikov Yuzhnogo Urala*, ed. B. B. Ageyev. Ufa: Gilem: 20–37.

———. 1999. *Drevniye ugro-mady'ary v Vostochnoi Evrope*. Ufa: Gimen.

Jones-Bley, K. 2002. Indo-European Burial, the "Rig Veda" and "Avesta". In *Complex Societies of Central Eurasia from the 3rd to the 1st Millennium BC: Regional Specifics in Light of Global Models*, ed. K. Jones-Bley, & D. Zdanovich. Journal of Indo-European Studies Monograph Series 45. Washington, D.C.: Institute for Study of Man: 68–81.

Kachalova, M. K. (ed.) 1993. *Pamyatniki srubnoi kultury. Volgo-Uralskoye mezhdurechy'e*. (Arkheologiya Rossiyi. Svod arkheologicheskikh istochnikov. B 1–10. I). Saratov: Saratov State University.

Kadyrbayev, M. K., & Z. Kurmankulov. 1992. *Kultura drevnikh skotovodov i metallurgov Sary-Arki*. Alma-Ata: Gylem.

Kakhovski, B. V. 1983. Issledovaniya arkheologicheskikh pamyatnikov Chuvashii. In *Novye issledovaniya po arkheologii i etnografii Chuvashii*, ed. V. P. Ivanov, & V. A.

Prokhorova. Cheboksary: Chuvash State University: 3–25.
Kaliyeva, S. S., G. V. Kolbin, & V. N. Logvin. 1992. Mogilnik i poseleniye Bestamak. In *Margulanovskiye chteniya*, ed. V. F. Zaibert. Petropavlovsk: Petropavlovsk Pedagogical Institute: 57–9.
Kazakov, E. P. 1994. Izmerski VII mogilnik. In *Pamyatniki drevnei istoriyi Volgo-Kamy'a*, ed. P. N. Starostin. Kazan: IYaLI ANT: 20–39.
Khabarova, S. V. 1993. K voprosu ob obryade sozhzheniya v alakulskoi pogrebalnoi traditsiyi (po materialam mogilnika Ermak-4). In *Kulturnogeneticheskiye protsessy v Zapadnoi Sibiri*. Tomsk: Tomsk State University: 47–9.
Khabdulina, M. K. 1994. *Stepnoye Priishimye v epokhu rannego zheleza*. Almaty: Gylym-Rakurs.
Khabdulina, M. K., & G. B. Zdanovich. 1984. Landchaftno-klimaticheskiye kolebaniya golotsena i voprosy kulturno-istoricheskoi situatsiyi v Severnom Kazakhstane. In *Bronzovyi vek Uralo-Irtyshskogo mezhdurechy'a*, ed. G. Zdanovich. Chelyabinsk: Chelyabinsk State University: 136–58.
Khaldeyev, V. V. 1987. Skol'ko bylo sarmatov?. *Sovetskaya arkheologiya* 3: 230–31.
Khalikov, A. K. 1977. *Volgo-Kamy'e v nachale epohi zheleza*. Moscow: Nauka.
———. 1990. K probleme preyemstvennosti archeologicheskikh kultur. In *Vzaimodeistviye drevnikh kultur Urala*, ed. V. A. Oborin. Perm: Perm State University: 4–8.
Khalikov, A. K., G. V. Lebedinskaya, & M. M. Gerasimova. 1966. *Pepkinski kurgan (abashevski kurgan)*. Yoshkar-Ola: Mari Press.
Khazanov, A. M. 1971. *Ocherki voennogo dela sarmatov*. Moscow: Nauka.
———. 1975. *Sotsianaya istoriya skifov: Osnovnye problemy razvitiya drevnikh kochevnikov Evraziiskikh stepei*. Moscow: Nauka.
———. 1979. Klassoobrazovaniye: faktory i mekhanizmy. In *Issledovaniya po obshchei ethnografiyi*. ed. Yu. V. Bromley, S. I. Bruk, A. I. Pershits, S. Ya. Serov. Moscow: Nauka: 125–77.
———. 1984. *The Nomads and the Outside World*. Cambridge: Cambridge Univerity Press.
———. 2003. Nomads of the Eurasian Steppes in Historical Retrospective. In *Nomadic Pathways in Social Evolution*, ed. D. M. Bondarenko, A. V. Korotayev, & N. N. Kradin. Moscow: Russian State University of Humanities.
Khlobystin, L. S. 1976. *Poselenie Lipovaya Kur'ya*. Leningrad: Nauka.
Khokhlova, O. S., & A. M. Kuznetsova. 2003. *Morphologiya pedogennykh karbonatnykh akkumulatsij v paleopochvakh Yuznogo Priuraly'a v svyazi s usloviyami sredy raznykh epoch golotsena*. Paper presented to the *Problemy evolutsiyi pochv*, Pushchino, 2003: 66–71.
Khomutova, K. S. 1978. Metalloobrabotka na poseleniyakh diyakovskoi kultury. *Sovetskaya arkheologiya* 2: 62–77.
Khotinsky, N. A. 1977. *Golotsen Severnoi Evrazii*. Moscow: Nauka.
Khotinsky, N. A., V. K. Nemkova, & T. G. Surova. 1982. Glavnye etapy razvitiya rastitelnosti i klimata Urala v Golotsene. In *Arkheologicheskiye issledovaniya severa Evraziyi*, ed. V. E. Stoyanov. Sverdlovsk: Ural State University: 145–53.
Kirushin, Y. F. 1992. O phenomene seiminsko-turbinskikh bronz i vremeni formirovaniya kultur rannei bronzy v Zapadnoi Sibiri. In *Severnaya Evraziya ot drevnosti do srednevekovy'a*. St. Petersburg: Institute for History of Material Culture: 66–9.
———. 2002. *Eneolit i rannaya bronza yuga Zapadnoi Sibiri*. Barnaul: Altai University Press.
Klein, L. S. 2000. Arkheologicheskaya periodizatsiya. *Stratum plus* 1: 485–513.
Klimanov, V. A. 2002. Klimat Severnoi Evraziyi v neoglatsiale (okolo 2500 let nazad). *Doklady Akademiyi Nauk* 5: 676–80.
Klimenko, V. V. 1998. Klimat i istoriya v epokhu pervykh vysokikh kultur (3500–500 gg. do n.e.). *Vostok [Oriens]*: 5–41.
———. 2000. Klimat i istoriya ot Konfutsiya do Mukhammeda. *Vostok [Oriens]*, 5–32.
———. 2003. Klimat i istoriya v sredniye veka. *Vostok [Oriens]* 4: 5–41.
Klushintsev, V. N. 1997. Yuznoukrainsk: klad s poseleniya Bugskoye IV i aspekty sabatinovskoi metalloobrabotki. In *Sabatinovskaya i srubnaya kultury: problemy vzaimosvyazei Vostoka i Zapada v epokhu pozdnei bronzy*, ed. V. N. Klushintsev. Kiev-Nikolayev-Yuzhnoukrainsk: Institute of archaeology NAS of Ukraine: 12–7.
Kolchin, B. A. 1953. *Chernaya metallurgiya i metalloobrabotka v Drevnei Rusi* (Materialy i issledovaniya po archeologii SSSR 32). Moscow: Academy of Science Press.

Kolchin, B. A., & O. Y. Krug. 1965. Fizicheskoye modelirovaniye syrodutnogo protsessa. *Materialy i issledovaniya po archeologii SSSR* 129. Moscow: Nauka: 196–215.

Kolev, Y. I. 1991. Novyi tip pamyatnikov kontsa epokhi bronzy v lesostepnom Povolzhy'e. In *Drevnosti vostochno-evropeiskoi lesostepi*, ed. N. Y. Merpert. Samara: Samara State University: 162–206.

Korenuk, S. N. 1996. Novyi tip sooruzhenyi Pershinskogo moguilnika. In *Svyatilishcha i kultovye mesta Finno-Ugorskogo naseleniya Evrazii*, ed. A. F. Melnichuk. Perm: Perm University: 40–3.

Korenyako, V. A. 1982. O pogrebeniyakh vremeni perekhoda ot bronzy k rannemu zhelezu v priuralskikh stepyakh. In *Priuraly'e v epokhu bronzy i rannego zheleza*, ed. V. A. Ivanov & A. H. Pshenichnuk. Ufa: Institut hisroriyi, yasyka i literatury Bashkirskogo otdeleniya AN SSSR: 35–81.

———. 1990. O sotsialnoi interepretatsiyi pamayatnikov bronzovogo veka. *Sovetskaya arkheologiya* 2: 28–40.

Korepanov, K. I. 1994. K izucheniyu muzykalnogo tvorchestva naseleniya Volgo-Kamyia epokhi rannego zheleza. In *Istoriya i kultura Volgo-Vyatskogo kraya*, ed. V. V. Nizov. Kirov: Volgo-Vyatskoe knizhnoe izdatel'stvo: 53–5.

Korfmann, M. 1983. *Demircihuyuk. Die Ergebnosse der Ausgrabungen 1975–1978. Architectur, Stratigraphie und Befunde*. 1. Mainz-am-Rhein: Verlag Philipp von Zaben.

Korochkova, O. N. 1993. O fedorovskoi kulture. In *Problemy kulturogeneza i kulturnoye naslediye. Arkheologiya i izucheniye kulturnykh protsessov i yavlenij*, ed. Y. Y. Piotrovskyi. St. Petersburg: Institute for History of Material Culture: 84–7.

———. 1999. Novoye v izucheniyi zolnikov i pogrebalnykh kompleksov epokhi pozdnei bronzy Zapadnoi Sibiri. Paper presented to the 120 let arkheologiyi vostochnogo sklona Urala. Pervyje chteniya pamyati V. F. Geninga, Ekaterinburg, 1999: 57–63.

Korochkova, O. N., & V. I. Stefanov. 2004. The Trans-Ural Federovo Complexes in Relation to the Andronovo. In *Metallurgy in Ancient Eastren Euarasia from the Urals to yellow River*, ed. K. M. Linduff. Lewiston, Queenston, Lampeter: The Edwin Mellen Press, Ltd: 85–107.

Korochkova, O. N., V. I. Stefanov, & N. K. Stefanova. 1991. Kultury bronzovogo veka predtaezhnogo Tobolo-Irtysh'ya (po materialam rabot UAE). In *Voprosy arkeologiyi Urala*, ed. V. T. Kovaleva. Sverdlovsk: Ural State University: 70–92.

Koryakova, L. N. 1988. *Rannii zheleznyi vek Zaurlaya i Zapadnoi Sibiri*. Sverdlovsk: Ural State University.

———. 1991a. *Kulturno-istoricheskiye obshchnosti Urala i Zapadnoi Sibiri (Tobolo-Irtyshskaya provintsiya v nachale zheleznogo veka)*. Ekaterinburg: Institute of History and Archaeology of RAS.

———. 1991b. Sargatskaya kultura ili obshchnost? In *Problemy izucheniya sargatskoi kultury*, ed. L. I. Pogodin. Omsk: Omsk State University, 3–8.

———. 1994a. Pogrebalnaya obryadnost' lesostepnogo naseleniya Tobolo-Irtyshskogo mezhdurechya. In *Ocherki ethnogeneza narodov Zapadnoi Sibiri (Essays on ethnogenesis of the peoples of western Siberia)*, ed. V. M. Kulemzin & N. V. Lukina. Tomsk: Tomsk State University: 113–70.

———. 1994b. Poseleniya i zhilishcha Tobolo-Irtyshskoi lesostepi. In *Ocherki kulturogeneza narodov Zapadnoi Sibiri*, ed. L. M. Pletneva. Tomsk: Tomsk State University: 259–74.

———. 1994c. Zametki k voprosu ob ugorskom etnogeneze v svete vzaimodeistviya arkheologicheskiklh kultur Zauraly'a i Zapadnoi Sibiri. *Problemy istoriyi, filologiyi, kultury* 1: 6–15.

———. 1996. Social Trend in Temperate Eurasia during the Second and First millennia BC. *Journal of European Archaeology* 4: 243–80.

———. 1997. Gayevski mogilnik v kontekste evolutsiyi sargatskoi kulturnoi obshchnosti. In *Culture of Trans-Uralian Cattle and Horse Breeders (Gayevsky mogilnik sargatskoi obshchnosti)*, ed. L. N. Koryakova & M.-Y. Daire. Ekaterinburg: Ekaterinburg Press: 130–7.

———. 1998. Cultural Relationships in North-Central Eurasia. In *Archaeology and Language II: Correlating Archaeological and Linguistic Hypotheses*, ed. R. Blench & M. Spriggs. London: Routlege: 209–19.

———. 2002. Social Landscape of central Eurasia in the Bronze and Iron Ages: Tendences, Factors and Limits of Transformation. In *Complex Societies of Central Eurasia from the 3rd to the 1st Millennium BC: Regional Specifics in Light of Global Models*, ed. K. Jones-Bley

& D. Zdanovich. Journal of Indo-European Studies Monograph Series 45. Washington, D.C.: Institute for Study of Man: 97–118.

Koryakova, L. N. 2000. Burial and Settlements at the Eurasian Crossroads: Joint Franco-Russian project. In *Kurgans, Ritual Sites and Settlements: Eurasian Bronze and Iron Age*, ed. J. Davis-Kimball, E. Murphy, L. Koryakova, & L. Yablonsky. BAR. Interntional Series, 890. Oxford: 63–75.

———. 2003. Present-day Russian Archaeology and the Outside World. In *Archaologien Europas/Archaeologies of Europe. History, Methods and Theories*, ed. P. Beil, A. Gramsch and A. Marciniak. New York, Munchen, Berlin: Waxmann: 239–54

Koryakova, L. N. & A. Sergeev. 1986. Geographicheskyi aspekt khozyaistvennoi deyatelnosti plemen sargatskoi kultury. In *Voprosy archeologii Urala* 18, ed. V. Stoyanov. Sverdlovsk: Ural State University: 90–8.

Koryakova, L. N., Daire, M.-Y., L. Langouet, E. Gonsalez, D. Marguerie, P. Courtaud, P. Kosintsev, A. Kovrigin, D. Razhev, N. Berseneva, S. Panteleyeva, S. Sharapova, B. Hanks, A. Kazdym, O. Mikrukova & E. Efimova. 2004. Iron Age societies and Environment: Multi-Disciplinary Research in the Iset River Valley (Russia). In *The Archaeology of River Valleys*, ed. H. Dobrzanska, E. Jerem, & T. Kalicki. Budapest: Archeolingua: 185–214.

Koryakova, L. N., & M.-Y. Daire, ed. 1997. *The Culture of Trans-Uralian Cattle and Horse Breeders on the Turn of Erae*. Ekaterinburg: Ekaterinburg Press.

Koryakova, L. N., & R. O. Fedorov. 1993. Goncharniye navyki zauralskogo naseleniya v rannem zheleznom veke. In *Znaniya i navyki uralskogo naseleniya v drevnosti i srednevekovye*, ed. L. N. Koryakova. Ekaterinburg: Ural Division of RAS: 76–96.

Koryakova, L. N., V. I. Stefanov, & N. K. Stefanova. 1991. *Problemy metodiki issledovanij drevnikh pamyatnikov i kul'turno-khronologicheskaya stratigrafiya poseleniya Uk III*. Sverdlovsk: Ural Division of RAS.

Kosarev, M. F. 1981. *Bronzovyi vek Zapadnoi Sibiri*. Moscow: Nauka.

———. 1984. *Zapadnaya Sibir' v drevnosti*. Moscow: Nauka.

———. 1991. *Drevnyaya istoriya Zapadnoi Sibiri: chelovek i prirodnaya sreda*. Moscow: Nauka.

Kosintsev, P. A. 1988. Golotsenovye ostatki krupnykh mlekopitaushchikh Zapadnoi Sibiri. In *Sovremennoye sostoyaniye i istoriya zhivotnogo mira Zapadno-Sibirskoi nizmennosti*, ed. N. Smirnov. Sverdlovsk: Institute of Plant and Animal Ecology: 32–51.

———. 1989. Okhota i skotovodstvo u naseleniya lesostepnogo Zauraly'a v epokhu bronzy. In *Stanovleniye i razvitiye proizvodyashchego khozyaistva na Urale*, ed. V. D. Viktorova & N. G. Smirnov. Sverdlovsk: Ural Division of RAS: 84–104.

———. 2000. Kostnye ostatki zhivotnykh iz ukreplennogo poseleniya Arkaim. In *Arkheologicheski istochnik i modelorovaniye drevnikh tekhnologii*, ed. S. Y. Zdanovich. Chelyabinsk: Tsentr "Arkaim," Institute of History and Archaeology of RAS: 17–44.

Kosintsev, P. A., & A. I. Varov. 1995. Kostnye ostatki is raskopok dvukh poseleniy pozdnego bronzovogo veka v Uzhnom Zauraly'e. In *Problemy istorii, filologii, kul'tury*, ed. M. Abramzon. Magnitogorsk: 29–34.

Kostukov, V. P., & A. V. Epimakhov. 1999. Predvaritelnyje rezultaty issledovanija mogilnika epokhi bronzy Troitsk-7. In *120 let arkheologiyi vostochnogo sklona Urala.*, ed. V. T. Kovaleva. Ekaterinburg: Ural State University: 66–70.

Kostukov, V. P., & D. I. Razhev. 2004. Pogrebeniya iz kurgannoi gruppy Verblyuzh'i gorki i nekotorye problemy perekhoda ot epokhi bronzy k rannemu zheleznomu veku v Yuzhnom Zauraly'e. In *Vestnik Chelyabinskogo Gosudarstvennogo Pedagogicheskogo Universiteta*. Seriya 1, Istoricheskie nauki 2: 129–49.

Kovalev, A. A. 2000. O proiskhozhedeniyi olennykh kamnei zapadnogo regiona. In *Arkheologiya, paleoekologiya i paleodemografiya Evraziyi*, ed. V. S. Olkhovsky. Moscow: Nauka: 138–79.

Kovaleva, V. T. 1997. *Vzaimodeistviye kultur i etnosov po materialam arkheologii: poseleniye Tashkovo II*. Ekaterinburg: Ural State University.

Kovaleva, V. T., O. V. Ryzhkova, & A. V. Shamanayev. 2000. *Tashkovskaya kultura: poseleniye Andreyevskoye Ozero XIII*. Ekaterinburg: Ural State University.

Kowalewski, S. 2000. Tsiklicheskiye transformatsiyi v severo-amerikanskoi arkheologiyi.

In *Alternativnye puti k tsivilizatsiyi*, ed. N. N. Kradin, A. V. Korotayev, D. M. Bondarenko, & V. A. Lynsha. Moscow: Logos: 171–185.

Kradin, N. N. 1992. *Kochevye obshchestva*. Vladivostok: Dalnauka.

———. 1995. Vozhdestvo: sovremennoye sostoyaniye i problemy izucherniya. In *Ranniye formy politicheskoi organizatsiyi*, ed. V. P. Popov. Moscow: Vostochnaya literatura: 11–6.

———. 2000. Nomadic Empires in Evolutionary Perspectives. In *Aletrantives of Social Evolution*, ed. N. N. Kradin, A. V. Korotayev, D. M. Bondarenko, V. De Munk, & P. Wason. Vladivostok: Far Eastern Branch of RAS.

———. 2001a. *Imperiya Hunnu*. Moscow: Logos.

———. 2001b. *Politicheskaya antropologiya*. Moscow: Ladomir.

———. 2002. Nomadism, Evolution and World-System: Pastoral Societies in Theories of Historical Development. *Journal of Wold-System Research* III: 368–88.

Krasnov, Y. A. 1971. *Ranneye zemledeliye i zhivotnovodstvo v lesnoi polose Vostochnoi Evropy*. Moscow: Nauka.

Kremenetsky, K. 2003. Steppe and Forest-steppe Belt of Eurasia: Holocene Environmental History (trans.) C. Scarre. In *Prehistoric Steppe Adaptation and the Horse*, ed. M. G. Levin, C. Renfrew, & K. Boyle. McDonald Institute. Monographs. Cambridge: McDonald Institute for Archaeological Research: 11–28.

Kristiansen, K. 1991. Chiefdom, state, and system of social evolution. In *Chiefdoms: Power, Economy and Ideology*, ed. T. Earle. Cambridge: Cambridge University Press: 16–43.

———. 1998. *Europe before History* (New Studies in Archaeology). Cambridge: Cambridge University Press.

Krivtsova-Grakova, O. A. 1948. Alexeyevskoye poselenie i mogilnik. *Arheologicheskii sbornik. Trudy Gosudarstevennogo Istoricheskogo Muzeya* XVII: 59–172.

Kubarev, V. D. 1987. *Kurgany Ulandryka*. Novosibirsk: Nauka.

Kuner, N. 1961. *Kitaiskiye izvestia o narodakh Yuzhnoi Sibiri, Tsentral'noi Asiyi i Dal'nevo Vostoka*. Moskva: Vostochaya Literatura.

Kurochkin, G. N. 1994. Generator kochevykh narodov v Tsentralnoi Aziyi i mekhanizm ego funktionirovaniya. In *Paleodemografiya i migrationnye protsessy v Zapadni Sibiri v drevnosti i srednevekovy'e*, ed. V. V. Bobrov. Barnaul: Altai State University: 89–92.

Kutimov, Y. G. 1999. Kulturnaya atribitsiya keramiki stepnogo oblika epokhi pozdnei bronzy. *STRATUM plus* 2: 314–25.

Kuzmina, E. E. 1962. Arkheologicheskoye obsledovaniye pamyatnikov Elenovskogo mikroraiona andronovskoi kultury. *Kratkiye soobshcheniya Instituta Arkheologiyi SSSR* 88: 84–92.

———. 1974. Kolesnyi transport i problema etnicheskoi i sotsialnoi istoriyi. Vestinik drevnei istoriyi 4: 68–87.

———. 1981. Slozheniye skotovodcheskogo khozyaistva v stepyakh Evrasiyi i rekonstruktsiya sotsialnoi struktury obshchestva drevneishikh pastusheskikh plemen. In *Materialy po khozyaistvu i obshchestvennomu stroyu plemyen Yuzhnogo Urala*, ed. N. Mazhitov & A. Pshenichnuk. Ufa: Institut Istoriyi, Yazyka i Literatury: 23–43.

———. 1994. *Otkuda prishli indo-ariyi. Materialnaja kultura plemen andronovskoi obshchnosti i proiskhozhdenije indoirantsev*. Moscow: Nauka.

———. 1996a. Ekologia stepei Eurasiyi i problema proiskhozhdenia nomadisma (1). *Vestnik drevnei istoriyi* 2: 73–94.

———. 1996b. Ekologia stepei Evrasiyi i problema proiskhozhdenia nomadisma (2). *Vestnik drevnei istoriyi* 3: 81–94.

———. 2001. Contacts between Finno-Ugric and Indo-Iranian speakers in the light of archaeological, linguistic and mythological data. In *Early Contacts between Uralic and Indo-European: Linguistic and Archaeological Considerations*, ed. C. Carpelan, A. Parpola and P. Koskikallio. Helsinki: Suomalais-Ugrilainen Seura: 289–300.

———. 2004. Historical representatives on the Andronovo and metal use in eastern Asia. In *Metallurgy in Ancient Eastren Eurasia from the Urals to yellow River*, ed. K. M. Linduff. Lewiston, Queenston, Lampeter: The Edwin Mellen Press, Ltd: 38–84.

Kuzmina, O. V. 1992. *Abashevskaya kultura v lesostepnom Volgo-Uraly'e*. Samara: Samara State Pedagogical University.

———. 2001. Abashevskaya kultura v sisteme kultur bronzovogo veka Vostochnoi Evropy. In *Bronzovyi vek Vostochnoi Evropy: kharakteristika kultur, khronologiya i periodizatsiya*, ed. Yu. I. Kolev, P. F. Kuznetsov & O. V. Kuzmina. Samara: Samara State Pedagogical University: 153–160.

Kuzminykh, S. V. 1977. K voprosu o volosovskoi i garinsko-borskoi metallurgiyi. *Sovetskaya arkheologiya* 2: 20–34.

———. 1983. *Metallurgiya Volgo-Kamya v rannem zheleznom veke.* Moscow: Nauka.

Kuznetsov, P. F. 1996a. Kavkazskii ochag i kultury bronzobogo veka Volgo-Uraly'a. In *Mezdu Aziyei i Evropoi. Kavkaz v 4–1 tys. do n.e.*, ed. V. Bochkarev. St. Petersburg: Institute for History of Material Culture: 64–6.

———. 1996b. Novyje radiouglerodnyje daty dlya khronologiyi kultur eneolita-bronzovogo veka yuga lesostepnogo Povolzhy'a. *Radiouglerod i arkheologiya. Arkheologicheskiye izyskaniya* 37: 56–60.

———. 1996c. Problemy migratsij v razvitom bronzovom veke Volgo-Uraly'a. In *Drevnosti Volgo-Donskikh stepei v sisteme vostochnoevropeiskogo bronzovogo veka*, ed. A. V. Kiyashko. Volgograd: Peremena: 40–3.

Kuznetsova, E. F., & Z. K. Kurmankulov. 1993. Bronzovyje izdeliya iz pamyatnikov savromatskoi kutury Zapadnogo Kazakhstana (dannye spectralnogo sostava). In *Kochevniki Uralo-Kazakhstanskikh stepei*, ed. A. D. Tairov. Ekaterinburg: Nauka: 44–51.

Kyzlasov, L. P. 1999. Pervogoroda drevnei Sibiri. *Vestnik Moskovskogo Universiteta* 3: 96–129.

Larin, S. I., & N. P. Matveyeva. 1997. Rekonstruktsiya sredy obitaniya cheloveka v rannem zheleznom veke severnoi chasti Tobolo-Ishimskoi lesostepi. *Vestnik arkheologiyi, anthropologiyi i etnographiyi* 1: 133–40.

Lattimore, O. 1951. *Inner Asian Frontiers of China.* New York: American Geographical Society.

Latyshev, V. V. 1947a. Izvestiya drevnikh pisatelei o Skifiyi i Kavkaze. *Vestnik drevnei istoriyi* 1: 253–316.

———. 1947b. Izvestiya drevnikh pisatelei o Skifiyi i Kavkaze. *Vestnik drevnei istoriyi* 2: 249–99.

———. 1947c. Izvestiya drevnikh pisatelei o Skifiyi i Kavkaze. *Vestnik drevnei istoriyi* 3: 149–60.

———. 1947d. Izvestiya drevnikh pisatelei o Skifiyi i Kavkaze. *Vestnik drevnei istoriyi* 4: 230–300.

———. 1992. *Izvestiya drevnikh pisatelei o Skifiyi i Kavkaze.* St. Petersburg: Institute for Oriental Studies.

Lavrushin, Y. A., & E. A. Spiridonova. 1999. Osnovnyje geologo-paleoekologicheskiye sobytiya kontsa pozdnego pleistitsena i golotsena na vostochnom sklone Yuznogo Urala. In *Prirodnyje sistemy Yuzhnogo Urala*, ed. L. L. Gaiduchenko. Chelyabinsk: Chelyabinsk State University: 66–103.

Leshchinskaya, N. A. 1995. Vyatski bassein v I-nachale II tys. do n.e.. Ph.D. dissertation: Izhevsk, Udmurt State University.

Levin, M. G., & N. N. Cheboksarov. 1955. Khozyaistevenno-kulturnye tipy i istorikokulturnyje oblasti: k postanovke voprosa. *Sovetskaya etnografiya* 4: 3–17.

Levina, L. M., & L. V. Chizhova. 1995. O nekotorykh anthropomorfnykh i zoomorfnykh izobrazheniyakh v dzhetyasarskikh pamyatnikakh. In *Dzetyasrskaya kultura*, ed. L. M. Levina. Nizovy'a Syrdary'i v drevnosti. Moscow: Institute of Ethnology and Anthropology: 185–201.

Levshin, A. I. 1832. *Opisaniye kirgiz-kazachyikh ili kirgiz-kaisakskikh ord i stepei.* Izvestiya etnograficheskiye III. St. Petersburg.

Litvinski, B. A. 1972. *Kochevniki 'Kryshi mira'.* Moscow: Nauka.

Livshits, V. A. 2002. Three silver bowles from he first burial ground of Isakovka. *Vestnik drevnei istoriyi* 2: 43–56.

Logvin, V. N. 2002. The Cemetery of Bestamak and the Structure of the Community. In *Complex Societies of Central Eurasia from the 3rd to the 1st Millennium BC: Regional Specifics in Light of Global Models*, ed. K. Jones-Bley, & D. Zdanovich. Journal of Indo-European Studies. Monograph Series 45. Washington, D.C.: Institute for Study of Man: 189–201.

Lubchansky, I. E., & N. O. Ivanova. 1996. Mogilnik Ily'assky I – novyi pogrebalnyi kompleks srubno-alakulskogo vremeni. In *Materialy po arkheologiyi i etnografiyi Urala*, ed. S. Y. Zdanovich. Chelyabinsk: Center "Arkaim": 89–107.

Lubo-Lesnichenko, E. I. 1985. Velikii shelkovyi put'. *Voprosy istoriyi* 9: 13–20.

———. 1987. Pazyryk i Zapadnyi Meredianalnyi put'. *Strany i narody Vostoka* XXV: 237–44.

———. *Kitai na Shelkovom Puti.* Moscow: Vostochnaya Literatura.

Lukashev, A. V., & V. A. Demkin. 1989. Topografiya arkheologicheskikh pamyatnikov VI-I vv. do n.e. Severo-Zapadnoi chasti Volgo-Uralskogo mezdurechy'a. In *Arkheologiya Vostochno-Evropeiskoi stepi*, ed. I. V. Sergatskov. Saratov: Saratov State University: 157–61.

Machinsky, D. A. 1971. O vremeni pervogo aktivnogo vystupleniya sarmarov v Podneprovy'e po dannym pismennykh svidetelstv. *Arkheologicheski sbornik Gosudarstvennogo Ermitazha* 13: 30–54.

———. 1972. Nekotorye problemy etnogeografiyi vostochnoevropeiskikh stepei vo II v. do n.e.-I v.n.e. *Arkheologicheski sbornik Gosudarstvennogo Ermitazha* 14: 122–32.

Makarova, L. A. 1976. Kharakteristika kostnogo materiala iz poseleniya Sargary. In *Proshloye Kazakhstana po arkheologicheskim istochnikam*. Alma-Ata: Nauka: 211–26.

Malashev, V. Y., & L. T. Yablonsky. 2004. Ranniye kochevniki Yuzhnogo Priuraly'a. *Materialy i issledovaniya po arkheologiyi Rossiyi* 6: 117–46.

Mallory, J. P. 1989. *In Search of the Indo-Europeans. Language, Archaeology and Myth*. London and New York: Thames and Hudson.

———. 1998. A European Perspective on Indo-Europeans in Asia. In *The Bronze and Iron Age peoples of Eastern Central Asia*, ed. V. Mair. Philadelphia: Institute for Study of Man: 175–201.

Malov, N. M. 1995. Indoevropeiskaya neurbanisticheskaya tsivilizatsiya epokhi paleometalla evrasiiskoi skotovodcheskoi istorikokulturnoi provintsiyi – zveno mozaichnoi tselostnosti. In *Konverguentsyja i diverguentsiya v razvitiyi kultur epokhi eneolita-bronzy Srednei i Vostochnoi Evropy*, ed. V. Bochkarev. Saratov: Saratov State University: 7–10.

———. 2002. Spears – Signs of Archaic leaders of the Pokrovsk Archaeological Culture. In *Complex Societies of Central Eurasia from the 3rd to the 1st Millennium BC: Regional Specifics in Light of Global Models*, ed. K. Jones-Bley, & D. Zdanovich. Journal of Indo-European Studies Monograph Series 45. Washington, D.C.: Institute for Study of Man: 314–36.

Malov, N. M., & V. V. Filipchenko. 1995. Pamyatniki katakombnoi kultury Nizhnego Povolzhy'a. *Arkheologicheskiye vesti* 4. St. Petersburg: Institute for History of Material Culture: 52–62.

Malutina, T. S. 1990. Poseleniya i zhilishcha fedorovskoi kultury volgo-uralskikh stepei. In *Arkeologiya volgo-uralskikh stepei*, ed. G. Zdanovich. Chelyabinsk: Chelyabinsk State University: 28–39.

———. 1991. Stratigraficheskaya pozitsiya materialov fedorovskoi kul'tury na mnogosloinykh poseleniyakh kazahstanskikh stepei. In *Drevnosti vostochno-evropeiskoi lesostepi*, ed. N. Y. Merpert. Samara: Samara State University: 141–62.

Mandelshtam, A. M. 1978. K vostochnym aspektam istorii rannikh kochevnikov Srednei Aziyi i Kazakhstana. *Kratkiye soobshcheniya Intituta arkheologiyi AN SSSR* 154: 19–24.

Marazov, I. 1998. *Ancient Gold: The Wealth of the Tracians. Tresures from the Republic of Bulgaria*. New York: Harry N. Abrams, INC Publishers.

Margulan, A. K. 1979. *Begazy-Dandybayevskaya kultura Tsentralnogo Kazakhstana*. Alma-Ata: Nauka.

Markov, S. V. 1973. Nektoryje problemy vozniknoveniya i rannikh etapov kochevnichestva v Aziyi. *Sovetskaya etnografiya* 1: 101–13.

———. 1976. *Kochevniki Aziyi. Struktura khozyaistva i obshchestvennoi organizatsiyi*. Moscow: Moscow State University.

Martynov, A. I. 1989a. O stepnoi skotovodcheskoi tsivilizatsiyi I tys. do n.e. In *Vzaimodeistviye kochevykh kultur i drevnikh tsivilizatsyi*, ed. V. M. Masson. Alma-Ata: Nauka: 284–92.

———. 1989b. *Skifo-Sibirski mir – stepnaya skotovodcheskaya tsivilizatsiya V-II vv. do n.e.* Paper presented to the Problemy arkheologiyi skifo-sibirskogo mira, Ќemerovo, 1989b: 5–12.

Masanov, N. E. 1995. *Kochevaya tsivilizatsiya kazakhov: osnovy zhiznedeyatelnosti nomadnogo obshchestva*. Almaty-Moscow: Sotsinvest-Gorizont.

Masson, V. M. 1989. *Pervyje tsivilizatsiyi*. Moscow: Nauka.

———. 1998. Epokha drevnikh velikikh stepnykh obshchestv. *Arkheologicheskiye vesti* 5: 255–67.

———. 1999. Drevniye tsivilizatsiyi Vostoka i stepnye plemena v svete dannykh arkheologiyi. *STRATUM plus* 5: 265–84.

Matushchenko, V. I. 1974. *Drevnyaya istoriya naseleniya lesnogo i lesostepnogo Prioby'a (neolit i bronzovyi vek). Elovsko-Irmenskaya kultura*. Tomsk: Tomsk State University.

———. 1989. Pogrebenniye voina sargatskoi kultury. *Izvestia Sibirskogo otdeleniya AN SSSR. Seria: Istoriya, phililogiya i philosifiya* I: 51–9.

———. 1994. Epokha bronzy. Lesnaya i lesostepnaya polosa. Doandronovskoye vremya In *Mir realnyi i potustoronnij*, ed. V. I. Matushchenko. Ocherki kulturogeneza narodov

Zapadnoi Sibiri. Tomsk: Tomsk State University Press: 73–111.
———. 1999a. *Drevnaya istoriya Sibiri*. Omsk: Omsk State University.
———. 1999b. *Eshche raz o seiminsko-turbinskom fenomene*. Paper presented to the XIV Uralskoye Arkheologicheskoye soveshchaniye, Chelybinsk: 1999b, 90–2.
Matushchenko, V. I., & G. V. Sinitsina. 1988. *Mogilnik u d. Rostovka vblizi Omska*. Tomsk: Tomsk State University.
———. 1997. *Mogilnik Sidorovka v Omskom Priirtyshye*. Novosibirsk: Nauka.
Matveyev, A. V. 1986. Nekotorye itogi i problemy izucheniya irmenskoi kultury. *Sovetskaya arkheologiya* 2: 56–69.
———. 1993. *Irmenskaya kultura v lesostepnom Prioby'e*. Novosibirsk: Novosibirsk State University Press.
———. 1998. *Pervyje andronovtsy v lesakh Zauraly'a*. Novosibirsk: Nauka.
Matveyev, A. V., & N. P. Matveyeva. 1987. Yuvelirnyje izdeliya Tutrinskogo mogilnika (k probleme Sibirskoi kollektsityi Petra 1). In *Anthropomorfnye izobrazheniya:pervobytnoye iskusstvo*, ed. R. S. Vasilyevski. Novosibirsk: Nauka: 191–201.
———. 1992. *Tutrinski mogilnik*. Tumen: Tyumen State University.
Matveyeva, G. I. 1962. Raskopki kurganov u g. Troitsk. *Voprosy arkheologiji Urala* 2: 33–7.
Matveyeva, N. P. 1993. *Sargatskaya kultura na Srednem Tobole*. Novosibirsk: Nauka.
———. 1994. *Rannii zheleznyi vek Priishimy'a*. Novosibirsk: Nauka.
———. 1995. *O svyazyakh lesostepnogo naseleniya Zapadnoi Sibiri s Tcentralnoi Aziyei v rannem zheleznom veke*. Paper presented to the Russia and the East, Chelyabinsk: 1995, 53–8.
———. 1997. O torgovykh svyzyakh Zapadnoi Sibiri i Tsentralnoi Aziyi v rannem zheleznom veke. *Rossijskaya arkheologiya* 2: 63–77.
———. 2000. *Sotsialno-ekonomicheskiye struktury naseleniya Zapadnoi Sibiri v rannem zheleznom veke (lesostepnaya i podtayezhnaya zony)*. Novosibirsk: Nauka.
Matveyeva, N. P., & N. E. Ryabogina. 2003. Rekonstruktsiya priorodnykh uslovij Zauraly'a v rannem zheleznom veke (po palonologicheskim dannym). *Archaelogy, Ethnography and Anthropology of Eurasia* 16: 30–5.
McGovern, W. M. 1939. *The Early Empires of Central Asia*. New York: Van Rees Press.
Medvedev, A. P. 1999a. Lesostepnoye Podony'e na rubezhe epokhi bronzy i rannego zheleznogo veka. In *Evrasiiskaya lesostep v epokhu metalla*, ed. A. D. Pryakhin. (Arkheologiya vostochno-evropeiskoi lesostepi). Voronezh: Voronezh University Press: 92–107.
———. 1999b. *Ranni zheleznyi vek lesostepnogo Podonya*. Moscow: Nauka.
———. 2002a. Avestan "Yima's Town" in Historical and Archaeological Perspective. In *Complex Societies of Central Eurasia from the 3rd to the 1st Millennium BC: Regional Specifics in Light of Global Models*, ed. K. Jones-Bley, & D. Zdanovich. Journal of Indo-European Studies. Monograph Series 45. Washington, D.C.: Institute for Study of Man: 42–67.
———. 2002b. Antichnaya traditsiya i arkheologicheskiye realiyi skifskogo vremeni na Srednem i verkhnem Donu. *Vestnik drevnei istoriyi* 3: 153–9.
Medvedskaya, I. N. 1980. Metallicheskiye nakonechniki strel Perednego Vostoka i evraziiskikh stepei II – pervoi poloviny I tys. do n.e. *Sovetskaya arkheologiya* 4: 23–37.
Mei, J. 2000. *Copper and Bronze Metallurgy in Late Prehistoric Xinjiang: its Cultural Context and Relationship with Neighboring Regions* (BAR Inetrantional Series 865). Oxford: Archaeopress.
Mei, J., & C. Shell. 1999. The Existence of Andronovo Cultural Influence in Xinjiang during the 2nd Millennium BC. *Antiquity* 73: 570–78.
Merpert, N. Y. 1954. *Materialy po arkheologiyi Sredenego Zavolzhy'a* (Materialy i issledovaniya po arkheologiyi SSSR 42). Moscow: Academy of Sciense Press.
———. 1974. *Drevneishiye skotovody Volgo-Uralskogo mezhdurechya*. Moscow: Nauka.
———. 1977. Iz istoriyi drevneyamnykh plemen. In *Problemy arkeologiyi Evraziyi i Severnoi Ameriki*. Moscow: Nauka.
———. (ed.) 1985. *Srubnaya kulturno-istoricheskaya obshchnost'*. Moscow: Nauka.
———. 1995a. K voprosu o drevneishikh krugloplanovykh ukreplenykh poseleniyakh Evraziyi. In *Rossiya i Vostok: Problemy vzaimodeistviya*, ed. G. B. Zdanovich, N. O. Ivanova, & A. D. Tairov. Chelyabinsk: Chelyabinsk State University: 116–9.
———. 1995b. O planirovke poselkov rannego bronzovogo veka v Verkhneyefratskoi doline.

Rossijskaya arkheologiya 3: 28–46.

Milukova, A. I. 1964. *Vooruzheniye skifov* (Svod archaeologicheskikh istochnikov D1–4). Moscow: Nauka.

———. 1989. (ed.) *Stepi evropeiskoi chasti SSSR v skofo-sarmatskoye vremya* (Arkheologiya SSSR). Mosow: Nauka.

Mochalov, O. D. 1997. Ornament keramiki abashevskikh pogrebenii Priuraly'a. In *Istoriko-kulturnye izyskaniya*, ed. S. G. Gushchin. Samara: Samara State University: 54–73.

Mogi'nikov, V. A. 1992. Lesostep' Zauraly'a i Zapadnoi Sibiri. In *Stepnaya polosa aziatskoi chasti SSSR v skifo-sarmatskoye vremya*, ed. M. G. Moshkova (Arkheologiya SSSR). Moscow: Nauka: 247–311.

Molodin, V. I. 1983. Pogrebeniye liteishchika iz mogilnika Sopka-2. In *Drevniye gornyaki i metallurgu Sibiri*, ed. Yu.F. Kirushin. Barnaul: Altai State University: 96–109.

———. 1985. *Baraba v epokhu bronzy*. Novosibirsk: Nauka.

———. 2001. Westsibirien, der Altai und Nordkazachstan in der entwickelten und spaten Bronzezeit. In *Migration und Kulturtransfer. Der Wandel vorder- und zentalasiatischer Kulturen im Umbruch vom 2.zum1. vorchistlichen Jarhrtausend*, ed. H. Parzinger. Bonn: Dr. Rudolf Habelt GmbH: 85–100.

Molodin, V. I., & H. Partzinger. (eds.) 2001. *Chicha – gorodishche perekhodnogo ot bronzy k zhelezu vremeni v Barabinskoi lesostepi*. Novosibirsk: Institute of Archaeology and Ethnography SD RAS.

Molodin, V. I., & I. G. Glushkov. 1989. *Samus'skaya kultura v verkhnem Prioby'e*. Novosibirsk: Nauka.

Morgunova, N. L. 1992. K voprosu ob obschestvennom ustroistve drevneyamnoi kultury. In *Drevnaya istoriya naseleniya Volgo-Uralskikh stepei*, ed. N. L. Morgunova. Orenburg:. Pedagogical Institute: 25–36.

———. 2000. Bolshoi Boldyrevskii kurgan. *Arkheologicheskiye pamyatniki Orenburzhy'a* IV, 55–61.

———. 2002. Yamnaya (Pit-Grave) Culture in the Southern Urals Area. In *Complex Societies of Central Eurasia from the 3rd to the 1st Millennium BC: Regional Specifics in Light of Global Models*, ed. K. Jones-Bley & D. Zdanovich. Journal of Indo-European Studies Monograph Series 45. Washington, D.C.: Institute for Study of Man: 249–50.

Morgunova, N. L., & A. Y. Kravtsov. 1994. *Pamyatniki drevneyamnoi kultury na Ileke*. Ekaterinburg: Nauka.

Morgunova, N. L., & M. A. Turetski. 2002. Nekotoryje rezultaty kompleksnykh issledovanij pamyatnikov Yamnoi kultury v Yuzhnom Priuraly'e. In *Severnaya Evrasia v epokhu bronzy: prostranstvo, vremya, kultura*, ed. Y. P. Kirushin & A. A. Tishkin. Barnaul: Altai State University: 180–1.

———. 2003. *Novye nakhodki povozok yamnoi kultury v Yuzno-Uralskom regione*. Paper presented to the Chteniya, posvyashchennye 100-letiyu deyatelnosti V. A. Gorodtsova v Gosudarstevennom Istoricheskom Muzeye, Moscow, 2003: 84–7.

Morgunova, N. L., O. S. Khokhlova, G. I. Zaitseva, O. A. Chichagova, & A. A. Goly'eva. 2003. Rezultaty radiouglerodnogo datirovaniya arkheologicheskikh pamyatnikov Yuzhnogo Priuralya. In *Shumaevkiye kurgany*, ed. N. L. Morgunova. Orenburg: Orenburg Pedagogical Institute: 60–4.

Morozov, Y. A. 1981. Proyavleniye spetsalizatsii proizvodstva v khozyaistve srubnogo naseleniya Yuznogo Urala. In *Materialy po khozyaistvu i obshchestvennomu stroju plemen Yuzhnogo Urala*, ed. N. A. Mazhitov & A. K. Pshenichnuk. Ufa: BF AN SSSR: 57–67.

———. 1982. Srubnyje pamyatniki Priuraly'a (voprosy periodizatsy i khronologiyi). In *Priuraly'e v epokhu bronzy i rannego zheleza*, ed. V. A. Ivanov & A. K. Pshenichnuk. Ufa: Baskirski filial RAS. Institut istoriyi, yazyka i literatury, 3–19.

———. 1995. Istoriografiya voprosa perekhodnogo perioda ot epokhi bronzy k kulturam rannikh kochevnikov Yuzhnouralskikh stepei. In *Kurgany kochevnikov Yuzhnogo Urala*, ed. B. B. Ageyev. Ufa: Gilem: 5–17.

Moshkova, M. G. 1974. *Proiskhozhdenie rannesarmatskoi (prokhorovskoi) kuetury*. Moskva: Nauka.

———. 1982. Pozdnesarmatskiye pogrebeniya Lebeoevskogo mogilnika v Zapadnom Kazakhstane. *Kratkie soobshcheniya Instituta Arkheologii SSSR* 170: 80–6.

———. 1988. Ponyatiye "arkheologicheskaya kultura" i savromato-sarmatskaya kulturno-istoricheskaya obshchnost'. In *Problemy sarmatskoi arkheologiyi i iistoriyi*, ed. V. E. Maksimenko. Azov: Azov Museum: 89–108.

———. (ed.) 1992. *Stepnaya polosa Asiatskoi chasti SSSR v skofo-sarmatskoye vremya* (Arkheologiya SSSR). Moscow: Nauka.

———. (ed.) 1994. Le cimetier sarmate de Lebedevka dans le Sud de l'Oural. In *Archeologie. Dossiers d'Archeologie* 194: 84–7.

———. (ed.) 2002. *Statisticheskaya obrabotka porebalnykh pamyatnikov Aziatskoi Sarmatiyi. Srednesarmatskaya kultura.* Moscow: Institute of Archaeology RAS.

Mosin, V. S. 1996. Stoyanka Burli II i nekotorye voprosy eneolita Yuzhnogo Zauraly'a. In *Novoye v arkheologiyi Yuzhnogo Urala*, ed. S. A. Grigory'ev. Chelyabinsk: Rifei: 48–61.

Murzabulatov, M. V. 1979. Skotovodcheskoye khozyaistvo zauralskihk bashkir v XIX-nachale XX v. In *Khozaystvo i kultura bashkir v XIX – nachale XX v.*, ed. R. G. Kuzeev, & N. B. Bikbulatov. Moscow: Nauka: 62–77.

Murzin, V. Y. 1990. *Proiskhodgdeniye skifov: osnovnyje etapy formirovaniya skofskogo etnosa.* Kiev: Naukova Dumka.

Napolskikh, V. V. 1997. *Vvedeniye v istoricheskuyu uralistiku.* Izhevsk: Udmurt State University.

Nelin, D. V. 2000. Novaya nakhodka psaliya so spiralnym ornamentom v Yuzhnom Zuraly'e. *STRATUM plus* 2: 569–70.

Nemkova, V. K. 1978. Stratigraphiya pozdne-i poslelednikovykh otlozhenyi Preduraly'a. In *K istoryi pozdnego pleistotsena i golotsena Yuzhnogo Urala i Preduralyja*, ed. V. L. Yakhimovich. Ufa: BF AN SSSR: 4–45.

Nikitenko, N. I. 1998. Nachalo osvoyeniya zheleza v belozerskoi kulture. *Rossijskaya arkheologiya* 3: 36–47.

Novokreshchennykh, I. N. 1914. *Glyadenovskoye kostishche* (Trudy permskoi uchenoi arheologicheskoi komissiyi XI). Perm.

Obydennov, M. F. 1996. Svedeniya o nakhodkakh metallicheskikh izdelij. In *Aktualnye problemy drevnei istoriji i arkheologiji Yuzhnogo Urala*, ed. N. A. Mazhitov & M. F. Obydennov. Ufa: Eatern University: 105–25.

———. 1998. *Mezhevskaya kultura.* Ufa: VEK.

Obydennov, V. F., & G. T. Obydennova. 1992. *Severo-vostocnaya periferiya srubnoi kulturno-istoricheskoi obshchnosti.* Saratov: Saratov State University.

Ochir-Goryaeva, M. 2000. A Comparative Study of the Early Iron Age Cultures in the Low Volga and the Southern Urals Regions. In *Kurgans, Ritual Sites, and Settlements: Eurasian Bronze and Iron Age*, ed. J. Davis-Kimball, E. Murphy, L. Koryakova, & L. T. Yablonsky. BAR International Series, 890. Oxford: Archaeopress: 194–206.

Okladnikov, A. P. (ed.). 1968. *Istoriya Sibiri.* Leningrad: Nauka.

Olkhovsky, V. S. 1997. Obychai i obryad kak forma traditsiyi. *Rossijskaya arkheologiya* 2: 159–67.

Orlova, L. A. 1995. Radiouglerodnoye datirovaniye arkheologicheskikh pamyatnikov Sibiri i Dalnego Vostoka. In *Metody estestvennykh nauk v arkheologicheskikh rekonstruktsiyakh*, ed. Y. P. Kholushkin. Novosibirsk: Institute of Archaeology and Ethnology SB of RAS: 207–32.

Ostanina, T. I. 1997. *Naseleniye Srednego Prikamy'a v III-V vv. n.e.* Izhevsk: Udmurt Institute of History, Language and Literature.

Otroshchenko, V. V. 2000. K voprosu o pamyatnikaklh novokumakskogo tipa. In *Problemy izucheniya eneolita i bronzovogo veka Urala.*, ed. S. Zasedateleva. Orsk: Institute for studies of Eurasian steppe UD RAS: 66–71.

———. 2003. The Economic Peculiarities of the Srubnaya Cultural-historical Entity. In *Prehistoric Steppe Adaptation and the Horse*, ed. M. G. Levin, C. Renfrew, & K. Boyle. Oxford: McDonald Institute for Archaeological Research: 319–51.

Ozcen, I., & Osturk, J. 1996. *The Lydian Treasure.* Istanbul: Ministry of Culture. Republic of Turkey.

Parzinger, H. 2000. Seima-Turbino phenomenon and formation of the Siberian Animal style. *Archeology, Ethnography and Anthropology* 1: 66–75.

Pashkevich, G. A. 2000. Zemledeliye v stepi i lesostepi Vostochnoi Evropy v neolite. *Stratum plus* 2: 404–17.

Patrushev, V. S. 1984. *Mariisky krai v VIII-VI vv. do n.e. (Starshii Akhmylovsky mogilnik).* Yoshkar-Ola: Mariskoye Izdatelstvo.

———. 1990. Novye issledovaniya Pustomorkvashanskogo mogilnika. In *Novye istochniki po etnicheskoi i sotsialnoi istorii finno-ugrov Povolzhy'a I tys. do n.e. – I tys. n.e.*, ed. Y. A. Zeleneyev. Yoshkar-Ola: Mari State University: 25–74.

Pershits, A. I. 1994. Voina i Mir na poroge tsivilizatsiyi. Kochevye skotovody. In *Voina i Mir v pervobytnosti.*, ed. A.I. Pershits, Yu. I. Semenov, & A. I. Shnirelman. Moscow: Nauka: 131–300.

Petrenko, A. G. 1984. *Drevneye i srednevekovoye zhivotnovodstvo Srednego Povolzhy'a i Priuraly'a.* Moscow: Nauka.

Petrin, V. T., T. I. Nokhrina, & A. F. Shorin. 1993. *Arkheologicheskie pamyatniki Argazinskogo vodokhranilischa (epokhi kamnya i bronzy).* Novosibirsk: Nauka.

Pfrommer, M. 1993. *Metal Work from the Hellenized East. Catalog of the Collections.* Malibu, California: The J. Paul Getty Museum.

Pleiner, R. 2000. *Iron Age Archaeology: the European Bloomery Smelters.* Prage: Archeologicky Ustav AV CR.

Pletneva, L. M. (ed.) 1994. *Poseleniya i zhilishcha* (Ocherki kulturogeneza narodov Zapadnoi Sibiri, Vol. 1). Tomsk: Tomsk State University.

Pletneva, S. A. 1982. *Kochevniki srednevekovy'a. Poiski istoricheskikh zakonomernostei.* Moscow: Nauka.

Podgayevski, G. V. 1935. Gorodishche Voronezh. In *Arkheologicheskiye issledovaniya v RSFSR (1934–1936). Kratkiye otchety i svedeniya,* ed. V. V. Golmsten. Moscow-Leningrad: Academy of Sciences Press: 156–60.

Pogodin, L. I. 1989. *Otchet ob arkheologicheskikh issledovaniyakh v Nizhneomskom I Gorkovskom raionakh Omskoi oblasti v 1989.* Institute of Archaeology RAS. Manuscript P-1, 13932.

Pogodin, L. I. 1996. Zolotoye shity'e Zapadnoi Sibiri. In *Istoricheski ezhegodnik,* ed. V. I. Matushchenko. Omsk: Omsk State University: 123–34.

———. I. 1998a. Lakovye izdeliya iz pamyatnikov Zapadnoi Sibiri rannego zheleznogo veka. In *Vzaimodeistviye sargatskikh plemen s vneshnim mirom,* ed. L. I. Pogodin. Omsk: Omsk State University: 26–38.

———. 1998b. *Vooruzheniye naseleniya Zapadnoi Sibiri rannego zheleznogo veka.* Omsk: Omsk State University.

Pogodin, L. I., & A. Y. Trufanov. 1991. Mogilnik sargatskoi kultury Isakovka-3. In *Drevniye pogrebeniya Ob'-Irtyshy'a,* ed. V. M. Kulemzin. Omsk: Omsk State University: 98–126.

Polevodov, A. V. 2003. Suzgunskaya kultura v lesostepi Zapadnoi Sibiri. Ph.D. dissertation: Moscow, Institute of Archaeology, RAS.

Polevodov, A. V., & A. Y. Trufanov. 1997. *O pogrebalnom obryade suzgunskoi kultury.* Paper presented to the "Russia and East. Archaeology and Ethnic History," Omsk, 1997: 19–23.

Polos'mak, N. V. 1987. *Baraba v epokhu rannego zheleza.* Novosibirsk: Nauka.

———. 1994. *Steregushchiye zoloto griphy.* Novosibirsk: Nauka.

———. 2000. *Vsadniki Ukoka.* Novosibirsk: Nauka.

Polyakov, Y. A. 2001. Glyadenovskaya kultura. In *Arkheologiya i etnografiya Srednego Priuraly'a,* ed. A. F. Melnichuk. Berezniki: Perm State University: 10–9.

Polyakova, E. L. 2002. Megality Yuzhnogo Zauraly'a. In *Vestnik obshchestva otkrytykh issledovani drevnosti,* ed. F. N. Petrov. Chelyabinsk: Obshchestvo otkrytykh issledovanii drevnosti: 49–56.

Popov, N. S. 1813. *Khozyaistvennoye opisaniye Permskoi guberniyi.* St. Petersburg.

Popov, V. A. (ed.) 1993. *Ranniye formy sotsialnoi stratifikatsiyi.* Moscow: Nauka

———. (ed.) 1995. *Ranniye formy politicheskoi organizatsiyi: ot pervobytnosti k gosudarstvennosti.* Moscow: Nauka.

Porokh, A. N. 1999. Istoriya kuznechnogo proizvodstva u kochevnokov Niznego Povolzhy'a skifskoi epokhi. In *Nauchnye shkoly Volgogradskogo Universiteta. Arkheologiya Volgo-Uralskogo regiona v epokhu rannego zheleznogo veka i srednevekovy'a,* ed. A. S. Skripkin. Vogograd: Volgograd State University: 300–18.

Posrednikov, V. A. 1992. O yamnykh migratsiyakh na vostok i afanasyevsko-prototokharskaya problema. In *Donetskii arkheologicheskii sbornik* I, ed. V. A. Posrednikov. Donetsk: AVERS: 9–20.

Potyemkina, T. M. 1979. O sootnosheniyi alekseyevskikh i zamaraevskikh kompleksov v lesostepnom Zauraly'e. *Sovetskaya arkheologiya* 2, 35–70.

Potyemkina, T. M. 1985. *Bronzovyj vek lesostepnogo Pritoboly'a.* Moscow: Nauka.

———. 1995. Problemy svyazei i smena kultur Zauraly'a v epokhu bronzy (rannij i srednij etapy). *Rossijskaya arkheologiya* 1: 14–27.

Potyemkina, T. M., O. N. Korochkova, & V. I. Stefanov. 1995. *Lesnoye Tobolo-Irtyshy'e v kontse epokhi bronzy.* Moscow: PAIMS.

Privat, K. 2002. Preliminary report of paleodietary analysis of human and founal remains from Bolshekaraganski kurgan 25. In *Arkaim: Nekropol,* ed. D. Zdanovich. Chelyabinsk: South Ural Press: 167–71.

Pryakhin, A. D. 1971. *Abashevskaya kultura v Podony'e.* Voronezh: Voronezh State University.

———. 1973. *Drevneye poseleniye Peschanki.* Voronezh: Voronezh State University.

———. 1976. *Poseleniya abashevskoi obshchnosti.* Voronezh: Voronezh State University.

———. 1977. *Pogrebalnyje abashevskiye pamyatniki.* Voronezh: Voronezh State University.

———. 1996. *Mosolovskoye poseleniye metallurgovliteishchikov epokhi pozdnei bronzy.* Voronezh: Voronezh State University.

Pryakhin, A. D., & A. K. Khalikov. 1987. Abashevskaya kultura Yuzhnogo Priuraly'a. In *Arkeologiya SSSR. Epokha bronzy lesnoi polosy SSSR*, ed. O. N. Bader, D. A. Krainov, & M. F. Kosárev. Moscow: Nauka: 124–31.

Pshenichnuk, A. K. 1983. *Kultura rannikh kochevnikov Yuzhnovo Urala.* Moscow: Nauka.

———. 1989. *Raskopki tsarskogo kurgana na Yuzhnom Urale.* Ufa: Bashkir Center of RAS.

———. 2000. Drevnaya posuda rannikh kochevnikov Yuzhnogo Urala. In *Ufimskij arkheologicheski sbornik*, ed. A. H. Pshenichnuk. Ufa: National Museum of Bashkortostan: 76–93.

Pustovalov, S. Zh. *Vozrastnaya, polovaya i sotsialnaya kharakterisika katakombnogo naseleniya Severnogo Prichernomory'a.* Kiev: Naukova Dumka.

———. 1994. Economy and social organization of northern Pontic steppe – forest-steppe pastoral population: 2750–2000 BC (Catacomb culture). In *Nomadism and Pastoralism in the Circle of Baltic-Pontic Early agrarian Cultures: 5000–1650 BC*, ed. A. Kosko. Poznan: Adam Mickiewicz University: 86–134.

Pyankov, I. V. 2002. Arkaim and Indo-Iranian Var. In *Complex Societies of Central Eurasia from the 3rd to the 1st Millennium BC: Regional Specifics in Light of Global Models*, ed. K. Jones-Bley, & D. Zdanovich. Journal of Indo-European Studies Monograph Series 45. Washington, D.C.: Institute for Study of Man: 42–52.

Pyankova, L. T. 1989. *Drevniye skotovody Yuzhnogo Tadzhikistana.* Dushanbe: Nauka.

Pyatkin, B. N. 1987. Predstavleniya drevnikh ludei o prostranstve i vremeni po kurgannym sooruzheniyam. In *Skofo-Sibirski mir. Iskusstvo i ideologiya*, ed. A. I. Martynov. Novosobirsk: Nauka: 30–7.

Radloff, V. V. 1989. *Iz Sibiri: Stranitsy dnevnika (From Siberia: Pages of dairy).* Moscow: Nauka.

Rassamakin, Y. 1999. The Eneolithic of the Black See Steppe: Dynamics of Cultural and Economic Development 4500–2300 BC (trans.) C. Scarre. In *Late prehistoric exploitation of the Eurasian steppe*, ed. Y. R. M. Levine, A. Kislenko, N. Tatarintseva. McDonald Institute Monographs. Cambridge: McDonald Institute for Archaeological Research: 59–182.

Razhev, D. I. 2001. Naseleniye lesosotepi Zapadnoi Sibiri rannego zheleznogo veka: rekonstruktsiya antropologicheskikh osobennostei. Ph.D. dissertation: Ekaterinburg, Institute of History and Archaeology UD RAS.

Rostovtseff, M. 1922. *Iranians and Greeks in Southern Russia.* Oxford: Clarendon Press.

———. 1925. *Scythia i Bospor. Kriticheskoye obozreniye pamyatnikov literaturnykh i arkheologicheskikh.* Leningrad.

Rostovtseff, M. 1929. *The Animal Style in South Russia and China* (Princeton Monographs in Art and Archaeology 29). Princeton: Princeton University Press.

Rudenko, S. I. 1952. *Gornoaltaiskiye nakhodki i skify.* Moscow-Leningrad: Academy of Sciences Press.

———. 1961. K voprosu o formakh skotovodcheskogo khozyaistva i o kochevnikakh. *Materialy po otdeleniyu etnografiyi* 1. Moscow: Nauka: 3–8.

———. 1962. *Sibirskaya kollektsiya Petra 1.* (Arkheologiya SSSR. Svod arkheologicheskikh istochnikov D3–9). Moscow: Academy of Sciences Press.

———. 1970. *The Frozen Tombs of Siberia: The Pazyryk Burials of Iron Age Horsmen.* Berlkeley and Los Angeles: University of California Press.

Ryabogina, N. E., & L. A. Orlova. 2002. Pozdnegolotsenovyi torfyanik Gladilovskyi Ryam kak indicator izmeneniya paleoekologicheskikh uslovii Ishimskoi ravniny. *Vestnik arkheologiyi, anthropologiyi i etnographiyi* 4: 203–13.

Ryabogina, N. E., N. P. Matveyeva, & L. A. Orlova. 2001a. Novyje dannyje po prirodnoi srede Zauraly'a v drevnosti (palinilogicheskiye issledovaniya otlozhenii Nizhne-Ingalskogo-3 poseleniya). *Vestnik arkheologiyi, anthropologiyi i etnographiyi* 3: 205–12.

Ryabogina, N. E., T. G. Semochkina, & S. N. Ivanov. 2001b. Rekonstruktsiya uslovii obitaniya naseleniya nizhnego Priisety'a v pozdnem bronzovom i rannem zhelznom vekakh. In *Problemy vzaimodeistviya cheloveka i prirodnoi sredy*, ed. V. P. Tsibulsky. Tumen: Institut problem osvoyeniya Severa: 33–8.

Ryndina, N. V. 1998. *Drevneisheye metalloobrabatyvayushcheye proizodstvo Yugo-Vostochnoi Evropy*. Moscow: Moscow State University.

Ryndina, N. V., & A. D. Degtyareva. 2002. *Eneolit i bronzovyi vek*. Moscow: Moscow State University.

Saenz, C. 1991. Lords of Wast: perdition, pastoral production, and the process of stratification among the eastern Twargs. In *Chiefdom: Power, Economy and Ideology*, ed. T. Earle. Cambridge: Cambridge University Press: 100–20.

Salnikov, K. V. 1940. *Andronovskyi kurgannyi mogilnik u s. Fyodorovki* (Materialy i issledovaniya po arkheologiyi SSSR 1). Moscow: Academy of Sciences Press: 58–68.

———. 1951. *Bronzovyj vek Yuzhnogo Zauraly'a* (Materialy i issledovaniya po arkheolohiyi SSSR 21). Moscow: Academy of Sciences Press.

———. 1952. *Kurgany na ozere Alakul* (Materialy i issledovaniya po arkheologiyi SSSR 24). Moscow: Nauka: 51–71.

———. 1954. Abashevskaya kultura na Yuzhnom Urale. *Sovetskaya arkheologiya* XXI: 52–94.

———. 1962. K istoriyi drevnei metallurgiyi na Yuzhnom Urale. In *Arkeologiya i etnografiya Bas'kiriyi*. Vol. I. Ufa: Baskirski Nauchyi Tsentr: 62–74.

———. 1967. *Ocherki drevnei istoriyi Yuzhnogo Urala*. Moscow: Nauka.

Sarianidi, V. I. 1987. Baktriyski tsentr zlatodeliya. *Sovetskaya arkheologiya* 1: 72–83.

Savelyeva, E. A. 1984. *Arkheologiya Komi ASSR*. Syktyvkar: Syktyvkar University.

Schmidt, A. V. 1928. Otchet o komandirovke v 1925 g. v Uralskuyu oblast'. *Sbornik muzeya antropologii i etnografiyi ANSSSR*.

Sementsov, A. A., G. I. Zaitseva, I. Gursdorf, N. A. Bokovenko, H. Parzinger, A. Nagler, K. V. Chugunov, & L. M. Lebedeva. 1997. Voprosy khronologiyi pamyatnikov kochevnikov skifskoi epokhi Yuzhnoi Sibiri i Tsentralnoi Aziyi. In *Radiouglerod i Arkheologiya*, ed. G. I. Zatseva. Arkheologicheskiye Vesti 37. St. Petresburg: Institut for History of Material Culture: 86–93.

Semochkina, N. G., & N. T. Ryabogina. 2001. Palinologicheskaya kharakteristika razreza kurgana 15 Chistolebyazhskogo mogilnika. *Vestnik arkheologiyi, antropologiyi i etnografiyi* 3: 115–20.

Sergatskov, I. V. 2002. Analiz sarmatskikh pogrebalnykh pamyatnikov I-II vv. do n.e. In *Statisticheskaya obrabotka porebalnykh pamyatnikov Aziatskoi Sarmatiyi. Srednesarmatskaya kultura*, ed. M. G. Moshkova. Moscow: Institute of Archaeology RAS: 22–129.

Shakhmatov, V. F. 1962. O pastbishchno-kochevoi (zemelnoi) obshchine u kazakhov. In *Trudy Instituata istoriyi, arkheologiyi i etnografiyi AN Kaz. SSR*, ed. V. F. Shakhmatov, T. Z. Shoinbayev, & V. S. Kuznetsov. Alma-Ata: Nauka: 3–37.

Shakhmatov, V. F. 1964. *Kazakhskaya pastbishno-kochevaya obsgchina*. Alma-Ata: Nauka.

Shamiladze, V. M. 1982. O nekotorykh voprosakh klassifikatsiyi i terminologiyi skotovodstva Kavkaza. *Sovetskaya etnografiya* 3: 70–6.

Sharapova, S. V. 2004. Trans-Urals Iron Age ceramics – A new outlook. In *European Journal of Archaeology* 7 (2): 177–97.

Shchukin, M. B. 1994. *Na rubezhe er* (Russian Archaeological Bibliothek. 2). St. Petersburg: Farn Ltd.

Shilov, V. P. 1975. *Ocherki po istorii drevnikh plemen Nizhnego Povolzhy'a*. Leningrad: Nauka.

Shnirelman, V. A. 1980. *Proiskhozhdenoye skotovodstava: kulturno-istoricheskaya problema*. Moscow: Nauka.

———. 1988. Proizvodstevennye predposylki razlozheniya pervobytno-obshchinnogo obshchestva. In *Istoria pervobytnogo obshchestva. Epokha klassoobrazovaniya*, ed. Y. V. Bromlei. Moscow: Nauka: 5–139.

Shorin, A. F. 1999. *Eneolit Urala i sopredelnykh territorii: problemy kulturogeneza*. Ekaterinburg: Institute of History and Archaeology RAS.

Shramko, B. A. 1962. Novyie dannye o dobyche zheleza v Skifiyi. *Kratkiye soobshcheniya Instituta Arkheologii Academii Nauk* 62: 72–7.

———. 1969. Orudiya skifskoi epokhi dlya obrabotki zheleza. *Sovetskaya arkheologiya* 3: 52–69.

———. 1987. *Belskoye gorodishche skifskoi epokhi*. Kiev: Naukova Dumka.

Shramko, B. A., & Y. G. Mashkarov. 1993. Issledovaniye bimetallicheskogo nozha iz pogrebeniya katakombnoi kultury. *Rossijskaya arkheologiya* 2: 163–70.

Shramko, B. A., L. A. Solntsev, & L. D. Fomin. 1963. Tekhnika obrabotki zheleza v lesostepnoi Skifiyi. *Sovetskaya arkheologiya* 4: 36–57.

———. 1977. Nachalnayi etap obrabotki zheleza v Vostochnoi Evrope (doskifski period). *Sovetskaya arkheologiya* 1: 52–80.

Sinuk, A. T. 1981. Repinskaya kultura epokhi eneolita-bronzy v basseine Dona. In *Sovetskaya arkheologiya* 4, 8–19.

———. 1996. *Bronzovyi vek basseina Dona*. Voronezh: Voronezh State Pedagogical University.

Sinuk, A. T., & I. A. Kozmirchuk. 1995. Nekotorye aspekty izuchenija abashevskoi kultury v basseine Dona. In *Drevniye indoiranski kultury Volgo-Urala*, ed. I. B. Vasily'ev. Samara: Samara Pedagogical Institute: 37–70.

Skripkin, A. S. 1990. *Asiatskaya Sarmatiya. Problemy khronologii i ee istoricheskii aspect*. Saratov: Saratov State University.

———. 1996. K voprosu ob etnicheskoi istoriyi sarmatov pervykh vekov nashei ery. *Vestnik drevnei istoriyi* 1: 160–9.

———. 2000. *O kitaiskikh traditsiaykh v sarm atskoi kulture*. Paper presented to the Antichnaya tsivilizatsiya i varvarskij mir, Krasnodar, 2000: 96–9.

Smirnov, A. P. 1952. *Ocherki drevnei i srednevekovoi istoriyi narodov Srednevo Povolzhya i Prikamy'a* (Materialy i issledovaniya po arkheologiyi SSSR 30). Moscow: Moscow: Academy of Sciences Press.

Smirnov, K. F. 1961. *Vooruzheniye savromatov* (Materialy i issledovania po arkhrologii SSSR 101). Moskow: Nauka.

———. 1964. *Savromaty: rannaya istoria i kultura Sarmatov*. Moscow: Nauka.

———. 1975. *Sarmaty na Ileke*. Moskow: Nauka.

Smirnov, K. F., & E. E. Kuzmina. 1977. *Proiskhozhdeniye indoirantsev v svete noveishikh arkheologicheskikh otkrytij*. Moscow: Nauka.

Smoline, V. 1927. La nécropole d'Abashevo. *Eurasia Septentrinalis Antiqua* 1.

Snodgrass, A. 1980. Iron and Early metallurgy in the Mediterranean. In *The Coming of the Iron Age*, ed. J. D. Muhly. New Haven and London: Yele University Press: 335–74.

Solovyev, A. I. 2003.*Oruzhiye i dospekhi: Sibirskoye vooruzheniye ot kamennogo veka do srednevekovya*. Novosibirsk: INFOLIO-press.

Solovyev, B. S. 1994. *Chirkovskaya kultura Srednego Povolzhy'a*. Izhevsk: Udmurt State University.

Sorokin, V. S. 1962. *Mogilnik bronzovoi epokhi Tasty-Butak I v Zapadnom Kazakhstane* (Materialy i issledovaniya po arkheologiyi SSSR 120). Moscow: Nauka.

Spitsin, A. A. 1893. Kostenosnye gorodishcha. *Materialy po arkheologii vostochnykh gubernii Rossii*. St. Petersburg.

———. 1901. *Drevnosti basseinov Oki i Kamy* (Materialy po ackheologiyi Rossiyi). St. Petersburg.

———. 1914. *Glyadenovskoye kostishche* (Trudy Permskoi arkheologicheskoi komissii XI). Perm.

Stavisky, B. Y. 1997. Velikij shelkovyi put. In *Cultural Values*, ed. P. G. Muradov. Biblioteka Turkmenica. St. Peterburg: Eropean House: 19–29.

Steblin-Kamenskij, I. M. 1995. Ariisko-uralskiye svyazi: Mif ob Jime. In *Rossiya i Vostok: problemy vzaimodeistviya.*, ed. G. B. Zdanovich. Chelyabinsk: Chelyabinsk State University: 166–7.

Stefanov, V. I. 1996. Poseleniya alakulskoi kultury Uzhnogo Urala. In *Materialy po arkheologiji i etnografiji Uzhnogo Urala*, ed. A. D. Tairov. Chelyabinsk: Kamennyi Poyas: 43–63.

Stefanov, V. I., & O. N. Korochkova. 2000. *Andronovskiye drevnosti Tumenskogo Pritoboly'a*. Ekaterinburg: Poligrafist.

———. 2006. *Urefty I – Zauralski pamyatnik v andronovskom kontexte*. Ekaterinburg: Ural State University.

Stefanov, V. I., Koryakov, I. O., Chemyakin, Yu. P. & S. V. Kuzminykh. 2001. Igralnye kosti iz srubno-andronovskikh pamyatnikov Urala I Zapadnoi Sibiri. In *Bronzovyi vek Vostochnoi Evropy: kharakteristika kultur, khronologiya i periodizatsiya*, ed. Yu. I. Kolev, P. F. Kuznetsov and O. V. Kuzmina. Samara: Samara State Pedagogical University: 290–8.

Stepanova, N. F. 1997. Inventar iz pogrebeni afanasyevskoi kultury Gornogo Altaya. In *Sotsialno-ekonomicheskiye struktury drevnikh obshchestv Zapadnoi Sibiri*, ed. Y. F. Kirushin & A. B. Shamshin. Barnaul: Altai University: 32–36.

Stokolos, V. S. 1962. Kurgany epokhi bronzy u s. Stepnoye. *Krayevedcheskiye zapiski* I: 3–19.

———. 1972. *Kultura naselenija bronzovogo veka Uzhnogo Zauraly'a*. Moscow: Nauka.

Strabo. 1994. *Geography*. Moscow: Nauka.

Sulimirski, T. 1970. *The Sarmatians*. London: Thames and Hudson.

Sunchugashev, Y. I. 1969. *Gornoye delo i vyplavka metallov v drevnei Tuve*. Moscow: Nauka.

———. 1979. *Drevnaya metallurgiya Khakassiyi*. Moscow: Nauka.

Tainter, J. A. 1988. *The Collapse of Complex Societies*. Cambridge: Cambridge University Press.

Tairov, A. D. 1991. *Ranniye kochevniki yuzhnovo Zauralya v VII-II vekakh do novoi ery*. Ph.D. dissertation: Moscow: Institute of Archaeology RAS.

———. 1993. Pastbishchno-kochevaya sistema i istoricheskiye sudby kochevnokov Ural-Kazakhstanskikh stepei v I tys. do n.e. In *Kochevniki Uralo-Kazakhstanskikh Stepei*, ed. A. D. Tairov. Ekaterinburg: Nauka: 3–23.

———. 1995. *Torgovyje kommunikatsiyi v Zapadnoi chasti Uralo-Irtyshskogo mezhdurechy'a*. Chelyabinsk: Chelyabinsk State University.

———. (ed.) 1999. *Kurgan s usami "Solochanka"*. Chelyabinsk: Chelaybinsk State University.

———. 2000. Rannii zheleznyi vek. In *Drevnyaya istoriya Yuzhnogo Zauraly'a*, ed. N. O. Ivanova Chelyabinsk: South Ural State University: 4–205.

———. 2003. *Izmemeniya klimata stepei i lesostepei Tsentralnoi Evraziyi vo II-I tys. do n.e.: meterialy k istoricheskim rekonstruktsiyam*. Chelyabinsk: Rifei.

Tairov, A. D., & S. G. Botalov. 1988. Kurgan u sela Varna. In *Problemy arkheologiyi Uralo-Kazakhstanskikh stepei*, ed. G. Zdanovich. Chelyabinsk: 100–25.

Talgren, A. M. 1919. *L'epoque dite d Ananino dans la Russie orientale* (Souomen Muinaismuistoyhdistyksen Aikakanshirja XXXI). Helsinki: K. F. Puromienen Kirjapaino O.-Y.

———. 1937. The Arctic Bronze Age in Europe. *Eurasia Septentrinalis Antiqua* XI: 1–46.

Taskin, V. S. 1989. *Materialy po istoriyi kochevykh narodov v Kitaye III-V v. Sunnu*. Moscow: Nauka.

Telegin, D. Y. (ed.) 1985. *Archeologiya Ukrainskoi SSR. Pervobytnaya arkheologiya* (1). Kiev: Naukova Dumka.

Teploukhov, S. A. 1927. *Drevniye pogrebeniya v Minusinskom kraye* (Materialy po etnographiyi III). Leningrad: Academy of Sciences Press.

Terekhova, N. N., & V. R. Erlikh. 2000. Drevneishii chernyi metall na Severo-Zapadnom Kavkaze. In *Skify i Sarmaty v VII-III vv. do n.e. Paleoekologiya, antropologiya i arckheologiya*, ed. V. I. Gulayev & V. S. Olkhovsky. Moscow: Institute of archaeology RAS: 281–6.

Terekhova, N. N., L. S. Rozanova, V. I. Zavy'alov, & V. V. Tolmacheva. 1997. *Ocherki po istoriyi drevnei zhelezoobrabotki v Vostochnoi Evrope*. Moscow: Metallurgiya.

Tkachev, A. A. 2002. *Tsentralnyi Kazakhstan v epokhu bronzy*. Tyumen: Izdatelstvo TGNGU.

Tkachev, V. V. 1995. O sootnosheniyi sintashtinskikh i petrovskikh pogrebalnykh kompleksov v stepnom Priuralye. In *Rossiya i Vostok: problemy vzaimodeistviya.*, ed. G. B. Zdanovich. Chelyabinsk: Chelyabinsk State University: 168–70.

———. 1998. K probleme proiskhozhdeniya petrovskoi kultury. In *Arkheologicheskije pamyatniki Orenburzhy'a* II, ed. N. L. Morgunova. Orenburg: DIMUR: 38–56.

———. 2000. O yugo-zapadnykh svyazyakh naseleniya Yuzhnogo Urala v epokhu rannei i srednei bronzy. In *Problemy izucheniya eneolita i bronzovogo veka Urala*, ed. S. Zasedateleva. Orsk: Institute evrazijskikh issledovanij: 37–54.

Tkachev, V. V., & Y. Gutsalov. 2000. Novyje pogrebeniya eneolita-srednej bronzy vostochnogo Orenburzhya i Severnogo Kazakhstana. In *Arkheologicheskye pamyatniki Orenburzhy'a* IV, ed. N. L. Morgunova. Orenburg: Orenburgskaya guberniya: 27–47.

Tolmachev, V. 1912. *Drevnosti Vostochnogo Urala* (Zapiski Uralskogo Obshchestva lubitelei estestvoznaniya). Ekaterinburg: UOLE.

Tolstov, S. P. 1948. *Drevnij Khorezm. Opyt istoricheskikh issledovanij*. Moscow: Moscow State University.

Tolybekov, S. E. 1971. *Kochevoye obchshestvo kazakhov v XVII-nachale XX veka: politiko-ekonomicheskiy analiz*. Alma-Ata: Nauka.

Tomilov, N. A. 1986. *Turkoyazchnoye naseleniye Zapadnosibirskoi ravniny v kontse XVII – pervoi chetverti XIX v*. Tomsk: Tomsk State University.

Treister, M. Y., & S. A. Yatsenko. 1997/98. About the Centers of Manufacture of Certain Series of Horse-Harness Roundels in 'Gold-Turquoise Animal Style' of the 1st-2nd Centuries AD. *Silk Road Art and Archaeology* V: 51–106.

Trever, K. V. 1940. *Pamyatniki Greko-Baktriiskogo iskusstva*. Moscow-Leningrad: Izdatelstvo Akademii Nauk.

Trifonov, V. A. 1996a. K absolutnomu datirovaniju "mikenskogo" ornamenta epokhi razvitoi bronzy Evraziji. In *Radiouglerod i arkheologija*, ed. G. Zaitseva, V. Dergachev,

& V. Masson. St-Petereburg: Institute for History of Material Culture RAS: 60–4.

———. 1996b. Popravki k absolutnoi khronologiji kultur eneolita-bronzy Severnogo Kavkaza. In *Mezhdu Evropoi i Aziyei. Kavkaz IV-I tys. do n.e.*, ed. V. Bochkarev. St. Petersburg: Institute for History of Material Culture: 43–9.

———. 2001. Popravki k absolutnoi khronologiji kultur epokhi eneolota – srednei bronzy Kavkaza, stepnoi I lesostepnoi zon Vostochnoi Evropy (po dannym radiouglerodnogo datirovaniya). In *Bronzobyi vek Vostochnoi Evropy: kharakteristika kultur, khronologiya i periodizatsiya*, ed. Yu.I. Kolev, P. F. Kuznetsov and O. V. Kuzmina. Samara: Samara State Pedagogical University: 71–84.

Tsalkin, V. I. 1964. Nekotorye itogi izucheniya kostnykh ostatkov zhivotnykh iz raskopok pozdnego bronzovogo veka. *Kratkie soobshcheniya Instituta Arkheologii SSSR* 101: 20–9.

———. 1966. *Drevneye zhivotnovodstvo Vostochnoi Evropy i Sredeni Azii* (Materialy i issledovaniya po arkheologii SSSR 135). Moscow: Moscow: Academy of Sciences Press.

Tsimidanov, V. V. 1990. *Predposylki usileniya voyennoi verkhushki v stepnykh obshchestvakh epokhi bronzy*. Paper presented to Problemy isucheniya katakombnoi kul'turno-istoricheskoi obshchnosti. Zaporozhy'e: 103–7.

———. 1997. Triada srubnykh isigniy vlasti: mesto slozheniya. In *Epokha bronzy i ranniy zheleznyi vek v istorii drevnikh plemyon yuzhnorusskikh stepei*, ed. A. I. Yudin. Saratov: Saratov State Pedagogical University.

Turetski, M. A. 2004. Razvitiye kolesnogo transporta u plemen yamnoi kultury. In *Arkheologicheskiye pamyatniki Orenburzhya*, ed. N. L. Morgunova. Orenburg: Orenburg State University: 31–6.

Usachuk, A. N. 2002. Regional peculiarities of technology of the shield cheekpieces production (based on materials of the Middle Don, Volga, and Southern Urals). In *Complex Societies of Central Eurasia from the 3rd to the 1st Millennium BC. Reginal Spesifics in Light of Global Models*, ed. K. Jones-Bley, & D. Zdanovich. Journal of Indo-European Studies Monograph Series 45. Washington, D.C.: Institute for the Study of Man: 237–43.

Usmanova, E. R., & V. N. Logvin. 1998. *Zhenskie nakosnye ukrashenia Kazakhstana: (epokha bronzy)*. Lisakovsk: Lisakovsk Museum.

Vainberg, B. I. 1999. *Etnogeografiya Turana v drevnosti. VII v. do n.e.-VIII v. n.e.* Moscow: Vostochnaya Literatura.

Vainshtein, S. I. 1972. *Istoricheskaya etnographiya tuvintsev. Problemy kochevogo khozyaistva.* Moscow: Nauka.

———. 1973. *Problema proiskhozhdeniya i formirovaniya khozyaistvenno-kulturnogo tipa kochevykh skotovodov umerennogo poyasa Evraziyi* (IX Mezhdnarodnyi Kongress Antropologicheskikh i Etnograficheskikh Nauk). Moscow: Nauka.

———. 1980. *Nomads of Southern Siberia.* Cambridge: Cambridge University Press.

Van der Plicht, J. 2004. Radiocarbon, the calibration curve and Scythisn chronology. In *Impact of the Environment on Human Migration in Eurasia*, ed. Marian Scott, E., Alexeyev, A. Yu. & G. Zaitseva. London: Kluwer Academic Publishers: 45–62.

Varfolomeyev, V. V. 1991. Sary-Arka v kontse bronzovoi epokhi. Ph.D. dissertation: Alma-Ata, Institute of Archaeology KAZ AS.

———. 2003. Kent i ego okruga (nekotoryje itogi paleoekonomicheskogo i sotsiokulturnogo analiza pamyatnikov vostochnoi Sary-Arki). In *Stepnaya tsivilizatsiya vostochnoi Evraziyi*, ed. K. A. Akishev. Astana: Kultegin: 88–108.

Vasily'ev, I. B. 1980. Mogilnik yamnopoltavkinskogo vremeni u s. Utevka v Srednem Povolzhy'e. In *Arkheologiya vostochno-evropeiskoi lesostepi*, ed. A. D. Pryakhin. Voronezh: Voronezh University: 32–58.

Vasily'ev, I. B., P. F. Kuznetsov, & A. P. Semenova. 1992. Pogrebeniya znati epokhi bronzy v Srednem Povolzhy'e. In *Arkheologicheskiye vesti* I, ed. V. M. Masson. S-Petresburg: Institute for Hstory of Material Culture: 52–63.

———. 1994. *Potapovski kurgannyi mogilnik indoiranskikh plemen na Volge.* Samara: Samara State University.

Vasily'ev, S. S., V. A. Dergachev, & V. F. Chistyakov. 1997. Vyjavlenie 2400-letnego tsikla v kontsentratsiyi C-14 i vospriyimchivost povedeniya cheloveka k krupnomasshtabnym izmeneyam klimata. In *Radiocarbon and Archaeology*, ed. G. I. Zaitseva, V. A. Dergachev, & V. M. Masson. St.

Petersburg: Institute for History of Material Culture: 13–35.

Vichtomov, A. D. 1967. Periodizatsiya i local'nye grouppy pamyatnikov ananyinskoi kul'tury Srednevo Prikamya. *Uchenye zapiski Permskovo universiteta* 148: 78–110.

Viktorora, V. D. 2002. Pochemu na ptitsev-idnykh izobrazheniyekh poyavilis' lichiny. *Uralskij istoricheskij vestnik* 8: 74–92.

Vildanov, P. F., & A. F. Melnichuk. 1999. *Dalniye yugo-vostochnye svyazi naseleniya Permskogo Priuralya v rannem zheleznom veke.* Paper presented to the XIV Uralskoye arkheologicheskoye soveshchsniye, Chelyabinsk, 1999: 119–20.

Vinogradov, N. B. 1982. Kulevchi III – pamyatnik petrovskogo tipa na Yuzhnom Urale. *Kratkiye soobshcheniya Instituta Arkheologiyi SSSR* 169: 94–100.

———. 1983. Yuzhnoye Zauraly'e i Severnyi Kazakhstan v rannealakulski period. Ph.D. dissertation: Moscow, Institute of Archaeology.

———. 1984. Kulevchy VI – novyi alakulskij mogilnik v lesostepyakh Yuzhnogo Zauraly'a. *Sovetskaya arkheologiya* 3: 136–53.

———. 1991. Poseleniye Kinzhitai – pamyatnik perekhodnogo vremeni ot epokhi bronzy k rannemu zheleznomu veku v Uzhnom Zauraly'e. In *Konvergentsiya i divergentsiya v razvitiji kul'tur epokhi eneolita-bronzy Srednei i Vostochnoi Evropy*, ed. V. S. Bochkarev. Arkheologicheskiye izyskaniya. St. Petersburg: Institute for History of Material Culture: 71–4.

———. 1995a. Khronologiya, soderzhaniye i kulturnaya prinadlezhnost' pamyatnikov sintashtinskogo tipa bronzovogo veka v Yuzhnom Zauraly'e. *Vestnik Chelyabinskogo pedagogicheskogo instituta. Istoricheskije nauki* 1: 16–26.

———. 1995b. Yuzhnye motivy v keramicheskikh kompleksakh epokhi bronzy v Yuzhnom Zaural'ye. In *Konvergentziya i divergentziya v razvitii kul'tur epokhi eheolita-bronzy Srednei i Vostochnoi Evropy*, ed. V. S. Bochkarev. (Arkheologicheskie izyskaniya 25). St. Peterburg: Institute for History of Material Culture: 71–4.

———. 2000. Mogilnik epokhi bronzy Kulevchy VI v Yuzhnom Zauraly'e (po raskopkam 1983 g.). *Problemy istoriyi, filologiyi, kultury* VIII: 24–53.

Vinogradov, N. B., & A. V. Epimakhov. 2000. From a Settled Way of Life to Nomadism: Variants in Models of Transition. In *Kurgans, Ritual Sites, and Settlements: Eurasian Bronze and Iron Age*, ed. J. Davis-Kimball, E. M. Murphy, L. Koryakova, & L. T. Yablonsky. BAR International Series 890. Oxford: Archaeopress: 240–6.

Vinogradov, N. B., V. P. Kostukov, & S. V. Markov. 1996. Mogil'nik Solntse-Talika i problema genezisa fedorovskoi kultury bronzovogo veka v Yuznom Zauraly'e. In *Novoye v arkheologiyi Yuznogo Urala*, ed. S. A. Grigory'ev. Chelyabinsk: Rifei: 131–50.

Vostrov, V. V. 1962. Rodoplemennoi sostav i rasseleniye kazakhov na territoriyi Turgaiskoi oblasti (konets XIX – nachalo XX veka). *Trudy Instituta Istoriyi, Arkheologiyi i Etnografiyi AN Kazakhskoi SSR* 16: 72–94.

Voznesenskaya, G. A. 1967. Metallograficheskiye issledovanoiya kuznechnykh izdeli iz ranneslavyanskikh pamyatnikov. *Kratkie soobshcheniya Instituta Arkheologii SSSR* 110: 125–28.

———. 1978. Kuznechnoye proizvodstvo u vostochnykh slavyan v tretyei chetverti I tys. do n.e. In *Drevnaya Rus' i slavyane*, ed. V. V. Sedov. Moscow: Nauka: 61–65.

Wason, P., & M. Baldia. 2000. Religiya, kommunikatsiya i genesis slozhnoi sotsialnoi organizatsiyi v neoliticheskoi Evrope. In *Alternativnye puti k tsivilizatsiyi*, ed. N. N. Kradin, A. V. Korotayev, D. M. Bondarenko, & V. A. Lynsha. Moscow: Logos: 219–34.

Yablonsky, L. T. (ed.) 1996a. *Kurgany levoberezhnogo Ileka.* Moscow: Institute of Archaeology RAS.

———. 1996b. *Saki Yuzhnovo Priaralya.* Moscow: Timp.

———. 2000. "Scythian Triad" and "Scythian World". In *Kurgans, Ritual Sites, and Settlements. Eurasian BronZe and Iron Age*, ed. J. Davis-Kimball, E. M. Murphy, L. N. Koryakova, & L. T. Yablonsky. BAR International Series 890. Oxford: Archaeopress: 3–8.

———. 2001. The Scyths, Sarmatians and Other in Context of Achievements of Russian Archaeology in the 20th Century. *Rossijskaya arkheologiya* 1: 56–65.

Yablonsky, L. T., & A. A. Khokhlov. 1994. Kraniologiya naseleniya yamnoi kultury Orenburgskoi oblasti. In *Pamyatniki drevneyamnoi kultury na Ileke*, ed. N. L. Morgunova & A. Y. Kravtsov. Ekaterinburg: Nauka: 116–52.

Yablonsky, L. T., J. Davis-Kimball, Y. V. Demidenko, & V. Y. Malyshev. 1996. Raskopki mogilnikov Pokrovka 1,2,7,10 v 1995 g. In *Kurgany levoberezhnogo Ileka*, ed. L. T. Yablonsky. Moscow: Institute of Archaeology RAN: 7–48.

Yablonsky, L. T., & V. A. Bashilov. 2000. Some Current Problems Concerning the History of Early Iron Age Eurasian Steppe Nomadic Societies. In *Kurgans, Ritual Sites, and Settlements. Eurasian Bronze and Iron Age*, ed. L. T. Yablonsky. BAR International Series 890. Oxford: Archaeopress: 9–12.

Yakar, J. 1985. *The Later Prehistory of Anatolia. The Late Chalcolithic and Early Bronze Age* (BAR International Series 268). Oxford: Oxford University Press.

Yaminov, A. F., & N. S. Savely'ev. 1999. *Baishevskij arkheologicheskij mikrorayon*. Paper presented to the XIV Uralskoye Arkheologicheskoye soveshchaniye, Chelyabinsk, 1999: 110–1.

Yatsenko, S. A. 1993. Alanskaya problema i tsentral'no-aziatskije elementy v kul'ture kochevnikov Sarmatii rubezha 1–2 vv. n.e. *Peterburgski arkheologicheski vestnik*, 3: 60–72.

———. 2003. Peculiarities of Social Development of the Sarmato-Alans and their Images in Evidence of Other Cultures. In *Nomadic Pathways in Social Evolution*, ed. N. N. Kradin. Moscow: Russian State University of Humanities.

Yessen, A. A. 1946. O drevnei dobyche zolota na Urale. In *200 let zolotodobychi na Urale*. Sverdlovsk.

———. 1948. Chusovskaya expeditsiya 1942 g. *Sbornik Gosudarstevennogo Ermitazha* 5: 38–40.

Yessen, A. A., & B. E. Degenom-Kovalevski. 1935. K voprosu o drevneishei metallurgiji medi na Kavkaze. *Izvestija gosudarstvennoi akademiji istoriji materialnoi kultury* 120: 7–237.

Zaibert, V. F. 1993. *Eneolit Uralo-Irtyshskogo mezhdurechy'a*. Petropavlovsk: Petropavlovsk Pedagogical Institute.

Zaikov, V. V. 1995. Mineralno-syry'evaya basa pamyatnikov epokhi bronzy na Yuzhnom Urale (Strana gorodov). In *Rossia i Vostok: Problemy vzaimodeistviya*, ed. G. B. Zdanovich. Chelyabin.sk: Chelyabinsk State University: 147–51.

Zaikov, V. V., A. V. Yuminov, A. P. Bushmakin, E. V. Zaikova, A. D. Tairov, & G. B. Zdanovich. 2002. Ancient Copper Mines and Products from Base and Noble metals in the Southern Urals. In *Complex Societies of Central Eurasia from the 3rd to the 1st Millennium BC (Regional Specifics in Light of Global Models)*, ed. K. Jones-Bley, & D. Zdanovich. Journal of Indo-European Studies Monograph Series 45. Washington, D.C.: Institute for Study of Man: 417–42.

Zaitseva, G. I., J. Possnert, A. Y. Alekseyev, V. A. Dergachev, & A. A. Sementsov. 1997a. Radiouglerodnye daty kluchevykh pamyatnikov Evropeiskoi Skifiyi. In *Radiocarbon and Archaeology*, ed. G. I. Zatseva, V. A. Dergachev, & V. M. Masson. St. Petersburg: Institute for HIstory of Material Culture: 76–83.

Zaitseva, G. I., S. S. Vasily'ev, L. S. Marsadolov, v.d. Pliht, I., A. A. Sementsov, V. A. Dergachev, & L. M. Lebedeva. 1997b. Radiouglerod i dendrokhronologiya kluchevykh pamyatnikov Sayano-Altaya:statisticheski analiz. In *Radiouglerod i arkheologiya*, ed. G. I. Zatseva. Arkheologicheskiye vesti. 37. St. Petresburg: Institute for History of Material Culture: 36–44.

Zakh, V. A. 1995. *Poselok drevnikh skotovodov na Tobole*. Novosibirsk: Nauka.

Zbruyeva, A. V. 1952. *Istoriya naseleniya Prikamiya v ananyinskuyu epokhu* (Materyaly i issledovaniya po arkheologiyi SSSR 30). Moscow: Nauka.

———. 1960. *Pamyatniki epokhi bronzy v Prikazanskom Povolzhy'e i Niznem Prikamy'e* (Materialy i issledovaniya po arkheologiyi SSSR 80). Moscow: Nauka.

Zdanovich, D. G. 1997a. *Sinatshtinskoye obshchestvo: sotsialnyje osnovy "kvazigorodskoi" kultury Yuzhnogo Zauraly'a epokhi srednei bronzy*. Chelyabinsk: Chelyabinsk State University.

———. 2002a. Arkheologiya kurgana 25 Bolshekaraganskogo mogilnika. In *Arkaim-nekropol*, ed. D. G. Zdanovich. Chelyabinsk: South Ural Press: 17–110.

———. 2002b. Introduction. In *Complex Societies of Central Eurasia from the 3rd to the 1st Millennium BC: Regional Specifics in Light of Global Models*, ed. K. Jones-Bley & D. Zdanovich. Journal of Indo-European Studies Monograph Series 45. Washington, D.C.: Institute for Study of Man: ix–xxxviii.

———. 2005. *Zhertvopronosheniya zhivotnykh v pogrebalnom obryade naseleniya stepnogo Zauraly'a epokhi srednei bronzy*. Ph.D. dissertation: Ekaterinburg, Institute of History and Archaeology of the Ural Branch of RAS.

Zdanovich, D. G., & L. L. Gaiduchenko. 2002. Sintashta Burial Sacrifice: The Bolshekaraganski Cemetery in Focus. In *Complex Societies of Central Eurasia from the 3rd to the 1st Millennium BC: Regional Specifics in Light of Global Models*, ed. K. Jones-Bley, & D. Zdanovich. Journal of Indo-European Studies Monograph Series 45. Washington, D.C.: Institute for Study of Man: 202–31.

Zdanovich, G. B. 1970. Novoye naseleniye epokhi bronzy v Severnom Kazakhstane. In *Po sledam drevnikh kultur*, ed. M. Kadyrbayev. Alma-Ata: Nauka: 147–53.

———. 1973. Keramika epokhi bronzy Severo-Kazakhstanskoi oblasti. *Voprosy arkheologiyi Urala* 12: 21–43.

———. 1988. *Bronzovyi vek Uralo-Kazakhstanskikh stepei (osnovy periodizatsii)*. Sverdlovsk: Ural State University Press.

———. 1989. Phenomen prototsivilizatsiyi bronzobogo veka Uralo-Kazakhstanskikh stepei. Kulturnaya i sotsialno-ekonomicheskaya obuslovlennost. In *Vzaimodeistviye kochevykh kultur i drevnikh tsivilizatsii*, ed. V. Masson. Alma-Ata:. 58–76.

———. 1995. Arkaim: Ariyi na Urale ili nesostaoyavsheyesya tsivilizatsiyia. In *Arlaim: Issledovaniya. Poiski. Otkrytiya*, ed. G. Zdanovich. Chelyabinsk: Kamennyi Poyas: 21–42.

———. 1997b. Arkaim – kulturnyi kompleks epokhi srednei bronzy Uzhnogo Zaural'ya. *Rossijskaya arkheologiya* 2: 47–62.

———. 1999. *Garmonizatsiya prostranstva "Strany gorodov."* Paper presented to the XIV Uralskoye arkheologicheskoye soveshchaniye, Chelyabinsk, 1999: 76–7.

Zdanovich, G. B., & D. G. Zdanovich. 1995. Protogorodsakaya tsivilizatsija "Strana Gorodov" Yuzhnogo Zauraly'a (opyt modeliruyushchego otnosheniya k drevnosti). In *Rossiya i Vostok: Problemy vzaimodeistviya*, ed. G. B. Zdanovich. Chelyabinsk: Chelyabinsk State University: 48–62.

———. 2002. The 'Country of Towns' of Southern Trans-Urals. In *Ancient Interactions: east and west of Eurasia*, ed. M. G. Levin. Cambridge: McDonald Institute for Archaeological Research: 249–64.

Zdanovich, G. B., & I. M. Batanina. 1995. "Strana gorodov" – ukreplennyje poseleniya epokhi bronzy XVII-XV v. do n.e. na Yuznom Urale. In *Arkaim. Issledovaniya. Poiski. Otkrytiya.*, ed. G. Zdanovich. Chelyabinsk: Kamennyi poyas: 54–62.

———. 2002. Planography of the Fortified Centers of the Middle Bronze Age in the southern Trans-Urals according to Aereal Photography Data. In *Complex Societies of central Eurasia from the 3rd to the 1st Millennium BC: Regional Specifics in Light of Global Models*, ed. K. Jones-Bley, & D. Zdanovich. Journal of Indo-European Studies Monograph Series 45. Washington, D.C.: Institute for Study of Man: 120–38.

Zdanovich, G. B., I. V. Ivanov, & M. K. Khabdulina. 1984. Opyt ispolzovaniya v arkheologii paleopochvennykh metodov issledovaniya (kurgany Kara-Oba i Obaly v Severnom Kazakhstane). *Sovetskaya arkheologiya* 4: 35–48.

Zdanovich, S. Y. 1981. Novyje materialy k istoriyi skotovodstava v Zauraly'e i Severnom Kazakhstane v epokhu finalni bronzy. In *Materialy po khozyaistvu i obshchestvennomu stroyu plemen Yuzhnogo Urala*, ed. N. A. Mazhitov & A. H. Pshenichnuk. Ufa: Baskirski filial AN SSSR: 44–56.

———. 1983. Proiskhozhdeniye sargarinskoi kultury. In *Bronzovyi vek stepnoi polosy Uralo-Irtyshskogo mezhdurechy'a*, ed. Z. G. B. Chelyabinsk: Chelaybinsk State University: 69–80.

———. 1984. Keramika sargarinskoi kultury. In *Bronzovyi vek Uralo-Irtyshskogo mezhdurechy'a*, ed. S. Y. Zdanovich. Chelyabinsk: Chelyabinsk State University: 79–96.

———. 2003. The Steppe of the Urals and Kazakhstan during the Late Bronze Age. In *Prehistoric Steppe Adaptation and the Horse*, ed. K. Boyle. Oxford: McDonald Institute for Archaeological Research: 329–404.

Zdanovich, S. Y., & T. S. Malutina. 1976. Kulturnyi komplex Sargary. In *Problemy arkheologiyi Povolzhy'a i Priuraly'a*, ed. I. B. Vasily'ev. Kuibyshev: Kuibyshev Pedagogical Institute: 90–101.

Zhelezchikov, B. F. 1980. Ranniye kochevniki Yuzhnovo Priuraly'a. Ph.D. dissertation: Moscow, Institute of Archaeology of AN SSSR.

Zhelezchikov, B. F. 1983. Ecologiya i nekotorye voprosy khozyastvennoi deyatelnosti sarmatov Yuzhnogo Priuralya i Zavolzhy'a v VI v. do n.e. – I v. n.e. In *Istoriya i kultura sarmatov*, ed. A. S. Skripkin. Saratov: Saratov State University: 48–60.

———. 1984. Veroyatnaya chislennost' savromato-sarmatov Yuzhnogo Priuraly'a i Zavolzhy'a v VI v. do n.e. – I v. n.e. po demographicheskim i ecologicheskim dannym. In *Drevnosti Evraziyi v skifo-sarmatskoye vremya*, ed. A. I. Milukova, M. G. Moshkova, & V. G. Petrenko. Moscow: Nauka: 65–8.

———. 1988. Stepi Vostochnoi Evraziyi v VII-II vv. do n.e. In *Problemy sarmatskoi arkheologiyi i istoriyi*, ed. V. E. Maksimenko. Azov: Azov Museum: 57–64.

Zhuravleva, G. N. 1995. Narodonaseleniye Srednego Prikamy'a v pianoborskuyu epokhu: (opyt paleodemograficheskikh rekonstruktsii). Ph.D. dissertation: Izhevsk, Udmurt State University.

Zinyakov, N. M. 1997. *Chernaya metallurgiya i kuznechnoye remeslo Zapadnoi Sibiri*. Kemerovo: Kuzbassvuzizdat.

Zinyakov, N. V. 1988. *Istoriya chernoi metallurgiyi i kuznechnogo remesla Drevnego Altaya*. Tomsk: Tomsk State University.

Zuyev, Y. A. 1995. Sarmato-Alany Priaraly'a (Yattsy-Abzoya). In *Kultura kochevnokov na rubezhe vekov: problemy genezisa i transformatsiyi*, ed. K. V. Kekibayev. Almaty: Nauka: 38–45.

Zykov, A. P. 1993. Zheleznye kinzhaly Severo-Zapadnoi Sibiri. In *Znaniya i navyki uralskogo naseleniya v drevnosty*, ed. L. N. Koryakova. Ekaterinburg: Ural Division of RAS: 144–69.

译者补充参考资料

《史记》《汉书》《后汉书》《三国志》《晋书》《魏书》《北史》，均为中华书局标点本。

[古希腊] 阿里安著，李活译《亚历山大远征记》，商务印书馆，1985年。

[伊朗] 贾利尔·杜斯特哈赫选编，元文琪译《阿维斯塔》，商务印书馆，2010年。

[古希腊] 斯特拉博著，李铁匠译《地理学》，上海三联书店，2014年。

[古希腊] 希罗多德著，徐松岩译注《历史》，中信出版社，2013年。

[拜占庭] 约达尼斯著，罗三洋译《哥特史》，商务印书馆，2012年。

陈淳《考古学研究入门》，北京大学出版社，2009年。

陈戈《新疆考古论文集》，商务印书馆，2017年。

陈胜前《理解后过程考古学：考古学的人文转向》，《东南文化》2013年第5期。

陈胜前《思考考古》，生活·读书·新知三联书店，2018年。

郭物《马背上的信仰：欧亚草原动物风格艺术》，人民美术出版社，2004年。

郭物《新疆史前晚期社会的考古学研究》，上海古籍出版社，2012年。

郭物《欧亚草原东部的考古发现与斯基泰人的早期历史文化》，《考古》2012年第4期。

郭物《南西伯利亚早期游牧王国王族墓地的景观、布局和形制》，《欧亚学刊》2016年第3辑。

韩建业《新疆的青铜时代和早期铁器时代的文化》，文物出版社，2007年。

黄文弼《黄文弼历史考古论集》，文物出版社，1989年。

纪宗安《九世纪前的中亚北部与中西交通》，中华书局，2008年。

李刚《中国北方青铜器的欧亚草原文化因素》，文物出版社，2012年。

李水城《区域对比：环境与聚落的演进》，《考古与文物》2002年第6期。

李水城《正业居学：李水城考古文化论集》，上海古籍出版社，2017年。

林幹《匈奴史》，内蒙古人民出版社，2007年。

林梅村《塞伊玛–图尔宾诺文化在中国》，《考古与文物》2016年第2期。

林梅村《塞伊玛–图尔宾诺文化与史前丝绸之路》，上海古籍出版社，2020年。

林梅村《西域考古与艺术》，北京大学出版社，2017年。

刘莉、陈星灿著，陈洪波等译《中国考古学：旧石器时代晚期到早期青铜时代》，生活·读书·新知三联书店，2017年。
刘学堂《丝瓷之路博览：彩陶与青铜的对话》，商务印书馆，2016年。
刘学堂《丝路天山地区青铜器研究》，三秦出版社，2017年。
罗卜藏全丹著，那日萨译注《〈蒙古风俗鉴〉新译详注》，辽宁民族出版社，2019年。
邵会秋《新疆史前时期文化格局的演变及其与周邻文化的关系》，科学出版社，2018年。
王炳华主编《孔雀河青铜时代与吐火罗假想》，科学出版社，2017年。
王鹏《西伯利亚考古学的滥觞》，《光明日报》2017年12月22日第16版。
王鹏《周原遗址青铜轮牙马车与东西方文化交流》，《考古》2019年第2期。
王贻梁、陈建敏《穆天子传汇校集释》，华东师范大学出版社，1994年。
王治来《中亚通史 古代卷上》，新疆人民出版社、人民出版社，2010年。
魏东《青铜时代至早期铁器时代新疆哈密地区古代人群的变迁与交流模式研究》，科学出版社，2017年。
乌丙安《乌丙安民俗研究文集》，长春出版社，2013年。
徐文堪《丝路历史语言与吐火罗学论稿》，浙江大学出版社，2017年。
徐文堪《欧亚大陆语言及其研究说略》，兰州大学出版社，2013年。
杨建华《两河流域：从农业村落走向城邦国家》，科学出版社，2014年。
杨建华等《欧亚草原东部的金属之路》，上海古籍出版社，2016年。
杨建华、赵欣欣《内蒙古东周北方青铜器》，上海古籍出版社，2019年。
易华《青铜之路：上古西东文化交流概说》，《东亚古物》A卷，文物出版社，2004年。
易华《青铜时代世界体系中的中国》，《全球史评论》第五辑，中国社会科学出版社，2012年。
易华《夷夏先后说》，民族出版社，2012年。
余太山《塞种史研究》，商务印书馆，2012年。
余太山《两汉魏晋南北朝与西域关系史研究》，商务印书馆，2011年。
余太山《古代地中海和中国关系史研究》，商务印书馆，2012年。
余太山《古族新考》，商务印书馆，2012年。
余太山《两汉魏晋南北朝正史西域传要注》，商务印书馆，2013年。
余太山《早期丝绸之路文献研究》，商务印书馆，2013年。
余太山《贵霜史研究》，商务印书馆，2015年。
余太山主编《西域通史》（中国边疆通史丛书），中州古籍出版社，2003年第二版。
余太山主编《古代内陆欧亚史纲》，兰州大学出版社，2014年。
袁珂《山海经校注》，北京联合出版公司，2014年。
张文玲《黄金草原——古代欧亚草原文化探微》，上海古籍出版社，2012年。
中国社会科学院边疆考古研究中心编《新疆石器时代与青铜时代》，文物出版社，2008年。

内蒙古博物院、内蒙古自治区文物考古研究所编《中国北方及蒙古、贝加尔、西伯利亚地区古代文化》(上中下)，科学出版社，2015年。

[法]勒内·格鲁塞著，蓝琪译《草原帝国》，商务印书馆，1995年。

[加拿大]布鲁斯·特里格著，陈淳译《考古学思想史》，中国人民大学出版社，2010年。

[美]狄宇宙著，贺严译《古代中国与其强邻》，中国社会科学出版社，2010年。

[美]大卫·安东尼著，张礼艳等译《马、车轮和语言》，中国社会科学出版社，2016年。

[苏联]普·巴·科诺瓦洛夫著，陈弘法译《蒙古高原考古研究》，内蒙古人民出版社，2016年。

[蒙]D.策温道尔吉等著，潘玲等译《蒙古考古》，上海古籍出版社，2019年。

[俄]E.H.切尔内赫等著，王博、李明年译《欧亚大陆北部的古代冶金：塞伊玛-图尔宾诺现象》，中华书局，2010年。

[俄]叶莲娜·伊菲莫夫纳·库兹米娜著，[美]梅维恒英文编译，李春长译《丝绸之路史前史》，科学出版社，2015年。

[美]托马斯·巴菲尔德著，袁剑译《危险的边疆：游牧帝国与中国》，江苏人民出版社，2011年。

[巴基]A.H.丹尼/[苏联]V.M.马松著，芮传明译，余太山审订《中亚文明史》(第一卷)，中国对外翻译出版公司，2002年。

[匈]雅诺什·哈尔马塔主编，徐文堪译《中亚文明史》(第二卷)，中国对外翻译出版公司，2002年。

Ammianus Marcellinus, *Roman History*. Rolfe, J. C.(ed. & trans.) Loeb Classical Library. Cambridge, Massachusetts: Harvard University Press, 1950.

Anatoly M. Khazanov, *Nomads and the Outside World*(2nd Edition). Wisconsin: The University of Wisconsin Press, 1994.

Andrew Johnes(ed.) *Prehistoric Europe: Theory and Practice*. West Sussex: Wiley-Blackwell, 2008.

Andrzej W. Weber, M. Anne Katzenberg, Theodore G. Schurr(ed.) *Prehistoric Hunter-Gatherers of the Baikal Region, Siberia: Bioarchaeological Studies of Past Life Ways*. Philadelphia: University of Pennsylvania Museum of Archaeology and Anthropology, 2010.

Anthony Harding & Harry Fokkens(ed.) *The Oxford Handbook of European Bronze Age*. Oxford: Oxford University Press, 2013.

Anthony Harding & J. M. Coles(ed.) *The Bronze Age in Europe: An Introduction to the Prehistory of Europe c.200-700BC*. London: Methuen & Co., Ltd., 1979.

Antonio Sagona, *The Archaeology of the Caucasus: From the Earliest Settlement to the Iron Age*. Cambridge: Cambridge University Press, 2018.

Antonio Sagona, Paul Zimansky, *Ancient Turkey*. London & New York：Routledge, 2009.

Arrian, translated by Pamela Mensch, edited by James Romm, *The Landmark Arrian: The Campaigns of*

Alexander. New York: Pantheon Books, 2010.

Asko Parpola, *The Roots of Hinduism: The Early Aryans and the Indus Civilization*. Oxford & New York: Oxford University Press, 2015.

Asya Pereltsvaig, Martin W. Lewis, *The Indo-European Controversy: Facts and Fallacies in Historical Linguistics*. Cambridge: Cambridge University Press, 2015.

Barry Cunliffe(ed.), *The Oxford Illustrated History of Prehistoric Europe*. Oxford: Oxford University Press, 1997.

Barry Cunliffe, *By Steppe, Desert, and Ocean: The Birth of Eurasia*. Oxford: Oxford University Press, 2015.

Barry Cunliffe, *Europe Between Oceans 9000BC-AD1000*. New Heaven: Yale University Press, 2008.

Barry Cunliffe, *The Scythians: Nomad Warriors of the Steppe*. Oxford: Oxford University Press, 2019.

Benjamin W. Fortson IV, *Indo-European Language and Culture: An Introduction*(2nd Edition). West Sussex: Wiley-Blackwell, 2010.

Birgit Anette Olsen, Thomas Olander and Kristian Kristiansen (ed.), *Tracing the Indo-Europeans: New Evidence from Archaeology and Historical Linguistics*. Oxford & Philadephia: Oxbow Books.

Bruce G. Trigger, *Understand in Early Civilizations: A Comparative Study*. Cambridge: Cambridge University Press, 2003.

Bryan K. Hanks, Katheryn M. Linduff (ed.), *Social Complexity in Prehistoric Eurasia: Monuments, Metals and Mobility*. Cambridge: Cambridge University Press, 2009.

C. J. Tuplin(ed.) *Pontus and the Outside World: Studies in Black Sea History, Historiography and Archaeology*. Leiden: Brill NV, 2004.

Charles W. Hartley, G. Bike Yazicioglu and Adam T. Smith (ed.), *The Archaeology of Power and Politics in Eurasia: Regimes and Revolutions*. Cambridge: Cambridge University Press, 2012.

Chris Scarre(ed.), *The Human Past: World Prehistory & the Development of Human Societies*(3rd edition). London: Thames & Hudson Ltd., 2013.

Christoph Baumer, *The History of Central Asia Vol. I: The Age of the Steppe Warriors*. London: I. B. Tauris & Co., Ltd., 2012.

Christoph Baumer, *The History of Central Asia Vol. II: The Age of the Silk Roads*. London: I. B. Tauris & Co., Ltd., 2014.

Christopher I. Beckwith, *Empires of the Silk Road: A history of Central Eurasia from the Bronze Age to the Present*. Princeton: Princeton University Press, 2009.

Colin Renfrew, *Archaeology and Language: The Puzzle of Indo-European Origins*. London: Jonathan Cape, 1987.

Craeme Barker, Candice Goucher (ed.), *The Cambridge World History Vol. II: A World with Agriculture, 12,000BCE-500CE*. Cambridge: Cambridge University Press, 2015.

Craig Benjamin, *Empires of the Ancient Eurasia: The First Silk Roads Era, 100BCE-250CE*. Cambridge:

Cambridge University Press, 2018.

David Christian, *A History of Russia, Central Asia and Mongolia Vol. 1: Inner Eurasia from Prehistory to the Mongol Empire*. Calton: Blackwell Publishing, 2008.

David R. Harris(ed.), *The Origins and Spread of Agriculture and Pastoralism in Eurasia: Crops, Fields, Flocks and Herds*. New York & London: Routledge, 1996.

David W. Anthony, *The Horse, the Wheel, and Language: How Bronze-Age Riders from the Eurasian Steppe Shaped the Modern World*. Princeton: Princeton University Press, 2007.(中译本为《马、车轮和语言》，中国社会科学出版社2016年版。)

Denis Sinor(ed.), *The Cambridge History of Early Inner Asia*. Cambridge: Cambridge University Press, 1990.

Douglas T. Price, Gary M. Feinman(ed.), *Pathways to Power: New Perspectives on the Emergence of Social Inequality*. New York: Springer, 2010.

Douglas T. Price, *Europe Before Rome: A Site-by-Site Tour of the Stone, Bronze, and Iron Ages*. Oxford: Oxford University Press, 2013.

Duane W. Roller, *A Historical and Topographical Guide to the Geography of Strabo*. Cambridge: Cambridge University Press, 2018.

Duane W. Roller, *Ancient Geography: The Discovery of the World in Classical Greece and Rome*. London: I. B. Tauris & Co., Ltd., 2015.

Duane W. Roller, *The Geography of Strabo: An English Translation, with Introduction and Notes*. Cambridge: Cambridge University Press, 2014.

Duncan Nobel, *Dawn of the Horse Warriors: Chariot and Cavalry Warfare, 3000-600BC*. South Yorkshire: Pen & Sword Books Ltd., 2015.

E. E. Kuzmina, edited by J. P. Mallory. *The Origin of the Indo-Iranians: 3 (Leiden Indo-European Etymological Dictionary Series)*. Leiden: Brill NV, 2007.

E. E. Kuzmina, edited by Victor H. Mair, *The Prehistory of the Silk Road*. Philadelphia: University of Pennsylvania Press, 2008.（中译本为《丝绸之路史前史》，科学出版社2015年版。）

E. N. Chernych et al. The Circumpontic Metallugical Province as System. *East and West* Vol. 41, No. 1/4, pp. 11-45. Rome: Istituto Italiano per l'Africa e l'Oriente, 1991.

Eszter Istvanovits, Valeria Kulcsar, *Sarmatians: History and Archaeology of a Forgotten People*. Mainz: Romisch-Germanisches Zentralmuseum, 2017.

Evangelos Kyriakidis, *The Archaeology of Ritual*. Los Angles: University of California Press, 2007.

Gaspar Meyer, *Greco-Scythian Art and the Birth of Eurasia: From Classical Antiquity to Russian Modernity*. Oxford: Oxford University Press, 2013.

Guillermo Algaze, *Ancient Mesopotamia at the Dawn of Civilization: The Evolution of an Urban Landscape*. Chicago and London: The University of Chicago Press, 2008.

Hermann Parzinger, *Die frühen Völker Eurasiens: Vom Neolithikum bis zum Mittelalter*, München:

Verlag C. H. Beck, 2006.

Herodotus, translated by Andera L. Purvis, edited by Robert B. Strassler, *The Landmark Herodotus: The Histories*. London: Quercus, 2008.

Ian, Hodder, *The Archaeological Process: An Introduction*. Oxford: Blackwell, 1999.

Ibn Fadlan, translated by Paul Lunde & Caroline Stone, *Ibn Fadlan and the Land of Darkness: Arab Travellers in the Far North*. London: Penguin Classics, 2012.

J. J. Saunders, *The History of Mongol Conquests*. Philadephia: University of Pensylvania Press, 2001.

J. P. Mallory, D. Q. Adams, *Encyclopedia of Indo-European Culture*. London: Fitzroy Dearbrn Publishers, 1997.

J. P. Mallory, D. Q. Adams, *The Oxford Introduction to Proto-Indo-European and the Proto-Indo-European World*. Oxford: Oxford University Press, 2006.

J. P. Mallory, Victor H. Mair, *The Tarim Mummies: Ancient China and the Mystery of the Ealiest Peoples from the West*. London: Thames & Hudson Ltd., 2000.

James A. Millward, *Eurasian Crossroads: A History of Xinjiang*. London: C. Hurst & Co. (Publishers) Ltd., 2007.

Jean Manco, *Ancestral Journeys: The Peopling of Europe from the First Ventures to the Vikings*. London: Thames & Hudson Ltd., 2013.

Jeremy Tredinnick(ed.), *An Illustrated History of Kazakhstan: Asia's Heartland in Context*. Hong Kong: Odyssey Books & Maps, 2014.

John Aruz et al.(ed.), *The Golden Deer of Eurasia: Perspectives on the Steppe Nomads of the Ancient World*. New York: Metropolitian Museum of Art & Yale University Press, 2007.

John Boardman, *The Relief Plagues of Eastern Eurasia and China: The "Ordos Bronzes", Peter the Great's Treasure, and Their Kin*. Oxford: Oxford University Press, 2010.

Katheryn M. Linduff, Sun Yan, Cao Wei & Liu Yuanqing (ed.), *Ancient China and its Euraisan Neighbors: Artifacts, Identity and Death in the Frontier, 3000-700BCE*. Cambridge: Cambridge University Press, 2017.

Katheryn M. Linduff (ed.), *The Beginning of Metallury from the Urals to the Yellow Rivers*. Lewiston, NY: Edwin Mellen Press, 2004.

Kent Flannery, Joyce Marcus, *The Creation of Inequality: How Our Prehistoric Ancestors Set the Stage for Monarchy, Slavery, and Empire*. Cambridge, Massachusetts: Harvard University Press, 2012. （中译本为《人类不平等的起源：通往奴隶制、君主制和帝国之路》，上海译文出版社2016年版。）

Kristian Kristiansen, Timothy Earle (ed.), *Organizing Bronze Age Societies: The Mediterranean, Central Europe and Scandinavia Compared*. Cambridge: Cambridge University Press, 2010.

Kristian Kristiansen, Thomas B. Larsson, *The Rise of Bronze Age Society: Travels, Transmissions and Transformations*. Cambridge: Cambridge University Press, 2005.

Lennart Berggren, Alexander Johnes (annotated and trans.), *The Geography of Ptolemy*. Princeton: Princeton University Press, 2000.

Marija Gimbutas, *The Civilization of the Goddess: The World of Old Europe*. San Francisco: Harper, 1991.

Marija Gimbutas, The Prehistory of Eastern Europe Part I: Mesolithic, Neolithic and Copper Age Cultures in Russia and the Baltic Area, *American School of Prehistoric Research*, Harvard University Bulletin No. 20, Cambridge, MA: Peabody Museum, 1956.

Mario Liverani, translated by Soraia Tabatabai, *The Ancient Near East. History, Society and Economy*. New York & London: Routledge, 2014.

Massimo Vidale, *Treasures from the Oxus: The Art and Civilization of Central Asia*. London: I. B. Tauris & Co., Ltd., 2017.

Matthew Johnson, *Archaeological Theory: An Introduction* (2nd Edition). West Sussex: Wiley-Blackwell, 2010.

Mei, Jianjun and Thilo Rehren(ed.), *Metallurgy and Civilisation: Eurasia and Beyond*. London: Archetype Books, 2009.

Michael D. Frachetti, *Pastoralist Landscapes and Social Interaction in Bronze Age Eurasia*. Berkeley Los Angeles: University of California Press, 2008.

Mikhail S. Blinnikov, *A Geography of Russia and Its Neighbors*. New York & London: The Guilford Press, 2011.

Nicola Di Cosmo, *Ancient China and Its Enemies: The Rise of Nomadic Power in East Asian History*. Cambridge: Cambridge University Press, 2004.（中译本《古代中国与其强邻》，中国社会科学出版社2010年版。）

P. M. Barford, *The Early Slavs: Culture and Society in Early Medieval Eastern Europe*. London: The British Museum Press, 2001.

Pavel M. Dolukhanov, *The Early Slavs: Eastern Europe from the Initial Settlement to the Kievan Rus*. London and New York: Addison Wesley Longman, 1996.

Peter Alford Andrews, *Felt Tents and Pavilions: The Nomadic Tradition and Its Interaction with Princely Tentage*, 2vols. London: Melisende UK Ltd., 1999.

Peter B. Golden, *Central Asia in World History*. Oxford: Oxford University Press, 2011.

Peter Bellwood. *First Migrants: Ancient Migration in Global Perspective*. West Sussex: Wiley-Blackwell, 2013.

Philip L. Kohl, "Perils of Carts before Horses: Linguistic Models and the Underdeterminded Archaeological Record" , *American Anthropologist*, 2009, 111(1): 109-111.

Philip L. Kohl, *The Making of Bronze Age Eurasia*. Cambridge: Cambridge University Press, 2007.

Ptolemy. *The Geography of Ptolemy*. Translated by Lennart Berggren and Alexander Johnes. Princeton: Princeton University Press, 2000.

Rachel Mairs, *The Hellenistic Far East: Archaeology, Language and Identity in Greek Central Asia.* Oakland: University of California Press, 2014.

Reuven Amitai and Michal Biran(ed.), *Mongols, Turks and Others: Eurasian Nomads and the Sedentary World*. Brill, Leiden, 2005.

Robert Drews, *Early Riders: The Beginnings of Mounted Warfare in Asia and Europe*. New York & London: Routledge, 2004.

Sören Stark, Karen S. Rubinson et al.(ed.), *Nomads and Networks: The Ancient Art and Culture of Kazakhstan*. Princeton: Princeton University Press, 2012.

St. John Simpson, Svetlana Pankova(ed.), *Scythians: Warriors of Ancient Siberia*. London: The British Meseum / Thames & Hudson Ltd., 2017.

Stephanie W. Jamison, Joel P. Brereton(trans.), *The Rigveda*. Oxford: Oxford University Press, 2014.

Strabo. *The Geography of Strabo: An English Translation, with Introduction and Notes*. Translated by Duane W. Roller. Cambridge: Cambridge University Press, 2014.

Susan Whitfield, *Silk, Slaves, and Stupas: Material Culture of the Silk Road*. Oakland: University of California Press, 2018.

Thomas J. Barfield, *The Nomadic Alternative*. New Jersey: Prentice Hall, 1993.

Thomas J. Barfield, *The Perilous Frontier. Nomad Empires and China 221BC-AD1757*. Cambridge: Cambridge University Press, 1989.（中译本为《危险的边疆：游牧帝国与中国》，江苏人民出版社2011年版。）

Timothy Earle, *Bronze Age Economics: The Beginnings of Political Economies*. New York: Perseus Books, 2002.

Timothy Earle, *How Chiefs Come to Power: The Political Economy in Prehistory*. Stanford: Stanford University Press, 1997.

Victor H. Mair, Jane Hickman, *Reconfiguring the Silk Road: New Research on East-West Exchange*. Philadelphia: University of Pennsylvania Press, 2014.

Victor H. Mair, Miran R. Dexter, *Sacred Display: Divine and Magical Female Figures of Eurasia*. Cambridge: Cambridge University Press, 2010.

Warwick Ball, Norman Hammond, Raymond Allchin (ed.), *The Archaeology of Afghanistan: From Earliest Times to the Timurid Period* (New Edition). Edinburgh: Edinburgh University Press, 2019.

Warwick Ball, *The Gates of Asia: The Eurasian Steppe and the Limits of Europe*. London: East & West Publishing Ltd., 2015.

William W. Tarn, *The Greeks in Bactria and India* (2nd. Edition). Cambridge & New York: Cambridge University Press, 1966.

译名对照表

Abashevo culture	阿巴舍沃文化
Achaemenid	（波斯）阿契美尼德王朝
Adzes	扁斧（铲）
Aegean	爱琴海
Afanasyevo culture	阿凡纳谢沃文化
Alakul culture	阿拉库文化
Alan	阿兰人
Alanya	阿兰国
Alexander the Great	亚历山大大帝
Altai	阿尔泰
Altai mountains	阿尔泰山脉（区）
Amu Darya river	阿姆河
Ananyino culture	安娜尼诺文化
Anatolia	安纳托利亚
Andronovo culture	安德罗诺沃文化
animal style	动物风格（纹饰）
Aorses	奥尔塞人
Aral Sea	咸海
Aramaic alphabet	阿拉姆字母
Aramaic inscription	阿拉姆语铭文
archaeological culture	考古学文化
Arctic	北极
Aristeas	阿里斯提亚斯
aristocracy	贵族
Arkaim	阿尔卡伊姆（遗址）
arrowhead	箭镞
arsenical bronze	砷青铜
arsenical copper	砷铜
Arzhan	阿尔然
Arzhan-Chernogorovo phase	阿尔然－切尔诺格罗沃阶段
Asia Minor	小亚细亚
Atlantic air	大西洋气团
Atlantic area	大西洋地区
Atlantic period	大西洋期
Avesta	《阿维斯塔》
awls	锥子，钻
Bactria	巴克特里亚
Balanovo culture	巴拉诺沃文化
Balkan-Carpathian metallurgical Province	巴尔干－喀尔巴阡山冶金区
Balkan	巴尔干地区
Bashkir people	巴什基尔人
Bashkira, national territory	巴什科尔托斯坦（巴什基尔人聚居区）
battle axe	战斧
battle hammer	战锤
bead	串珠

Belaya river 别拉亚河
Big Sintashta Kurgan 大辛塔什塔库尔干古坟
birch bark 桦树皮
bird-like idol 鸟类造型小偶像
Black Sea 黑海
bloomery iron 熟铁
bone dice 骨制骰子
Borodino hoard 博罗季诺窖藏
Botai culture 博泰文化
bracelet 手镯
bronze cauldron 青铜锅（镀）
carbonization 炭化
Carpathian 喀尔巴阡山
Caspian Sea 里海
casting technology 铸造技术
Catacombnaya culture 洞室墓文化
cataphracts 重装骑兵
Caucasus 高加索
Central Asia 中亚地区
chalcedony 玉髓（玛瑙）
chalk 白垩
chariot 马拉战车
cheek-piece 马镳
Cheganda culture, sub-culture 切甘达文化，亚文化
Cheremis/Mari 切列米斯人/马里人
Cherkaskul culture 切里卡斯库文化
Chernetsov, V. N. 切尔涅佐夫，V. N.
Chernykh, E. N. 切尔内赫，E. N.
chiefdom 酋邦
Chingiz-Khan 成吉思汗
chisel/gouge 凿子
Chorasmia 花剌子模
Cimmerian 辛梅里安人
Circumpontic area 环黑海地区
Circumpontic metallurgical province 环黑海冶金技术区
clan-tribal structure 氏族–部落结构
colonization 殖民
composite bow 复合弓
contextual archaeology 情境考古学
Corded Ware culture 绳纹陶文化
craft 工艺
craftsmen 工匠
craniological analysis 头骨分析研究
cremation 火葬
cross-stamped culture 十字印纹文化
cultural intercommunity 文化共同体
Cyrus Ⅱ 居鲁士二世（波斯帝国）
dagger 匕首
Dahae / Dakhi 大益/大益人
Dandybai-Begazy culture 但丁白–别加兹文化
Dandybai-Sargary culture 但丁白–萨尔加里文化
Darius 大流士（波斯帝国）
Demircihuyuk 德米尔吉胡尤克遗址
Dnepr river 第聂伯河
Don river 顿河
Elenovka 依列诺夫卡
Elunino culture 叶鲁尼诺文化
Eneolithic 铜石并用文化
Erzovka culture 伊尔佐夫卡文化
Eurasian metallurgical province 欧亚冶金文化区
Fatyanovo culture 法季扬诺沃文化
fibulae （服装）搭扣
Filippovska kurgan 菲利波夫卡库尔干古坟

Finno-Permian linguistic group 芬兰－彼尔姆语支集团
Finno-Ugrian languages 芬兰－乌戈尔语族
Finno-Ugrians 芬兰－乌戈尔语族居民
fortification 防御设施
fortress 堡垒
Fyodorovo culture 费德罗沃文化
Gamayun culture 加马云文化
Gening, V. E. 盖宁，V. E.
Gimbutas, M. 马丽亚·金布塔斯
Glyadenovo culture 格里亚杰诺沃文化
gold-turquoise style 黄金－绿松石装饰风格
Gorokhovo culture 戈罗科沃文化
Grakov, V. 格拉科夫，V.
granite 花岗岩
Great Folk Movement 民族大迁徙运动
Great Yin and Nephrite Road 伟大的锡矿和玉石之路
Greco-Bactria 希腊巴克特里亚王国
grinding stone 打磨石
Gryaznov, M. P. 格里亚兹诺夫，M. P.
Herodotus 希罗多德
Herodotus Trade Route 希罗多德商路
hoard 窖藏
hook 钩子
horse harness 马具
Hsiung-nu 匈奴
Hunnish-Sarmatian 匈奴－萨尔马泰人
Huns 匈人
Iazygy / Yazygs 亚兹克人
Indo-European 印欧语
Indo-Iranian 印度－伊朗语
Inhumation 土葬
Ircae/Irks 伊尔卡人
Irmen culture 伊尔门文化
Irtysh 额尔齐斯河
Iset 伊谢季河
Ishim 伊希姆河
Issedonian 伊塞顿人
Itkul culture 伊特库尔文化
Kama 卡马河
Kang-Ju state 康居（国）
Kara-Abyz subculture 喀拉－阿比兹亚文化
Karasuk culture 卡拉苏克文化
Kargalka 卡尔加拉河
Kargaly 卡尔加里（遗址）
Khazanov, A. M. 哈扎诺夫，A. M.
Knife-dagger 匕首型短刀
Komi 科米人
Komi-Permian 科米－彼尔姆人
Kosarev, M. F. 科萨列夫，M. F.
Krotovo culture 克罗多沃文化
Kulay culture 库莱文化
kurgan 库尔干古坟
Kushan kingdom 贵霜王国
Kuzmina, E. E. 库兹米娜，E. E.
lacquer object 漆器
leather 皮革
linguistic-paleontological approach 古生物语言学研究
luxury good 奢侈品
mace 权杖
Magna Hungaria 大匈牙利
Magyar 马扎尔人（匈牙利人）
malachite 孔雀石
Massagetian 马萨格泰人

Mediterranean 地中海
Megalithic culture 巨石文化
metallurgical center 冶金中心
metallurgical province 冶金（技术）区
metallurgical workshop 冶金作坊
meteoritic iron 陨铁
Mezhovka culture 美周夫卡文化
Middle Asia 中亚细亚
Mongolia 蒙古
Mordvins 莫尔多维亚人
nephrite 玉石/软玉
nomadic empire 游牧帝国
Northern Ugrian Kingdom (Ui-Beigo) 北方乌戈尔语族的王国（乌依别国）
Ob' Ugrian 鄂毕–乌戈尔诸语
Ob' 鄂毕河
ochre 赭石
Ordos 鄂尔多斯
Ossetian 奥塞梯人
Oxus 乌浒水（阿姆河）
Pakhomovo culture 帕科莫沃文化
Pamir 帕米尔
Parthia 帕提亚（安息）
Pazyryk culture 巴泽雷克文化
Pepkino 佩普基诺
Persia 波斯
Petrovka culture 彼得罗夫卡文化
Poltavka culture 波尔塔夫卡文化
Pre-Scythian 前斯基泰
Prokhorovo culture 普罗科洛沃文化
Proto-Finno-Permic language 原始芬兰–彼尔姆语
Proto-Finno-Ugric language 原始芬兰–乌戈尔语
Proto-Iranian language 原始伊朗语
Proto-Scythians 原始斯基泰人
Proto-Ugrian 原始乌戈尔语支
Pyanobor culture 皮亚诺波尔文化
radiocarbon date 碳–14同位素测年
razor 刮刀/刮削器
Repin culture 列宾文化
Rhoxolani 罗克索拉尼人
Rig Veda 《梨俱吠陀》
Riphei mountain 瑞费山
Roman Empire 罗马帝国
Ryndina, N. V. 瑞姬娜，N. V.
Sacae/ Saka 塞迦人
sacrifice 献祭
Salnikov, K. V. 萨利尼科夫，K. V.
Sapally culture 萨帕利文化
Sargary culture 萨尔加里文化
Sargat culture 萨尔加特文化
Sarmatian cultures 萨尔马泰文化
Sarmatians 萨尔马泰人
Sauromatian 萨夫罗马泰人
Sayan mountain 萨彦岭
Scythian culture 斯基泰文化
Seima-Turbino 塞伊玛–图尔宾诺
shaft-hole axe 有銎斧
Sienbi 鲜卑人
Silk Route 丝绸之路
Sintashta culture 辛塔什塔文化
Sintashta-Petrovka culture 辛塔什塔–彼得罗夫卡文化
Siracae 色拉基人

Smirnov, K. F. 斯米尔诺夫，K. F.
socketed arrow 箭镞
socketed axe 空首斧
Sogdiana 粟特
spade 铲形器
Srubnaya culture 木椁墓文化
stag stone 鹿石
Strabo 斯特拉博
Subatlantic 亚大西洋期
Subboreal 亚北方期
Suzgun culture 苏兹衮文化
Syr-Darya 锡尔河
Tagisken 塔吉斯肯（遗址）
Tanais 塔内斯河
Tash-Kazgan 塔什－卡兹干
Tashkovo culture 塔什科沃文化
Tasmola culture 塔斯莫拉文化
Tatar Kingdom of Siberia 西伯利亚（鞑靼）汗国
Tatars 鞑靼人
Tien-Shan 天山
Tobol 托博尔河
Troy 特洛伊
Turkic language 突厥语
Turk 突厥人
Tuva 图瓦
Udmurt 乌德穆尔特人
Ugrian 乌戈尔语族群
Ural mountain 乌拉尔山脉
Ural 乌拉尔河
Ush-Katta 乌什－卡塔
Vakhsh culture 瓦克什文化
Valikovaya pottery culture 附加堆纹文化
Vinogradov, N. B. 维诺格拉道夫，N. B.
Volga 伏尔加河
Wu-sun 乌孙
Yablonsky, L. T. 亚布龙斯基，L. T.
Yagn-Tsai 奄蔡
Yamnaya culture 竖穴墓文化
Yueh-Chih 月氏
Zdanovich, D. 兹达诺维奇，D.
Zdanovich, G. B. 兹达诺维奇，G. B.
Zungaria 准噶尔
Zungarian gateway 准噶尔山门（阿拉山口）